Renée Atcherson

EN ROUTE

Introduction au français et au monde francophone

ALBERT VALDMAN *Indiana University*

MARVA A. BARNETT *University of Virginia*

ELIZABETH HOLEKAMP *Washington University–St. Louis*

MICHEL LARONDE *University of Iowa*

SALLY SIELOFF MAGNAN *University of Wisconsin–Madison*

CATHY PONS *Indiana University*

Photographs by Hilde Valdman

Macmillan Publishing Company
NEW YORK

Collier Macmillan Publishers
LONDON

Macmillan Publishing Company
866 Third Avenue, New York, New York 10022

Collier Macmillan Canada, Inc.

Library of Congress Cataloging in Publication Data
Main entry under title:

En route: introduction au français et au monde francophone.

Includes index.
1. French language—Grammar—1950–
2. French language—Text-books for foreign speakers—
English. I. Valdman, Albert.
PC2112.E53 1986   448.2'421   84-12560
ISBN 0-02-422300-X (Student's Edition)
ISBN 0-02-422320-4 (Teacher's Edition)

Printing: 2 3 4 5 6 7 8   Year: 6 7 8 9 0 1 2 3 4 5

Illustrations and Maps by Hal Barnell.

ISBN 0-02-422300-X (Student's Edition)
ISBN 0-02-422320-4 (Teacher's Edition)

TO THE TEACHER

EN ROUTE: *Introduction au français et au monde francophone* consists of fourteen chapters. Each of the first eight chapters contains three lessons, for a total of twenty-four lessons, plus an introductory lesson, "Leçon préliminaire." Each chapter ends with "Un pas de plus," a section that reviews the vocabulary and grammar introduced in the chapter. It also contains an extensive cultural reading, "Le saviez-vous?" The components of the lessons in Chapters 1–8 are as follows.

Mots nouveaux

This section presents a set of situationally related vocabulary items illustrated, whenever appropriate, by line drawings. It also contains a set of progressively ordered exercises, "Pratiquons." Each set contains some exercises in using new vocabulary and some that encourage students to be creative, to express their own thoughts, and to talk about themselves.

Notes grammaticales

Each lesson contains from two to four short grammar points. Each "Note grammaticale" is composed of:

- a brief statement or rule accompanied by several examples
- chart or diagrams where useful
- a set of graduated exercises, "Pratiquons," progressing from manipulative drills to communicative activities. In addition, the "Exercices de labo" section of the workbook contains listening exercises that train students to concentrate on oral grammatical markers. The "Exercices écrits" section provides written practice.

Situation

This is a short authentic dialogue that uses the vocabulary presented in the "Mots nouveaux" and some of the grammar points introduced in the "Notes grammaticales." A "Situation" is followed by discussion questions and, occasionally, by "Notes culturelles" that provide cultural background.

Vignette culturelle

Beginning with Chapter 2, short reading selections focus on some cultural aspect of France or another French-speaking country. These "Vignettes culturelles" contain passive vocabulary items and longer and more complex sentences characteristic of written French. Their aim is to train students to read prose texts for content. A questions section, called "Adaptation," encourages discussion of similarities and differences between American culture and those of French-speaking countries.

Prononciation et orthographe

This section presents the main phonetic features and sound contrasts of French. Stress is placed on the sound contrasts that determine differences in meaning and the main differences between French and English. Attention is also given to the relationship between sounds and spelling. Phonetic transcription is used only to identify the sound or feature discussed and is always accompanied by reference to a key word. This section is closely coordinated with a corresponding section of the "Exercices de labo" which contains first discrimination and identification drills and then oral practice in short words, phrases, and short sentences.

Le saviez-vous?

The last lesson of each chapter contains, in addition to the "Un pas de plus" review section, a cultural reading preceded by an English commentary. This brief introduction provides general background information that facilitates comprehension of the French text. All new words are translated in the margin of the text except for obvious cognates. These glossed words are passive vocabulary that students are expected to recognize when they read; they are not intended for use in communicative activities unless they are also presented in a later "Mots nouveaux" section.

Un pas de plus

In this review section many varied exercises combine the vocabulary themes and the grammatical structures introduced in the three lessons of the chapter. All the exercises are practical and most require students to respond in the context of an imaginary or simulated situation. The last activity, "Parlons de vous," gives them an opportunity to talk about themselves and to talk with classmates.

Chapters 9–14 each also contain three lessons and the "Un pas de plus" review section, for a total of 18 lessons. The lessons of the last six chapters differ from those of the first eight in only one respect: instead of the "Vignette culturelle" they contain a more extensive reading selection, the "Présentation."

Présentation

Coming immediately after the "Mots nouveaux" section, the "Présentation" uses the vocabulary introduced in that section. It contains relatively complex grammatical structures that, together with the more extensive passive vocabulary, make possible a more sophisticated treatment of the topic of the lesson. The questions in the "Connaissance du texte" section that follows the "Présentation" provide a transition to a discussion of issues of interest and concern to students. The "Présentations" form the core of the lessons in Chapters 9–14. To be fully exploited in class these rich readings, characteristic of current French journalistic prose, require extensive teaching and class time.

A final note about Chapters 9–14: some of the grammar points presented are more typical of written and formal spoken style than of everyday conversation. Accordingly, and depending on the teacher's inclination, these should be treated as passive material to be recognized in reading and listening activities. In communicative activities stress should be placed on the more central grammatical structures introduced earlier and reviewed and expanded in Chapters 9–11.

TO THE STUDENT

EN ROUTE is designed to lead you to a basic speaking ability in French, to an understanding of the French language, and to an acquaintance with the culture of French-speaking peoples. Specifically, with the aid of this textbook and the accompanying workbook and tape program you should be able to do the following things:

1. You should be able to speak well enough to get around in a French-speaking country. You will be able to greet people, ask for directions, cope with everyday needs, give basic information about yourself, talk about your interests, your family, and your studies. You should also be able to assist French-speaking visitors in this country.
2. You should understand well enough to get the "gist" of a news broadcast, a lecture, or a conversation that you overhear and to understand French speakers when they speak slowly.
3. You should be able to read general French prose—newspaper and magazine articles dealing with current events or, with the help of a dictionary, more specialized material in your field of interest.
4. You should be able to write letters and simple paragraphs.

In addition, you will learn the basic grammar and the core vocabulary of French and you will become acquainted with the main aspects of French culture and civilization, including the cultures of some of the approximately three dozen countries in the world where French is the official language and where there are strong cultural ties with France.

EN ROUTE has six distinguishing characteristics: a focus on communication, a cultural orientation, a cognitive orientation, careful vocabulary control, illustrations and graphic aids, and self-teaching features.

Focus on Communication

EN ROUTE aims mainly to help you learn to speak, understand, read, and write French. By working with models of authentic conversation presented in dialogues, situations, and readings, you will learn how to begin and end conversations, how to get through survival situations in a French-speaking country, how to be polite, how to ask for what you need in a nice way. By presenting many different French speakers and a variety of listening activities, the tape program helps you to get the gist of what French speakers are saying when they speak at fairly normal speed. The many different types of readings, covering a wide range of topics, help you learn how to read simple prose such as that found in newspapers, letters, and short texts on familiar topics.

The grammar and vocabulary in *EN ROUTE* are designed to help you learn systematically in small units. They are frequently reviewed so that you can actually use in conversation what you learn.

You will learn to talk about your daily life, your thoughts and feelings, your hopes for the future, as well as to ask and answer simple questions and to convey and understand straightforward information on concrete topics.

Cultural Orientation

A language cannot be separated from the culture of its speakers. You will learn about the various cultures of French-speaking nations through the readings and the "Notes culturelles." *EN ROUTE* helps you to see French in terms of its cultures by presenting grammar and vocabulary in the context of authentic conversations and culturally-oriented readings. This way you will learn not only how to use words accurately and to construct correct sentences, but how to relate what you hear, read, say, and write to specific situations and cultural contexts.

Cognitive Orientation

In addition to acquiring skill in using French, you will be gaining knowledge about how French—and by comparison, English—work and how French-speaking cultures differ from American culture. Grammar is presented in small steps to ensure that you understand basic concepts before you put them to use in oral and written practice. English explanations of grammar are accompanied by numerous examples. Cultural information is provided in English in the early chapters until you have developed your reading comprehension skills enough to absorb information directly in French. *EN ROUTE* is sequenced and controlled to help you gain these reading skills quickly.

Careful Vocabulary Control

EN ROUTE makes a clear distinction between active core vocabulary that you should learn for speaking and writing and passive vocabulary that you should learn to recognize in listening and reading. Passive vocabulary appears in marginal glosses in reading selections; active vocabulary is reviewed systematically to help you to remember and to feel comfortable with these important words. The end vocabulary lists only active vocabulary and indicates in which lesson the word first occurs for active use. Also at the end of the book you will find a list of verb forms.

Illustrations and Graphics

You need to learn to think in French. To help you learn vocabulary and to go from the visual image to the French term without passing through English, core vocabulary referring to objects is presented by the use of line drawings. There are also photographs taken especially for *EN ROUTE* by an author–photographer team as the textbook was being written. For example, the "Situation" entitled "Déjeuner au Cro-Magnon" is based on an actual meal enjoyed and photographed by the author and photographer in the Périgord region, famous for its excellent food. Finally, to help you with pronunciation, verb forms are presented in shaded charts that show you which forms are pronounced alike and which forms are pronounced differently.

Self-Teaching Features

The most important component in learning French is *you*, the student. The overall proficiency you attain will depend on the amount of time you spend on preparation, practice, and review and how efficiently you go about learning. The workbook and the tape program are designed to help you practice and learn on your own. Be sure to take advantage of them, including the self-checking "Autotest" that ends each section of the "Exercices de labo," the part of the workbook that corresponds to the tape program.

How much you learn depends on how much you practice. Daily study during several periods of moderate length is best. This encourages you to work always when you are fresh and to review often and avoids frustration at puzzling over the same pages for too long without a rest. Practice in the language lab is also important. It will help you hear those distinctions crucial to understanding. Of course, class work is essential. Remember that for many of you the only chance you will have to practice conversation in French is in class. If you can seek out French friends, French films, French radio broadcasts or TV programs, this will be a tremendous help to you.

Now, *en route*!

ACKNOWLEDGMENTS

EN ROUTE represents the final version of materials developed through four years of extensive testing with first-year French students at Indiana University–Bloomington. A great debt of gratitude is owed to the more than 5000 students and to the more than fifty graduate instructors who used preliminary versions of this material. These students and instructors alike have contributed significantly to improvements on earlier drafts by their evaluation, constructive criticism, and suggestions.

We wish to express special thanks to Jean Nahnikian and Joe Uthuppuru of the Bloomington Academic Computer Services, who devised the computer program that made possible our careful vocabulary control and the efficient production of the French–English and English–French end vocabularies. We are indebted to Maureen Dolan and Gary McLain, who were responsible for the implementation of the program. We are also indebted to Katri Clodfelder, Lois Kuter, Linda Neagly, Joely Raymond, Janet Byron, Kathy Green, Helga Keller and Huguette Lewis, who typed numerous drafts as *EN ROUTE* was emerging in final form.

Samuel N. Rosenberg, Chairman of the Department of French and Italian during the development of this textbook, deserves special thanks for his constant support of beginning French instruction at Indiana University and for helping to create a context of experimentation and innovation in the teaching of French as a second language.

EN ROUTE could not have reached its final form without the careful and creative editorial efforts of Anthony D. English and Dora Rizzuto of Macmillan Publishing Company as well as the colleagues who reviewed the manuscript. Finally, and foremost, our deepest thanks go to our spouses, children, and friends who inspired, sustained, and encouraged us and accepted cheerfully the many sacrifices that this long endeavor required of them.

Table des matières

IN THIS LESSON:

- greetings
- expressions of politeness
- the numbers from 1 to 10
- classroom expressions

RENCONTRES

Guy meets his friend Alice.

Salut, Alice.	hi
—Ah, **bonjour**, Guy.	hello
Ça va?	How goes it?
Pas mal. Et toi?	Not bad, and you?
—**Comme ci, comme ça.**	So-so.

* * *

Doctor Marchand meets one of his patients, Madame Simon.

Bonjour, Madame.	
—Bonjour, Docteur.	
Comment allez-vous?	How are you?
—Oh, **ça va**, ça va.	Things are fine.

* * *

David, a young boy, meets Monsieur Lambert.

Bonjour, David.	
—Bonjour, Monsieur.	
Comment allez-vous?	
Très bien, et toi?	very well
—Bien **aussi, merci**.	too/thank you

* * *

Alice and her father say goodbye to Madame Davy.

Au revoir, Madame.	Goodbye
—Au revoir, Monsieur.	
À bientôt, Alice.	See you soon.
—Au revoir, Madame.	

When French people of either sex meet, there is generally some kind of physical contact: either a short handshake or, a more familiar greeting, une bise *(kisses on each cheek). The number of kisses varies according to local custom, usually two, but sometimes more.*

NOTES CULTURELLES

In English there is only one pronoun used to address a person directly: *you.* In French there are two: **vous** and **tu**. **Vous** is formal and is used with strangers and casual acquaintances. Young people use this form of address with older people. **Tu** is informal and is used to address family members, close friends, and children. Younger people and students generally use **tu** with each other.

The distinction between informal and formal address is very important in French. It is a mark of disrespect to use the informal form inappropriately.

Common French terms of address are:

Monsieur	**M.**	*Mr.*
Madame	**Mme**	*Mrs.*
Mademoiselle	**Mlle**	*Miss*

PRATIQUONS

A. Le mot juste. Match each expression in the first column with an appropriate one in the second column.

Salut, ça va?	Comme ci, comme ça, et toi?
Bonjour, Mademoiselle.	Très bien, et vous?
Au revoir.	Bien merci, et toi?
Comment allez-vous, Madame?	Oui, ça va.
Bonjour, Marc. Comment ça va?	Bonjour, Monsieur.
Ça va bien?	À bientôt.

B. Situations. What do you say in France when . . . ?

1. You meet a friend.
2. You greet an older man.
3. You greet a small boy, Jacques.
4. You say good-bye to your teacher.
5. You say you're fine.
6. You say good-bye to someone you'll see soon.
7. You thank someone.
8. You tell someone you're feeling so-so.

L'ÉTIQUETTE

Jeanne-Marie wants to retrieve her suitcase from the checkroom of the railroad station.

Ma valise, s'il vous plaît, Monsieur.	My suitcase/please
—**Votre** ticket, s'il vous plaît.	Your
Voici votre valise, Mademoiselle.	Here is
Merci.	
—**De rien.**	You're welcome.

*   *   *

As Marie-France leaves the railroad station, a young man inadvertently bumps into her.

Oh, pardon, Mademoiselle!

—Il n'y a pas de mal.   No harm done.

*   *   *

A clumsy waiter slips and spills soup on Mme Richard's new dress.

—Attention!   Look out!

Oh, pardon, Madame! Excusez-moi!

—Ma robe!   My dress!

Désolé, Madame.   sorry

PRATIQUONS

A. Le mot juste. Choose the most appropriate answer.

1. Pardon!   De rien.   Il n'y a pas   Merci.
                                      de mal.

2. Attention!   Merci.   Pardon.   S'il vous
                                                          plaît.

3. Voici.   De rien.   Bonjour.   Merci.

4. Ma valise, s'il
   vous plaît.   De rien.   Voici.   Désolé.

5. Désolé.   Il n'y a pas   Voici.   Attention!
                     de mal.

6. Au revoir.   Bonjour.   Salut.   À bientôt.

7. Voici votre
   valise, Madame.   Pardon.   Merci.   Excusez-
                                                          moi.

8. Comment ça va?   Il n'y a pas   Pas mal.   Bonjour.
                     de mal.

9. Merci, Monsieur. Désolé.   Attention.   De rien.

B. Situation. What do you say when . . . ?

1. Someone is about to fall off a ladder.
2. Someone has just thanked you.
3. You've spilled wine on a woman's mink coat.
4. You hand over a package to someone.
5. Someone has given you a book
6. You ask for your suitcase.
7. You bump into someone accidentally.
8. You've committed a serious social blunder.

PRONONCIATION

Overall, French pronunciation differs from that of American English in two respects:

1. **Evenness of rhythm.** In French, all syllables are pronounced with equal stress and intensity. In English, some syllables receive greater stress than others, and some are very short and blurred. Compare the pronunciation of corresponding French and English words:

1–2 *French/English*	*1–2–3* *French/English*	*1–2–3–4* *French/English*
Philippe/Philip	Canada/Canada	introduction/introduc-tion
machine/machine	différence/difference	université/university

2. **Tenseness.** When pronouncing French vowels, keep your jaws and lips tense; no motion occurs as the vowels are pronounced. Do not let your chin drop. When you pronounce English vowels, your chin often drops and glided sounds are produced. Compare the pronunciation of French and English cognates:

beau/beau	piano/piano	gai/gay
cliché/cliché	non/no	baie/bay

QUELQUES PRÉNOMS

prénoms féminins

Alice	Hélène	Marie
Anne	Isabelle	Martine
Brigitte	Jacqueline	Nathalie
Camille	Janine	Nicole
Catherine	Jeanne	Simone
Chantal	Josiane	Suzanne
Christine	Lise	Sylvie
Claudine	Louise	Valérie
Françoise	Lucie	
Geneviève	Marianne	

prénoms masculins

Alain	Guy	Patrick
André	Henri	Paul
Arthur	Hugues	Philippe
Bruno	Jacques	Pierre
Charles	Jean	Richard
Christian	Laurent	Robert
David	Louis	Simon
Emile	Luc	Yves
François	Marc	Xavier
Georges	Nicolas	

Certain names refer to both men and women:

Claude   Dominique   Michel/Michèle   Pascal/Pascale

Comment s'appellent ces jeunes écolières et écoliers haïtiens?

Hyphenated first names are very common in France. They are most often formed with **Jean** and **Marie**. Some examples are:

Marie-France	Jean-Paul	Marie-Claude	Jean-Jacques
Marie-Thérèse	Jean-Pierre	Jeanne-Marie	Jean-François

In the past, parents often followed Catholic tradition and named their child after the saint on whose Saint's day he or she was born. The custom is less rigid today. Children are often named after a relative.

PRATIQUONS

Féminin ou masculin?

MODÈLES: Simone *f.*   Simon   *m.*

1. Chantal
2. Bruno
3. René
4. Renée
5. Lucie
6. Louis
7. Michel
8. Michèle
9. Geneviève
10. Marie-France
11. Jean-François
12. Jeanne-Marie
13. Emile
14. Valérie

COMMENT VOUS APPELEZ-VOUS?

Marc introduces his friend Michel to Sylvie.

La jeune fille là-bas, comment est-ce qu'elle s'appelle?   girl/over there
What is her name?

—Elle s'appelle Sylvie.

*   *   *

Bonjour, Sylvie.

—Bonjour, Marc.

Voici **mon ami**, Michel.   my friend

—Bonjour, Michel.

Bonjour, Sylvie.

*   *   *

Sylvie asks Michel the names of some students.

Comment est-ce qu'**ils** s'appellent?   they

—La jeune fille s'appelle Anne Marchand et **le garçon** s'appelle Pascal Duroc.   boy

*   *   *

In history class, the instructor asks the names of two students.

Comment vous appelez-vous?

—Roussel, Dominique Roussel.

Et vous?

—Larousse, Sylvie Larousse.

Mamadou wants to know the name of the student seated next to him.

Comment est-ce que tu t'appelles?

—Je m'appelle Jean-Pierre, Jean-Pierre Lamour.

Et toi?

Mamadou Diop.

PRATIQUONS

A. Le mot juste. Match each expression in the first column with one in the second column.

Comment vous appelez-vous?	Bonjour, Alice, ça va?
Comment allez-vous?	Roussel, Dominique Roussel.
Comment est-ce qu'il s'appelle?	Valérie et Nicole.
Comment est-ce qu'elles s'appellent?	Yves.
Bonjour, Marc.	Très bien, et vous?
La valise, s'il vous plaît.	De rien.
Comment est-ce qu'ils s'appellent?	Ils s'appellent Jean-Marie et Richard.
Comment est-ce qu'elle s'appelle?	Voici, Monsieur.
Merci, Madame.	Martine.

B. À vous. Find out the names of other members of your class, and how they are today. See which class member can name the largest number of people.

C. Le mime. With another class member, mime one of the situations appearing in this lesson or make up your own (for example, you step on someone's foot). Let other members of the class supply appropriate dialogue.

NOMBRES

0 zéro	1 un	3 trois	5 cinq	7 sept	9 neuf
	2 deux	4 quatre	6 six	8 huit	10 dix

PRATIQUONS

A. Comparaisons. Which is the higher number?

MODÈLE: six, (dix)

huit, neuf	trois, deux	huit, six	un, neuf	cinq, quatre
trois, cinq	sept, quatre	dix, deux	deux, six	zéro, sept

Which is the lowest number?

MODÈLE: deux, (un,) trois

un, sept, zéro	six, huit, neuf	sept, quatre, cinq
deux, six, trois	dix, huit, neuf	neuf, sept, dix
dix, neuf, trois	cinq, dix, six	

B. L'addition.

MODÈLE: $2 + 2 = ?$
Combien font deux et deux?
—Deux et deux font quatre.

1. $3 + 1 = ?$
2. $0 + 5 = ?$
3. $2 + 4 = ?$
4. $7 + 1 = ?$
5. $10 + 0 = ?$

6. $2 + 7 = ?$
7. $3 + 4 = ?$
8. $1 + 9 = ?$
9. $2 + 5 = ?$
10. $4 + 9 = ?$

C. La soustraction.

MODÈLE: $4 - 2 = ?$
Combien font quatre moins deux?
—Quatre moins deux font deux.

Now make up your own subtraction problems to ask other class members.

EN CLASSE

En français, s'il vous plaît.	In French, please.
Pas d'anglais!	No English!
Comment est-ce qu'on dit *the blackboard* **en français?**	How does one say *the blackboard* in French?
On dit: *le tableau*.	One says: *le tableau*.
Vous comprenez?	Do you understand?
Oui. Je comprends.	Yes. I understand.
Non. Je ne comprends pas.	No. I don't understand.
Pardon? Parlez plus fort!	I beg your pardon? Speak louder!
Répondez!	Answer!
Répétez!	Repeat!
Ecoutez et répétez!	Listen and repeat!
Regardez le tableau!	Look at the blackboard!
Va au tableau!	Go to the blackboard! [one person, informal]
Allez au tableau!	Go to the blackboard! [several persons or formal]
Ouvrez le livre!	Open the book!
Fermez le livre!	Close the book!

PRATIQUONS

Le professeur. What does the teacher say . . .

1. to have the students repeat?
2. to find out whether the students understood?
3. to have the students open the book?
4. to send one student to the board?

5. if he/she is polite?
6. if he/she did not hear an answer?
7. if he/she wants the students to listen?
8. if he/she wants the students to speak French?

RÉACTIONS

C'est ça.	That's it.
Ce n'est pas ça.	That's not it.
Oh, là, là, c'est mauvais.	Oh dear, that's bad.
C'est exact.	That's right.
Bien.	Good.
Bravo! Formidable!	Great! Fantastic!
Excellent.	Excellent.
Parfait.	Perfect.

PRATIQUONS

A. **La Note.** Assign number grades from 10 to 0 for the following comments.

MODÈLE: excellent _____neuf_____

1. comme ci, comme ça _____
2. oh, là, là _____
3. très bien _____
4. mauvais _____
5. formidable, bravo! _____
6. bien _____
7. très mauvais _____
8. pas mal _____
9. parfait _____

B. **À vous.** What do you say in class when . . . ?
1. You didn't hear what the teacher said.
2. You want your classmates to speak up.
3. You think something is great.
4. You don't understand.
5. You do understand.
6. You want your classmates to repeat in French.
7. You want to know how to say "the cat" in French.
8. You want something translated into English.
9. An answer is wrong.
10. An answer is right.

Votre famille et vous

Leçon un

IN THIS LESSON:

- terms for female family members
- simple questions
- subject pronouns and stressed pronouns
- equivalents for *my, your, his, her*

MOTS NOUVEAUX

La famille

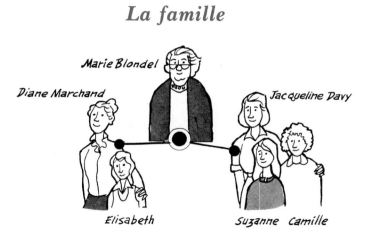

family	Voici Madame Davy.	**la famille**
woman, wife		**la femme**
mother	C'est la mère de Suzanne.	**la mère**
daughter, girl	Suzanne est la fille de Mme Davy et	**la fille**
granddaughter	la petite-fille de Mme Blondel.	**la petite-fille**
grandmother	Marie Blondel est la grand-mère de Suzanne.	**la grand-mère**
aunt	La tante de Suzanne, la mère d'Elisabeth, s'appelle Diane Marchand.	**la tante**
	Mme Marchand est la fille de Marie Blondel.	
sister	Elle a une sœur, Jacqueline Davy.	**la sœur**
niece	Diane Marchand a deux nièces: Suzanne et Camille.	**la nièce**
(female) cousin	Elisabeth a deux cousines: Suzanne et Camille.	**la cousine**
doesn't have any	Elle n'a pas de sœurs.	**n'a pas de**

PRATIQUONS

A. Qui est...? (Who is...?) Answer according to the family tree on page 10.

MODÈLE: Elisabeth est la sœur de Suzanne?
      —Non, Elisabeth est la cousine de Suzanne.
   ou —Non, Camille est la sœur de Suzanne.

1. Diane Marchand est la mère de Camille?
2. Camille est la petite-fille de Jacqueline?
3. Jacqueline est la nièce de Marie?
4. Marie Blondel est la tante de Diane?
5. Diane est la fille de Jacqueline?
6. Jacqueline est la grand-mère de Suzanne?
7. Qui est Jacqueline?
8. Qui est Suzanne?
9. Qui est Marie Blondel?
10. Qui est Diane?
11. Qui est Elisabeth Marchand?

B. Identification. Describe each member of the family shown on page 10 in two different ways.

MODÈLE: Suzanne
      —C'est la fille de Mme Davy.
      —C'est la cousine d'Elisabeth.

1. Marie Blondel	3. Jacqueline Davy	5. Elisabeth
2. Camille	4. Diane Marchand	6. Suzanne

NOTES GRAMMATICALES

Questions

1. Every language includes two types of questions: (1) questions which may be answered with "yes" or "no" and (2) questions which request information.
2. One way you can ask a yes-no question in French is by raising the pitch level of your voice on the last syllable of a sentence.

Suzanne est ta cousine?   **—Oui, c'est ma cousine.**

Tu t'appelles Alice?   **—Non, je m'appelle Valérie.**

3. You can also ask a yes-no question by putting **est-ce que** at the beginning of the question. Such questions are usually pronounced with falling voice pitch.

Est-ce que Suzanne est ta cousine?   *Is Suzanne your cousin?*

Est-ce que tu t'appelles Alice?   *Is your name Alice?*

The **que** of **est-ce que** becomes **qu'** before a vowel:

Est-ce qu'il s'appelle Alain?   *Is his name Alain?*

4. If you expect an affirmative answer to your question, you may place **n'est-ce pas?** at the end of the sentence. This phrase corresponds to English "tag" questions.

Tu t'appelles Jeanne, n'est-ce pas?	*Your name is Jeanne, isn't it?*
Oui, je m'appelle Jeanne.	*Yes, my name is Jeanne.*

You may also use **n'est-ce pas?** with negative sentences when you expect a negative answer.

Elle n'a pas de filles, n'est-ce pas?	*She doesn't have any daughters, does she?*
Non, elle n'a pas de filles.	*No, she doesn't have any daughters.*

PRATIQUONS

A. **Intonation.** Use intonation to change each statement into a yes-no question.

MODÈLE: Elle s'appelle Claudine.

—Elle s'appelle Claudine?

1. C'est Mademoiselle Berry.
2. Il s'appelle Paul.
3. Tu t'appelles David.
4. La jeune fille s'appelle Camille.
5. C'est la sœur de Monique.
6. Madame Patou a trois filles.
7. Monsieur Dumas a deux nièces.
8. Martine a une cousine.
9. Madame Davy a quatre sœurs.

B. **N'est-ce pas?** Look at the family tree at the beginning of the lesson; ask your classmates questions to be answered "yes."

MODÈLE: Mme Blondel
—Mme Blondel est la mère de Diane Marchand, n'est-ce pas?
ou —Mme Blondel est la grand-mère de Camille, n'est-ce pas?
ou —La grand-mère de Camille s'appelle Mme Blondel, n'est-ce pas?

1. Camille	3. Elisabeth	5. Diane Marchand
2. Jacqueline Davy	4. Mme Blondel	6. Suzanne

Comment et combien

1. You already know two question words in French: **comment** (how) and **combien** (how many). To ask an information question, insert the appropriate question word (such as **comment**) plus **est-ce que** at the beginning of the sentence. The pitch level of the last syllable may be rising or falling.

Comment est-ce qu'il s'appelle?   —Il s'appelle Jacques.
Comment est-ce que tu t'appelles?   —Je m'appelle Yves.

2. In information questions when the subject of the sentence is a person's name or a simple noun, the subject follows the verb and **est-ce que** is not used. The corresponding **est-ce que** question is grammatically correct but awkward. Compare:

Comment est-ce que la tante de
   Suzanne s'appelle? [awkward]   *What is Suzanne's*
Comment s'appelle la tante de   *aunt's name?*
   Suzanne?

Combien de filles est-ce que Mme
   Davy a? [awkward]   *How many daughters does*
Combien de filles a Mme Davy?   *Mme Davy have?*

By the same token:

Comment est-ce que **vous** vous appelez? [awkward]
Comment vous appelez-**vous**?

PRATIQUONS

A. Comment? You don't quite hear your teacher's introductions. Ask for the names.

MODÈLE: Il s'appelle Alain.
         —Comment est-ce qu'il s'appelle?

1. Elle s'appelle Marie-France.
2. Il s'appelle Jean.
3. Je m'appelle Claudine.
4. Ils s'appellent Marc et Paul.
5. La femme s'appelle Madame Berry.
6. Elles s'appellent Pauline et Nathalie.

B. Stylistique. Give the more appropriate form of each question.

MODÈLE: Combien de nièces est-ce que Mme Ponchard a?
         —Combien de nièces a Mme Ponchard?

1. Combien de petites-filles est-ce que Geneviève Martin a?
2. Combien de cousines est-ce que Jacqueline a?
3. Combien de tantes est-ce que Monique a?
4. Comment est-ce que la fille de Chantal s'appelle?
5. Comment est-ce que le monsieur s'appelle?
6. Comment est-ce que la femme s'appelle?

C. La famille. Look at the family tree at the beginning of the lesson. Ask your classmates information questions like those in the model. Make sure their answers are correct!

MODÈLE: A: Comment s'appelle la mère de Jacqueline?
        B: —La mère de Jacqueline s'appelle Marie Blondel.
        C: Combien de nièces a Diane Marchand?
        D: —Elle a deux nièces.

Pronoms

1. Compare these two different types of pronouns:

stressed	*subject*
Moi?	**Je** m'appelle Marc.
Toi?	**Tu** t'appelles Suzanne.
Lui?	**Il** s'appelle Guy.
Elle?	**Elle** s'appelle Janine.
Vous?	**Vous** vous appelez Nicole?
Nous?	**Nous** nous appelons Michel et Christine.
Eux?	**Ils** s'appellent Dominique et Patrick.
Elles?	**Elles** s'appellent Marianne et Yvette.

2. The subject pronouns appear next to the verb and act as subjects of sentences.

3. The stressed pronouns occur independently of the verb and may be used in a variety of ways. Here are two examples:
   a. You may use a stressed pronoun as a short question.

Je m'appelle Marc. *Et toi?*	*And you?*
—Je m'appelle Suzanne.	
Et elle?	*And she?*
—Elle s'appelle Sylvie.	

   b. You may emphasize the subject of a sentence by putting a stressed pronoun before it.

Lui, **il s'appelle Marc.**	*His* name is Marc.
Vous, **est-ce que vous vous appelez Mlle Gabrin?**	Is *your* name Mlle Gabrin?

4. The pronouns **eux** and **ils** refer to a group with at least one male; **elles** refers to a group with only females.

PRATIQUONS

A. **Combien de tantes?**

MODÈLE: Pierre (3)
—Lui, il a trois tantes.

1. Marie-Elisabeth (4)	4. Simone (1)
2. Jean-Jacques (2)	5. André (7)
3. Yves (6)	6. Simon (5)

B. **En classe.** Help your teacher learn your names.

MODÈLE: Est-ce que vous vous appelez Christine?
—Non, moi, je m'appelle Marie.

1. Il s'appelle Patrick?
2. Elle s'appelle Chantal?
3. Tu t'appelles Marc?

C. **À vous.** Tell another class member your name, ask his or hers and ask about a third person.

Ma tante habite dans un petit village près de Toulouse dans le sud-ouest de la France.

MODÈLE: Moi, je m'appelle Philippe. Et toi?
—Je m'appelle Annie.
Et lui, comment est-ce qu'il s'appelle?
—Lui, il s'appelle Roger.

Adjectifs possessifs

1. Compare the possessive adjectives to the stressed pronouns:

stressed pronouns		possessive adjectives	
moi	*me*	**ma**	*my*
toi	*you*	**ta**	*your*
lui	*him, it*	**sa**	*his, her, its*
elle	*her, it*		

2. The possessive adjective **sa** can be substituted for the combination **de** or **d'** plus noun.

C'est la mère *de Suzanne*.   *She's Suzanne's mother.*
C'est *sa* mère.   *She's her mother.*

Voici la cousine *de Jacques*.   *Here's Jacques' cousin.*
Voici *sa* cousine.   *Here's his cousin.*

PRATIQUONS

A. **Substitution.** In the following sentences, replace the construction **de/d'** plus noun with **sa**:

MODÈLE: Voici la famille de Mme Manet.
—Voici sa famille.

1. Voici la fille de Mme Roussel.
2. C'est la mère d'Alice.
3. Suzanne est la sœur de Camille?
4. La cousine de Jacques s'appelle Chantal.
5. Comment s'appelle la nièce de M. Davy?
6. C'est la tante de Pierre?
7. Regardez la sœur d'Elisabeth!
8. Comment s'appelle la grand-mère de Marc?

B. **Ma famille.** Look at the family tree at the beginning of the lesson. Imagine that you are Suzanne. Identify each of the other persons in the tree in relation to yourself.

MODÈLE: —Elisabeth est ma cousine.
ou —Ma cousine s'appelle Elisabeth.

C. **Interview.** Use the family tree above to ask Suzanne a question about her family. Other students will answer as Suzanne; check their answers.

MODÈLE: A: Comment s'appelle ta mère?
B: —Ma mère s'appelle Jacqueline.

D. À vous. Ask a classmate about the female members of his or her family. Take notes and report back to the class.

MODÈLE: A: Comment s'appelle ta mère?
B: —Elle s'appelle Louise.
A: Et ta sœur?
B: —Je n'ai pas de sœur.
A: (aux autres)—Sa mère s'appelle Louise.
Il/elle n'a pas de sœur.

SITUATION

Une rencontre

pretty

MARC: Qui est la **jolie** fille là-bas?
ELISABETH: C'est Camille, ma cousine.
MARC: Ta cousine s'appelle Suzanne, n'est-ce pas?

I have
I see. So, will you introduce me?

ELISABETH: **J'ai** deux cousines.
MARC: **Ah bon. Alors, tu me présentes?**

* * * * *

This is Marc.

ELISABETH: Camille, **je te présente Marc**, Marc Roussel.
CAMILLE: Bonjour.

delighted

MARC: **Enchanté**, Camille.

DISCUSSION

1. Qui est jolie?
2. Camille est la sœur d'Elisabeth?
3. Qui est Suzanne?
4. Combien de cousines a Elisabeth?

PRONONCIATION ET ORTHOGRAPHE

Les sons /i/ et /u/

In order to pronounce French vowels correctly, you must keep your jaws, lips and tongue muscles more tense than you would in pronouncing English vowels. French vowels sound sharper and more precise as a result of this increased tension. For /i/, which is shorter and more tense than the sound in the English word "me," keep your lips in a smiling position and your jaws tense. Smile and say **Philippe**. The vowel /u/ is shorter and more tense than the sound in the English word "do." Make your lips very rounded, tense, and protruded. Say **bonjour**.

ORTHOGRAPHE

The letter **i** usually represents the vowel sound /i/ as in **voici**, **Philippe**, **David**. Occasionally the letter **y** represents this sound, as in **Guy** or **Sylvie**.

The combination of letters **ou** represents the vowel sound /u/ as in **bonjour**, **cousine**, **Roussel**.

PRATIQUONS

A. Imitation.

/i/:	voici	Marie	cousine	**i**l
	Sylvie	Henri	David	Alice
/u/:	**vous**	bon**jour**	**cou**sine	**Rou**ssel

B. Présentations. You and your classmates will assume fictitious names from the list below. Make introductions and greet each other.

MODÈLE: A: Guy, voici Sylvie.
Guy: —Bonjour, Sylvie.
Sylvie: Bonjour, Guy.

feminine names	*masculine names*
Alice	David
Brigitte	Dominique
Camille	Emile
Christine	Guy
Dominique	Michel
Janine	Patrick
Lise	Philippe
Nathalie	Yves
Sylvie	

Leçon deux

IN THIS LESSON:

- terms for male family members
- the verb **avoir** (to have)
- the negative
- equivalents for *the* and *a*
- the notion of noun gender

MOTS NOUVEAUX

Toute la famille

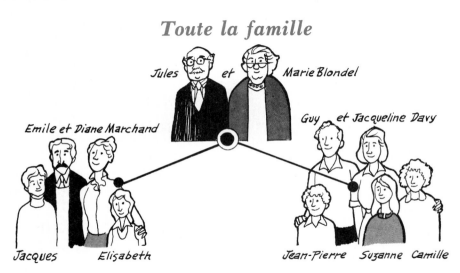

Jules et Marie Blondel

Emile et Diane Marchand   *Guy et Jacqueline Davy*

Jacques   Elisabeth   *Jean-Pierre   Suzanne   Camille*

man		**un homme**
boy		**le garçon**
husband	Le mari de Mme Blondel s'appelle Jules.	**le mari**
grandfather	C'est le grand-père de Jacques et le père	**le grand-père**
father	de Diane Marchand.	**le père**
	Le mari de Diane s'appelle Emile Marchand.	
uncle	C'est l'oncle de Suzanne et de Jean-Pierre.	**un oncle**
nephew	Jean-Pierre est le neveu de Mme Marchand	**le neveu**
brother	et le frère de Suzanne et de Camille.	**le frère**
(male) cousin	C'est aussi le cousin de Jacques et	**le cousin**
	d'Elisabeth.	
have	M. et Mme Davy ont trois enfants: un fils	**ont**
child	et deux filles.	**un(e) enfant**
son		**le fils**
grandson	M. et Mme Blondel ont deux filles, deux petits-fils et trois petites-filles.	**le petit-fils**

A. Qui est...? Answer according to the family tree on page 18.

> MODÈLE: Est-ce que Jules est le père de Suzanne?
> —Non, Jules est le grand-père de Suzanne.
> ou —Non, Guy est le père de Suzanne.

1. Est-ce que Jean-Pierre est le frère de Jacques?
2. Est-ce que Guy Davy est le père d'Elisabeth?
3. Emile est le frère de Diane?
4. Jacques est le neveu de Suzanne?
5. Jacques est le cousin d'Elisabeth?
6. Diane est la sœur d'Emile?
7. Jacqueline est la mère de Jacques?
8. Qui est Jacques?
9. Qui est Jules Blondel?
10. Qui est Guy?
11. Qui est Jean-Pierre?
12. Qui est Camille?

B. Identification. Describe each member of the family shown on page 18 in two different ways.

> MODÈLE: Emile Marchand
> —C'est le mari de Diane Marchand.
> —C'est le père de Jacques et d'Elisabeth.

1. Jacques
2. Suzanne
3. Guy Davy
4. Jules Blondel
5. Jacqueline Davy
6. Jean-Pierre
7. Camille
8. Diane Marchand
9. Marie Blondel

_____ **NOTES GRAMMATICALES**

Le verbe avoir (*to have*)

1. In French and English, verbs agree with their subjects in person and in number. English verbs have only two forms in the present tense (for example, *have* and *has*). French verbs have three to five spoken forms and sometimes six written forms in the present tense.
2. Here are the present tense forms of the verb **avoir** (to have). Memorize these verb forms along with their subject pronouns.

avoir (to have)

personne	*singulier*		*pluriel*	
1ᵉʳᵉ	**j'ai**	I have	**nous avons**	we have
2ᵉ	**tu as**	you have	**vous avez**	you have
3ᵉ	**il a**	he/it has	**ils ont**	they have
	elle a	she/it has	**elles ont**	they have

3. The **e** of **je** is elided (dropped) before **ai** and replaced by the apostrophe: **j'ai**.

4. In all the plural forms the final **-s** of the subject pronoun must be pronounced as /z/ at the beginning of the verb form. The sign of liaison is written here for clarification.

nous‿avons   vous‿avez   ils‿ont   elles‿ont
/z/   /z/   /z/   /z/

PRATIQUONS

Substitution. Use the stressed pronouns as cues for new subject pronouns. Pay attention to the form of **avoir**.

MODÈLE: J'ai deux frères. (lui, nous)
—Il a deux frères.
—Nous avons deux frères.

1. Ma cousine a une sœur. (elle, toi, vous, eux)
2. J'ai quatre cousines. (nous, lui, Marc et Philippe, elles)
3. Ils ont trois frères. (Christine et Julie, Martine, toi, vous)
4. Est-ce que tu as une sœur? (vous, lui, Louise, eux)
5. J'ai un cousin. (nous, vous, toi, Marie et Philippe)

Négation

1. To make a French sentence negative, put **ne** before the verb and **pas** after it. If the verb begins with a vowel, use **n'** before the vowel.

Il s'appelle Jean?   **Non, il *ne* s'appelle *pas* Jean.**
C'est Marie?   **Non, ce *n'*est *pas* Marie.**

2. To express the idea of "not any" in French, use **pas de** (**pas d'** before a noun beginning with a vowel).

Tu as deux frères?   **Non, je *n'*ai *pas de* frères.**
Elle a une cousine?   **Non, elle *n'*a *pas de* cousine.**
Vous avez un oncle?   **Non, nous *n'*avons *pas d'*oncle.**

PRATIQUONS

A. **Pas de famille.** The people below come from very small families. Answer the questions about them according to the model.

MODÈLE: Est-ce que Jean-Pierre a deux cousines?
—Non, il n'a pas de cousines.

1. Est-ce que Bruno a une sœur?
2. Est-ce que Geneviève a trois oncles?
3. Est-ce que Catherine a une nièce?
4. Paul a cinq cousins?
5. Guy a une grand-mère?
6. Jeanne a quatre tantes?
7. Janine et Sylvie ont un frère?
8. Marie et Richard ont un neveu?

9. Simon et Chantal ont huit cousines?
10. Jacques et Yves ont deux grands-pères?

B. Les Blondel. Answer the following questions according to the Blondel family tree at the beginning of the lesson.

MODÈLE: Est-ce que Jules Blondel a un fils?
—Non, il n'a pas de fils.
Il a une fille?
—Non, il a deux filles.

1. Est-ce que Marie Blondel a une fille?
2. Est-ce que Jacqueline a une sœur?
3. Est-ce que Jean-Pierre a un fils?
4. Suzanne a une grand-mère?
5. Guy a un grand-père?
6. Combien de cousines a Jacques?
7. Combien de neveux a Emile?
8. Combien de tantes a Diane?
9. Combien d'oncles a Jules?
10. Combien de petites-filles a Guy?

C. Et toi?

MODÈLE: Combien de sœurs est-ce que tu as?
—J'ai une sœur.
ou —J'ai trois sœurs.
ou —Je n'ai pas de sœurs.

1. Combien de frères est-ce que tu as?
2. Combien d'oncles est-ce que tu as?
3. Combien de grands-pères est-ce que tu as?
4. Combien de cousines est-ce que tu as?
5. Combien de filles est-ce que tu as?
6. Combien de filles a ta mère?
7. Combien de filles a ta grand-mère?
8. Combien de sœurs a ta mère?
9. Combien de fils a ton père?

D. À vous. Ask another class member questions like those in Ex. C. Take notes and be prepared to report your findings to the class.

MODÈLE: A: Est-ce que tu as une sœur?
B: Je n'ai pas de sœurs; j'ai deux frères.
A: (aux autres) Il/Elle a deux frères;
il/elle n'a pas de sœurs.

Le genre: les articles

1. In French, some type of article or adjective usually precedes a noun. Compare the nouns in the left and right columns:

le garçon	**la fille**
le père	**la mère**
le tableau	**la valise**

Mon cousin fait son service militaire dans la marine; il est marin.

Le and **la** are forms of the definite article (equivalent to *the* in English). The nouns on the left are *masculine* and take the form **le**; those in the right are *feminine* and take the form **la**.

All French nouns, whether they refer to people or things, are either masculine or feminine. The gender of a French noun (feminine or masculine) will determine the form of articles and adjectives. You must learn the gender of a French noun when you learn the noun.

2. For nouns designating people, the gender generally corresponds to the sex:

le cousin	la cousine
le frère	la sœur

But for nouns designating objects and abstract concepts there is no way of predicting gender from the meaning. You must memorize the gender of each noun. It is useful to learn nouns together with the appropriate articles: **la valise** [*suitcase*].

3. **Un** and **une** are the forms of the indefinite article, which corresponds to the English *a* or *an*. Compare:

un garçon	une fille
un père	une mère
un tableau	une valise

Use **un** for masculine nouns and **une** for feminine nouns.

4. Note that the word **oncle** begins with the vowel sound **on**. When the definite article appears before a noun beginning with a vowel, use the form **l'**:

l'oncle	un oncle

PRATIQUONS

A. **Transformation.** In each sentence, replace the family member named with its masculine or feminine counterpart. Be sure to use the appropriate definite article.

MODÈLE: Voici la sœur de Guy.
—Voici le frère de Guy.

1. Comment s'appelle la mère de Jean?
2. Voici la tante de Marie.
3. C'est la fille de Camille.
4. Est-ce que c'est la nièce de David?
5. Regardez la cousine d'Elisabeth.
6. Voici l'oncle de Patrick.
7. Ce n'est pas le grand-père de Pierre?
8. Comment s'appelle le neveu de Mme Davy?

B. **C'est le contraire.** Answer each question by naming the parallel family member of the opposite sex.

MODÈLE: Pierre a un frère?
—Non, il a une sœur.

1. M. Davy a un fils?   2. Mlle Patou a un neveu?

3. Ils ont un oncle?
4. Elles ont un cousin?
5. Patrick a une cousine?
6. Marcel a une petite-fille?
7. Mme Durand a une sœur?
8. Elle a une nièce?

Le genre: les adjectifs possessifs

1. In Lesson 1, you learned the feminine forms of the possessive adjective: **ma**, **ta**, **sa**. The corresponding masculine forms are **mon**, **ton**, **son**.

mon frère	*my brother*	**ma sœur**	*my sister*
ton fils	*your son*	**ta fille**	*your daughter*
son père	*his/her father*	**sa mère**	*his/her mother*

Before **oncle** the possessive adjective contains a liaison **n**:

mon‿oncle	**ton‿oncle**	**son‿oncle**
/n/	/n/	/n/

The form of the possessive adjective depends on the gender of the noun it accompanies.

C'est *le* **frère de Marie.**	**C'est** *son* **frère.**	It's *her* brother.
C'est *le* **frère de Jacques.**	**C'est** *son* **frère.**	It's *his* brother.

2. Here is a summary of the articles and adjectives presented so far:

	masculine	*feminine*
definite article	le	la
indefinite article	un	une
possessive adjectives	mon ton son	ma ta sa

PRATIQUONS

A. **Substitution.** Replace the noun in each sentence with the one given. Use the appropriate possessive adjective.

MODÈLE: Voici ma nièce. (fils, cousine)
—Voici mon fils.
—Voici ma cousine.

1. Voici son grand-père. (tante, fils, fille)
2. Est-ce que c'est ta cousine? (sœur, père, grand-mère)
3. Comment s'appelle ton père? (grand-père, nièce, petite-fille)
4. C'est ma tante. (mère, cousin, frère)
5. C'est sa fille, n'est-ce pas? (neveu, fils, sœur)
6. Combien de cousins a sa femme? (mari, frère, fille)

B. **La famille de Jacqueline Davy.** Look at the family tree at the beginning of the lesson. How is each of these people related to Jacqueline Davy?

MODÈLE: Guy Davy
—C'est son mari.

1. Jean-Pierre Davy	4. Diane Marchand	7. Camille
2. Suzanne	5. Jules Blondel	8. Jacques
3. Elisabeth	6. Marie	

SITUATION

student/teacher

Un élève *et* un professeur

middle school
bookstore

*Jean-Pierre, un élève au **collège**, rencontre son professeur de français à **la librairie**.*

JEAN-PIERRE: Bonjour, Monsieur.
M. DUMAS: Bonjour, Jean-Pierre.
JEAN-PIERRE: Comment allez-vous, Monsieur?
M. DUMAS: Bien, merci. Et toi?
JEAN-PIERRE: Très bien.

better
M. DUMAS: Ta mère va **mieux**?
JEAN-PIERRE: Oui, merci.
M. DUMAS: Bon, au revoir, Jean-Pierre.
See you tomorrow.
JEAN-PIERRE: Au revoir, Monsieur. **À demain**.

DISCUSSION

where
1. **Où** est Jean-Pierre?
2. Qui est M. Dumas?
3. Comment va la mère de Jean-Pierre?
4. Est-ce que Jean-Pierre est à l'université?

NOTES CULTURELLES

In speaking to younger students, a teacher will often use **tu**; the student answers with **vous**.

PRONONCIATION ET ORTHOGRAPHE

Le son /a/ et le rythme

Pronounce French words of more than one syllable with fairly even rhythm and with equal stress, as if you were counting.

The /a/ sound is intermediate between the vowels of English "pat" and "pot." Pronounce /a/ with your lips apart but tense. Remember to give the /a/ sound its full value when pronouncing French syllables. Do not cut it short or slur it in any way.

ORTHOGRAPHE

The letter **a** represents the vowel sound /a/; **ça va**, **Madame**. The combination **oi** represents the sound sequence /wa/: **toi, voici**.

PRATIQUONS

A. **Imitation.**

ça va	la fille	voi-ci
pas mal	sa mère	cou-sine
ma-dame	s'a-ppelle	co-mment

B. **Identification.** In response to a classmate's question, identify the various persons in the Blondel family tree (p. 18).

MODÈLES: Lui?
—Il s'appelle Jules.
Elle?
—Elle s'appelle Camille.
C'est sa mère?
—Non, c'est sa cousine.

Leçon trois

IN THIS LESSON:

- terms for activities such as singing, dancing, working, watching television
- regular **-er** verbs
- the pronoun *on*
- equivalents for *our, your, their*
- articles and possessive adjectives before a noun beginning with a vowel

MOTS NOUVEAUX

Au dortoir

to live in a dormitory
 in an apartment
 in a house
 in Paris

Jean-Marc Leclerc habite un dortoir.

habiter un dortoir
 un appartement
 une maison
 à Paris

during the weekend

Le week-end, Jean-Marc ne travaille pas. **le week-end**

Il mange beaucoup. Il regarde la télé
avec son camarade de chambre, François.

travailler	to work
manger	to eat
beaucoup	a lot
regarder la télévision	to watch television
avec	with
le/la camarade de chambre	roommate
le/la camarade de classe	classmate

Ils écoutent la radio aussi.

Ils chantent souvent.

écouter la radio	to listen to the radio
chanter	to sing
la chanson	song
souvent	often

Ils adorent le jazz et le rock.
François a six disques de musique de jazz.
Jean-Marc déteste la musique classique,
mais il aime la danse.

le disque	record
mais	but
aimer	to like, to love

Le week-end, il danse avec sa petite
amie, Chantal.

la petite amie	girlfriend
le petit ami	boyfriend

Avec François, il joue au football.

jouer au football	to play soccer
au hockey sur glace	to play ice hockey
au football américain	
au tennis	
au basketball	
au volleyball	

Jean-Marc aime beaucoup le week-end,
mais il déteste le lundi.

le lundi	Mondays

to study English
  French
  Spanish
  German
	Le lundi, il étudie l'anglais.	**étudier l'anglais** (m.)
		  le français
		  l'espagnol (m.)
		  l'allemand (m.)

to speak a little	Il parle un peu anglais.	**parler** **un peu**
chemistry history literature	Le lundi, il étudie aussi la chimie et l'histoire.	**la chimie** **l'histoire** (f.) **la littérature**
in the evening newspaper	Le soir, il regarde le journal.	**le soir** **le journal**

PRATIQUONS

Les activités. Read the following story then tell who does which activity.

Je m'appelle Charles Martin. J'habite à New York. J'étudie le français et la chimie. Mes parents travaillent beaucoup. Mon père joue aussi au tennis et regarde la télé; ma mère chante et danse souvent. Elle aime la musique classique. Moi, j'écoute un peu la radio, mais je ne danse pas.

so

J'ai une sœur, Monique, qui parle français et allemand. Son mari travaille à Paris **alors** ils habitent là-bas.

MODÈLE: Qui regarde la télé?
—le père de Charles

1. Qui étudie la chimie?
2. Qui travaille beaucoup?
3. Qui joue au tennis?
4. Qui danse?
5. Qui aime la musique classique?
6. Qui écoute la radio?
7. Qui ne danse pas?
8. Qui parle allemand?
9. Qui travaille à Paris?
10. Qui habite à Paris?

NOTES GRAMMATICALES _____

Le présent des verbes en -er

1. To talk about what you are doing now or what you do habitually, you use the present tense. The French present tense corresponds to three English forms:

   j'écoute   *I listen*
                I am listening
                I do listen

2. Most French verbs follow one pattern for forming the present tense. Since their infinitive ends in **-er**, they are called **-er** or "first conjugation" verbs.

3. To form the present of **-er** verbs, start with the infinitive and remove the **-er** ending:

infinitive:	regarder	aimer	étudier
present stem:	regard-	aim-	étudi-

Then add the endings for the six persons:

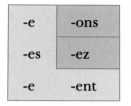

-e	-ons
-es	-ez
-e	-ent

Note that there are the same endings as those of **s'appeler** (to be named). **S'appeler** is an **-er** verb.

4. For example:

parler (to speak)

personne	*singulier*	*pluriel*
1ère	je parl**e**	nous parl**ons**
2^e	tu parl**es**	vous parl**ez**
3^e	il elle } parl**e**	ils elles } parl**ent**

The **-er** verbs have three different spoken forms. The four forms inside the lighter boxes are pronounced alike. Their boldface endings are written but not pronounced.

5. Remember: To make a sentence negative, place **ne** (or **n'**) before the verb and **pas** after it.

Est-ce que vous étudiez l'anglais? —Non, je **n'**étudie **pas** l'anglais.

Est-ce qu'ils chantent souvent? —Non, ils **ne** chantent **pas** souvent.

6. **Ouvrir** (to open) takes the same endings as **-er** verbs in the present tense:

personne	*singulier*	*pluriel*
1ère	j'ouvre	nous ouvrons
2^e	tu ouvres	vous ouvrez
3^e	il elle } ouvre	ils elles } ouvrent

7. Pronunciation and spelling changes:
   a. Before verbs beginning with a vowel sound, the **e** of **je** is elided (dropped) and replaced by the apostrophe (').

   > elision: j'aime   j'écoute   j'habite

   The **h** of **habiter** (to live) is silent; the verb in fact begins with the vowel sound **a**.
   b. The **-s** of the plural pronouns **nous**, **vous**, **ils**, and **elles** is pronounced as liaison /z/ before a vowel sound:

   > nous‿aimons   ils‿étudient
   > vous‿habitez   elles‿écoutent

   In the third person plural the presence of /z/ serves to distinguish that verb form from the corresponding singular form:

   > Compare: *il aime* vs. *ils‿aiment*
   > *elle habite* vs. *elles‿habitent*

   c. Verbs of the **-er** group whose stem ends in **g-** or **c-** show minor spelling adjustments in the first person plural form:

nager (to swim)		**commencer** (to begin)	
je nage	nous nag**e**ons	je commence	nous commen**ç**ons
tu nages	vous nagez	tu commences	vous commencez
il elle } nage	ils elles } nagent	il elle } commence	ils elles } commencent

Before the vowels **a**, **o**, **u**, the letters **g** and **c** have a "hard" pronunciation, that is, /g/ and /k/ respectively. In order to preserve the regular "soft" pronunciation of these letters, namely /ʒ/ and /s/, **e** is added after **g** and the cedilla (ˎ) is added to **c**. Other verbs showing these spelling adjustments include:

> **changer**   **voyager** (to travel)
> **manger**   **placer** (to place)

PRATIQUONS

A. **Quelques activités.** Answer, using the expression indicated.

> MODÈLE: Je travaille. Et toi? (écouter la radio)
> —Moi, j'écoute la radio.

On joue du rock.

1. Je regarde la télé. Et vous? (travailler)
2. Je chante un peu. Et toi? (danser)
3. Nous étudions l'histoire. Et toi? (le français)
4. Christine et Robert parlent beaucoup. Et vous? (un peu)
5. Je déteste la chimie. Et vous? (adorer)
6. Diane et son frère parlent anglais. Et Yves et sa sœur? (allemand)
7. Nous détestons le jazz. Et toi? (aimer)
8. Elle joue au volleyball. Et eux? (au football américain)

B. Un étudiant. Read the following paragraph about Mamadou, a Senegalese student.

Mamadou habite au Sénégal, à Dakar. Il parle français et wolof. Il ne travaille pas. Il étudie à l'Université de Bordeaux. Il aime bien l'histoire mais il déteste la chimie. Il adore la danse et il aime aussi la musique classique. Il écoute souvent la radio.

Now retell the entire story from the following points of view:

1. Mamadou talking about himself and his cousin. («Nous habitons . . .»)
2. You are talking about Mamadou and his cousin. («Ils habitent . . .»)
3. You are asking Mamadou questions. («Est-ce que tu habites . . .?»)
4. You are asking both Mamadou and his cousin questions. («Est-ce que vous habitez . . .?»)
5. Mamadou is talking about himself. («J'habite . . .»)
6. Now use the paragraph above as a model to tell about yourself. (**Aux États-Unis** = *in the United States*)

C. Ce soir (tonight). Find out what another class member is doing tonight by asking questions like those in the model. Be ready to tell the class what you learn.

MODÈLE: A: Est-ce que tu regardes la télé ce soir?
B: —Non, je déteste la télé.
A: Tu danses?
B: —Non, j'étudie la chimie.
A: Il/Elle étudie la chimie ce soir.

Le pronom on

1. The pronoun **on** is used in two ways:
   a. To refer to an indefinite, general subject:

On **parle français au Sénégal.**	*People (in general) speak French in Sénégal.* OR *French is spoken in Sénégal.*
On **étudie beaucoup à l'université.**	*People study a lot at the university.* OR *One studies a lot at the university.*

b. As the equivalent of **nous**. This usage is frequent in spoken French, particularly among younger people.

Est-ce qu'*on* regarde la télé ce soir?   *Shall we watch T.V. tonight?*
—Non, *on* écoute la radio.   *—No, we'll listen to the radio.*

2. On always takes the same verb forms as **il** and **elle**.

il travaille, elle travaille, on travaille
il joue, elle joue, on joue
il a, elle a, on a

PRATIQUONS

A. À l'université. Use the cue given to make general statements about life at your university.

MODÈLE: écouter la radio
    —On écoute souvent la radio.
  ou —On n'écoute pas la radio.

1. regarder la télé
2. jouer au basketball
3. étudier la littérature
4. danser
5. travailler
6. habiter un dortoir
7. chanter
8. parler allemand

B. Logique! What do people generally do or not do in the following situations?

MODÈLE: On aime le jazz, alors, . . .
    —on écoute souvent la radio.

1. On n'a pas de télé, alors, . . .
2. On déteste la musique classique, alors, . . .
3. On n'aime pas le dortoir, alors, . . .
4. C'est le week-end, alors, . . .
5. Le lundi, . . .
6. Souvent, à l'université, . . .
7. Au dortoir, . . .
8. On étudie l'espagnol, alors, . . .

Les adjectifs possessifs notre, votre, leur

1. Like English (*our, your, their*), French uses certain possessive adjectives to indicate possession by more than one person.

Nous avons un père.	**C'est *notre* père.**	*He's our father.*
Vous avez un frère.	**C'est *votre* frère.**	*He's your brother.*
Ils/elles ont un neveu.	**C'est *leur* neveu.**	*He's their nephew.*

2. There is no distinction between masculine and feminine for **notre**, **votre**, and **leur**.

C'est **notre** père.	C'est **notre** mère.
C'est **votre** neveu.	C'est **votre** nièce.
C'est **leur** cousin.	C'est **leur** cousine.

PRATIQUONS

A. Transformation. Replace each possessive adjective with that of the corresponding singular person.

> MODÈLE: C'est notre cousine.
> —C'est **ma** cousine.
> C'est leur neveu.
> —C'est **son** neveu.

1. C'est votre père.
2. Voici notre tante.
3. J'habite avec leur fille.
4. Lise est notre sœur.
5. Comment s'appelle votre mère?
6. Est-ce que c'est leur grand-père?
7. Regardez votre nièce!
8. Comment s'appelle leur cousin?

B. Logique. Use appropriate possessive adjectives to point out the people mentioned in the statements.

> MODÈLE: Nous avons une fille.
> —Voici notre fille.
> Ils ont un père.
> —Voici leur père.

1. J'ai une sœur.
2. Tu as un grand-père.
3. Vous avez un neveu.
4. Nous avons une nièce.
5. Elle a une tante.
6. Elles ont un cousin.
7. J'ai une grand-mère.
8. Ils ont une fille.

Les adjectifs possessifs et les articles devant une voyelle

1. Before all nouns beginning with a vowel, both masculine and feminine, these possessive adjectives are used:

singulier	pluriel
mon	notre
ton	votre
son	leur

2. Note the pronunciation of certain possessive adjectives before a vowel:
   a. In addition to the nasal vowel /ɔ̃/, **mon, ton,** and **son** contain a final /n/ sound which is pronounced at the beginning of the following noun: **son ami** /sɔ̃ nami/.
   b. When **notre** and **votre** come before a vowel, the final **-e** is not pronounced.

	féminin	masculin
before consonant:	ma sœur	mon frère
	notr**e** mère	notr**e** père
before vowel:	ton‿amie	ton‿ami
	/n/	/n/
	votr**e** amie	votr**e** ami

3. When the definite article appears before a noun beginning with a vowel, use the form **l'**.

	féminin	*masculin*
before consonant:	la fille	le fils
before vowel:	l'amie	l'ami

4. Before a vowel the indefinite article is **un** in the masculine and **une** in the feminine. When a noun begins with a vowel, only the indefinite article will tell you whether the noun is masculine or feminine. Compare:

féminin	*masculin*
une enfant	un‿enfant
	/n/
l'enfant	l'enfant
son‿enfant	son‿enfant
/n/	/n/

Therefore, learn nouns beginning with a vowel together with the indefinite article: **une affiche** (poster).

5. Here is a chart of the full set of singular possessive adjectives:

singulier				*pluriel*	
personne	*masculin*	*féminin*	*masculin et féminin devant voyelle*	*masculin*	*féminin*
1ère	mon	ma	mon‿	notre	
2e	ton	ta	ton‿	votre	
3e	son	sa	son‿	leur	

PRATIQUONS

A. **Substitution.** Replace the noun in each sentence by those suggested. Use the correct possessive adjective.

MODÈLE: Voici ma sœur. (amie, frère)
—Voici mon amie.
—Voici mon frère.

1. C'est mon oncle. (père, sœur, ami)
2. Comment s'appelle ta nièce? (neveu, enfant, fille)
3. Voici notre cousine. (cousin, oncle, tante, amie)
4. Regardez leur enfant. (ami, grand-mère, oncle, frère)

B. **Imaginez!** Voici la famille Badeau: Monique et André sont les parents de Martine et de Paul. La femme de Paul s'appelle Julie. Paul et Julie ont un fils, Christophe. Voici ensuite la famille Julien: Louise et François ont deux enfants, Margot et Robert. La femme de Robert s'appelle Antoinette, et leur fille s'appelle Madeleine.

Four class members will pretend to be M. and Mme Badeau and M. and Mme Julien. Ask them questions about their families. Check their answers on the family tree.

MODÈLES: Martine
A: (à M. et Mme Badeau) Est-ce que Martine est votre fille?
B: —Oui, elle est notre fille.

Madeleine
A: (à M. et Mme Badeau) Madeleine est votre fille?
B: —Non, Madeleine est leur petite-fille
(la petite-fille de M. et Mme Julien).

1. Paul
2. Robert
3. Christophe
4. Margot
5. Madeleine
6. Martine

SITUATION

Au dortoir

*Valérie **cherche** un camarade de classe, Pascal, dans son dortoir.*   **chercher** to look for

VALÉRIE: Où est Pascal?
RICHARD: Dans sa chambre.
VALÉRIE: Il travaille?
RICHARD: Lui, travailler! Tu **plaisantes**.   **plaisanter** to joke
VALÉRIE: Alors, **qu'est-ce qu'il fait**?   what/**faire** to do
RICHARD: Il est avec des amis. Ils écoutent des disques de musique rock. Et aussi, ils composent une chanson pour **la boum**.   party
VALÉRIE: Composer une chanson, c'est travailler!

Cette étudiante est sérieuse; elle travaille le soir dans sa chambre de dortoir.

DISCUSSION

1. Où est Richard? et Valérie?
2. Où est Pascal?
3. Est-ce qu'il travaille?
4. Qui est dans sa chambre?

course, class

5. Est-ce que Pascal travaille pour **un cours**?

PRONONCIATION ET ORTHOGRAPHE ————————

Les voyelles du français

French has thirteen basic vowels and twenty basic consonants. As in all languages, the exact number of distinct sounds varies according to a given speaker's place of origin, social class status, style of speech used, etc.

The thirteen basic vowels of French are listed below in their most frequent spellings:

/i/	**il**, Sylv**ie**	/u/	j**ou**r
/e/	d**é**sol**é**, dans**er**	/o/	z**é**r**o**, bient**ô**t, tabl**eau**, **au**
/ɛ/	la m**è**re, **e**lle	/ɔ/	il ad**o**re
/a/	il **a**	/ẽ/	c**in**q, b**ien**, l**un**di
/y/	t**u**	/ã/	**an**glais, comm**en**t
/ø/	d**eu**x	/õ/	b**on**
/œ/	l**eu**r, s**œu**r		

Note: Many speakers use a different nasal vowel, [œ̃], in words spelled with **un**: **un**, **lun**di.

A. Comment? Provide appropriate dialogue for each of the situations described.

MODÈLE: A boy and a girl are saying goodbye.
«À bientôt.» «Au revoir!»

1. A girl is walking into the street as a car approaches; a man pulls her back.
2. A boy is completing a problem on the blackboard by writing $2+2=5$; the teacher is watching.
3. A girl is speaking Spanish to a boy; the boy is shrugging his shoulders.
4. A man is picking up a fallen package for a woman whose arms are full.
5. A girl is talking to a man; he's holding his hand to his ear.
6. Two women are shaking hands.
7. A student in class has a hand raised.
8. A student is wearing headphones.
9. A girl is completing a problem on the blackboard by writing $2+2=4$; the teacher is watching.
10. Two people bump into each other.

B. Un puzzle. Add the numbers vertically, horizontally, or diagonally to get 10. Do all directions add up to 10? Read out your answers in French.

MODÈLE: | 1 | 5 | 4 | you say: $1+5=6$
$6+4=10$

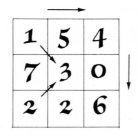

Now try to construct a similar puzzle using the numbers 0–10.

C. La famille. For each sentence change the boldface noun to its masculine or feminine counterpart. Be sure to change the article or possessive adjective.

MODÈLE: C'est la **sœur** de Suzanne.
—C'est le frère de Suzanne.

1. Voici ma **femme**.
2. Comment s'appelle ton **neveu**?
3. Nous n'avons pas de **fils**.
4. Est-ce que son **mari** travaille ici?
5. Elle a une **cousine**.
6. Voilà mon **ami**.
7. Notre **grand-mère** a deux sœurs.
8. Ce n'est pas votre **tante**?
9. Leur **frère** s'appelle Dominique.
10. Voici la **tante** de Robert.

D. **Ce n'est pas ça.** Answer each question with **non**; then give the response suggested by the picture.

MODÈLE: Vous et Mathieu, est-ce que vous regardez la télé?
—Non, nous ne regardons pas la télé.
Nous écoutons la radio.

(Modèle)

1. Est-ce que Dominique parle anglais?

2. Est-ce qu'on danse à l'université?

3. Pierre et Michèle aiment la musique rock?

4. Est-ce qu'on travaille?

5. Est-ce qu'il aime la chimie?

6. Est-ce que Marc a une sœur?

7. Vous habitez à New York?

E. **Interview.** Ask questions of a classmate to determine whether the statements below are true (**vrai**) or false (**faux**) for that person. Take notes on his/her answers, then use the information to write a paragraph about that person.

   MODÈLE: A: (no. 1) Comment est-ce que tu t'appelles?
   B: Je m'appelle Alain.
   A: (no. 8) Tu n'aimes pas la musique classique, n'est-ce pas?
   B: Non, j'aime le rock.
   etc.

   1. Il/elle s'appelle Claude.
   2. Il/elle a trois sœurs.
   3. Il/elle habite à Chicago.
   4. Il/elle étudie la chimie.
   5. Il/elle travaille beaucoup.
   6. Il/elle aime le français.
   7. Il/elle parle espagnol.
   8. Il/elle aime la musique classique.
   9. Il/elle regarde souvent la télé.
   10. Il/elle déteste le jazz.

F. **Parlons de vous.**
   1. Tell the class five things about your family:

      —Ma mère s'appelle Marie. Mon père s'appelle David. J'ai une sœur, mais je n'ai pas de frères. Ma sœur s'appelle Christine, etc.

      Another member of the class will draw your family tree on the blackboard. The class as a whole may correct the student at the board.

   2. Find someone in your class who does each of the things listed below. Note who does what and report back to the class.

      MODÈLE: étudier beaucoup le week-end
      A: Est-ce que tu étudies beaucoup le week-end?
      B: —Oui, j'étudie beaucoup le week-end.
      A: (aux autres) Jeanne étudie beaucoup le week-end.

   What if no one does? Say **Personne n'étudie beaucoup le week-end**. (*Nobody studies a lot on the weekend.*)

1. chanter dans la salle de bain (*bathroom*)
2. écouter souvent la musique des Rolling Stones
3. travailler le week-end
4. danser le tango
5. étudier la littérature
6. parler bien l'italien
7. regarder souvent la télé
8. étudier dans un restaurant

LE SAVIEZ-VOUS?

Le français dans les Amériques

French is one of the most widely used languages in the world. It is the language of everyday communication in three European countries in addition to France. French is spoken in parts of Belgium and Switzerland, and the Valley of Aosta in northern Italy. It is the

A la campagne en Haïti: des femmes vont vendre des légumes au marché de Kenskof.

Au pays cadjin: on achète du bon boudin chez Doucet.

official language of a dozen African nations. In the Americas, it is the fourth most widely spoken language, after English, Spanish, and Portuguese. French is spoken by nearly ten million inhabitants in the province of Quebec and in several other provinces of Canada. In the West Indies, French is used alongside Creole in Haiti and in the overseas French *départements*[1] of Guadeloupe, Martinique and Guyana.

Strictly speaking, French is not a "foreign" language in the United States. In Southwestern Louisiana, from 250,000 to 500,000 people still speak a variety of French called Cajun. French is also spoken in parts of New England. There are surviving small groups of French speakers in such widely separated places as Old Mines, Missouri (near St. Louis), Green Bay, Wisconsin, and St. Thomas in the U.S. Virgin Islands.

Now read about this topic in French:

Le français est, **après** l'anglais, l'espagnol et le portugais, une **des** quatre **grandes** langues des Amériques.	after of the/important
Le français est la langue officielle de la province de Québec au Canada, de **l'état** indépendant d'Haïti et des départements français **d'outre-mer** de la Guadeloupe, de la Martinique et de la Guyane.	state overseas
On parle aussi français aux États-Unis. En Louisiane **environ** 300.000 personnes parlent le cadjin, une variété de français, **ou** le créole. On **retrouve** le français en Nouvelle-Angleterre (dans le Maine ou le Vermont, par exemple), dans le Missouri (à Old Mines, **près de** Saint-Louis) et à Saint-Thomas dans les Iles Vierges américaines.	about or **retrouver** to find near

[1] A **département** is an administrative subdivision, or district, of France. Guadeloupe, Martinique, and Guyana are integral parts of France; they are numbered among the **départements français d'outre-mer** (D.O.M.), the overseas French **départements**.

CONNAISSANCE DU TEXTE

Answer these questions briefly in French according to the text above.

1. Est-ce que le français est une grande langue des Amériques?
2. Est-ce que le français est la langue officielle de la province d'Ontario?
3. Est-ce que la Martinique est un département français?
4. Est-ce qu'on parle français aux Etats-Unis? **Où?**
5. **Quelles** langues est-ce qu'on parle en Louisiane?

where
which

Identifications et descriptions

Chapitre 2

YVESSAINTLAURENT

Leçon quatre

IN THIS LESSON:

- terms for the classroom and classroom objects
- identifying and defining objects and the status of people
- giving commands and making suggestions
- the plural

MOTS NOUVEAUX

Qu'est-ce que c'est?

PRATIQUONS

A. Qui a ça? Ask your classmates if they have these objects.

MODÈLE: une gomme
    A: Est-ce que tu as une gomme?
    B: —Oui, j'ai une gomme. Voici ma gomme.

1. un livre de français
2. un stylo
3. un crayon
4. une gomme

5. un feutre
6. une carte
7. une règle
8. une image

La salle de classe

The classroom

Dans la salle de classe, **il y a** quatre **fenêtres** et dix **chaises**. **Ici** il y a **une table**. **Au mur**, il y a **un tableau noir** et **une affiche**. **Le drapeau** est **là**, **près de la porte**. **Sur le bureau** il y a un livre et un stylo. Il y a un cahier dans **la corbeille**. **Voici un étudiant**.
—**Où** est **le professeur**?—**Là-bas**, il écoute **une étudiante**.

in/there is, there are/**la fenêtre**, window/**la chaise**, chair/here/ table/on/wall/blackboard poster/flag/there/near/door/on desk/wastecan/here's/male student/where/teacher/over there/female student

B. **Substitution.** Replace the underlined item in each sentence by the suggested nouns. Provide the correct article or possessive adjective.

MODÈLE: C'est <u>une table</u>. (drapeau, image)
—C'est un drapeau.
—C'est une image.

1. Il y a <u>un feutre</u> sur la table. (gomme, stylo, crayon)
2. Est-ce que vous avez <u>mon livre</u>? (règle, magnétophone, table)
3. Il y a <u>une fenêtre</u> dans la salle. (tableau, table, bureau)
4. Voici <u>notre cassette</u>. (carte, magnétophone, salle)
5. Il y a <u>une chaise</u> là-bas. (corbeille, drapeau, porte)
6. Ils ont <u>sa bande</u>. (affiche, image, crayon)

NOTES GRAMMATICALES

Identification et définition: voici, voilà; il y a; c'est, ce sont

1. **Voici** and **voilà** point out persons or things. These are generally interchangeable, except that **voici** may be used to emphasize nearness to the speaker and **voilà** remoteness. They are used with both singular and plural nouns.

Voici ton magnétophone.	*Here/There is your tape recorder.*
Voici M. et Mme Durand.	*Here/There are M. and Mme Durand.*
Voilà le professeur.	*Here's/There's the teacher.*
Voilà Paul et André Potin.	*Here/There are Paul and André Potin.*

2. **Il y a** indicates the *existence* or the *presence* of a person or thing. It is used with both singular and plural nouns.

Il y a un enfant là-bas.	*There's a child over there.*
Il y a quatre fenêtres dans la salle de classe.	*There are four windows in the classroom.*
Qu'est-ce qu'il y a sur la table?	*What is there on the table?*
Il n'y a pas de crayons ici.	*There are no pencils here.* *There aren't any pencils here.*

3. **C'est** (and **ce sont** in the plural) define things or state a person's identity or status.

C'est une règle.	*That's a ruler. It's a ruler.*
C'est un garçon.	*It's a boy. He's a boy.*
Ce sont des professeurs d'anglais.	*They're/These are English teachers.*
Ce n'est pas mon frère.	*That's/He's not my brother.*

PRATIQUONS

A. Où est...? Point out the person or thing mentioned. Use the cue provided.

MODÈLE: Où est la règle? (là) Où est Patrick? (ici)
—Voilà la règle. —Voici Patrick.

1. Où est le cahier? (là)
2. Où est Michèle? (ici)
3. Où est la craie? (là)
4. Où est le tableau? (là)
5. Où est la chaise? (ici)
6. Où est le bureau? (là)
7. Où est Richard? (là)
8. Où est ton ami? (ici)

B. Qu'est-ce qu'il y a? Use the expressions **il y a** and **il n'y a pas de** to describe your classroom.

MODÈLE: stylo: Il y a un stylo.
règle: Il n'y a pas de règle.

1. livre
2. chaises
3. cahier
4. magnétophone
5. gomme
6. carte
7. drapeau
8. étudiant
9. feutre

L'impératif

1. The imperative or command form of a verb is used to give commands or make suggestions:

fermer	**Ferme la porte!**	*Close the door!*
ouvrir	**Ouvrez la fenêtre!**	*Open the window!*
apporter	**Apportons les livres!**	*Let's bring the books!*

2. The **tu**-form of the imperative for **-er** verbs does not have a final **-s**: **Tu comptes** but **Compte**!

3. Like the present tense, the imperative **tu**-form is used for persons with whom one is on an informal basis. The **vous** or **-ez**-form is used to give a command either (1) to more than one person or (2) to one person with whom one is on a formal basis. Compare:

Pierre, apporte la chaise, s'il te plaît! (apporter)	*Pierre, bring the chair, please!*
Sophie et Philippe, entrez dans la salle, s'il vous plaît! (entrer)	*Sophie and Philippe, come into the room, please!*
Madame Guérin, montrez la carte, s'il vous plaît! (montrer)	*Madame Guérin, show the map, please!*

4. **Moi** is attached to the verb with a hyphen to indicate that the action is to be done for the benefit of the speaker:

Nathalie, apporte-moi ton livre!	*Nathalie, bring me your book!*
Sylvie et Christophe, donnez-moi l'affiche!	*Sylvie and Christophe, give me the poster!*

5. The imperative **nous**-form is used for suggestions. It is equivalent to the English "let's, let us":

Étudions avec Pierre!	*Let's study with Pierre!*

6. To form the negative imperative, put **ne**(**n'**) in front of the verb and **pas** after it:

N'ouvre pas la porte!	*Don't open the door!*
Ne regardez pas le livre!	*Do not look at the book!*
N'étudions pas le français!	*Let's not study French!*

7. Here are the imperative forms of some useful irregular verbs:

infinitive	informal	formal/plural	suggestion
écrire (to write)	**écris!**	**écrivez!**	**écrivons!**
lire (to read)	**lis!**	**lisez!**	**lisons!**
dire (to tell, to say)	**dis!**	**dites!**	**disons!**
aller (to go)	**va!**	**allez!**	**allons!**

8. The following **-er** verbs were introduced in this section:

apporter	*to bring* (*things*)
compter de 1 jusqu'à 10	*to count from 1 to 10*
donner	*to give*
entrer	*to enter*
fermer	*to close*
montrer	*to show*

PRATIQUONS

A. **Des ordres.** Use the verbs and phrases below to give commands to classmates.

MODÈLE: regarder le tableau
—Robert, regarde le tableau, s'il te plaît!

1. parler plus fort
2. écouter le professeur
3. montrer l'affiche
4. compter de 5 jusqu'à 10
5. regarder le monsieur
6. aller à la porte
7. ouvrir le livre
8. lire la page 8
9. écrire «bonjour»
10. dire «au revoir» à une étudiante

B. **Non!** Answer each question with a negative command.

MODÈLES: Est-ce que je ferme la fenêtre?
—Non, ne ferme pas la fenêtre!
Est-ce que nous écoutons les bandes?
—Non, n'écoutez pas les bandes!

1. Est-ce que je parle anglais?
2. Je montre la carte?
3. Je lis la dictée?
4. Je dis «au revoir»?
5. Nous écrivons les phrases?
6. Nous étudions la chimie?
7. Nous comptons jusqu'à 10?
8. Nous lisons le livre?

C. **Situations.** Give formal or informal commands depending on your relationship with the person to whom you are speaking.

MODÈLES: Dites à votre sœur
d'ouvrir le cahier.
—Ouvre le cahier,
s'il te plaît!

*Tell your sister to
open the notebook.*

Dites à M. Dumas de
fermer la porte.
—Fermez la porte,
s'il vous plaît!

*Tell M. Dumas to
close the door.*

1. Dites à votre mère de parler plus fort.
2. Dites à votre cousine et à votre sœur de regarder le drapeau.
3. Dites à votre professeur d'apporter la craie.
4. Dites à la dame d'ouvrir le cahier.
5. Dites à Monsieur Eugène de fermer le livre.
6. Dites à Jacques de montrer l'image à Paul.
7. Dites à votre grand-mère d'apporter le livre.
8. Dites à Suzanne et à Guy d'aller au tableau.
9. Dites à un étudiant d'écrire le mot au tableau.
10. Dites à Hélène et à Margot de lire la phrase plus fort.

D. **Donne-moi...** Tell a classmate to give you four things. He/She will give you the object and say "OK, here it is."

MODÈLE: Donne-moi ton livre, s'il te plaît!
—D'accord, voici mon livre.

E. **Le dictateur.** Use the verbs listed below to give two classmates commands. They will decide whether or not to carry them out.

fermer	montrer	apporter
ouvrir	compter	lire
donner	entrer	aller
		dire

MODÈLE: A: Fermez la porte, s'il vous plaît!
B: —D'accord, je ferme la porte.
ou C: —Non, je ne ferme pas la porte.

Le pluriel des substantifs, des articles et des adjectifs possessifs

1. Notice how nouns are made plural:
   a. For most nouns, add -**s**:

un cousin	trois cousin**s**
une cousine	deux cousine**s**
un oncle	quatre oncle**s**

b. For nouns that end in **-eau**, add **-x**:

un drapeau	cinq drapeau**x**
un bureau	six bureau**x**

c. For nouns that end in **-al**, change to **-aux**:

un journ**al**	sept journ**aux**[1]

2. Since final **-s** or **-x** is not pronounced, the spoken cue for plural usually occurs *before* the noun rather than at the end, as in English. Compare:

la **table**/*les* **tables**   *the table/the tables*

3. Remember that the singular forms of articles and possessive adjectives are different for masculine and feminine nouns (except in certain cases before a vowel). However, there is no masculine/feminine distinction in plural articles and possessive adjectives. For example, the plural form **les** corresponds to both **la** and **le**.

4. Here are the singular and plural forms of the definite and indefinite articles and the possessive adjectives:

	singulier			*pluriel*
	masculin		*féminin*	*masculin/féminin*
article défini	le/l'		la/l'	les
article indéfini	un		une	des
adjectif possessif	+consonne	+voyelle	+consonne	
	mon ton son	mon‿ ton‿ son‿	ma ta sa	mes tes ses
	notre votre leur			nos vos leurs

5. The plural forms contain a liaison /**z**/ which is pronounced before a vowel. Compare:

Voici mes cousins.	Voici mes‿amis.
Voici nos tantes.	Voici nos‿oncles.
Ce sont des cartes.	Ce sont des‿images.

---

[1] **Journal** is part of a small group of nouns that change their spoken form in the plural.

6. As pointed out in Lesson 2, **de** (**d'**) is used instead of **un**, **une**, or **des** in negative sentences:

Est-ce que tu as un stylo?   Non, je n'ai pas **de** stylo.
Vous avez des enfants?   Non, nous n'avons pas **d'**enfants.

Le, **la**, **les**, however, are used in both affirmative and negative sentences.

Tu écoutes la radio?   Non, je n'écoute pas **la** radio.
Est-ce que vous aimez les   Non, je n'aime pas **les** films de
films de Humphrey Bogart?   Humphrey Bogart.

PRATIQUONS

A. **Transformation.** Make the noun in each sentence plural.

MODÈLE: Voici sa carte.
—Voici ses cartes.

1. Regardez le livre.
2. Fermez la fenêtre.
3. Écris la dictée.
4. Donnez-moi une règle.
5. Voici un drapeau.
6. Apporte-moi une chaise.
7. Voici leur affiche.
8. Donnez-moi sa cassette.
9. Écrivez votre dictée.
10. Voici notre bureau.
11. Montre-moi ton affiche.
12. Voici mon image.
13. Voilà ma règle.
14. Regarde ta carte.

B. **Formons des phrases.** Choose items from each column to make sentences. Provide appropriate articles or possessive adjectives.

MODÈLE: C'est/Ce sont . . . livre
—C'est mon livre.
ou —Ce sont des livres.
ou —Ce sont vos livres?

Voici	livre
Voilà	cahiers
C'est/Ce sont	fenêtre
Regardez	tableau
Donne-moi	affiches
Apportez-moi	règles
Montre	chaise
Ouvrez	drapeaux
Ferme	crayon
	images
	étudiants

C. **À vous.** What do you remember about your classmates' families? Ask one classmate questions about whatever you have forgotten; report back to the class.

MODÈLE: A. Est-ce que tu as des sœurs?
B: —Oui, j'ai deux sœurs.
A: Comment est-ce qu'elles s'appellent?
B: —Mes sœurs s'appellent Elisabeth et Christine.
A: Ses sœurs s'appellent Elisabeth et Christine.

Dans une chambre *d'étudiant*

room

*Dans **la chambre** de Gilles dans un dortoir de l'université*:

GILLES: Apporte-moi le magnétophone!
MARCEL: Le **quoi**?

what

GILLES: Le ma-gné-to-phone. Là, sur mon bureau. C'est **pour**
   enregistrer mon **cours** d'espagnol.

for recording/course

MARCEL: Tu as des cassettes?
GILLES: Oui, là.
MARCEL: Combien de cassettes?
GILLES: Donne-moi deux cassettes, s'il te plaît!
MARCEL: Voici.
GILLES: Merci.

DISCUSSION

1. Où sont Gilles et Marcel?
2. Où est le magnétophone?
3. Un magnétophone, c'est pour quoi faire?
4. Pour enregistrer **il faut** un magnétophone et aussi?

one needs

5. Où sont les cassettes?

PRONONCIATION ET ORTHOGRAPHE

Les consonnes du français

Here are the letters representing French consonant sounds.

/p/	**p**a**p**a	/ɥ/	h**u**it
/b/	**b**ien	/f/	**f**rançais
/t/	**t**u	/v/	il **v**a
/d/	le **d**rapeau	/s/	**s**a, **ç**a, au**ss**i, i**c**i, atten**ti**on
/k/	la **c**ousine, **qu**i	/z/	la cou**s**ine, **S**u**z**anne
/g/	le **g**arçon, **G**uy	/ʃ/	la **ch**aise
/m/	**m**a	/ʒ/	bon**j**our, **G**eneviève
/n/	la **n**ièce	/l/	**l**e **l**ivre
/ɲ/	le ma**gn**étophone	/r/	au **r**evoir
/j/	ma n**i**èce, ma fi**ll**e	/w/	**v**o**i**ci, **j**ouer

Articulation des consonnes finales

The pronunciation of French final consonants requires a much more
energetic and audible release than does the pronunciation of English
final consonants. In fact, that clear release might sound to you like
a short vowel sound.

One or more consonant letters followed by **e** at the end of a word always represent pronounced final consonants.

PRATIQUONS

Imitation. Listen to the pronunciation of the following words with pronounced final consonants. Repeat these words, taking care to pronounce the final consonant with a loud and energetic release.

z	t	k	p
Lise	Brigitte	Jacques	Philippe
la bise	la porte	Québec	
la chaise	sept	l'Amérique	
la phrase	la cassette	Dominique	

s	f	j	ch
dix	neuf	l'image	l'affiche
six et dix	l'orthographe		

g	l	n	m
la langue	elle	une	elle aime
	Michel	Martine	madame
	la salle	la cousine	la gomme
			la femme

POÈME

Latin for **ma faute**

error

big

(correct; **girafe**)

Mea culpa[1]

C'est ma **faute**
C'est ma faute
C'est ma très **grande** faute d'orthographe
Voilà comment j'écris
Giraffe

[1] Jacques Prévert, *Histoires*, © Editions Gallimard, 1963.

IN THIS LESSON:

- describing people's personality
- the verb **être** (to be)
- adjective agreement
- numbers 11 through 20

MOTS NOUVEAUX

La caractère

personality

nice/unpleasant

smart/stupid

calm/nervous

Sympathique   désagréable   calé(e)   bête

idéaliste   réaliste   dynamique   timide

calme   agité(e)   sincère   hypocrite

well-disciplined/unruly

discipliné(e)

indiscipliné(e)

logique   *illogique*

optimiste

pessimiste

remarquables

ordinaires

unusual/ordinary

clair(e) (clear)   enthousiaste
pratique   drôle (funny)
typique   célèbre (famous)
formidable (fantastic) idéal(e)
raisonnable (reasonable) individualiste
conformiste

PRATIQUONS

A. **Au contraire!** Give the antonym for each adjective suggested.

MODÈLE: Est-ce que le professeur est ordinaire?
—Non, remarquable!

1. Est-ce que le professeur est désagréable?
2. Le professeur est agité(e)?
3. Votre frère est hypocrite?
4. Votre sœur est timide?
5. Le président des Etats-Unis est pessimiste?

6. Votre amie est réaliste?
7. Votre camarade de chambre est bête?
8. Votre cousin est logique?
9. Votre cousine est conformiste?

B. Contrastes. Complete the following sentences with adjectives of your choice.

MODÈLE: Le camarade de chambre idéal est...
— calme et raisonnable.

1. L'étudiant idéal est...
2. L'étudiant typique est...
3. Le professeur idéal est...
4. La femme idéale est...
5. La femme typique est...
6. Le mari idéal est...
7. Le mari typique est...
8. Le président idéal est...
9. Le/la camarade de chambre idéal(e) est...

C. Description spécifique. Describe each of the following people with four or five adjectives.

MODÈLE: Votre camarade de chambre
— Il/Elle est sympathique, sincère, calme, discipliné(e) et logique.

1. Le président des Etats-Unis
2. Votre professeur de français
3. Votre ami(e)
4. Votre frère/votre sœur
5. Votre mère/votre père

NOTES GRAMMATICALES

Le présent du verbe **être** *(to be)*

singulier	pluriel
je suis	nous sommes
tu es	vous êtes
il elle on } est	ils elles } sont

1. The final consonant of **est** and **sont** is usually pronounced when the word that follows begins with a vowel sound. Compare:

Il est‿enthousiaste.   Il est dans la salle de classe.
Ils sont‿optimistes.   Ils sont là-bas.

With **suis**, **es**, **sommes**, and **êtes**, the liaison consonant is seldom pronounced.

Nous sommes enthousiastes.   Nous sommes pratiques.
Tu es ici.   Tu es dynamique.

2. To identify things or people, use **être** with the pronoun **ce (c')**:

C'est mon cahier.	*It's my notebook.*
C'est ici.	*It's here.*
C'est Françoise.	*This is Françoise.*
Ce sont des livres.	*These are books.*
Ce sont mes amis.	*They are my friends.*

3. To make **c'est** or **ce sont** negative, put **ne(n')** . . . **pas** around the verb. With the verb **être** the indefinite article does not change to **de/d'** in the negative. Compare:

Est-ce que c'est *un* livre?	**—Non, ce n'est pas *un* livre.**
Ce sont *des* disques?	**—Non, ce ne sont pas *des* disques.**
Ce sont *les* romans de Nicole?	**—Non, ce ne sont pas *les* romans de Nicole.**

PRATIQUONS

A. Substitution.

MODÈLES: Je ne suis pas sympathique. (Et nous? Et lui?)
—Nous ne sommes pas sympathiques.
—Il n'est pas sympathique.

1. Je suis dynamique. (Et toi? Et Martine? Et vous?)
2. Nous ne sommes pas idéalistes. (Et lui? Et eux? Et vous?)
3. Vous êtes logique. (Et toi? Et elle? Et le professeur?)
4. Tu n'es pas drôle. (Et vous? Et nous? Et Jean et Patrick?)
5. Mes amis sont formidables. (Et toi? Et Christine et Nicole? Et vous?)

B. Votre caractère. Use the scale below to describe your personality.

toujours	souvent	rarement

MODÈLE: optimiste
—Je suis souvent optimiste.

1. calme	5. optimiste
2. timide	6. drôle
3. désagréable	7. logique
4. agité(e)	8. discipliné(e)

C. À vous. Find out how your classmates describe themselves. Use the adjectives listed below, take notes and tell the class what you found out.

MODÈLE: A: Marc, est-ce que tu es pessimiste?
B: —Non, je suis optimiste.
A: Suzanne, tu es pessimiste?
C: —Oui, je suis pessimiste mais idéaliste.
A: Marc n'est pas pessimiste.
Suzanne est pessimiste et idéaliste.

pessimiste/optimiste   indiscipliné(e)/discipliné(e)
idéaliste/réaliste   pratique
individualiste/conformiste   raisonnable
illogique/logique   enthousiaste

Les adjectifs invariables

1. Adjectives describe or modify nouns. All French adjectives, like articles, agree in gender and number with the nouns they describe. Compare these adjective forms:

   Paul est réservé.   **Paul et Jacques sont réservé*s*.**
   Marie est réservé*e*.   **Marie et Hélène sont réservé*es*.**

2. To make the feminine singular form of most adjectives, add **-e** to the masculine singular form:

   Il est clair.   **Elle est clair*e*.**

   If the masculine singular form ends in **-e**, the feminine singular form is the same:

   Arthur est sincèr*e*.   **Janine est sincèr*e*.**

3. To make the plural form of most adjectives, add **-s** to the singular form:

   Guy est agité.   **Guy et Charles sont agité*s*.**
   Pauline est disciplinée.   **Pauline et Louise sont discipliné*es*.**

   For the adjectives in this lesson, these changes affect only spelling, not pronunciation. Therefore, all forms of these adjectives sound the same.

4. In French, most adjectives occur in one of two positions: after the verb **être** or after the nouns they describe. Compare:

   M. Dupont est *raisonnable*.   *M. Dupont is reasonable.*
   M. Dupont est un homme *raisonnable*.   *M. Dupont is a reasonable man.*

5. To describe people, the expression **c'est**/**ce sont** is often used. For example:

   Emile est désagréable.   *Emile is unpleasant.*
   ***C'est* un garçon désagréable.**   *He's an unpleasant boy.*
   Simone et Lucie sont agitées.   *Simone and Lucie are nervous.*
   ***Ce sont* des femmes agitées.**   *They're nervous women.*

PRATIQUONS

A. **Transformation.** Say that these people share the same personality trait.

   MODÈLE: Luc est indiscipliné. Et Sylvie?
   —Elle est indisciplinée aussi.

1. Alain est bête. Et Geneviève?
2. Bernard et Pauline sont enthousiastes. Et Frédéric?
3. Nous sommes idéalistes. Et vous deux?
4. Je suis drôle et dynamique. Et vous?
5. Elisabeth est agitée. Et ses sœurs?
6. Les filles de Mme Bertin sont sympathiques. Et ses fils?
7. Mon professeur de français est clair et logique. Et votre professeur de français?
8. Vous êtes conformiste. Et vos amies?

B. **D'accord.** Describe the people indicated using **c'est/ce sont** and the correct article.

MODÈLES: Mme Bédard est sympathique, n'est-ce pas?
—Oui, c'est une femme sympathique.
Le professeur est hypocrite, n'est-ce pas?
—Non, ce n'est pas un professeur hypocrite.

1. Jules est optimiste, n'est-ce pas?
2. Ses sœurs sont sincères, n'est-ce pas?
3. Vos amis sont pratiques, n'est-ce pas?
4. Les enfants de M. Hugot sont remarquables, n'est-ce pas?
5. Les frères de Julien ne sont pas réservés, n'est-ce pas?
6. Votre camarade de classe n'est pas enthousiaste, n'est-ce-pas?
7. M. Gautier n'est pas calme, n'est-ce pas?
8. Votre professeur de français n'est pas désagréable, n'est-ce pas?

C. **Quel est votre opinion?** How would you use these adjectives to describe the famous people listed below?

célèbre	sympathique	drôle
ordinaire	formidable	bête
dynamique	désagréable	réaliste

MODÈLE: les Rolling Stones
—Ils ne sont pas conformistes; ils sont individualistes.
—Ce sont des hommes célèbres.

1. Brigitte Bardot
2. le président des E.U.
3. Geraldine Ferraro
4. Charlie Chaplin
5. Jane Fonda
6. Bob Dylan

D. **Votre famille: une description.** Make notes about the members of your family and describe them as completely as possible.

MODÈLE: parents: Anne, Philippe (**très disciplinés et raisonnables**)
sœur: Catherine (**énergique et sympathique**)
frère: Marc (**drôle et optimiste**)

Il y a cinq personnes dans ma famille. Ma mère s'appelle Anne. Mon père s'appelle Philippe. Mes parents sont très disciplinés et raisonnables. J'ai une sœur, Catherine. C'est une femme énergique et sympathique. J'ai aussi un frère, Marc. Il est drôle et optimiste.

Nombres

11 onze	13 treize	15 quinze	17 dix-sept	19 dix-neuf
12 douze	14 quatorze	16 seize	18 dix-huit	20 vingt

For the numbers from 11 through 16 pronounce the final /z/ sound.
Pronounce the final consonant in 17, 18 and 19.

les nombres pairs:	2, 4, 6, 8, 10 . . .	
les nombres impairs:	1, 3, 5, 7, 9 . . .	
comptez **à rebours**:	10, 9, 8, 7, 6, . . .	backwards

PRATIQUONS

A. Comptons. Donnez les nombres pairs de 2 à 20.
Donnez les nombres impairs de 1 à 19.
Comptez à rebours de 18 à 8.

B. Les maths. Complete the problems orally.

MODÈLE: $6+3 = ?$ Combien font six et trois?
—Six et trois font neuf.

1. $11+1 = ?$	3. $9+7 = ?$	5. $15+2 = ?$	7. $14+1 = ?$
2. $8+6 = ?$	4. $12+6 = ?$	6. $10+9 = ?$	8. $8+7 = ?$

C. C'est exact? Answer the questions orally.

MODÈLES: Huit et six font quatorze?
—Oui, huit et six font quatorze.
Dix-neuf moins trois font onze?
—Non, dix-neuf moins trois font seize.

1. Huit et sept font quinze?
2. Onze et neuf font dix-huit?
3. Six et cinq font douze?
4. Neuf et cinq font treize?
5. Seize moins quatre font deux?
6. Dix-sept moins trois font quinze?
7. Vingt moins treize font trois?
8. Dix-neuf moins quatre font quinze?

SITUATION

La monitrice *d'anglais*

assistant

*Odette et Véronique **parlent de** leur monitrice d'anglais.*

parler de to talk about

ODETTE: Comment est ton **moniteur** d'anglais?

assistant

VÉRONIQUE: Ma monitrice!
ODETTE: Ah, c'est une femme! Elle est bien?

VÉRONIQUE: Oui, elle est très sympathique. Elle est aussi dynamique mais un peu agitée.
ODETTE: Elle est raisonnable?
really VÉRONIQUE: Pas **vraiment**. Elle donne beaucoup de devoirs.
ODETTE: Elle est anglaise?
VÉRONIQUE: Non, elle est canadienne.

DISCUSSION

1. Est-ce que Véronique a un moniteur d'anglais?
2. C'est un homme?
3. Comment est-ce qu'elle est?
4. Elle est raisonnable?
5. Elle est américaine?
6. Comment sont vos professeurs?

NOTES CULTURELLES

La monitrice, le moniteur. In French secondary schools and universities, native English-speaking graduate students provide conversational practice in English courses.

PRONONCIATION ET ORTHOGRAPHE _____

La liaison dans les nombres

The pronunciation of numbers varies depending on what follows. In the list below, pronounced final consonants are in *italics*; barred consonants are not pronounced; liaison consonants are pronounced before a vowel sound.

numeral used alone	*before a consonant*	*before a vowel*
un	un jour	un‿an /n/
deux	deux bibliothèques	deux‿universités /z/
trois	trois livres	trois‿images /z/
quatre	quatre frères	quatre oncles
cin*q*	cinq copains	cinq‿amis
si*x*(/sis/)	six cahiers	six‿affiches /z/
sep*t*	sep*t* professeurs	sep*t*‿étudiants
hui*t*	hui*t* gares	hui*t*‿hôtels
neu*f*	neu*f* filles	neu*f*‿enfants
di*x*(/dis/)	dix tantes	dix‿oncles /z/
ving*t*	ving*t* chemises	vingt‿ans /t/

NOTES

1. In the numbers 5–10 the final consonant is pronounced when the number is used alone.
2. In **dix** and **six** the final consonant is /s/ when the number is used alone, but liaison /z/ before a vowel.
3. In **sept** and **neuf** the final consonant is always pronounced. In **neuf ans** and **neuf heures** (nine o'clock) /f/ changes to /v/.

VIGNETTE CULTURELLE

Un stéréotype: Le Français moyen
the average Frenchman

M. Dupont n'est pas très **grand** mais il n'est pas **petit**: il est **de taille moyenne**. Il n'est pas très **gros**. Il est intelligent, **bien sûr**!
    M. Dupont aime parler et il aime aussi **discuter**. **Quand** il parle, il est toujours clair et logique. M. Dupont aime **critiquer**. Il critique **tout**: son gouvernement, ses amis, par exemple. Mais **il ne faut pas** critiquer M. Dupont, ou la France ou les Français. M. Dupont est aussi très individualiste. Voilà un célèbre **dicton** français: «Un Français, **ça fait** un homme intelligent. Deux Français, ça fait une **bonne** conversation. Trois Français, ça fait une révolution.»

tall/short/of average height
big, fat/of course
to argue/when
to criticize
everything/one must not

saying
that makes/good

QUESTIONNAIRE

1. Est-ce que le Français typique est grand et gros?
2. Est-ce que M. Dupont est illogique quand il parle?
3. Est-ce que M. Dupont critique les Français?
4. Un Français, qu'est-ce que ça fait?
5. Et deux Français . . . ? Trois Français . . . ?

Leçon six

IN THIS LESSON:

- terms for clothing and colors
- more about adjective agreement
- equivalents for *this, that, these, those*
- numbers 21 through 69
- referring to age

MOTS NOUVEAUX

Les vêtements

Les vêtements pour femmes: qu'est-ce qu'elle porte?

des gants (m.)

un chemisier

un manteau

un tailleur

une robe

une écharpe

un soutien-gorge

des bas (m.)

une jupe

un collant

un maillot de bain

un slip

Les vêtements pour hommes: qu'est-ce qu'il porte?

un imperméable

une chemise

un maillot de corps

un chapeau

un tee-shirt

un slip

un maillot de bain

un pull-over

un short

des chaussettes (f.)

un blue-jean

un pantalon

des chaussures (f.)

QUELQUES COULEURS

jaune	*yellow*		**noir(e)**	*black*
rouge	*red*		**gris(e)**	*gray*
rose	*pink*		**vert(e)**	*green*
marron	*brown*		**violet, violette**	*violet*
orange	*orange*		**blanc, blanche**	*white*
bleu(e)	*blue*			

De quelle couleur est la robe?   *What color is the dress?*
—**La robe est noire.**   *The dress is black.*
—**C'est une robe noire.**   *It's a black dress.*

PRATIQUONS

A. Quels vêtements? Answer the questions according to the pictures.

MODÈLES: C'est une robe?
      —Non, c'est une écharpe.
      Qu'est-ce qu'il y a là?
      —Il y a une écharpe.

1. C'est un chemisier?

2. Qu'est-ce qu'il y a là?

3. Ce sont des chaussures?

4. Qu'est-ce que c'est?

5. C'est un slip?

6. C'est un tee-shirt?

7. C'est une jupe?

8. Qu'est-ce qu'il y a là?

B. De quelle couleur? Describe articles of clothing worn by your classmates.

MODÈLE: une robe
—Nadine porte une robe bleue.
ou—La robe de Denise est verte.

1. un tee-shirt　　**4.** un chapeau　　**7.** un chemisier
2. un pull-over　　**5.** une jupe　　　**8.** une chemise
3. une écharpe　　**6.** des chaussettes

Les adjectifs variables (les couleurs)

1. In the last lesson, you learned about *invariable adjectives*, that is, adjectives whose masculine and feminine forms *do not differ in pronunciation* (for example: **jaune**, **rouge**, **rose**, **bleu**, **noir**, **orange**, and **marron**).

2. The masculine and feminine forms of variable adjectives *differ in pronunciation*. Compare:

Mon pull-over est *gris.*	**Mes pull-overs sont** *gris.*
Ma chemise est *grise.*	**Mes chemises sont** *grises.*

   In spelling, the feminine forms end in **-e** and the plural forms in **-s**. Feminine forms end with a pronounced final consonant which is silent in the masculine forms: **grise** (f.), **gris** (m.). This group includes most adjectives whose masculine forms end with a written consonant: **gris**, **vert**, **violet**, **blanc**.

3. The adjectives **blanc** and **violet** have minor spelling peculiarities:

singulier	*pluriel*
Mon chapeau est *blanc.*	**Mes chapeaux sont** *blancs.*
Ma jupe est *blanche.*	**Mes jupes sont** *blanches.*
Mon manteau est *violet.*	**Mes manteaux sont** *violets.*
Ma robe est *violette.*	**Mes robes sont** *violettes.*

4. The adjectives **orange** and **marron** are exceptional in that they take no endings. Their masculine, feminine, singular, and plural forms are the same.

singulier	*pluriel*
Son chemisier est *orange.*	**Ses chaussures sont** *orange.*
Sa robe est *marron.*	**Ses bas sont** *marron.*

PRATIQUONS

A. **C'est ça.** Answer according to the model.

   MODÈLE: Elle a un manteau noir?
   —Oui. Son manteau est noir.

   1. Elle a un chapeau rouge?
   2. Elle a une jupe grise?
   3. Elle a une robe noire?
   4. Elle a des maillots bleus?
   5. Il a des chapeaux blancs?
   6. Il a des chaussures blanches?
   7. Il a un manteau marron?
   8. Il a une chemise violette?

B. **Substitution.** Substitute the items of clothing suggested; make sure the adjectives agree with the new nouns.

   MODÈLES: Yves porte une chemise verte.
   (un pantalon, des chaussettes)
   —Yves porte un pantalon vert.
   —Yves porte des chaussettes vertes.

On admire la nouvelle mode pour les vêtements d'été.

1. Nous portons des chaussures blanches. (des gants, des tee-shirts, des chemises)
2. Dominique a une jupe grise. (des chaussettes, des bas, un pull-over, une écharpe)
3. C'est une chemise violette. (un short, un collant, une robe, une jupe)
4. Mon ami porte un chapeau vert. (un maillot de bain, des chaussettes, des gants, une chemise)

C. **À vous.** State your color preference.

MODÈLE: les robes
—J'aime les robes violettes.

1. les manteaux
2. les chemises ou les chemisiers
3. les chaussures
4. les pantalons ou les shorts
5. les bas, les chaussettes ou les collants
6. les chapeaux
7. les tee-shirts ou les pull-overs
8. les jupes ou les robes

D. **Mariez les couleurs!** What might one wear with the clothing mentioned?

MODÈLE: avec un chemisier bleu?
—On porte une jupe blanche avec un chemisier bleu.

1. avec un collant noir?
2. avec un tee-shirt?
3. avec un short rouge?
4. avec une écharpe rose?
5. avec un pull-over gris?
6. avec une robe verte?
7. avec un pantalon marron?
8. avec des chaussettes violettes?

L'adjectif démonstratif

1. The demonstrative adjective is used to talk about very specific people or things. The singular form means either "this" or "that" in English; the plural means either "these" or "those."

	masculin		*féminin*
	devant consonne	*devant voyelle*	
singulier	ce	cet	cette
pluriel	ces		

2. Before a vowel, the masculine singular form sounds like the feminine form.

Il aime bien *ce* monsieur.	*He really likes this/that man.*
Il déteste *cet* imperméable.	*He hates this/that raincoat.*
Il adore *cette* femme.	*He adores this/that woman.*
Il n'aime pas *cette* écharpe.	*He doesn't like this/that scarf.*

3. In the plural there is a liaison /z/ before a vowel:

J'aime ces‿imperméables.   *I like these/those raincoats.*
J'aime ces robes.   *I like these/those dresses.*

PRATIQUONS

A. **Transformation.** To talk about a very specific object or person, replace the definite article with the corresponding form of the demonstrative adjective.

MODÈLE: Je déteste le maillot de bain noir.
      —Je déteste ce maillot de bain noir.
1. Nous regardons le chemisier.
2. Elle déteste la jupe.
3. Elle aime la robe rouge.
4. Est-ce que vous préférez le pantalon marron?
5. Ils adorent l'écharpe.
6. Tu aimes l'imperméable?
7. Mes amis détestent les collants violets.
8. Je n'aime pas les chaussettes blanches.

B. **C'est spécifique!** Make statements describing specific classroom objects.

MODÈLE: la corbeille
      —Cette corbeille est verte.
    les règles
      —Ces règles sont jaunes.

1. le livre
2. le cahier
3. le crayon
4. l'image
5. la règle
6. la carte
7. les feutres
8. les gommes
9. les stylos
10. les affiches

MOTS NOUVEAUX

Les nombres 20–69

Note how the numbers 20–29 are formed:

20 ving**t**	24 ving**t**-quatre	27 ving**t**-sept
21 ving**t** et un	25 ving**t**-cinq	28 ving**t**-huit
22 ving**t**-deux	26 ving**t**-six	29 ving**t**-neuf
23 ving**t**-trois		

The final **t** of **vingt** is silent when that number occurs alone, but it is pronounced in the numbers 21 through 29.
    Numbers 30–69 follow the same pattern as those from 20 to 29. The word **et** is used only with 21, 31, 41, 51, and 61. The **t** of **et** is never pronounced. Here are some examples:

30	trente	50	cinquante
31	trente et un	51	cinquante et un
32	trente-deux	52	cinquante-deux
34	trente-quatre	55	cinquante-cinq
40	quarante	60	soixante
41	quarante et un	61	soixante et un
42	quarante-deux	62	soixante-deux
47	quarante-sept	69	soixante-neuf

L'âge

To express age, use the verb **avoir** (to have):

Quel âge est-ce qu'il a?	*How old is he?*
—Il a seize ans.	*He is sixteen.*
Quel âge est-ce que tu as?	*How old are you?* (informal, singular)
Quel âge est-ce que vous avez?	*How old are you?* (formal, singular/plural)
—J'ai vingt ans.	*I'm twenty.*

The word **ans** (years) must be used in the response.

PRATIQUONS

A. **Au téléphone.** In France, telephone numbers are read off in sets of digits. Numbers outside Paris and its suburbs consist of three sets of two digits. Read off the following telephone numbers:

MODÈLE: Chaussures Caumartin: 05.12.53
—zéro cinq   douze   cinquante-trois

1. Coiffure, Création Alexandre: 21.12.25
2. Hertz: 32.23.20
3. Avis: 66.16.46
4. Transports Citroën: 40.31.39
5. Crédit Agricole: 51.29.41
6. American Express: 58.17.34
7. Gillette France: 06.14.50
8. Imperméables Capricorne: 16.00.10

B. **Combien coûte?** Anne is buying clothes for a vacation trip. Here is her list of purchases; tell how much each item costs.

MODÈLE: une jupe bleue, 65F
Combien coûte la jupe?
  How much does the skirt cost?
—Elle coûte soixante-cinq francs.
  It costs sixty-five francs.

1. un chapeau beige, 25F
2. un maillot de bain, 59F
3. une paire de bas, 21F
4. un chemisier jaune, 66F
5. des chaussettes, 34F
6. un short vert, 55F
7. des gants, 48F
8. une écharpe, 37F

C. Quel âge? Look at the Blondel family tree (page 18) and suggest how old each member might be.

MODÈLE: Quel âge a la fille de Diane et Emile Marchand?
—Elle a treize ans.

1. Quel âge a Jacques Davy?
2. Le mari de Marie Blondel?
3. Sa fille Diane?
4. La sœur de Diane?
5. Le fils de Jacqueline?
6. Le mari de Jacqueline?
7. Quel âge ont Suzanne et Camille?
8. Quel âge ont les parents de Suzanne?

D. À vous. Ask the student next to you his/her age; then report to the class.

MODÈLES: A: Quel âge est-ce que tu as?
B: —J'ai _____ ans.
A: (aux autres) Moi, j'ai 20 ans, mais David a 21 ans.
ou Stéphanie et moi, nous avons 18 ans.

_____ **SITUATION**

La nouvelle *robe de Marie-Claire*   new

MARTINE: Tu portes une nouvelle robe?
MARIE-CLAIRE: Oui. Elle est **belle**, **hein**?   beautiful/huh?
MARTINE: Oui, pas mal. Mais je n'aime pas beaucoup la couleur.
MARIE-CLAIRE: Moi, j'adore le bleu. Regarde mes nouvelles chaussures!
MARTINE: Elles sont bien. Mais **pourquoi** est-ce que tu portes des   why
chaussures jaunes avec une robe bleue?

DISCUSSION

1. Est-ce que Marie-Claire porte une nouvelle jupe?
2. De quelle couleur est sa nouvelle robe?
3. Est-ce que Martine aime le bleu? Et son amie?
4. De quelle couleur sont les nouvelles chaussures de Marie-Claire?

_____ **PRONONCIATION ET ORTHOGRAPHE**

L'alphabet

1. Note how the name of each letter is pronounced:

a	/a/	**h**	/aʃ/	**o**	/o/	**v**	/ve/
b	/be/	**i**	/i/	**p**	/pe/	**w**	/dubləve/
c	/se/	**j**	/ʒi/	**q**	/ky/	**x**	/iks/
d	/de/	**k**	/ka/	**r**	/ɛr/	**y**	/i grɛk/
e	/ø/	**l**	/ɛl/	**s**	/ɛs/	**z**	/zɛd/
f	/ɛf/	**m**	/ɛm/	**t**	/te/		
g	/ʒe/	**n**	/ɛn/	**u**	/y/		

2. In addition to letters of the Roman alphabet, French spelling makes use of accents and other marks:

l'accent aigu (acute accent)
é (e accent aigu) It generally represents /e/: **répétez, André.**

l'accent grave (grave accent)
è (e accent grave) It generally represents /ɛ/: **le frère, la mère.**

à (a accent grave) It distinguishes words with the same pronunciation but with different meanings and grammatical functions:
　　il a (verb) versus **à Paris** (preposition).
　　ù (u accent grave) It is used like **à**:
ou (or) versus **où** (where).

l'accent circonflexe (circumflex accent)
ô (o accent circonflexe): **l'hôtel**
ê (e accent circonflexe): **la fenêtre**
â (a accent circonflexe): **le théâtre**
û (u accent circonflexe): **août**
î (i accent circonflexe): **s'il vous plaît**

la cédille (cedilla)
ç (c cédille) It is used to indicate that a **c** has "soft" value, that is, is pronounced /s/ before **a, o, u** and combinations of these letters: **ça, Françoise, le reçu** (receipt).

l'apostrophe (apostrophe)
An apostrophe indicates that a mute **e** has been elided (dropped) before a word beginning with a vowel:
　　je dis versus **j'ai**
　　la sœur de Josiane versus **la sœur d'Alice**

le trait d'union (hyphen)
A hyphen indicates that two words are joined to form a single unit: **un pull-over, vingt-deux, comment allez-vous?**

Accents and other marks are an integral part of the French spelling system. A word is misspelled if one or more of its marks are left off.

VIGNETTE CULTURELLE

La boîte à lettres

mailbox

　　La boîte jaune là-bas, qu'est-ce que c'est? C'est une boîte à lettres. En France les boîtes à lettres sont jaunes. **Pour mettre une lettre à la poste cherchez** une boîte à lettres dans **la rue**, dans **les gares**, dans les aéroports, dans **les centres commerciaux**, ou allez **à la poste.**

in order to/mail a letter
chercher to look for
street/train station
shopping center
to the post office

ADAPTATION

1. Est-ce qu'il y a des boîtes à lettres aux Etats-Unis? Elles sont jaunes?
2. Aux États-Unis, où est-ce qu'on **trouve** des boîtes à lettres?

trouver to find

RÉVISION

A. C'est quoi? Identify each item, using the appropriate form of the possessive adjective as cued.

MODÈLES: (moi)—C'est mon magnétophone.
(Suzanne et toi)—C'est votre cassette.

1. le professeur

2. moi

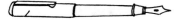

3. vous

4. Alain et moi

5. toi

6. Jean et toi

7. Anne et Paul

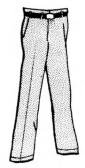

8. vous

B. Un puzzle. Add the numbers vertically, horizontally or diagonally to get 20. Do all columns add up to 20?

MODÈLE:

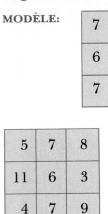

you say: 7+6=13
              13+7=20

5	7	8
11	6	3
4	7	9

Now design your own square, making all directions add up to 30, 40 or any other number you choose. Exchange squares with a classmate.

C. Voici des dictateurs. What commands are you likely to hear, given the situations below?

MODÈLE: a mother talking to her child
  —Ferme la porte!
ou **—Va avec ton père!**

1. a teacher talking to students
2. a student listening to a tape in the language lab
3. a child talking to his/her mother
4. you talking to your brother
5. you talking to your best friend about what to do this evening

D. Une famille remarquable. Stéphanie is describing her family. Rephrase her description, providing a synonym for each underlined adjective.

Mes parents, eh bien, ils sont remarquables.
Mon père est toujours logique, et ma mère est
très énergique. Mon frère s'appelle Christian;
il est désagréable, lui. Et moi, je suis très
calme.

Now change the description, providing an antonym for each underlined adjective. If you have trouble finding an appropriate adjective, you may negate the sentence, for example: **Je ne suis pas très calme.**

E. Parlons de vous.

1. With another student in your class, decide on a couple of commands that can be easily demonstrated. Act these out for the class and let other class members guess what the commands were. The commands may be singular or plural.

MODÈLES: Two students give their notebooks to the teacher.
  —Donnez vos cahiers au professeur!
A student walks up to the door.
  —Va à la porte!

2. You are looking for objects belonging to various people in your class; other class members will point out the object in question using the appropriate possessive adjective.

MODÈLES: Q: Où est le bureau du professeur?
A: —Voilà son bureau.
Q: Michel et Anne, où sont vos livres?
A: —Voici nos livres.

3. Imagine you are a member of the "ideal family"; you may be a parent or a child. Describe your family, listing character traits for each member. Compare your ideas with those of a classmate, take notes and report back to the class.

LE SAVIEZ-VOUS?

Le français dans le monde

French is the official language of about thirty nations in the world whose populations total 150 million; it is also the vernacular tongue, that is the language of everyday communication, for the 75 million inhabitants of France, French-speaking Switzerland, Walloon Belgium (essentially the southern half of that multilingual country) and Quebec province.

The adjective **francophone** is applied to countries where French is spoken. It is important, however, to distinguish between the nations where French serves all the people's functions and needs and those places where only a small minority speaks French. In these latter areas French serves administrative and educational needs and is a useful tool for communication with other countries; daily communication occurs in one or more vernacular languages. For example, in Haiti, Creole is the single vernacular spoken by the entire population. Only ten percent of Haitians are fluent in French, the official language used for administrative purposes. The francophone countries of West Africa are highly multilingual. For example, in Senegal communica-

Quelle langue est-ce que les chiens français parlent?

Une boîte à lettres à Liège en Belgique.

about/country

really/French-speaking

used

other
only

western

between/sixteenth/century
was
still
useful

tive needs are met by a half-dozen local languages, such as Wolof (the most widely spoken tongue), Serer and Bambara. French remains the most important of Senegal's languages since it is used in government, business, and the educational sphere, especially in secondary schools and higher education.

From the sixteenth century to the early 1800s, when France ranked as the most powerful and the most populous nation in Western Europe, French was the dominant international language in both the diplomatic and the cultural spheres. Today, it retains some of its prestige and is one of the world's most important and useful languages.

Now read about this topic in French:

Le français est la langue officielle de cent cinquante (150) millions de personnes dans **environ** vingt-cinq **pays**. C'est aussi la langue vernaculaire de soixante-quinze (75) millions d'habitants des régions **véritablement** francophones: la France, la Suisse **romande**, une partie de la Belgique et la province de Québec au Canada. Dans ces régions le français est la langue **employée** dans l'administration et dans le système éducatif; c'est aussi la langue de la communication ordinaire.

Dans les **autres** pays «francophones» le français est la langue de l'administration et de l'éducation **seulement**. D'autres langues sont employées dans la communication ordinaire. Par exemple, en Haïti, la totalité de la population parle créole, la langue vernaculaire; seulement dix pour cent (10%) des habitants parlent français. Au Sénégal, un pays de l'Afrique **occidentale**, il y a environ six langues vernaculaires principales: le wolof, le sérère, le bambara, etc.

Entre le **seizième siècle** et le dix-neuvième siècle, le français **était** la langue de culture et la langue dominante des relations internationales. Aujourd'hui c'est **encore** une langue importante et très **utile**.

CONNAISSANCE DU TEXTE

Vrai ou faux. State whether each of the following sentences is true or false; correct statements which are false.

MODÈLE: En Haïti il y a six langues vernaculaires.
Faux. Il y a une langue vernaculaire, le créole.

1. Cent cinquante millions de personnes dans le monde parlent français.
2. En Suisse romande le français est employé seulement dans l'administration et dans le système éducatif.
3. Une langue vernaculaire est employée seulement dans l'administration.
4. En Haïti dix pour cent des habitants parlent français.
5. Le sérère est la langue officielle du Sénégal.
6. Le français est encore la langue dominante des relations internationales.

Occupations et loisirs

Leçon sept

IN THIS LESSON:

- the names for a variety of places
- the verb **aller** (to go)
- the prepositions **à** and **de** to express location and possession

MOTS NOUVEAUX

L'université

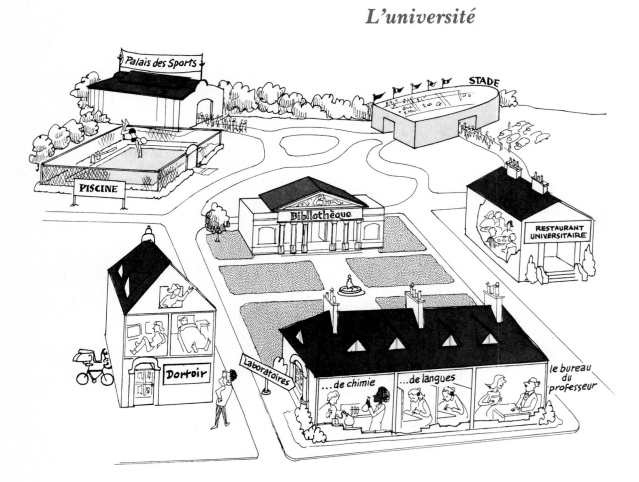

la piscine
le dortoir
le palais des sports
le stade

le restaurant universitaire
la bibliothèque
le laboratoire

PRATIQUONS

À l'université. Use **pour** (in order to) with the infinitive to tell why people usually go to the following places.

MODÈLE: On va à la bibliothèque . . .
        —pour étudier.

1. On va au laboratoire de langues . . .
2. On va au restaurant universitaire . . .
3. On va au palais des sports . . .
4. On va à la piscine . . .
5. On va au stade . . .
6. On va au dortoir . . .
7. On va au laboratoire de chimie . . .
8. On va au bureau du professeur . . .

Où est-ce qu'on va?

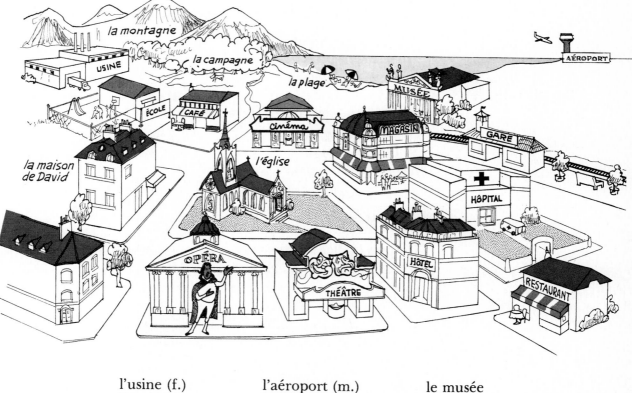

l'usine (f.)	l'aéroport (m.)	le musée
l'école (f.)	l'hôpital (m.)	la gare
le café	l'hôtel (m.)	le théâtre
le cinéma	l'opéra (m.)	le restaurant
l'église (f.)	le magasin	

PRATIQUONS

Où? Where would you hear it?

MODÈLE: «Est-ce que vous avez des chaussures marron?»
        —Dans un magasin.

1. «Où est le Docteur Purgon?»
2. «Voici le menu, Monsieur.»
3. «Un programme pour Madame?»
4. «Voilà notre train!»
5. «Tu aimes mon maillot de bain?»
6. «C'est un très bon film!»
7. «Voilà une sculpture de Rodin.»
8. «Où sont les livres pour enfants?»
9. «Vous avez des chapeaux pour dames?»
10. «Christophe, va au tableau!»

NOTES GRAMMATICALES

La préposition à

1. The preposition **à** is equivalent to English "to," "at," or "in" when referring to location or destination:

Elle va à la bibliothèque.	*She's going to the library.*
Elle est à l'église.	*She's at the church.*
Il est au stade.	*He's at the stadium.*

   But to say "to," "at," or "in" someone's home, use **chez** followed by the person's name or by a stressed pronoun:

Il vont chez M. Poirot.	*They're going to M. Poirot's house.*
Je suis chez moi.	*I'm at (my) home.*
Est-ce que tu manges chez eux?	*Are you eating at their house?*

2. **À** also introduces the name of a recipient (indirect object):

Apporte le livre *à Marie*.	Bring the book *to Mary.*
	Bring *Mary* the book.
Donnez l'affiche *à la dame*.	Give the poster *to the lady.*

3. When **à** precedes the definite articles **le** and **les**, it fuses with them to produce the contractions **au** and **aux**. Before a vowel **aux** contains liaison /**z**/.

le restaurant	**Il va *au* restaurant.**
les garçons	**Elle parle *aux* garçons.**
les enfants	**Donne les crayons *aux* enfants.**

   There is no contraction with **la** or **l'**:

   Donne la chemise *à la* dame.
   Montrez le livre *à l'*enfant.

à + le = au	à + la = à la
à + les = aux	à + l' = à l'

4. Certain verbs require the use of **à** when the action involves a person, for example, **téléphoner à** (to telephone, call), **parler à** (to talk to). The English form may or may not include "to":

Sylvie téléphone à sa mère.   *Sylvie is calling her mother.*
Il parle aux étudiants.   *He's talking to the students.*

5. **Jouer** requires the preposition **à** when followed by the name of a game or sport.

Ils jouent au tennis.   *They are playing tennis.*

PRATIQUONS

A. **Où est-ce qu'ils sont?** Based on their activities tell where these persons are.

MODÈLE: Robert écoute une cassette.
—Il est au laboratoire de langues.

1. Michel mange un sandwich.
2. Marie-Louise aime nager.
3. Guy et Alain jouent au football américain.
4. Nous parlons au professeur.
5. Ils regardent des vêtements.
6. M. Lenoir parle au docteur.
7. Je cherche des livres.
8. Nous regardons des photos et des statues.

B. **En classe.** Give commands to classmates and to your teacher, using the elements suggested. Make sure the commands are carried out!

MODÈLES: David, montre le livre au monsieur, s'il te plaît.
ou Madame, donnez la craie aux étudiants, s'il vous plaît.

1. Donner la craie   le professeur   s'il te plaît
2. Apporter un stylo   le monsieur   s'il vous plaît
3. Montrer le livre   la dame
4. Parler   l'étudiant(e)
5. Donner les devoirs   les étudiants
6. Dire bonjour
7. Apporter un crayon
8. Montrer la carte
9. Donner un feutre
10. Apporter le cahier

C. **Imaginez!** Where will you go, given the situations proposed below? Compare your answers with those of your classmates.

MODÈLE: Vous n'avez pas de cours aujourd'hui.
—Je vais à la piscine.

1. Vous avez 5.000 francs.
2. Vous avez deux examens difficiles.
3. Vous êtes à New York.
4. Vous êtes à Paris.
5. Vous portez un tee-shirt et un blue-jean.
6. Vous portez un maillot de bain.
7. Vous étudiez l'art moderne.

Le verbe aller (to go)

1. **Aller** has six written forms, but only five spoken forms, since the second and the third person singular forms are pronounced alike.

aller (to go)

singulier	pluriel
je vais	nous allons
tu vas	vous allez
il elle } va on	ils elles } vont

Impératif: va!, allez!, allons!

Paul va à Paris.	*Paul is going to Paris.*
Ses amis ne vont pas à la campagne.	*His friends don't go to the country.*

2. **Aller** is also used to refer to health and well-being.

Sa mère va bien.	*His/her mother is fine.*
Comment allez-vous?	*How are you?*
Ça va.	*Things are O.K.*
Ça ne va pas bien.	*Things aren't going well.*

A. **Comment ça va?** Tell how people are feeling.

MODÈLE: Vos parents, ça va?
—Oui, ils vont bien.
ou —Non, ils ne vont pas bien.

1. Et vous, vous allez bien?
2. Et vos amis, ça va?
3. Et votre sœur, elle va bien?
4. Et vous et votre sœur, ça va?
5. Et Catherine?
6. Et vos camarades de classe, ça va?
7. Et Charles?
8. Et Nicole et Janine, ça va?

B. **Où est-ce qu'on va?** Where do these people go for the activities mentioned?

MODÈLE: Jean-Pierre, pour travailler?
—Il va à la bibliothèque.
ou —Il va au laboratoire.

1. Et vous, pour manger?
2. Vous deux, pour nager?
3. Marie-France, pour travailler?
4. Et vos copains, pour jouer au basket-ball?
5. Vous, pour écouter des cassettes?

6. Et vous, pour regarder un film?
7. Vos parents, pour manger?
8. Vous, pour travailler?
9. Vous, pour jouer au football?
10. Votre frère, pour parler avec son professeur?

C. **À vous.** Turn to the student beside you and ask where he/she is going tonight. You will be asked the same question. Report back to the class.

MODÈLE: A: Où est-ce que tu vas ce soir, Michèle?
B: —Je vais au restaurant.
A: Michèle va au restaurant ce soir.

La préposition de

1. The preposition **de/d'** is used with places to tell where people are from:

Marcel est de Montréal.	*Marcel is from Montreal.*
Martine est de Paris.	*Martine is from Paris.*

2. **De** is also used to express a variety of relations between two nouns: possession, part of, belonging to, etc.:

C'est le père d'Emile.	*It's Emile's father.*
Voici la maison de nos grands-parents.	*Here's our grandparents' house.*
Où est la porte de l'église?	*Where's the church door?*
Elle est professeur de chimie.	*She's a chemistry teacher.*

3. Certain verbs also require the use of **de**, for example, **parler de** (to talk about) and **jouer de** plus the name of a musical instrument:

De quoi est-ce qu'ils parlent?	*What are they talking about?*
Ils parlent de leurs cours.	*They're talking about their courses.*
Laurent joue de la guitare.	*Laurent plays the guitar.*

4. **De** fuses with the definite articles **le** and **les** to produce the contractions **du** and **des**. Before a vowel **des** contains liaison /z/.

le professeur	C'est le fils **du** professeur.
les livres	Il parle **des** livres.
les Antilles	Nous parlons **des** Antilles.

de + la = de la	de + le = du
de + l' = de l'	de + les = des

PRATIQUONS

A. Transformation.

MODÈLE: Mon frère a un laboratoire.
—C'est le laboratoire de mon frère.

1. Ma nièce a un bureau.
2. Son oncle a un hôtel.
3. Sa grand-mère a une maison.
4. Ses cousins ont un magasin.
5. Leurs enfants ont un restaurant.
6. La dame a un café.
7. Son père a une usine.

B. **Contradiction.** Say that each article belongs to someone else. Pay particular attention to the use of **de**.

MODÈLE: C'est votre chemise rouge? (le docteur)
—Non, c'est la chemise rouge du docteur.

1. Ce sont vos chaussures? (Paul)
2. C'est votre robe bleue? (la dame)
3. C'est votre journal? (Emile)
4. C'est votre chapeau jaune? (le monsieur)
5. C'est votre manteau noir? (le professeur)
6. Ce sont vos feutres? (les étudiants)
7. Ce sont vos images? (les enfants)
8. C'est votre carte? (les garçons)

C. **De quoi est-ce que vous parlez?** Ask your classmates what they often talk about with friends.

MODÈLE: De quoi est-ce que vous parlez souvent?
les cours: —Nous parlons souvent des cours.

1. les garçons
2. les filles
3. le football
4. la télé
5. les films
6. la musique
7. les disques
8. la politique
9. les examens

D. **D'où est-ce qu'ils arrivent?** Based on the descriptions of these people, tell where they are coming from:

MODÈLE: Elles ont des livres.
—Elles arrivent de la bibliothèque.

1. Ils ont des cassettes.
2. Je porte un maillot de bain.
3. Nous avons des vêtements.
4. Elle a un livre de chimie.
5. Il a des skis.
6. Elles ont des valises.
7. Elles portent des chaussures de sport.
8. J'ai un programme.

SITUATION

Un petit service

a little favor

bus stop/neighbor
in a car

*Madame Auger est à **l'arrêt d'autobus** avec deux valises. **Une voisine**, Madame Dupont, qui est avec sa fille Chantal, passe **en voiture**.*

MME DUPONT: Bonjour, Madame Auger. Où est-ce que vous allez **comme ça**?

like that (e.g. Where are you going with those?)

MME AUGER: À la gare.

MME DUPONT: Alors, **montez**. Nous allons à l'aéroport. La gare est **sur notre route**.

monter to get in
on our way
partir to leave

MME AUGER: Merci beaucoup! Alors, vous **partez** en voyage?

Le train entre en gare.

MME DUPONT: Non, nous **allons chercher** mon mari. Il arrive de Montréal.

MME AUGER: De Montréal. C'est un **beau** voyage! Moi, je vais **seulement** à Lyon.

aller chercher to go get someone/something

nice/only

DISCUSSION

1. Est-ce que Mme Dupont est la cousine de Mme Auger?
2. Est-ce que Mme Auger va à l'aéroport?
3. Et Mme Dupont?
4. Est-ce que Mme Dupont part en voyage?
5. D'où arrive M. Dupont?
6. Où va Mme Auger?

PRONONCIATION ET ORTHOGRAPHE

Les voyelles /e/ et /o/

As for **i**/i/ and **ou**/u/, make your lips and jaws tense to produce /e/ (as in **café**) and /o/ (as in **stylo**).

1. To pronounce /e/ hold your jaws slightly apart and tense in a smiling position. Take that position before the vowel is produced, and maintain it for a fraction of a second after its pronunciation. This articulatory "follow-through" avoids the production of a y-glide after the vowel, as in the English words *say* and *may*.

PRATIQUONS

A. Imitation.

    et   cal**é**   parl**er**   all**ez**   le cah**ier**   **é**cout**er**

B. Phrases.

    Voici **E**mile **et** Andr**é**.
    Voici le cah**ier** de D**é**d**é**.
    Où **est** le magn**é**tophone de Ren**é**?

2. To pronounce the vowel /o/ make your lips round, tense and protruding. Take that position before the vowel is produced, and maintain it for a fraction of a second after the pronunciation of

the vowel. There should be no w-glide after the vowel, as in the English words *so* and *go*.

PRATIQUONS

A. Imitation.

au   styl**o**   r**o**man   drap**eau**   bur**eau**   tabl**eau**

B. Phrases.

Elle est **au** tabl**eau**.
Voici le bur**eau** de Josiane.
Où est le styl**o** de Cl**au**de?

VIGNETTE CULTURELLE ———————————————

La journée *de Marie-Christine*

day

in

passer   to spend

*Marie-Christine est étudiante **en** biologie à l'Université de Clermont-Ferrand dans le centre de la France. Voici comment elle **passe** une journée typique.*

9:00 a.m./quiz

9h	cours de biologie: demander au prof la date de **l'interrogation** sur les virus

experiment

11h	labo de chimie: préparer **l'expérience** no. 3

date

12h 30	**rendez-vous** avec Gisèle et Jean-Luc au restaurant universitaire; demander à Jean-Luc d'apporter sa guitare à la boum samedi soir

2:00 p.m./**passer**   to go
by/to pick up/package
acheter   to buy/stamps

14h	**passer** à la poste pour **chercher le paquet** de maman; **acheter** des **timbres**

calculus/**vérifier**   to check

15h	cours de **calcul**; demander à Patrick de **vérifier** les réponses

trouver   to find
gift

17h	aller en ville avec Chantal; **trouver** des chaussures pour la robe verte; aussi **un cadeau** pour grand-mère

dîner   to have supper

19h	arriver à 19h pour **dîner** avec Patrick

report

22h	préparer **le rapport** de l'expérience de chimie

QUESTIONNAIRE

1. À quelle université va Marie-Christine?
2. Qu'est-ce qu'elle étudie?
3. Où est-ce qu'elle va à 9h?
4. Où est-ce qu'elle est à 11h?
5. Où est-ce qu'elle rencontre Gisèle et Jean-Luc?
6. Qu'est-ce qu'il y a samedi soir au dortoir de Marie-Christine?
7. Où est-ce qu'elle va chercher le paquet?
8. À 17h, Marie-Christine est à l'université?
9. Pourquoi est-ce qu'elle va en ville?
10. À 22h Marie-Christine est au labo de chimie?

IN THIS LESSON:

* terms for leisure time activities
* the names of the days of the week
* expressing likes and dislikes
* **-er** verbs with minor spelling irregularities
* answering negative questions with **si**
* numbers 70 through 99

MOTS NOUVEAUX

Au dortoir

Ce soir Nicole étudie, mais ses deux camarades jouent aux cartes.	**des jeux:**	games
	jouer aux cartes	
	(au poker, au bridge)	
	aux échecs	chess
	aux dames	checkers
	aux dominos	dominoes
	au trictrac	backgammon
Leurs voisins regardent la télé. On montre un film policier.	**un voisin, une voisine**	neighbor
	un film policier	detective film
	d'espionnage	spy film
	d'amour	romantic film

horror film		**d'épouvante** **de science-fiction** **d'aventures** **un western** **une comédie musicale**
	Ce soir on montre aussi une pièce de théâtre.	**montrer**
play cartoon documentary T.V. news variety show soccer game		**une pièce (de théâtre)** **un dessin animé** **un documentaire** **le journal télévisé** **un programme de variétés** **un match de football**
other party	Les deux autres jeunes filles organisent une boum.	**autre** **organiser/une boum**
	Elles invitent leurs amis: des garçons et des filles.	
first to discuss guest	D'abord elles discutent de la liste des invités.	**d'abord** **discuter de** **un invité, une invitée**
next, then	Ensuite elles téléphonent à leurs amis.	**ensuite**

Chez Gilbert

Chez lui, Gilbert amuse ses amis.	**chez lui** **amuser**	at his place to entertain
Il raconte des histoires drôles.	**raconter . . . drôles**	to tell funny stories
Il raconte aussi des blagues.	**une blague**	joke
Son camarade écoute un concert de musique classique.		
Il aime aussi la musique pop.	**la musique rock** **la musique classique** **le jazz**	
Jean-Paul joue du piano et il chante des chansons.	**jouer du piano** **de la guitare** **de l'accordéon** **du violon**	to play the piano
Yvette et Pierre dansent. Ils aiment le disco.	**le disco** **le ballet** **la danse moderne**	

PRATIQUONS

Le soir au dortoir. Complete the following statements with an appropriate expression.

MODÈLE: Les garçons aiment jouer aux cartes;
—ce soir ils jouent au bridge.

1. Odette amuse ses amies; . . .
2. Gilles est timide; . . .
3. Les échecs, c'est trop difficile alors, je . . .
4. Ce soir on ne montre pas de film; . . .
5. Elles n'aiment pas danser mais . . .
6. Nous organisons une boum alors, . . .
7. Christine adore la musique rock alors, . . .
8. Bernard aime beaucoup les films de Boris Karloff; ce soir, . . .
9. Guy et Richard écoutent une symphonie de Leonard Bernstein; ils . . .
10. Stéphanie aime chanter des chansons **quand** elle . . .   when

_____ **NOTES GRAMMATICALES**

L'emploi de l'infinitif

1. Verbs like **aimer** (to like, to love), **adorer** (to adore, to love), **détester** (to dislike, to hate) and **préférer** (to prefer) may take a direct object:

J'adore la musique classique. *I love classical music.*
Elle déteste les films *She hates horror films.*
    d'épouvante.

2. These verbs may also be followed by an infinitive and indicate what a person likes/hates to do:

J'adore danser.	*I love to dance.*
Je déteste étudier.	*I hate to study.*
Est-ce que vous aimez écouter de la musique rock?	*Do you like to listen to rock music?*
Nous préférons jouer aux échecs.	*We prefer playing chess.*

3. To make such a sentence negative, put the **ne(n')** ... **pas** around the conjugated verb:

Je *n'*aime *pas* jouer aux échecs.	*I don't like to play chess.*
Nous *n'*aimons *pas* beaucoup regarder la télé.	*We don't like to watch T.V. very much.*

4. The expression **il faut** plus infinitive indicates what one must do. The precise meaning depends on context. Compare:

Il faut travailler.	*It is necessary to work.*
	We/You have to work.
Il ne faut pas manger dans la chambre.	*One must not eat in the room.*
	You must not eat in your room.

PRATIQUONS

A. **Qu'est-ce qu'il faut faire?** Indicate what is appropriate in the French class; use **il faut** or **il ne faut pas** plus infinitive.

MODÈLE: Est-ce qu'on parle anglais?
—Non! Il ne faut pas parler anglais!

1. Est-ce qu'on fume des cigares?
2. On parle français?
3. On joue au poker?
4. On danse?
5. On regarde le tableau?
6. On raconte des blagues?
7. On mange une pizza?
8. On montre des photos de Paris?
9. On écoute des cassettes?

B. **Préférences.** Using the scale below, indicate your attitude toward each of the following activities.

Je déteste Je n'aime pas J'aime bien J'aime beaucoup Je préfère J'adore

MODÈLE: chanter des chansons folkloriques
—J'aime bien chanter des chansons folkloriques.

1. écouter de la musique classique
2. danser
3. travailler
4. jouer aux cartes
5. regarder des documentaires à la télé
6. regarder des films d'espionnage
7. aller au théâtre
8. organiser des boums

C. Opinions. What would these people say about their likes and dislikes?

MODÈLE: Leonard Bernstein
—J'adore la musique classique mais je déteste le disco.

1. Fred Astaire et Ginger Rogers
2. John Wayne
3. Sherlock Holmes et Dr. Watson
4. William Shakespeare
5. les Beatles
6. Jack Benny
7. Luciano Pavarotti
8. Mikhail Barishnikov
9. Jules Verne

D. À vous. Ask the person beside you what he/she likes to do on the weekend. You will be asked the same question. Report back to the class.

MODÈLE: A: Qu'est-ce que tu aimes **faire** le week-end?   to do
B: —J'aime aller au cinéma.
J'adore les films de science-fiction.
A: Robert aime aller au cinéma. Il adore les films de science-fiction.

MOTS NOUVEAUX

Nombres 70–99

For the numbers from 70–79 in French, add the numbers 10–19 to 60. Thus, $70 = 60 + 10$, $71 = 60 + 11$, etc.:

70	soixante-dix	75	soixante-quinze
71	soixante et onze	76	soixante-seize
72	soixante-douze	77	soixante-dix-sept
73	soixante-treize	78	soixante-dix-huit
74	soixante-quatorze	79	soixante-dix-neuf

The French word for 80 is **quatre-vingts** or 4×20. For the numbers from 80–99, add the numbers 1–19 to 80. Thus, $81 = (4 \times 20) + 1$, $90 = (4 \times 20) + 10$, etc.

80	quatre-vingts	90	quatre-vingt-dix
81	quatre-vingt-un	91	quatre-vingt-onze
82	quatre-vingt-deux	92	quatre-vingt-douze
83	quatre-vingt-trois	93	quatre-vingt-treize
84	quatre-vingt-quatre	94	quatre-vingt-quatorze
85	quatre-vingt-cinq	95	quatre-vingt-quinze
86	quatre-vingt-six	96	quatre-vingt-seize
87	quatre-vingt-sept	97	quatre-vingt-dix-sept
88	quatre-vingt-huit	98	quatre-vingt-dix-huit
89	quatre-vingt-neuf	99	quatre-vingt-dix-neuf

NOTES

1. The **t** of quatre-ving~~t~~ is never pronounced. Compare:

vingt‿et un   but   quatre-ving~~t~~-un
ving**t**-deux   but   quatre-ving~~t~~-deux

2. When it is not followed by another number, **quatre-vingts** contains a final **-s**. That **-s** is heard as liaison /z/ when it is followed by a vowel. Compare:

quatre-ving~~ts~~   quatre-vingts‿ans   quatre-ving~~ts~~ francs
                                    /z/

3. In Belgium and French-speaking Switzerland, 70 is **septante**; 80, **octante**; and 90, **nonante**. Thus, 76 is **septante-six**; 99, **nonante-neuf**.

PRATIQUONS

A. Problèmes de mathématiques.

MODÈLES: $73 + 14 = ?$
           Combien font 73 et 14?
           —73 et 14 font 87.

           $93 - 21 = ?$
           Combien font 93 moins 21?
           —93 moins 21 font 72.

           $12 \times 7 = ?$
           Combien font 7 fois 12?
           —7 fois 12 font 84.

$71 + 10 = ?$	$90 - 10 = ?$	$40 \times 2 = ?$
$50 + 30 = ?$	$85 - 11 = ?$	$32 \times 3 = ?$

Now formulate your own problems and ask other class members.

B. Combien coûte . . . ? Guy is buying new clothes. How much does each item cost?

MODÈLE: un chapeau noir, 44,95F
           —Combien coûte le chapeau?
           —Quarante-quatre francs quatre-vingt-quinze (centimes).

1. des chaussures marron, 97,60F
2. des chaussettes, 22,95F
3. une chemise bleue, 62,80F
4. un blue-jean, 76F
5. un pull-over rouge, 86,75F
6. un maillot de bain, 59,50F
7. un tee-shirt, 38,50F
8. un short, 47,88F

days of the week

Les jours de la semaine

Quel jour sommes-nous?   *What day is it?*
C'est aujourd'hui mardi.   *Today's Tuesday.*

lundi	Monday	**vendredi**	Friday
mardi	Tuesday	**samedi**	Saturday
mercredi	Wednesday	**dimanche**	Sunday
jeudi	Thursday		

les parties de la journée	*parts of the day*
le matin	morning
l'après-midi (m.)	afternoon
le soir	evening
la nuit	night

1. The days of the week are not capitalized.

2. **Le** is used with a day of the week when the action described is habitual:

Le samedi après-midi,	*On Saturday afternoons,*	*I go to the*
je vais à la piscine.	*Every Saturday afternoon,*	*swimming pool.*

3. The day of the week is used without **le** when the action described happens once, in the future (or in the past).

Je vais au {	**samedi.**	*I'm going to the* {	*Saturday.*
stade {	**samedi prochain.**	*stadium* {	*next Saturday.*

4. In French calendars, **lundi** is the first day of the week.

PRATIQUONS

A. **La semaine de René.** Tell what René is doing this week, based on the notes in his pocket calendar.

MODÈLE: —Lundi matin, René travaille au labo de chimie.

Le programme de la semaine au théâtre d'Avignon.

AGENDA du 7 au 13 septembre	
LUNDI 7	matin—labo de chimie
MARDI 8	après-midi—piscine soir—rencontrer Paul au café
MERCREDI 9	matin—labo de langues soir—étudier à la bibliothèque
JEUDI 10	matin—parler au prof d'anglais
VENDREDI 11	après-midi—tennis avec Guy
SAMEDI 12	soir—film américain
DIMANCHE 13	dîner chez Anne et Hubert

B. À vous.

1. Qu'est-ce que vous faites le vendredi soir?
2. Est-ce que vous allez au cinéma le samedi?
3. Où est-ce que vous allez le lundi soir?
4. Est-ce que vous étudiez le dimanche?
5. Est-ce que vous allez au laboratoire de chimie mardi?
6. Qu'est-ce que vous faites jeudi?
7. Vous regardez la télé mercredi soir?
8. Qu'est-ce que vous faites dimanche?

NOTES GRAMMATICALES

Verbes en -er avec changements orthographiques

A few **-er** verbs show stem changes in both pronunciation and spelling. The stem changes occur in all three present singular forms and in the present third person plural form. All **-er** verbs whose stem ends in **-é** /e/ + consonant change that vowel to **è** /ɛ/.

préférer (to prefer)

singulier	pluriel
je préfère	nous préférons
tu préfères	vous préférez
il elle } préfère on	ils elles } préfèrent

Other verbs like **préférer** are:

compléter (to complete)   **répéter** (to repeat)
espérer (to hope)   **suggérer** (to suggest)
posséder (to possess)

PRATIQUONS

A. Substitution.

MODÈLE: Il répète le mot. (vous, moi)
—Vous répétez le mot.
—Je répète le mot.

1. Nous répétons la phrase. (lui, eux)
2. Est-ce que Monique espère aller en France? (nous, eux)
3. Ils répètent le dialogue. (nous, elles)
4. Nous préférons la montagne. (toi, vous)
5. Je possède une télévision. (vous, toi)

B. Préférences. Complete each sentence logically, using **préférer**.

MODÈLE: Pour nager, je préfère aller à la piscine.
ou Pour nager, je préfère aller à la plage.

1. Pour faire du ski, nous ...
2. Pour étudier, mes amis ...
3. Pour jouer au football américain, on ...
4. Pour manger, je ...
5. Pour écouter de la musique classique, mes amis et moi ...
6. Pour écouter de la musique rock, nous ...
7. Pour regarder un film d'épouvante, on ...
8. Pour étudier le français, je ...

C. À vous. Looking at each topic listed below, think about your preferences. Ask questions of other class members to determine the interests you have in common. Report back to the class.

MODÈLE: A: Est-ce que tu préfères les films policiers?
B: —Non.
A: Tu préfères les westerns?
B: —Oui, je préfère les westerns.
A: Nous préférons les westerns.

1. les films   5. la télé
2. la musique   6. les boums
3. les sports   7. la danse moderne
4. les jeux

Si *et* oui

1. Both **si** and **oui** mean "yes." Use **oui** to answer "yes" to an affirmative question:

Tu aimes jouer aux   —Oui, j'aime jouer aux cartes.
cartes?   —Non, je n'aime pas jouer aux cartes.

2. Use **si** to answer "yes" to a negative question:

Tu n'aimes pas jouer aux cartes? —**Si, j'aime jouer aux cartes.**
(Yes, I *do* like to play cards.)
—**Non, je n'aime pas jouer aux cartes.**
(No, I don't like to play cards.)

PRATIQUONS

Contradiction. You do not agree with your teacher's questions. Show your disagreement by replying with **non** or **si**, as appropriate.

MODÈLE: Vous aimez travailler le week-end?
—Non, je n'aime pas travailler le week-end.

1. Marie et toi, vous n'étudiez pas le week-end?
2. Vous n'allez pas au labo?
3. Vous n'avez pas de devoirs?
4. Vous deux, vous n'étudiez pas la chimie?
5. Vous et Valérie, est-ce que vous mangez dans la salle de classe?
6. Vous préparez la leçon?
7. Vous n'écoutez pas le professeur?
8. Vous n'allez pas aux boums le week-end?
9. Vous et vos amis, vous n'aimez pas aller aux matchs de football américain?
10. Vous aimez étudier au dortoir?
11. Vous aimez manger au restaurant universitaire?

SITUATION

Travailler ou pas?

Nathalie n'aime pas travailler. Ce soir elle est chez elle avec sa sœur Camille.

vouloir to want	NATHALIE: Je ne **veux** pas travailler.
as usual	CAMILLE: **Comme d'habitude!**
	NATHALIE: Hein?
nothing	CAMILLE: **Rien**, rien.
on T.V.	NATHALIE: Qu'est-ce qu'il y a **à la télé** ce soir?
savoir to know	CAMILLE: Je ne **sais** pas.
	NATHALIE: Regarde dans le journal!
Channel 2	CAMILLE: Sur **la deuxième chaîne**, un documentaire sur Haïti.
trouver to find/boring	NATHALIE: Je **trouve** les documentaires **ennuyeux**. Et sur les autres chaînes?
let's see	CAMILLE: **Voyons**, il y a le journal télévisé et un film policier.
darn!	NATHALIE: Oh, **zut**! Tu veux jouer aux cartes, alors?
	CAMILLE: Non, j'étudie, moi!

DISCUSSION

1. Est-ce que Nathalie aime beaucoup travailler?
2. Elle aime les documentaires?
3. Sur la deuxième chaîne, est-ce qu'il y a un film policier?
4. Est-ce que Nathalie aime les films policiers?
5. Camille veut jouer aux cartes?
6. Est-ce que vous travaillez le soir d'habitude?
7. Le soir, est-ce que vous regardez la télé?
8. Quels programmes est-ce que vous préférez?
9. Quels jeux est-ce que vous préférez?

PRONONCIATION ET ORTHOGRAPHE

Les voyelles /y/, /ø/ et /œ/

The French vowels /y/, /ø/ and /œ/ are produced with the tongue in the front part of the mouth and the lips rounded and tense.

1. La voyelle /y/
   To pronounce /y/ as in **tu**, start from the position of /i/: your tongue in the front and your lips in a smiling position. Now, keeping the tongue fronted, make your lips rounded, tense and protruded.

ORTHOGRAPHE

The vowel /y/ is usually represented by **u**: **tu**, **Dumas**, **revue**.

PRATIQUONS

A. Imitation.

su   vu   lu   nu   du   tu   Luc   jupe   Lucie

Dufour   Dumas   bureau   salut

B. Contrastes.

vu/vous   nu/nous   tout/tu

/y/ /u/   /y/ /ou/   /ou/ /y/

C. Salutations. Imagine you are greeting the following people.

MODÈLES: ——, Bruno.
—Salut, Bruno.
——, Madame Dufour.
—Bonjour, Madame Dufour.

1. _____ Luc.		7. _____ Madame Dumas.
2. _____ Lucie.		8. _____ Monsieur Dulong.
3. _____ Arthur.		9. _____ Mademoiselle Dufour.
4. _____ Suzanne.		10. _____ Monsieur Dupont.
5. _____ Bruno.		11. _____ Mademoiselle Camus.
6. _____ Jules.		12. _____ Madame Cornu.

2. La voyelle /ø/
To pronounce /ø/ as in **deux**, start from the position of **u**—your lips are rounded, tense, and protruding—and move the jaw down slightly.

ORTHOGRAPHE

The vowel /ø/ as in **deux**, is usually represented by **eu** at the end of a syllable or word or by a pronounced **e**: d**eu**x, f**eu**tre, j**e**.

PRATIQUONS

A. **Contrastes.**

du/deux	lu/le	ne/nu	me/mu
/y/ /ø/	/y/ /ø/	/ø/ /y/	/ø/ /y/

B. **Imitation.**

le   qu**e**   n**e**   d**eu**x   f**eu**tre   n**eveu**   Monsi**eu**r

C. **Phrases.**

C'est Monsieur Darrieu.   Voici Monsieur Camus.
Il a deux neveux.   Il y a deux feutres sur le bureau.

3. La voyelle /œ/
To pronounce the vowel /œ/ as in **sœur**, start from the position of /ø/ and move your jaw lower. Your lips are rounded, tense and protruding; your tongue is in the front of your mouth.

ORTHOGRAPHE

The vowel /œ/ is usually represented by **eu** or **œu** followed by a pronounced consonant in the same syllable: **prof**ess**eur**, **s**œu**r**, **n**eu**f**.

PRATIQUONS

A. **Contrastes.**

ne/neuf	deux/sœurs	monsieur/professeur
/ø/ /œ/	/ø/ /œ/	/ø/ /œ/

B. **Phrases.**

Son neveu est professeur.
Dix-neuf et trois font vingt-deux.
Où est la sœur de Jules Lafleur?

La soirée *d'*un ouvrier *français*   evening/worker

Voilà comment M. Ducret et sa famille passent la soirée. M. Ducret est **mécanicien** *dans un garage à Châtellereault, une petite ville dans* **l'ouest** *de la France.*   mechanic/west

« Je **rentre** chez moi **à sept heures et demie**. À huit heures du soir nous **dînons**. **Au début** du dîner, nous écoutons le journal télévisé. **Après**, les enfants racontent leur journée à l'école.

rentrer to come home/at 7:30
dîner to have dinner
at the beginning/afterwards

Après le dîner, à neuf heures, les enfants **restent** dans **la cuisine** pour faire leurs devoirs. Ma femme et moi, nous **nous installons devant** la télé. Nous regardons la télé **jusqu'à** dix ou onze heures. Je préfère les films, **surtout** les films policiers ou les films d'espionnage—l'inspecteur Maigret[1] et James Bond sont mes **personnages** préférés. Ma femme **aime mieux** les programmes de variétés ou les pièces de théâtre. J'aime aussi regarder les programmes sportifs: les matchs de football et de rugby et **les courses cyclistes**. »

after/**rester** to remain/kitchen
s'installer to settle down/in front of/until
especially
characters
aimer mieux to prefer

bicycle races

ADAPTATION

La soirée de l'Américain **moyen**   average

1. Où habitent vos parents?
2. Est-ce que la famille dîne ensemble?
3. Chez vous, la famille regarde la télé ensemble?
4. Combien de télés est-ce qu'il y a chez vous?
5. Quels sont les programmes préférés chez vous? Et vous, quels programmes est-ce que vous préférez?
6. Comment est-ce que vos parents passent la soirée de vendredi, samedi ou dimanche?

---

[1] **Inspector Maigret** is a popular fictional creation of George Simenon (1903–1984), a Belgian author of mystery stories in which psychology is usually more important than detection.

Leçon neuf

IN THIS LESSON:

- means of transportation
- the indefinite article in negative phrases
- adverbs of quantity and intensity

MOTS NOUVEAUX

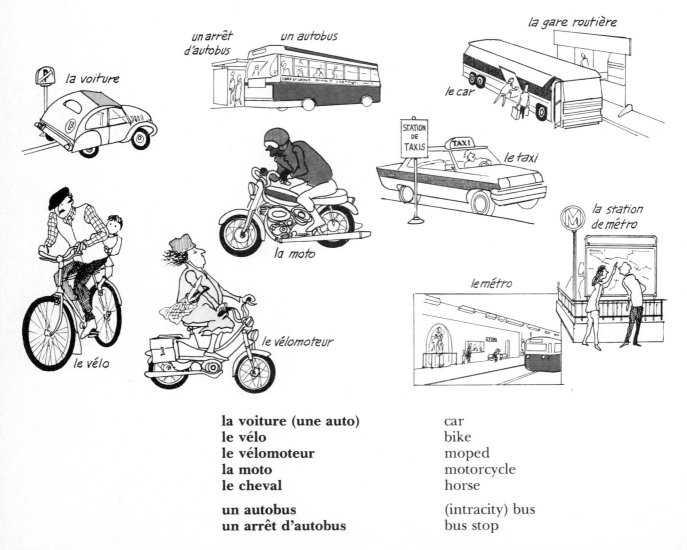

la voiture · un arrêt d'autobus · un autobus · la gare routière · le car · le taxi · la station de métro · la moto · le métro · le vélo · le vélomoteur

la voiture (une auto)	car
le vélo	bike
le vélomoteur	moped
la moto	motorcycle
le cheval	horse
un autobus	(intracity) bus
un arrêt d'autobus	bus stop

le car	(intercity) bus
la gare routière	bus station
le métro	subway
la station de métro	subway station
le taxi	taxicab
la station de taxi	taxi stand
le bateau	boat
le port	harbor
le train	train
un avion	plane
la fusée	rocket

QUELQUES VERBES

marcher	to walk; to work or to operate
Sa voiture ne marche pas.	His car doesn't work.
voyager	to travel
prendre (on prend)	to take
On prend l'autobus?	Shall we take the bus?
aller à pied	to walk
à cheval	to go on horseback
à vélo	
en train	
en car	
en avion	
en voiture	
en moto	
en autobus	
en métro	

QUELQUES ADJECTIFS

cher, chère	expensive
économique	cheap
pratique	practical
rapide	fast
confortable	

PRATIQUONS

A. Où est-ce qu'il faut aller?

    MODÈLE: pour prendre le train?
           —On va à la gare.
      ou —Il faut aller à la gare.

    1. pour prendre l'avion?   5. pour prendre l'autobus?
    2. pour trouver un taxi?   6. pour prendre le train?
    3. pour prendre le métro?   7. pour prendre le bateau?
    4. pour prendre le car?

B. Comparons les moyens de transport. Describe each means of transportation mentioned.

MODÈLE: l'avion
  —L'avion est rapide mais pas économique.

1. la voiture   4. la moto   7. le train
2. le métro   5. le bateau 8. le taxi
3. le vélo   6. la fusée

C. **Comment aller de...à...?** Indicate a logical means of transportation between the two points mentioned.

MODÈLE: pour aller de Paris à Montréal?
  —Il faut prendre le train et le bateau.
ou —Il fait prendre l'avion.

1. pour aller de Paris à Lyon?
2. pour aller de Bruxelles à Paris?
3. pour aller de Nice en Corse?
4. pour aller de la France au Sénégal, en Afrique?
5. pour aller de Québec à la Nouvelle-Orléans?
6. pour aller de Vénus à la planète Mars?
7. pour aller de l'aéroport à cette université?
8. pour aller d'ici à la poste?
9. pour aller de la piscine au stade?
10. pour aller de la Terre [*Earth*] à la Lune [*Moon*]?

D. **À vous.**

1. Est-ce que vous avez une voiture? Si oui, quelle sorte de voiture? Une voiture japonaise, française, américaine? Une Renault, une Toyota, une Ford?
2. Comment est-ce que vous allez à l'université?
3. Quel est votre moyen de transport préféré? Pourquoi?
4. Est-ce qu'il y a des autobus dans votre ville?
5. Dans quelles villes des États-Unis est-ce qu'il y a un métro?
6. On prend souvent le train pour voyager aux États-Unis? Pourquoi ou pourquoi pas?
7. Quel est le moyen de transport préféré des Américains pour aller d'une ville à une autre?

NOTES GRAMMATICALES

L'article indéfini dans les phrases négatives (révision)

1. In negative sentences, **un**, **une** and **des** are replaced by **de** (**d'** before a vowel). The indefinite article **de** has several English equivalents:

Je n'ai pas de magnétophones.
I don't have any tape recorders.
I don't have tape recorders.
I have no tape recorders.

Il n'a pas de magnétophone.
He doesn't have a tape recorder.

2. **Le**, **la**, and **les** are not affected by the negative:

J'aime *les* voitures bleues.	*I like blue cars.*
Christine n'aime pas *les* voitures bleues.	*Christine doesn't like blue cars.*
Nous n'avons pas *le* vélo de Marc.	*We don't have Mark's bike.*

PRATIQUONS

A. Réponse négative.

MODÈLE: Est-ce qu'il a un vélo?
—Non, il n'a pas de vélo.

1. Est-ce que Pierre a une voiture?
2. Maryse a un bateau?
3. Jeanne a un cheval?
4. Son père a des vélomoteurs?
5. Marie-France a une moto?
6. Notre ville a un métro?
7. Votre ville a une gare?
8. Cette ville a un port?
9. Vous avez un avion?

B. Dans votre ville. Ask classmates whether the following are found in their town.

MODÈLE: un aéroport
A: Dans ta ville, il y a un aéroport?
B: —Oui, il y a un aéroport.
ou —Non, il n'y a pas d'aéroport.

1. une gare
2. une gare routière
3. un métro
4. des taxis
5. un hôpital
6. une université
7. des restaurants français
8. des musées
9. un opéra
10. un aéroport

C. Le détective. Find someone in your class who has each of the things listed below. Keep a list of names and things, then report back to the class.

MODÈLE: A: Est-ce que tu as un cheval?
B: —Non, je n'ai pas de cheval.
A: Et toi, Jeanne, tu as un cheval?
—Oui, j'ai un cheval.

(A: écrit: un cheval—Jeanne)

What if nobody has the thing listed? Say:

—**Personne n'a de cheval.** *Nobody has a horse.*

1. une voiture japonaise
2. des disques des Rolling Stones
3. une télé noir et blanc
4. une moto noire
5. un cheval
6. des livres sur l'astrologie
7. une guitare
8. une Ford
9. un bateau
10. un vélo cher
11. des romans policiers d'Agatha Christie
12. une raquette de tennis

Adverbes de quantité et d'intensité

1. The adverbs listed below can be used with a noun to talk about quantity. In this case, the adverb is followed by **de/d'** plus a noun.

Nous avons *trop de* **devoirs.**	*We have too many assignments.*
Ils apportent *beaucoup de* **disques.**	*They are bringing a lot of records.*
Danielle a *assez de* **journaux.**	*Danielle has enough newspapers.*
J'ai *peu de* **cassettes de musique rock.**	*I have few cassettes of rock music.*

2. The same adverbs can be used with a verb to talk about to what degree you do something. Here the adverbs are used without **de**:

Tu travailles *trop.*	*You work too much.*
Je parle *beaucoup* **à mes camarades.**	*I talk to my friends a lot.*
Patrice mange *assez.*	*Patrice eats enough.*
J'étudie *un peu* **le soir.**	*I study a little in the evening.*

PRATIQUONS

A. Possessions. Based on the scale below, indicate how many you have.

trop de   beaucoup de   assez de   peu de   ne . . . pas de

MODÈLE: des disques de jazz
—J'ai beaucoup de disques de jazz.
ou —Je n'ai pas de disques de jazz.

1. des romans policiers
2. des photos de mes amis
3. des disques de musique classique
4. des souvenirs de voyages
5. des livres pour mes cours
6. des cassettes de musique rock
7. des devoirs pour mes cours
8. des amis
9. des problèmes
10. des responsabilités

B. Intensité. To what extent do you do the things listed below?

trop   beaucoup   assez   un peu   ne . . . pas

MODÈLE: étudier le soir
—Je n'étudie pas le soir.
ou —J'étudie trop le soir.

1. travailler
2. parler
3. manger
4. jouer
5. nager
6. voyager
7. **aider** mes amis
8. regarder la télé

to help

Adverbes affirmatifs et négatifs

Camille et Nathalie sont camarades de chambre.

Camille étudie toujours.
Nathalie joue quelquefois aux échecs.

Nathalie n'étudie jamais.
Camille ne joue jamais aux échecs.

Hervé et Gilles habitent au dortoir.

Il y a quelque chose sur le bureau d'Hervé.
Il y a beaucoup de choses dans la chambre d'Hervé: un bureau, des affiches, un magnétophone.

Il n'y a rien sur le bureau de Gilles.
Le pauvre Gilles n'a rien!
Il n'y a rien dans sa chambre, excepté des livres.

Nous sommes en ville.

Il y a quelqu'un à l'arrêt d'autobus.

Il y a beaucoup de gens à la station de métro.

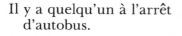

Il n'y a personne à la station de taxis.

1. The adverbs **toujours** (always), **souvent** (often), **quelquefois** (sometimes), and **rarement** (seldom) are used with a verb to tell how often one does something:

Il travaille *toujours.*   *He's always working.*
Elle va *souvent* **à la plage.**   *She often goes to the beach.*

Je joue *quelquefois* **au ping-pong.**
Je joue au ping-pong *quelquefois.* *I play ping-pong sometimes.*

Nous voyageons *rarement.* *We seldom travel.*

These adverbs are generally placed immediately after the verb.

2. In addition to **ne . . . pas** French has other negative adverbs. These are also composed of two parts: **ne** plus another element carrying the specific meaning:

Elle *ne* **travaille** *pas.*	*She doesn't work.*
Elle *ne* **travaille** *jamais.*	*She never works.*
Elle *n'aime* *rien.*	*She doesn't like anything.*
Elle *n'aime* *personne.*	*She doesn't love anyone/anybody.*

These adverbs may also be used alone:

Qu'est-ce que vous avez?	*What do you have?* or *What's wrong?*
—Rien.	*—Nothing.*
Qui est là?	*Who is there?*
—Personne.	*—Nobody.*
Quand est-ce que tu vas au théâtre?	*When do you go to the theatre?*
—Jamais.	*—Never.*

3. These negative adverbs correspond to affirmative adverbs containing the modifier **quelque** and a general term referring to time, things, and persons.

	affirmatif	*négatif*
QUAND?	**quelquefois** (sometimes)	**ne . . . jamais** (never)
QUOI?	**quelque chose** (something)	**ne . . . rien** (nothing)
QUI?	**quelqu'un** (someone, somebody)	**ne . . . personne** (no one, nobody)

PRATIQUONS

A. **Fréquence.** Ask your classmates how often they do the following activities.

MODÈLE: A: Est-ce que tu voyages souvent?
B: —Oui, je voyage souvent.
ou —Non, je voyage rarement.

toujours   souvent   quelquefois   rarement   jamais

1. danser
2. étudier dans un restaurant
3. travailler au dortoir
4. téléphoner à des ami(e)s
5. jouer aux cartes
6. aller aux matches de football
7. regarder le journal télévisé
8. écouter des disques
9. prendre l'avion
10. aller au théâtre

B. Un négatif. Reply using the appropriate negative expression.

MODÈLE: Qu'est-ce que tu regardes?
—**Rien. Je ne regarde rien.**

1. Qu'est-ce que tu écoutes?
2. Qu'est-ce que tu manges?
3. Qui est-ce que tu invites?
4. Qui est-ce que tu écoutes?
5. Quand est-ce que tu étudies?
6. Qu'est-ce que tu apportes?
7. Quand est-ce que tu travailles?
8. Qui est-ce que tu aimes?

C. Contradiction. Answer using the contrary.

MODÈLES: Est-ce qu'il y a quelqu'un ici?
—Non, il n'y a personne.
Vous ne travaillez jamais?
—Si, je travaille quelquefois (toujours).

1. Il y a quelque chose sur la table?
2. Est-ce qu'elle invite quelqu'un?
3. Paul et vous, vous écoutez quelque chose?
4. Vous ne mangez rien?
5. Vous ne regardez personne?
6. Vous ne travaillez jamais?
7. Vous et vos amis jouez toujours au tennis?
8. Vous écoutez souvent des disques?

D. Logique. Finish the sentences logically with an appropriate expression: **rarement**, **souvent**, **toujours**, **assez**, **beaucoup**, **un peu**, **trop**.

MODÈLE: Marcel adore jouer aux dominos alors,...
—il joue beaucoup aux dominos.
ou —il joue souvent aux dominos.

1. Nous n'aimons pas étudier alors, nous...
2. Nous préférons regarder les dessins animés alors, nous...
3. Patrick n'aime pas regarder les documentaires alors, il...
4. Je n'aime pas étudier, mais il faut étudier alors, je...
5. Mon ami mange toujours; il...
6. Suzie adore nager à la piscine alors, elle...
7. Roger n'aime pas beaucoup nager à la plage alors, il...
8. Mes amis aiment bien le cinéma, alors, ils...

SITUATION

Le vélomoteur

*Pierre Rossi et Jean-Claude Clavel **rentrent du** travail.*

PIERRE: Tu n'as pas ton vélomoteur?
JEAN-CLAUDE: Si, il est là-bas, **derrière** la **Deux-Chevaux** rouge.
PIERRE: Ah, c'est le vélomoteur jaune, n'est-ce pas?
JEAN-CLAUDE: Oui, c'est ça. Et toi, où est ton vélo?

rentrer de to return from

behind/an economical, two horse-power car (see **Notes culturelles**)

you mean
of course
réparer to repair/brakes

you're going to lend me

PIERRE: Je n'ai pas de vélo. **Tu veux dire** ma moto.
JEAN-CLAUDE: Pardon. Ta moto, **bien sûr**.
PIERRE: Elle est au garage. Ils **réparent** mes **freins**.
JEAN-CLAUDE: Alors, comment est-ce que tu vas rentrer chez toi?
PIERRE: C'est simple, **tu me prêtes** ton vélomoteur.

DISCUSSION

1. Est-ce que Pierre et Jean-Claude sont étudiants?
2. Est-ce que Jean-Claude a une voiture?
3. Et Pierre, il a un vélo?
4. Où est la moto de Pierre?
5. Pour aller au garage, est-ce que Pierre va prendre la Deux-Chevaux?
6. Et vous, vous avez un vélo, un vélomoteur ou une moto?
7. Est-ce que vous réparez votre vélo ou votre voiture, ou est-ce que vous allez au garage?
8. Est-ce que vous prêtez souvent votre vélo, votre moto ou votre voiture à des copains, à votre frère ou à votre sœur?

NOTES CULTURELLES

Pour conduire en France. In France one may obtain a driver's licence at age 18. This licence is valid for life without any further retests or

Beaucoup d'étudiants français vont aux cours en vélomoteur ou en mobylette.

checks. Two-wheeled vehicles may be driven at an earlier age: at 14 for a **vélomoteur** or **mobylette** and at 16 for low-powered motorcycles.

Une Deux-Chevaux (2CV). A very popular and inexpensive car produced by Peugeot-Citroën, the second largest car manufacturer in France (the largest is the national company, Renault). The Deux-Chevaux is a no-frills, stripped-down car. The term **deux-chevaux** is a shortened form of **chevaux-vapeur** (singular: **un cheval-vapeur,** horsepower), the unit used to determine the tax on motor vehicles in France.

PRONONCIATION ET ORTHOGRAPHE

Les voyelles /e/ : /ɛ/ et /o/ : /ɔ/

A. In addition to the /e/ of **café**, French has a contrasting vowel /ɛ/ (**mère**), which sounds somewhat like the vowel of English "bet." Whereas /e/ occurs at the end of a syllable, /ɛ/ usually occurs before a consonant sound in the same syllable. Compare the last vowel of the following paired words:

André/Albert	René/Marcel	la télé/le Québec
préférer/je préfère	répéter/je répète	

ORTHOGRAPHE

1. The vowel /e/ is often spelled **é: le lycée, André, le cinéma**.
2. In verbs the spelling of /e/ depends on the particular form: infinitive **-er: parler, aller;** second person plural **-ez: vous écoutez, vous regardez, montez**.
3. The vowel /ɛ/, when it is followed by a spoken consonant, is often spelled **è: la mère, le père, la bibliothèque**. It is also written as **e: il s'appelle, Michel, avec, Québec, Colette**.

B. In addition to the /o/ of **stylo**, French has a contrasting vowel /ɔ/ (**porte**), which sounds somewhat like the vowel of English "lost." Whereas /o/ usually occurs at the end of a syllable, /ɔ/ occurs before a consonant sound in the same syllable. Compare the last vowel of the following paired words:

nos/notre	le stylo/la porte	le tableau/le téléphone

ORTHOGRAPHE

1. The spellings **au, eau** usually stand for /o/: *au,* l'*au*tobus; b*eau*, le bur*eau*, le chap*eau*. When **o** occurs at the end of a word, either alone or followed by a silent letter, it also stands for /o/: **le stylo,** Jojo; nos, vos.
2. When it is followed by a pronounced consonant, **o** represents /ɔ/: la p**o**rte, n**o**tre, c**o**mme, la r**o**be.

VIGNETTE CULTURELLE

Ma ville natale

native

naître to be born (I was born)
small/located/coast

things to do
famous/**connaître** to know
painter
novelist
country/probably not

New World/in the world
unfortunately
bad

Je m'appelle Ginette Dorélus. Je suis **née** à Jérémie, une **petite** ville de 15.000 habitants **située** sur **la côte** nord de la péninsule sud d'Haïti. Jérémie est une ville pittoresque mais très calme. Il n'y a pas d'industries et pas beaucoup de **choses à faire** le soir.

Deux personnalités **célèbres** sont nées à Jérémie. Vous **connaissez** John Audubon, le célèbre **peintre** américain? Aussi, le général Dumas, le père du grand **romancier** français Alexandre Dumas est né dans ma ville.[1] Vous connaissez l'histoire de mon **pays**? **Sans doute pas**. C'est, après les États-Unis, le deuxième pays indépendant du **Nouveau Monde**. C'est aussi la première république noire **au monde**.

Malheureusement mon pays est très pauvre. À Jérémie, il n'y a pas de moyens de transports et les routes sont très **mauvaises**. Pour aller de Port-au-Prince à Jérémie, une distance de 200 kilomètres, il faut prendre le bateau ou l'avion.

[1] Alexandre Dumas (1802–1870), author of **Les Trois Mousquetaires** and **Le Comte de Monte-Cristo**, was a famous Romantic novelist and playwright.

Au marché dans une petite ville d'Haïti.

ADAPTATION

Votre ville

1. Quelle est sa situation géographique?
2. C'est une grande ou une petite ville?
3. Quelles sont les industries et les commerces [*businesses*] importants?
4. Quels sont les moyens de transport?
5. Quelles personnalités célèbres sont associées au nom de votre ville ou de votre région?
6. Quel est l'intérêt touristique de votre ville?
7. Comment est-ce qu'on va à votre ville?
8. Quelles sont les distractions dans votre ville?

Un pas de plus

RÉVISION

A. Où est-ce qu'on va?

MODÈLE: nous
—Nous allons à la bibliothèque.

1. Marc

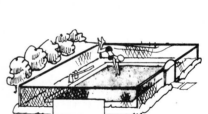

2. Jeanne et toi

3. Nicole et Sylvie

4. moi

5. Alain et moi

6. Gilles

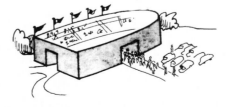

7. vous

8. les enfants

B. Où est-ce que nous sommes?

MODÈLE: Nous regardons un film de Truffaut.
—Nous sommes au cinéma.

1. Anne admire des peintures de Renoir.
2. Mes frères regardent des livres intéressants.
3. Les enfants étudient.
4. Tu regardes la télé.
5. Vous partez en voyage.
6. J'écoute la cassette de la leçon sept.
7. Nous jouons au basket-ball.
8. Christophe prend l'autobus.

C. De qui? Link the items named logically, using **de**.

MODÈLE: —Voici les devoirs de l'étudiant.

Voici les devoirs	Beethoven
Voilà une symphonie	le professeur
C'est le bureau	l'étudiant
Voilà la jupe	la France
Voici les disques	les enfants
C'est la carte	la jeune fille
Voilà l'hôpital	Frank Sinatra
Voici les parents	les docteurs

D. De quoi est-ce que vous discutez? What do you talk about with friends in the following situations?

MODÈLE: après le week-end
—Nous discutons des boums.
ou —Nous discutons des voyages.

1. le premier jour des cours
2. au cours de français
3. après un examen
4. au restaurant universitaire
5. au bar
6. après un film

E. Un optimiste et un pessimiste. Robert is always optimistic; Paul is a pessimist. Show how their views contrast.

le pessimiste: Paul   *l'optimiste*: Robert

MODÈLE: On ne mange jamais bien   —On mange toujours
au restaurant universitaire.   bien au restaurant
universitaire.

1. Le prof est rarement sympa en classe.
2. Nous avons trop d'examens.
3. Je prépare quelquefois la leçon.
4. Je ne vais jamais au cinéma.
5. Il n'y a jamais de films intéressants.
6. Nous avons peu de devoirs le week-end.
7. J'étudie un peu le soir.
8. J'étudie assez au labo de langues.
9. J'aime quelqu'un au dortoir.
10. Je travaille rarement.

F. Parlons de vous.

1. Mime an activity that you would engage in at a particular place. Let the class members guess where you are.

   Possibilités: au restaurant   à la plage
                  au stade   à la montagne
                  au théâtre   au labo de chimie
                  à l'hôpital   à l'église

2. Find out what another class member usually does on weekends. You will be asked the same question. Report back to the class.

   MODÈLE: A: Qu'est-ce que tu fais le week-end?
            B: —Le vendredi soir, je vais au cinéma avec mon ami. Le samedi, je travaille à la bibliothèque et le dimanche après-midi, je vais à la piscine.

LE SAVIEZ-VOUS?

Introduction à la France

France is the largest country in Europe after the Soviet Union: its area comprises 550,000 square kilometers, 4/5 the size of Texas. The population of France totals approximately 55 million, including about three million foreign workers and their families.

As shown on the map, France may be neatly inscribed in a six-sided geometrical shape, whence the term *l'Hexagone* to refer to the country. The French hexagon is bordered on three sides by land and on three sides by the sea, making the country a crossroads for Europe. French geography books refer to the three main orientations of France as the Atlantic, the Mediterranean, and the northern plains.

Through its western Atlantic orientation France became involved in the colonization of the New World during the 16th and 17th centuries. French explorers and trappers gave France control of a vast empire in North America, encompassing eastern Canada and one-third of the area of the present-day United States. Such place names as Detroit (*the straits*), Des Moines, Iowa (*of the monks*), Terre Haute, Indiana (*high land*), New Rochelle, N.Y., Baton Rouge, Louisiana (*red stick*), attest to the French presence. Ships from the Atlantic ports of Brest, Nantes, La Rochelle, and Bordeaux engaged in the notorious triangular traffic: they brought barter goods to West Africa in exchange for slaves who were exported to the rich West Indian plantation colonies of Saint-Domingue (present-day Haiti), Guadeloupe, and Martinique; on the third leg of their voyage the ships brought abundant cash crops of sugar, tobacco, indigo, and coffee to France.

The Mediterranean Sea is France's gateway to the Middle East and North Africa. Roman conquest and civilization came by means of this route to Gaul, which was then inhabited by various Celtic tribes. The Roman invasion (launched by Julius Caesar about 50 B.C.) brought to Gaul a form of Latin which, over a period of several centuries, evolved into French.

Finally, the fertile northeastern plains of France served as an invasion route for peoples from the interior of Europe. During the 5th century A.D., romanized Gaul was invaded by several Germanic tribes, the Burgundians, the Alemanni, and the Franks. The latter conquered the northern half of Gaul and gave it the name France, the land of the Franks.

Now read about this topic in French:

Regardez la carte de France. Les montagnes **se trouvent** à l'est et au sud d'une ligne qui va de Metz, **près de la frontière** belge, à Bayonne, près de la frontière espagnole, et les plaines sont à l'ouest et au nord. Le climat de la France est tempéré.

se trouver to be located
near/border

La France a **une superficie** de 550.000 km², **presque** la superficie du Texas aux E.U. Elle a une population approximative de 55 millions d'habitants. Quelques villes importantes sont: Paris, la capitale, avec **plus de** dix millions d'habitants pour la région parisienne; Marseille, Lyon, Lille, Bordeaux, Strasbourg.

area, surface/almost

more than

À l'ouest, la France est orientée **vers** l'océan Atlantique, **c'est-à-dire**, vers l'Amérique. Les Français **sont partis des** ports de l'Atlantique pour coloniser **les îles des Antilles**: Saint-Domingue (aujourd'hui Haïti), la Guadeloupe et la Martinique.

toward/that is to say
ils sont partis de they left from
islands/West Indies

Les ruines d'un amphithéâtre romain à Cimiez (Nice).

ont colonisé colonized
ont civilisé civilized
sont venus de came from
tribes/**sont arrivées** arrived/by way of
a donné gave/name
vouloir dire to mean

Au sud, la France est orientée vers la Méditerranée. Les Romains, qui **ont colonisé** et **ont civilisé** la Gaule, **sont venus de** cette région. Le français est dérivé du latin, la langue des Romains. **Les tribus** germaniques **sont arrivées par** les plaines du nord. Une de ces tribus, les Fráncs, **a donné** son **nom** au pays. «La France» **veut dire** «le pays des Francs».

CONNAISSANCE DU TEXTE

Qu'est-ce que c'est? Identify each name as city, mountains, or river.

MODÈLE: Paris—C'est une ville.
les Alpes—Ce sont des montagnes.
la Seine—C'est un fleuve (*river*).

Strasbourg	Bordeaux	les Pyrénées
le Massif Central	la Loire	Lyon
les Vosges	le Rhin	le Rhône
le Jura	la Garonne	Marseille

Temps et saisons

Leçon dix

IN THIS LESSON:

- the names of the months and seasons
- expressing dates
- the numbers 100 and above
- questions asking: how?, where?, when?, why?, who?, with whom?, which?

MOTS NOUVEAUX

Les saisons et les mois

En décembre dans les Alpes, on fait du ski.
En janvier au Sénégal, on va à la plage.
En février à Québec, on va au Carnaval.

En mars à la Nouvelle-Orléans, on va au Mardi Gras.
En avril à Tahiti, on ne porte pas de manteau.
En mai en France, on prépare les examens.

En juin à la Martinique, il faut prendre **un parapluie**.
En juillet en France, on célèbre la fête nationale.
En août, les Français **vont en vacances**.

umbrella

aller en vacances to go on vacation

En septembre à Nice, on joue au golf et au tennis.
En octobre à la Guadeloupe, on porte un maillot de bain.
En novembre au Québec, on va à la montagne pour faire du ski.

PRATIQUONS

C'est quelle saison? Which season is it most likely to be, according to each picture?

MODÈLE: —C'est l'automne au Québec.
ou —C'est l'hiver.

1.

2.

3.

NOTES GRAMMATICALES

Les saisons et les mois

1. Like the days of the week, seasons and months are not capitalized:

l'hiver (m.)   *winter*   **l'été** (m.)   *summer*
le printemps   *spring*   **l'automne** (m.)   *fall*

janvier	**mai**	**septembre**
février	**juin**	**octobre**
mars	**juillet**	**novembre**
avril	**août**	**décembre**

2. Use the definite article with the seasons:

J'aime *l*'hiver.   *I like winter.*
C'est *le* printemps.   *It's spring.*

3. To say "in" or "during," use **en** with months:

***En* mai, je vais à mes cours à pied.**
***En* décembre, je vais à l'université en voiture.**

With seasons, use **en** or **au** as outlined below:

***En* hiver, j'aime aller à la montagne.**
***En* été, nous allons souvent à la campagne.**
***En* automne, on rentre à l'université.**
***Au* printemps, il faut souvent porter un imperméable.**

4. Dates follow this pattern: *abbreviations*

samedi le 29 octobre 1985   samedi, 29/10/85
Noël est le 25 décembre.   25/12

Au carnaval du Mardi Gras à Nice.

The first of each month is exceptional:

C'est le premier janvier.   *It's January first.*

Quelle est la date aujourd'hui?

    —C'est aujourd'hui vendredi le treize août.
ou **—C'est le treize août.**

Quel jour est votre anniversaire?   *When is your birthday?*
—C'est le sept mai.   *It's (on) May seventh.*

PRATIQUONS

A. **Quelle saison est-ce à Paris?** Tell what season and month it might be for each statement below.

    MODÈLE: Les enfants vont à la plage.
           —C'est l'été. C'est juin, juillet ou août.

1. On porte un chapeau et une écharpe.
2. Il faut porter un pull-over pour jouer au football.
3. On porte souvent un imperméable en ville.
4. Les étudiants préparent les examens.
5. Les enfants rentrent à l'école.
6. La famille Poirier va en vacances.
7. Le Père Noël arrive chez les enfants.
8. Les Français chantent et dansent pour célébrer la fête nationale.

B. **À vous.** Ask classmates what their favorite season is. Compare answers with other members of the class.

    MODÈLE: A: Quelle saison est-ce que tu préfères?
           B: Je préfère l'automne.

MOTS NOUVEAUX

Les nombres à partir de 100

1. The number 100 is **cent**. To form the numbers 101–199, simply add the numbers 1–99 to **cent**:

   101 cent un   102 cent deux
   151 cent cinquante et un   152 cent cinquante-deux
   199 cent quatre-vingt-dix-neuf

   a. The numbers 200–999 follow the same pattern:

      200 deux cents   201 deux cent un
      300 trois cents   347 trois cent quarante-sept
      900 neuf cents

      Cent is not made plural when followed by another number.

   b. Liaison is never made between **cent** and a following number: **cent/un, cent/huit, cent/onze**. But liaison is made when **cent** occurs before a noun beginning in a vowel: **cent‿étudiants, cent‿hôtels**. The final **s** of the multiples of 100 is pronounced as /z/ before a noun beginning with a vowel: **deux cents‿ans**.

                                                                    /z/

2. The number 1000 is **mille**. The numbers above 1000 are formed like those above:

   1.001 mille un   2.000 deux mille
   2.500 deux mille cinq cents
   978.392 neuf cent soixante-dix-huit mille trois cent quatre-vingt-douze

   a. The use of the comma and the decimal point in French numerals is the reverse of its use in American notation. The period is often omitted in the thousands and the millions:

American	French
10.1	10,1
2,310.05	2.310,05 or 2 310,05

   b. **Mille** is never written with an **-s**:

      deux mille   cent mille

   c. Unlike **cent** and **mille**, **un million** [*a million*] and **un milliard** [*a billion*] are nouns. As such, they may be preceded by **un**.

3. Numbers between 1,100 and 1,900 are often expressed, as they are in English, in terms of hundreds:

      1.100 onze cents
      1.492 quatorze cent quatre-vingt-douze

   a. Years are expressed in either of two ways: in terms of hundreds or one thousand and hundreds. Compare:

1985   dix-neuf-cent quatre-vingt-cinq **ou**
mil neuf cent quatre-vingt-cinq

(**Mille** has the special spelling **mil** in dates.)

b. Use **en** to express the idea of "in" or "during":

en 1929   *in 1929*

PRATIQUONS

Pour téléphoner en France il faut avoir des pièces de cinq francs, un franc, cinquante centimes et vingt centimes.

A. **Numéros de téléphone.** In the Paris region telephone numbers consist of seven digits; they are read as follows:

371.29.97   trois cent soixante et onze; vingt-neuf;
quatre-vingt-dix-sept.

In the rest of France telephone numbers consist of six digits, read off in sets of two:

31.08.75   trente et un; zéro huit; soixante-quinze

Give the telephone numbers of these people:

MODÈLE: Marcel: 748.76.09
—Marcel? C'est le sept cent quarante-huit;
soixante-seize; zéro neuf.

1. Brigitte: 87.12.22
2. Pierre: 633.29.86
3. M. Blondel: 29.82.09
4. Mme Marchand: 255.75.14
5. Mlle Guéna: 63.42.91
6. Air Europe: 783.18.50
7. la Sécurité sociale: 875.13.64
8. l'hôpital Laënnec: 837.38.95

B. **Votre anniversaire.** Guess your classmates' birthdays by asking yes-no questions about seasons, months, dates, years.

MODÈLE: Est-ce que ton anniversaire est en été? en juillet?
le quinze juillet?
Est-ce que tu es né(e) [*were you born*] en 1964?

C. **Dates historiques.** Match items in the two columns to tell what happened in the years listed.

MODÈLE: 1804
—En mil huit cent quatre les Haïtiens déclarent leur indépendance.

1066   Les Haïtiens déclarent leur indépendance.
1492   La Révolution française commence.
1776   Les Normands arrivent en Angleterre.
1789   Les Américains vont sur la Lune.
1804   La Première Guerre Mondiale commence.
1860   Christophe Colomb découvre l'Amérique.
1914   La Deuxième Guerre Mondiale commence.
1939   La Guerre de Sécession commence.
1969   Jefferson écrit la Déclaration d'Indépendance américaine.

NOTES GRAMMATICALES

Comment former des questions

1. You already know three ways to ask questions to which the expected answer is *yes* or *no*:

   a. Raise the intonation on the last syllable. Compare:

   Vous allez à la gare.   **Vous allez à la gare?**

   b. Insert the element **est-ce que** (**est-ce qu'**) at the beginning of a sentence, without raising the intonation:

   Vous allez à la gare.   **Est-ce que vous allez à la gare?**
   Elle a une sœur.   **Est-ce qu'elle a une sœur?**

   c. Use **n'est-ce pas** at the end of a sentence when you expect a particular answer:

   Tu as mon imperméable,   *You have my raincoat, don't you?*
   n'est-ce pas?
   Expected answer: **Oui.**

   Tu n'as pas mes devoirs,   *You don't have my homework,*
   n'est-ce pas?   *do you?*
   Expected answer: **Non.**

2. You have learned to form questions asking for information by placing a question word followed by **est-ce que** in front of a sentence.

   Comment est-ce que **tu t'appelles?**   *Où est-ce que* **vous allez?**

   Here are some useful question words:

comment	*how*	**Comment est-ce qu'il s'appelle?**
où	*where*	**Où est-ce que tu habites?**
quand	*when*	**Quand est-ce qu'elle va à Haïti?**
pourquoi	*why*	**Pourquoi est-ce que tu étudies ce soir?**
		—*Parce que* **j'ai un examen de littérature.**
qui	*who*	**Qui est-ce que tu aimes?**
à qui	*to whom*	**À qui est-ce que tu parles?**
combien de	*how many, how much*	**Combien de stylos est-ce que vous avez?**
combien	*how much*	**Combien coûte ce vélo?**

   because

3. **Quel** (*which?*) is an interrogative adjective; thus, it agrees in number and gender with the noun it modifies. Compare:

Quel **livre?**	*Which book?*
Quelle **robe?**	*Which dress?*
Quels **livres?**	*Which books?*
Quelles **chaussettes?**	*Which socks?*

In the plural, before nouns beginning with a vowel, the -s of **quels** (or **quelles**) is pronounced as liaison /z/:

> Quels_imperméables? Quelles_images?
> /z/ /z/

Quel is also used to identify:

> ***Quels*** sont *les mois* de l'année? *What are the months of the year?*
> ***Quelle*** est *la date*? *What is the date?*

4. **Quel** is also used in exclamations:

> **Quelle jolie robe!** *What a pretty dress!*

PRATIQUONS

A. **Transformation.** Change these intonation questions into **est-ce que** questions.

MODÈLE: Il a des enfants?
  —Est-ce qu'il a des enfants?

1. Elle a une fille?
2. Elles ont un frère?
3. Tu as deux cousines?
4. Nous allons au stade?
5. Ils vont au ciné?
6. On travaille à la bibliothèque?
7. Vous parlez souvent avec vos amis?
8. Elle rencontre le professeur?

B. **Vos préférences.** Follow the model to state your likes or dislikes.

MODÈLE: A: J'aime/Je n'aime pas ces disques.
  B: —Quels disques?
  A: Les disques des Beatles.

disques	poèmes	jeux	pièces de théâtre
film	affiches	sports	programme de télé
romans	photo	restaurant	

C. **À la Sécurité sociale.** You overhear an employee at the Social Security Office answering questions over the telephone. Supply the question that he/she was probably asked.

MODÈLE: Mme Darrieu a quarante-cinq ans.
  —Quel âge est-ce qu'elle a?

1. Elle habite à Marseille.
2. Elle habite avec son mari et ses enfants.
3. Elle a deux enfants, une fille et un fils.
4. Son fils a vingt ans.
5. Il s'appelle Jean-Marc.
6. Oui, sa fille est mariée.
7. Non, Mme Darrieu ne travaille pas.
8. Son mari travaille à l'usine.
9. Elle téléphone parce qu'elle a des questions.

Beaucoup de Français vont en Suisse pour les sports d'hiver.

SITUATION

winter sports

Les sports d'hiver

post office

*Mme Rodriguez rencontre une amie à **la poste**. Elles parlent de leurs vacances d'hiver.*

MME LENORMAND: Où est-ce que vous allez aux sports d'hiver **cette année**? Dans les Alpes ou dans les Pyrénées?

year

MME RODRIGUEZ: Cette année nous allons **à l'étranger**.

abroad

MME LENORMAND: Où, **en Suisse**?

to Switzerland

MME RODRIGUEZ: Non, **au** Canada. Nous allons à Sainte-Agathe-des-Monts, au nord de Montréal.

to

MME LENORMAND: Les enfants vont avec vous?

partir to leave

MME RODRIGUEZ: Bien sûr, nous **partons** en février.

sure/snow

MME LENORMAND: Comme ça vous êtes **sûrs** d'avoir de **la neige**.

MME RODRIGUEZ: Au Canada il y a de la neige de novembre à avril! Mais au mois de février c'est le Festival de Neige là-bas.

luck/**rester** to stay

MME LENORMAND: Tu as de **la chance**, toi! Nous, nous **restons** chez nous.

NOTES CULTURELLES

Les vacances d'hiver. See the **Vignette culturelle** of this lesson.

DISCUSSION

1. Où sont Mme Rodriguez et son amie?

work, job

2. Est-ce qu'elles parlent de leur **travail**?

usually

3. **D'habitude**, où vont les Rodriguez pour les sports d'hiver? Cette année, où est-ce qu'ils vont?

4. Quand est-ce qu'ils vont partir?
5. Et les Lenormand, où est-ce qu'ils vont pour les sports d'hiver?

PRONONCIATION ET ORTHOGRAPHE

Les voyelles nasales

French has four nasal vowels: /ɔ̃/, /ɑ̃/, /ɛ̃/, and /œ̃/. They are often spelled by the letter combinations **on**, **an**, **in**, **un**, respectively.

La voyelle nasale /ɔ̃/

To pronounce the nasal vowel /ɔ̃/, start from the same mouth position as for /o/: lips round, tense and slightly protruding. The vowel /ɔ̃/ must be distinguished from /o/:

bon/beau	allons/allô
/ɔ̃/ /o/	/ɔ̃/ /o/

The nasal vowel /ɔ̃/ must also be distinguished from the combination /ɔn/:

il est bon /bɔ̃/   *he/it is good*
elle est bonne /bɔn/   *she/it is good*

La voyelle nasale /ɑ̃/

To pronounce the nasal vowel /ɑ̃/, start from the mouth position of /ɔ̃/ and unround the lips.
The vowel /ɑ̃/ must be distinguished from its non-nasal equivalent, /a/, as well as from /ɔ̃/:

le bas/le banc [*bench*]	ils vont/il vend [*he sells*]
/a/ /ɑ̃/	/ɔ̃/ /ɑ̃/

It must also be distinguished from the combination **a** plus **n**:

Jean/Jeanne	vendredi/Vannes
/ɑ̃/ /an/	/ɑ̃/ /an/

ORTHOGRAPHE

1. The vowel /ɔ̃/ is usually represented by **on**: m**on**, s**on on**cle, all**on**s, m**on**trer.
2. The sound /ɑ̃/ is usually written **an** or **en**. The choice of one or the other of these two spellings cannot be predicted. **An** is more frequent:

    an: la t**an**te, l'étudi**an**t, quar**an**te, le b**an**c, dem**an**der
    en: **en**, tr**en**te, comm**en**t, comm**en**cer

3. Before **b** and **p**, /ɔ̃/ and /ɑ̃/ are written with **m**: le n**om**bre, c**om**parer, c**om**bien, la c**am**pagne, la ch**am**bre, ens**em**ble [*together*].

VIGNETTE CULTURELLE

Les classes de neige

school children

divided
each
thus
la station resort
pouvoir can
of limited means

are transported/teacher

faire du ski to ski
instructor
about
connaître to become acquainted with

En France, **les écoliers** et les étudiants ont dix jours de vacances en février. Ce sont «les vacances de février» ou «les vacances de neige». Pour les vacances, la France est **divisée** administrativement en trois zones. Dans **chaque** zone, les vacances commencent à une date différente du mois de février. **Ainsi** il n'y a jamais trop de monde dans **les stations** de sports d'hiver et beaucoup de jeunes Français **peuvent** aller à la montagne pour les vacances de neige. Pour permettre aux enfants des familles **modestes** d'aller aux sports d'hiver, le gouvernement français organise des classes de neige. Les classes **sont transportées** avec leur **maître** ou leur **maîtresse** à une station de montagne. Le matin les écoliers travaillent en classe mais l'après-midi, ils **font du ski** ou d'autres sports d'hiver avec des **moniteurs** ou des **monitrices** spécialisés.

Chaque année, **environ** 50.000 enfants vont en classe de neige et **connaissent** pour la première fois les joies des sports d'hiver.

ADAPTATION

1. Aux États-Unis, est-ce que les étudiants ont des vacances en hiver?
2. Est-ce que beaucoup d'Américains vont aux sports d'hiver?
3. Où est-ce qu'on fait du ski aux États-Unis?
4. Est-ce qu'il y a des classes de neige?

IN THIS LESSON:

- terms for weather and temperature
- the verb **faire** (to do, to make)
- expressions using the verb **faire**
- the expression of future events with **aller** + the infinitive

MOTS NOUVEAUX

Quel temps fait-il?

Il fait chaud et humide.

Il fait frais.

Il fait beau.
Il y a du soleil.
Le ciel est bleu.

Il fait du vent.
Il y a du vent.

Il va pleuvoir.
Non, il pleut déjà.

Il fait mauvais.

Il fait froid.

Il gèle.
Il y a du verglas.

Il neige.
Il y a de la neige.

PRATIQUONS

A. Quelle est la température? Tell what you should wear for each type of weather.

MODÈLE: −5°C
—Quand il fait moins cinq degrés Celsius, il faut porter un manteau, une écharpe, des gants et un chapeau.

1. 40°C   **2.** 20°C   **3.** 10°C   **4.** 0°C   **5.** −15°C

B. La météo. Read the weather bulletin below and answer the questions.

to

cooler/about/in the South

Une zone de temps frais va progresser d'ouest **en** est cet après-midi. À Paris, il fait maintenant 15°, mais cet après-midi, il va faire **plus frais**, **environ** 10°. **Dans le Midi** il fait toujours beau, pas de pluie, avec des températures de 20° à 25°.

1. Quelle est la température à Paris maintenant?
2. Alors, quel temps fait-il à Paris maintenant?
3. Quel temps est-ce qu'il va faire à Paris cet après-midi?

4. Est-ce qu'il pleut à Nice?
5. Quelle est la température dans le Midi?
6. Quel temps fait-il quand il fait 25°?

C. **Logique.** Complete each sentence with an appropriate weather expression.

MODÈLE: Je n'aime pas voyager quand ...
      —il fait mauvais.
  ou —il pleut.
  ou —il gèle.

1. Les étudiants n'aiment pas aller en classe quand ...
2. En général on ne va pas à la plage quand ...
3. J'aime jouer au tennis quand ...
4. Les accidents de voiture sont très fréquents quand ...
5. Je préfère aller au cinéma quand ...
6. Je déteste faire du shopping quand ...
7. On porte une écharpe quand ...
8. J'aime aller à la campagne quand ...
9. Je préfère rester en ville quand ...

NOTES GRAMMATICALES

Le verbe faire (*to do*)

faire (to do, to make)

singulier	*pluriel*
je fais	nous faisons
tu fais	vous faites
il elle on } fait	ils elles } font

1. Pronunciation

   a. The three singular forms are pronounced the same: /fe/, with the final vowel of **café**. Some speakers, however, particularly those from Paris, pronounce these forms /fɛ/, with the same vowel as in **elle**.
   b. In the **nous** form, **ai** represents /ø/, as in **deux**: /føzɔ̃/.
   c. The final **t** of **font** (like that of **vont** and **ont**) is generally pronounced when it is followed by a vowel:

   Ils font‿une faute.   *They're making a mistake.*

2. An answer to a question using **faire** will not always have **faire** as its verb. This is also true for the English verb *to do.* Compare:

Qu'est-ce que vous *faites*?	What *are* you *doing*?
—**J'*étudie.***	I'*m studying.*
—**Je *regarde* un bon film.**	I'*m watching* a good movie.
—**Je *fais* la vaisselle.**	I'*m doing* the dishes.

3. **Faire** occurs in a variety of idiomatic expressions. Look at the examples below:

Il fait beau.	The weather is fine.
Deux et deux font quatre.	Two and two are four.
Faites attention!	Pay attention! *or* Be careful!
Il fait ses devoirs.	He's doing his homework.
Elle fait une faute.	She's making a mistake.
Ils font du français.	They're studying French.
Ils font la vaisselle.	They're doing the dishes.
Elles font une promenade.	They're taking a walk.
Ils font un voyage.	They're taking a trip.
Ils font du stop.	They're hitchhiking.
Il fait des achats.	He's making some purchases./ He's shopping.
Elle fait des courses.	She's running errands.

Les sports d'hiver:

Il fait du ski.	He's skiing.
Elles font du patinage.	They're skating.

Les sports d'été:

Elle fait du ski nautique.	She's water-skiing.
Elle fait de la natation.	She's swimming.
Ils font de l'alpinisme.	They're mountain-climbing.
Ils font du camping.	They're camping.
Il fait de la gymnastique.	He's doing gymnastics.
Elle fait de la bicyclette.	She's bike-riding.
Ils font de la voile.	They're sailing.
Ils font une promenade en bateau.	They're taking a boat ride.
Elles font du cheval.	They're horseback-riding.
Elles font une promenade à cheval.	

PRATIQUONS

A. Eux aussi.

MODÈLES: Je fais les devoirs, et lui? Et nous?
—Il fait les devoirs aussi.
—Vous faites les devoirs aussi.

1. Elle fait la vaisselle, et lui? Et toi?
2. Nous faisons du français, et elle? Et moi?
3. Elle fait les devoirs, et toi? Et vous deux?
4. Je fais attention, et elle? Et vos amis?

Une plage à Cannes l'été.

5. Elles font des achats, et vous, monsieur? Et moi?
6. Ils font une promenade, et elles? Et eux?
7. Il fait du stop, et vous deux? Et Marguerite?
8. Il fait un voyage, et eux? Et toi?

B. **C'est logique!** Tell what one might do under each of these circumstances.

MODÈLE: à la bibliothèque: Qu'est-ce qu'on fait à la
   bibliothèque?
   —On fait ses devoirs.
   ou —On regarde un journal.

à la plage	en été
à la montagne	en hiver
à la campagne	en automne
en voiture	au printemps
au laboratoire de langues	après le dîner
chez des amis	quand il fait très chaud
au magasin	quand il pleut
dans une classe de maths	quand il fait −10 degrés
dans une discothèque	

C. **Le mime.** With a classmate or alone, mime one of the activities listed below. The rest of the class will guess which activity you are presenting.

faire du ski nautique	faire les devoirs
faire du ski	faire de l'anglais
faire de la voile	faire la vaisselle
faire de la natation	faire une faute
faire de l'alpinisme	faire des achats
faire du patinage	faire une promenade

Le futur proche

1. To talk about an action that will take place in the immediate future, use the present tense of **aller** followed by the infinitive of the necessary verb. Compare:

Aujourd'hui, j'*écoute* des disques de musique classique.

Samedi, je *vais écouter* mes disques de jazz.
*Saturday **I'm going to listen** to my jazz records.*

2. In negative sentences, place the form of **aller** between **ne/n'** and **pas**:

Aujourd'hui elle *ne* joue *pas* au tennis.

Demain elle *ne* va *pas* jouer au tennis.

3. Here are useful expressions used with the **futur proche**:

maintenant	*now*	**la semaine prochaine**	*next week*
demain	*tomorrow*	**le mois prochain**	*next month*
ce soir	*tonight*	**l'année prochaine**	*next year*
ce week-end	*this weekend*		

PRATIQUONS

A. **Activités prochaines.** Use the verb **aller** to tell where these people are going. Then tell which activity of those suggested they will do. Use the **futur proche**.

MODÈLE: moi/à la bibliothèque
—Je vais à la bibliothèque.
—Je vais étudier l'anglais.

activités

1. mes copains/au stade
2. nous/à notre cours de chimie
3. Mme Lenoir/au bureau de la Sécurité sociale
4. vous/au cinéma
5. toi/dans ta chambre
6. Marie/au labo
7. nous/au dortoir
8. M. Outin/à l'usine

jouer aux cartes
écouter de la musique classique
regarder la télé
jouer au football
regarder un film de science-fiction
travailler
commencer la leçon
étudier l'anglais
poser des questions

B. **C'est logique.** Tell what the persons indicated are going to do. Hint: use an expression with **faire**.

MODÈLE: Nous sommes à la plage.
—Nous allons faire du ski nautique.

1. Sylvie est en ville.
2. Les Blanchard sont à la montagne.
3. Tu ne fais pas attention.
4. Nous sommes dans le parc.
5. J'ai un billet d'avion.

6. Paul a un examen demain.
7. Monsieur et Madame Davy dînent à la maison.
8. Tu n'as pas de voiture; comment est-ce que tu vas à Chicago?
9. J'ai mon maillot de bain.
10. Les Marchand achètent une tente.

C. L'été prochain. Form sentences using the elements given to tell what you will and will not do next summer.

MODÈLE: travailler dans un magasin
étudier à l'université
—L'été prochain, en juin, je vais travailler dans un magasin à New York. Je ne vais pas étudier à l'université.

1. regarder des films d'amour
2. jouer aux dames
3. chanter dans une comédie musicale
4. jouer du piano
5. organiser des boums
6. parler avec des amis
7. voyager en train
8. réparer des vélos
9. travailler dans un magasin

SITUATION

Allons aux Antilles!

*René Lemoël et un ami **ivoirien**, David Nokan, **sortent de** l' Université François Rabelais à Tours. C'est l'automne et le temps n'est pas très beau.*

= **de la Côte d'Ivoire/sortir de** to leave

DAVID: Quel mauvais temps!
RENÉ: Oui, il commence à faire froid.
DAVID: Dix degrés et nous sommes seulement au commencement d'octobre.

Une plage aux Antilles en hiver.

RENÉ: Chez nous il ne fait pas très beau en automne. Quel temps est-ce qu'il fait chez toi, à Abidjan?

DAVID: Maintenant le temps est assez variable. C'est la saison des pluies.

RENÉ: Alors, il fait frais.

DAVID: Non, il fait chaud et humide.

by the way

RENÉ: **À propos**, voici une lettre de mon frère Luc.

DAVID: Il fait son service militaire aux Antilles, n'est-ce pas?

every day

RENÉ: Oui, à la Martinique. Il fait beau là-bas. Un ciel bleu **tous les jours** et des températures de vingt-cinq, trente degrés.

DAVID: Quelle chance!

DISCUSSION

1. Où étudient René et David?
2. C'est quelle saison?
3. Quel temps est-ce qu'il fait en France en automne?
4. Et en Côte d'Ivoire?
5. Qui est aux Antilles?
6. Quel temps est-ce qu'il fait à la Martinique?

NOTES CULTURELLES

Abidjan. The capital of the west African nation of the Ivory Coast (**Côte d'Ivoire**), Abidjan, has a population of about one million. As is the case for African states that were former colonies of France, French is the official language of the Ivory Coast. Only a minority of the population has fluent control of the language, however. For everyday communication Ivorians use a variety of African languages.

La Martinique. One of four French overseas departments (DOM— **Département d'outre-mer**), Martinique is an island located in the eastern Caribbean. Its population totals approximately 350,000. Although the official language, French, is spoken by nearly all Martinicans, Creole is the everyday language. The DOMs are an integral part of France.

Le service militaire. Military service is compulsory for all men in France. Young Frenchmen are called to do their military service at age 18 although it may be delayed, as in the case of students completing certain degrees, for example. Teenagers may elect to do their military service as early as age 16. The length of service is currently 12 months.

PRONONCIATION ET ORTHOGRAPHE _____

Les voyelles /ɛ̃/ et /œ̃/

To produce the nasal vowel /ɛ̃/, start from the position of /ɑ̃/ and move the lips toward the smiling position.

The nasal vowel /ɛ̃/ must be distinguished from the two other nasal vowels, /ɑ̃/ and /ɔ̃/:

cinq francs/cent francs   le bain [*bath*]/bon
   /ɛ̃/   /ã/   /ɛ̃/   /ɔ̃/

and from the combinations /**in**/ and /**ɛn**/:

le voisin/la voisine   le cousin/la cousine
  /ɛ̃/   /in/   /ɛ̃/   /in/
un Américain/une Américaine les Canadiens/les Canadiennes
  /ɛ̃/   /ɛn/   /ɛ̃/   /ɛn/

The vowel /œ̃/ is produced by starting in the position of /ɛ̃/ and rounding the lips. The vowel /œ̃/ occurs in few words, and many French speakers do not distinguish it from /ɛ̃/. That is, they replace /œ̃/ by /ɛ̃/: **un**, l**un**di.

ORTHOGRAPHE

The vowel /ɛ̃/ is represented by **in**, **ain**, **ien**, or **ein**: c**in**q, tr**ain**, r**ien**, h**ein**.

When preceded by the sound /j/, spelled **i**, /ɛ̃/ is always written **en**: r**ien**, b**ien**, canad**ien**, ital**ien**, paris**ien**.

Before **p** and **b**, /ɛ̃/ is spelled with **im**: s**im**ple.

Voyelle nasale et voyelle + consonne nasale

It is important to make a clear difference in pronunciation between a nasal vowel and combinations of the corresponding oral vowel plus a nasal consonant: **n** or **m**. For example, this difference in pronunciation sometimes differentiates between masculine and feminine forms:

un/une   mon voisin/ma voisine   Jean/Jeanne   Simon/Simone
          canadien/canadienne   Caen/Cannes   bon/bonne

To distinguish between such words, articulate clearly the consonant that follows the non-nasal vowels, for example: u**ne**, voisi**ne**, Jea**nne**, Simo**ne**.

Le Père Noël prend des commandes pour des cadeaux.

VIGNETTE CULTURELLE

Où va le Père Noël après le 25 décembre?

Santa Claus/after

Voici **une blague qu'**on **entend** en France: Où est-ce que le Père Noël va après le 25 décembre? La réponse: à la Martinique ou à la Guadeloupe. Pourquoi? Eh bien, parce qu'en hiver on est sûr de **trouver** le soleil et des températures de 25 à 30 degrés Celsius dans ces deux départements français d'outre-mer. **En effet** la Guadeloupe et la Martinique, deux petites **îles** situées en Amérique, **font partie de** la France. C'est pourquoi beaucoup de Français **passent** leurs vacances d'hiver aux Antilles françaises. Ils **restent** en France— officiellement—mais ils ont le bon climat, les belles plages et **la mer** bleue des Antilles.

joke/**que** which/**entendre** to hear

to find
indeed
islands/are part of
passer to spend
rester to remain
sea

nonetheless/between
everyone

Il y a **quand même** une différence **entre** la France et les départe-ments d'outre-mer: à la Guadeloupe et à la Martinique **tout le monde** parle français et créole.

ADAPTATION

1. En hiver, quelle différence est-ce qu'il y a entre le climat de la France et le climat des Antilles françaises?
2. Pourquoi est-ce qu'on appelle la Guadeloupe et la Martinique des départements d'outre-mer?
3. Est-ce que les États-Unis ont des états [*states*] ou des territoires d'outre-mer?
4. Aux États-Unis, où est-ce que le Père Noël va après le 25 décembre?

IN THIS LESSON:

* describing people
* adjective placement and pronunciation
* the formation and placement of adverbs to qualify descriptions or activities

MOTS NOUVEAUX

Regardez bien ces trois femmes. Elles sont **jeunes** et **jolies**, n'est-ce pas? Mais elles sont différentes aussi: la **première** est **petite** et **brune**; la deuxième est **grande**, **mince** et **rousse**; la **dernière** est **assez grosse** et **blonde**.

De quelles nationalités est-ce qu'elles sont? La femme brune est américaine, la grande femme est française et la dernière est anglaise.

La femme américaine est noire; la femme anglaise et la femme française sont blanches.

Quelle femme joue bien au tennis? La première. Elle est très **sportive**.

Qui raconte des histoires drôles? Certainement pas la dernière qui est **triste** et très **sérieuse**. C'est la femme française qui est **amusante**.

young/pretty
first/small/dark-haired
tall/thin/red-headed/last/rather
fat/blond

athletic

sad/serious/funny, amusing

PRATIQUONS

A. **Descriptions.** Answer the following questions according to what you see in the picture on p. 137.

MODÈLE: Est-ce que la première femme est jolie?
—Oui, elle est jolie.

1. Est-ce que la femme américaine est jeune? et la femme anglaise? et la femme française?
2. Est-ce que la femme brune est sportive?
3. Est-ce que la femme blonde est mince?
4. Est-ce que la dernière femme est petite?
5. Quelle femme est grande?
6. Quelle femme est sérieuse?
7. Quelle femme est drôle?
8. Quelle femme est rousse?
9. Quelles femmes sont jolies?

B. **Décrivez des personnes célèbres.** Describe each woman with the adjectives you know.

MODÈLE: la Princesse Diane
—Elle est anglaise. Elle est jeune et très jolie.

1. Nancy Reagan
2. Jane Fonda
3. Catherine Deneuve
4. Coretta King
5. Billie Jean King
6. la Reine Elizabeth
7. Olive Oyl
8. Ella Fitzgerald

NOTES GRAMMATICALES

Les adjectifs variables

1. You learned in lesson 6 that the masculine and feminine forms of variable adjectives differ in both pronunciation and spelling. Compare:

Sa nièce est blonde.	**Son neveu est blond.**
Cette église est intéressante.	**Ce musée est intéressant.**
Martine est une femme sérieuse.	**Paul est un homme sérieux.**

As a general rule, to derive the *spoken* form of a variable adjective, begin with the feminine and drop the final consonant sound to get the masculine. To derive the *written* form, add **-e** to the masculine to get the feminine.

2. In the following representative list, feminine/masculine pairs are grouped according to meaning and to the final consonant sound of the feminine form:

le caractère	la nationalité	l'apparence physique ou les couleurs	la température
/d/	allemande/allemand	grande/grand blonde/blond	chaude/chaud froide/froid
/t/ amusante/amusant intéressante/intéressant contente/content [*pleased*] différente/différent intelligente/intelligent prudente/prudent [*careful*]		petite/petit verte/vert violette/violet	
/z/ mauvaise/mauvais	française/français anglaise/anglais chinoise/chinois japonaise/japonais	grise/gris	
/s/		grosse/gros rousse/roux	
/š/ franche/franc [*frank*]		blanche/blanc	fraîche/frais [*cool, fresh*]
/n/ bonne/bon	américaine/américain canadienne/canadien italienne/italien	brune/brun	

3. When the feminine form ends with a final /n/ sound (e.g., **bonne**: /bɔn/), the masculine form ends with a nasal vowel (e.g., **bon**: /bɔ̃/).

4. When the pronounced /r/ of **première** and **dernière** is dropped to form the masculine, a vowel change occurs:

$$\text{première/premier} \qquad \text{dernière/dernier}$$
$$\quad\text{/ɛr/}\qquad\text{/e/} \qquad\qquad \text{/ɛr/}\qquad\text{/e/}$$

5. In feminine adjectives ending in **-ive**, /v/ is replaced by /f/ in the masculine:

sporti*ve*   **sporti*f***
acti*ve*   **acti*f***

6. Remember: to write the plural forms of most adjectives, add **-s** to the singular forms. This **-s** is not pronounced.

Ce livre est intéressant.   **Cette histoire est intéressante.**
Ces livres sont intéressants.   **Ces histoires sont intéressantes.**

7. Adjectives whose feminine ends in **-euse** /øz/ have masculine forms spelled with **-x**:

sérieuse/sérieux   **paresseuse/paresseux** [*lazy*]
dangereuse/dangereux   **merveilleuse/merveilleux**
heureuse/heureux [*happy*]   **courageuse/courageux**
ambitieuse/ambitieux   **silencieuse/silencieux** [*quiet*]
ennuyeuse/ennuyeux [*boring*]

For these adjectives (and for **roux**) the masculine plural form is the same as the masculine singular form:

Elle est paresseuse.   **Il est paresseux.**
Elles sont paresseuses.   **Ils sont paresseux.**
Elle est rousse.   **Il est roux.**
Elles sont rousses.   **Ils sont roux.**

PRATIQUONS

A. Transformation.

MODÈLE: La piscine est grande. Et le stade? Et la bibliothèque?
—Il est grand aussi.
—Elle est grande aussi.

1. L'église est intéressante. Et le musée? Et la classe de français?
2. L'église est petite. Et le théâtre? Et le dortoir?
3. Cette ville est différente. Et ce théâtre? Et cette gare?
4. La montagne est merveilleuse. Et l'hôtel? Et la campagne?
5. La bibliothèque est bonne. Et le laboratoire? Et la piscine?
6. Cette pièce de théâtre est française. Et cet opéra? Et cette musique?

B. C'est logique! Provide adjectives which contrast logically with those in the sentences below.

MODÈLE: Nicole est intéressante.
—C'est vrai, elle n'est pas ennuyeuse!

1. Christophe est intelligent.
2. M. et Mme Dubois sont minces.
3. Claudette est brune.
4. Mon frère est petit.
5. Sa fille est mauvaise en maths.
6. Le professeur est amusant.
7. Ces devoirs sont difficiles.
8. Cette saison est froide.

C. Décrivons des couples célèbres. Describe these famous couples using the same adjectives for each and negatives where appropriate.

MODÈLE: Peppermint Patty et Charlie Brown
—Elle est ambitieuse et assez sportive.
—Il n'est pas ambitieux et il n'est pas très sportif.

1. la Princesse Diane et le Prince Charles
2. Spencer Tracy et Katherine Hepburn
3. Ronald Reagan et Nancy Reagan
4. Johnny Cash et June Carter Cash
5. Roméo et Juliette
6. Mickey Mouse et Minnie Mouse

D. Vos préférences.

MODÈLE: Le professeur idéal est...
—intelligent, ambitieux et sympathique.

1. La femme idéale...
2. Le mari idéal...
3. L'homme politique idéal...
4. L'acteur idéal...
5. L'actrice idéale...
6. L'ami(e) idéal(e)...
7. La femme de science idéale...
8. Le(la) touriste idéal(e)...

Les adjectifs pré-nominaux

1. In lesson 6 you learned that adjectives may come either after the verb **être** or after the noun. Compare:

   L'enfant est paresseux.   **C'est un enfant paresseux.**

   In addition, a small number of frequently used adjectives normally come before the noun. These are called *prenominal adjectives* and include:

jeune	petit(e)	bon(ne)	premier(ère)	gros(se)
joli(e)	grand(e)	mauvais(e)	dernier(ère)	

2. From the point of view of pronunciation, **jeune** and **joli(e)** are invariable, that is, they have the same spoken form in the masculine and feminine:

   un jeune garçon   **un joli jardin**
   une jeune femme   **une jolie fleur**

3. The other prenominal adjectives in the above list are *variable*, that is, they have differently pronounced forms in the masculine and feminine. When the masculine singular forms of variable adjectives occur before a noun beginning with a vowel, the final written consonant is pronounced in liaison. Thus, the masculine form sounds like the feminine. Compare:

   C'est un petit musée.   **C'est un mauvais livre.**
   C'est un petit_hôtel.   **C'est un mauvais_enfant.**
   　　　　　/t/   　　　　　/z/
   C'est une petite fille.   **C'est une petite affiche.**

4. When the masculine singular forms of **bon**, **premier** and **dernier** occur before a vowel, the final consonant is pronounced in liaison. In addition, the vowel changes as it does in the feminine. Compare:

   C'est un bon film.   **C'est le premier western.**
   　　　/ɔ̃/   　　　　　/e/
   C'est un bon_opéra.   **C'est le premier_invité.**
   　　　/ɔn/   　　　　　/ɛr/
   C'est une bonne histoire.   **C'est la première soirée.**
   　　　　/ɔn/   　　　　　/ɛr/

5. When the masculine singular forms of **grand** and **gros** occur before a vowel, the liaison consonant is different from that in the feminine. Compare:

   C'est un grand théâtre.   **C'est un gros monsieur.**
   C'est un grand_aéroport.   **C'est un gros_homme.**
   　　　　/t/   　　　　　/z/
   C'est une grande usine.   **C'est une grosse femme.**
   　　　　/d/   　　　　　/s/

PRATIQUONS

A. Affirmation.

MODÈLE: C'est un gros garçon.
         —Oui, il est très gros.

1. C'est un gros homme.
2. C'est un mauvais enfant.
3. C'est un petit homme.
4. C'est une grande fille.
5. C'est une bonne étudiante.
6. C'est une grosse femme.
7. C'est un bon neveu.
8. C'est un mauvais garçon.

B. Transformation. Answer in the affirmative, putting the adjective before the noun. Watch for liaison.

MODÈLE: Cet aéroport est petit, n'est-ce pas?
         —En effet, c'est un petit aéroport.

1. Cet hôtel est bon, n'est-ce pas?
2. Cet avion est le premier, n'est-ce pas?
3. Cet autobus est grand, n'est-ce pas?
4. Cet aéroport est grand, n'est-ce pas?
5. Ce vélo est mauvais, n'est-ce pas?
6. Ce bateau est le dernier, n'est-ce pas?
7. Ce port est petit, n'est-ce pas?
8. Cette moto est mauvaise, n'est-ce pas?
9. Cette gare est bonne, n'est-ce pas?
10. Cette voiture est grosse, n'est-ce pas?

C. Les contraires. Replace the adjective with its opposite.

MODÈLE: C'est la première leçon.
         —C'est la dernière leçon.

1. Il arrive le premier jour de la semaine.
2. C'est le dernier mois de l'année.
3. Tu lis un bon livre.
4. Je ne suis pas un mauvais étudiant de français.
5. Ma sœur a une petite voiture.
6. Ils ont un petit avion.
7. Nous cherchons une grande maison.

Les adverbes: *la formation et la position*

1. Adverbs are used to modify a verb or adjective. You have already learned several French adverbs: for example, **souvent**, **toujours**, **rarement**, **un peu**, **beaucoup**, **trop**.

2. French adverbs are often formed from adjectives plus the ending **-ment**:

Pierre est *rapide.*   **Pierre marche** *rapidement.*

3. If the masculine singular form of the adjective ends in a vowel, add **-ment** to the masculine form:

L'enfant est *timide.*   **L'enfant joue** *timidement.*
Cet étudiant est *poli.* [*polite*]   **Il écoute** *poliment.*

If the masculine form ends in a consonant, use the feminine to form the adverb:

Il est *franc.*   **Il parle** *franchement.*

4. Two common adverbs, **bien** and **mal**, look somewhat different from their corresponding adjectives.

C'est un *bon* **étudiant.**	**Il travaille** *bien.*	*He studies well.*
C'est un *mauvais* **étudiant.**	**Il travaille** *mal.*	*He studies poorly.*

5. Short adverbs such as **bien**, **mal**, **assez**, **beaucoup**, **trop** generally come directly after the conjugated verb or, in the case of a negative, after the second negative element:

Tu manges *trop* **le soir.**	*You eat **too much** in the evening.*
Margot ne fait pas *bien* **la vaisselle.**	*Margot does not do dishes **well**.*
Ils ne mangent jamais *assez.*	*They never eat **enough**.*

6. In the immediate future, longer adverbs usually follow the infinitive. **Bien** is an exception:

Tu vas manger *beaucoup* **ce soir.**
Elle va écouter *poliment.*
Nous allons *bien* **travailler.**

7. Adverbs usually precede the adjectives they modify:

Cette question est *bien* **difficile.**	*This question is **quite** (rather) difficult.*
C'est *vraiment* **bête!**	*It's **really** stupid!*

PRATIQUONS

A. **Descriptions.** Based on the description of their personality, tell how each person speaks.

MODÈLE: Valérie est agréable.
     —Elle parle agréablement.

1. Nicolas est énergique.
2. Paul est calme.
3. Marie-Christine est polie.
4. Christiane est rapide.
5. Laurent est admirable.
6. Sylvie est spontanée.
7. André est timide.

B. **Qualification.** Answer the questions with an emphatic yes, including the adverb given in parentheses.

MODÈLE: C'est vrai? (absolument)
     —Mais oui, c'est absolument vrai.

1. Est-ce que M. Ferrand est logique? (admirablement)
2. C'est un homme énergique? (très)
3. C'est un Français typique? (assez)
4. Est-ce que sa femme est sympathique? (vraiment)
5. Est-ce que son mari est désagréable? (bien)
6. Leur enfant est grand? (très)
7. Est-ce que c'est une famille riche? (assez)
8. Est-ce que leurs amis sont sincères? (très)

C. Comment faites-vous cela? Use these adverbs to state how well or how often you do each of the activities pictured.

très bien	bien	assez bien	pas très bien	mal	très mal

très souvent	souvent	assez souvent	rarement	jamais

MODÈLE: Je ne joue pas souvent au golf.

1.

2.

3.

4.

5.

6.

7.

8.

SITUATION

Le cousin de Marie-Christine

devoir to have to

*Françoise **doit** aller chercher le cousin de son amie à la gare. Son amie, Marie-Christine, donne une description du cousin.*

MARIE-CHRISTINE: Merci, Françoise. **C'est gentil à toi** d'aller chercher mon cousin.   *It's nice of you.*

FRANÇOISE: ... Alors, comment il est ton cousin? Il est grand?

MARIE-CHRISTINE: Euh, assez grand et très mince.

FRANÇOISE: Il est blond comme toi?

MARIE-CHRISTINE: Non, il est roux. Aussi, il porte **des lunettes**.   *glasses*

FRANÇOISE: Et **comme vêtements**? Qu'est-ce qu'il porte d'habitude?   *how about clothes?*

MARIE-CHRISTINE: Il est toujours bien **habillé**. Il porte souvent **un veston** et **une cravate**.   *dressed* *jacket/tie*

DISCUSSION

1. Où va Françoise?
2. Qui va arriver?
3. Décrivez le cousin de Marie-Christine.
4. Qu'est-ce qu'il porte d'habitude?

PRONONCIATION ET ORTHOGRAPHE

Liaison et enchaînement

1. Since spoken French does not have individual word stress, French sentences are divided in groups which usually contain from three to five syllables. Short words, particularly function words such as articles, possessive and demonstrative adjectives, pronouns and prepositions, fuse with the following words:

   quel‿examen   cet‿été   mon‿oncle   un‿ami   en‿hiver   ils‿ont
   quelle‿affiche   cette‿image   une‿heure   sept‿écoles   on‿est
   pour‿Albert

   This fusion also occurs between longer words and a following one with which they form meaningful units:

   mon frère‿André   ma tante‿Hélène   il danse‿avec‿elle

2. When a word ending with a consonant sound fuses with a following word, its final consonant becomes in fact part of the following word. Thus, French syllables tend to end with a vowel:

cet été	/sɛ **t**e te/
une image	/y **n**i maʒ/
il danse avec elle	/il dɑ̃ **s**a vɛ **k**ɛl/

3. There are two types of final pronounced consonants: **liaison** and **enchaînement** consonants.

   a. **Liaison** consonants are pronounced only when the following word begins with a vowel sound; they are never pronounced otherwise:

   liaison /z/:
       les‿hôpitaux   des‿étudiants
       aux‿Antilles   nos‿imperméables

liaison /t/:

cet‿automne	il est‿ici
faut‿il	elles sont‿en France

liaison /n/:

un‿homme	en‿été

b. Enchaînement consonants are always pronounced. When the following word begins with a vowel sound they fuse with it as fully as for liaison consonants. There is a greater variety of **enchaînement** consonants than **liaison** consonants since any final consonant may function that way:

	avec consonne	*avec voyelle*
/z/	une égli**s**e française	une église‿anglaise
/t/	cet**te** table	cette‿image
/n/	u**ne** bibliothèque	une‿école
/s/	elle dan**s**e bien	elle danse‿admirablement
/ʃ/	une affi**ch**e bizarre	une affiche‿intéressante
/m/	il ai**m**e Claire	il aime‿Odette
/l/	que**ll**e surprise	quelle‿université
/f/	neu**f** garçons	neuf‿enfants

POÈME

Extrait de «Refrains enfantins»[1]

Il pleut Il pleut
Il fait beau
Il fait du soleil
Il est **tôt**
Il se fait tard
Il
Il
Il
Toujours Il
Toujours Il qui pleut et qui neige
Toujours Il qui fait du soleil
Toujours Il
Pourquoi pas Elle
Jamais Elle
Pourtant Elle aussi
Souvent **se fait** belle!

early
it's getting late

and yet
se faire to make oneself

[1] Jacques Prévert, *Spectacle*, © Editions Gallimard.

A. **Conséquences.** Given the statements below, what might logically follow in the future?

MODÈLE: Christophe ne prépare pas son examen.
—Il va faire beaucoup de fautes.

1. Nicole dîne chez elle.
2. Il faut aller en ville, mais ma voiture ne marche pas.
3. Nous avons un examen demain.
4. Elles ne travaillent pas cette semaine.
5. Il fait très chaud et nous allons à la plage.
6. Vous allez dans les Alpes cet hiver, n'est-ce pas?
7. Nous ne travaillons pas la semaine prochaine.
8. Il fait très froid et le ciel est gris.
9. Demain c'est l'anniversaire de ma mère.
10. Tu aimes beaucoup le français?

B. **Questions, s'il vous plaît.** Listen as a member of your class reads the narrative below; then see how many questions you can formulate based on the passage. Appropriate question words for each sentence appear in the margin. Ask classmates your questions, and make sure they respond correctly.

Les cousins de Jean-Claude

Jean-Claude Blondel habite à Paris, mais ses cousins habitent en Louisiane, à Pont-Breaux, près de [*near*] Lafayette. Jean-Claude a une cousine, Denise, et un cousin, Marc. Ils parlent anglais et français, plus [*more*] exactement, le cadjin, la variété de français parlée [*spoken*] en Louisiane.

La cousine de Jean-Claude va au lycée. Son cousin va à l'université, à l'Université de Louisiane à Baton-Rouge. Jean-Claude aime les tee-shirts et les jeans américains. Quand Marc va en France il apporte des tee-shirts intéressants pour son cousin.

qui?
où?
qui?/combien de?/comment?
qui?/quelles?
où?
qui?/qui?
à quelle?/qui?
quand?/qui?
pour qui?

C. **À la terrasse d'un café.** Imagine you are sitting at a sidewalk café with a friend, making comments about things and people you see. Construct your comments from the elements given.

MODÈLE: la robe/joli
—Cette robe est jolie, n'est-ce pas?
ou —Voilà une jolie robe.

1. la pluie/désagréable
2. un hôtel/grand
3. les enfants/impoli
4. la serveuse/paresseux
5. le café/froid
6. les voitures américaines/gros
7. un automobiliste/imprudent
8. le coca-cola/délicieux

D. Distractions. Do you like the things listed below? How much? Use an adverb on the scale. Why or why not? Use the adjectives suggested or those of your own choice.

bien   beaucoup   vraiment

| amusant | bête | intéressant |
| dangereux | merveilleux | ennuyeux |

MODÈLE: le théâtre
—J'aime (Je n'aime pas) vraiment le théâtre.
—Le théâtre est (n'est pas) intéressant.

1. les dessins animés
2. la musique classique
3. le football américain
4. les documentaires
5. les voitures de sport
6. les westerns
7. la photographie
8. les voyages

E. Parlons de vous

1. Talk about the weather is often counted as "small talk." Together with a classmate, construct a situation in which you are forced to talk about the weather. Perform your dialogue for the class.

   Suggestions: You are on an elevator with a stranger.
   You are walking across campus with your history professor.
   You are trying to get acquainted with a new student in class.

2. Imagine you have just landed on Mars. You leave your spaceship and are confronted by Martians. Write a brief paragraph describing what these creatures look like and what they do. Your instructor will check your writing and distribute the descriptions to other students, who will draw pictures of the creatures.

3. Missing person. Bring a picture of a "missing person" to class along with an APB (All Points Bulletin) describing that person. Your instructor will check your description and pass out all the APBs to members of the class. The pictures will be posted, and each reader will try to match his/her description to the correct picture.

LE SAVIEZ-VOUS?

Le gouvernement de la France

The history of France between the French Revolution (1789) and 1958 is marked by a long succession of political regimes accompanied by bloody confrontations between opposing groups. The establishment of stable representative government in France dates back to

Le bureau de vote d'une petite ville française.

1875 and the Third Republic. A parliamentary regime similar to that of Great Britain was established. It consisted of a president and a parliament elected by universal suffrage. The president selected a prime minister who, together with the cabinet he appointed, was responsible to the parliament. That is, the prime minister and his cabinet could be forced to resign in the event of a negative vote by the parliament on a crucial issue. Due to the existence of a large number of political parties, ministerial changes were frequent.

The Third Republic fell after the defeat of France in the early stages of World War II. After the liberation of the country from Nazi German rule, the Fourth Republic was founded. Its institutions differed little from those of the Third Republic and it too was plagued by constant ministerial changes. In 1958, France hovered at the brink of a civil war following the rebellion of a group of generals discontented with the government's policy in Algeria, then a colony of France. General de Gaulle, hero of France's resistance to Nazi Germany during World War II, was appointed to form a new government and to frame a new constitution. Under the new regime, the Fifth Republic, the powers of the executive branch were strengthened considerably. The president could dissolve the National Assembly when it forced the resignation of the prime minister he had appointed. New legislative elections would then be conducted. The president could also put certain key issues to a yes/no vote (referendum) by the people. Since the establishment of the Fifth Republic, France has enjoyed remarkable economic progress and relative political and social harmony. The solidity of the country's new political institutions was demonstrated in 1981 when the Center-Right alliance, in power since 1958, was defeated at the polls by a left-leaning coalition led by the Socialist Party of François Mitterrand. This marked the first time in recent French history that a radical political shift occurred by democratic process without accompanying turmoil, violence, or bloodshed.

At present, the French political spectrum is composed of four major parties: **le Parti Socialiste (P.S.), le Parti Communiste (P.C.), l'Union pour la Démocratie française (U.D.F.)**, and **Le Rassemblement pour la République (R.P.R.)**. The **P.S.** and the **P.C.** form the left-leaning majority and the **U.D.F.** and **R.P.R.** the center-right opposition. Prior to the 1981 elections the **U.D.F.** and the **R.P.R.**, which had strong links to the Gaullist tradition, had ruled the country for more than twenty years. The parties of the Left have traditionally supported government control of the economy and welfare-state policies. The Center-Right coalition prefers more gradual social reforms and favors private investments.

Now read about this topic in French:

En 1981 le Parti Socialiste **prend le pouvoir** et son **chef**, François Mitterrand, est **élu** Président de la République. C'est **la première fois** dans l'histoire moderne de la France qu'il y a un changement politique radical **sans** violence. **En effet**, l'histoire de ce pays est **une** longue **suite** de révolutions et de changements de régimes politiques.

Depuis 1958 la France a des institutions politiques stables. Comme les États-Unis, la France est une république démocratique. Le chef du gouvernement est le Président, élu pour sept ans au suffrage universel. Le Président de la République **nomme** le Premier Ministre qui gouverne avec son cabinet. Le Premier Ministre et son cabinet sont responsables **devant** l'Assemblée Nationale, **c'est-à-dire** qu'ils **doivent** avoir son **accord** pour gouverner.

Le Parlement a le pouvoir législatif. Il est composé de deux assemblées: l'Assemblée Nationale et le Sénat. L'Assemblée Nationale, la **plus** importante des deux assemblées, **comprend** 490 députés élus pour cinq ans. **Chaque** député représente **une circonscription** de 50.000 à 100.000 habitants. Le Sénat comprend 306 sénateurs élus pour neuf ans par les représentants **locaux**. Les campagnes électorales sont relativement **brèves**: un ou deux mois seulement.

Tous les Français et les Françaises âgés de dix-huit ans ont **le droit** de vote. Les femmes ont le droit de vote depuis 1945. Les élections **ont lieu** le dimanche. En général, **plus de** 75 pour cent des Français votent aux élections présidentielles et législatives.

Sous la Troisième et la Quatrième Républiques **il y avait** beaucoup de partis politiques. Aujourd'hui, sous la Cinquième République, il y a quatre grands partis regroupés en deux coalitions: **la Gauche** (le Parti Socialiste et le Parti Communiste) et **le Centre-Droite** (l'U.D.F. et le R.P.R.). La Gauche, **qui est au gouvernement**, forme la majorité; les deux partis de Centre-Droite forment l'opposition. En général,

---

prendre to take/power/leader
elected
time
without/indeed
succession
since

nommer to name, appoint

before/that is (to say)
devoir must, have to/agreement

more/comprendre to include
each/electoral district

local
short, brief
all/right

avoir lieu to take place/more than
than

under/there were

the Left
the Center-Right
which is in power

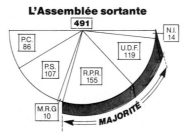

L'Assemblée sortante

491

P.C. 86
P.S. 107
R.P.R. 155
U.D.F. 119
N.I. 14
M.R.G 10
MAJORITÉ

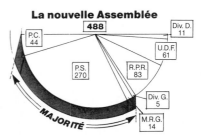

La nouvelle Assemblée

488

P.C. 44
P.S. 270
R.P.R. 83
U.D.F. 61
Div. D. 11
Div. G. 5
M.R.G. 14
MAJORITÉ

les partis de Gauche sont pour le contrôle de l'économie par l'État et pour les réformes sociales; l'U.D.F. et le R.P.R. préfèrent le capitalisme libéral. Le Parti Socialiste a la réputation d'être **plus démocratique que** le Parti Communiste. Aussi, beaucoup de Français **pensent** que le P.C. **suit** une ligne politique pro-soviétique.

more democratic than
penser to think/**suivre** to follow

CONNAISSANCE DU TEXTE

Are these statements true (**vrai**) or false (**faux**)? Correct the false statements.

1. François Mitterrand est le chef du Parti Communiste.
2. Aujourd'hui les institutions politiques françaises ne sont pas très stables.
3. L'Assemblée Nationale nomme le Président de la République.
4. Le Président de la République est élu pour 5 ans.
5. Les membres du Sénat français sont élus au suffrage universel.
6. En France, les femmes doivent avoir 21 ans pour voter.
7. Les campagnes électorales françaises ne sont pas très longues.
8. Tous les Français votent aux élections.
9. Aujourd'hui, le P.C. est dans la majorité.
10. Les partis du Centre-Droite sont pour le contrôle de l'économie par l'état.

Boire et manger

Leçon treize

IN THIS LESSON:

- words for drinks and snacks in a café
- the verb **prendre** (to take, to have food or drink)
- expressions using the verb **avoir**
- questions asking "what" and "who/whom"

MOTS NOUVEAUX

Des consommations
DES BOISSONS CHAUDES

un café

un thé
une tasse de thé

un chocolat chaud

DES BOISSONS FRAÎCHES

une orangeade

une limonade

un coca (-cola)...

avec des glaçons

un citron pressé

un jus d'orange

une bière

DES BOISSONS POUR PRENDRE AVEC LES REPAS

une bouteille
d'eau minérale

un verre
de vin blanc

une carafe
de vin rosé

un verre
de lait

DES CASSE-CROÛTES

un sandwich au jambon

un croque-
monsieur

une pizza

DES GLACES

un esquimau

une glace

NOTES CULTURELLES

Un citron pressé is fresh lemon juice to which the customer adds ice, water and sugar, according to his taste.

Une limonade is a citrus-flavored, carbonated drink.

Un sandwich au jambon. A French ham sandwich generally consists of half a **baguette** (a long, thin loaf of bread), sliced lengthwise and buttered, with thin slices of ham.

Un croque-monsieur is a grilled ham and cheese sandwich made with **pain de mie**, American-style loaf bread. **Un croque-madame** is similar, but is made with chicken.

PRATIQUONS

C'est logique.

MODÈLE: Qu'est-ce que vous prenez quand il fait très froid?
—un chocolat chaud
ou —un café

Qu'est-ce que vous prenez:

1. quand vous étudiez beaucoup?
2. quand il fait très chaud?
3. quand vous regardez un film à la télé?
4. quand vous jouez au tennis ou au football?
5. quand vous allez chez un(e) ami(e)?
6. à une boum?
7. souvent, au cinéma?
8. en hiver, quand il neige?
9. avec une pizza?

NOTES GRAMMATICALES

Le verbe prendre (*to take*)

singulier	*pluriel*
je prends	nous prenons
tu prends	vous prenez
il elle on } prend	ils elles } prennent

1. Prendre has four different pronounced forms:
   a. All three singular forms sound alike. They end with the nasal vowel /ã/; the final **d**(**s**) is not pronounced.
   b. The third person plural form ends with /n/; its vowel is /ɛ/, as in **elle**: /prɛn/.
   c. The first and second person plural forms have the vowel /ø/ as in **le**. The endings **-ons** and **-ez** are added to the base /prøn/.

2. Use **prendre** with foods or beverages:

   Je prends un citron pressé.   *I'm drinking lemonade.*
   Prenons un verre de lait.   *Let's have a glass of milk.*
   Est-ce que tu prends un sandwich?   *Are you having a sandwich?*

   Use **prendre** with transportation terms:

   Elles prennent l'autobus le matin.   *They take the bus in the morning.*

   Remember the use of **faire** with school subjects:

   Il fait de l'anglais.   *He's taking English.*

3. Conjugated like **prendre** are **apprendre** (to learn) and **comprendre** (to understand):

Est-ce que tu apprends l'espagnol?

—**Non, je comprends l'espagnol. Mais ma sœur et moi, nous apprenons le français.**

PRATIQUONS

A. Substitution.

MODÈLES: L'après-midi je prends un thé. (nous, mes amis)
—L'après-midi nous prenons un thé.
—L'après-midi mes amis prennent un thé.

1. On prend un café le matin. (toi, Hélène, Hélène et Patrick)
2. Est-ce que tu prends une glace? (vous, cet enfant, ces garçons)
3. Je prends une tasse de chocolat chaud. (nous, ses copains, lui)
4. Le soir nous prenons un verre d'eau minérale. (eux, Richard, toi)
5. Au café, tu prends souvent une limonade. (nous, moi, mes parents)

B. Moyens de transport. Donnez une réponse logique.

Possibilités: le train   la voiture   le vélo
l'autobus   le bateau   la moto
l'autocar (le car)   l'avion

MODÈLE: Qu'est-ce que vous prenez pour aller de New York à Paris?
—Je prends l'avion.
ou —Je prends le bateau et le train.

1. Qu'est-ce que les touristes prennent pour aller de Paris à Rome?
2. Qu'est-ce que les Canadiens prennent pour aller à Chicago?
3. Qu'est-ce qu'on prend pour aller à la plage?
4. Qu'est-ce que vous prenez pour aller au cinéma?
5. Qu'est-ce qu'on prend pour aller en France?
6. Qu'est-ce que Claire prend pour aller en ville?
7. Vous et Robert, qu'est-ce que vous prenez pour aller au stade?
8. Qu'est-ce que vous prenez pour aller à la bibliothèque?

C. Gens du pays et étrangers. Répondez avec **comprendre** ou **apprendre** selon [*according to*] les modèles.

MODÈLES: Marcel habite à Rio de Janeiro.
—Alors il comprend le portugais.
Yvette va à Munich.
—Alors elle apprend l'allemand.

l'anglais   le français
le portugais (Portugese)   l'allemand (German)
le créole   l'espagnol

1. David habite à Chicago.
2. Fritz et Roland habitent à Port-au-Prince.
3. J'habite à Lisbonne.
4. Tu habites à Munich.
5. Nous habitons à Montréal.
6. Les Dupont vont à Madrid.
7. Nous allons à Québec.
8. Bruno va à Rio de Janeiro.

MOTS NOUVEAUX

Quelques expressions avec avoir

ils ont faim

elles ont soif

il a mal

ils ont chaud

nous avons froid

elle a peur

ils ont besoin d'étudier mais
ills ont envie de danser

les étudiants ont sommeil

j'ai raison

tu as tort

PRATIQUONS

A. C'est logique.

MODÈLE: Le matin je prends un café parce que...
—j'ai sommeil.

1. En été on prend beaucoup de coca quand...
2. Quand je fais un problème de maths, souvent...
3. Quand les petits garçons regardent un film d'épouvante,...

4. Mes amis portent un manteau parce que . . .
5. Quand on va en Floride en août, . . .
6. Mon camarade de chambre étudie beaucoup le soir alors, le matin, . . .
7. Je prends deux gros sandwichs parce que . . .

B. **Le mime.** Avec un partenaire, mimez une des expressions avec **avoir**. Les autres étudiants vont deviner [to guess] l'expression.

avoir froid	avoir peur	avoir sommeil
avoir chaud	avoir mal	avoir besoin d'étudier
avoir soif	avoir raison	avoir envie de jouer
avoir faim	avoir tort	aux cartes

NOTES GRAMMATICALES

Les pronoms interrogatifs qu'est-ce que, qu'est-ce qui, qui

1. The interrogative pronouns "what?", "who?" and "whom?" are used in English to ask about the nature or identity of a thing, idea or person. In French, the form of these interrogative pronouns depends on their function in the sentence as well as on their meaning.

2. To ask "what?":
   a. Use **qu'est-ce que/qu'** to ask about the direct object; the direct object receives the action of the verb:

   Qu'est-ce que tu prends?   —Je prends *un esquimau.*
      d.o.   d.o.

   b. Use **qu'est-ce qui** to ask about the subject:

   Qu'est-ce qui est sur la table?   —*La bière* est sur la table.
      subj.   subj.

3. To ask "who?":

   a. Use **qui** to ask about the subject:

   Qui est là?   *Angélique* est là.
      subj.   subj.

   b. Use **qui** plus **est-ce que** to ask about the direct object:

   Qui est-ce que vous regardez?   Je regarde *mes amis.*
      d.o.   d.o.

4. **Qui** may also be used with prepositions. In this case it appears at the beginning of the sentence and is followed by **est-ce que**.

   Avec qui est-ce que tu joues?   *With whom are you playing?*
                                        (Who do you play with?)

   Pour qui est-ce que vous travaillez?   *For whom are you working?*
                                        (Who do you work for?)

A. Des consommations. Regardez ces personnes au café. Posez des questions avec **qui** ou **qu'est-ce que**. Vos camarades de classe vont répondre.

MODÈLES: Qui prend une bouteille de Perrier?
—Daniel.
Qu'est-ce que M. Christian prend?
—Une bière.

B. Comment? Votre ami ne parle pas assez fort [*not loudly enough*]. Vous ne comprenez pas. Alors, posez des questions.

MODÈLES: J'écoute ...
—Qui est-ce que tu écoutes?
ou—Qu'est-ce que tu écoutes?

1. J'aime regarder ...
2. Au café, je prends ...
3. Je rencontre ...
4. Nous ouvrons ...
5. J'invite ...
6. Il danse avec ...
7. J'aime travailler chez ...
8. Nous regardons la télé avec ...
9. Je raconte ...
10. Mon frère aime ...

C. Voyage en Normandie. Voici les projets d'été de Laurent Ferrand. Lisez ces deux paragraphes et posez cinq questions à un(e) camarade de classe au sujet du voyage en Normandie de Laurent.

Je vais faire un voyage en Normandie cet été avec ma famille. Nous allons prendre la voiture de ma sœur, Camille, et visiter les grandes villes: Caen en **Basse** Normandie et Rouen en **Haute** Normandie.
    Mon frère a envie de **voir** la grosse **horloge** et de visiter la cathédrale de Rouen. Moi, je préfère aller à Caen. Là, je vais prendre l'autocar ou faire du stop pour aller à la plage à Deauville ou bien à

lower/upper
see/clock

Arromanches, la célèbre plage **du débarquement** de 1944. Et il ne faut pas **oublier** le Mont St. Michel et son **abbaye** bénédictine. C'est un monument vraiment formidable!

landing
to forget/abbey

Possibilités: Qui?   Pourquoi?
              Qu'est-ce que?   Où?
              Quand?   Comment?
              Avec qui?

MODÈLE: Qu'est-ce que Laurent va faire cet été?
        —Il va voyager en Normandie.

SITUATION

Dans un café de Rouen

*Trois amis **normands** prennent des boissons à **la terrasse** d'un café à Rouen.*

from Normandy/sidewalk
area of a café

LE GARÇON: Mademoiselle, Messieurs. Qu'est-ce que vous prenez?
JACQUES: Qu'est-ce que tu prends, Brigitte?
BRIGITTE: Pour moi, un citron pressé, s'il vous plaît.
JEAN-PAUL: Moi, je prends une tasse de thé.

attendre to wait
rather/cider

JACQUES: Apportez-moi une bière, s'il vous plaît. **Attendez**, non, **plutôt** un verre de **cidre**.
LE GARÇON: Bon. Alors, un citron pressé, un thé et un cidre?
JACQUES: Oui, c'est bien ça.

* * *

LE GARÇON: Qui prend le citron pressé?
BRIGITTE: Moi.
JACQUES: Le thé, c'est pour lui et le cidre pour moi.

* * *

let's see (**voir** to see)
total
included

JACQUES: C'est combien, s'il vous plaît?
LE GARÇON: **Voyons**, le citron pressé sept francs, le thé six francs, et le cidre cinq francs. Ça fait dix-huit francs **en tout**.
JACQUES: Le service est **compris**, n'est-ce pas?
LE GARÇON: Oui, Monsieur.

DISCUSSION

1. Où sont les trois amis?
2. Qui prend le citron pressé?
3. Qu'est-ce que Jean-Paul prend?
4. Et Jacques, est-ce qu'il prend une bière?
5. C'est combien pour les trois boissons?

PRONONCIATION ET ORTHOGRAPHE

Le e instable *à l'intérieur du mot*

Compare the two words:

prenons   facil**e**ment

Both words contain unstable **e**. Unstable **e**, which is written with the letter **e**, is sometimes pronounced and sometimes dropped. In this section and other lessons we will give rules to help you predict when unstable **e** is likely to be pronounced or dropped.

Rule 1
Within words, unstable **e** tends to be dropped when it is preceded by only one pronounced consonant:

maint**e**nant   la prom**e**nade   pratiqu**e**ment   sérieus**e**ment

It is pronounced when it is preceded by two pronounced consonants:

pr**e**nez   vendr**e**di   Marguerite

Notes
1. When it is pronounced, unstable **e** has the same sound as /ø/ (deux).
2. When followed by two consonants the letter **e** does not represent unstable **e**. It stands for /ɛ/, as in b**e**lle, par**e**sseux, énergique, ils pr**e**nnent.

Il y a dans **la Lune**   moon
Trois petits **lapins**,   rabbit
Qui mangent **des prunes**   plums
En buvant du vin.   while drinking
La pipe **à la bouche**,   in their mouth
Le verre **à la main**.   in their hand
Il y a dans la Lune
Trois petits lapins
Qui mangent des prunes
Comme des petits **coquins**.   rascals
La pipe à la bouche,
Le verre à la main.
En disant: —Mesdames,   while saying
Versez-nous du vin   pour us
Tout plein.   full (i.e., fill our glasses)

NOTES CULTURELLES

This poem is **une comptine**, a counting rhyme used in children's games such as hide and seek or tag, to choose who is "it." **Comptines** are used for their rhythmic effect. Although all the words they contain are meaningful, the overall combination is generally nonsensical. To be effective, **comptines** must be recited at a very fast tempo with a slowing down on the last two lines. The person who is designated when the last syllable falls will be "it."

Leçon quatorze

IN THIS LESSON:

- terms for French and American breakfast dishes
- expressing the idea of "some," or a part of something
- verbs ending in **-ir**: **dormir** (to sleep), **sortir** (to go out), etc.
- expressions used in telling time

MOTS NOUVEAUX

Un petit déjeuner en France

les fleurs (f.)
le café
le lait
le sucre
le pain
le croissant
la tartine
la nappe
le bol de café au lait
la confiture
le beurre

NOTES CULTURELLES

Le petit déjeuner. As the term implies, French breakfasts are light: typically, **café noir**, **café au lait** (consisting of equal quantities of coffee and hot milk) and **tartines** (buttered bread, often with jelly). On Sunday or special occasions, **croissants** (flaky, buttery, crescent-shaped rolls), or **petits pains**, usually **au chocolat**, are served.

Un petit déjeuner au Québec

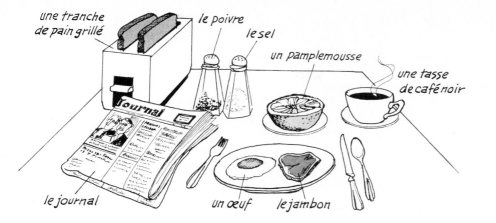

une tranche de pain grillé · le poivre · le sel · un pamplemousse · une tasse de café noir · le journal · un œuf · le jambon

PRATIQUONS

A. Trouvez l'intrus [*intruder*]. Quel mot ne va pas avec les autres?

1. le café/le lait/le jus de fruit/la bière
2. le sel/la crème/le poivre/le sucre
3. le pain grillé/le beurre/le pamplemousse/la confiture
4. le beurre/le café/le lait/le sucre
5. la tartine/l'œuf/le croissant/le pain grillé
6. la tasse/le bol/le verre/le jambon

B. Votre préférence. Au petit déjeuner, est-ce que vous préférez . . .

1. le café ou le thé?
2. le café noir ou le café crème?
3. le jus d'orange ou le jus de pamplemousse?
4. le pain grillé ou les croissants?
5. les œufs ou les céréales?
6. le jambon ou le bacon?

NOTES GRAMMATICALES

Le partitif

1. The partitive refers to part of a whole. It is used with *mass nouns*, that is, with nouns representing items which cannot be counted but from which certain quantities may be taken: for example, wine, cheese, ice cream.

   Je prends *du* vin, *du* fromage, et *de la* glace.   *I'm having (some) wine, (some) cheese and (some) ice cream.*

2. The partitive is formed by combining **de** with **le, la** and **l'**: **du, de la, de l'**:

   Dominique prend *du* sucre et *de la* crème dans son café.   *Dominique takes (some) sugar and (some) cream in her coffee.*

   In English "some" or "any" may not appear; in French **du, de la**, or **de l'** must accompany the noun.

3. After the negative, **du**, **de la** and **de l'** (like **un**, **une** and **des**) become **de**:

Est-ce que Michel a *du* **courage?**	—**Non, il n'a pas** *de* **courage.**
Est-ce qu'il a *de l'*énergie?	—**Mais non, il n'a jamais** *d'*énergie.
Tu as *de la* **limonade?**	—**Non, je n'ai pas** *de* **limonade.**

4. Generally speaking, verbs like **aimer**, **préférer**, **adorer** and **détester** refer to nouns in a general sense and, therefore, require the definite article. Verbs like **prendre**, **manger**, **avoir** and **apporter** often require the partitive or indefinite article because they refer to a part of something or to a non-specific item. Compare:

Est-ce que tu prends *du* **café?**	*Are you having (some) coffee?*
—**Non, je n'aime pas** *le* **café. Je préfère** *l'*orangeade.	—*No, I don't like coffee. I prefer orangeade.*
Alors, tu prends *du* **citron pressé?**	*So you're having (some) lemonade?*
—**Mais non, il n'y a pas** *de* **citron pressé.**	—*No, there isn't any lemonade.*
Je prends *un* **verre d'eau minérale.**	*I'm having a glass of mineral water.*

Here are the partitive forms:

	affirmatif	négatif
masc.	du	de
fém.	de la	de
+voyelle	de l'	d'

5. You have learned the expressions **une bouteille d'eau minérale** and **une tasse de thé**. These and other expressions of quantity use only **de** with nouns:

Je prends une bouteille d'eau minérale.
        une tasse de thé.
        un verre de lait.
        une carafe de vin.
        une tranche de [*slice of*] **pain.**
        un kilo d'oranges.
        un peu de sucre.
        beaucoup de glace.
        assez de poivre.
        peu de café.
        trop de whisky.

Combien de sandwichs est-ce que tu vas prendre?

Pour le petit déjeuner: Un bol de café au lait, un croissant, une tartine de pain à la confiture, et Le Monde.

PRATIQUONS

A. Transformation. Répondez en employant **aimer** et l'article défini.

MODÈLE: Qui prend du sucre?
—Moi. J'aime le sucre.

1. Qui prend de la confiture?
2. Qui mange de la glace?
3. Qui apporte de la crème?
4. Qui apporte de l'eau?
5. Qui prend du beurre?
6. Qui mange du jambon?
7. Qui prend du cognac?
8. Qui prend du café au lait?

B. Vous désirez?

MODÈLE: Est-ce que vous aimez le lait?
—Oui, apportez-moi du lait.
ou —Non, je n'aime pas le lait.
Apportez-moi du café.

1. Est-ce que vous aimez la bière?
2. Est-ce que vous aimez la glace?
3. Est-ce que vous aimez l'eau minérale?
4. Est-ce que vous aimez l'orangeade?
5. Vous aimez le vin?
6. Vous aimez le cognac?
7. Vous aimez les œufs?
8. Vous aimez les croissants?

C. Chez un ami. Répondez au négatif. Ensuite, faites un autre choix [*choice*].

MODÈLE: Tu aimes le vin?
—Non, je ne prends jamais de vin.
Donne-moi de l'eau minérale, s'il te plaît.

1. Tu aimes le lait?
2. Tu aimes la confiture?
3. Tu aimes les œufs?
4. Tu aimes le fromage?
5. Tu aimes le pain grillé?
6. Tu aimes la limonade?
7. Tu aimes le café?
8. Tu aimes le pain?

D. Combien? Est-ce que vous aimez ces consommations? Dites combien vous prenez de chaque consommation.

prendre

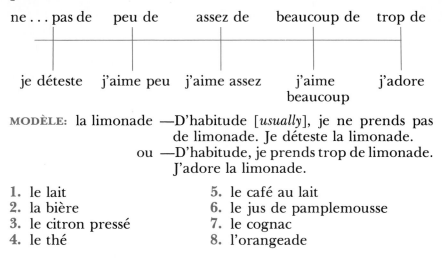

| ne ... pas de | peu de | assez de | beaucoup de | trop de |

| je déteste | j'aime peu | j'aime assez | j'aime beaucoup | j'adore |

MODÈLE: la limonade —D'habitude [*usually*], je ne prends pas de limonade. Je déteste la limonade.
ou —D'habitude, je prends trop de limonade. J'adore la limonade.

1. le lait
2. la bière
3. le citron pressé
4. le thé

5. le café au lait
6. le jus de pamplemousse
7. le cognac
8. l'orangeade

Les verbes en -ir

1. As you know, verbs in **-er**, such as **regarder**, have a single stem that appears in all forms including the infinitive:

*regard***er**
je *regard***e**
nous *regard***ons**

2. Verbs whose infinitive does not end in **-er** have two stems in the present tense: a long stem in the plural and in the infinitive and a short stem in the singular. Compare:

dor*mir* (to sleep)

singulier	*pluriel*
je dor**s**	nous dor**mons**
tu dor**s**	vous dor**mez**
il elle on } dor**t**	ils elles } dor**ment**

The consonant which appears in the infinitive before **-ir** remains in the plural stem but is dropped from the singular stem.

3. Pronunciation: **-ir** verbs have four pronounced forms:

   a. The singular forms end with a pronounced /r/.
   b. In the plural forms, the final stem consonant is pronounced: for **dormir**, /m/.
   c. The **-ons** and **-ez** endings are pronounced as for **-er** verbs.

4. Other **-ir** verbs which follow this pattern are:

partir	*to leave*
sortir	*to go out*
servir	*to serve*

5. Sortir and **partir** require prepositions before a noun:

$$\text{Je} \begin{cases} \textbf{sors} \\ \textbf{pars} \end{cases} de \text{ la maison.} \qquad \begin{array}{l} \textit{I'm going out of the house.} \\ \textit{I'm leaving the house.} \end{array}$$

Nous partons *pour* **la France.** *We're leaving for France.*

PRATIQUONS

A. D'accord!

MODÈLE: Sors ce soir!
—D'accord, je sors ce soir.
Ne sortez pas cet après-midi!
—D'accord, nous ne sortons pas cet après-midi.

1. Servez du café!
2. Sers de la bière!
3. Ne sers pas de whisky!
4. Pars ce soir!
5. Ne partez pas maintenant!
6. Partez après le film!
7. Sors avec sa cousine!
8. Sortez avec les étudiants!
9. Ne sors pas de la salle de classe!
10. Dors ce soir!
11. Dors chez toi!
12. Ne dormez pas en classe!

B. C'est le week-end!

MODÈLE: Je dors le samedi matin. Et vous? (le dimanche matin)
—Moi, je dors le dimanche matin.

1. Luc dort beaucoup. Et Monique? (très peu)
2. Nous dormons tranquillement. Et elle? (calmement)
3. Je sors souvent au cinéma. Et vous deux? (au café)
4. Tu sors avec Jean. Et Valérie? (avec Bruno)
5. Vous sortez du dortoir. Et vos amis? (de chez eux)
6. Micheline part avec ses parents. Et vous? (avec mes parents)
7. Nous partons le matin. Et Alain et Christine? (le soir)
8. Je pars pour Chicago. Et vous deux? (pour Boston)

C. C'est logique. Complétez chaque phrase en employant **servir**, **dormir**, **sortir** ou **partir**.

MODÈLE: Il est huit heures du matin, alors je . . .
Alors je sers le petit déjeuner à mes enfants.

1. Quand j'ai des invités, je . . .
2. Il va faire beau ce week-end, alors nous . . .
3. Ce soir j'ai beaucoup de devoirs, alors je . . .
4. Tu as sommeil, alors tu . . .
5. Mes camarades de chambre sont fatigués, alors ils . . .

6. Mes amis et moi, nous aimons les films, alors nous...
7. Vous étudiez la nuit, alors vous...

MOTS NOUVEAUX

Quelle heure est-il?

Il est huit
heures.

Il est huit
heures et quart.

Il est huit
heures et demie.*

Il est neuf heures
moins le quart.

Il est neuf
heures.

Il est midi.

Il est midi
et quart.

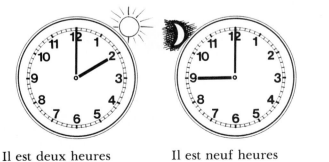

Il est deux heures
de l'après-midi.

Il est neuf heures
du soir.

Il est minuit
moins le quart.

* Note: **demie** in **huit heures et demie** is feminine singular because it refers to **la demie** (half) **d'une heure**.

Il est minuit.

Il est deux heures
du matin.

PRATIQUONS

A. Demain à quelle heure? Racontez vos activités de demain.

Possibilités:

étudier	téléphoner à	inviter
aller	parler à	discuter avec
prendre	faire	danser
jouer	manger	dormir
sortir	regarder	

MODÈLE: —Demain matin, à dix heures, je vais aller à mon cours d'histoire.

B. À vous. Posez des questions à vos camarades de classe pour trouver un(e) bon(ne) camarade de chambre. Prenez des notes.

MODÈLE: 2h00 du matin
    A: Qu'est-ce que tu fais à deux heures du matin?
    B: —Je dors et toi?
    A: Ah non, moi, j'aime danser.

le matin	l'après-midi	le soir
2h00	1h30	6h15
6h30	2h15	8h45
10h45	4h30	11h15
12h00	5h00	12h00

SITUATION

Petit déjeuner du dimanche

   *C'est dimanche matin chez les Blondel. Ils prennent le petit déjeuner avec leur neveu Michel. Michel, qui est de la Louisiane, **passe** ses vacances de Noël avec eux.*

passer to spend

LA TANTE: Michel, tu prends du café ou du thé le matin?
MICHEL: Du café, s'il te plaît.

LA TANTE: Du café au lait?
MICHEL: Non, je préfère le café noir.
LA TANTE: Tu n'aimes pas le lait?

not

MICHEL: Si, mais **pas** le matin et pas avec le café.
LA TANTE: Tu prends du sucre avec ton café?

piece

MICHEL: Oui, deux **morceaux,** s'il te plaît.

*   *   *

remarquer to notice (that)

*Michel **remarque que** ses cousins, son oncle et sa tante prennent leur café au lait dans des bols.*

MICHEL: On ne sert pas le café dans des tasses en France?
PASCAL (son cousin): Pas au petit déjeuner. On sert le café au lait dans des bols.
LA TANTE: Michel, est-ce que tu préfères des tartines ou des croissants?
MICHEL: Des croissants, bien sûr. Il n'y a pas de croissants chez nous en Louisiane.
PASCAL: Mais vous avez du bon café!

That's for sure!

MICHEL: **Ça, oui!**

DISCUSSION

1. C'est quel jour? Quelle saison?
2. Est-ce que c'est le soir ou le matin?
3. Est-ce que Michel prend du café le matin?
4. Qu'est-ce qu'il prend avec son café?
5. Est-ce qu'on sert toujours le café au lait dans une tasse en France?
6. Qu'est-ce que Michel va manger? Des tartines ou des croissants? Pourquoi?

PRONONCIATION ET ORTHOGRAPHE _____

La consonne 1

The English final **l**, as in "bell," is pronounced with the tongue pulled back. To produce a French **l**, however, you must keep your tongue in the front of your mouth. Keep the tip of your tongue in firm contact with your upper front teeth. Compare:

French	English
il	*ill*
belle	*bell*
bol	*bowl*

Do not move the tongue back when you pronounce a French **l** at the end of a word.

Un carrefour d'un village dans le Périgord.

<hr />

VIGNETTE CULTURELLE

La chasse aux truffes

search for truffles

Le Périgord, **situé** dans le sud-ouest de la France, est une région **connue** pour sa cuisine. Les spécialités du Périgord, par exemple, **le pâté de foie de canard** truffé, **contiennent** des truffes.

located
known
duck liver pâté/**contenir** to contain

En France on **se sert** souvent **des champignons** pour **faire la cuisine**, mais la truffe est très différente des autres champignons. La truffe est un champignon noir qu'on trouve **seulement dans le sol**. Elle est très rare et elle a **un goût** très délicat. La truffe est **sauvage**, c'est-à-dire qu'on ne **cultive** pas ce champignon dans **les jardins**. Dans le Périgord on cherche les truffes **pendant** les mois d'hiver, avec **un chien** ou **une truie entraînés** spécialement pour cela. La truffe est très chère: un kilo de truffes coûte **au moins** deux mille francs! En conséquence, **les plats truffés** contiennent seulement un **tout** petit **morceau** de truffe.

se servir de to use/mushrooms
to cook
only/underground
taste/wild
cultiver to grow/garden
during
dog/sow/trained
at least
dishes containing truffles
very/piece

ADAPTATION

1. Qu'est-ce qu'on fait avec les champignons?
2. Comment est-ce que la truffe est différente des autres champignons?
3. Est-ce qu'on cultive les truffes dans le Périgord?
4. Est-ce que vous aimez les champignons?
5. Est-ce qu'on mange souvent des champignons aux États-Unis? Dans quels plats?
6. Dans votre région, est-ce qu'on va à la chasse aux champignons?

Leçon quinze

IN THIS LESSON:

- terms for food
- the use of the partitive, definite, and indefinite articles
- additional expressions for telling time
- **-er** verbs with spelling changes

MOTS NOUVEAUX

Les heures des repas en France

Ils prennent le petit déjeuner
à huit heures du matin.

Ils prennent le goûter à quatre heures.

Ils déjeunent à une heure.

Ils dînent à sept heures du soir.

NOTES CULTURELLES

Les repas. As explained in lesson 14, a French breakfast is usually
light. Traditionally, the main meal is **le déjeuner**, eaten usually at
home. Children may have a light snack, **le goûter** (often consisting

of **tartines** and a beverage), when they return from school around 4 or 5 p.m. The evening meal, **le dîner (le souper),** is served relatively late, between 7 and 8 p.m. For more and more families, dinner is becoming the main meal of the day, since many women have full-time jobs.

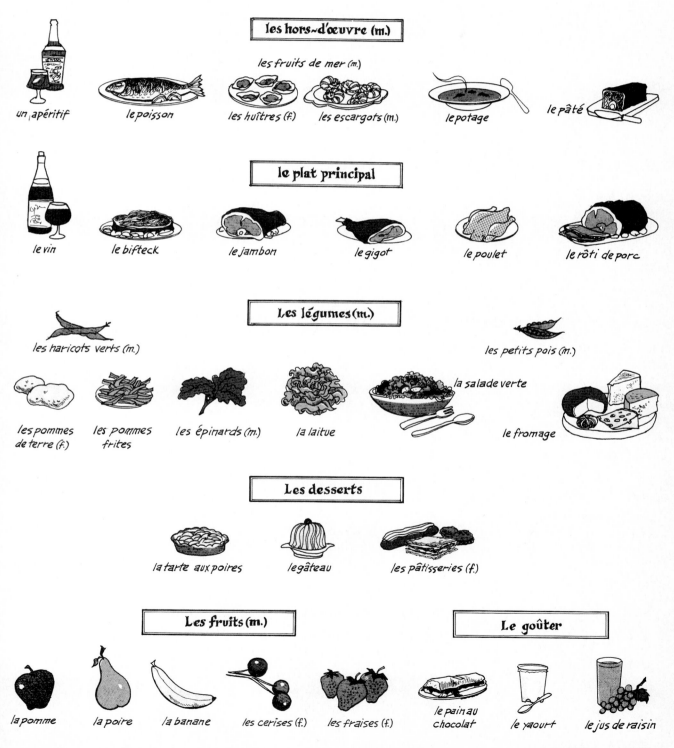

les hors-d'œuvre (m.)

un apéritif *le poisson* *les fruits de mer (m.)* *les huîtres (f.)* *les escargots (m.)* *le potage* *le pâté*

le plat principal

le vin *le bifteck* *le jambon* *le gigot* *le poulet* *le rôti de porc*

Les légumes (m.)

les haricots verts (m.) *les petits pois (m.)*

les pommes de terre (f.) *les pommes frites* *les épinards (m.)* *la laitue* *la salade verte* *le fromage*

Les desserts

la tarte aux poires *le gâteau* *les pâtisseries (f.)*

Les fruits (m.)

Le goûter

la pomme *la poire* *la banane* *les cerises (f.)* *les fraises (f.)* *le pain au chocolat* *le yaourt* *le jus de raisin*

Les hors-d'œuvre. The **hors-d'œuvre** course [literally, "outside of the work"] is served before the main course. **Les fruits de mer** are seafood, including **les huîtres** (f.) [*oysters*] and **les crevettes** (f.) [*shrimp*]. Related to **les fruits de mer** are **les écrevisses** (f.) [*crayfish*] and **les escargots** (m.) [*snails*]; **le pâté** is a spread made of chopped meat and liver together with wine or cognac. It is generally eaten with bread.

Le pain au chocolat. This popular children's snack consists of buttered French bread or a roll with a chocolate bar in the middle.

L'apéritif. Alcoholic or (less frequently) non-alcoholic drink taken before a meal.

PRATIQUONS

A. **Les ingrédients.** Qu'est-ce qu'il faut pour faire . . .

MODÈLE: un café au lait?
—du café, du lait, et du sucre.

1. un citron pressé?   4. une salade?   7. une salade de fruits?
2. une omelette?   5. une soupe?   8. un pain au chocolat?
3. un sandwich?   6. une tartine?

B. **Au restaurant dans le Périgord (dans le sud-ouest de la France).** Regardez le menu. Qu'est-ce que vous prenez?

Menu à 95 F

Huîtres   ou   Œufs à la périgourdine

Dinde truffée avec petits pois   ou   **Pigeonneau** aux asperges

Salade verte

Fromage

Fraises **à la crème Chantilly**

1. Est-ce que vous prenez un apéritif? Du vin?
2. Qu'est-ce que vous prenez comme hors-d'œuvre? Comme plat principal? Comme fruit?
3. Est-ce que vous aimez les asperges? Vous préférez les petits pois?
4. Combien est-ce que ce repas va coûter?
5. Selon le menu, est-ce qu'on prend la salade **avant** ou après le plat principal?
6. Quand vous allez au restaurant chez vous, quel est votre plat favori?

C. **Plus précisément.** Qu'est-ce que vous prenez?

MODÈLE: Comme apéritif?
—Je prends du sherry.

1. Comme hors-d'œuvre?   5. Comme boisson?
2. Comme fruits de mer?   6. Comme fruit?
3. Comme plat principal?   7. Comme dessert?
4. Comme légumes?

turkey/squab

with whipped cream

before

D. Comparaison culturelle. Répondez à ces questions pour comparer les repas français et les repas américains.

1. Dans une famille typique en France, à quelle heure est-ce qu'on prend le petit déjeuner? le déjeuner? le goûter? le dîner? Et chez vous aux États-Unis?
2. Qu'est-ce qu'on prend le matin en France? aux États-Unis?
3. En France qu'est-ce qu'on prend généralement pour le petit déjeuner? Et chez vous?
4. Qu'est-ce qu'on aime prendre pour le goûter en France? aux États-Unis?
5. Dans une famille française typique, qu'est-ce qu'on prend le soir? Et dans une famille américaine?

Conclusions

Est-ce qu'il y a des différences entre les repas français et les repas américains? Des similarités?

Est-ce que vous préférez le système français ou le système américain?

NOTES GRAMMATICALES

Révision des articles

1. You now know these types of French articles:

	défini	*indéfini*	*partitif*
masc., sing.	le (l')	un	du (de l')
fém., sing.	la (l')	une	de la (de l')
masc./fém., pluriel	les	des	—

2. The definite article, as its name implies, refers to something/someone definite (specific) or to something/someone in general.

J'aime *le* vin.   *I like wine.* [in general]
Apporte *la* pomme qui est dans le frigo, s'il te plaît.   *Bring the apple that is in the refrigerator, please.*

3. The indefinite article refers to something which has not been specially identified.

Je prends *un* verre de bière.   *I'm having a glass of beer.*
Je prends *une* bière.   *I'm having a beer.*
     [implying "a glass of"]

The indefinite article is used with *count nouns*, that is, with nouns naming things that can be counted: for example, pens, glasses, steaks, apples.

Je cherche *des* pommes.   *I'm looking for some apples.*
Voilà *une* pomme.   *There's an apple.*

4. The partitive article is used with *mass* nouns. These are nouns referring to things that cannot be counted but from which certain quantities may be taken, for example: bread, butter, jam.

Nous prenons *du* pain avec *du* beurre et *de la* confiture. *We're having bread with butter and jam.*

5. Some nouns may be used as either mass nouns or count nouns and thus take the partitive or indefinite article accordingly. Compare:

Christian prend *de la* bière. *Christian is drinking (some) beer.*
Christian prend *une* bière. *Christian is drinking a (glass of) beer.*

Voici *un* poulet. *Here is a chicken.*
Donnez-moi *du* poulet, s'il vous plaît. *Give me some chicken, please.*

6. As explained in lesson 14, in the negative and after expressions of quantity both the indefinite article (**un, une, des**) and the partitive (**du, de la, de l'**) become **de (d')**. The definite article does not change. Compare:

Est-ce qu'Yvonne aime **les** fraises?
—Non, elle n'aime **pas les** fraises.
Eh bien, elle prend **des** cerises et **du** gâteau?
—Non, elle ne prend **pas de** cerises et elle ne prend **pas de** gâteau. Elle mange **peu de** fruits.

PRATIQUONS

A. Dans la salle de classe. Qu'est-ce qu'il y a dans cette salle de classe?

MODÈLE: —Dans cette salle de classe, il y a un tableau . . .

B. Au dîner.

MODÈLE: vin/sur la table
    A: Donne-moi du vin s'il te plaît.
    B: —Quel vin?
    A: Le vin **qui** est sur la table.

which

1. bière/dans cette bouteille
2. eau minérale/là-bas
3. poulet/ici
4. potage/dans ce grand bol
5. jus de fruits/dans la bouteille verte
6. vin/dans la carafe blanche
7. fraises/dans ce bol
8. tarte/sur cette table

C. Les vêtements. Qu'est-ce que vous portez? Qu'est-ce que vous avez?

MODÈLE: chaussettes rouges
    —Je ne porte jamais de chaussettes rouges.
ou —Je n'ai pas de chaussettes rouges.

1. jupes
2. chapeaux
3. cravates violettes
4. chemises jaunes

5. chaussures marron
6. blue-jeans
7. tee-shirts intéressants
8. shorts confortables

D. À vous. Posez des questions à un(e) camarade de classe. Qu'est-ce qu'il/elle aime manger? Qu'est-ce qu'il/elle prend pour le dîner ou pour le petit déjeuner? Prenez des notes.

MODÈLE: A: Est-ce que tu aimes le poisson?
B: —Non, je déteste le poisson. Je ne prends jamais de poisson.
A: Alors, tu préfères le bifteck?
B: —Oui, je prends souvent du bifteck.

MOTS NOUVEAUX

À l'heure, en avance ou en retard?

Il est sept heures dix.

Il est huit heures moins dix.

Il est onze heures douze.

Il est onze heures moins douze.

Il est midi vingt.

Il est minuit moins vingt.

Expressions utiles	useful
être à l'heure	to be on time
en retard	to be late
en avance	to be early
il est tôt	it's early
il est tard	it's late
une demi-heure	half-hour
un quart d'heure	quarter of an hour
une minute	minute
une seconde	second
une montre	wristwatch
une horloge	clock
un réveil	alarm clock
une radio-réveil	clock-radio

NOTES CULTURELLES

In official time schedules (plane, train and bus schedules, radio or TV programs) a twenty-four hour system is used instead of abbreviations such as the English a.m. and p.m. In official time, midnight is 0h00, **zéro heure**; noon is 12h00, **douze heures**; 1 p.m. is 13h00, **treize heures**; etc. The English system is used in Quebec and in Haiti.

l'heure officielle	*l'heure conventionnelle*
trois heures cinq (3h05)	trois heures cinq (du matin)
quinze heures quinze (15h15)	trois heures et quart (de l'après-midi)
vingt-trois heures cinquante-cinq (23h55)	minuit moins cinq

Generally, French speakers consider the evening as beginning at 17h00 (5 p.m.). After this time, the expressions **du soir** and **bonsoir** are used.

PRATIQUONS

A. Problèmes

to know

MODÈLE: Pour **savoir** l'heure il faut . . .
—une montre ou une horloge.

1. Trente minutes ou . . .
2. Quinze minutes ou . . .

meeting

3. Vous avez **rendez-vous** à midi. Vous arrivez à midi et quart. Vous êtes . . .
4. Vous avez rendez-vous à six heures. Vous arrivez à cinq heures et demie. Vous êtes . . .
5. Le cours commence à six heures. Le professeur arrive à six heures moins cinq. Il est . . .
6. Arrivée du train: 10h27; départ du train; 15h15. Le train arrive à onze heures vingt-sept. Il est . . .
7. Je travaille à la bibliothèque jusqu'à minuit. Alors, quand je rentre chez moi, il est . . .

8. Ma première classe commence à sept heures et demie du matin. Quand je pars de chez moi, il est très . . .

B. Quelle heure est-il? Donnez l'heure conventionnelle.

MODÈLE: 12h00
  —Il est midi.

1. 7h30	**4.** 13h10	**7.** 20h20
2. 16h45	**5.** 24h00	**8.** 15h40
3. 15h50	**6.** 22h05	**9.** 17h35

NOTES GRAMMATICALES

Les verbes comme acheter *et* appeler

1. In lesson 10, you learned the spelling and pronunciation changes that occur in the verb **préférer** and other **-er** verbs whose stem ends in **-é** plus consonant. For example:

répéter (to repeat)

singulier	*pluriel*
je rép**è**te	nous répétons
tu rép**è**tes	vous répétez
il elle } rép**è**te on	ils elles } rép**è**tent

2. Likewise, the **-er** verbs whose stem ends in **-e** /ø/ plus consonant change that vowel to **-è** /ɛ/ in the present singular and third person plural forms. For example:

acheter (to buy)

singulier	*pluriel*
j'ach**è**te	nous achetons
tu ach**è**tes	vous achetez
il elle } ach**è**te on	ils elles } ach**è**tent

Other verbs like **acheter** are: **amener** (to bring a person)
                                 lever (to raise—e.g., one's hand)

3. Some **-er** verbs with pronunciation changes like those of **acheter** show a different type of spelling change. The vowel /ɛ/, as in **elle**, is represented by **e** + the doubling of the final consonant in the stem. For example:

appeler (to call)

singulier	*pluriel*
j'appelle	nous appelons
tu appelles	vous appelez
il elle on } appelle	ils elles } appellent

Other verbs like **appeler** are: **jeter** (to throw)
épeler (to spell)

4. Helpful hints:

a. Verbs whose infinitive ends in **é + consonant + er** or **e + consonant + er** will fall into one of these groups. If the infinitive has the acute accent (**é + consonant + er**), the verb belongs to the **préférer** group. If the infinitive does not have the acute accent (**e + consonant + er**), you must memorize whether the verb belongs to the **acheter** or **appeler** group.

b. In all three groups, the **nous** and **vous** forms have the stem found in the infinitive. The changes occur in the other four forms.

PRATIQUONS

A. **Substitution.**

MODÈLE: Il achète des chaussettes. Et vous deux?
—Nous aussi, nous achetons des chaussettes.

1. Elle achète des bas. Et toi?
2. Nous achetons des jupes. Et elles?
3. Vous épelez le mot «écrevisse». Et lui?
4. J'amène mes copains. Et eux?
5. Elles amènent leurs parents. Et nous?
6. Ils possèdent une maison à la campagne. Et le professeur?
7. Nous possédons une voiture. Et toi?
8. Elles appellent leurs amis. Et nous?
9. Elle répète la phrase. Et vous?
10. Ils préfèrent une moto. Et toi?

B. **Des achats.** Qu'est-ce qu'on achète?

MODÈLE: Nous allons écrire des lettres.
—Nous achetons du papier et des stylos.

1. Je vais faire une salade de fruits.
2. Ils vont à la plage pour les vacances.
3. Tu vas apprendre l'allemand?
4. Vous avez soif?
5. Elle va faire du ski dans les Pyrénées.
6. Nous adorons la musique classique.
7. Je vais préparer un grand dîner.
8. Vous aimez faire du sport?

SITUATION

Déjeuner au Cro-Magnon

Madeleine Capelle, institutrice à Sarlat, visite les grottes préhistoriques de la région avec ses parents. Ils déjeunent au Cro-Magnon, un restaurant **une étoile** *près de Sarlat. Le maître d'hôtel prend* **la commande**.

one-star/order

M. CAPELLE: Madeleine, tu **connais** bien ce restaurant. Qu'est-ce que tu **suggères**? On **commande** un menu ou on mange à la carte?

MADELEINE: Je suggère la carte. Pour commencer, le pâté de **foie de canard** truffé est excellent ici.

connaître to know
suggérer to recommend/**commander** to order
duck liver

M. CAPELLE: Bon, trois pâtés de foie de canard?

MME CAPELLE: Moi, je préfère l'omelette aux truffes.

LE MAÎTRE D'HÔTEL: Bien, et ensuite?

MME CAPELLE: Comment s'appelle ton plat favori, Madeleine?

MADELEINE: La dinde truffée.

M. CAPELLE: Voyons, le **filet de bœuf à** la Périgourdine est bien **tentant**.

filet steak
tempting

Avant d'entrer au restaurant de l'Hôtel Cro-Magnon.

LE MAÎTRE D'HÔTEL: Deux dindes truffées et un filet de bœuf? Vous prenez le filet **saignant**, Monsieur?

M. CAPELLE: Bien sûr.

* * *

wine steward/to choose

MADELEINE: Voici **le sommelier**. Tu vas **choisir** le vin, Papa?

M. CAPELLE: Sommelier, apportez-nous une demi-bouteille de Montbazillac avec les hors-d'œuvre et une bouteille de Cahors après. Et aussi, une bouteille d'eau minérale, du Vittel, s'il vous plaît.

LE SOMMELIER: Bien, Monsieur.

NOTES CULTURELLES

Michelin is the largest tire producer in France, but when a Frenchman thinks of **Michelin**, he most probably thinks of **le Guide Michelin**: green for tourist attractions, red for restaurants and hotels. The idea behind the **Guide Rouge** is to provide the traveler with a list of the **bonnes tables** in France. Very few restaurants boast a three-star rating. About twenty hold a two-star rating and one hundred are listed as one-star restaurants. Crossed forks designate remaining restaurants where the food is of good quality.

Comme hors d'œuvre: le pâté de canard truffé.

Le maître d'hôtel. In French restaurants, orders are not usually taken by waiters but by the headwaiter or, in small restaurants, by the proprietor.

La carte/le menu. **La carte** is a list of individual dishes offered in a restaurant. In a French restaurant, one may order by selecting from the menu (**à la carte**) or from a set of daily fixed selections that vary in price: **le menu**. The latter alternative still allows for some choice and is much more economical. When one orders such a fixed selection, one specifies the price: **un menu à cinquante-six francs et deux menus à cent francs**, etc.

Les truffes. See the Vignette culturelle in lesson 14.

Saignant/à point. French people seldom eat meat well done. The choices are: **bleu** [*very rare*], **saignant** [*rare*], **à point** [*medium rare*].

Le sommelier. In better restaurants, beverage orders are taken by the wine steward, **le sommelier**. Montbazillac is a sweet white wine from the Périgord region and Cahors, a red wine from the area to the east of Périgord.

DISCUSSION

1. Qu'est-ce qu'on trouve dans beaucoup de plats du Périgord?
2. Avec quoi est-ce qu'on fait une omelette?
3. Le filet de bœuf est une viande ou un poisson?
4. Comment est-ce que M. Capelle préfère son filet?
5. Qui est-ce qui prend la commande du vin?
6. Quelles sortes de vins est-ce que M. Capelle commande? Du rosé? Du blanc?

PRONONCIATION ET ORTHOGRAPHE

La consonne r

Although it is spelled with a familiar letter, the French /r/ has no equivalent sound in English. To pronounce the French /r/, say the word **aga**; then move your tongue up and back until you pronounce a continuous sound—**ara**. Alternate between the two sounds:

> aga/ara
> aga/ara . . .

The consonant /r/ occurs in various positions in the word:

1. At the middle: Pa**r**is, Ma**r**ie, le bu**r**eau, la te**rr**asse
2. At the beginning: **R**oger, **r**épétez, le **r**ouge ou le **r**osé
3. At the end: leu**r**, pou**r**, la ga**r**e, il préfè**r**e
4. Before or after a consonant: se**r**vir, appo**r**ter; les t**r**uffes, comp**r**endre

VIGNETTE CULTURELLE

Le casse-croûte et le goûter

Comme nous, **la plupart des** Français prennent trois repas **par** jour: le petit déjeuner, le déjeuner et le dîner (ou le souper). Mais **les ouvriers** et les enfants prennent souvent un quatrième petit repas, le casse-croûte ou le goûter.

Le matin, comme la plupart des Français, les ouvriers prennent seulement un café avec, **quelquefois**, des tartines de pain **beurré**. Alors **vers** dix heures du matin ils commencent à avoir faim. **C'est pour ça qu**'ils prennent souvent un casse-croûte: deux tartines de pain avec, **au milieu**, du jambon, **du saucisson** ou du fromage. Souvent aussi ils **boivent** du vin ou de la bière parce que ça donne **des forces** et c'est bon avec le casse-croûte!

Les enfants prennent le goûter après l'école, entre quatre et cinq heures de l'après-midi. Le goûter consiste généralement d'un petit pain au chocolat, d'un fruit ou de tartines à la confiture avec une boisson—du lait, du chocolat chaud, du coca ou de la limonade, par exemple. Mais alors, les enfants français n'ont pas faim à l'heure du dîner? Si, parce qu'en France on dîne assez tard, entre sept et huit heures du soir.

most/each

worker

sometimes/buttered
about
this is why
in the middle/salami
boire *to drink*
strength

ADAPTATION

1. Quand est-ce qu'on prend un casse-croûte? Pourquoi?
2. En France, qui prend souvent un goûter? Quand?
3. Combien de repas est-ce que vous prenez par jour?
4. Est-ce que les Américains prennent quelquefois un casse-croûte ou un goûter? Quand ou pourquoi? Qu'est-ce qu'on prend?

Un pas de plus

RÉVISION

A. Au buffet. Il y a beaucoup à manger. Qu'est-ce que vous prenez? Qu'est-ce que vous ne prenez pas?

MODÈLE: —Je prends du céleri, mais je ne prends pas de tomates.

le céleri	le poulet	les épinards	la tarte aux
les tomates	le rôti de porc	les carottes	pommes
le melon	les petits pois	la salade	les pâtisseries
le pâté	les haricots	le fromage	la crème caramel
le thon	les pommes de	les fruits	
le biftek	terre	le gâteau	

B. La journée de Mme Durand. Décrivez une journée typique de Mme Durand. Employez les indications données.

MODÈLE: 10h/téléphoner à une amie
        —A dix heures, elle téléphone à une amie.

1. 7h30/prendre le petit déjeuner
2. 8h15/sortir pour acheter des provisions
3. 10h/rentrer chez elle
4. 1h/monter pour parler avec Mlle Morin
5. 2h15/faire une promenade avec son chien
6. 2h30/aller au parc près de son appartement
7. 4h45/aller à la fenêtre pour regarder les gens dans la rue
8. 7h15/partir chez sa nièce pour dîner
9. 8h/regarder le journal télévisé chez sa nièce
10. 9h30/prendre un taxi pour rentrer chez elle

C. Départs et arrivées. Vous prenez le train, ou bien vous attendez un ami. Demandez l'heure du départ ou de l'arrivée du train. Un autre étudiant va répondre.

MODÈLES: Je prends le train pour Versailles.
        —Il part à onze heures vingt.

         J'attends le train de Caen.
        —Il arrive à dix-sept heures trente.
ou   —Il arrive à cinq heures et demie.

départs	*arrivées*
11h20 Versailles	11h00 Rouen
11h53 le Havre	12h30 Versailles
12h02 Rouen	12h45 Evreux
12h55 Caen	13h00 Honfleur
13h15 Alençon	13h48 Nantes
14h28 Rennes	14h17 Alençon
15h10 Nantes	15h30 Rennes
16h00 Honfleur	16h02 Mantes-la-Jolie
16h40 Mantes-la-Jolie	16h00 le Havre
17h10 Evreux	17h30 Caen

D. Parlons de vous. Choisissons un menu! Imaginez que vous allez préparer un repas pour chaque situation donnée. Indiquez quels plats et quelles boissons vous allez servir.

1. Le Président est invité chez vous pour dîner.
2. Vous allez faire un pique-nique avec des amis.
3. Les parents de votre mari ou de votre femme arrivent pour déjeuner.
4. C'est l'anniversaire de votre mère.
5. Vous préparez un petit déjeuner copieux.

LE SAVIEZ-VOUS?

La gastronomie française

In France the preparation of refined dishes, **la haute cuisine**, is an art. Famous chefs are as well known as movie stars and political leaders. Each year, French restaurants are rated by various travel guide books, the most famous of which is the **Guide Michelin**, published by the well-known tire manufacturer. To symbolize the highest gastronomic distinction, the *Guide Michelin* awards three stars; only about twenty French restaurants receive that distinction each year. To eat at a **restaurant trois étoiles** is not within every Frenchman's means. In 1975 two food consultants to *The New York Times* dined at **Chez Denis**, a leading Paris restaurant, for $4,000; they had won this gastronomic experience as the prize in a fund-raising drive. The two lucky winners planned with the chef, Claude Mornay, a meal consisting of no fewer than 31 dishes and nine different great vintage wines.

To qualify as a **bon vivant**, one who appreciates good food, good wine, and good cheer, one must not eat to excess. Corpulence and obesity are not as widespread in France as they are in the U.S. On the other hand, excessive drinking—in the form of **apéritifs**, wine, or hard liquor—is one of the major social problems of France.

Each region in France has developed culinary specialties. Some of these have become internationally famous, for example, **la quiche lorraine** (a pie made of pieces of ham with eggs, cheese and onions), **le bœuf bourguignon** (cheaper cuts of beef in wine sauce), **la salade niçoise** (cold vegetables with a bit of tuna, anchovies, hard-boiled

Dans la cuisine d'un restaurant trois étoiles.

Une gourmet devant son soufflé au grand marnier.

eggs, tomatoes, and lettuce), **la bouillabaisse** (initially, a soup made from varieties of fish that could not be readily sold). These now-gourmet dishes were once the staple diet of poor people because they were made from inexpensive local products and leftovers.

Now read about this topic in French:

La France a la réputation d'être le pays des bons vivants et de **la bonne table**. C'est une réputation bien méritée. Mais être bon vivant, ce n'est pas **vivre** pour manger et boire. Les Français mangent bien, mais ils ne mangent pas trop. Il est assez rare de **voir** en France des personnes très corpulentes et obèses. **Par contre**, tous les Français ne **boivent** pas avec modération, et l'alcoolisme est un des grands problèmes sociaux du pays.

Quand on **pense** à la gastronomie française, on pense aux grands restaurants, les restaurants à trois étoiles du Guide Michelin. Il y a **seulement une vingtaine** de ces restaurants en France et il faut avoir beaucoup d'**argent** pour y dîner. Un bon repas dans un de ces restaurants, avec vin **compris**, coûte **au moins** trois cents francs **par** personne. **Il y a plusieurs années**, deux journalistes du *New York Times* **ont dépensé** 20.000 francs pour un repas Chez Denis, un grand restaurant parisien! Mais, **en dehors** des restaurants classés, en France on **peut** faire un excellent repas à **un prix** assez modeste.

La cuisine française est très variée. **Chaque** région a ses plats particuliers **qui** dépendent de son climat et de ses produits. Par exemple, l'Alsace est **connue** pour sa **choucroute** et ses pâtisseries. Qui ne **connaît** pas le cidre et les fromages de Normandie, une région où on trouve **des pâturages** et **des pommiers**? Les régions maritimes, **comme** la Bretagne et la Provence, ont des plats de poissons ou de fruits de mer célèbres, la bouillabaisse, par exemple.

Comme beaucoup de plats régionaux—la quiche lorraine, le bœuf bourguignon, la salade niçoise—la bouillabaisse **était au début** un plat de **pauvres**, le plat principal des **pêcheurs** de Provence. C'est une soupe **faite** avec les variétés de poisson **que** les pêcheurs ne **peuvent** pas **vendre**. Aujourd'hui, on fait la bouillabaisse avec des produits plus «nobles» comme **le homard**. On **ne** mange **plus** de la bouillabaisse **tous les jours**!

CONNAISSANCE DU TEXTE

Complétez les déclarations suivantes:

1. En France on aime bien _____ et bien _____ .

2. Une personne obèse est très _____ .

3. Un alcoolique est une personne qui boit _____ .

4. En France un restaurant à trois étoiles est _____ .

5. En général, les repas coûtent cher quand on va dans_____ .

6. On trouve de bons gâteaux en _____ .

7. On fait le cidre avec _____ .

8. Pour faire de la bouillabaisse, il faut _____ .

Marginal glossary:

good food
to live
to see
on the other hand
boire to drink

penser to think

only/about twenty
money/there
included/at least/per
several years ago
spent
excluding
pouvoir to be able to/price
each
which
known/sauerkraut
connaître to know
pastures/apple trees
such as

was/at the beginning
poor people/fishermen
made/that
pouvoir/to sell
lobster/no longer
every day

Foyer et travail

Leçon seize

IN THIS LESSON:

- words for various household items
- **-ir/-iss-** verbs
- expression of past actions with the **passé composé**

MOTS NOUVEAUX

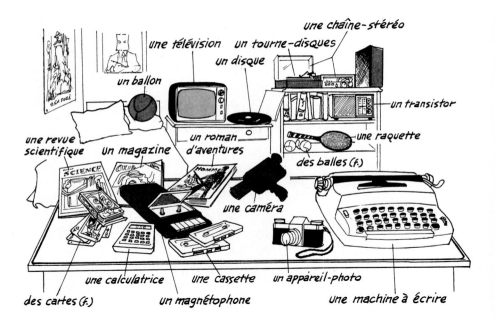

PRATIQUONS

A. Qu'est-ce qu'il faut? Complétez chaque phrase avec l'objet ou les objets appropriés du dessin ci-dessus [*above*].

MODÈLE: Pour jouer au tennis,
—il faut une raquette et des balles.

1. Pour taper des lettres,
2. Pour prendre des photos,
3. Pour faire un film,
4. Pour écouter les informations,
5. Pour regarder le journal télévisé,
6. Pour enregistrer quelque chose,

7. Pour jouer au basketball,
8. Pour jouer au bridge,
9. Pour le cours de maths,
10. Pour écouter des disques,

B. Dans votre chambre.

MODÈLE: Est-ce qu'il y a un magnétophone?
—Non, il n'y a pas de magnétophone, mais il y a une chaîne-stéréo.

1. Est-ce qu'il y a un transistor?
2. Il y a une télévision?
3. Il y a des romans?
4. Il y a un ballon?
5. Il n'y a pas de bureau?
6. Il n'y a pas de radio?
7. Est-ce que vous avez des cassettes?
8. Vous avez un appareil-photo?
9. Vous n'avez pas de machine à écrire?
10. Vous n'avez pas de calculatrice?

C. Vos préférences.

MODÈLE: Est-ce que vous préférez avoir un transistor ou une télévision? Pourquoi?
—Je préfère avoir un transistor parce que j'aime écouter de la musique rock.

1. Est-ce que vous préférez avoir un appareil-photo ou une caméra?
2. des balles ou un ballon?
3. une chaîne-stéréo ou une machine à écrire?
4. des revues ou un roman?
5. une calculatrice ou une machine à écrire?
6. un tourne-disques ou un transistor?
7. un magnétophone ou une chaîne-stéréo?

D. Au grand magasin. Jouez les rôles du client et du vendeur [*salesperson*].

MODÈLES: Client: Combien coûte ce transistor?
Vendeur: —Il coûte deux cents francs.

Client: Combien coûtent ces balles?
Vendeur: —Elles coûtent dix francs. Dix francs la balle.

Marchandises

transistor (200 F)	caméra (540 F)
balles (10 F)	machine à écrire (600 F)
roman (15 F)	télévision (3 750 F)
calculatrice (150 F)	tourne-disques (720 F)
raquette (225 F)	vélo (1 500 F)

NOTES GRAMMATICALES

Les verbes en -ir/-iss-

1. The **-ir**/**-iss-** verbs form the second largest group of regular French verbs. The characteristic feature of these verbs is the **-iss-** found in the plural forms of the present indicative:

choisir (to choose)

singulier	pluriel
je chois**is**	nous choisiss**ons**
tu chois**is**	vous choisiss**ez**
il elle } chois**it** on	ils elles } choisiss**ent**

2. Pronunciation:
   a. Each of the three singular forms ends in the sound /i/ as in **il**.
   b. The third person plural form is distinguished from the corresponding singular form by the presence of the pronounced final consonant /s/: **ils finissent** versus **il finit**.

3. Several **-ir**/**-iss-** verbs are derived from adjectives by adding **-iss-**. These verbs generally indicate a change of condition.

adjectif	infinitif		
maigr**e**	**maigrir** [to lose weight]	ils **maigrissent**	il **maigrit**
gross**e**	**grossir** [to gain weight]	ils **grossissent**	il **grossit**
grand**e**	**grandir** [to grow]	ils **grandissent**	il **grandit**
roug**e**	**rougir** [to blush]	ils **rougissent**	il **rougit**
pâl**e**	**pâlir** [to turn pale]	ils **pâlissent**	il **pâlit**

4. Other frequently used **-ir**/**-iss-** verbs are:

bâtir [to build]	ils **bâtissent**	il **bâtit**
démolir [to demolish]	ils **démolissent**	il **démolit**
établir [to establish]	ils **établissent**	il **établit**
finir [to finish]	ils **finissent**	il **finit**
obéir (à) [to obey]	ils **obéissent**	il **obéit**
désobéir (à) [to disobey]	ils **désobéissent**	il **désobéit**
punir [to punish]	ils **punissent**	il **punit**
réfléchir (à) [to think about]	ils **réfléchissent**	il **réfléchit**
remplir [to fill]	ils **remplissent**	il **remplit**
réussir (à) [to succeed]	ils **réussissent**	il **réussit**

PRATIQUONS

A. Transformation.

MODÈLE: Je choisis le dessert. Et toi? (le dessert/la boisson)
—Moi, je choisis la boisson.

1. Ils choisissent la boisson. Et vous? (le dessert/le hors-d'œuvre)
2. Je remplis la bouteille. Et elle? (le verre/la tasse)
3. Nous remplissons le bol. Et toi? (la bouteille/la carafe)
4. Elle finit son dessert. Et toi? (mon fromage/mon potage)
5. Il démolit l'hôtel. Et eux? (le stade/le dortoir)
6. Ils bâtissent le garage. Et votre voisin? (la maison/le mur)
7. Ils établissent une école. Et elles? (une université/un laboratoire)
8. Les enfants obéissent à leurs parents. Et l'étudiant? (au professeur/à l'agent de police)

B. **Attention au contexte!** Remplacez le verbe de la phrase avec un verbe de la liste qui convient.

choisir	démolir	finir	grossir
obéir	punir	réfléchir	remplir

MODÈLE: Il apporte la bouteille.
    —Il remplit la bouteille.

1. Elles cherchent un verre.
2. Elle prend une glace.
3. Nous téléphonons à nos parents.
4. Tu commences ton dîner?
5. Vous bâtissez cette maison?
6. Elle maigrit un peu.
7. Ils regardent les enfants.
8. Attendez quelques minutes avant de commencer.

C. **À vous.** Employez les éléments donnés pour poser des questions à des camarades.

MODÈLE: obéir à/agents de police
    A: Est-ce que tu obéis aux agents de police?
    B: —Mais oui, j'obéis toujours aux agents de police.

1. finir/devoirs
2. désobéir à/professeurs
3. obéir à/parents
4. réfléchir à/problèmes du monde
5. grossir/en hiver
6. maigrir/en été
7. pâlir/quand/regarder «Frankenstein»
8. rougir/quand/regarder des magazines pornographiques

Le passé composé

1. To express an action completed in the past, use the verb tense called the **passé composé**. As the name suggests, the **passé composé** is composed of two parts: the present tense of **avoir** and the past participle of the main verb. Compare:

Aujourd'hui [*today*]   **Hier** [*yesterday*]

Jacques *apporte* **du pain.**   **Jacques** *a apporté* **du pain.**
Les enfants *regardent* **la télé.**   **Les enfants** *ont regardé* **la télé.**

2. The **passé composé** corresponds to the English simple past or present perfect:

Il a travaillé à la bibliothèque.	*He studied at the library.*
	He has studied at the library.
Il a pris mon livre.	*He took my book.*
	He has taken my book.
Est-ce qu'elles ont servi du vin?	*Did they serve wine?*

3. To form the past participle of an **-er** verb, add **-é** to the stem:

infinitive	*stem*	*past participle*
acheter	achet-	acheté
étudier	étudi-	étudié
jouer	jou-	joué

4. To form the past participle of an **-ir** verb (like **servir**), or an **-ir/-iss-** verb (like **finir**), drop the final **-r** from the infinitive:

	infinitive	*past participle*
-ir	dormir	dormi
	servir	servi
	choisir	choisi
-ir/-iss-	obéir	obéi
	réussir	réussi

5. Memorize the past participles of irregular verbs:

infinitive	*past participle*	
avoir	**eu**	**J'ai eu raison**
être	**été**	**Il a été surpris.**
faire	**fait**	**Tu as fait les devoirs?**
prendre	**pris**	**Elles ont pris du jambon.**
apprendre	**appris**	**Qu'est-ce que tu as appris à l'école?**
comprendre	**compris**	**Nous avons compris ces touristes.**
ouvrir	**ouvert**	**Est-ce que vous avez ouvert les fenêtres?**
pleuvoir	**plu**	**Il a plu dimanche dernier.**

6. To negate sentences in the **passé composé**, put **n'** before the form of **avoir** and **pas/jamais/rien**, etc. after it.

Nous avons étudié hier soir.	**Nous *n'*avons *rien* étudié hier soir.**
Elle a dormi tard.	**Elle *n'*a *jamais* dormi tard.**
J'ai compris la question.	**Je *n'*ai *pas* compris la question.**

7. Most short adverbs go between the form of **avoir** and the past participle; longer adverbs and adverbial expressions follow the past participle:

J'ai *beaucoup* appris.	*I learned a lot.*
Marc n'a pas *encore* mangé.	*Marc hasn't eaten yet.*
Nous avons travaillé *lentement*.	*We worked slowly.*

8. Here are some useful expressions referring to the past:

hier	*yesterday*
avant-hier	*the day before yesterday*
le mois dernier	*last month*
samedi dernier	*last Saturday*
la semaine dernière	*last week*
l'année dernière	*last year*

9. As in English, adjectives are often derived from past participles:

faire	**C'est *fait* en France.**	*It's made in France.*
finir	**un travail *fini***	*finished work*
remplir	**une journée bien *remplie***	*a full day*

PRÁTIQUONS

A. Transformation.

MODÈLE: Hier soir, j'ai joué aux cartes.
—Aujourd'hui, je joue aux cartes.

1. Hier, j'ai regardé la télé.
2. Avant-hier, nous avons écouté la radio.
3. Samedi dernier, j'ai dansé.
4. La semaine dernière, nous avons chanté.
5. Hier matin, nous avons travaillé à la bibliothèque.
6. J'ai fait de l'alpinisme dimanche dernier.
7. J'ai été surpris hier soir.
8. Ils ont choisi les escargots comme hors-d'œuvre hier soir.

B. Au restaurant. Répondez que c'est déjà fait.

MODÈLE: Déjeunons dans ce restaurant!
—Mais nous avons déjà déjeuné dans ce restaurant.

Ferme la porte!
—Mais j'ai déjà fermé la porte.

1. Appelle le maître d'hôtel!
2. Demandez la carte des vins!
3. Apportez un troisième pâté de foie!
4. Passe le sel à Mireille!
5. Mange la soupe!
6. Remplissez les verres!
7. Prenez du fromage!
8. Choisis le dessert!
9. Commandez du café noir!

C. Le voyage de M. Mercier. Racontez le voyage de M. Mercier au passé composé.

M. Mercier, **un banquier** parisien, *passe* deux jours à Genève, une ville suisse. Le deuxième jour il *prend* le petit déjeuner dans un café **près de** l'hôtel: un café noir et un croissant. A neuf heures, il *téléphone* à la Banque du Commerce. Il *rencontre* le directeur de la banque. Après, il *fait* une promenade près du **Lac Léman**. Il *déjeune* dans

banker/**passer** to spend

near

Lake Geneva

un restaurant avec un autre banquier. L'après-midi, il *finit* son travail et il *décide* de faire des achats. Il *choisit* une jolie horloge dans un grand magasin. Le soir, il *écoute* un concert à la radio et ensuite il *dort* profondément.

soundly

D. Vos activités d'hier.

> MODÈLE: beaucoup travailler au laboratoire de langues
> —J'ai beaucoup travaillé au laboratoire de langues.
> ou —Je n'ai pas beaucoup travaillé au laboratoire de langues.

1. trop regarder la télé
2. assez manger
3. souvent écouter mon transistor
4. taper lentement à la machine
5. bien jouer au basketball
6. finir mes devoirs très tard
7. dormir pendant mes classes
8. téléphoner à des amis

SITUATION

Une fin de semaine *bien remplie*

weekend

salespersons
bavarder to chat
closing

*Denise Suchard et Jean-Louis Rubatel sont **vendeurs** dans un grand magasin de Neuchâtel, en Suisse. Un lundi soir, ils **bavardent** quelques minutes avant **la fermeture** du magasin.*

DENISE: Qu'est-ce que tu as fait pendant cette fin de semaine?

JEAN-LOUIS: Mon copain Christian et moi, nous avons passé l'après-midi de samedi au lac. Nous **avons fait de la voile**.

faire de la voile to go sailing
dire to say

DENISE: Qu'est-ce que tu **as dit**? Je n'ai pas bien compris.

JEAN-LOUIS: J'ai fait de la voile avec Christian.

DENISE: Mais, il a plu dimanche, n'est-ce pas?

JEAN-LOUIS: Je n'ai pas dit *dimanche*, j'ai dit *samedi* après-midi. Dimanche, nous avons joué aux cartes et regardé la télé.

DENISE: Excuse-moi; j'ai beaucoup travaillé aujourd'hui, et je suis très fatiguée.

perhaps, maybe

JEAN-LOUIS: Ah, ah! Tu n'as pas bien dormi **peut-être**?

then

DENISE: Hier soir, j'ai dîné avec Suzanne et Dominique. Nous avons mangé à l'Auberge du Lac. Et **puis**, on a dansé jusqu'à deux heures du matin.

you'll be able to rest

JEAN-LOUIS: Maintenant, je comprends! **Tu vas pouvoir te reposer** ce soir; on va bientôt fermer le magasin.

DENISE: Ce n'est pas trop tôt!

NOTES CULTURELLES

Le lac refers to **le Lac de Neuchâtel**. For more information on Switzerland see **Le Saviez-vous?**, p. 224.

Auberge generally means "inn." An **Auberge de jeunesse** is a youth hostel.

DISCUSSION

1. Où habitent Denise et Jean-Louis?
2. Qu'est-ce qu'ils font comme travail?
3. C'est le matin ou le soir?
4. C'est quel jour de la semaine?
5. Qu'est-ce que Jean-Louis a fait samedi?
6. Avec qui est-ce que Denise a dîné dimanche soir?
7. Où est-ce qu'ils ont mangé?
8. Pourquoi est-ce que Denise est très fatiguée?

PRONONCIATION ET ORTHOGRAPHE

La semi-voyelle /ɥ/

1. Semivowels are sounds produced by starting from the position of the vowels /i/, /u/, or /y/ and then moving to the articulatory position of another vowel.
2. To pronounce the semivowel /ɥ/, start from the position of /y/, as in **du**, and pronounce /ɥ/, as in **huit**, as a single syllable with the following vowel sound. Compare: **lu** and **lui**, both pronounced as one syllable. In **lui**, the letter **u** is pronounced as a single syllable with **i**.

ORTHOGRAPHE

The semivowel /ɥ/ generally occurs in combination with **i**: **lui**, je **suis**, **huit**, **juillet**.

VIGNETTE CULTURELLE

Honneur aux artistes et aux intellectuels!

Examinez **les billets en usage** aujourd'hui en France.

Ils **portent tous** le portrait d'artistes et d'intellectuels. Examinons **chaque** billet—Le billet de 10 F: Il honore Hector Berlioz (1803–1869), un musicien célèbre. Il est connu **surtout** pour son opéra *La Damnation de Faust* et pour *La Symphonie fantastique.*
—Le billet de 20 F: Il porte le portrait d'un autre **compositeur,** Claude Debussy (1862–1918). **Si** vous jouez du piano, vous **connaissez sans doute** ses *Études* ou sa composition *Clair de lune.*
—Le billet de 50 F: C'est Maurice Quentin de la Tour (1704–1788), **un peintre. Ses tableaux** au pastel montrent **la vie** de son **époque.**
—Le billet de 100 F: Eugène Delacroix (1798–1863) est un autre

bills/in use
porter *to bear/all*
each
especially

composer
if/**connaître** *to know*
without a doubt/moonlight

painter/paintings/life/period

Voici les billets et les pièces de monnaie en usage en France.

peintre. Ses grandes peintures murales décorent beaucoup de monuments à Paris.

—Le billet de 200 F: Cet **écrivain** et **juriste** est **très connu** aux États-Unis. C'est Montesquieu (1689–1755), l'auteur de *L'Esprit des lois*. Dans ce livre il **a formulé** le principe de la séparation des **pouvoirs** exécutif, législatif et judiciaire. La constitution américaine est basée sur ce principe.

—Le billet de 500 F: Il honore **le génie** Blaise Pascal (1623–1662): mathématicien, **physicien**, philosophe et écrivain. A l'âge de dix-huit ans il a inventé **une machine à calculer**. Son œuvre principale, *Les Pensées*, est un important travail philosophique et religieux.

writer/lawyer/well known
The Spirit of Laws
formuler to formulate/power

genius
physicist
calculator/work
Thoughts

ADAPTATION

1. Qu'est-ce qu'on trouve sur les billets français?
2. Est-ce que tous les billets honorent des écrivains?
3. Combien de billets différents est-ce qu'il y a en France?
4. Qu'est-ce qu'on trouve sur les billets américains?

IN THIS LESSON:

* terms for various professions
* use of **c'est** and **il est**
* **-re** verbs: **vendre** (to sell), **attendre** (to wait for), etc.
* the verbs **vouloir** (to want, to wish) and **pouvoir** (to be able)

MOTS NOUVEAUX

Quelques métiers et professions

un médecin

à la clinique

une doctoresse   un docteur   une infirmière   un infirmier

une pharmacienne   un pharmacien

un(e) dentiste

au bureau

une femme d'affaires   un homme d'affaires   un(e) secrétaire   un(e) comptable   une avocate   un avocat

au laboratoire

à l'université

un ingénieur   une savante   un savant

un professeur

au restaurant

Une serveuse   *Un garçon*

à l'usine

Une ouvrière   *Un ouvrier*

à la maison

Une ménagère

au garage

Une mécanicienne   *Un mécanicien*

au magasin

Une vendeuse   *Un vendeur*

NOTES CULTURELLES

La profession is used to describe occupations which require professional training, generally at the university: e.g., **un professeur**, **un médecin**, **un avocat**.

Le métier [*job*] is used to describe occupations which do not require a university education: e.g. **un vendeur**, **un garçon**, **un mécanicien**.

PRATIQUONS

A. Transformation. Donnez la forme masculine qui convient.

MODÈLE: Elle est mécanicienne à Lyon.
—Lui, il est mécanicien aussi.

1. Elle est pharmacienne.
2. Elle est infirmière à l'hôpital Pasteur.
3. Elle est ouvrière chez Renault.
4. Elle est avocate à Paris.
5. Elle est serveuse au café Fleur de Lys.
6. Elle est vendeuse aux Galeries Lafayette.
7. Elle est comptable chez I.B.M.
8. Elle est ingénieur chez Michelin.

Cet agent de police aide les enfants à traverser la rue devant leur école.

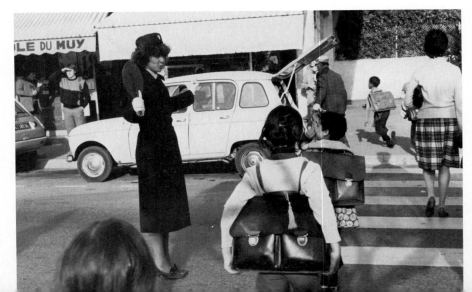

B. Définitions. Choisissez la profession ou le métier qui convient.

MODÈLE: Elle répare les voitures.
—Elle est mécanicienne.

1. Elle sert des boissons.
2. Elle travaille dans un lycée ou une université.
3. Elle travaille dans une pharmacie.
4. Elle travaille dans une usine.
5. Il travaille dans un bureau.
6. Il travaille dans un hôpital.
7. Il travaille dans un magasin.
8. Il travaille dans un laboratoire.

C. Un travail d'été. Qu'est-ce que chaque personne a fait l'été dernier?

MODÈLE: André Hommaire/garçon
—André Hommaire a travaillé dans un restaurant comme garçon.
Il a beaucoup travaillé et il **a gagné** peu d'argent.   **gagner** to earn

1. Chantal Richard/secrétaire
2. Martin Hugo/mécanicien
3. Georges Lambert/vendeur
4. Suzanne Leblanc/ouvrière
5. Annie Métilus/serveuse
6. votre sœur ou votre frère
7. un(e) ami(e)
8. vous

D'AUTRES MÉTIERS ET PROFESSIONS

Des artistes
une actrice/un acteur
une chanteuse/un chanteur
une danseuse/un danseur
une musicienne/un musicien
un *écrivain*/une *femme-écrivain*   writer
un *peintre*/une *femme-peintre*   painter

Des fonctionnaires   government employees
une *institutrice*/un *instituteur*   elementary school teacher
un(e) assistant(e) social(e)
un agent de police
un *facteur*   mailman

Des employé(e)s de bureau
un(e) *dactylo*   typist
une *informaticienne*/un *informaticien*   computer analyst

Professions et métiers variés
une décoratrice/un décorateur
une électricienne/un électricien
un(e) architecte
un vétérinaire/une femme-vétérinaire
un(e) pilote d'avion
une hôtesse de l'air/un steward
un chef de cuisine

Cet ouvrier répare les pavés
d'une rue.

PRATIQUONS

A. Définitions. Quelle est la profession des personnes suivantes?

MODÈLE: Mlle Roulet examine les gens à l'hôpital.
—Elle est médecin (doctoresse).

1. M. Duhamel joue du piano.
2. Marie-Christine adore danser.
3. C'est mon cousin qui a fait le plan de cette usine.
4. Hélène a fini son premier roman.
5. Ma tante a six enfants et elle reste à la maison.
6. Ils travaillent pour le gouvernement.
7. M. Régnier va venir **soigner** mon hamster.

to take care of

B. Offres d'emploi [*help wanted*]**.** Dites quelle sorte d'employé(e) il faut chercher.

MODÈLE: M. Champigny va ouvrir une boutique.
—Il cherche des vendeuses ou des vendeurs.

1. Mme Loriot va ouvrir un restaurant.
2. M. Rubatel est le directeur de l'hôpital.
3. M. Auguste va ouvrir une grande pharmacie.
4. Les Mercier vont **construire** une maison.

to build

5. Mlle Voltaire a un grand bureau.
6. Mme Dutour est doctoresse.
7. La compagnie de M. Poujol va acheter un avion.
8. On a beaucoup de lettres à distribuer.

C. Quelle profession choisir?

Voici les professions ou les métiers préférés des jeunes Françaises d'après **un sondage** de l'*Express*. Indiquez votre préférence (choix): 1, 2, 3, etc.

opinion poll

Assistante sociale (travail avec les personnes handicapées ou les jeunes délinquants)	13,7%
Hôtesse de l'air, secrétaire	12,7%
Professeur ou institutrice	11,6%
Travail manuel (électricienne, mécanicienne, etc.)	10,3%
Professions libérales (médecin, dentiste, pharmacienne, avocate, etc.)	7,7%
Arts (théâtre, cinéma, art)	6,4%
Vétérinaire	5,7%
Décoratrice	2,9%
Sans opinion	2,5%

NOTES GRAMMATICALES

C'est/il est

1. **C'est/ce sont** are used with nouns to identify a person or thing. **Il est/elle est/ils sont/elles sont** are used with adjectives to describe. Compare:

C'est un garçon.   **Il est intelligent.**
Ce sont des voitures.   **Elles sont grandes.**

2. **C'est/ce sont** must be used with nouns accompanied by an article or possessive adjective. **Il est/elle est**, etc. are used when the noun functions as an adjective and is not preceded by the indefinite article (**un, une, des**). Compare:

C'est une serveuse.   **Elle est serveuse.**
C'est un Français.   **Il est français.**
Ce sont des Catholiques.   **Ils sont catholiques.**
C'est ma mère.   **Elle est mère.**

3. When a noun referring to a profession, nationality or religion is modified by an adjective, **c'est/ce sont** must be used:

Il est ingénieur.   **Il est prudent.**   **C'est un ingénieur prudent.**

Elle est allemande.   **Elle est jolie.**   **C'est une jolie Allemande.**

Ils sont protestants. **Ils sont sincères.**   **Ce sont des Protestants sincères.**

4. Remember: some professions are referred to with a *masculine* noun exclusively, even though a woman may practice this profession (for example, **un professeur**). Any adjective modifying the noun will be in the masculine form to agree with the masculine noun:

Elle est médecin.   **Elle est ambitieuse.**   **C'est un médecin ambitieux.**

5. **C'est** may be used instead of **il est/elle est** to point out location:

La poste?   **Elle est là-bas.**
                             C'est là-bas.

PRATIQUONS

A. **Précisions.**

MODÈLE: Il est professeur. Il est intéressant?
—Oui, c'est un professeur intéressant.

1. Elle est infirmière. Elle est calme?
2. Il est avocat. Il est ambitieux?
3. Elle est employée. Elle est patiente?
4. Il est médecin. Il est paresseux?
5. Elle est ingénieur. Elle est prudente?
6. Elle est médecin. Elle est courageuse?
7. Ils sont pharmaciens. Ils sont imprudents?
8. Elles sont vendeuses. Elles sont énergiques?

B. **Noms de voitures.** D'où sont ces voitures?

MODÈLE: une Renault "Le Car"
—C'est une voiture française.

1. une Chevrolet
2. une Renault R-5
3. une Mercédès
4. une Peugeot 504
5. une Cadillac
6. une Rolls-Royce
7. une Volkswagen
8. une Ford

Un tailleur haïtien devant sa machine à coudre.

C. Identifications. Identifiez la nationalité et la profession des personnes suivantes.

    MODÈLE: André Gide
              —C'est un Français.
              —C'est un écrivain français.

1. Simone de Beauvoir
2. Truman Capote
3. Henri Matisse
4. Claude Debussy
5. Leonard Bernstein
6. Gustave Eiffel
7. Thomas Edison
8. Marie Curie

Les verbes en -re

1. A large group of verbs have infinitives ending in **-re**. Although some **-re** verbs have various minor irregularities, most are regular, as below:

attendre (to wait for)

singulier	pluriel
j'attend**s**	nous attend**ons**
tu attend**s**	vous attend**ez**
il elle } attend on	ils elles } attend**ent**

Passé composé: j'ai attendu

2. To form the stem of **-re** verbs, drop the infinitive ending **-re**. For the present tense, add the regular endings for **-re** verbs shown above in boldface type.

3. To form the past participle, add **-u** to the stem:

    ils ont attend*u*   **j'ai répond***u*

4. Pronunciation:
   a. The final **d** of the stem is not pronounced in the singular forms:

    j'attends   **tu attend**s   **il attend**

   b. Thus, the third person plural and singular forms differ only by the presence or the absence, respectively, of the final /d/ sound. Compare:

    ils atten*d***ent**   **il atten***d*
    ils répon*d***ent**   **il répon***d*

5. Here are some other **-re** verbs, together with sample sentences:

descendre [*to go down*]   **Je descends avec des amis.**
entendre [*to hear*]   **Tu n'entends pas bien?**
perdre [*to lose*]   **Il perd toujours ses chapeaux.**
rendre (à) [*to give back*]   **Nous rendons son vélo à Paul.**

rendre visite (à) [*to visit someone*]	Vous rendez visite à vos grands-parents?
rendre heureux, furieux, malade [*to make someone happy, furious, sick*]	Ils rendent leurs amis furieux.
répondre (à) [*to answer*]	Est-ce que tu as répondu à ma lettre?
vendre [*to sell*]	Est-ce que vous avez vendu votre vélo?

English and French differ in the use of prepositions with verbs. Compare:

J'attends le bus.	*I'm waiting **for** the bus.*
Nous répondons *à* l'employée.	*We're answering the employee.*
Ils rendent visite *à* leurs voisins.	*They visit their neighbors.*

6. Remember that **prendre**, **apprendre**, and **comprendre** are conjugated differently from the regular **-re** verbs:

je prends	nous prenons
tu prends	vous prenez
il elle } prend on	ils elles } prennent

Passé composé: j'ai pris

PRATIQUONS

A. **Manipulations.**

MODÈLE: J'attends mon frère. Et toi? (ma sœur)
—Moi, j'attends ma sœur.

1. Ils attendent le bus. Et lui? (le train)
2. Elle attend le train. Et eux? (l'avion)
3. Nous entendons une moto. Et toi? (une voiture)
4. Je perds toujours mes crayons. Et lui? (ses stylos)
5. Je descends au laboratoire. Et vous? (à la bibliothèque)
6. Elles répondent en anglais. Et toi? (en français)
7. Elle vend des livres. Et vous? (des journaux)
8. Je réponds en espagnol. Et elles? (en italien)

B. **À la gare.** Faites un dialogue avec un(e) camarade de classe en employant les éléments donnés.

A: Alors, tu (attendre) le train?
B: —Oui, j' (attendre) le train de sept heures et demie.
A: Tu (aller) au bureau?
B: —Non, je (descendre) en ville.

A: Je (ne pas comprendre). Pourquoi est-ce que tu (ne pas prendre) ta moto?

B: —Je (vendre) ma moto lundi dernier. Je (aller) en ville pour acheter une voiture.

A: Ah, je (comprendre).

B: —Tiens, j' (entendre) le train.

C. **C'est logique.** Pour répondre aux questions, choisissez la **meilleure** expression. *best*

MODÈLE: Pourquoi est-ce que vous ne prenez pas de photos?
—*Parce que nous avons vendu notre appareil-photo.*

1. Pourquoi est-ce que Mme Lafouge est triste?
2. Pourquoi est-ce que vous ouvrez la porte?
3. Pourquoi est-ce que Pierre n'est pas chez lui?
4. Pourquoi est-ce qu'elle perd patience comme ça?
5. Pourquoi est-ce que tu as rencontré Maryse à la gare?
6. Pourquoi est-ce que vous n'écoutez pas vos cassettes de musique classique?
7. Pourquoi est-ce que vous prenez l'autobus?

(a) prendre le train
(b) ne pas aimer attendre
(c) entendre quelqu'un à la porte
(d) perdre ses valises
(e) vendre notre voiture
(f) rendre visite à des amis
(g) vendre notre magnétophone le mois dernier
(h) vendre son appareil-photo

Les verbes pouvoir (*to be able to*) et vouloir (*to want*)

singulier	pluriel
je peux je veux	nous pouvons nous voulons
tu peux tu veux	vous pouvez vous voulez
il elle } peut on } veut	ils } peuvent elles } veulent

Passé composé: j'ai pu, j'ai voulu

The *nous* and *vous* forms of the present tense show the regular stems **pouv-** and **voul-**. The third person plural forms show the changed vowel and keep the final pronounced consonant: /pœv/, /vœl/. The singular forms show the changed vowel and drop the final consonant: /pø/, /vø/.

1. **Pouvoir** and **vouloir** are used most frequently as auxiliary verbs before an infinitive:

Est-ce que tu peux arriver de bonne heure?	*Can you arrive early?*
Elle n'a pas voulu partir.	*She refused to leave.*

2. **Vouloir** is used in a number of useful expressions:

vouloir bien (to express agreement)

Tu veux montrer ton appareil-photo?	*Do you want to show your camera?*
—Je veux bien.	*—O.K.*

vouloir dire (to mean)

Qu'est-ce que vous voulez dire?	*What do you mean?*
Qu'est-ce que ça veut dire?	*What does that mean?*

3. **Vouloir** is used to soften commands:

Apporte ce paquet à la caisse!	*Bring this package to the cash register!*
Tu veux apporter ce paquet à la caisse?	*Do you want to bring this package to the cash register?*
Attendez un moment, s'il vous plaît.	*Wait a moment, please.*
Est-ce que vous voulez attendre un moment?	*Would you care to wait a moment?*
Est-ce que vous voulez bien attendre un moment?	*Would you please wait a moment?*

Je voudrais [*I would like*] softens requests more than does **je veux**. **Il voudrait**, **ils voudraient** mean "he/they would like," respectively:

Je veux ce livre.	*I want this book.*
versus	
Je voudrais ce livre.	*I would like this book.*

Je voudrais bien expresses a strong wish:

Je voudrais bien aller en Californie.	*I would like very much to go to California.*

4. One can further soften a request by using **pouvoir**, especially the forms: **je pourrais**; **tu pourrais**; **il, elle, on pourrait**; **ils, elles pourraient**:

Apporte tes disques!	*Bring your records!*
Tu peux apporter tes disques?	*Can you bring your records?*
Tu pourrais apporter tes disques.	*You might bring your records.*

PRATIQUONS

A. **Tu voudrais bien ou tu ne veux pas?** Posez des questions et répondez selon le modèle.

MODÈLE: étudier en France
A: Tu as déjà étudié en France?
B: —Oui, j'ai déjà étudié en France.
ou —Non, mais je voudrais bien.
ou —Non, et je ne veux pas étudier en France.

1. acheter une voiture française
2. manger du pâté de foie
3. apprendre l'espagnol
4. visiter le Québec
5. jouer au football
6. prendre l'avion
7. visiter la Suisse
8. travailler dans un grand magasin
9. manger des escargots
10. prendre le train

B. **La politesse.** Denise et Jean-Louis travaillent dans un grand magasin. Denise donne des ordres à Jean-Louis. Modifiez ses ordres pour être plus [*more*] poli(e).

MODÈLE: Descends au bureau!
—Tu veux descendre au bureau?
ou —Tu veux bien descendre au bureau?
ou —Tu peux descendre au bureau?

1. Accompagne cette cliente au bureau!
2. Apporte des calculatrices!
3. Montre ce magnétophone au monsieur!
4. Change la cassette!
5. Appelle la banque!

Maintenant vous êtes le chef de rayon [*department manager*] et vous donnez des ordres à Denise.

MODÈLE: Venez au bureau!
—Vous voulez venir au bureau?

6. Répondez à ce client!
7. Arrivez de bonne heure demain matin!
8. Prenez cette machine!
9. Commandez les transistors!
10. Montrez ces radios!

C. **Qu'est-ce qu'ils veulent devenir [*to become*]?**

MODÈLE: Marc et Annette sont bons en maths.
—Ils veulent devenir comptables.

1. Jean-Claude aime les sciences biologiques.
2. Paulette aime l'anglais.
3. Raymond et Thérèse aiment beaucoup voyager.
4. Nous aimons les maths et la physique.
5. Tu aimes soigner les animaux.
6. Vous aimez travailler dans un garage.
7. Je danse bien.
8. Robert et Paul aiment travailler dans un hôpital.
9. Gérard aime travailler avec les jeunes enfants.
10. Nous aimons la chimie.

Et vous? Qu'est-ce que vous aimez faire et qu'est-ce que vous voulez devenir?

SITUATION

Quelle profession choisir?

people/future plans

*Trois jeunes **gens** parlent de leurs **projets d'avenir**.*

FRANÇOIS: Dis, Guy, qu'est-ce que tu vas faire comme métier **plus tard**?

later
savoir to know
penser to think
like
anyway

GUY: Oh! Je ne **sais** pas exactement. Je voudrais être électricien. Mais mon père a déjà un garage. Alors, je **pense** que je vais devenir mécanicien **comme** lui.

FABIENNE: **Et puis**, tu es déjà un bon mécanicien. (À François) Il est formidable pour réparer les motos, hein, François?

FRANÇOIS: C'est vrai. Et toi, Fabienne, tu penses toujours devenir hôtesse de l'air?

competition
strong

FABIENNE: Non, il y a beaucoup de **concurrence**. Et puis, je ne suis pas assez **forte** en anglais.

GUY: Pourquoi? Il faut parler anglais pour être hôtesse de l'air?

to know/at least

FABIENNE: On dit qu'il faut **connaître au moins** deux langues parfaitement.

FRANÇOIS: Alors, qu'est-ce que tu vas devenir?

FABIENNE: Je ne sais pas. Je voudrais devenir employée de banque ou même informaticienne. Et toi, François?

FRANÇOIS: Eh bien moi, j'ai déjà choisi. Je vais apprendre **l'imprimerie** dans une école spécialisée.

printing
money
imprimer to print

GUY: Alors, Fabienne va compter **l'argent** des autres et toi, François, tu vas **imprimer** des billets pour nous!

DISCUSSION

1. Que fait le père de Guy?
2. Qu'est-ce que Guy va devenir?
3. Est-ce que Fabienne est bonne en anglais?
4. Qu'est-ce que Fabienne voudrait faire plus tard?
5. Qu'est-ce que François veut devenir?

PRONONCIATION ET ORTHOGRAPHE

La semi-voyelle /w/

1. To pronounce the semivowel /w/, start as if you were pronouncing the vowel /u/, as in **nous**. The semivowel /w/ is always followed by a vowel sound and forms a single syllable with that following vowel. Compare:

$$\text{tout} \quad \textbf{/tu/} \quad \text{and} \quad \text{toi} \quad \textbf{/twa/}$$

Both words contain only one syllable. **Toi** contains the semivowel /w/ followed by the vowel /a/.

2. Note the contrast between /w/ and /ɥ/:

oui/huit	Louis/lui	jouer/juillet
/w/ /ɥ/	/w/ /ɥ/	/w/ /ɥ/

ORTHOGRAPHE

1. The semivowel /w/ occurs frequently in combination with /a/, spelled **oi**: **toi, trois, vouloir, François, soixante**.
2. It may also be spelled **ou**: **oui, jouer, Louise**.

VIGNETTE CULTURELLE

Liège: capitale de la Wallonie

Permettez-moi de me présenter. Je m'appelle Odette Van de Velde. Je suis étudiante à **la faculté de droit** de Liège. Ma ville natale, avec une population d'**environ** un million d'habitants, est la ville principale de la Wallonie et, après Anvers et notre capitale Bruxelles, la troisième ville de la Belgique par sa population.

Allow me to introduce myself.
law school
about

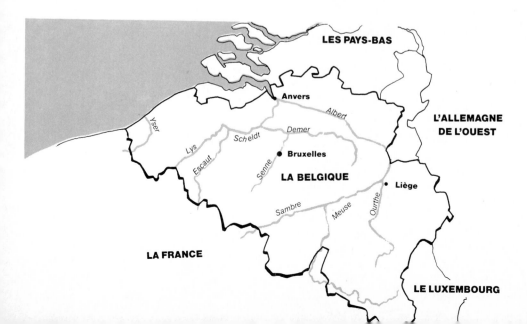

Sur les bords de la Meuse à l'entrée de Liège.

that's where
remarquer to notice/Dutch
Flemish/was born/fluently
I learned it (i.e., **le flamand**)

unfortunately
mother tongue/**dire** to say

bank
in our country/steel-producing
beautiful
entendre parler de to hear
about/commissioner

best known

La Wallonie? C'est le nom qu'on donne à la partie sud de notre pays. **C'est là que** les gens parlent français. Vous avez probablement **remarqué** que mon nom est **néerlandais**. Mon père est d'origine **flamande**; il **est né** à Anvers. Moi, je parle assez **couramment** le flamand, la variété belge du néerlandais. **Je l'ai appris** au lycée et cette langue est utile quand je rends visite à mes cousins flamands. Mais, **malheureusement**, il est rare chez nous de trouver des gens capables de parler leur **langue maternelle** et le flamand; on **dit** que la Belgique est un pays divisé par deux langues!

Liège est une ville charmante située sur **les bords** d'une belle rivière, la Meuse. **Chez nous**, vous trouvez les usines **sidérurgiques** de la Belgique et aussi, ses plus **beaux** monuments gothiques. Vous avez certainement **entendu parler d'**un fils célèbre de Liège, l'écrivain Georges Simenon. C'est le créateur de **l'inspecteur** Maigret, le détective **le plus connu** du monde francophone.

ADAPTATION

1. Qu'est-ce que c'est que la Wallonie?
2. Est-ce que tous les Belges parlent deux langues?
3. Qui est Maigret?
4. Est-ce que vous connaissez un roman policier de Simenon?
5. Quel est le plus célèbre détective du monde anglophone?
6. Décrivez votre ville natale: où elle se trouve; sa population; ses industries principales; ses monuments; ses personnages célèbres.

IN THIS LESSON:

- terms for kitchen appliances and furnishings
- prepositions for spatial relationships
- actions in the past using the **passé composé** with **être**
- additional adjectives which precede nouns: **beau**, **nouveau**, **vieux**
- plural adjectives before nouns

MOTS NOUVEAUX

Les animaux de Mme Ducastel

LES PRÉPOSITIONS

dans	*in*
entre	*between*
devant/derrière	*in front of/behind*
sur/sous	*on/under*
au-dessus de/au-dessous de	*above/below*
à droite de/à gauche de	*to the right of/to the left of*
près de/loin de	*near/far from*
à côté de	*next to*
en face de	*across from*
au milieu de	*in the middle of*

[handwritten: toudroit = straight ahead]

[handwritten: par terre / sur le sol = on the ground]

PRATIQUONS

Description. Regardez l'image.

MODÈLE: Est-ce que le chat est sous la table?
—Non, il est sur la table.

1. Est-ce que le bol est à côté de la table?
2. Est-ce que le tabouret est derrière la table?
3. Est-ce que le buffet est à droite de la table?
4. Est-ce que les deux chiens sont au-dessus de la table?
5. Qu'est-ce qu'il y a devant la table?
6. Qu'est-ce qu'il y a sur la table?
7. Qu'est qu'il y a dans le bol?
8. Qu'est-ce qu'il y a sous le bol?
9. Qu'est-ce qui est entre le grille-pain et la cafetière électrique?
10. Où est le chat?

La cuisine de Mme Ducastel

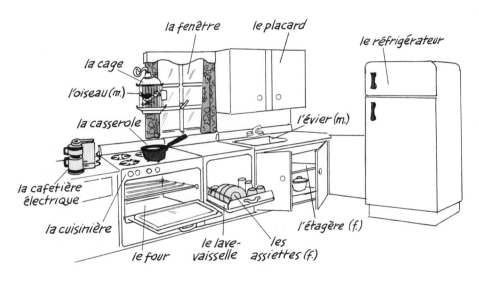

PRATIQUONS

A. Les appareils ménagers [*home appliances*].

MODÈLE: Qu'est-ce qu'il y a entre l'évier et la cuisinière?
—Il y a le lave-vaisselle.

1. Qu'est-ce qu'il y a dans le lave-vaisselle?
2. Qu'est-ce qu'il y a au-dessus de l'évier?
3. Qu'est-ce qu'il y a au-dessous de l'évier?
4. Est-ce que le placard est au-dessous du lave-vaisselle?
5. Est-ce que la cage est loin de la fenêtre? Et le réfrigérateur?
6. Qu'est-ce qu'il y a en face de la fenêtre?
7. Où est la cuisinière, à droite ou à gauche du lave-vaisselle? Et l'évier?

8. Où est l'étagère?
9. Où est la casserole?
10. Où est l'oiseau?

B. À quoi servent les appareils et les ustensiles de cuisine?

MODÈLE: Avec quoi est-ce qu'on grille le pain?
—Avec un grille-pain.

1. Avec quoi est-ce qu'on lave la vaisselle?
2. Avec quoi est-ce qu'on fait le café?
3. Avec quoi est-ce qu'on fait la cuisine?
4. Avec quoi est-ce qu'on fait un gâteau?
5. Dans quoi est-ce qu'on sert la viande?
6. Dans quoi est-ce qu'on sert le café au lait?
7. Dans quoi est-ce qu'on sert le café noir ou le thé?
8. Dans quoi est-ce qu'on fait la soupe?

NOTES GRAMMATICALES

Le passé composé avec être

1. Certain verbs form the **passé composé** with **être** rather than **avoir** as the helping verb. Compare:

   Je *suis allé* **à Paris.**   **J'***ai pris* **le train.**
   Il *est arrivé* **en avance.**   **Il** *a regardé* **la télé.**

2. These are mainly verbs of motion and are intransitive (that is, they have no direct object). They include:

infinitif		*participe passé*
arriver	*to arrive*	**arrivé**
entrer	*to come in, enter, go in*	**entré**
rentrer	*to come back in, go back in*	**rentré**
venir	*to come*	**venu**
devenir	*to become*	**devenu**
revenir	*to come back*	**revenu**
retourner	*to return*	**retourné**
aller	*to go*	**allé**
partir	*to leave*	**parti**
sortir	*to go out*	**sorti**
passer	*to go by*	**passé**
rester	*to stay*	**resté**
tomber	*to fall down*	**tombé**
descendre	*to go down*	**descendu**
monter	*to go up*	**monté**
naître	*to be born*	**né**
mourir	*to die*	**mort**

3. Not all verbs of motion form the **passé composé** with **être**.

J'ai marché dans la rue.	*I walked in the street.*
J'ai traversé la rue.	*I crossed the street.*
J'ai quitté la maison.	*I left the house.*

4. The past participle agrees in gender and number with the subject:

Mon frère est arrivé hier.	**Ma sœur est arrivée hier.**
Mes amis sont arrivés ce matin.	**Mes cousines sont arrivées ce matin.**
Je suis allé(e) au concert.	**Nous sommes allé(e)s au concert.**
Tu es parti(e) tard.	**Vous êtes parti(e)(s) tard.**

Most past participles end with a vowel; therefore, the masculine and feminine forms are pronounced alike. But when the past participle ends with a consonant, the feminine will contain a pronounced consonant and the masculine will not. Compare:

il est né	**elle est née**
il est mort	**elle est morte**

PRATIQUONS

A. Eux aussi.

MODÈLE: Paulette est allée au cinéma. Et vous deux?
—Nous aussi, nous sommes allés au cinéma.

1. Mme Laude est entrée à neuf heures. Et M. Leclerc?
2. Danielle est rentrée très tard. Et toi, Christine?
3. Je suis retourné à Bruxelles. Et eux?
4. Tu es sorti hier soir. Et Jacques?
5. Vous êtes partis à l'heure. Et vos copains?
6. Ils sont passés à Chicago. Et le président?
7. Tu es resté dans la salle de classe. Et tes camarades?
8. Je suis descendu en ville. Et vous?

B. Une promenade. Racontez au passé composé la promenade d'un touriste, Monsieur Dumont, dans la ville de Luxembourg.

Dimanche après-midi, Monsieur Dumont *sort* avec son chien. Il *quitte* son hôtel vers deux heures et il *passe* par la rue Notre-Dame. Ensuite, il *traverse* la Place Guillaume et il *arrive* à la Cathédrale Notre-Dame. Alors, il *va* au Palais Grand-Ducal où il *regarde* la relève de la garde. Son chien n'aime pas les soldats, alors ils *partent* avant **la fin**. Ils *prennent* le bus et ils *retournent* à l'hôtel.

the changing of the guard
end

C. Qu'est-ce qu'ils ont fait hier? Répondez avec le verbe donné.

MODÈLE: Anne a un examen aujourd'hui. (étudier)
—Hier soir elle a beaucoup étudié.

1. Jean-Marc parle d'un bon film. (aller)
2. Christian est très fatigué. (rentrer tard)
3. Jeanne et Lise donnent un rapport en classe. (préparer)
4. Alain porte un nouveau pantalon. (acheter)

5. La voiture de Laurent ne marche pas. (prendre l'autobus)
6. Robert et Paul ont un cours très tôt le matin. (partir tôt)
7. Sylvie dort toujours. (sortir, danser)
8. Philippe a deux examens. (réviser)

D. À vous. Demandez à un(e) camarade de classe ce qu'il/elle a fait hier.

Possibilités: prendre le petit déjeuner
partir de chez toi
aller à ton cours de . . .
travailler à la bibliothèque
manger chez un ami
sortir avec des amis
rentrer chez toi
regarder le journal télévisé

MODÈLE: A: Est-ce que tu as pris le petit déjeuner hier matin?
B: —Oui, à huit heures et demie.

Les adjectifs pré-nominaux beau, nouveau, vieux

Like the other prenominal adjectives you have studied **beau**, **nouveau**, and **vieux** have masculine and feminine forms differing in pronunciation and spelling. However they differ from adjectives such as **petit**, **grand**, **gros**, **bon**, **mauvais**, **premier**, and **dernier** in two ways.

1. The masculine form differs from the feminine by the loss of the final consonant and a vowel change:

Cette ville est belle.   **Ce village est beau.**
Cette voiture est nouvelle. **Ce vélo est nouveau.**
Cette femme est vieille.   **Cet homme est vieux.**

2. Before a vowel the masculine form, although it is pronounced like the feminine form, is spelled differently:

une belle fille   **une belle étudiante**
un beau garçon   **un bel étudiant**

une nouvelle calculatrice   **une nouvelle affiche**
un nouveau magnétophone   **un nouvel appareil-photo**

une vieille maison   **une vieille usine**
un vieux théâtre   **un vieil aéroport**

PRATIQUONS

A. En effet. Répondez en mettant l'adjectif devant le nom.

MODÈLE: Cet appartement est beau, n'est-ce pas?
—En effet, c'est un bel appartement.

1. Cet opéra est vieux, n'est-ce pas?
2. Cet aéroport est beau, n'est-ce pas?

3. Cet hôtel est nouveau, n'est-ce pas?
4. Cet appartement est grand, n'est-ce pas?
5. Cet hôpital est mauvais, n'est-ce pas?
6. Ce bateau est nouveau, n'est-ce pas?
7. Ce train est vieux, n'est-ce pas?
8. Cette voiture est nouvelle, n'est-ce pas?
9. Ce vélo est beau, n'est-ce pas?

B. Au contraire.

MODÈLE: C'est un nouvel appareil-photo?
—Non, c'est un vieil appareil-photo.

1. C'est une mauvaise caméra?
2. C'est un grand hôtel?
3. C'est un vieil appartement?
4. C'est une nouvelle histoire?
5. C'est la première leçon?
6. C'est un bon étudiant?
7. C'est une jeune femme?
8. C'est un petit oiseau?

C. Préférences. Exprimez votre préférence.

MODÈLE: habiter un grand ou un petit appartement
—Je préfère habiter un grand appartement.

1. habiter une nouvelle ou une vieille ville
2. habiter un bel appartement ou une grande maison
3. étudier dans une grande université ou dans un petit collège
4. être un(e) bon(ne) avocat(e) ou un bon médecin
5. avoir une grosse moto ou une petite voiture
6. manger un bon rôti ou un gros bifteck
7. prendre une grande bière ou un petit cognac
8. passer un mois dans un bon hôtel près de la plage ou faire un beau voyage

Les adjectifs pré-nominaux au pluriel

1. As you learned in lessons 5, 6 and 12, the plural of adjectives is formed by adding -**s** (or -**x**) to the appropriate singular form. The plural of prenominal adjectives is pronounced as liaison /**z**/ with nouns beginning with a vowel:

les jolies femmes   **les jolies‿étudiantes**
les nouveaux restaurants   **les nouveaux‿hôtels**

2. Masculine pre-vowel forms:
   a. When **petits** and **grands** appear before a vowel, the consonant sound of the singular is not pronounced in the plural. Compare:

le petit‿enfant   **les petit̸s‿enfants**
le grand‿homme   **les grand̸s‿hommes**

b. When **bon**, **premier**, **dernier**, **bel/beau**, **nouvel/nouveau**, and **vieil/vieux** appear before a vowel, the singular and plural masculine forms end with a different vowel. Compare:

un bon‿acteur /ɔ/   les bons‿acteurs /ɔ̃/
le premier‿été /ɛ/   les premiers‿étés /e/
le bel‿appartement /ɛ/   les beaux‿appartements /o/
le nouvel‿avion /ɛ/   les nouveaux‿avions /o/
le vieil‿hôpital /ɛ/   les vieux‿hôpitaux /ø/

3. Before the plural form of a prenominal adjective, **des** becomes **de**:

C'est un beau garçon.   Ce sont *de* beaux garçons.
Voici une bonne ouvrière.   Voici *de* bonnes ouvrières.

PRATIQUONS

A. Répondez affirmativement.

MODÈLE: Ces vêtements sont vieux?
         —Oui, ce sont de vieux vêtements.

1. Ces imperméables sont beaux?
2. Ces pantalons sont jolis?
3. Ces blue-jeans sont grands?
4. Ces écharpes sont bonnes?
5. Ces chemises sont belles?
6. Ces jupes sont petites?
7. Ces chemises sont grandes?
8. Ces maillots sont petits?

B. Votre ville natale. Décrivez votre ville en employant les adjectifs **beau, nouveau, vieux, petit, grand, gros, bon, mauvais**.

hôtel(s)   usine(s)   parc(s)
université(s)   bibliothèque(s)   magasin(s)
école(s)   appartement(s)   banque(s)
cinéma(s)   maison(s)   restaurant(s)

MODÈLE: J'habite à Chicago. À Chicago, il y a beaucoup de grands magasins et de beaux appartements.

——————————————— **SITUATION**

Le chat de Mme Michel

Mme Michel a perdu son chat. Elle demande à sa voisine, Mme Ducastel, **si** *elle* **a vu la pauvre bête**. *Mme Ducastel rentre dans son appartement et parle avec sa fille Louise.*

if/**voir** to see/poor animal

LA MÈRE: Tu n'as pas vu le chat, **par hasard**?

by any chance

LOUISE: Quel chat?

LA MÈRE: Le chat de notre voisine Mme Michel. Tu **sais**, ce beau chat blanc qui est **si gentil**.

savoir to know
so nice

LOUISE: Non. **Dis**, tu as entendu **ce bruit**?

say/noise

LA MÈRE: Un bruit? Non. Quel bruit?
LOUISE: Il **vient** de la cuisine. **Vite**, allons voir **ce que** c'est.

(Elle ouvre la porte de la cuisine.)

LA MÈRE: **Mon Dieu**! On **a renversé** ma **crème au chocolat**!
LOUISE: C'est un gros chat blanc. Je **pense** que c'est le chat de Mme Michel. Regarde, il **vient de sortir** par la fenêtre.
LA MÈRE: Oh, **la sale bête**!

venir to come/quick
what
My goodness!/**renverser** to spill/chocolate custard
penser to think
has just gone out
the dirty rascal

DISCUSSION

1. Qu'est-ce que Mme Michel a perdu?
2. Qu'est-ce qu'elle demande à Mme Ducastel?
3. Décrivez le chat.
4. Qu'est-ce qu'on entend?
5. Qui a renversé la crème au chocolat?
6. Est-ce que Mme Ducastel trouve que le chat de Mme Michel est gentil maintenant?

PRONONCIATION ET ORTHOGRAPHE

La semi-voyelle /j/

The semivowel /j/ is like the initial sound in the English "yes." To produce /j/, start with your mouth in the same position as for /i/. Like the other two semivowels (/w, ɥ/), it is always followed by a vowel with which it forms a single syllable. Compare:

la vie /vi/   vieux /vjø/

Both words contain only one syllable. **Vieux** contains the semivowel /j/ which forms a single syllable with the following vowel /ø/.

ORTHOGRAPHE

The semivowel /j/ is always spelled with **i**: **bien**, **Pierre**, **la nièce**, **janvier**, **la natation**.

POÈME

Déjeuner du matin[1]

mettre to put

Il a mis le café
Dans la tasse
Il a mis le lait
Dans la tasse de café

[1] Jacques Prévert, *Paroles*, Editions Gallimard, 1949.

Il a mis le sucre
Dans le café au lait
Avec **la petite cuiller**   teaspoon
Il **a tourné**   **tourner** to stir
Il **a bu** le café au lait   **boire** to drink
Et il **a reposé** la tasse   **reposer** to put back
Sans me parler   without speaking to me
Il **a allumé**   **allumer** to light
Une cigarette
Il a fait **des ronds**   rings
Avec **la fumée**   smoke
Il a mis **les cendres**   ashes
Dans **le cendrier**   ashtray
Sans me parler
Sans me regarder
Il s'est levé   he got up
Il a mis
Son chapeau sur **sa tête**   head
Il a mis
son manteau de pluie
Parce qu'**il pleuvait**   it was raining
Et il est parti
Sous la pluie
Sans **une parole**   word
Sans me regarder
Et moi j'ai pris
Ma tête dans **ma main**   hand
Et j'**ai pleuré**.   **pleurer** to cry

Un pas de plus

RÉVISION

A. **Guide pour touristes.** Vrai ou faux? Corrigez la phrase si elle n'est pas correcte.

Le centre de Strasbourg

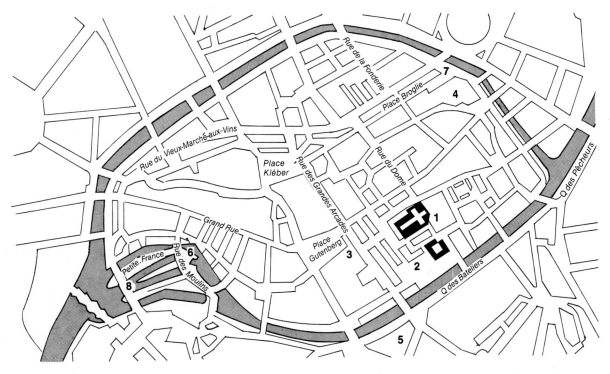

1. *la cathédrale*
2. *le château des Rohan*
3. *la Chambre de Commerce*
4. *la Préfecture*
5. *le Musée Alsacien*
6. *la rue des Moulins*
7. *l'Opéra*
8. *les Ponts Couverts*

square

Fishermen's wharf
mills

covered bridges

1. La cathédrale est près de **la place** Kléber.
2. Le château des Rohan est en face de la cathédrale.
3. La Chambre de Commerce se trouve loin de la place Gutenberg.
4. La Préfecture se trouve rue de la Fonderie.
5. Le Musée Alsacien est sur **le quai des Pêcheurs**.
6. La rue des **Moulins** se trouve dans la Petite France.
7. L'Opéra se trouve à côté de la place Broglie.
8. **Les Ponts Couverts** se trouvent au milieu de la ville.

B. Les voitures. Décrivez les **marques** de voitures en employant les make, brand
adjectifs donnés.

> MODÈLE: une Rolls-Royce
> —C'est une voiture anglaise.
> Elle est très chère, mais très solide aussi.

1. une Volkswagen	allemande	chère/économique
2. une Ferrari	anglaise	confortable
3. une Renault	italienne	grosse/petite
4. une Cadillac	américaine	pratique
5. une Toyota	française	solide
6. une Jaguar	japonaise	rapide
7. une Ford		
8. une Mercédès		
9. une Alfa-Roméo		

C. Le père Noël. Qu'est-ce qu'on demande au père Noël, et
pourquoi?

> MODÈLES: moi/des disques des Rolling Stones
> —Je voudrais de nouveaux disques des Rolling
> Stones.
> J'ai une grande collection de leurs disques.
>
> ma mère/une cafetière électrique
> —Ma mère voudrait une bonne cafetière électrique.
> Sa vieille cafetière ne marche pas.

1. mon père/une voiture
2. mon frère/un appareil-photo
3. mes sœurs/des robes
4. moi/une machine à écrire
5. ma sœur Christine/un vélo
6. ma grand-mère/un oiseau
7. ma mère/un lave-vaisselle
8. ma sœur Anne/une chaîne-stéréo
9. mon frère/une calculatrice

D. Qu'est-ce qui compte?

> MODÈLES: moi/habiter une grande ville
> —Je veux habiter une grande ville.
>
> nous/voyager l'été prochain
> —Nous voulons voyager l'été prochain.

1. ma sœur/avoir des enfants
2. nous/voyager dans des pays étrangers
3. Alain et Jean-Pierre/participer à la vie politique
4. toi/avoir une profession intéressante
5. vous/habiter à la campagne
6. Jacques/être riche
7. nous/avoir beaucoup d'amis
8. Laurent et toi/être indépendants
9. mes frères/être célèbres

E. **C'est logique.** Complétez les phrases d'une manière logique. Employez les verbes donnés.

> MODÈLE: Mes sœurs sont très timides; elles . . . (rougir)
> —elles rougissent souvent.

1. Mes cousins vont à l'aéroport; ils . . . (prendre)
2. Je prends l'autobus maintenant parce que . . . (vendre)
3. La mère achète de nouveaux vêtements pour ses enfants; ils . . . (grandir)
4. Vous n'aimez pas rester à la maison? Alors, vous . . . (sortir)
5. Nous habitons à côté de l'aéroport, alors nous . . . (entendre)
6. Tu vas à la gare? Est-ce que tu . . . (attendre)
7. Il voudrait encore du café, alors il . . . (remplir)
8. Mes parents ne sont pas chez eux; je téléphone mais ils . . . (répondre)

F. **Qu'est-ce que vous avez fait?**

> MODÈLE: nous/la bibliothèque
> —Nous sommes allés à la bibliothèque;
> nous avons regardé des magazines.

1. Paul/le cinéma
2. mes sœurs/la plage
3. moi/la gare
4. Jean et toi/le restaurant
5. toi/le labo de langues
6. Alain et moi/le stade
7. ma sœur/le grand magasin
8. Robert et Paul/un ami
9. nous/la discothèque

G. **Parlons de vous.**
1. Preparez la description d'un métier ou d'une profession. Vous allez ensuite lire cette description en classe, et vos camarades vont nommer le métier ou la profession.

> MODÈLE: Je travaille dans une usine.
> J'ai un bureau.
> J'ai aussi une secrétaire.
> Je suis assez riche.

tell what you did that day

2. Jouez le rôle. Avec d'autres membres de la classe, jouez les rôles des membres d'une famille. Vous êtes à la maison; vous dînez, et vous **racontez votre journée.** Les autres membres de la «famille» posent des questions et font des commentaires.

envoyer to send
place
what

3. **Envoyez** une carte postale à un(e) camarade de classe. Décrivez votre voyage à **l'endroit** photographié: où vous êtes allé, le temps qu'il a fait, **ce que** vous avez fait, etc. Votre camarade va raconter le voyage aux autres membres du groupe.

LE SAVIEZ-VOUS? _____

La Confédération helvétique

Switzerland is a federation of 22 **cantons.** These are entities that have more autonomy than American states or Canadian provinces.

For instance, each Swiss canton chooses its official language, that is, the language used in schools and for administrative affairs. The Helvetian Confederation (the official name of Switzerland) has four official languages: French, German, Italian and Rhaeto-Romansh. The latter, like French and Italian, is a Romance language. Four main languages are used in the Confederation, but not all inhabitants of Switzerland speak all languages. In fact, most Swiss speak only the main language of their **canton**. However, all official business of the Confederation may be transacted in any one of the four languages, and educated persons are generally bilingual.

Switzerland began as a group of small states under foreign domination. In the thirteenth century three German-speaking **cantons** controlled by Austria united. One of these was the **canton** of Schwyz, which gave its name to the eventual federation. This loose union grew as more small states joined the federation. The Helvetian Confederation maintained its autonomy on the strength of its fierce armies.

It is thus somewhat paradoxical that, for the last two centuries, Switzerland has remained neutral in the midst of several bloody European conflicts, notably two world wars. A Swiss, Henri Dunant, launched the Red Cross. In the course of the last century, the Swiss have served as negotiators and intermediaries in international disputes and conflicts.

So-called French-speaking Switzerland (**la Suisse romande**) is not a political entity. The term is used simply to designate several **cantons** in the western part of the country whose dominant language is French. The main cities of this area are Geneva, Lausanne, and Neuchâtel.

Now read about this topic in French:

Le nom Confédération helvétique évoque la tolérance et **la paix**. **En effet**, **depuis** environ deux siècles, **ce pays**, **connu** sous le nom de la Suisse, est resté neutre. En particulier il n'a pas participé aux deux **guerres mondiales** (1914–18 et 1939–45) qui ont dévasté les pays **voisins**. Pour cette raison la Suisse joue le rôle de **conciliateur**

peace
indeed/for/country/known

world wars
neighboring/peacemaker

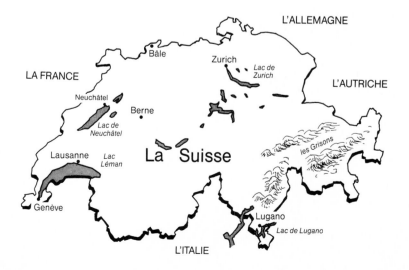

seat

idea/to create
Red Cross/to care for
wounded
one of the smallest

the most multilingual
recognized

that is

product/nations
from one another

which/each

right
in part/**connaître** to know/all

world

border
the largest
bank
founder

dans les conflits internationaux. C'est à Genève qu'on a installé **le siège** de la Société des Nations, l'organisation internationale qui a précédé l'Organisation des Nations Unies (L'O.N.U.). C'est aussi un Suisse, Henri Dunant, qui a eu **l'idée** de **créer** une association internationale, **la Croix-Rouge**, pour **soigner les blessés** et pour aider les prisonniers pendant les guerres.

La Suisse est **l'un des plus petits** états d'Europe; elle a une population de six millions et demi d'habitants. C'est aussi la nation **la plus plurilingue** du continent parce que quatre langues sont officiellement **reconnues**: l'allemand (parlé par soixante-dix pour cent des Suisses), le français, l'italien et le romanche. Cette dernière langue est, comme le français et l'italien, une langue romane, **c'est-à-dire** une langue dérivée du latin.

La Suisse est **le produit** de l'association de petits **états**—les cantons—différents **les uns des autres** par la religion, la langue et la culture. Ce n'est pas un état, comme la France, mais une confédération dans **laquelle chaque** membre conserve son individualité culturelle et son autonomie pour les questions concernant l'éducation et l'économie. Chaque communauté de la Confédération respecte **le droit** des autres; c'est **en partie** pourquoi les Suisses **connaissent tous** la paix et la tranquillité. La Suisse est un bon exemple pour les autres nations du **monde**!

La Suisse romande n'est pas une entité politique indépendante mais simplement le nom donné aux cantons francophones situés dans l'ouest du pays entre **la frontière** française et Berne, la capitale fédérale. **La plus grande** ville de la Suisse romande est Genève, une ville internationale située sur **les bords** du lac Léman, appelé aussi «lac de Genève». C'est à Genève que Jean Calvin, un des **fondateurs** du protestantisme, a habité.

CONNAISSANCE DU TEXTE

C'est vrai ou faux?
1. La Suisse est un état indépendant.
2. La Suisse a participé à la deuxième guerre mondiale.
3. Le siège de l'Organisation des Nations Unies est à Genève.
4. Un Français, Henri Dunant, a créé la Croix-Rouge internationale.
5. Tous les Suisses parlent quatre langues.
6. La majorité des Suisses parle allemand.
7. L'italien est une langue dérivée du latin.
8. Chaque canton suisse administre ses universités.
9. Genève est la capitale fédérale.
10. On parle français à Genève.

Voyages et destinations

Leçon dix-neuf

IN THIS LESSON:

IN THIS LESSON:

- prepositions with place names
- the names of countries, languages and nationalities of Europe and the Americas
- the verbs **venir** (to come), **devenir** (to become), and **revenir** (to come back)
- the expression of the immediate past with **venir de**

MOTS NOUVEAUX

Continents, pays, villes

Les continents: l'Afrique, l'Asie, l'Europe, l'Amérique (du Nord, Centrale, du Sud), l'Australie, l'Antarctique.

L'Europe

PRATIQUONS

A. Villes capitales européennes. Indiquez la capitale de ces pays.

MODÈLE: —La capitale de l'Angleterre est Londres.

1. l'Angleterre
2. le Portugal
3. la Suisse
4. l'Espagne
5. la Suède
6. la Belgique
7. la France
8. l'Allemagne de l'Ouest

(a) Lisbonne
(b) Madrid
(c) Bruxelles
(d) Londres
(e) Bonn
(f) Berne
(g) Paris
(h) Stockholm

B. Géographie. Employez des prépositions pour situer ces pays.

MODÈLE: la Suisse/l'Autriche
       —La Suisse est près de l'Autriche.
  ou —La Suisse est à l'ouest de l'Autriche.

1. la France/l'Allemagne
2. l'Italie/la Suisse
3. les Pays-Bas/la Russie
4. la Hollande/la Belgique
5. l'Espagne/le Portugal
6. la Suède/la Norvège
7. le Danemark/l'Espagne
8. l'Angleterre/l'Irlande

Les pays francophones

1. *l'Algérie*	11. *le Gabon*	21. *le Maroc*	30. *la Réunion*
2. *la Belgique*	12. *la Guadeloupe*	22. *la Martinique*	31. *le Ruanda*
3. *le Bénin*	13. *la Guinée*	23. *la Mauritanie*	32. *le Sénégal*
4. *le Burundi*	14. *la Guyane française*	24. *le Niger*	33. *la Suisse*
5. *le Cameroun*	15. *Haïti*	25. *la Nouvelle-Angleterre*	34. *le Tchad*
6. *le Congo*	16. *le Burkina Faso*	26. *la Nouvelle-Calédonie*	35. *le Togo*
7. *la Corse*	17. *la Louisiane*	27. *la Polynésie française*	36. *la Tunisie*
8. *la Côte-d'Ivoire*	18. *le Luxembourg*	28. *le Québec*	37. *le Zaïre*
9. *Djibouti*	19. *Madagascar*	29. *la République*	38. *l'île Maurice*
10. *la France*	20. *le Mali*	*Centrafricaine*	39. *les Seychelles*

D'autres pays

le Japon: Tokio
la Chine: Pékin
l'Inde: la Nouvelle-Delhi
les États-Unis: Washington
le Canada: Ottawa

le Mexique: Mexico
le Brésil: Rio de Janeiro
l'Argentine: Buenos Aires
l'Australie: Melbourne

PRATIQUONS

A. Les pays francophones. Sur quel continent se trouvent ces régions ou pays francophones?

MODÈLE: Haïti
—Haïti se trouve en Amérique.

1. le Maroc
2. le Québec
3. le Congo
4. le Sénégal
5. la Martinique
6. le Luxembourg
7. le Mali
8. la Suisse

B. Un peu de géographie. Choisissez le pays qui répond à la description.

MODÈLE: Il se trouve en Amérique du Nord au sud des Etats-Unis.
—C'est le Mexique.

l'Algérie	le Canada	le Japon
l'Australie	la Côte d'Ivoire	Madagascar
le Brésil	l'Inde	le Mexique

1. Il se trouve en Asie à l'est de la Chine.
2. Il se trouve en Afrique du Nord entre le Maroc et la Tunisie.
3. Il se trouve en Amérique du Nord au nord des États-Unis.
4. Il se trouve dans l'est de l'Afrique.
5. Il se trouve en Afrique au sud du Sénégal.
6. Il se trouve en Amérique du Sud au nord de l'Argentine.
7. Il se trouve en Asie au sud de la Russie.
8. C'est un grand pays et aussi un continent.

NOTES GRAMMATICALES ————————————————

Les prépositions devant les noms de lieu

1. To express "to," "at," or "in" a place:

a. As you learned in Lesson 7, **à** plus the definite article is used before most nouns referring to a place:

Il est *à la* **campagne.**
Nous habitons *à l'* **hôtel.**
Tu vas *au* **stade?**

Exception: la ville: Elle reste *en* **ville.** *et en classe, e.g.*
Je vais en classe.

b. The preposition **à** alone is used before cities and before most island countries:

Londres: **J'étudie** *à* **Londres.**
Cuba: **Ils habitent** *à* **Cuba.**
Haïti: **Elles ont des cousins** *à* **Haïti.**

The name of some cities contains the definite article:

le Havre:	**Il se trouve *au* Havre.**
la Nouvelle-Orléans:	**Tu travailles *à la* Nouvelle-Orléans.**

c. Most countries whose names end in **-e** are feminine; the rest are masculine:

la France, la Belgique, l'Allemagne
le Danemark, le Japon, le Portugal

Exceptions are: **le Mexique, le Zaïre.**

Au is used before countries with masculine names; **aux** is used before plural names:

le Brésil:	**Il travaille *au* Brésil.**
le Mexique:	**Quelle langue est-ce qu'on parle *au* Mexique?**
les Pays-Bas:	**Son usine se trouve *aux* Pays-Bas.**

d. **En** is used before continents and before countries with feminine names:

l'Afrique:	**Le Sénégal est *en* Afrique.**
la Suisse:	**Nous restons *en* Suisse.**
l'Angleterre:	**J'attends mes parents *en* Angleterre.**

e. **Chez** generally means "to/at . . .'s house":

Je vais *chez* Jean-Michel.
Elles vont habiter *chez* leur tante.

But it may also refer to a professional office, a store, or a firm:

Allons *chez* le dentiste.
Il faut aller *chez* la fleuriste.
Nous travaillons *chez* Renault.

2. To express "from" a place:

a. As you learned in Lesson 7, **de** plus the definite article is used before nouns referring to a place:

Elles rentrent *de la* piscine.
Je sors *de l'*usine.
Nous rentrons *du* laboratoire.
Les infirmières sortent *des* hôpitaux.

b. **De** alone is used before the names of cities, feminine countries, and continents:

Paris:	**J'arrive *de* Paris.**
la France:	**Elles rentrent *de* France.**
l'Afrique:	**Vous revenez *d'*Afrique?**

c. Masculine countries and cities whose name contains the definite article require **de la, du, des.**

le Portugal:	**Ils reviennent *du* Portugal.**
les États-Unis:	**Nous rentrons *des* États-Unis.**
la Nouvelle-Orléans:	**Nous arrivons *de la* Nouvelle-Orléans.**

PRATIQUONS

A. Où sont-ils?

MODÈLES: Ils cherchent un docteur.
—Ils sont à l'hôpital.
Marc et moi regardons la télé.
—Nous sommes chez Marc.

1. Annick et Jeanne préparent le dîner.
2. Je cherche un livre pour mon cours d'histoire.
3. Il regarde un très bon film.
4. Ma sœur et moi jouons aux cartes.
5. Elles demandent une chambre pour deux personnes.
6. Ils prennent le menu à soixante francs.
7. Elle déjeune avec son oncle et sa tante.
8. Ils attendent le train de vingt heures quinze.

B. Quelle ville et quel pays?

MODÈLE: Nous visitons la Tour Eiffel.
—Nous sommes en France, à Paris.

1. Nous visitons le Vatican.
2. Je regarde une pièce à Broadway.
3. Nous allons voir le Palais de Buckingham.
4. J'admire le Palais Grand-Ducal.
5. Nous descendons le Grand Canal en gondole.
6. Je suis dans la maison d'Anne Frank.
7. Nous allons voir un film au palais du Festival.
8. Je fais une promenade dans le parc du Mont-Royal.

C. Le voyage idéal. Décrivez un voyage imaginaire.

MODÈLE: D'abord on part de New York et on va en Europe. On visite la France et on va à Paris, à Tours et à Marseille. Ensuite, on va en Italie pour visiter Rome...

MOTS NOUVEAUX

Les langues de l'Europe de l'ouest et des Amériques

En France on parle **français**. C'est la seule [*only*] langue officielle du pays.
En Belgique on parle **flamand** (une variété de **néerlandais**) et **français**.
En Suisse on parle **allemand**, **français**, **italien** et **romanche**.
Au Canada on parle **anglais** et **français**.
Aux Antilles (à Haïti, à la Guadeloupe et à la Martinique) on parle **français** et **créole**.
Au Luxembourg on parle **allemand** et **français**.
En Hollande (aux Pays-Bas) on parle **néerlandais** (**hollandais**).
En Italie on parle **italien**.
En Espagne on parle **espagnol**, **catalan** et **basque**.

On parle **espagnol** dans tous [*all*] les pays de l'Amérique latine, excepté le Brésil.

Au Portugal et au Brésil on parle **portugais**.

Au Danemark on parle **danois**.

En Suède on parle **suédois**.

En Norvège on parle **norvégien**.

En Angleterre on parle **anglais**. Mais en Irlande, on parle **anglais** et **irlandais**.

Aux États-Unis on parle **américain**.

NOTES CULTURELLES

L'américain. Many French people refer to the United States as **l'Amérique** and to the language Americans speak as **l'américain.** **L'américain** is considered different from British English, **l'anglais.**

Ces jeunes Maliens vendent des objets de leur pays dans une ville française.

PRATIQUONS

A. Où ça? Dans quel pays est-ce qu'on parle ces langues?

MODÈLE: le français?
　　　　—On parle français en France.
　ou　—On parle français en Suisse.

1. l'anglais?
2. l'italien?
3. l'espagnol?
4. l'allemand?
5. le néerlandais?
6. le portugais?
7. l'américain?
8. le flamand?
9. le romanche?

B. Quelle langue?

MODÈLES: David va en Espagne cet été.
　　　　—Il étudie l'espagnol.
　　　　Marie habite à Rome.
　　　　—Elle parle italien.

1. Les Dufresne rentrent du Brésil.
2. Les Ben Youcef habitent en Algérie.
3. Jean-Claude va en Norvège.
4. Micheline a des amies suédoises.
5. M. Leclerc veut aller à Vienne.
6. Les Hamel ont des parents aux Pays-Bas.
7. Agénor rentre de Port-au-Prince.
8. Luis habite au Mexique.

C. Un peu de géographie. Quel pays répond à la description?

MODÈLE: C'est un pays d'Amérique du Nord où on parle espagnol.
　　　　—C'est le Mexique.

1. C'est un pays d'Europe où on parle anglais.
2. C'est un pays d'Asie où on parle chinois.
3. C'est un pays d'Amérique du Nord où on parle français et anglais.
4. C'est un pays d'Afrique où on parle français.
5. C'est un pays d'Asie où on parle hindi et anglais.

6. C'est un pays d'Amérique du Sud où on parle portugais.
7. C'est un pays d'Afrique où on parle arabe et français.
8. C'est un pays d'Europe où on parle français et flamand.

D. **Quelles langues est-ce que vous parlez?**

très bien	bien	assez bien	un peu	ne . . . pas

MODÈLE: Je parle bien l'espagnol, et je parle assez bien le français. Je voudrais parler allemand parce que j'ai des amis à Munich.

NOTES GRAMMATICALES

Les adjectifs de nationalité

1. Except for **belge**, **espagnol**, and **suisse**, adjectives of nationality have different masculine and feminine spoken forms. To derive the masculine spoken form, drop the final pronounced consonant of the feminine form. Remember that when final /n/ is dropped, the vowel becomes nasal. Note that the name of the language is for most of the countries the same as the masculine form of the adjective of nationality.

la nationalité		*la langue*
féminin	*masculin*	
anglaise	anglais	l'anglais
finlandaise	finlandais	le finlandais
française	français	le français
irlandaise	irlandais	l'irlandais
japonaise	japonais	le japonais
néerlandaise (hollandaise)	néerlandais (hollandais)	le néerlandais (le hollandais)
portugaise	portugais	le portugais
chinoise	chinois	le chinois
danoise	danois	le danois
suédoise	suédois	le suédois
allemande	allemand	l'allemand
américaine	américain	l'américain
italienne	italien	l'italien
norvégienne	norvégien	le norvégien
espagnole	espagnol	l'espagnol
But:		
autrichienne	autrichien	l'allemand
canadienne	canadien	l'anglais et le français
haïtienne	haïtien	le créole et le français
mexicaine	mexicain	l'espagnol
belge	belge	le français et le flamand
suisse	suisse	le français, l'allemand, l'italien et le romanche

2. Adjectives of nationality, like most descriptive adjectives, appear after the noun they modify.

un médecin *allemand*　　　**une étudiante** *autrichienne*
des enfants *belges*

3. Adjectives of nationality are capitalized only when they function as nouns. In that case they will be preceded by an article. Compare:

C'est un ingénieur japonais.　**C'est un Japonais.**
Elles sont danoises.　　　　　**Ce sont des Danoises.**

PRATIQUONS

A. **Langues et nationalités.** Quelles langues est-ce que ces personnes parlent?

MODÈLE: Elle est allemande.
　　　　　—Alors elle parle allemand.

1. Julia est anglaise.
2. Nicole est française.
3. Marta est néerlandaise.
4. Gina est italienne.
5. Anna est autrichienne.
6. Maria et Sophia sont portugaises.
7. Fabiola et Marguerita sont espagnoles.
8. Margaret et Helen sont irlandaises.
9. Sylvie et Brigitte sont belges.
10. Patty et Marilyn sont américaines.

B. **Quelle nationalité?**

MODÈLE: M. Pierre-Louis est d'Haïti?
　　　　　—Oui, il est haïtien.

1. Les Ramirez habitent à Madrid?
2. Les Lafleur sont du Québec?
3. Mme Meyer habite à Berlin?
4. Mlle Shaughnessy habite à Dublin?
5. M. de Vries est des Pays-Bas?
6. Mlle Olson habite à Stockholm?
7. M. et Mme O'Neil sont d'Irlande?
8. Mme Strauss habite à Vienne?
9. Mme de Matos habite à Lisbonne?

C. **Identifiez l'objet et le pays d'origine.**

MODÈLE: une Mercédès
　　　　　—C'est une voiture allemande.

1. une Renault　　4. une Volkswagen　　7. une Guinness
2. une Ferrari　　5. un Sony　　　　　　8. une Kronenbourg
3. une Volvo　　　6. un Kodak　　　　　　9. une Heineken

D. **À vous.** Avec un(e) camarade de classe, faites une description selon le modèle. Vos camarades vont deviner [*to guess*] votre nationalité.

MODÈLE: Je parle allemand. J'habite en Europe; mon pays est
près de l'Allemagne. Alors, je suis...
—autrichien(ne)
ou —suisse

Le verbe venir (*to come*)

singulier	pluriel
je viens	nous venons
tu viens	vous venez
il elle on } vient	ils elles } viennent

Passé composé: je suis venu(e)

1. Pronunciation:

   a. The unstable -e in the **nous** and **vous** forms, the infinitive and
   the past participle is usually dropped:

   nous venons   vous venez   il va venir   elle est venue

   b. The 3rd pers. pl. form contains /ɛ/ followed by **n**, but all three
   singular forms contain a nasal vowel. Compare:

   ils viennent /vjɛn/   **je viens, il vient** /vjẽ/

2. **Venir** is used in two ways with an infinitive:

   a. **Venir** followed directly by an infinitive means "to come to...":

   Il *vient* (pour) voir Michel.   *He's coming (in order) to see
                                                Michel.*

   b. **Venir de** followed by an infinitive means "to have just...":

   Il *vient de* voir Michel.   *He just saw Michel.
                                           He's just seen Michel.*

3. **Devenir** [*to become*] and **revenir** [*to come back*] are conjugated like
   venir:

   Il devient ennuyeux.   *He's getting boring.*
   Nous revenons ce soir.   *We are returning tonight.*

PRATIQUONS

A. C'est fait.

MODÈLE: Ils ont regardé la télé?
—Oui, ils viennent de regarder la télé.

1. Elles ont regardé un film policier?
2. Vous avez téléphoné à un ami?

3. Vous deux, vous avez joué aux échecs?
4. Les étudiants ont fini leurs devoirs?
5. Vous avez compris la leçon?
6. Vous et Christophe, vous êtes allés à la gare?
7. Les enfants ont joué au football?
8. Il est allé au magasin?
9. On a apporté des sandwichs?

B. **De quel pays?** Complétez les phrases.

MODÈLES: Nous parlons espagnol . . .
—Nous parlons espagnol; nous venons d'Espagne.

Les Dorélus sont haïtiens . . .
—Les Dorélus sont haïtiens; ils viennent d'Haïti.

1. Je suis américain . . .
2. Vous parlez portugais . . .
3. C'est un Allemand . . .
4. C'est une Suisse . . .
5. Il a habité à Londres . . .
6. Nous avons travaillé à Amsterdam . . .
7. Elles sont anglaises . . .
8. Ces enfants sont parisiens . . .

C. **Déduction.** Qu'est-ce qu'ils viennent de faire?

MODÈLE: Nous revenons de la bibliothèque.
—Ah, vous venez de travailler?

1. Jeanne revient du laboratoire de langues.
2. Les garçons reviennent du stade.
3. Nous sortons du cinéma.
4. Tu reviens du café.
5. Mon père rentre de l'aéroport.
6. Vous sortez de la piscine.
7. Marc et Jeannette quittent le restaurant.
8. Je reviens de la ville.

SITUATION

Voyage à Tahiti

Julien Lebrun vient de rentrer d'un voyage à Tahiti, un territoire français en Polynésie, dans l'Océan Pacifique. Il parle de cette île à un collègue de bureau, Henri Leclerc.

HENRI: Où est-ce que vous avez passé vos vacances?
JULIEN: À Tahiti.
HENRI: À Haïti, aux Antilles?
JULIEN: Non, à Ta-hi-ti, en Polynésie.
HENRI: Ah, Tahiti! **Sans blague**! Vous **avez** vraiment **de la chance**! J'ai toujours **rêvé** d'aller là-bas. — No kidding!/**avoir de la chance** to be lucky/**rêver** to dream
JULIEN: Oui, Tahiti est une île merveilleuse. Nous avons passé quinze jours là-bas. Ensuite nous avons fait **une escale** de quelques jours en Australie **avant de rentrer** en Europe. — stopover / before returning

they were speaking/almost
everyone/**savoir** to know how

that is
that's to say
avoir du mal to have trouble

HENRI: C'est un beau voyage. Vous avez compris les gens à Tahiti?
JULIEN: Pas quand **ils parlaient** leur langue, le tahitien. Mais **presque tout le monde sait** parler français aussi.
HENRI: Et en Australie, quelle langue est-ce qu'on parle?
JULIEN: L'anglais, bien sûr. **Enfin**, avec un accent différent de l'anglais que nous avons appris au lycée. **C'est-à-dire que** j'**ai eu** beaucoup **de mal** à comprendre les Australiens.

NOTES CULTURELLES

Tahiti. Located in the South Pacific Ocean about midway between Australia and South America, Tahiti is the principal island of French Polynesia and is a French territory (**territoire d'outre-mer** or **TOM**). In contrast to **DOMs** (**départements d'outre-mer**) like Guadeloupe, Guyane, Martinique, or Réunion, Tahiti is not an integral part of France. In Tahiti the French painter Paul Gauguin (1848–1903) did some of his finest work.

Quinze jours. This is the usual term for two weeks; one week is **huit jours**.

DISCUSSION

1. Est-ce que Julien et Henri sont étudiants?
2. Où est-ce que Julien a passé ses vacances?
3. Où se trouve Tahiti?
4. Quelle sorte de territoire est Tahiti?
5. Où est-ce que Julien a passé une semaine avant de rentrer en France?
6. Quelles langues est-ce qu'on parle à Tahiti? Et en Australie?

PRONONCIATION ET ORTHOGRAPHE ———————

Le son /j/ en position finale

The sound /j/ occurs before a vowel in such words as **vient** or **italienne**; it also occurs at the end or in the middle of words. When it occurs in final position /j/ is spelled -**il** or -**ille**:

un vie**il** homme	une vie**ille** femme
le trava**il**	il trava**ille**
le somme**il**	la fam**ille**

ORTHOGRAPHE

The spelling -**ille** represents both final /j/ and final /l/. You must remember the pronunciation of words having that spelling:

/l/	**la ville**	**tranquille**	**mille**
/j/	**la fille**	**la famille**	**Camille**

In the middle of words /j/ is spelled with **ll** or **y**:

travailler	un billet	merveilleux
employer	moyen	un voyage

Note that in that position, **-ll** also represents /l/:

la villa   **nous allons**   **intelligent**

VIGNETTE CULTURELLE

Léopold Sédar Senghor: champion de la francophonie

Un grand nombre d'écrivains de pays africains contribuent au prestige de la langue française. **Le plus** célèbre de ces écrivains est le poète et **homme d'état** sénégalais, Léopold Sédar Senghor. *(the most / statesman)*

Ce champion de la francophonie passe **son enfance** dans une petite ville sur **la côte** du Sénégal. Après ses premières **études** à Dakar, la capitale du Sénégal, il va à la Sorbonne, l'Université de Paris. Il devient professeur de latin et de français et **enseigne** dans des lycées à Tours et à Paris. *(childhood / coast/studies / **enseigner** to teach)*

Après la Deuxième Guerre Mondiale (1939–1945), il rentre au Sénégal et travaille pour l'indépendance de son pays. Il devient le premier président du pays et il est **chef** du gouvernement pendant vingt ans. *(head)*

Pour Léopold Senghor la francophonie représente **la reconnaissance** par les Français de l'héritage culturel de **peuples** très différents: les Antillais, les Africains, les Arabes. Par cette reconnaissance la langue française devient un véritable **moyen** de communication internationale. *(recognition / peoples / means)*

ADAPTATION

1. Où est situé le Sénégal?
2. Qu'est-ce que Léopold Senghor a enseigné quand il **était** professeur? *(was)*
3. C'est seulement un grand écrivain?
4. Qu'est-ce que c'est que la francophonie pour Léopold Senghor?

NOTES CULTURELLES

La Francophonie. The term refers to all countries where French is either the official language or a language spoken by a large segment of the population. **La Francophonie**, unlike the British Commonwealth, does not involve formal political ties; rather, francophone countries are united by linguistic and cultural ties.

Leçon vingt

IN THIS LESSON:

• words and expressions relating to train travel
• the expression of obligation with the verb **devoir**
• direct object pronouns **le**, **la**, **l'** and **les**

MOTS NOUVEAUX

À la gare S.N.C.F.

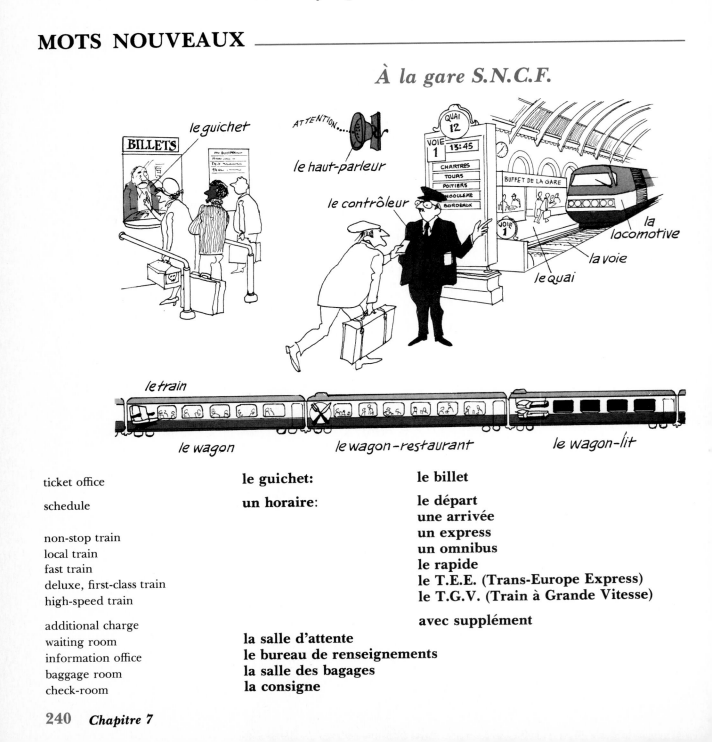

ticket office	**le guichet:**	**le billet**
schedule	**un horaire:**	**le départ**
		une arrivée
non-stop train		**un express**
local train		**un omnibus**
fast train		**le rapide**
deluxe, first-class train		**le T.E.E. (Trans-Europe Express)**
high-speed train		**le T.G.V. (Train à Grande Vitesse)**
		avec supplément
additional charge		
waiting room	**la salle d'attente**	
information office	**le bureau de renseignements**	
baggage room	**la salle des bagages**	
check-room	**la consigne**	

NOTES CULTURELLES

La S.N.C.F. La Société Nationale des Chemins de Fer français is the nationalized railway system of France. French trains have earned a reputation for efficiency, speed and comfort. For more information about trains, see the **Vignette culturelle**, p. 249.

Au guichet à la gare de Strasbourg

VOYAGEUR: Je voudrais **un aller et retour** pour Bordeaux, s'il vous plaît.

round-trip ticket

EMPLOYÉE: Si vous prenez le train de 11h, il faut changer de train à Lyon.

VOYAGEUR: Ça va.

EMPLOYÉE: Bon. **En quelle classe**, s'il vous plaît?

what class

VOYAGEUR: En deuxième.

EMPLOYÉE: Voulez-vous réserver **une place**?

seat

VOYAGEUR: Oui, bien sûr.

Ces voyageurs font la queue pour acheter leur billet.

smoking

EMPLOYÉE: **Fumeur** ou non-fumeur?

VOYAGEUR: Non-fumeur, s'il vous plaît.

EMPLOYÉE: Le train de 11h est un T.E.E. Il faut payer un supplément. Ça fait 550 francs, Monsieur.

VOYAGEUR: Voilà. Merci, madame. Au revoir.

EMPLOYÉE: Au revoir, Monsieur.

PRATIQUONS

A. Définitions.

MODÈLE: Ici les voyageurs attendent: ils regardent un journal ou ils parlent.

—C'est la salle d'attente.

to check

1. Ici on **enregistre** les bagages.
2. Ici on demande des renseignements.
3. Ici on achète les billets.
4. Avec cet appareil, on annonce les départs et les arrivées des trains.
5. C'est ce qu'il faut payer pour prendre un T.E.E. ou un train spécial.
6. C'est ici qu'on monte dans le train.
7. On va chercher les bagages dans cette salle.
8. C'est un train qui s'arrête souvent dans les petites villes.
9. C'est un train qui va très vite.
10. On sert des repas dans cette partie du train.

B. Consultons l'horaire.

Identification	R4007	R4009	7239	7239	7241	R163	7245	R303/2	7243	E4071	7203	R169 6149	E4029 E4021
Qualite	COR200	CORAIL				COR200		CORAIL		CORAIL		COR200	
Places assises	1-2	1-2	1-2	1-2	1-2	1-2	1-2	1-2	1-2	1-2	1-2	1-2	
Couchettes								2					1-2
Restauration	⚐ ⊗	⊗ ⚐				⊗		◆		⊗ ⚐		🍴 ◆	
Particularites	10 R	10 R			🚲	12 R	🚲	16 R	17 🚲	19 R	17 🚲	21 R	R
Circulation			Ⓑ	⑥	Ⓑ	13		⚒			†	⑤	23
Tab Km Origine	■	■				■		■		■		■	■
070 0 **Paris-Austerlitz**	14 18	14 24				17 00		17 50		17 32		19 20	23 50
400 119 Les Aubrais-Orléans												20 58	0 54
232 St-Pierre-des-Corps						14				19 28		21 39	2 19
332 Poitiers	16 37					19 19				20 27		22 30	3 22
401 445 Angouleme						20 09				21 29		23 14	4 28
544 Libourne										22 22			5 22
394 581 **Bordeaux-St-Jean** A	18 26	18 31	■	■	■	21 09	■	22 19	■	22 44	■	23 34	5 46

MODÈLE: À quelle heure part le premier train pour Bordeaux?

—Il part à 14h18.

1. À quelle heure est-ce que ce train arrive à Bordeaux?
2. Quel train part à 17h50?
3. Est-ce que ce train est un omnibus?
4. À quelle heure est-ce que l'omnibus de 23h50 arrive à Angoulême?
5. Est-ce qu'il y a un rapide pour Libourne?
6. Est-ce qu'on prend une couchette dans le train de 23h50? En quelle classe?
7. Est-ce qu'on peut acheter un billet de deuxième classe pour le train de 14h24?
8. Est-ce qu'on peut prendre un repas dans le train de 17h32?

C. Au guichet. Employez l'horaire de l'exercice B et faites un dialogue entre l'employé(e) et un voyageur/une voyageuse.

À discuter: quel train?   en quelle classe?
quelle destination?   avec supplément?
combien de places?   l'heure de départ?
quelle sorte de billet?   l'heure d'arrivée?

NOTES GRAMMATICALES

Le verbe devoir (to have to)

singulier	pluriel
je dois	nous devons
tu dois	vous devez
il elle on } doit	ils elles } doivent

Passé composé: j'ai dû

1. **Devoir** usually means "must," "to have to," "to be supposed to." It is often followed by an infinitive:

Je dois rentrer chez moi.   *I have to return home.*
Nous devons répondre à cette lettre.   *We must answer this letter.*
J'ai dû étudier hier soir.   *I had to study last night.*

2. When **devoir** means "to owe," it takes a direct object:

Je dois cent francs à mon copain.   *I owe my friend 100 francs.*
Ils doivent beaucoup de respect à leurs parents.   *They owe their parents a lot of respect.*

PRATIQUONS

A. **Responsabilités.** Vous préparez un projet avec des camarades de classe. Distribuez les responsabilités.

MODÈLE: Annie et Suzanne (proposer des sujets)
—Annie et Suzanne doivent proposer des sujets.

1. Robert (chercher des livres à la bibliothèque)
2. Guy et Robert (lire des articles dans des magazines)
3. moi (consulter les journaux)
4. Robert et vous (interviewer des gens)
5. vous (prendre des notes)
6. Annie, Guy et moi (écrire le rapport)
7. Suzanne (apporter les lettres à la poste)

B. Bonnes résolutions. C'est le premier janvier.

MODÈLES: moi/maigrir de 5 kilos
—Je dois maigrir de 5 kilos.
ma sœur/ne pas manger de chocolats
—Ma sœur ne doit pas manger de chocolats.

1. mon frère/ne pas fumer
2. vous/être toujours à l'heure
3. Jeanne et Marie/grossir de 5 kilos
4. toi/écrire souvent à tes parents
5. Guy et David/aller souvent à la bibliothèque
6. Eric et moi/ne pas boire beaucoup de bière
7. Alain et toi/ne pas perdre de temps
8. moi/faire des économies

C. En voyage. Qu'est-ce que ces personnes doivent faire? Répondez avec l'expression qui convient le mieux [the best].

MODÈLE: visiter les villages de Bourgogne
A: Nous voulons visiter les villages de Bourgogne.
B: Alors, vous devez voyager en voiture.

acheter un journal
aller à la salle d'attente
aller sur le quai
partir à l'heure
payer un supplément
demander au bureau de
renseignements

prendre l'avion
prendre un aller et retour
voyager en voiture
prendre l'express

1. Jeanne veut arriver à l'heure.
2. Marie-Laure veut arriver à Nice ce soir.
3. Nous avons besoin de renseignements.
4. Mme Dorléac voudrait prendre le T.E.E.
5. Je veux aller à Lille ce matin et rentrer demain soir.
6. M. Leroy voudrait lire quelque chose.
7. Je ne peux pas attendre sur le quai.
8. Patrick veut voir ses parents quand ils descendent du train.
9. Nous n'aimons pas les omnibus.

D. Désirs et obligations. Pour chaque situation, dites ce que vous voulez et ce que vous devez faire.

MODÈLE: Vous avez 6.000 dollars.
—Je voudrais aller en France, mais je ne peux pas; je dois acheter une voiture.

1. Vous n'avez rien à faire pour le week-end.
2. Vous avez besoin d'argent.
3. Vous avez un mois de vacances.
4. Vous avez un examen à préparer.
5. C'est samedi matin et il fait beau.
6. Il est minuit et demi.
7. Il est sept heures du matin.

E. Trouvez une excuse. Vous ne voulez pas sortir avec l'ami(e) de votre camarade. Trouvez un prétexte.

MODÈLE: Je ne peux pas sortir avec ton ami(e). Je dois...

Les pronoms complément d'object direct

1. The French equivalents of the direct object pronouns "her," "him," "it" are **le** and **la**, depending on the gender of the noun that is replaced. These direct object pronouns replace nouns specified by the definite article, the demonstrative article or a possessive adjective. A pronoun replaces a noun together with all its modifiers. Direct object pronouns precede the verb.

Elle regarde *le professeur.*   **Elle** *le* **regarde.**
Je prends *cette belle chemise.*   **Je** *la* **prends.**

2. When **le** and **la** appear before a verb beginning with a vowel, they have the form **l'**:

Elle apporte *le disque.*   **Elle** *l'***apporte.**
Elle aime beaucoup *cette robe.*   **Elle** *l'***aime beaucoup.**

3. The plural direct object pronoun is **les** [*them*]. Before a vowel it contains a liaison /z/:

Les affiches? Je *les* **regarde.**
Ces cahiers? Je *les⌣***achète.**

4. In the negative, **ne** appears before the verb and the direct object pronoun; **pas** (**jamais**, etc.) follows the verb:

Je *ne* **le prends** *pas.*
Nous *ne* **les attendons** *jamais.*

PRATIQUONS

A. À la gare.

MODÈLE: Qui prend le train de 18h00? (le monsieur)
    —Le monsieur le prend.

1. Qui regarde l'horaire? (le garçon)
2. Qui attend ses amis? (l'étudiante)
3. Qui achète les billets? (les enfants)
4. Qui prend le train à Liège? (le jeune homme)
5. Qui cherche ses valises? (un monsieur)
6. Qui prend l'express? (la jeune fille)
7. Qui prend l'omnibus? (les touristes)
8. Qui cherche sa place? (la dame)

B. C'est logique! Dites où on rencontre ces personnes. Employez des pronoms complément d'objet direct.

MODÈLE: le médecin
    —Le médecin? On le rencontre à l'hôpital.

1. le médecin		(a)	au garage
2. la pharmacienne		(b)	à l'université
3. le mécanicien		(c)	à l'hôpital
4. l'ouvrier		(d)	au restaurant
5. les femmes d'affaires		(e)	au bureau
6. le professeur		(f)	à la pharmacie
7. l'infirmier		(g)	à l'usine
8. l'acteur		(h)	au théâtre
9. les garçons		(i)	au magasin
10. les vendeuses		(j)	à la clinique

C. **À vous.** Posez des questions à vos camarades de classe pour savoir qui fait ces activités.

MODÈLE: regarder souvent la télé
      A: Est-ce que tu regardes souvent la télé?
      B: —Oui, je la regarde souvent.
    ou —Non, je ne la regarde pas souvent.

1. écouter la radio le matin
2. regarder le journal le soir
3. regarder les vieux westerns à la télé
4. prendre le petit déjeuner au restaurant
5. regarder les films d'épouvante
6. rencontrer ses amis dans un bar
7. écouter les informations à la radio
8. acheter le journal le matin

Le placement des pronoms complément d'objet direct

1. In sentences containing a verb in the **passé composé**, direct object pronouns are placed before the auxiliary verb **avoir**:

    Nous avons appelé *notre copain.*   **Nous** *l'***avons appelé.**
    J'ai invité *mes amis anglais.*   **Je** *les* **ai invités.**

  a. Since all verbs that take direct objects form the **passé composé** with **avoir**, the direct object pronouns will always appear before a vowel. Thus, only the forms **l'** and **les** appear, as shown in the examples above.

  b. The past participle agrees in number and gender with the preceding direct object pronoun:

    J'ai donné *le magnétophone*   **Je** *l'***ai donné à Suzanne.**
      à Suzanne.
    J'ai donné *la caméra* **à**   **Je** *l'***ai donné***e* **à Suzanne.**
      Suzanne.
    J'ai donné *les disques*   **Je** *les* **ai donné***s* **à Suzanne.**
      à Suzanne.
    J'ai donné *les cassettes*   **Je** *les* **ai donné***es* **à Suzanne.**
      à Suzanne.

This agreement affects pronunciation only when the past participle ends in a consonant. When **-e** (**-es**) is added, this consonant is pronounced:

J'ai fait *la leçon.*　　**Je** *l'ai faite.*
Nous avons écrit *les lettres.*　　**Nous** *les* **avons écrites.**

c. In the negative, **ne** appears before the pronoun and auxiliary verb; **pas** follows the auxiliary verb:

Ils *n'ont* **pas apporté la valise.**　　**Ils** *ne* **l'ont** *pas* **apportée.**

2. In sentences containing an infinitive construction (with **aller**, **venir** [**de**], **devoir**, **pouvoir**, **vouloir**; with verbs like **aimer**, **préférer**, etc.) direct object pronouns precede the infinitive:

Il va acheter *les crayons.*　　**Il va** *les* **acheter.**
Tu dois donner *l'argent* **à la dame.**　　**Tu dois** *le* **donner à la dame.**
J'aime écouter *la radio.*　　**J'aime** *l'écouter.*

When such sentences are negative, the **ne ... pas** encloses the conjugated (auxiliary or modal) verb. It does **not** enclose the direct object pronoun:

Je *ne* **vais** *pas* **acheter cette robe.**　　**Je** *ne* **vais** *pas* **l'acheter.**
On *ne* **doit** *pas* **vendre ce livre.**　　**On** *ne* **doit** *pas* **le vendre.**

PRATIQUONS

A. L'avez-vous fait?

MODÈLE: Vous avez écrit votre nom?
　　　　　—Mon nom? Oui, je l'ai écrit.
　　　ou —Mon nom? Non, je ne l'ai pas écrit.

1. Vous avez choisi le magazine?
2. Vous avez regardé le poème?
3. Vous avez acheté le roman policier?
4. Vous avez regardé les journaux?
5. Vous avez étudié le français?
6. Vous avez vu ce film suédois?
7. Vous avez choisi vos livres?
8. Vous avez vendu ces magnétophones?

B. À qui? Qu'est-ce que vous allez faire avec ces objets?

MODÈLE: A qui est-ce que vous allez montrer les devoirs?
　　　　　—Je vais les montrer au professeur.

1. apporter le menu
2. donner le paquet
3. donner la commande
4. donner ces bonbons
5. montrer vos exercices
6. donner la nouvelle machine à écrire
7. raconter cette histoire drôle
8. montrer votre billet

(a) à la serveuse
(b) à l'instituteur
(c) à la dactylo
(d) aux clients
(e) aux enfants
(f) au facteur
(g) à des copains
(h) au contrôleur

C. Où? Dites où se trouvent ces objets.

> MODÈLE: vos livres
> —Les voilà, sous ma chaise.
> ou —Les voilà.

1. votre cahier
2. vos devoirs
3. vos chaussures
4. votre manteau
5. votre chapeau
6. vos stylos
7. la chaise
8. le tableau

SITUATION

À la gare

faire une excursion to take a trip

*Gaëlle Le Goff et Hamadou Diop viennent de **faire une excursion** à Poitiers. À la gare, ils voudraient rentrer à Paris.*

GAËLLE: Il y a un départ pour Paris à 9h48.

let's see
only

HAMADOU: **Voyons**, passe-moi l'horaire. Mais c'est «l'Aquitaine», un Trans-Europe Express. Il y a **seulement** des places de première classe et il faut aussi payer un supplément.

that's too bad/great
luxury
once/I was
it was
there was/beauty salon

GAËLLE: **C'est dommage**. Ça doit être **chouette** de voyager dans un train **de luxe**.

HAMADOU: Oui. **Une fois** quand **j'étais** petit, j'ai pris «le Mistral» entre Paris et Nice. **C'était** un train rapide et très confortable. **Il y avait** un wagon avec **un salon de coiffure** et une boutique pour acheter des journaux et des cadeaux. Il y avait aussi des hôtesses et **on diffusait** de la musique par un haut-parleur.

diffuser to broadcast

GAËLLE: On dit que la cuisine n'est pas très bonne.

On attend le train sur le quai d'une gare.

HAMADOU: Peut-être. **En tout cas**, on ne peut pas prendre «l'Aquitaine». Quels autres **choix** est-ce qu'on a? — in any case / choice

GAËLLE: Un express à 8h50 et un autre à 12h04.

HAMADOU: A quelle heure est-ce qu'on arrive à Paris alors?

GAËLLE: Avec l'express de 8h05, **vers** onze heures et demie. — about

HAMADOU: Et si on part plus tard?

GAËLLE: A 14h05.

HAMADOU: Tu as bien dit 14h05? C'est assez tard. Prenons le premier express. Il n'y a pas de supplément.

DISCUSSION

1. Où vont Gaëlle et Hamadou?
2. Pourquoi est-ce qu'ils ne prennent pas «l'Aquitaine?»
3. Est-ce que «le Mistral» est un train comme «l'Aquitaine?»
4. Quel train arrive le premier [*first*] à Paris?
5. Pourquoi est-ce que Gaëlle et Hamadou décident de prendre le premier express?

PRONONCIATION ET ORTHOGRAPHE

La consonne gn /ɲ/

The consonant **gn** /ɲ/ as in **la campagne** is pronounced with the tip of the tongue placed against the lower front teeth and the front part touching the hard palate. Compare: **n** and **gn**:

Line/la ligne [*line*]	Cannes/Cagnes
/n/ /ɲ/	/n/ /ɲ/

The sound /ɲ/ usually occurs at the end or in the middle of words:

la campagne	**la montagne**	**le champagne**	**la Bourgogne**
l'Allemagne	**l'Espagne**	**gagner** [*to earn*]	**il gagne**
nous gagnons	**l'espagnol**		

VIGNETTE CULTURELLE

Le T.G.V.

Au début de 1981 la S.N.C.F. **a lancé** un nouveau train sur la ligne Paris–Lyon. Ce train, appelé le T.G.V. (Train à Grande **Vitesse**), **a battu** le record du monde de la vitesse. En effet le T.G.V. **a dépassé** la vitesse de 380 kilomètres à l'heure sur une distance de **plusieurs** kilomètres. — at the beginning/**lancer** to launch / speed / **battre** to beat / **dépasser** to go beyond / several

Aujourd'hui le TGV **dessert** les grandes villes du sud-est de la France et de la Suisse romande. On peut aller par le T.G.V. de Paris à **la Bourgogne** et **à la Provence** et de Paris aux deux villes principales de la Suisse romande, Genève et Lausanne. **Au départ de** Paris il faut seulement deux heures pour arriver à Lyon, quatre heures pour aller à Genève et cinq heures pour arriver à Marseille. — **desservir** to serve / province de l'est de la France/ province du sud/leaving from computer/which

a group of small shops

fine
saying

Ce train ultra-moderne a aussi un système de réservations par **ordinateur**. Le T.G.V. a un bar **qui** sert des boissons et des plats chauds ou froids. Les repas—le petit déjeuner, le repas de midi et le repas du soir—sont aussi servis aux voyageurs à leur place. Enfin, il y a **un coin boutique** où on trouve des journaux, des revues et des cigarettes.

Avec l'avion supersonique Concorde, le T.G.V. est un **bel** exemple de la technologie avancée française, et il illustre le célèbre **dicton**: «Impossible n'est pas français».

ADAPTATION

1. Est-ce que les trains en France sont bons? Et les trains américains?
2. Est-ce que vous avez jamais pris le train? Aux États-Unis? Dans un autre pays?
3. De chez vous, comment est-ce qu'on va à Chicago? Par le train, par le car, en avion? À San Francisco? À New York? À Houston?
4. Qu'est-ce que c'est que le Concorde?

Leçon vingt et un

IN THIS LESSON:

- words referring to housing
- ordinal numbers
- the indirect object pronouns **lui** and **leur**
- the verbs **écrire**, **lire**, and **dire**

MOTS NOUVEAUX

Le logement

Le studio de Mlle Morin

studio, efficiency apartment

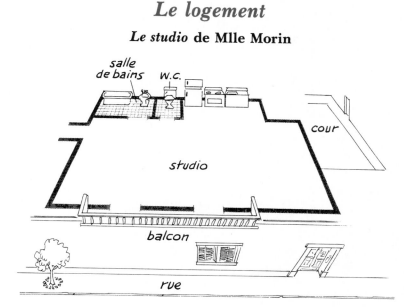

Voici l'appartement de Mlle Morin. Elle habite au premier **étage**. Elle a un studio. C'est une grande **pièce** avec **une salle de bains** et **un W.C.** Il y a deux petites fenêtres qui **donnent sur la rue** et **un balcon**.

floor
room/bathroom
toilet/**donner sur** to look out on the street/balcony

Le deux-pièces de Mme Pipelet

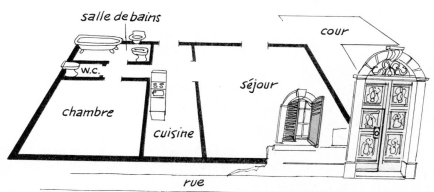

bigger than
ground floor

living room/bedroom/kitchen

L'appartement de Mme Pipelet, la concierge, est **plus grand que** l'appartement de Mlle Morin. Il est au **rez-de-chaussée**. Il a une fenêtre qui donne sur la rue. Cet appartement a deux pièces—**une salle de séjour** et **une chambre**. Il a aussi **une cuisine**, une salle de bains et un W.C.

Le grand appartement des Legros

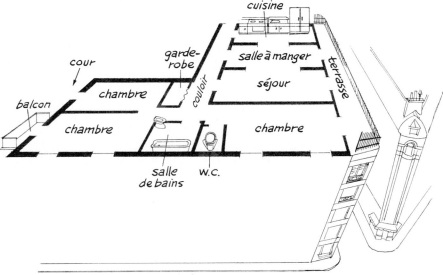

dining room

closet/hallway
courtyard
stairway
elevator

M. et Mme Legros habitent au cinquième étage. Ils habitent un grand appartement de cinq pièces—trois chambres, **une salle à manger** et une salle de séjour—avec une cuisine, une salle de bains et un W.C. Il y a une grande **garde-robe** dans **le couloir**. L'appartement a aussi un petit balcon qui donne sur **la cour** et une grande terrasse. Pour monter à l'appartement des Legros il faut prendre **l'escalier** ou **l'ascenseur**.

NOTES CULTURELLES

Un studio. French apartments are classified by the number of rooms excluding the kitchen and the bathroom. A **une-pièce** is a one-room apartment with a separate kitchen. It differs from **un studio** only in that the **studio** has the kitchen along one wall of the living room instead of in a separate room. A **deux-pièces** has two rooms: living room and one bedroom. A **trois-pièces** has three rooms, usually a living room and two bedrooms.

Le premier étage. This is the first floor above the ground level, that is, the second floor for us. Our first floor is **le rez-de-chaussée**.

Le/la concierge. A **concierge** assumes the combined duties of a building superintendent and watchman, and also does minor cleaning and maintenance of the stairs and entrances of older buildings. The **concierge** resides in a special apartment off the entrance to the apartment building.

Salle de bains *versus* **W.C.** In most French homes and apartments, bathtub and toilet are not located in the same room. The form **W.C.** comes from the English expression "water closet."

PRATIQUONS

A. **Descriptions.** Répondez aux questions suivantes; consultez les plans [*floor plans*] ci-dessus.

1. À quel étage habitent M. et Mme Legros?
2. À quel étage est l'appartement de Mlle Morin?
3. L'appartement de Mme Pipelet est au premier étage?
4. Qui a un studio?
5. Qui a le plus grand [*the largest*] appartement? Combien de pièces a cet appartement?
6. Combien de pièces a l'appartement de Mme Pipelet? Il est plus grand que [*bigger than*] l'appartement de Maryse Morin?
7. Combien de chambres a l'appartement de M. et Mme Legros? Et l'appartement de Mme Pipelet?
8. Combien de fenêtres a l'appartement de Mlle Morin? Et l'appartement de Mme Pipelet?
9. Qui n'a pas de balcon?
10. Qui a une belle terrasse?
11. Les fenêtres de Mlle Morin donnent sur la cour?
12. Qui habite au rez-de-chaussée?

B. **Définitions.**
   MODÈLE: Qu'est-ce qu'on fait dans la cuisine?
   —On prépare les repas.
   ou —On fait la vaisselle.

1. Qu'est-ce qu'on fait dans la salle à manger?
2. Qu'est-ce qu'on fait dans une chambre?
3. Qu'est-ce qu'on fait dans la salle de séjour?
4. Qu'est-ce qu'il y a dans une garde-robe?
5. Qu'est-ce qu'on prend pour monter au cinquième étage?
6. Qu'est-ce qui est plus haut [*higher*], le rez-de-chaussée ou le premier étage?
7. Qu'est-ce que est plus grand [*bigger*], un balcon ou une terrasse?
8. Qu'est-ce qui est plus grand, un studio ou un deux-pièces?

C. À **vous.** Dessinez le plan d'un appartement. (Regardez la page 251 pour les modèles.) Donnez le plan à un(e) camarade de classe qui va faire une description de l'appartement.

NOTES GRAMMATICALES

Les nombres ordinaux

Except for **premier** (first) and **dernier** (last), ordinal numbers are formed by adding **-ième** to the cardinal number. Since **-ième** starts with a vowel, the spoken liaison form of the number is used:

deux	deuxième[1]	quinze	quinzième
trois	troisième	seize	seizième
quatre	quatrième	dix-sept	dix-septième
cinq	cinquième[2]	dix-huit	dix-huitième
six	sixième	dix-neuf	dix-neuvième
sept	septième	vingt	vingtième
huit	huitième	vingt et un	vingt et unième[3]
neuf	neuvième[2]	trente-deux	trente-deuxième
dix	dixième	cinquante	cinquantième
onze	onzième	soixante-dix-huit	soixante-dix-huitième
douze	douzième	quatre-vingts	quatre-vingtième
treize	treizième	quatre-vingt-dix	quatre-vingt-dixième
quatorze	quatorzième	cent	centième
		cent un	cent unième

Here are abbreviations used for ordinal numbers:

premier: 1er François 1er
troisième: 3e au 3e étage

PRATIQUONS

A. **L'année et la semaine.** Répondez aux questions suivantes d'après [*according to*] les modèles.

MODÈLES: Quel est le premier mois de l'année?
—Janvier est le premier mois de l'année.
Lundi est le deuxième jour de la semaine en France?
—Non, c'est le premier jour.

1. Quel est le troisième mois de l'année?
2. Quel est le sixième mois de l'année?
3. Quel est le dernier mois de l'année?
4. Est-ce qu'avril est le troisième mois de l'année?
5. Novembre est le dixième mois de l'année?
6. Septembre est le huitième mois de l'année?
7. Quel est le cinquième jour de la semaine en France?
8. Est-ce que dimanche est le sixième jour de la semaine?

B. **Un immeuble commercial.** Regardez le tableau d'information de l'immeuble commercial **La fleur de lys** et répondez aux questions.

rez-de-chaussée	Agence de voyages—La Transcontinentale
1er	Mlle Gutenberg—imprimerie
3^{e}	Dr A. Charlot [*charlatan*]—médecine interne
6^{e}	Dr R. Tenaille [*pliers*] et S. Marteau [*hammer*]—dentistes
11^{e}	Mlle J. Eiffel—ingénieur expert
15^{e}	M. Q. Désastre—agent d'assurances

---

[1] **Second(e)** is also used when there are no more than two items in a series.
[2] Note the spelling changes in **cinquième** and **neuvième**.
[3] **Unième** is pronounced /yn/ -ième, as if the suffix were added to the feminine form.

18e   Mme L. Piquesous [*pennypincher*]—
         représentante commerciale
20e   Mme M. Lanneau [*ring*]—agence
         matrimoniale
21e   Me R. Requin [*shark*]—avocat
Note: **Maître (Me)** is the title given to lawyers.

MODÈLE: Où est le bureau de Mme Lanneau?
         —Il est au vingtième étage.

1. Est-ce qu'il y a un médecin ici?
2. Le Dr Marteau, s'il vous plaît?
3. Où se trouve le bureau d'assurances?
4. Maître Requin est au onzième étage?
5. À quel étage est le bureau de Mme Piquesous?
6. Est-ce qu'il y a une agence matrimoniale au dix-huitième étage?
7. Le bureau de Mlle Eiffel, s'il vous plaît?
8. Où se trouve l'imprimerie?

MOTS NOUVEAUX

La chambre de Didouche

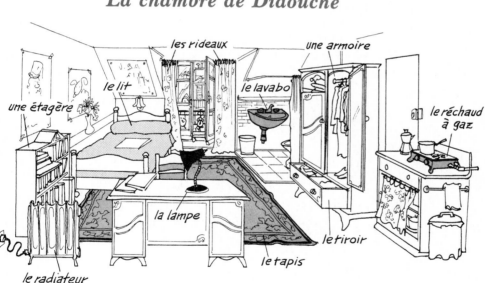

Didouche habite au sixième étage d'un vieil immeuble du Quartier latin. Sa chambre n'est pas très élégante mais elle est confortable et pas chère. **Son loyer** est seulement de 620 F par mois. La chambre n'a pas de **chauffage** central mais **sa logeuse lui prête** un radiateur électrique. Il **chauffe** assez bien. La logeuse de Didouche **lui permet d'avoir** un réchaud à gaz pour préparer ses repas.

Bien sûr, il **n'y a ni** salle de bains **ni** W.C. mais il y a un lavabo avec de l'eau **courante**, chaude et froide. Il y a une salle de bains et un W.C. **à l'étage**. C'est une salle de bains moderne avec **une baignoire** et **une douche**. Elle est toujours **propre**.

Vous avez **remarqué** qu'il n'y a pas beaucoup de **meubles** dans la chambre mais qu'ils sont beaux. Regardez la belle armoire **ancienne**

rent
heating/landlady loans him
chauffer to heat/**lui permettre d'avoir** to permit him to have
neither . . . nor
running
on/bathtub
shower/clean
remarquer to observe/furniture
antique

neuf, **neuve** new

Of course not!
luxury/Come on!

to rent

et les rideaux **neufs**. Didouche a aussi une lampe et une étagère avec beaucoup de livres.

Est-ce qu'il y a un ascenseur ou le téléphone? **Bien sûr que non!** Ce n'est pas un immeuble **de grand standing**. **Voyons!** Pour 620 F par mois seulement, il faut être raisonnable.

Vous aimez cette chambre? Eh bien, téléphonez à Mme Delattre, la logeuse. Elle a une autre chambre comme ça **à louer**.

PRATIQUONS

A. Évaluation. Parlez de la chambre de Didouche. Faites des phrases avec un élément de la colonne I et l'élément de la colonne II qui convient.

MODÈLE: le chauffage   moderne/ancien
—Le chauffage est moderne.

ugly

nice

new/worn, old

I	II
l'immeuble	ancien/nouveau
la chambre	beau/**laid**
le loyer	confortable/inconfortable
la logeuse	électrique/à gaz
le chauffage	**gentil**/désagréable
la salle de bains	moderne/ancien
les meubles	modeste/luxueux
le réchaud	**neuf**/**usé**
l'armoire	neuf/vieux
les rideaux (m.)	ordinaire/élégant
	raisonnable/cher
	sale/propre

B. Questionnaire. Didouche rentre en Algérie pour un an; alors il cherche quelqu'un pour prendre sa chambre. Jouez les rôles de Didouche et d'un(e) ami(e) qui pose des questions au sujet de la chambre.

MODÈLE: Dans quel quartier est-ce que ta chambre est située?
—Elle est située dans le Quartier latin.

1. Est-ce que le loyer est raisonnable, ou est-ce qu'il est cher?
2. Et ta logeuse, est-ce qu'elle est sympathique?
3. À quel étage est ta chambre? (Est-ce qu'il y a un ascenseur?)
4. Est-ce que la chambre est confortable?
5. Comment sont les meubles? En bon ou en mauvais état [*condition*]?
6. Comment est-ce que la chambre est chauffée?
7. Est-ce que tu peux préparer des repas?
8. Où se trouve la salle de bains? Est-ce que c'est une salle de bains moderne?
9. Est-ce qu'il y a le téléphone?

C. À vous. Est-ce que vous habitez une chambre ou un appartement? Essayez de [*try to*] trouver quelqu'un pour prendre la chambre ou l'appartement pendant l'été. D'autres camarades de classe vont poser des questions.

NOTES GRAMMATICALES

Les pronoms complément d'objet indirect

1. The construction **à** + a noun phrase referring to a person is called an indirect object. Two French indirect object pronouns are **lui**, usually equivalent to "(to) him/her," and **leur** "(to) them." Look at the examples:

Elle parle *au professeur.*   **Elle** *lui* **parle.**   *She's speaking to him.*
Il obéit *à sa mère.*   **Il** *lui* **obéit.**   *He obeys her.*
Il répond *aux étudiants.*   **Il** *leur* **répond.**   *He answers them.*

2. **Lui** and **leur** appear in the same position relative to verb tense and negation as the direct object pronouns:

Je *lui* **parle.**   **Je ne** *lui* **parle pas.**
Je *leur* **ai parlé.**   **Je ne** *leur* **ai pas parlé.**
Je vais *lui* **parler.**   **Je ne vais pas** *lui* **parler.**

J'aime *leur* **parler.**   **Je n'aime pas** *leur* **parler.**
Je voudrais *lui* **parler.**   **Je ne voudrais pas** *lui* **parler.**

3. Common verbs taking indirect objects include many verbs of communication:

parler à	*to talk to*	**Je lui parle souvent.**
dire à	*to say, to tell*	**Il leur dit au revoir.**
téléphoner à	*to telephone*	**Elle lui téléphone ce soir.**
écrire à	*to write*	**Je leur écris rarement.**
lire à	*to read*	**Tu leur lis sa lettre?**
demander à	*to ask*	**Ell lui demande son adresse.**
répondre à	*to answer*	**Il lui a répondu en anglais.**

Many other verbs may take both a direct object and an indirect object. For example:

prêter à	*to lend*	**Je leur prête mes disques.**
rendre à	*to give back*	**Les étudiants lui ont rendu les devoirs.**

Two other verbs that require indirect objects are **obéir à** [*to obey*] and **désobéir à** [*to disobey*]:

Les enfants leur obéissent toujours.
Son fils lui a désobéi.

PRATIQUONS

A. **Transformation.** Répondez à l'affirmatif en employant le pronom complément d'object indirect qui convient.

     MODÈLE: Il parle au professeur?
             —Oui, il lui parle.

     1. Elle répond à l'employée?
     2. Il parle au médecin?
     3. Elle téléphone à l'institutrice?

4. Ils écrivent à l'avocat?
5. Ils obéissent à leurs parents?
6. Elle téléphone à ses enfants?
7. Ils répondent à l'infirmière?
8. Elle écrit à sa logeuse?

B. **Qu'est-ce qu'on leur donne?**

MODÈLE: —Le contrôleur? Je lui donne le billet.

1. le contrôleur	(a) les bonbons
2. les étudiants	(b) la voiture
3. la serveuse	(c) les plans de la maison
4. le mécanicien	(d) le billet
5. les enfants	(e) la lettre
6. la secrétaire	(f) les devoirs
7. la téléphoniste	(g) le numéro
8. les architectes	(h) le loyer
9. la logeuse	(i) la commande

C. **La nécessité.** Chaque situation demande une action. Qu'est-ce qu'il faut faire? Choisissez un verbe dans la liste.

apporter   donner   offrir   prêter   rendre

MODÈLE: Jacques a froid.
—Il faut lui donner un pull-over.

1. Pierre a perdu son livre de chimie.
2. Marie-France n'a pas d'argent.
3. J'ai le vélo de David chez moi.
4. Les enfants aiment beaucoup la glace.
5. On va chez ma tante pour dîner.
6. Henri ne sait pas la réponse.
7. Le garçon a très bien servi le dîner.
8. Christian et Isabelle ont très soif.
9. Je vais chez mes parents pour Noël.
10. La voiture des Dupont ne marche pas.

Les verbes écrire, lire *et* dire

écrire (to write)

singulier	*pluriel*
j'écris	nous écrivons
tu écris	vous écrivez
il elle on } écrit	ils elles } écrivent

Passé composé: j'ai écrit

Like **écrire** is **décrire** (to describe).

lire (to read)

singulier	*pluriel*
je lis	nous lisons
tu lis	vous lisez
il elle on } lit	ils elles } lisent

Passé composé: j'ai lu

dire (to say)

singulier	*pluriel*
je dis	nous disons
tu dis	vous **dites**
il elle on } dit	ils elles } disent

Passé composé: j'ai dit

PRATIQUONS

A. **Qu'est-ce qu'ils écrivent?** Choisissez dans la liste.

MODÈLE: Ils sont romanciers.
—Ils écrivent des romans.

1. Je suis journaliste.
2. Marie est une bonne correspondante.
3. Nous sommes poètes.
4. M. et Mme Blanchard sont médecins.
5. Vous êtes serveuses.
6. Mon frère est romancier
7. Ils sont critiques de théâtre.
8. Nous étudions le français.

(a) des romans
(b) des poèmes
(c) des lettres
(d) des ordonnances (pour des médicaments)
(e) des commandes
(f) des articles
(g) des exercices
(h) des critiques

B. **Qu'est-ce que vous dites?** Comment est-ce qu'on dit «oui» dans des pays différents?

MODÈLE: Nous sommes italiens.
—Nous disons «sì.»

en anglais: yes
en français et en créole: oui
en espagnol: sí

en italien: sì
en allemand: ja
en russe: da

Une rue typiquement parisienne à Montmartre.

1. Ils sont français.
2. Tu es américaine.
3. Vous êtes espagnols.
4. Il est allemand.
5. Nous sommes russes.
6. Elles sont anglaises.
7. Je suis italien.
8. Vous êtes haïtiens.
9. Elle est mexicaine.
10. Nous sommes canadiens.

C. **Qu'est-ce qu'on fait?** Trouvez une réponse logique. Employez les verbes **écrire**, **lire** et **dire**.

MODÈLE: Mes parents habitent loin d'ici.
—Je leur écris souvent.

1. Tu aimes beaucoup les romans policiers.
2. Mon neveu aime beaucoup les contes de fées [*fairy tales*].
3. Son petit ami adore lire des lettres.
4. Je suis en vacances.
5. Ils ont un examen demain.
6. Nous sommes journalistes.
7. Leurs parents n'habitent pas ici.
8. Je veux savoir [*to know*] quel temps il va faire demain.
9. Vos amis vont bientôt partir.

SITUATION

À la recherche d'un appartement

Rachid Aboudaram téléphone à une agence **immobilière au sujet d'**un *appartement à louer* **qu**'*il a vu dans une annonce de journal.*

real estate/about
that

L'EMPLOYÉE: Allô, ici l'Agence Beausoleil.
RACHID: Bonjour, Madame. Je téléphone au sujet du deux-pièces . . .
L'EMPLOYÉE: Le deux-pièces au cinquième étage?
RACHID: Oui, l'annonce du journal dit: Grand deux-pièces, cuisine, salle de bains, vue sur parc, immeuble moderne, **tout confort** . . .

fully equipped

L'EMPLOYÉE: Ah, oui, bien sûr.
RACHID: Est-ce qu'il y a un ascenseur?
L'EMPLOYÉE: Non, Monsieur, mais c'est un très bel appartement. La cuisine est équipée: il y a un réfrigérateur, une cuisinière électrique . . .

neighborhood

RACHID: Dans quel **quartier** est-ce qu'il est situé?
L'EMPLOYÉE: Dans le quinzième arrondissement, près de la Tour Eiffel. C'est un bon quartier.
RACHID: Quel est le loyer, Madame?

maintenance fees
in advance/as deposit

L'EMPLOYÉE: 1.700 francs par mois plus 500 francs **de charges**. Vous devez payer trois mois **d'avance comme dépôt de garantie**.
RACHID: Bien sûr.
L'EMPLOYÉE: Est-ce que vous avez des enfants, Monsieur?

only one

RACHID: **Un seul**, Madame.
L'EMPLOYÉE: Pas de chien?
RACHID: Non, Madame, seulement un chat.

to make an appointment

L'EMPLOYÉE: Bon, nous pouvons **prendre rendez-vous** pour la visite.

NOTES CULTURELLES

Le 15ᵉ arrondissement. Paris is divided into twenty administrative districts. Within each **arrondissement** are **quartiers**, or neighborhoods.

DISCUSSION

1. Est-ce que l'immeuble est vraiment moderne?
2. Combien de pièces a l'appartement?
3. Est-ce que le loyer est cher?
4. Est-ce que Rachid a des enfants ou des animaux?

PRONONCIATION ET ORTHOGRAPHE

Les sons /s/ et /z/

Though both /s/ and /z/ are written with **s** in some cases, they must be carefully distinguished. Many words and phrases are set apart by these two consonants.

In the middle of words, **ss** represents /s/: **le dessert, nous passons**; **s** represents /z/: **la cousine, choisir**.

The letter **s** stands for /s/ at the beginning of words, but also represents the liaison consonant /z/:

> /s/   /z/
>
> **ils sont/ils ont**
> **vous savez/vous avez**
> **le poisson/le poison**
> **le dessert/le désert**

ORTHOGRAPHE

1. The sound /s/ is usually spelled with the letters **s**, **ss** or **c**: en**s**eigner, la Fran**c**e, pa**ss**er.

   Here are a few rules that will help you to spell words containing /s/.

   a. The letter **s** is used before **a, o, u**: **su**r, ils **s**ont, **sou**s, le poi**sso**n, les pa**ss**agers.

   b. **s** is also used in consonant groups and after a nasal vowel: l'e**s**calier, une hi**s**toire, l'in**s**tituteur, dan**s**er, l'a**s**censeur, la répon**s**e.

   c. **c** is used before the vowels **e** and **i**: le **c**inéma, le con**c**ierge, le méde**c**in.

   d. At the beginning of words, **s** may also be used before **e** and **i**: **s**es, la **s**ituation.

   e. **ç** (**c** cedilla) is used to distinguish words pronounced alike but which have different meanings, and for derived forms of words spelled with **c**: sa/**ç**a, commen**c**er/nous commen**ç**ons, la gla**c**e/un gla**ç**on.

2. The sound /z/ (when it is not liaison /z/) is written with **s** between vowels: le poison, le cousin, la résidence, Lise, la phrase.
   In a few cases, /z/ is spelled with **z**: le gaz, douze, une douzaine.

VIGNETTE CULTURELLE

Histoire de **Méridionaux**

southerners

The French entertain various stereotypic views of fellow citizens from other parts of the country. The most stereotypic views are held about the southern French (**les Méridionaux** or **les gens du Midi**). For instance, they are reputed to exaggerate a great deal. Marius is a typical name for the stereotyped **Méridional**; Marseille is the best-known city of the **Midi**.

conduire to drive/first

building
falloir to need/more than

Un jour Marius, un Marseillais, arrive à Paris. À la gare, il prend un taxi pour aller à l'hôtel. Le chauffeur de taxi le **conduit d'abord** devant la cathédrale de Notre-Dame. Marius demande au chauffeur:
—Qu'est-ce que c'est que **cet édifice**?
—C'est la cathédrale de Notre-Dame, Monsieur. Il **a fallu plus de** deux siècles pour la construire.

L'un des quatres piliers de la Tour Eiffel.

—Quoi, deux siècles! Chez nous on a fait une cathédrale comme ça en dix ans.

Le chauffeur **hausse les épaules** et **continue son chemin**. Bientôt il passe devant la Tour Eiffel. Marius lui dit:

—Et ça, qu'est-ce que c'est?

—La Tour Eiffel, Monsieur.

—**Combien de temps** est-ce qu'il a fallu pour la construire?

Le chauffeur de taxi, un bon Parisien, pense **mettre fin à la vantardise** du Marseillais; il lui répond **qu**'il a fallu seulement un an pour construire la Tour Eiffel. Marius déclare:

—Chez nous, on fait une petite tour comme ça en un mois.

Enfin, juste avant d'arriver à l'hôtel, le taxi passe devant le Centre Pompidou. Quand Marius lui demande **ce que** c'est, le chauffeur lui répond:

—Je ne sais pas, Monsieur, cet édifice n'**était** pas là hier.

hausser les épaules to shrug/
continuer son chemin to walk, drive on

how long
to put an end to the boasting
that

what

was

ADAPTATION

1. Dans quelle région des États-Unis est-ce que les gens ont la réputation d'exagérer?
2. Est-ce qu'il existe des stéréotypes qui distinguent [*to distinguish*] les gens du Sud et les gens du Nord des États-Unis?
3. Est-ce que vous pensez que ces stéréotypes correspondent à la réalité?

NOTES CULTURELLES

Le Centre Pompidou is a complex of museums and libraries devoted to modern art and music. Its boldly innovative architecture contrasts with surrounding well-preserved structures dating back to the 15th, 16th, 17th, and 18th centuries.

Un pas de plus

RÉVISION

A. Où sont-ils?

MODÈLE: Yves répare la voiture.
—Il est dans le garage.

1. Jeanne regarde la télé.
2. Marc étudie.
3. Maman prépare le dîner.
4. Louise prend une douche.
5. Les Dunand dînent.
6. Alice téléphone à son père.
7. Le bébé dort.
8. Julie fait la vaisselle.
9. Jean-François répare son vélo.
10. Anne cherche son manteau.

B. L'ordre et le désordre.

La chambre de Christine est en ordre.
La chambre de Patricia est en désordre.
Décrivez les deux chambres.

1. Qu'est-ce qu'il y a sur le lit de Christine? de Patricia?
2. Et sur le bureau?
3. Est-ce qu'il y a quelque chose sur le tapis?
4. Et sur les murs?
5. Qu'est-ce qu'il y a sous la table chez Patricia? et chez Christine?
6. Est-ce qu'il y a une étagère dans chaque chambre?

C. Où passer les vacances? Complétez les phrases avec le nom d'une ville, d'un pays ou d'un continent.

1. Il y a des fjords...
2. Le ski est un sport populaire...
3. Pour parler espagnol, il faut aller...
4. La bière est très bonne...
5. Si tu aimes la plage, il faut aller...
6. On peut faire un safari...
7. Il y a beaucoup de théâtres...
8. On trouve de beaux châteaux...
9. Si tu aimes l'opéra, va...

D. Les arrondissements de Paris. Paris est divisé en 20 arrondissements. Où se trouvent les grands monuments et les fameux quartiers de cette ville? (Regardez un plan de la ville.)

MODÈLE: —La Tour Eiffel se trouve dans le septième arrondissement.

1. le Louvre?
2. la Sorbonne?
3. les Champs-Elysées?
4. l'Opéra?
5. le Sacré-Cœur?
6. la Bibliothèque nationale?
7. le Centre Georges Pompidou?
8. le Jardin du Luxembourg?
9. la Cathédrale de Notre Dame?
10. la Cité Universitaire?

Courtesy of Andrew P. Zutis

11. les appartements de grand standing?
12. l'École Polytechnique?
13. l'École Normale Supérieure?
14. la Place Charles de Gaulle?
15. l'École des Beaux Arts?
16. la boutique Yves St. Laurent?

E. **Les pictogrammes.** Vous êtes à la gare. Identifiez les services et renseignements représentés.

K   L   M   N   O

exchange (of currency)/locker
rental

pick-up for checked luggage
lost and found

beverage stand

1. chariots porte-bagages
2. bureau de **change**
3. **location** de voitures
4. bureau de poste
5. **livraison des bagages
   enregistrés**
6. bureau de renseignements
7. guichet de billets

8. réservation des places
9. **consigne automatique**
10. salle d'attente
11. téléphone public
12. toilettes/W.C.
13. **bureau des objets trouvés**
14. buffet
15. **buvette**

F. **Parlons de vous.**

1. Qu'est-ce que vous avez fait hier soir? Demandez à vos camarades de classe, et prenez des notes.

   MODÈLE: lire le journal
   A: Est-ce que tu as lu le journal hier soir?
   B: —Oui, je l'ai lu.
   ou —Non, je ne l'ai pas lu.

   1. lire le journal
   2. écouter les informations
   3. étudier la leçon
   4. préparer le dîner
   5. téléphoner à tes parents
   6. rencontrer tes amis
   7. écrire à ton/ta meilleur(e)
      [*best*] ami(e)
   8. regarder la télé
   9. parler au professeur
   10. faire les devoirs

2. Imaginez que vous êtes à la gare, dans une des salles ou un des bureaux illustrés dans l'exercice E. Avec un(e) camarade de classe, composez un mini-dialogue et jouez votre dialogue pour les autres.

LE SAVIEZ-VOUS?

Les origines de Paris

Paris, the capital of France and its largest city, is also the seat of French economic and political power and artistic and intellectual life. In addition, it is central to the country's transportation and communications networks. The many attempts to decentralize the French government and reduce the importance of Paris have not been very successful. No other major French city—Marseille, Lyon, Lille, Bordeaux, Strasbourg, Nice—has acquired leadership in any important

À Paris, sur les bords de la Seine devant la cathédrale de Notre-Dame, située sur l'Ile de la Cité, l'endroit où une tribu gauloise a fondé le village de Lutèce.

sphere. Paris, strategically located on north-south and east-west lines of ground transportation, has predominated in French life since it was settled more than 2,000 years ago.

Now read about this topic in French:

En France **tous les chemins mènent** à Paris. Toutes les grandes lignes de chemins de fer et les principales autoroutes passent **par** la capitale. Les **lignes aériennes** importantes vont aussi aux trois aéroports de la région parisienne; il y a **très peu de vols** entre les villes étrangères comme New York, Londres ou Rome et les autres centres urbains français.

Beaucoup de jeunes Français vont à Paris pour **chercher fortune**. Les jeunes **paysans** qui quittent leur village et **la ferme** de leurs

all/roads/**mener** to lead
through
airlines
very few flights

to get ahead in life
farmers/farm

En se promenant sur les quais de la Seine, près du Quartier Latin, on trouve les étalages des bouquinistes. Là, on peut acheter des livres anciens ou des gravures à des prix intéressants.

to study/schools
specialized graduate schools (see
Lesson 23)/famous
young people

the larger one
that/**fonder** to found, to establish
which

first-known inhabitants/were/Gauls
tribe/spoke/close to/Breton,
a language spoken in Brittany
time, era/inhabited

envahir to invade
vicinity
not
the most
beginning
Middle Ages/king
until
around
life/**suivre** to follow
power/throughout the entire
country

parents ne vont pas chercher du travail dans une grande ville voisine; ils vont à Paris. Beaucoup d'étudiants préfèrent **faire leurs études** dans **les facultés** de l'Université de Paris ou dans **les Grandes Écoles** de la capitale. Pour être **connu**, un artiste, un écrivain ou un musicien va à Paris. Beaucoup de **jeunes** des départements français d'outre-mer et d'Afrique vont étudier à Paris.

Pour comprendre comment Paris est devenu le centre de toutes les activités du pays, consultez la carte de la capitale. Sur la Seine, il y a deux îles. **La plus grande** est l'île de la Cité et la plus petite est l'île Saint-Louis. C'est sur l'île de la Cité **qu'**on **a fondé** l'agglomération urbaine **qui** est devenue Paris.

Les premiers habitants connus de la France **étaient les Gaulois**, un groupe de **tribus** celtiques qui **parlaient** une langue **proche du breton**. À cette **époque**, l'île de la Cité est un village, Lutèce, **habité** par une tribu gauloise qui s'appelle les Parisii. Le nom Lutèce veut dire «au milieu des eaux» dans la langue des Parisii. Quand les Romains **envahissent** la Gaule et occupent Lutèce, ils appellent ce village et ses **environs** «le village des Parisii». Voilà pourquoi la capitale de la France s'appelle aujourd'hui Paris, et **non pas** Lutèce.

Lutèce devient le centre de communications **le plus** important entre l'Espagne, le Sud-Ouest de la France et le Nord. Au **début** du **Moyen Âge** les premiers **rois** de France établissent leur capitale dans cette île. **Jusqu'au** quinzième siècle les rois de «France» sont les rois de «l'Ile-de-France», la région **autour de** Paris. La centralisation de **la vie** artistique, économique et politique à Paris **suit** l'extension **du pouvoir** des rois **à travers tout le pays**.

CONNAISSANCE DU TEXTE

Indiquez si chaque déclaration est vraie ou fausse.

1. Pour aller de Moscou à Marseille par avion il faut passer par Lyon.
2. Souvent les jeunes Français ne trouvent pas facilement un travail intéressant dans les petites villes.
3. Les écrivains français peuvent faire fortune sans quitter leur région.
4. À Paris il y a seulement une grande île au milieu de la Seine.
5. On a fondé le village de Lutèce au début du Moyen Âge.
6. Les premiers habitants de Paris parlaient [*spoke*] une langue comme le breton.

Chapitre 8

Études et achats

Leçon vingt-deux

IN THIS LESSON:

- terms for stores and what they sell
- the pronoun **en**
- the verbs **connaître** (to be acquainted with) and **savoir** (to know)

MOTS NOUVEAUX

Les magasins

ink

Dans une papeterie on vend des cahiers et des crayons, du papier pour machine à écrire, du papier à lettres, **de l'encre**, des enveloppes, etc.

Dans une librairie on trouve des livres.

Dans une boutique de fleurs on vend des fleurs.

soap/toothpaste

Dans un drugstore on achète beaucoup de choses: des journaux, des livres, des disques, des calculatrices, **du savon**, **du dentifrice**; on prend aussi un café, un sandwich, etc.

drugs, medicine
cosmetics

Dans une pharmacie on achète seulement **des médicaments** et **des produits de beauté**.

postage stamps

Dans un bureau de tabac on achète des cigarettes, du tabac, **des timbres**, des journaux, des magazines.

almost everything

Dans un supermarché on trouve **presque tout**.

Dans une épicerie ou un magasin d'**alimentation** on vend du café, du thé, du sucre, du sel, du poivre, **des épices**, de la confiture, **des produits en boîte**, **des produits frais**, des légumes.

Dans une crémerie on achète du lait, du fromage, des œufs, etc.

Dans une boulangerie on achète du pain ou des croissants.

Dans une pâtisserie on trouve des gâteaux ou des tartes.

Dans une boucherie on vend de la viande: du bifteck, **du gigot d'agneau**, etc.

Dans une charcuterie on vend du jambon, **du saucisson**, de la viande de porc et des plats préparés (de la quiche, du pâté, etc.).

Dans une poissonnerie on achète du poisson et des fruits de mer.

food
spices
canned goods/fresh produce

leg of lamb

dried sausage

NOTES CULTURELLES

Le bureau de tabac. Because the manufacture and sale of tobacco products is a state monopoly in France, only licensed stores may sell them. Many cafés serve as **bureaux de tabac**. A **bureau de tabac** also sells newspapers, magazines, and stamps.

PRATIQUONS

D'où sortent-ils? Vous regardez des gens dans la rue. Ils viennent de sortir de quel magasin?

MODÈLE: Pascal a du dentifrice et du savon.
      —Il sort d'un drugstore ou d'un supermarché.

1. Léon-François a des journaux et des cigarettes.
2. M. Dumas mange un croissant.
3. Maryse donne des enveloppes à son frère.
4. Mme Russo a acheté du saucisson.
5. Mon père a trouvé une belle tarte.
6. Gérard et Solange ont acheté du café et du sucre.
7. M. et Mme Lapeyre ont trouvé de très bonnes huîtres.
8. Marc a acheté du papier, un disque, du chocolat et du lait.

Les commerçants

Except for **le/la marchand(e) de fruits** and **le/la marchand(e) de légumes**, the names of storekeepers are related to the name of their store. In most cases, the masculine forms end in **-ier** and the feminine in **-ière**:

la crémerie:	le crémier	la crémière
la charcuterie:	le charcutier	la charcutière
l'épicerie:	l'épicier	l'épicière
la pâtisserie:	le pâtissier	la pâtissière
la poissonnerie:	le poissonnier	la poissonnière

A few end in **-er**/**-ère**:

la boucherie:	le boucher	la bouchère
la boulangerie:	le boulanger	la boulangère

La boulangère sert une baguette bien chaude qui vient de sortir du four.

Others are not predictable:

la librairie:	le/la libraire
la pharmacie:	le pharmacien/la pharmacienne
la boutique de fleurs:	le/la fleuriste

PRATIQUONS

C'est logique. Vous venez d'un magasin. Un(e) camarade de classe va dire ce que vous avez acheté.

MODÈLE: chez le boucher
      A: Je viens de chez le boucher.
      B: —Tu as acheté du bifteck?
      A: Oui, j'ai acheté du bifteck.
ou   Non, j'ai acheté du gigot d'agneau.

1. chez la pharmacienne
2. chez le boulanger
3. chez le marchand de légumes
4. chez le poissonnier
5. chez la pâtissière
6. chez la marchande de fruits
7. chez le crémier
8. chez la libraire

NOTES GRAMMATICALES

Le pronom partitif en

1. The direct object pronouns (**le**, **la**, **l'**, **les**) replace a noun preceded by the definite article, the demonstrative article, or a possessive adjective. The pronoun **en** replaces a noun preceded by the partitive (**du**, **de la**, **de l'**) or by the plural indefinite article **des**. Compare the following paired sentences:

Elle prépare *le rosbif.*	Elle prépare *du rosbif.*
Elle *le* prépare.	Elle *en* prépare.
Elle a mangé *la tarte.*	Elle a mangé *de la tarte.*
Elle *l'*a mangée.	Elle *en* a mangé.
Je vais commander *les cahiers.*	Je vais commander *des cahiers.*
Je vais *les* commander.	Je vais *en* commander.

2. **En** also replaces a noun introduced by the preposition **de** (of, about, from), as required by certain verbs:

Tu as besoin *de ce dentifrice*?	**Non, je n'*en* ai pas besoin.**
Il a parlé *de son voyage*?	**Oui, il *en* a parlé.**
Elles reviennent *de la* boulangerie?	**Oui, elles *en* reviennent.**

3. The liaison **n** of **en** is pronounced before a vowel. Compare:

Il *en‿*a mangé hier.	**Il va *en* manger maintenant.**

4. **En** occurs in the same position as the other object pronouns:

Je *la* sers.	**J'*en* sers.**	**Je n'*en* sers pas.**
Je vais *le* servir.	**Je vais *en* servir.**	**Je ne vais pas *en* servir.**

5. In the **passé composé**, **en** does not require agreement of the past participle:

Je *les* ai servi*s*.　　　**J'*en* ai servi.**

PRATIQUONS

A. **Où aller pour ça?**

MODÈLE: Nous avons besoin d'enveloppes.
　　　　　—Vous en achetez à la papeterie.
　　ou —Vous pouvez en trouver à la papeterie.

1. Elle cherche du papier à lettres.
2. Ils n'ont pas de sucre.
3. J'ai besoin d'aspirine.
4. Nous avons besoin d'un bon rôti de veau.
5. Je dois acheter des fleurs.
6. Mon frère cherche des revues scientifiques.
7. Madame Ducastel a besoin de timbres.
8. Nous voulons servir du fromage.
9. Les Renoir ont décidé d'acheter des gâteaux.

B. **Pour le pique-nique.** Votre ami vous demande [*asks you*] de faire beaucoup de choses. Vous répondez que vous avez déjà fait ça. Jouez les deux rôles.

MODÈLE: A: Apporte des assiettes!
　　　　　B: —Mais j'en ai déjà apporté.

Possibilités:

apporter	des pommes	du sel et du poivre
manger	des sandwichs	du poulet
prendre	des gâteaux	du jambon
	des bouteilles	du pain
	des verres	du fromage
	des assiettes	du vin
		de l'eau minérale

C. **Au buffet.** Qu'est-ce que vous prenez?

MODÈLES: Est-ce que vous prenez des carottes?
　　　　　—Des carottes? Oui, j'en prends.
　　ou —Des carottes? Non, je n'en prends pas.

　　　　　Est-ce que vous aimez les petits pois?
　　　　　—Les petits pois? Oui, je les aime.
　　ou —Les petits pois? Non, je ne les aime pas.

1. Est-ce que vous prenez des tomates?
2. Vous prenez du rosbif?
3. Vous prenez des huîtres?
4. Vous prenez de la salade?
5. Vous aimez le jambon?
6. Vous aimez les œufs?
7. Vous aimez le gâteau au chocolat?
8. Vous aimez les pommes?

D. À vous. Posez des questions à vos camarades sur leurs activités.

MODÈLE: faire du ski
      A: Est-ce que tu fais du ski?
      B: —Oui, j'en fais souvent.
      ou —Non, je n'en fais pas beaucoup.

1. faire de la natation
2. faire de l'alpinisme
3. faire du ski nautique
4. faire du théâtre
5. faire de la voile
6. faire des promenades à pied
7. faire du jogging

Les verbes connaître *et* savoir

1. The irregular verbs **connaître** and **savoir** both mean "to know." **Connaître** means "to know" in the sense of "to be acquainted with." It refers chiefly to people and places, and it always takes a direct object:

   Je connais votre fils.
   Il ne connaît pas la Côte d'Azur.

   connaître (to be acquainted with)

singulier	*pluriel*
je connais	nous connaissons
tu connais	vous connaissez
il / elle / on } connaît	ils / elles } connaissent

   Passé composé: j'ai connu

   Note the circumflex accent on **il connaît**.
   When used in the passé composé **connaître** often means "to have met":

   | **Où est-ce que vous avez connu cette dame?** | *Where did you meet this lady?* |

2. **Savoir** means "to know" in a factual sense. It appears in four types of constructions:

   a. Followed by a clause:

   | **Je sais** *que tu parles danois.* | *I know (that) you speak Danish.* |
   | **Il sait** *où vous habitez.* | *He knows where you live.* |

   b. Followed by an infinitive; in that case it means "to know how to do something":

   | **Est-ce que vous savez** *nager?* | *Do you know how to swim?* |
   | **Ils ne savent pas** *jouer du piano.* | *They don't know how to play the piano.* |

c. Used alone:

Qu'est-ce que tu sais?	*What do you know?*
Il est déjà parti. —Je sais.	*He has already left. —I know.*

d. In a few cases, with a direct object:

Elle sait *tout.*	*She knows everything.*
Elles savent *la réponse.*	*They know the answer.*

savoir (to know)

singulier	*pluriel*
je sais	nous savons
tu sais	vous savez
il elle } sait on	ils elles } savent

Passé composé: j'ai su

When used in the passé composé, **savoir** usually means "to have learned or discovered":

J'ai su où il est allé.	*I discovered where he went.*

PRATIQUONS

A. Transformation. Changez le verbe du singulier au pluriel, ou vice versa.

MODÈLE: Je connais ce médecin.
   —Nous connaissons ce médecin.

1. Je connais cette institutrice.
2. Il ne connaît pas cette université.
3. Tu connais l'hôpital Laënnec?
4. Elle connaît beaucoup d'infirmiers.
5. Nous connaissons leur adresse.
6. Ils ne connaissent pas cette usine.
7. Elles connaissent cette ouvrière.
8. Vous connaissez cette ville?

B. Les témoins [*witnesses*]. Vous êtes témoin d'un meurtre [*murder*]. Racontez les faits [*facts*] à l'inspecteur.

MODÈLE: Le baron est mort? (Mme Laflamme)
   —Oui, Mme Laflamme sait qu'il est mort.

1. Il a dîné au restaurant? (sa femme)
2. Il a mangé du bifteck? (le garçon)
3. Le garçon a servi le bifteck? (le maître d'hôtel)
4. Le baron a pris du vin? (moi)
5. Il a toujours pris du vin rouge? (on)

6. Il est tombé de sa chaise? (nous)
7. Il n'a pas parlé? (moi)
8. Mme Laflamme est partie? (mes amis)
9. Mme Laflamme a acheté du poison? (le pharmacien)

C. **L'espion [spy] international.** INTERPOL recherche Claude Martin, un grand espion. Est-ce que vous le connaissez? Qu'est-ce que vous savez sur lui? Faites des phrases en employant **connaître** ou **savoir**.

MODÈLES: où il travaille
—Je sais où il travaille.
l'usine où il est allé
—Je connais l'usine où il est allé.

1. M. Martin	6. qu'il parle allemand
2. qu'il parle portugais	7. où Martin habite
3. les noms de ses camarades	8. pourquoi il est allé en
4. sa femme	Belgique
5. quand il est parti d'Autriche	9. ses amis à Liège

SITUATION

Dans une papeterie du Quartier latin

Chantal quitte la Faculté de Médecine avec son amie Phyllis Brown. Les deux jeunes filles vont faire quelques achats dans une papeterie.

LA VENDEUSE: Mesdemoiselles, vous désirez quelque chose?
CHANTAL: Oui. Combien coûte ce paquet de papier pour machine à écrire?

Let's see   LA VENDEUSE: **Voyons** ... 42 francs ...
CHANTAL: Vous avez quelque chose de moins cher?

what   LA VENDEUSE: Certainement. Voilà **ce que** nous avons: un paquet
sheets   de 200 **feuilles** pour 32F60.
CHANTAL: Bon. Je voudrais aussi une boîte de stylos feutre et une douzaine de crayons.

all   LA VENDEUSE: C'est **tout**?
CHANTAL: Oui, c'est combien?

cash register   LA VENDEUSE: Vous payez à **la caisse**, Mademoiselle.

* * * * * *

LA CAISSIÈRE: Alors, nous avons ... le papier ... 32F60 ... les stylos feutre, 23F20 et les crayons, 20F40. Ça fait 76F20. Merci. (À Phyllis) Et pour vous, Mademoiselle?
PHYLLIS: Pour moi, c'est un paquet d'enveloppes, du papier à lettres, de l'encre et des cartes postales. Vous ne vendez pas de timbres?
LA CAISSIÈRE: Mais non, pas ici.
CHANTAL: Savez-vous s'il y a un bureau de poste ou un bureau de tabac près d'ici?

on the corner   LA CAISSIÈRE: Oui. La poste est **au coin de la rue**. Vous connaissez le quartier?

PHYLLIS: Oui, merci bien. Au revoir, Madame.
LA CAISSIÈRE: Au revoir, Mesdemoiselles.

DISCUSSION

1. Qu'est-ce que Chantal et Phyllis vont faire?
2. Est-ce que Chantal achète beaucoup de choses?
3. Est-ce que Chantal achète beaucoup de crayons?
4. Qu'est-ce que Phyllis achète?
5. Où est-ce qu'on achète des timbres?

PRONONCIATION ET ORTHOGRAPHE

Le e instable *avec* de

The unstable **e** of **de** is dropped when the preceding word ends with a pronounced vowel:

l'am**i** d**e** Patrick   beau**coup** d**e** sel   un kil**o** d**e** café

It is pronounced when the preceding word ends with a pronounced consonant:

le frè**re** d**e** Patrick   une boî**te** d**e** sel   une ta**sse** d**e** café

Compare the pronunciation and the dropping of unstable **e** with **de**:

le père d**e** ma cousine   l'enfant d**e** ma cousine
la gare d**e** Versailles   le château d**e** Versailles
une douzaine d**e** gâteaux   un paquet d**e** crayons
la classe d**e** russe   la leçon d**e** russe

VIGNETTE CULTURELLE

Allons au marché

market

Beaucoup de Français **font leurs commissions tous les jours**. Il vont d'abord acheter le pain chez le boulanger. Avant le déjeuner, ils passent chez le boucher, chez le charcutier, chez l'épicier et chez le marchand de légumes. Comme la France **se modernise**, beaucoup de gens vont faire leurs achats une ou deux fois par semaine dans les supermarchés. Mais ils vont aussi faire leur marché, surtout le samedi ou le dimanche matin.

faire une commission to run an errand/every day

se moderniser to modernize

Faire son marché, cela veut dire aller à un marché **couvert** ou à un marché **en plein air**. On trouve ces marchés dans les petites villes et dans les quartiers de Paris et des grands centres urbains. Les marchés sont **moins** confortables **que** les grands magasins d'alimentation, surtout l'hiver. Alors, pourquoi est-ce que les gens les préfèrent?

covered
open air

less . . . than

C'est parce qu'ils sont **plus vivants**. Au marché on trouve une grande variété de couleurs, **d'odeurs** et de bruits. Les marchands des quatre saisons sont les plus pittoresques. **Debouts** devant **leur**

more lively
smell
standing

Le samedi et le dimanche ces ouvriers immigrés d'Afrique du Nord se retrouvent à un marché où on vend des produits de leurs pays; l'Algérie, le Maroc et la Tunisie.

pushcart/**crier** to shout
from southern France
lettuce
flea market
cheap
everything

crowd

petite voiture ou devant leur table, ils **crient**: «Regardez ma belle tomate! Demandez, Mesdames, mes belles fraises **du Midi**! Achetez, Monsieur, ma belle **laitue** fraîche, et pas chère!»

Il existe aussi des marchés comme le célèbre **marché aux puces** de Paris où on peut acheter des vêtements **à bon marché**, des antiquités, **de tout**!

Il y a des marchés dans tous les pays francophones. Aux Antilles et en Afrique ils sont plus vivants et plus intéressants qu'en Europe. **La foule** est plus dense, les couleurs sont plus variées, les odeurs plus fortes, le langage plus expressif. Aller au marché est vraiment une bonne manière de bien connaître la culture et les habitants des pays francophones.

NOTES CULTURELLES

Un marchand des quatre saisons is a vendor of fruits and vegetables. The term comes from a type of strawberry, **une fraise des quatre saisons**, available year round.

ADAPTATION

1. Quand est-ce que les Français achètent le pain?
2. Ils vont chez le boucher et l'épicier seulement une fois par semaine?
3. Quels jours est-ce qu'ils vont souvent faire leur marché?
4. Où est-ce qu'on trouve les marchés couverts?
5. Pourquoi est-ce que les Français préfèrent aller au marché?
6. Qu'est ce que les marchands des quatre saisons vendent?
7. On ne peut pas acheter de vêtements au marché?
8. Pourquoi est-ce que les marchés sont plus intéressants en Afrique ou aux Antilles qu'en France?
9. Est-ce que les marchés existent aux États-Unis?
   Est-ce qu'il y en a dans votre ville?
10. Est-ce que vous êtes déjà allé à un marché?
    Qu'est-ce que vous avez acheté?

IN THIS LESSON:

- terms referring to university life: courses, degrees, exams
- the pronoun **en** with expressions of quantity and numbers
- the pronoun **y**

MOTS NOUVEAUX

La vie universitaire	university life
Les matières et les cours	subjects and courses
Les disciplines (f.) et	fields and schools
les facultés (f.)	
les lettres	humanities
la littérature	
les langues étrangères	
la philosophie	
l'histoire (f.)	
la linguistique	
les sciences humaines	social sciences
l'anthropologie (f.)	
la psychologie	
la sociologie	
les sciences politiques	
les sciences naturelles	
la biologie	
la physiologie	
la botanique	
la zoologie	
les sciences physiques	
les mathématiques	
les maths (f.)	
l'informatique (f.)	computer science
la chimie	
la physique	
l'astronomie (f.)	
les sciences économiques	
les hautes études commerciales	business school
l'économie (f.)	economics
la gestion	management
la comptabilité	accounting

les beaux-arts	fine arts
la peinture	painting
le dessin	drawing
la musique	
la danse	

le droit	law
l'architecture (f.)	
le génie	engineering
la médecine	
le journalisme	

avoir des travaux pratiques	to have small group discussions
suivre un cours	to take a course
Je suis un cours d'histoire.	I'm taking a history course.

NOTES CULTURELLES

Les facultés. French and Québécois universities are divided into **facultés** which are usually equivalent to the schools of American universities. The **facultés** generally include **la faculté des lettres et des sciences humaines** [*humanities and social sciences*], **la faculté des sciences** [*sciences*], **la faculté de droit** [*law*], **la faculté des sciences de l'éducation** [*education*], **la faculté de médecine** [*medicine*].

In France, students receive professional training in fields such as business administration and engineering in highly competitive graduate schools, **les Grandes Écoles** (see **Le Saviez-vous?**, p. 302).

PRATIQUONS

A. **Emploi du temps.** Voici **les emplois du temps** [*schedules*] de deux étudiants québécois. Anne fait des sciences naturelles. Elle prépare **le concours d'entrée** [*entrance exam*] à la faculté de médecine de l'Université Laval. C'est **une scientifique** [*science student*]. Gilles fait des sciences humaines. Il prépare **un diplôme** [*degree*] de sciences politiques. Le nombre (par exemple, 2h) indique le nombre d'heures de chaque cours. Répondez aux questions.

  1. Quels cours a Anne le lundi?
  2. Quand est-ce qu'elle va au cours de zoologie?
  3. À quelle heure commence son cours de pathologie?
  4. À quelle heure finit son dernier cours le vendredi?
  5. Combien de cours est-ce qu'elle a le mardi?
  6. Quel cours a Gilles le vendredi?
  7. Quel jour est-ce qu'il n'a pas de cours?
  8. Quand est-ce qu'il va au cours de macro-économie?
  9. À quelle heure commence son premier cours le lundi?
10. À quelle heure finit son dernier cours le jeudi?

L'Emploi du temps d'Anne

lundi	mardi	mercredi	jeudi	vendredi
Introduction à la physiologie 3h	Pathologie I 3h	Principes de génétique 3h		Chimie I 3h
Zoologie I 2h	Biologie cellulaire 3h	Zoologie I 2h		Laboratoire de chimie 2h
Laboratoire de physiologie 2h				

L'Emploi du temps de Gilles

lundi	mardi	mercredi	jeudi	vendredi
Histoire européenne 3h		Classes sociales et capitalisme 3h		Système politique américain 3h
Travaux pratiques 2h		Introduction à la macro-économie 3h	Régimes politiques africains 3h	

B. Cours, disciplines et professions. Quels cours est-ce que ces étudiants doivent suivre? Quelle discipline est-ce qu'ils doivent faire?

MODÈLES: Roger va devenir informaticien.
—Il doit suivre beaucoup de cours de maths.
Thierry va devenir médecin.
—Il doit faire des sciences naturelles.

1. Alain veut être ingénieur.
2. Christine veut devenir pharmacienne.
3. Guy va devenir écrivain.
4. Marc veut devenir professeur d'allemand.
5. Sylvie veut être infirmière.
6. Brigitte va devenir avocate.
7. Jean-Louis veut être professeur d'histoire.
8. Michèle va devenir vétérinaire.

C. **À vous.** Dites quels cours vous suivez. Vos camarades de classe vont deviner ce que vous voulez devenir.

MODÈLE: A: Moi, je suis un cours de littérature et un cours de linguistique. J'étudie beaucoup de langues étrangères.

B: Tu veux devenir professeur de langues et de littérature.

MOTS NOUVEAUX

Le calendrier *universitaire français*

calendar

B.A. or B.S.
M.A.

to register

se terminer to end
assister à to attend/lectures
small group sections

sécher to cut
passer un examen to take an exam/before/**avoir le trac** to be nervous/**réussir à un examen** to pass/quiet, calm/**échouer à un examen** to flunk an exam/time

On va à l'université pour préparer un diplôme: **une licence, une maîtrise** ou un doctorat.

En France l'année universitaire commence en octobre. On doit **s'inscrire** pendant l'été quand on commence les études universitaires. Pour les étudiants qui ont déjà commencé, les inscriptions sont en septembre.

Les cours commencent à la fin du mois d'octobre et **se terminent** à la fin du mois de mai: on **assiste aux conférences**, on participe aux sessions de **travaux pratiques** et on travaille à la bibliothèque ou au laboratoire.

En France on **sèche** les cours plus souvent qu'aux États-Unis. On **passe les examens** au mois de juin. **Avant** les examens on **a** souvent **le trac**. Si on **réussit aux examens**, on a des vacances **tranquilles**.

Si on **échoue aux examens**, on doit étudier pendant l'été et on doit passer les examens une deuxième **fois** en septembre.

PRATIQUONS

A. **L'année universitaire américaine.** Parlez de votre année universitaire et de votre université.

MODÈLE: les inscriptions
—À mon université les inscriptions sont à la fin du mois d'août.
ou —Ici, on s'inscrit aux cours au début de septembre.

1. le commencement des cours
2. la fin des cours
3. le nombre de semestres ou trimestres [*quarters*]
4. le début et la fin des semestres ou trimestres
5. les examens
6. le nombre de facultés
7. le début des grandes vacances [*summer vacation*]
8. les dates et la durée des vacances

B. **Parlons de vous.**

1. Quel diplôme est-ce que vous préparez?
2. Combien de cours est-ce que vous suivez? Quels cours?

3. Qu'est-ce que vous voulez devenir?
4. Est-ce que vous avez des cours chaque jour?
5. Est-ce que vous séchez souvent vos cours?
6. Qu'est-ce que vous préférez: les conférences ou les travaux pratiques?
7. Où est-ce que vous préférez travailler?
8. Est-ce que vous avez déjà échoué à un cours?
9. Est-ce que vous avez souvent le trac avant un examen?

NOTES GRAMMATICALES

Les expressions de quantité

1. In Lessons 9 and 14 you learned that adverbs of quantity are followed by **de/d'** when used with nouns:

peu	*little, few*	Il y a *peu d'*eau ici.
assez	*enough*	J'ai *assez de* café.
beaucoup	*a lot, many*	Il a pris *beaucoup de* chocolat chaud.
trop	*too much, too many*	Nous avons *trop d'*examens.
moins	*less*	J'ai *moins de* travail aujourd'hui.
plus	*more*	Donnez-moi *plus d'*argent [*money*].
tant	*so much, so many*	Elle a *tant de* problèmes!

You also learned that nouns of measure are used in the same way:

un peu	*a little, a few*	Prends *un peu de* légumes!
un tas	*a pile, a lot*	J'ai fait *un tas d'*erreurs.
une boîte	*a box, a can*	Elle a acheté *une boîte de* gâteaux.
une bouteille	*a bottle*	Ils ont pris deux *bouteilles de* vin.
un litre		Apporte *un litre de* lait!
un kilo		Achète *un kilo d'*oranges.
une douzaine	*a dozen*	Prends *une douzaine d'*œufs!
un paquet	*a package*	Donnez-moi *un paquet de* cigarettes!

2. The adjective **quelques** [*a few*] is never followed by **de**; it is always used with a plural noun:

Elle a pris *quelques* écharpes.
J'ai parlé à *quelques* ouvrières devant l'usine.

3. In the **passé composé**, adverbs of quantity are often placed between the conjugated form of **avoir** and the past participle when there is no noun following. Compare:

Elle a mangé *trop de* glace.   **Elle a *trop* mangé.**

PRATIQUONS

A. **Combien?** Madame Ducastel fait ses courses. Quelle quantité est-ce qu'elle achète?

MODÈLE: du vin
—Elle achète une bouteille de vin.

1. des pommes de terre
2. du lait
3. du beurre
4. des oranges
5. du sucre

6. des petits pois
7. des timbres
8. de l'encre
9. des cigarettes
10. des crayons

B. **Voici les conséquences.** Employez une forme du verbe **travailler** ou du verbe **manger** et un adverbe de quantité.

MODÈLE: Je n'ai pas faim.
—J'ai assez mangé.

1. Elle n'a pas d'énergie.
2. Nous sommes fatigués.
3. Il est devenu riche.
4. Vous avez échoué à votre examen de chimie.

5. J'ai beaucoup d'argent.
6. Tu ne maigris pas.
7. Vous grossissez toujours.
8. Elle a toujours faim.

C. **À vous.** Où est-ce que vous allez? Pourquoi?

pas de		pas assez de		assez de		un tas de	
	un peu de		quelques		beaucoup de		trop de

MODÈLE: —Je vais à la papeterie. Je n'ai pas assez d'enveloppes.

médicaments	enveloppes	disques
timbres	journaux	cassettes
papier à lettres	romans	magazines

Le pronom en *et les expressions de quantité*

1. In noun phrases containing an expression of quantity, **en** replaces only **de** plus the noun phrase. The expression of quantity is retained after the verb:

Elle sert *beaucoup* de glace.	**Elle *en* sert beaucoup.**	*She serves a lot (of it).*
Ils ont bu *un verre* de vin.	**Ils *en* ont bu *un verre*.**	*They drank a glass (of it).*
Je vais acheter *un kilo de* pommes.	**Je vais *en* acheter *un kilo*.**	*I'll buy a kilo (of them).*

2. Numbers function like expressions of quantity:

Il a *deux voitures*?	**Oui, il *en* a *deux*.**
Tu as combien *d'enfants*? *Un*?	**Oui, j'*en* ai *un*.**
Tu as combien *de sœurs*?	**J'*en* ai *une*.**
Vous avez *des bouteilles*?	**Des bouteilles? Oui, j'*en* ai *une douzaine*.**

3. When **en** replaces nouns modified by **quelques**, **uns** or **unes** must be added to that expression of quantity:

J'ai pris *quelques cigarettes.*   **J'en ai pris** *quelques-unes.*
Il a vu *quelques journaux.*   **Il** *en* **a vu** *quelques-uns.*

PRATIQUONS

A. Précisions. Répondez en employant une expression de quantité appropriée.

MODÈLE: Vous avez pris de la bière?
       —Oui, j'en ai pris une bouteille.
   ou —Oui, j'en ai pris un verre.

1. Vous avez pris du lait?
2. Vous avez pris de la soupe?
3. Vous allez manger des pommes?
4. Vous allez boire du vin?
5. Vous allez servir du gâteau au chocolat?
6. Vous avez acheté du papier à lettres?
7. Vous avez vendu des enveloppes?
8. Vous avez trouvé des timbres?
9. Vous allez acheter de l'encre?
10. Vous allez acheter des crayons?

B. Vous faites des achats. Combien est-ce que vous en prenez?

```
 |        |          |            |         |         |
pas  un peu   une boîte   une douzaine  quelques  un kilo  beaucoup
            une bouteille                          un litre
```

MODÈLE: les pommes
      —J'adore les pommes. J'en prends une douzaine.
   ou —Je n'aime pas beaucoup les pommes. J'en prends
        quelques-unes.

les petits pois	le gâteau
les pamplemousses	le vin rouge
les pâtisseries	la soupe à l'oignon
les huîtres	le jus d'orange
les pommes de terre	la glace au chocolat

Le pronom y

1. The pronoun **y** replaces two types of phrases:

a. any noun phrase referring to a place introduced by the prepositions **à**, **en**, **dans**, **chez**, **devant**, etc. These prepositions refer to motion toward or location at. In this usage, **y** is equivalent to English "there":

Vous allez *au Danemark?*   **Oui, nous** *y* **allons.**
Elle est née *à Dakar?*   **Non, elle n'***y* **est pas née.**
Quand est-ce qu'ils vont   **Ils** *y* **sont déjà arrivés.**
   arriver *en Suisse?*

b. a noun phrase referring to a thing and introduced by **à**. In this case **y** means "it" or "them":

Tu vas répondre *à ce télégramme?*	Oui, je vais *y* répondre.
Marc obéit *à la règle?*	Non, il n'*y* obéit pas.
Tu vas répondre *à ces lettres?*	Oui, je vais *y* répondre.

As you learned in Lesson 21, the pronouns **lui** and **leur** replace noun phrases referring to people introduced by **à**:

Tu as répondu *à tes amis?*	Oui, je *leur* ai répondu.
Marc obéit *à son père?*	Non, il ne *lui* obéit pas.

2. Y occurs in the same position as the object pronouns:

Tu habites à New York?	Oui, j'*y* habite.
Elle va rester chez Monique?	Non, elle ne va pas *y* rester.
Elles sont retournées en Belgique?	Oui, elles *y* sont retournées.

PRATIQUONS

A. David et Paul. David est très sérieux mais son ami Paul est paresseux. Dites s'ils vont ou s'ils ne vont pas à l'endroit indiqué.

MODÈLES: David est allé au labo de langues?
—Oui, il y est allé.
Paul est allé au labo de langues?
—Non, il n'y est pas allé.

1. David a travaillé à la bibliothèque?
2. Paul est descendu au labo de chimie?
3. Paul est allé à la piscine?
4. David reste devant la télé?
5. Paul va en classe?
6. David travaille dans sa chambre?
7. Paul va aller à la conférence?
8. David va aller à la plage?
9. Paul va rester au café?

B. Les voyageurs. Pourquoi est-ce qu'on visite les endroits indiqués?

MODÈLE: ꞏrunot sont allés en Normandie.
—Ils y sont allés pour voir les plages du débarquement.

1. Les Dufour sont allés au Québec.
2. Marc Cluny est allé en Afrique.
3. Guy et son frère sont allés à Haïti.
4. Les Guillemette vont sur la Côte d'Azur.
5. Michèle Davy va dans les Alpes.
6. Les Lenoir vont aller à la Nouvelle-Orléans.
7. André va aller à Paris.

(a) fêter le Mardi-gras
(b) visiter les monuments historiques
(c) voir les plages du débarquement
(d) apprendre le créole
(e) faire un safari
(f) nager dans la Méditerranée
(g) fêter le Carnaval
(h) faire du ski

C. Imaginez! Votre petit(e) ami(e) sort avec d'autres femmes (hommes). Qu'est-ce que vous faites?

MODÈLES: Vous répondez à ses lettres?
—Non, je n'y réponds pas!
Vous parlez à ses amis?
—Oui, je leur parle.

1. Vous répondez au téléphone?
2. Vous téléphonez à votre petit(e) ami(e)?
3. Vous écrivez à votre petit(e) ami(e)?
4. Vous répondez à ses télégrammes?
5. Vous répondez à ses lettres?
6. Vous parlez à sa sœur?
7. Vous réfléchissez à ce problème?
8. Vous réfléchissez à **l'amour**?   love

SITUATION

Après l'examen

*Anne Gagné et Claire Saint-Pierre sont étudiantes à l'Université Laval à Québec. Comme elles veulent devenir médecins, elles suivent beaucoup de cours de sciences. Dans le tunnel qui **mène** du **pavillon** des sciences biologiques au dortoir, elles rencontrent un copain, Gilles Hébert. Elles l'appellent.*

         mener to lead/hall, building

ANNE: Ohé! Gilles! Ça va?

GILLES: Salut, Anne. Salut, Claire. Alors, ces examens, vous les avez bien réussis?

CLAIRE: En zoologie, ce n'**était** pas brillant, mais je **crois** que ça va aller. Et toi, pourquoi est-ce que tu **as l'air si** découragé?   was/**croire** to believe / **avoir l'air** to seem/so

GILLES: Ben, j'ai échoué à mon examen d'histoire.

ANNE: Ton cours sur l'Europe entre la Renaissance et **la Première Guerre Mondiale**? **Pourtant**, tu dois bien le connaître.   World War I/yet

GILLES: Ben oui, mais . . .

ANNE: Mais tu est **fort** en histoire! Qu'est-ce qui **s'est passé**? Tu n'as pas travaillé?   good/**se passer** to happen

GILLES: Si, au contraire. J'ai étudié jusqu'à quatre heures du matin. Je ne sais pas pourquoi je n'ai pas **mieux** réussi.   better

CLAIRE: Allons, mon vieux, tu es toujours pessimiste. (à Anne) On lui offre une bière?

ANNE: Oui, ça va lui **remonter le moral**. Viens, Gilles.   **remonter le moral** to cheer up

GILLES: Je voudrais bien, mais je dois aller à la bibliothèque.

CLAIRE: **Allez, viens donc**. Un verre de bière, **ça fait du bien**.   Oh, come on/it's good for you

GILLES: Ben, pourquoi pas. Je **n'ai plus** de cours aujourd'hui.   no more

NOTES CULTURELLES

l'Université Laval. With the **Université de Montréal,** Laval ranks as the oldest and the most prestigious of French-speaking universities in Quebec. It is located in the suburbs of Quebec City.

Le tunnel. Because of the severe winter weather, several Canadian universities have built tunnels that connect buildings.

DISCUSSION

1. Qu'est-ce qu'Anne et Claire vont devenir?
2. Quels cours est-ce qu'elles suivent?
3. Où est-ce qu'elles rencontrent Gilles?
4. Gilles est content? Pourquoi?
5. Gilles est un étudiant sérieux?
6. Qu'est-ce qu'Anne et Claire vont faire pour remonter le moral de Gilles?

PRONONCIATION ET ORTHOGRAPHE

Le e instable au début des mots

The unstable **e** in the first syllable of a word is generally pronounced when the word occurs at the beginning of a sentence or phrase:

V**e**nez!   D**e**main, on part.   R**e**gardez ça!   D**e**mande à Jean-Marc!

When the word occurs within a sentence or phrase and is preceded by a word ending with a vowel, the unstable **e** is dropped:

Vou**s** v̶e̶nez?   C'es**t** d̶e̶main.   Nou**s** r̶e̶gardons.   On lu**i** d̶e̶mande?

When the preceding word ends with a consonant, unstable **e** is pronounced:

C'est pou**r** d**e**main.   Ell**es** r**e**gardent.   Pier**re** d**e**mande l'heure.

Compare the pronunciation and the dropping of unstable **e** in these examples:

P**e**tit, p**e**tit!/Le p̶e̶tit garçon./Quel p**e**tit garçon?
N**e** dors pas!/On n̶e̶ dort pas./Ils n**e** dorment pas.
C**e** magasin?/Dans c̶e̶ magasin?/Derrière c**e** magasin?
L**e** prenez-vous?/Vous l̶e̶ prenez?/Raymonde l**e** prend?

VIGNETTE CULTURELLE

Le Quartier latin

Le Quartier latin est le quartier des écoles et des étudiants, des artistes et des architectes, des livres et des librairies. C'est aussi un quartier de Paris où on trouve de petites rues **étroites qui datent du Moyen Âge.** Le Quartier latin est dominé par **une** grande **tour** moderne qui s'appelle la tour Maine-Montparnasse.

Le Quartier latin est situé sur la **rive** gauche de la Seine en face de l'île de la Cité. Pourquoi est-ce qu'on l'appelle le Quartier latin? C'est parce qu'au Moyen Âge les écoles et l'Université **étaient** situées

narrow/which/date from Middle Ages/tower

bank

were

sur la rive gauche de la Seine. Dans toutes les écoles et à l'Université
on **parlait** seulement le latin. Au Moyen Âge les écoles et l'Université
étaient contrôlées par l'Église, et beaucoup d'étudiants **devenaient**
prêtres après leurs **études** ou **travaillaient** dans l'administration de
l'Église.

spoke
became
priests/studies/worked

    Jusqu'en 1965, toutes les facultés de l'université de Paris étaient
au Quartier latin: la Sorbonne (la faculté des lettres et des sciences
humaines), **la plus** célèbre de ses facultés; la Faculté de Médecine;
l'École des Beaux-Arts qui **forme** un grand nombre d'architectes.
Aujourd'hui **encore** il y a **plus de** 100.000 étudiants qui habitent les
petits hôtels et **les pensions** du Quartier latin ou à la Cité Universitaire, située **plus** au sud. En 1965 le gouvernement, qui contrôle
toutes les universités en France, a décidé d'établir de nouvelles
facultés dans **la banlieue** parisienne pour **éviter** une trop grande
concentration d'étudiants dans **le cœur** de la capitale.

until

the most
former to train
still/more than
boarding house
more

suburbs/to avoid
heart

ADAPTATION

1. Qu'est-ce qu'on trouve au Quartier latin?
2. Pourquoi est-ce qu'on a donné ce nom au quartier?
3. Est-ce qu'il existe l'équivalent du Quartier latin dans une grande
   ville américaine?
4. Où est-ce qu'on trouve **la plupart** des grandes universités
   américaines? Dans le centre des grandes villes?

most

Leçon vingt-quatre

IN THIS LESSON:

- more weather terms
- the verb **mettre** (to put, to place)
- the object pronouns **me**, **te**, **nous**, and **vous**

MOTS NOUVEAUX

Pour se protéger contre la pluie et le froid

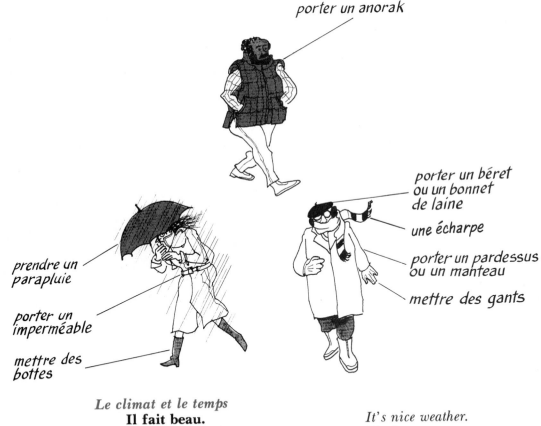

porter un anorak

porter un béret
ou un bonnet
de laine

une écharpe

porter un pardessus
ou un manteau

mettre des gants

prendre un
parapluie

porter un
imperméable

mettre des
bottes

Le climat et le temps

Il fait beau.	*It's nice weather.*
Il y a du brouillard.	*It's foggy.*
Le ciel est couvert.	*The sky is overcast.*
Il y a des nuages. (un nuage)	*It's cloudy.*
Il va y avoir un orage.	*It's going to storm.*
Il fait très humide.	*It's very humid.*
La chaleur est épouvantable.	*The heat is terrible.*
Le froid est insupportable.	*The cold is unbearable.*

Les prévisions de la météo

Et maintenant, **les prévisions de la météo:**
   Une zone de pluie et de temps frais va progresser d'ouest en est sur **la moitié** nord du pays, avec du brouillard sur les **côtes** de la Bretagne et de la Normandie. Dans les Alpes et le Massif Central, le temps va être variable avec des températures de cinq à dix degrés. Le ciel va **rester** couvert dans le sud-ouest, mais **beau temps** pour la Côte d'Azur: du soleil **toute la journée** et des températures **jusqu'à** vingt degrés.

weather forecast

half/coasts

remain/good weather
all day/up to

Vrai ou faux?

1. Dans le nord de la France il va pleuvoir.
2. En Bretagne il va y avoir du brouillard.
3. Dans les Alpes il va faire beau toute la journée.
4. Il va y avoir du soleil dans le sud-ouest.
5. Le temps va être variable sur la Côte d'Azur.
6. Sur la Côte d'Azur il va faire froid.

PRATIQUONS

A. Qu'est-ce que vous portez quand ...

1. il neige?
2. il va y avoir un orage?
3. il fait 30°C?
4. le froid est insupportable?
5. il va pleuvoir?
6. la chaleur est épouvantable?
7. il y a du verglas?
8. vous faites du ski?

B. La météo. D'après le code suivant dites quel temps il fait dans les villes des pays francophones.

N - neige   P - pluie   V - vent
S - soleil   O - orage   C - ciel couvert et nuages

MODÈLE: Paris: 5°P
—À Paris, il fait assez frais et il pleut.

1. Montréal: −10°N
2. Abidjan (Côte d'Ivoire): 35°S
3. Port-au-Prince (Haïti): 25°P
4. La Nouvelle-Orléans: 15°C

5. Dakar (Sénégal): 20°O
6. Nice: 15°V S
7. Papeete (Tahiti): 30°C
8. Tunis (Tunisie): 15°V P

C. **Le temps aujourd'hui en France.** Regardez la carte et répondez.

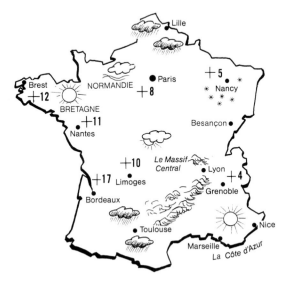

1. Quel temps fait-il

(a) en Bretagne?
(b) en Normandie?
(c) sur la Côte d'Azur?

(d) dans le Massif Central?
(e) dans l'est de la France?
(f) dans le Nord?

2. Quelle est la température à

(a) Paris?
(b) Lyon?
(c) Brest?

(d) Bordeaux?
(e) Nantes?
(f) Nancy?

D. **À vous.** Préparez une carte météorologique, comme dans l'exercice C. Echangez [*exchange*] votre carte contre la carte préparée par [*prepared by*] un(e) camarade de classe. Écrivez un bulletin météorologique [*weather report*] pour sa carte.

NOTES GRAMMATICALES

Le verbe mettre (*to put, to place*)

1. The verb **mettre** has the same endings as regular -**re** verbs; however, the long stem is written with **tt**, **mett**-. Also, its past participle is irregular: **mis**.

singulier	pluriel
je mets	nous mettons
tu mets	vous mettez
il elle } met on	ils elles } mettent

Passé composé: j'ai mis

2. **Mettre** has a wide range of meanings:

to put, to place	**Mettez votre vélo ici.**
	Vous mettez du sucre dans votre thé?
to put on	**J'ai mis des bas aujourd'hui.**
to turn on an appliance	**On va mettre la télévision.**

3. Conjugated like **mettre**:

permettre [*to allow*]	**Permettez-moi de me présenter.**
remettre [*to give back, to turn in*]	**Tu as remis les devoirs au professeur?**
remettre à plus tard [*to procrastinate*]	**Ne remettez pas à demain ce que vous pouvez faire aujourd'hui.**
promettre [*to promise*]	**Je lui ai promis de venir.**

PRATIQUONS

A. Où est-ce qu'on met ça?

MODÈLE: Le sucre? Vous...
—Vous le mettez dans le café.

1. Les tomates? Tu...
2. La lettre? Elle...
3. La voiture? Nous...
4. Les cassettes? Je...
5. La soupe? Mon frère...
6. Le vin? Les Français...
7. Les assiettes sales? On...
8. Le café au lait? Vous...
9. Le thé? Les Anglais...

B. C'est logique! Qu'est-ce qu'on met dans ces situations?

MODÈLE: Pour aller à la piscine, nous...
—nous mettons un maillot de bain.

1. Pour jouer au tennis, les femmes...
2. Pour aller à l'église, Madeleine...
3. Pour jouer au football en novembre, on...
4. Pour faire de l'alpinisme dans les Alpes, vous...
5. Quand tu vas à la plage, tu...
6. Quand je vais à l'opéra, je...
7. Quand il pleut très fort, les enfants...
8. Quand la chaleur est épouvantable, nous...
9. Quand on va aux cours, on...

C. **Quel appareil?** Un(e) de vos camarades de classe va dire ce qu'il/elle voudrait. Vous lui dites ce qu'il faut faire.

MODÈLE: du pain grillé
    A: Je voudrais du pain grillé.
    B: —Alors, mets le grille-pain.

1. du café
2. faire un gâteau
3. ne pas faire la vaisselle
4. écouter de la musique à la plage
5. écouter les informations
6. regarder un documentaire
7. chauffer la chambre
8. écouter ce disque de Beethoven

Me, te, nous *et* vous *comme complément d'objet*

1. The first and second person pronouns **me**, **te**, **nous** and **vous** may be used as direct object pronouns, corresponding to **le**, **la**, **l'** and **les**, or as indirect object pronouns, corresponding to **lui** and **leur**:

Objet direct { **Elle** *la* **regarde.**   **Elle** *me* **regarde.**
                Il *les* **a écouté(e)s.**   **Il** *nous* **a écouté(e)s.**

Objet indirect { **Je vais** *lui* **téléphoner demain soir.**   **Je vais** *te* **téléphoner demain soir.**
                Elle ne *leur* **donne pas les devoirs.**   **Elle ne** *vous* **donne pas les devoirs.**

2. The vowel of the pronouns **me** and **te** is elided before a vowel:

Tu *m'***apportes un stylo?**
Il ne *t'***écoute pas.**

3. Summary of object pronouns:

	personne	*direct*	*indirect*
singulier	1ère	me/m'	
	2^e	te/t'	
	3e m. f.	le/l' la/l'	lui
pluriel	3^e	les/les‿	leur
	2^e	vous/vous‿	
	1ère	nous/nous‿	

PRATIQUONS

A. **Transformation.** Répondez en employant l'indication donnée.

MODÈLES: Qui est-ce qu'il attend? (vous)
    —Il vous attend.

À qui est-ce qu'il parle? (toi)
—Il te parle.

1. Qui est-ce qu'ils cherchent? (vous)
2. Qui est-ce qu'elle écoute? (moi)
3. À qui est-ce qu'elles écrivent? (toi)
4. À qui est-ce qu'il répond? (moi)
5. Qui est-ce qu'elles invitent? (nous)
6. À qui est-ce qu'elle demande ça? (vous)
7. Qui est-ce qu'il sert? (moi)
8. À qui est-ce qu'elle parle? (toi)
9. À qui est-ce qu'ils téléphonent? (nous)
10. Qui est-ce qu'il regarde? (vous)

B. Si tu fais ça...

MODÈLE: Je t'invite à dîner si tu me prêtes de l'argent.
—Bon, alors je te prête de l'argent.

1. Je t'écris si tu me donnes ton adresse.
2. Il te téléphone si tu lui donnes ton numéro.
3. Nous révisons la leçon si tu nous passes les notes.
4. Elle te comprend si tu lui parles français.
5. Je t'accompagne chez le dentiste si tu me prêtes ta voiture.
6. Nous payons le dessert si tu nous invites à dîner.
7. Il te paie si tu lui donnes des leçons.
8. Nous répondons si tu nous poses des questions.

MOTS NOUVEAUX

Les Fêtes en France
Voici les fêtes [*holidays*] traditionnelles et les fêtes légales en France:

25 décembre	Noël
31 décembre	la Saint-Sylvestre
1er janvier	le Jour de l'An
6 janvier	la Fête des Rois (l'Épiphanie)

À Pâques on offre des œufs en chocolat aux enfants.

2 février	la Chandeleur
le milieu de février	le Carnaval; le Mardi gras
entre le 22 mars et le 25 avril	Pâques
30 jours après Pâques	la Pentecôte
1er mai	la Fête du Travail
14 juillet	la Fête Nationale (la commémoration de la prise de la Bastille en 1789)
1er novembre	la Toussaint
11 novembre	l'Armistice (la fin de la Première Grande Guerre 1914–18)

NOTES CULTURELLES

Noël. The French celebrate Christmas very much as we do; see the **Vignette culturelle**, page 300. Greetings are usually exchanged during the months of December and January; although commercial cards are widely used, many prefer to send personalized notes.

Mardi gras is the last day of Carnival before Ash Wednesday and the beginning of Lent. It is celebrated with costume balls, parades and great festivities. Among the better known Mardi Gras celebrations are those of Nice and New Orleans.

La Fête du travail. As in other European countries, France honors the working man on May 1st. It is customary to offer bouquets of lilies-of-the-valley.

Le quatorze juillet commemorates the storming of the Bastille, which marked the beginning of the French Revolution. It is celebrated with fireworks and street dances organized by local authorities.

La Toussaint. On this day it is customary to honor the dead by placing chrysanthemums on their graves.

PRATIQUONS

A. **Correspondances.** Choisissez la fête qui correspond à chaque description.

1. A Nice et à la Nouvelle-Orléans il y a un grand carnaval.
2. On honore les travailleurs.
3. Cette fête marque la fin de la Première Grande Guerre.
4. Ce jour-là on offre des cadeaux aux enfants.
5. Dans toute la France on danse dans la rue après les feux d'artifice [*fireworks*].
6. On apporte des fleurs au cimetière [*cemetery*].
7. C'est le soir avant le Jour de l'An.

(a) le 11 novembre
(b) le 14 juillet
(c) le Mardi gras
(d) Noël
(e) la Toussaint
(f) la Saint-Sylvestre
(g) la Fête du travail

B. Discussion.

1. Quelle est la plus grande fête aux États-Unis?
2. Comment est-ce qu'on fête Noël ou le Jour de l'An chez vous?
3. Si vous êtes israëlite [*Jewish*] ou musulman [*Muslim*], quelles sont les grandes fêtes traditionnelles chez vous?
4. Quelle est la fête nationale américaine? Comment est-ce qu'on la célèbre?
5. Quel jour est-ce qu'on célèbre la Fête du travail aux États-Unis?
6. Est-ce qu'il y a des fêtes légales américaines qui ne correspondent pas aux fêtes françaises?
7. Quelle est la date de votre anniversaire? Comment est-ce que vous l'avez fêté ou comment est-ce que vous allez le fêter cette année?
8. Quelle est votre fête préférée? Pourquoi?

Des vœux   good wishes

Bonnes fêtes!   *Happy Holidays!*
Joyeux Noël!   *Merry Christmas!*
Bonne Année!   *Happy New Year!*
Je vous souhaite une bonne et   *I wish you a happy and*
   heureuse année!   *prosperous New Year!*
Meilleurs vœux!   *Best wishes!*
Mes (nos) meilleurs vœux pour   *Best wishes for Christmas*
   Noël et la nouvelle année!   *and the New Year!*
Bon anniversaire!
Joyeux anniversaire!   *Happy birthday!*

PRATIQUONS

Écrivez une carte de vœux pour envoyer à un(e) camarade de classe.

SITUATION

Qui veut accompagner Jane au Louvre?

*Les vacances de Noël ont commencé. Pierre Leroy téléphone à son **copain** Jacques Marchand. Il voudrait passer l'après-midi de samedi avec lui. Il voudrait aller au Bois de Boulogne pour faire une promenade à cheval ou à bicyclette. Le Bois de Boulogne est un grand parc à l'ouest de Paris, près du quartier où Jacques habite.*   friend, pal

PIERRE: Allô? Solange? C'est Pierre. **Dis**, je voudrais parler à Jacques,   say
  s'il te plaît.
SOLANGE: Il est là. Je l'appelle.

            * * * * * *

JACQUES: Allô, Pierre?
PIERRE: Jacques? Dis, tu es **libre** demain après-midi...euh...pour   free
  aller au Bois?

Dans la cour du Louvre, le plus grand musée d'art de France.

Courtesy of Andrew P. Zutis

JACQUES: Ah, **je regrette**. Je voudrais bien mais demain je ne peux pas.

PIERRE: Ah, bon?

JACQUES: Ben, non. Je dois accompagner Jane, une amie de ma sœur, au Louvre. C'est **sa correspondante** de Londres. Elle est arrivée hier pour passer les fêtes de **fin d'année** avec nous. Alors, Solange veut lui montrer les musées.

PIERRE: **Et alors**? Tu ne peux pas leur **dire** d'aller au Louvre **sans** toi?

JACQUES: Elles ne connaissent pas **grand-chose à** l'art.

PIERRE: **Tu veux rire**, hein? C'est toi qui ne connais rien à la peinture! Mais . . . je commence à comprendre. Dis, quel âge a l'amie de ta sœur?

JACQUES: Euh . . . dix-huit ans, je **crois**.

PIERRE: Et je **parie** qu'elle est jolie!

JACQUES: Oui, en effet, elle n'est pas mal.

PIERRE: Bon, tu sais **ce qu'**on va faire? Je **vois** que vous avez besoin d'un vrai guide. Moi, Pierre Leroy, étudiant à l'Ecole des Beaux-Arts, j'offre mes services!

JACQUES: Et tu peux **emmener** ma sœur au Louvre, **si** tu veux. Moi, je vais au ciné avec Jane!

Marginal glossary:
I'm sorry

pen pal
end of the year

So?/to tell/without
much about
Are you kidding?

croire to believe
parier to bet

what/**voir** to see

to take/if

from where

DISCUSSION

1. Qu'est-ce que Pierre veut faire samedi après-midi?
2. Qu'est-ce que c'est que le Bois de Boulogne?
3. Qu'est-ce qu'on peut faire au Bois?
4. Pourquoi est-ce que Jacques ne veut pas aller au Bois avec Pierre?
5. **D'où** vient l'amie de sa sœur?
6. Quel âge est-ce qu'elle a? Comment est-ce qu'elle est?
7. Pourquoi est-ce que Solange et son amie ont besoin de Jacques?
8. Qu'est-ce que Pierre propose?

Le Louvre. Up to Louis XIV's reign (1643), the palace of the Louvre was the residence of the kings of France. Today it holds France's largest and most famous art museum. The Louvre is located at one end of the complex which includes **le Jardin des Tuileries, la Place de la Concorde, l'Avenue des Champs-Elysées,** and **l'Arc de Triomphe**.

PRONONCIATION ET ORTHOGRAPHE

Le son /k/

The sound /k/ is spelled:

1. **c** before the letters **a**, **o**, and **u**:

   le **c**amarade   le **c**ousin   la fa**c**ulté   le **c**ampus

2. **qu** before **i** and **e**:

   qui   **qu**e   le **Qu**ébec   **qu**inze

   Occasionally, the spelling **qu** appears before **a** or **o**:

   quatre   le **qu**artier   **qu**oi

3. **que** in final position:

   la ban**que**   Pâ**que**s   la poli**tique**

4. **c** before a consonant:

   la **c**lasse   la **c**raie   l'a**c**teur

5. **k** in a small number of words borrowed from other languages:

   le s**k**etch   le s**k**i   le **k**ilomètre

Le son /g/

The sound /g/ is spelled:

1. **g** before the letters **a**, **o**, **u**:

   le **g**arçon   l'Hexa**g**one   **G**ustave   de **G**aulle

2. **gu** before **i** and **e**:

   la **gu**erre   le **gu**ide   la **gu**itare

3. **gue** in final position:

   la lan**gue**   la fi**gue**

4. **g** before a consonant:

   gris   an**g**lais   **g**rande   la **g**lace

VIGNETTE CULTURELLE

Quelques fêtes traditionnelles françaises

échanger to exchange/**décorer**
to decorate/tree/mass

night meal/**suivre** to follow

sausage

turkey/Yule log cake

eve

fêter to celebrate/**durer** to last

wee hours

tirer to draw

flat cake

bean/the one

crowned

golden/head

among the people present

boire to drink

feast of the candles/good luck,
happiness
to flip/frying pan/while holding

coin

parades/**s'amuser** to have fun

L'hiver est la saison des fêtes en France et dans beaucoup de pays francophones. La première fête de l'hiver est Noël. Comme aux États-Unis on **échange** des cadeaux et on **décore un arbre** de Noël. Le Noël traditionnel français est centré sur **la messe** de minuit et **le repas du réveillon** qui précède ou **suit** la messe. Au réveillon de Noël on sert les plats traditionnels: **le boudin** blanc, les huîtres, **la dinde** et **la bûche de Noël**.

Une semaine plus tard c'est la Saint-Sylvestre, **la veille** du Jour de l'An. On la **fête** avec un réveillon qui peut **durer** jusqu'aux **petites heures** du matin.

Le 6 janvier on «**tire**» les Rois. Pour célébrer l'arrivée des trois Rois Mages, on achète **une galette** chez le pâtissier. Dans ce gâteau on a mis **une fève** (ou souvent un bébé en porcelaine). **Celui** ou **celle** qui trouve la fève dans sa part de gâteau est **couronné** roi ou reine. On lui met une couronne en papier **doré** sur **la tête**. Puis le roi ou la reine choisit son ou sa partenaire **dans l'assistance** et on crie: «Le Roi **boit**, vive le Roi!» ou «La Reine boit, vive la Reine!»

Au début de février c'est **la Chandeleur**. Pour avoir **du bonheur** toute l'année, il faut **retourner** une crêpe dans **la poêle en tenant une pièce de monnaie** dans l'autre main.

Enfin arrive Mardi gras et la saison du Carnaval. De Nice à la Nouvelle-Orléans et de Québec à Port-au-Prince on organise **des défilés** et des bals masqués. On danse et on **s'amuse** beaucoup.

ADAPTATION

1. Quelle est la saison des fêtes?
2. Que font les Français pour fêter Noël? Et vous, qu'est-ce que vous faites?
3. Qu'est-ce que c'est qu'une galette?
4. Qu'est-ce qu'il faut faire pour avoir du bonheur toute l'année?
5. Quelles sont les villes où il y a des fêtes de Mardi gras très amusantes?
6. Quelle est votre fête préférée? Qu'est-ce que vous faites ce jour-là?

Le défilé du Carnaval à Nice.

Un pas de plus

A. Pourquoi y aller?

MODÈLE: On est allé au bureau de tabac.
　　　　—On y est allé pour acheter des cigarettes.

1. Mon frère est allé à la papeterie.
2. Nous sommes allés à la pharmacie.
3. Mes sœurs sont allées à la crémerie.
4. Mon ami et moi allons à la boulangerie.
5. Tu vas à la boucherie.
6. Vous allez chez la fleuriste?
7. Mes cousins vont aller au drugstore.
8. Je vais aller au bureau de poste.
9. Tu vas aller à l'épicerie.
10. Ils vont aller à la charcuterie.

B. Mme Davy fait ses courses. Où est-ce qu'elle va, qu'est-ce qu'elle achète et pourquoi?

MODÈLE: Mme Davy va à l'épicerie. Elle cherche des cerises. Mais elle trouve que les cerises sont très chères alors, elle n'en achète pas. Elle prend un kilo de bananes. Ensuite . . .

C. Qu'est-ce que c'est?

MODÈLE: Il y en a beaucoup chez la fleuriste.
　　　　—Il y a beaucoup de fleurs chez la fleuriste.

1. On en trouve chez le boucher.
2. Ils en achètent au bureau de tabac.
3. Tu en a pris un kilo.
4. J'en cherche pour faire un gâteau.
5. Vous en prenez une douzaine.
6. Ils en voudraient une bouteille.
7. Ma sœur va en chercher au grand magasin.
8. Il y en a beaucoup au drugstore.

D. Qu'est-ce que vous leur donnez? Répondez logiquement.

MODÈLE: le contrôleur
　　　　—Le contrôleur? Je lui donne le billet.

(a) le contrôleur
(b) la secrétaire
(c) les enfants
(d) le garagiste
(e) la serveuse
(f) la téléphoniste
(g) les étudiants
(h) le musicien
(i) les architectes

1. le numéro
2. les devoirs
3. le billet de train
4. la lettre
5. les bonbons
6. la voiture
7. la commande
8. le plan de la maison
9. la cassette de musique classique

E. **Que vous êtes généreux!** Répondez à vos amis; employez le verbe **inviter** ou **prêter**.

MODÈLES: Nous aimons beaucoup manger au restaurant.
—Bon, alors, je vous invite au restaurant.
Je n'ai pas assez d'argent.
—Bon, alors, je te prête 50 francs.

1. Ils adorent les films étrangers.
2. Ma voiture est au garage.
3. Nous aimons faire du ski.
4. Christine a perdu ses notes pour le cours d'histoire.
5. Ah, zut! Je n'ai pas de parapluie et il pleut.
6. Nous n'avons pas de disques français.
7. Michel adore faire du ski nautique.
8. Je voudrais bien une tasse de thé.

F. **Qu'est-ce qu'ils savent bien faire?**

MODÈLE: Luciano Pavarotti
—Il sait bien chanter.

1. Fred Astaire et Ginger Rogers
2. Pélé
3. Barbra Streisand
4. Jimmy Connors et John McEnroe
5. Neil Simon
6. Liberace
7. Julia Child
8. vous

G. **Les connaissez-vous?** Connaissez-vous ces villes? Qu'est-ce que vous en savez?

MODÈLE: New York
—Je ne connais pas New York, mais je sais que la Statue de la Liberté est là-bas.

1. Washington
2. Chicago
3. Paris
4. Cannes
5. Strasbourg
6. Venise
7. Rome
8. Madrid
9. Munich

H. **Parlons de vous.**

1. Préparez un bulletin météorologique pour la France basé sur le modèle de la Leçon 24. Votre professeur va corriger [*to correct*] le bulletin et le donner à un(e) camarade de classe, qui va préparer une carte météorologique.
2. Quelle est votre fête préférée? Où est-ce que vous allez ce jour-là? Quel temps fait-il d'habitude? Qu'est-ce que vous mangez? Comparez vos idées avec les idées d'autres camarades de classe.

LE SAVIEZ-VOUS? _____

L'enseignement en France

In France all young people attend a **Collège d'Enseignement Secondaire**, equivalent to the U.S. middle school or junior high. Past

Des étudiants et des professeurs se rencontrent devant la Faculté des Lettres de l'Université de Nice.

that stage, only academically qualified students go on to a **lycée**, which provides preparation for higher education. The others are channeled into vocational schools or apprenticeship programs.

Successful completion of **lycée** training requires passing a national examination, the **baccalauréat (le bac)**. There are several versions of the **bac**, depending on the student's specialization at the **lycée**.

Admission to any one of France's approximately 80 universities requires the **bac**. French university studies are more specialized than those at American universities. Most of the courses taken are in a student's major field, since students are expected to have gained a complete academic preparation at the **lycée**. In addition to the universities, the French system of higher education consists of highly selective specialized schools much smaller than universities, the **Grandes Écoles**. The **Grandes Écoles** select applicants on the basis of stiff competitive examinations; each **Grande École** has a set number of openings for each new class. To prepare for these entrance examinations, candidates enroll in special classes in a small number of select **lycées**, many of which are located in Paris.

France's most distinguished public servants and leaders in business and industry are graduates of a **Grande École**. Among the most selective of the latter are **l'École Polytechnique, l'École Normale Supérieure, l'École Nationale d'Administration, l'École des Sciences Politiques**, and **l'École des Beaux-Arts**. Most of these highly selective schools are located in Paris.

The granting of all secondary and higher education diplomas is under direct government control. Presidents and deans of French universities are elected by the faculty, students, and administrative personnel, but decisions about educational policies and the structure of programs are made by the Minister of Education.

Neither university nor **Grandes Écoles** students pay tuition; higher education in France is free. French students pay only nominal fees, as do foreign students. At universities, a limited number of rooms in university housing and meals in university restaurants are available at much below actual cost. Students also enjoy social security benefits and price reductions for artistic and cultural events.

Now read about this topic in French:

Après leurs **études** secondaires au lycée, les jeunes Français peuvent choisir entre l'université ou une Grande École.

Il y a aujourd'hui environ quatre-vingts universités en France: une dans **chaque** ville d'environ 100.000 habitants. À Paris, l'**ancienne** Université de Paris a été remplacée par treize universités indépendantes.

Pour entrer à l'université, il faut avoir le baccalauréat. C'est un examen national qu'on passe pendant la dernière année de lycée. **L'entrée** aux Grandes Écoles est **plus** difficile. Pour les Grandes Écoles **les plus** prestigieuses comme l'École Polytechnique ou l'École Normale Supérieure, on prépare **le concours d'entrée** pendant deux ans après les études secondaires. **La plupart** des étudiants qui préparent le concours d'entrée aux Grandes Écoles **le font** dans un petit nombre de lycées parisiens. L'entrée aux Grandes Écoles est extrêmement sélective; dans certaines **d'entre elles**, seulement vingt pour cent des candidats **sont reçus**. Mais **ceux** qui sont **choisis** ont **un avenir assuré** devant eux, **car** c'est **parmi les diplômés** des Grandes Écoles que le gouvernement et les grandes **sociétés** industrielles et commerciales recrutent leurs **cadres**.

À part quelques exceptions, les universités et les Grandes Écoles françaises sont nationales; elles sont administrées directement par le Ministre de l'Éducation nationale à Paris. Comme d'autres aspects du gouvernement, l'éducation est très centralisée en France; tout **se décide** dans la capitale.

Une autre différence importante entre la France et les États-Unis est que les études supérieures sont **gratuites**. Les étudiants **ne paient qu'**une somme très modeste pour leurs **frais de scolarité**. **En plus**, ils ne paient qu'une partie de leurs frais de logement et de nourriture.

UNIVERSITÉ François RABELAIS **TOURS**	**INSCRIPTION ANNUELLE** (1)
Faculté de Langues, Littératures Civilisations classiques et modernes	**PREMIER CYCLE** Première année ☐ Deuxième année ☐
	2ᵉ CYCLE Licence ☐ Maîtrise ☐
Année Universitaire 19....-19....	**3ᵉ CYCLE** Doctorat d'Université ☐ Doctorat 3ᵉ cycle ☐ Doctorat d'état ☐
	CONCOURS C.A.P.E.S. ☐ Agrégation ☐
SECTION CHOISIE :	**AUDITEUR LIBRE** ☐

Nº d'inscription :...........................

Nº d'identification de l'étudiant (ou nº de Sécurité Sociale de l'étudiant) | | | | | | | | | | |

NOM : ....

née : ....

(les femmes mariées indiquent ici leur nom de jeune fille)

Prénoms : ....

SCOLARITÉ

Baccalauréat Second Degré :

Série : .... Mention : .... Année 19......

Département : ....

En effet, les repas au restaurant universitaire et le loyer des chambres dans les dortoirs sont **subventionnés**; les étudiants ne paient pas le prix **réel**. Les étudiants des Grandes Écoles, eux, **reçoivent une bourse** pour leur logement et leur nourriture.

Voici les équivalences entre les diplômes français et américains:

subsidized
actual/**recevoir** to receive
scholarship

le baccalauréat	année freshman ou sophomore
la licence	B.A. ou B.S.
diplôme d'une Grande École	M.A. ou M.S.
la maîtrise	M.A. ou M.S.

CONNAISSANCE DU TEXTE

Complétez les phrases suivantes.

1. Les jeunes Français reçoivent le bac...
   —à trente ans.
   —après leurs études universitaires.
   —après la dernière année de lycée.

2. En France il y a...
   —treize universités.
   —environ mille universités.
   —environ cent universités.

3. Pour entrer dans une Grande École il faut avoir...
   —le bac.
   —une bourse.
   —la licence.

4. Il est plus difficile d'entrer...
   —à l'université de Paris.
   —à l'École Normale Supérieure.
   —à l'université de Nice.

5. Les universités françaises sont administrées par...
   —les professeurs.
   —le gouvernement.
   —les autorités locales.

6. Les étudiants des universités ne paient qu'une partie...
   —de leurs frais d'instruction.
   —du prix de leurs livres.
   —du prix de leurs repas.

7. Les grandes sociétés industrielles françaises recrutent leurs cadres parmi...
   —les diplômés des universités.
   —les candidats à l'ENA.
   —les diplômés de l'École Polytechnique.

NOTES CULTURELLES

L'enseignement au Québec. Le système d'enseignement au Québec n'est pas très différent du système américain. Après cinq ans à l'école secondaire, les étudiants vont au C.E.G.E.P. (Collège d'enseignement général et professionnel). Là, ils peuvent choisir le secteur professionnel (infirmier/infirmière, technicien[ne], etc.) et rester trois ans au C.E.G.E.P. Ou alors, ils peuvent choisir le secteur général qui prépare à l'université et rester deux ans au C.E.G.E.P.

Les universités québécoises sont divisées en facultés qui correspondent aux «schools» des universités américaines: faculté des arts, faculté de droit, faculté des sciences de l'éducation, faculté d'administration [*school of business and public administration*], etc. Comme aux États-Unis, l'administration des universités est décentralisée, mais les frais de scolarité sont beaucoup moins élevés, à peu près 800 dollars américains par année. Enfin, il y a des universités de langue française (l'Université Laval, l'Université de Montréal, l'Université Sherbrooke, l'Université du Québec), une université de langue anglaise (l'Université McGill) et une université où les cours sont donnés dans les deux langues (l'Université Concordia).

Télé et cinéma

Leçon vingt-cinq

IN THIS LESSON:

- TV programs and differences between programming in France and in the U.S.

- review of the forms and uses of the present indicative tense

- the verbs **voir** (to see) and **croire** (to believe) and their use with the conjunction **que**

MOTS NOUVEAUX

La télévision (la télé)	television
une télévision	television set
couleur	
noir et blanc	
Qu'est-ce qu'il y a à la télé?	What's on TV?
sur la deuxième chaîne, il y a ...	on Channel 2, there is ...
une émission de sport	sports broadcast
un programme de variétés	variety show
le journal télévisé/les informations/les actualités	news
un documentaire	
un dossier-débat	panel discussion
un feuilleton	serial
un jeu télévisé	game show
de la publicité	commercial
un film de science-fiction	
de critique sociale	
d'aventures	
d'amour	
d'espionnage	
d'épouvante	ghost, horror
un film policier	
fantastique	fantasy
comique	
historique	historical
dramatique (un drame)	
un western	
une comédie musicale	
un dessin animé	

PRATIQUONS

A. La télé. Consultez les programmes de télévision du lundi 19 octobre et du mardi 20 octobre; ensuite, indiquez les éléments correspondants.

lundi 19 octobre

* 20h35, A2. Affaire vous concernant. La rentrée politique avec Pierre Mauroy.
* 22h, TF1. Médicale. Les malades mentaux, leur réinsertion dans la société (débat, vendredi à 20h, sur France-Culture).
22h, A2. Variétés. Charles Dumont à l'Olympia.

mardi 20

14h, A2. Aujourd'hui madame. «Carmen,» de Mérimée-Bizet, à travers ses incarnations.
15h50, TF1. Dossier-débat. L'astrologie devant la science.
* 16h35, A2. Itinéraires. Les Quilapayun.
16h55, A2. Histoires courtes. Courts métrages de fiction: «La rage aux dents» et «L'ultime rencontre.»
20h30, TF1. Dickie-Roi. Dernier épisode.
* 21h35, TF1. Sept sur sept. Le journal de la semaine.
* Vers 22h15, A2. Débat: le racisme quotidien («Dossier de l'écran»).
22h35, TF1. Le cubisme. Série «Regards entendus.»

Les films

lundi 19 octobre

* 20h30, TF1. Feux croisés. [*Crossfire*]. Mémorable plaidoyer antiraciste sous forme d'enquête policière. D'Edward Dmytryk, avec Robert Mitchum. Durée: 1h25.
20h30, FR3. Dieu sauve la reine. Un artificier en colère veut faire sauter le Parlement britannique et la reine avec. Suspense. Durée: 1h40.

mardi 20

20h30, FR3. La machine à explorer le temps. Voyage classique en amont et en aval d'aujourd'hui. D'après le célèbre roman d'H. G. Wells, un film prophétique. Durée: 1h38.
* 20h40, A2. Dupont-Lajoie. Description de la bêtise et de la médiocrité petite-bourgeoise, mère de tous les vices. Le pamphlet antiraciste, certainement sincère, se retourne à cause d'un épilogue ambigu. Jean Carmet est parfait. Durée: 1h37.

1. Dickie-Roi
2. Dieu sauve la reine
3. Le cubisme
4. Les malades mentaux
5. La machine à explorer le temps
6. Sept sur sept
7. Charles Dumont à l'Olympia
8. Feux croisés

(a) un film de science-fiction
(b) un documentaire
(c) un programme de variétés
(d) l'épisode d'un feuilleton
(e) un film de critique sociale
(f) un film policier
(g) un dossier-débat
(h) une émission d'informations

B. Sondage. Classez les types de films que vous regardez à la télévision par ordre de préférence: 1, 2, 3. Ensuite, demandez à vos amis ou à vos camarades de classer leurs préférences. Consultez la liste des **Mots nouveaux**.

MODÈLE:

Ordre de préférence	Moi	Un copain
1	les films policiers	les westerns
2	les films d'amour	les films d'espionnage
3	les dessins animés	les documentaires

C. Un grand choix. Dans le nord-est de la France (la Lorraine, la vallée de la Moselle et l'Alsace), dans le sud de la Belgique et dans le grand duché du Luxembourg les téléspectateurs ont le choix entre six chaînes de langue française plus les trois chaînes allemandes. Ainsi, voici le programme des chaînes périphériques pour le 19 octobre. Pour la télévision française, voir ci-dessus.

RTL (Radio-télévision Luxembourg)	RTBF (Radio-télévision belge française)	Télé 2 (Belgique)
17h A la poursuite de l'amour (feuilleton)	17h TV scolaire: l'art héllenique	18h Série: Les brigades du tigre: la main noire
18h Flash	18 h Faites vos jeux	19h Lundi-Sports
18h30 Les titres de l'actualité	18h30 Dessin animé: S.O.S.	19h30 Journal télévisé 1
19h Journal	19h10 Le temps	20h Série historique: de mémoire de Belges
19h30 Entre chiens et chats	19h30 Journal télévisé 1	22h Théatre wallon: Rastrin, Diogène!
20h Scrupules-Téléfilm américain; une histoire d'amour	20h Un si joli village (drame français 1978)	23h30 Informations agricoles
	22h50 Journal télévisé 2	

DISCUSSION

1. A quelle heure est-ce qu'on peut regarder les informations sur Télé 2? Et sur RTL?
2. C'est à la même heure que les informations à la télévision française?
3. À quelle heure commencent les émissions du soir sur RTBF?
4. À quelle heure est-ce qu'on peut regarder un dessin animé?
5. Si on veut voir un drame, quelle chaîne est-ce qu'il faut regarder?
6. Pour savoir quel temps il va faire, quelle chaîne faut-il regarder?
7. À 19h, quelle chaîne regardent les sportifs de la Belgique francophone?

La télévision en France

Aujourd'hui **presque chaque** famille française a la «télé». **Au lieu de sortir** pour aller **au bal**, au cinéma ou au théâtre—ou au café pour jouer aux cartes avec des amis—beaucoup de Français restent chez eux et passent la soirée devant leur télévision. Souvent, ils prennent le repas du soir **en regardant** le journal télévisé de 20 heures. — almost/every / instead of going out/dance / while watching

Mais en France, on ne peut pas rester devant la télévision **toute la journée**. Les programmes sont **diffusés** seulement **à partir de** midi. À midi, le programme commence **par** des jeux télévisés ou des variétés, **suivis** par **les nouvelles**, le journal télévisé de 13 heures. Le programme de l'après-midi **s'arrête** souvent à 15 ou 16 heures. Le soir, les chaînes françaises commencent leurs émissions avec un programme pour enfants. Ensuite, elles **diffusent** les actualités régionales, un feuilleton, puis, vers 20 heures, le journal télévisé du soir. Après, le téléspectateur a **le choix** entre un film, un programme de variétés ou un dossier-débat sur un sujet politique ou social. **De temps en temps**, le samedi ou le dimanche après-midi **surtout**, la télévision transmet des **événements** sportifs: un match de football ou de rugby, **une course** automobile ou **une rencontre d'athlétisme**. — all day long / broadcast/beginning at / with, by / followed/news / **s'arrêter** to stop / **diffuser** to broadcast / choice / from time to time / especially / event / race/ track and field meet

Au contraire des États-Unis, la télévision en France n'est pas une industrie **privée**; c'est un service national contrôlé par le gouvernement. Il y a très peu de publicité: on n'interrompt jamais une émission avec des **spots publicitaires**. Les spots publicitaires sont groupés et présentés pendant quelques minutes deux ou trois fois chaque jour. Le téléspectateur peut choisir **de ne pas** les regarder, mais souvent ils sont très amusants. — unlike / private / commercials / not to

Après le journal télévisé, on se met à table pour le dîner.

Répondez aux questions suivantes d'après le texte de la Présentation.

1. Aujourd'hui, est-ce que tous les Français ont la télé?
2. Quand ils n'ont pas la télé, qu'est-ce que les Français font pour **se distraire**?

to entertain oneself

3. Pourquoi est-ce que beaucoup de Français regardent la télé à l'heure du dîner?
4. En France est-ce qu'il y a des programmes de télévision toute la journée? Et aux États-Unis?
5. Vers quelle heure commencent les programmes de télévision en France? Et aux États-Unis?
6. Quelles sortes de programmes est-ce qu'on peut regarder le soir après le journal télévisé?
7. En général, quels jours de la semaine est-ce qu'on peut regarder des événements sportifs en France? Et aux États-Unis?

NOTES GRAMMATICALES

Le présent de l'indicatif; les verbes en -er *(révision)*

1. The present indicative is used to express:
   a. an action taking place while one is speaking:
      Il écrit une lettre à sa femme.
   b. a state or situation existing when one is speaking:
      Il fait froid aujourd'hui.
   c. a permanent state or eternal truth:
      M. Dupont est français.
      La France est en Europe.
   d. a habitual action:
      D'habitude, je déjeune à midi.
      Nous allons à l'église tous les dimanches.

2. Most French verbs belong to the regular **-er** group. All their singular forms and their third person plural forms are pronounced alike. These verbs form their present indicative by adding the personal endings to the present stem, formed by dropping the infinitive ending **-er**:

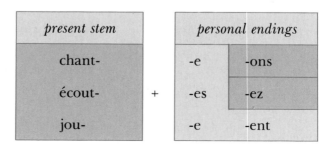

present stem		*personal endings*	
chant-		-e	-ons
écout-	+	-es	-ez
jou-		-e	-ent

a. The verbs **ouvrir** [*to open*], **offrir** [*to offer*], **découvrir** [*to discover*] are conjugated like regular -**er** verbs in the present indicative:

j'ouvre   **nous ouvrons**

b. Verbs ending in -**cer** or -**ger** (**commencer, voyager**) have spelling changes before the -**ons** ending in order to preserve the pronunciation of the stem.

Nous commençons la leçon.   **Nous voyageons souvent.**

c. To negate sentences, use **ne/n'** and another negative adverb: **pas**, **jamais**, **rien**, **personne**, etc. The first element precedes the verb and the second follows:

J'aime les jeux télévisés.	**Je *n'*aime *pas* les jeux télévisés.**
Il jouent aux cartes le soir.	**Ils *ne* jouent *jamais* aux cartes le soir.**

d. Infinitives may be used with verbs expressing preferences and wishes: **adorer, aimer, désirer, détester**, etc.:

Je déteste *manger* seul.	*I hate eating alone.*
Nous adorons *passer* l'après-midi à la campagne.	*We love spending the afternoon in the country.*
Elles n'aiment pas *regarder* la télé.	*They don't like to watch T.V.*

PRATIQUONS

A. **C'est logique.** Complétez chaque phrase logiquement.

MODÈLE: Georges a un examen demain alors, . . . (étudier)
—alors, il étudie à la bibliothèque ce soir.

1. Nous avons très faim alors, . . . (manger)
2. Ils aiment beaucoup la musique rock alors, . . . (écouter)
3. Je veux connnaître les dernières nouvelles alors, . . . (regarder)
4. Anne est très sportive; . . . (jouer)
5. Tu passes tes vacances en Europe alors, . . . (voyager)
6. Mon frère est mécanicien; . . . (réparer)
7. Elles ont froid alors, . . . (fermer)
8. Nous avons chaud alors, . . . (ouvrir)
9. Je n'aime pas sortir le soir alors, . . . (rester)

B. **Préférences.** Parlez de vos préférences et des préférences de vos amis.

MODÈLE: les films
—J'aime regarder les films à la télé.
ou —Mes amis adorent les films français.

1. travailler le soir
2. passer la soirée au café
3. jouer aux cartes
4. rester à la maison
5. voyager en voiture
6. écouter la radio
7. parler au téléphone
8. étudier des langues étrangères

Les verbes en -ir et en -re (*révision*)

In addition to the **-er** group there are three other types of regular verbs. These share two main features in the present tense. First, their third person singular and plural forms differ in pronunciation. The plural form ends in a pronounced consonant which is absent in the singular. Second, their singular form endings are different from those of the **-er** verbs:

1. **-ir** verbs:

partir [*to leave*]

par-	*part-*
je pars	nous part**ons**
tu pars	vous part**ez**
il elle ⎬ part on	ils elles ⎬ part**ent**

Conjugated like **partir**:

dormir [*to sleep*]   **sentir** [*to feel, to smell*]
servir [*to serve*]   **sortir** [*to go out, to take out*]

2. **-ir/-iss-** verbs:

choisir [*to choose*]

choisi-	*choisiss-*
je choisis	nous choisiss**ons**
tu choisis	vous choisiss**ez**
il elle ⎬ choisit on	ils elles ⎬ choisiss**ent**

Conjugated like **choisir**:

obéir à [*to obey*]   **réfléchir à** [*to think about, to reflect on*]
désobéir à [*to disobey*]   **remplir** [*to fill*]
punir [*to punish*]   **réussir à** [*to succeed in*]

Some **-ir/-iss-** verbs are derived from adjectives:

blanchir	**pâlir**	**grandir**	**maigrir**
jaunir	**rougir**	**grossir**	**vieillir**

Many other **-ir/-iss-** verbs correspond to English verbs ending in **-ish**:

accomplir	**démolir**	**établir**	**finir**

3. -re verbs:

perdre [*to lose*]

perd-	perd-
je perd**s**	nous perd**ons**
tu perd**s**	vous perd**ez**
il elle } perd on	ils elles } perd**ent**

Conjugated like **perdre**:

attendre	*to wait for*
descendre	*to go down, to take down*
entendre	*to hear*
perdre son temps	*to waste time*
rendre	*to give back*
rendre visite à quelqu'un	*to visit someone*
rendre quelqu'un heureux	*to make someone happy*
répondre	*to answer*
vendre	*to sell*

PRATIQUONS

A. En classe? Est-ce que vous faites ces choses en classe?

MODÈLES: nous/dormir   —Nous ne dormons pas.
on/parler français   —On parle français.

1. les étudiants/répondre toujours bien
2. le professeur/arriver en retard
3. nous/finir les devoirs
4. je/partir avant la fin du cours
5. vous/perdre votre temps
6. les étudiants/écouter toujours
7. nous/réfléchir avant de répondre
8. tu/remplir ton cahier de notes
9. mes camarades/rendre toujours les devoirs

B. Les conséquences. Complétez les phrases logiquement. Employez le verbe indiqué.

MODÈLE: Ils mangent beaucoup alors, . . . (grossir)
—Ils mangent beaucoup alors, ils grossissent.

1. Ils habitent près de l'aéroport alors, . . . (entendre)
2. Je suis à la gare parce que . . . (attendre)
3. Il joue aux cartes et il n'étudie pas; . . . (perdre son temps)
4. Elle travaille dans une boulangerie et . . . (vendre)
5. Ils préparent leurs valises parce que . . . (partir)
6. Nous n'aimons pas rester chez nous alors, . . . (sortir)
7. On ne lui pose pas de questions parce que . . . (répondre)
8. Tu travailles beaucoup alors, . . . (réussir)

Les verbes croire et voir

Present tense of **croire** [*to believe*] and **voir** [*to see*]:

singulier	*pluriel*
je crois je vois	nous croyons nous voyons
tu crois tu vois	vous croyez vous voyez
il elle }croit on }voit	ils }croient elles }voient

Passé composé: j'ai cru, j'ai vu

1. Pronunciation. These verbs have three spoken forms:
   a. no distinction is heard between the third person singular and plural: **il croit/ils croient, elle voit/elles voient;**
   b. the stem for **nous** and **vous** forms ends in /j/ (as in English *yes*).

2. Spelling. The presence of the sound /j/ in the **nous** and **vous** forms is reflected by the spelling **y.**

PRATIQUONS

Qu'est-ce qu'ils voient?

MODÈLE: Nous sommes au théâtre.
      —Nous voyons une pièce.

1. Ils sont au cinéma.
2. Vous êtes au stade.
3. Je suis à l'aéroport.
4. Tu es au musée.
5. Nous sommes au grand magasin.
6. Mon frère est au lac.
7. Vous êtes au supermarché.
8. Je suis au zoo.
9. Ils sont à l'hôpital.
10. Nous sommes à la gare.

La conjonction que et les phrases complexes

1. The verb **dire** may take a direct object consisting of one word:

   Elle dit **bonjour.**

   But often the object of a verb like **dire** consists of an entire sentence, called a sentence complement. In this case, the sentence is introduced by **que/qu'**:

   Elle dit **qu'elle va au cinéma ce soir.**

   This type of sentence is called a complex sentence; it contains two subjects and two conjugated verbs.

2. Verbs that may take sentence complements include:

verbs of statement: **annoncer, déclarer, dire, expliquer, répondre**
verbs of opinion: **croire, penser, savoir, trouver**
verbs of perception: **remarquer** [*to notice*], **voir**

3. Like other direct objects, sentence complements may be replaced by a pronoun. Use the pronoun **le**:

Je crois bien **qu'ils partent demain.**	Je **le** crois bien.	*I (really) believe so.*
Il remarque que nous ne prenons pas de vin.	Il **le** remarque.	*He notices it.*

PRATIQUONS

A. **Quelle est sa profession?** Donnez votre opinion.

MODÈLE: Il travaille dans une usine?
—Oui, je crois qu'il est ingénieur.
ou —Oui, je pense qu'il est ouvrier.

1. Elle travaille dans un hôpital?
2. Il travaille dans un restaurant?
3. Elle travaille dans un bureau?
4. Elles travaillent dans un grand magasin?
5. Il travaille à la clinique?
6. Elle travaille dans une usine?
7. Ils travaillent dans une pharmacie?
8. Il travaille dans un bureau?

B. **Le professeur.** Qu'est-ce qu'il observe dans la classe?

MODÈLE: Alain/dormir toujours
—Il remarque qu'Alain dort toujours.
ou —Il voit qu'Alain dort toujours.

1. moi/arriver en retard
2. Jeanne/ne répondre jamais
3. nous/poser beaucoup de questions
4. Christian/préparer toujours bien sa leçon
5. toi/perdre souvent les devoirs
6. David et Guy/parler du dernier match
7. moi/rendre toujours les devoirs
8. nous/finir les exercices en classe

C. **Tout le monde a son opinion sur la télévision.** Employez le verbe **croire**.

MODÈLE: nous: la télé est utile
—Nous croyons que la télé est utile.

1. Suzanne: les documentaires sont ennuyeux
2. vous: la publicité est bête
3. toi: il y a beaucoup de bons films
4. mes frères: il n'y a pas assez d'émissions de sport

5. Anne et moi: on peut voir des choses intéressantes
6. moi: les variétés sont bonnes
7. Jean-François et toi: il y a trop de violence à la télé

D. À vous. Quelle est votre opinion?

MODÈLE: le français: difficile? facile?
        —Je trouve que le français est très difficile.
ou —Je pense que le français est assez facile.

1. la télé: utile? inutile?
2. l'art moderne: beau? incompréhensible?
3. la voiture: une nécessité? un luxe [*luxury*]?
4. les grandes villes: pleines d'activité? trop impersonnelles?
5. la musique classique: belle? ennuyeuse?

SITUATION

Une soirée devant la télé

Raymond et Nadine Lemoine passent la soirée chez eux. Après le dîner, Nadine commence à lire le journal.

dear, honey
  RAYMOND: **Chérie**, qu'est-ce qu'il y a à la télé ce soir?
NADINE: Sur TF1, il y a le dernier épisode d'un feuilleton, sur FR3 un film de science-fiction et sur A2 un autre film, une critique sociale, je crois.
RAYMOND: Ce n'est pas intéressant, ça. Montre-moi le journal,
will you?/let's see **tu veux**? Mais, **voyons**, aujourd'hui c'est lundi. C'est le programme de demain que tu as regardé.
how silly of me NADINE: Ah, oui, **que je suis bête**.
RAYMOND: Ce soir il y a un film américain avec Robert Mitchum.
Great! NADINE: **Chouette**! C'est un de mes acteurs préférés. C'est sur quelle chaîne?
RAYMOND: Sur TF1. Le film vient juste de commencer.

DISCUSSION

1. Qu'est-ce que Raymond et Nadine font ce soir?
2. Après le dîner, est-ce que Nadine lit un roman?
3. Est-ce que Raymond aime les films de critique sociale?
4. Nadine a regardé le programme de lundi?
5. Est-ce qu'il y a un film ce soir à la télé? Sur quelle chaîne?
6. Qu'est-ce que Nadine pense de Robert Mitchum?

NOTES CULTURELLES

En France, les téléspectateurs ont le choix entre trois chaînes: TF1 (Télévision française 1), A2 (Antenne 2) et FR3 (France Régions). Dans quelques régions de la France on peut recevoir une nouvelle chaîne, Canal Plus. Les téléspectateurs qui habitent près des frontières peuvent recevoir les émissions des chaînes périphériques [*border*] et étrangères. La télévision belge (RTB) et la télévision de la Suisse romande (SSR) ont des programmes en français. Les deux chaînes périphériques sont situées au Luxembourg (RTL—Radio-Télévision Luxembourg) et dans la principauté de Monaco, un petit état semi-indépendant près de Nice (TMC—Télé Monte-Carlo). Les chaînes périphériques appartiennent à [*belong to*] des compagnies privées contrôlées en partie par le gouvernement français.

PRONONCIATION ET ORTHOGRAPHE

Les voyelles arrondies /u/, /y/, /o/, /ø/, et /œ/

To pronounce the vowels /u/ **où**, /y/ **tu**, /o/ **le stylo**, /ø/ **deux**, and /œ/ **la sœur**, keep the lips rounded and slightly protruded throughout the production of the vowel. If the lips are relaxed during the articulation of the vowel, a glided sound, typical of English vowels, results.

Note that /ø/ and /œ/ may both be written **eu** or **œ**. Generally **œu** occurs only before consonants: **la sœur**, **l'œuf**. Compare:

du	deux	on a vu	vous	j'ai pu	le poux [*louse*]
deux	dos [*back*]	il veut	vos bas	elle peut	la peau [*skin*]

Leçon vingt-six

IN THIS LESSON:

- words referring to movies and movie making
- the uses of the definite article
- review of the forms of adjectives
- the comparative

MOTS NOUVEAUX

Le cinéma	film making; movies; movie theater
Un film peut être:	
triste/drôle	sad/funny
émouvant	touching
profond/léger	deep, profound/ light-hearted
intéressant/ennuyeux	
plein de suspense	suspenseful
violent	
choquant	shocking
effrayant	frightening
La fin **du film peut être:**	end
heureuse/triste	happy/sad
Un film peut *traiter de* **problèmes:**	to treat
sociaux	
politiques	
psychologiques	
Comment *juger* **un film:**	to judge
Le jeu des acteurs **est**	the acting
bon/mauvais.	
La mise en scène **est**	the direction
excellente/mauvaise.	
Le film *est fait* **seulement**	is made
pour *distraire.*	to amuse
Un film *étranger* **peut être** *doublé*	foreign/dubbed
ou en version originale avec *des*	
sous-titres.	subtitles
Les professionnels du cinéma:	
un producteur	producer
un metteur en scène	director
un photographe	cinematographer

un ingénieur du son	sound engineer
un décorateur	set designer
un acteur/une actrice	
une star, une vedette	star, celebrity
(homme ou femme)	

PRATIQUONS

A. C'est quel genre de film? D'après le titre, choisissez la classification de la colonne de droite qui décrit ce film.

1. Oklahoma
2. Un homme et une femme
3. Les aventures de Sherlock Holmes
4. Les joyeuses aventures de Mickey Mouse
5. Le fils de Dracula
6. La guerre des étoiles
7. La conquête de l'Ouest
8. Voyage du Calypso
9. Pour tes yeux seulement
10. M.A.S.H.

(a) un film d'épouvante
(b) un film d'amour
(c) un film d'espionnage
(d) un film policier
(e) un documentaire
(f) un dessin animé
(g) un western
(h) un film de science-fiction
(i) un film comique
(j) une comédie musicale

B. Sondage. Voici un **sondage fait par** le magazine français *Télérama*.   *survey/made by*

QUESTIONS: Pourquoi allez-vous au cinéma?
Qu'est-ce que vous **attendez** d'un film?   **attendre** to expect

	Pourcentage	
1. Il doit **faire rire**. Il doit être drôle.	36%	cause one to laugh
2. Il doit avoir une **intrigue** policière ou d'espionnage, du suspense.	23%	plot
3. Il doit **raconter une histoire** pleine d'action et de violence.	13%	to tell a story
4. Il doit raconter une histoire d'amour ou **d'amitié**.	12%	friendship
5. Il doit **décrire** un événement historique.	12%	to describe
6. Il doit traiter des relations entre les individus et la société, des problèmes de la famille ou du couple, des problèmes psychologiques.	12%	
7. Il doit traiter d'un problème politique ou social.	8%	
8. Il doit raconter une histoire fantastique.	8%	
9. Il doit être **osé** du point de vue sexuel, pornographique **même**.	8%	daring / even

Pour chaque réponse, quel est le type de film **décrit**?   described

MODÈLE: No. 9
—C'est un film pornographique.

Qu'est-ce que vous attendez d'un film? Demandez à dix camarades de classe et faites la liste des réponses.

C. Acteurs et actrices d'hier et d'aujourd'hui. Pouvez-vous identifier dix des grands acteurs et des grandes actrices de la liste suivante? Donnez leur nationalité et un film ou le type de films où ils ont souvent joué.

MODÈLES: Shirley MacLaine
—C'est une actrice américaine. Elle a joué dans "Terms of Endearment."
Fernandel
—C'est un acteur français. Il a joué dans des films comiques.

Brigitte Bardot	Laurence Olivier	Charlie Chaplin
Humphrey Bogart	Alain Delon	Shirley MacLaine
Fernandel	Jane Fonda	Lino Ventura
Goldie Hawn	Jean-Paul Belmondo	Cantinflas
Robert Redford	Leslie Caron	Jack Lemmon
Catherine Deneuve	Sophia Loren	Maurice Chevalier
Marlene Dietrich	Sidney Poitier	Ingrid Bergman

PRÉSENTATION

Le Festival international du film

pearl/Riviera/numerous
to enjoy, to taste/mildness

two weeks

basically/convention/**avoir lieu** to take place/opportunity

Qui ne connaît pas Cannes, **la perle** de **la Côte d'Azur**? **De nombreux** touristes français et étrangers viennent y **goûter la douceur** du climat et la beauté méditerranéenne. Chaque année, pendant **quinze jours**, cette charmante ville touristique devient la capitale cinématographique du monde. En effet, vers le milieu du mois de mai, Cannes est le site du Festival international du film.

Le Festival est **surtout un congrès** professionnel qui **a lieu** dans un site agréable. C'est **une occasion** pour les professionnels du cinéma—les producteurs, les metteurs en scène, les photographes, les ingénieurs du son, les décorateurs et, bien sûr, les acteurs et les

Pendant le Festival International du Film à Cannes les participants peuvent prendre des bains de soleil sur la plage.

L'hôtel Carlton où l'on trouve certaines des vedettes et certains des grands metteurs en scène qui participent au Festival.

C'est dans cet imposant nouveau Palais du Festival qu'a lieu le Festival International du Film.

actrices—de **se rencontrer** et d'échanger des idées. Dans les salles du **Palais du Festival** et dans les cinémas de la ville, on montre **des grands films**, des documentaires et des spots publicitaires. **La plupart** de ces films, **il faut le dire**, sont assez ennuyeux pour **le grand public**.

Ce qui attire le grand public à Cannes pendant le Festival est la possibilité de voir **des personnalités**; une vedette qui **promène son caniche** tôt le matin; le metteur en scène d'un film **candidat à** la Palme d'**Or** qui dîne à la terrasse d'un restaurant. Et puis, sur la plage il y a toujours les starlettes en costumes de bain osés **entourées** de photographes.

Il y a aussi l'ambiance générale du Festival et le suspense. Quel film va **gagner** la Palme d'Or, **le prix** du **meilleur** film? Quel metteur en scène de talent va être **découvert**? À quel film est-ce qu'on va donner le prix de la meilleure mise en scène? Qui va recevoir les prix des plus grands rôles masculins et féminins? En France, pendant quinze jours, tous les journaux et toutes **les revues** y **consacrent** des articles. On en parle **tous les soirs** à la télé et toute la journée à la radio. Le Festival international du film n'est pas seulement **le plus connu** des festivals de la Côte d'Azur, c'est un grand événement culturel national.

glossary (left margin):
to meet (each other)
convention center
feature films/most
it must be said/average audience
what/**attirer** to attract
celebrities/**promener** to walk
French poodle/nominated for
gold
surrounded

to win/prize/best
discovered

magazine/**consacrer** to devote
every evening
the best known

CONNAISSANCE DU TEXTE

1. Qu'est-ce que les Français pensent de Cannes?
2. Pourquoi est-ce que beaucoup d'étrangers viennent à Cannes?
3. Dans votre pays est-ce qu'il y a de belles régions comme la Côte d'Azur? Pourquoi est-ce que les gens vont dans ces régions?
4. Qu'est-ce que c'est que le Festival international du film?
5. Au Festival de Cannes, qu'est-ce qui intéresse les photographes?
6. Pourquoi est-ce que les producteurs et les metteurs en scène montrent des films à Cannes?
7. Aux États-Unis, est-ce qu'il existe un événement cinématographique comme le Festival de Cannes?
8. Est-ce que vous avez vu récemment un film qui a gagné un prix à Cannes ou un Oscar à Hollywood?

NOTES GRAMMATICALES

Les emplois de l'article défini (révision)

1. Review of forms:

		singulier		*pluriel*	
M	le	l'	les	les‿
F	la			
	consonne	voyelle	consonne	voyelle

Exemples: le café   la rue   l'hôtel
           les cafés   les rues   les‿hôtels

2. As in English, the definite article refers to a previously mentioned or specific noun:

L'agent aide *la* touriste.   *The policeman helps the tourist.*
Où est *le* livre de français?   *Where's the French book?*

3. Unlike English, the article is used in French in the following cases:

a. to refer to a whole class of persons or things:

La viande coûte cher en France.   *Meat is expensive in France.*
J'aime *les* films comiques.   *I like comedies.*

b. with abstract nouns:

Ce film traite de *l'amour.* *This film is about (the subject of) love.*

c. with school subjects:

J'aime beaucoup *la* chimie.   *I like chemistry a lot.*
La physique est difficile.   *Physics is difficult.*

d. with languages:

Vous enseignez *le* chinois?   *Do you teach Chinese?*
Le russe est plus difficile   *Russian is more difficult than*
   que *l'allemand.*   *German.*

with **parler**, however, the definite article is not used:

Nous parlons japonais.   *We speak Japanese.*

e. with days of the week to express habitual or repeated action:

Il travaille seulement *le*   *He works only on Mondays and*
   lundi et *le* jeudi.   *Thursdays.*

f. with dates and most holidays:

Mon anniversaire est *le*   *My birthday is on March 15.*
   15 mars.
La Saint-Sylvestre est   *New Year's Eve is December 31.*
   ***le* 31 décembre.**

Noël and **Pâques** are the two major holidays that do not require the definite article:

Nous allons les voir   *We're going to see them*
   à Noël.   *at Christmas.*
Cette année, *Pâques* est le   *This year, Easter is on*
   7 avril.   *April 7.*

g. with the names of continents, countries, provinces, states, and larger islands:

Le Canada est situé au nord   *Canada is located north of the*
   des États-Unis.   *United States.*
La Corse est une île située   *Corsica is an island located*
   au sud de *la* Provence.   *south of Provence.*
Je connais *le* Texas et   *I'm familiar with Texas and*
   l'Alaska.   *Alaska.*
L'Afrique est séparée de   *Africa is separated*
   ***l'Europe par la mer**   *from Europe by the*
   Méditerranée.   *Mediterranean Sea.*

The definite article is not used:

a. with the name of cities:

***Bruxelles* est la capitale de la Belgique.**   *Brussels is the capital of Belgium.*

However, names for a small number of cities include the definite article:

***La* Nouvelle-Orléans est située en Louisiane.**   *New Orleans is located in Louisiana.*

Je vais à *La* Haye et ensuite *au* Havre.   *I'm going to The Hague and then to Le Havre.*

b. With countries or territories that are islands:

***Haïti* est un très beau pays.**   *Haiti is a very beautiful country.*

Où se trouve *Tahiti*?   *Where is Tahiti located?*

PRATIQUONS

A. Gens du pays et étrangers. Ils apprennent ou ils parlent déjà la langue?

MODÈLES: David habite en Belgique.
—Il parle flamand et/ou français.
Mireille va en Angleterre.
—Elle apprend l'anglais.

1. M. Meyer habite en Autriche.
2. Les Smith habitent à Londres.
3. Mlle Lefranc va au Mexique.
4. Paolo habite à Rome.
5. Robert va à Munich.
6. Les Lafleur habitent au Québec.
7. Christine va à New York.
8. M. Diawara habite au Sénégal.

B. Quelles langues?

MODÈLE: au Québec
—Les Québécois parlent français. Quelques Québécois parlent aussi anglais.

1. en Allemagne	5. au Brésil	8. en Espagne
2. aux États-Unis	6. en France	9. en Suisse
3. en Irlande	7. en Haïti	10. en Angleterre
4. en Autriche		

C. À vous. Qui fait ces activités? Quand? Posez des questions à vos camarades de classe.

MODÈLE: A: Est-ce que tu travailles à la bibliothèque le lundi soir?
B: —Non.
A: Alors, quand?
B: —J'y travaille le week-end.

Les jeunes gens vont souvent au cinéma en vélomoteur ou en moto.

travailler à la bibliothèque
danser
sortir pour aller au cinéma
dormir jusqu'à dix heures du matin
téléphoner à ses parents
aller à son cours de biologie (maths, littérature, sociologie, etc.)
faire des achats
jouer au volleyball (au basketball, etc.)

Révision des adjectifs

1. Adjectives agree in number and in gender with the noun or pronoun they modify:

   le joli jardin   **il est joli**
   la joli*e* maison   **elle est joli*e***
   les joli*s* jardin*s*   **ils sont joli*s***
   les joli*es* maison*s* **elles sont joli*es***

2. There are two main groups of adjectives with regard to the number of distinct spoken forms:

   a. Invariable adjectives have only one spoken form; some also have only one written form:

   joli(e)   commercial(e)   facile   optimiste

   b. Variable adjectives have distinct masculine and feminine spoken forms:

   grand/grande   bon/bonne   sérieux/sérieuse   actif/active

3. French adjectives generally follow the noun they modify except for a small set, of which the most frequent are:

   beau/bel/belle   **bon/bonne**   **petit(e)**
   nouveau/nouvel/nouvelle   **jeune**   **mauvais(e)**
   vieux/vieil/vieille   **joli(e)**   **premier(-ère)**
   gros/grosse   **grand(e)**   **dernier(-ère)**

4. Adjectives that appear before the noun show the greatest variation in form, both spoken and written:

a. **Jeune** and **joli** are invariable adjectives; their masculine and feminine forms are alike in pronunciation:

Voilà un jeune homme.   **Voilà une jeune femme.**

b. **Petit, mauvais, bon, premier** and **dernier** have two spoken and two written forms in the singular. Before a vowel, the masculine form is pronounced like the feminine form:

Voilà le petit garçon.   **Voilà le petit_enfant.**
Voilà la peti*te* fille.   /t/

c. For **grand** and **gros** the masculine form before a vowel is pronounced differently from the feminine form; thus, these adjectives have three spoken forms, but only two written forms in the singular:

Voilà un grand stade.   **Voilà un grand_hôtel.**
Voilà une gran*de* église.   /t/
Quel gros garçon!   **Quel gros_homme!**
Quelle gro*sse* dame!   /z/

d. For **beau, nouveau,** and **vieux,** the masculine form before a vowel is pronounced like the feminine form but spelled differently:

Voilà un beau garçon.   **Voilà un bel_homme.**
Voilà une belle fille.
Quel vieux bateau!   **Quel vieil_avion!**
Quelle vieille voiture!
Voici un nouveau café.   **Voici un nouvel_hôtel.**
Voici une nouvelle piscine.

5. In the plural, the final **-s** or **-x** plural marker is pronounced as a liaison /z/ before a vowel:

Quels beaux_acteurs!   **Quelles belles_actrices!**
      /z/   /z/

6. Pronunciation of variable adjectives:

a. For many variable adjectives, the feminine form contains a final consonant which is absent from the masculine:

Elle est suédoi*se*.   **Il est suédois.**
Voilà une peti*te* fille.   **Voilà un petit garçon.**

b. For adjectives like **active,** the masculine ends in **-if:**

Elle est acti*ve*.   **Il est act*if*.**

c. When the masculine form ends with a nasal vowel, the feminine has a non-nasal vowel plus a strongly released /n/:

C'est un bon vin.   **C'est une bo*nne* bière.**
Il est brun.   **Elle est bru*ne*.**

d. For **dernier** and **premier** the feminine and masculine pre-vowel forms contain /ɛ/ (as in **mère**) followed by /r/:

C'est le premier jour.   **C'est la premi*è*re fois.**
                               C'est le premi*er*_août.

PRATIQUONS

A. Ça aussi.

1. Quel grand café! (un immeuble, un restaurant, un appartement, un bureau)
2. C'est un bon journal. (une revue, un livre, une pièce, un hôtel, un quartier)
3. J'ai acheté un nouvel avion. (un vélo, une voiture, une affiche, un appartement)
4. C'est le dernier jour. (le mois, la semaine, la fois, l'étage)
5. Vous avez une grande cuisine! (un ascenseur, une maison, un escalier, une chambre)
6. Tu aimes ce vieux chapeau? (cette jupe, cet imperméable, ce pantalon, cette écharpe)
7. Prenez ces bons chocolats! (ces esquimaux, ces oranges, ces fromages)

B. C'est ça.

MODÈLE: Cet appartement est vieux.
—Oui, c'est un vieil appartement.

1. Cet immeuble est grand.
2. Cette église est belle.
3. Cet hôtel est bon.
4. Cet escalier est petit.
5. Cette voiture est grosse.
6. Ce parc est vieux.
7. Cet avion est beau.
8. Ce restaurant est mauvais.

C. C'est le contraire.

MODÈLE: Quels grands appartements!
—Quels petits appartements!

1. C'est une petite église.
2. Voilà un vieil immeuble.
3. C'est un mauvais hôtel.
4. Voici un petit appartement.
5. Quels bons restaurants!
6. Voilà une grosse voiture.
7. C'est un vieux café.

D. Nationalités.

MODÈLES: M. Dupont habite à Paris.
A: C'est un Parisien?
B: Mais oui, il est parisien.

Les Morita habitent au Japon.
A: Ce sont des Japonais?
B: Mais oui, ils sont japonais.

1. Mlle MacDonald habite en Irlande.
2. Robert Smith vient des États-Unis.
3. Miguel et ses frères habitent au Mexique.
4. Mme Antonelli est d'Italie.
5. Les Schmidt sont d'Allemagne.
6. Nicole Davy habite en France.
7. Sylvie et sa sœur habitent en Belgique.
8. Alice Jones vient d'Angleterre.
9. Helmut et sa famille sont d'Autriche.

E. Décrivons les gens.

> MODÈLE: Mon chanteur préféré . . .
> —Mon chanteur préféré s'appelle Yves Montand. Il est français. Il est grand, il est brun, il est assez intelligent et il est très dynamique.

Physique	Intelligence et personnalité
grand/petit	amusant/drôle
de taille moyenne	intelligent/bête
blond/brun/roux	timide/dynamique
chauve	intéressant/ennuyeux
beau/jolie	

of average height

bald

rather

très   **assez**   un peu

1. Mon frère ou ma sœur . . .
2. Mon copain ou ma copine . . .
3. Mon acteur ou mon actrice préféré(e) . . .
4. Mon chanteur ou ma chanteuse préféré(e) . . .
5. Le président des États-Unis ou de la France . . .

La comparaison des adjectifs

1. To make a comparison one uses the adverbs **plus** [*more*], **moins** [*less*], and **aussi** [*as*]:

C'est *plus* **long.**	*It's longer.*
C'est *moins* **cher.**	*It's cheaper.*
C'est *aussi* **grand.**	*It's as large.*

2. To compare two nouns, use an adverb of comparison and the conjunction **que**:

more . . . than:	**Le boucher est** *plus* **gros** *que* **le charcutier.**
less . . . than:	**Le boulanger est** *moins* **gentil** *que* **l'épicier.**
as . . . as:	**La pharmacienne est** *aussi* **sympathique** *que* **la marchande de fruits.**

3. When making a comparison with **plus/moins/aussi**, the adjective agrees with the first noun:

   La dame **est plus** *grosse* **que le monsieur.**
   La boulangère **est moins** *gentille* **que le marchand.**
   Les infirmières **sont aussi** *sympathiques* **que les médecins.**

4. Make a liaison after **plus** and **moins**:

   Ce travail est plus‿intéressant.
   Ces voitures sont moins‿économiques.

5. Use the stressed form of pronouns in making comparisons:

   Jean n'est pas plus grand que *moi.*
   Mes parents sont plus énergiques qu'*eux.*

6. The equivalent of the adjective "better" is **meilleur(e)**:

Le vin est bon mais le lait est *meilleur*.
La bière ici est *meilleure* que le vin.
Nous sommes *meilleurs* que Jacques en maths.

But use **bon** for other comparative expressions:

Le café est aussi *bon* que le thé.
Ces croissants sont moins *bons* que les autres.

PRATIQUONS

A. **Un peu de géographie.** Comparez le climat dans les deux régions.

> MODÈLE: le Canada/la Floride.
> —Il fait plus chaud en Floride.
> ou —Il fait moins froid en Floride.

1. la Californie/l'Alaska
2. Paris/la Côte d'Azur
3. l'Espagne/l'Angleterre
4. la France/les Antilles
5. la Louisiane/le Maine

B. **Prix et qualité.** Comparez le prix et la qualité.

> MODÈLE: une Mercédès/une Toyota
> —Une Mercédès est plus chère et meilleure qu'une Toyota.
> ou —Une Toyota est moins chère mais aussi moins bonne qu'une Mercédès.

1. une montre Timex/une montre Cartier
2. un appareil-photo Minolta/un appareil-photo Kodak
3. une Ford/une Rolls-Royce
4. un jean Levis/un jean Christian Dior
5. un dîner dans un grand restaurant/un dîner à MacDonald's

C. **Evaluation.** Comparez les choses suivantes d'après les critères [*criteria*] donnés.

> MODÈLE: un vélo/une voiture (pratique/économique)
> —Un vélo est plus économique mais moins pratique qu'une voiture.

1. le thé/le café (bon/cher)
2. les documentaires/les variétés (amusant/intéressant)
3. le français/la chimie (difficile/utile)
4. l'avion/le train (cher/rapide)
5. le coca-cola/la bière (bon/cher)
6. les chats/les chiens (gros/gentil)

SITUATION

Le choix d'un film

*Brigitte, Pierre, Yvonne et son frère Jacques sont sur les Champs-Elysées. Ils ont décidé d'aller au cinéma mais ils **ont beaucoup de mal à** choisir un film.*

avoir beaucoup de mal à to have a lot of trouble

BRIGITTE: Choisissons un film, enfin!

JACQUES: Moi, je préfère «Le Vieil homme et l'enfant». Michel Simon joue le rôle principal. C'est un acteur formidable.

last

YVONNE: C'est un vieux film. Je viens de le voir à la cinémathèque la semaine **passée**.

PIERRE: Alors, allons voir «Macbeth», avec Orson Welles.

BRIGITTE: Oui, Orson Welles est un de mes acteurs préférés.

YVONNE: Quelle actrice joue Lady Macbeth?

BRIGITTE: Je ne sais pas.

être fort en to be good in

JACQUES: Mais c'est en version originale et je ne **suis** pas **fort en** anglais.

PIERRE: Tu vas pouvoir comprendre. Il y a des sous-titres en français.

YVONNE: En face on joue un film suédois de Bergman. Ses films sont toujours très profonds.

leagues

JACQUES: Si tu aimes la profondeur on peut aller au ciné à côté. On joue «Vingt mille **lieues** sous la mer».

Stupid!

YVONNE: **Idiot**!

Okay, that's enough!/**faire la queue** to get in line

PIERRE: **Bon, ça suffit! Faisons la queue** pour «Macbeth».

NOTES CULTURELLES

Le Vieil homme et l'enfant. Ce film raconte l'histoire d'un petit garçon juif [*Jewish*] caché [*hidden*] à la campagne pendant la Deuxième Guerre Mondiale. Sous l'occupation allemande les Juifs sont persécutés par les Nazis et le gouvernement collaborationniste

Sur les Champs-Elysées on peut se promener, admirer les vitrines des magasins de luxe ou essayer de trouver un bon film.

de Vichy. Le petit garçon est caché chez un vieux couple. Le mari suit la politique antisémite du gouvernement de Vichy. Mais il commence à aimer le petit garçon car [*for*] il ne sait pas qu'il est juif. Le film montre la bêtise [*stupidity*] des préjugés et la spontanéité des sentiments [*feelings*] entre les individus.

Ingmar Bergman est un célèbre metteur en scène suédois.

Vingt mille lieues sous la mer est un roman de science-fiction de Jules Verne, écrivain français du 19ᵉ siècle.

DISCUSSION

1. Est-ce que Brigitte et ses amis sont au Quartier latin?
2. Qui a déjà vu «Le Vieil homme et l'enfant»?
3. Qu'est-ce que Brigitte pense de l'acteur principal du film «Macbeth»?
4. Est-ce que «Macbeth» est un film français? Est-ce que c'est un film doublé?
5. Est-ce qu'Yvonne suggère un film comique?
6. Est-ce que les jeunes gens décident d'aller voir le film de Bergman?

PRONONCIATION ET ORTHOGRAPHE

La liaison devant les noms

Most articles, the demonstrative adjectives, and the possessive adjectives have a liaison consonant before a word beginning with a vowel:

un‿homme	versus	un monsieur
cet‿avocat	versus	ce médecin
mon‿ami	versus	mon cousin
ton‿oncle	versus	ton père

The French plural marker is a liaison -**s** (pronounced /z/) which is always pronounced before a word beginning with a vowel:

ces‿escaliers	versus	ces portes
les‿avenues	versus	les rues
nos‿exercices	versus	nos leçons
leurs‿enfants	versus	leurs parents

Leçon vingt-sept

IN THIS LESSON:

- terms to describe newspapers and magazines
- describing events and situations in the past with the **imparfait**
- the superlative
- questions using inversion

MOTS NOUVEAUX

La Presse

Au *kiosque à journaux* on peut acheter:	newsstand
un (journal) quotidien	daily newspaper
des périodiques	periodicals (m.)
un hebdomadaire	weekly periodical
un mensuel	monthly periodical
un magazine d'information	
satirique, politique	
familial	
féminin	
pour les jeunes	
Dans le journal on peut lire:	
les grands titres	headlines
un article	
un éditorial	
un fait-divers	news item covering an accident, crime or sensational news
un entretien	interview
la météo	weather forecast
la rubrique sportive	sports column
la publicité	advertising
une bande dessinée	comic strip
un dessin humoristique	cartoon
une annonce	notice, announcement
les petites annonces	classified ad
les mots-croisés	crossword puzzle

PRATIQUONS

Quelle rubrique est-ce qu'on lit?

MODÈLE: Il va faire beau demain; tu veux aller à la campagne?
—On lit la météo.

1. Chouette! La France a battu l'Italie 2 à 1!
2. Regarde, on cherche une sténodactylo pour travailler à la maison.
3. Il y a eu un accident grave sur l'autoroute du nord hier soir.
4. Maman, regarde; les appareils-photos Kodak ne sont pas très chers. Je peux en avoir un pour Noël?
5. Ce journaliste a parlé avec le Ministre de l'Éducation; c'est un article très intéressant.
6. Prends ton parapluie; il va probablement pleuvoir aujourd'hui.
7. L'équipe de St-Étienne a perdu hier soir.
8. C'est un mot de sept lettres, qui veut dire «symbole de la pureté». Tu as une idée?
9. Qu'est-ce qu'ils font aujourd'hui, Tom et Jerry?

Certaines grandes librairies vendent aussi des journaux et des magazines.

Les journaux et les périodiques

En France comme aux États-Unis, le nombre de journaux quotidiens continue de diminuer. Seulement 45% des Français lisent un journal **tous les jours** et 23% admettent ne jamais en lire. **Par contre** le nombre de périodiques (hebdomadaires et mensuels) augmente, surtout les hebdomadaires à caractère familial. On peut grouper les hebdomadaires français en cinq grandes catégories:

> every day
> on the other hand

1. Les magazines d'information:
   L'Express. Le premier grand magazine d'information en France; comparable aux hebdomadaires américains *Time* et *Newsweek*. Il est neutre du point de vue politique.
   Le Point. Il représente un point de vue plus à droite que *L'Express.*
   Le Nouvel Observateur. Il représente un point de vue plus à gauche que *L'Express.*

2. Les magazines satiriques et très politisés:
   Le Canard Enchaîné. De tendance anarchiste, très satirique.
   Minute. Hebdomadaire d'extrême droite.
   Pilote. Comparable au magazine américain *Mad.*

3. Les magazines à caractère familial et féminin:
   Ils ont **le plus fort tirage** de tous les périodiques. Par exemple, *Télé 7 Jours* est tiré **à plus de** deux millions **d'exemplaires contre environ** un demi-million pour *L'Express.*
   Marie-Claire, Marie-France, Elle. Des magazines féminins très connus.
   Télé 7 Jours, Télé-rama, VSD (Vendredi, samedi, dimanche). Comparables aux suppléments des journaux du dimanche américains et des magazines qui donnent des détails sur les programmes de télévision de la semaine.
   Paris-Match, Jours de France, Maison et Jardin. Riches en illustrations et photos.

> largest circulation
> at more than/copies/in comparison with/about

4. **La presse à scandale:**
   France-Dimanche, Ici Paris. On y trouve des articles sur **la vie** sentimentale des vedettes du cinéma et de la télévision et des personnalités.

> scandal sheets
> life

5. Les magazines pour les jeunes:
   Salut les Copains, Quinze Ans, Mademoiselle Âge Tendre.

Pour les journaux français, il faut distinguer entre les quotidiens régionaux, qui ont un grand tirage (*France-Ouest, Le Provençal, France-Antilles*), et les journaux nationaux publiés à Paris:

Le Monde. **Le plus** objectif des journaux français, il contient les informations les plus détaillées et **les mieux** contrôlées. De tendance centre-gauche.
Le Figaro. De tendance centre-droite et de style intellectuel.
L'Humanité. L'organe du Parti Communiste, le plus politisé des quotidiens.

PRATIQUONS

A. **Classement politique.** Classez les journaux et les périodiques suivants d'après leurs opinions politiques.

| Extrême-Gauche | Gauche | Centre-Gauche | Centre-Droite | Droite |

Le Canard Enchaîné
—C'est un périodique d'extrême-gauche, de tendance anarchiste.

1. *Minute*
2. *Le Nouvel Observateur*
3. *Le Figaro*
4. *L'Express*
5. *Le Point*
6. *Le Monde*
7. *L'Humanité*

B. **Qui lit quoi?** Quel journal ou magazine français est-ce que chaque personne lit?

MODÈLE: Michèle Dubois aime beaucoup lire. Elle a dix ans.
—Elle lit *Mademoiselle Âge Tendre.*

1. Didier est un étudiant de sociologie peu conformiste.
2. Marie-France est élève dans un collège. Elle a 14 ans. Elle aime lire des articles sur les vedettes de rock.
3. M. Gloaquen est le directeur d'une grande société industrielle.
4. Mme Schneider a 65 ans. Elle aime beaucoup regarder la télé le soir.
5. Evelyne Rioux est une jeune ouvrière, membre actif du Parti Communiste.
6. Brigitte Péronnet est une jeune femme mariée.
7. M. Jacques est professeur de lycée. Il vote socialiste et aime être **au courant de** la politique internationale.
8. Mme de Penanster habite en Bretagne. Elle aime être au courant de l'actualité régionale.

(a) *Le Monde*
(b) *L'Humanité*
(c) *Jours de France*
(d) *Quinze Ans*
(e) *France-Ouest*
(f) *Le Canard Enchaîné*
(g) *L'Express*
(h) *Télé 7 Jours*
(i) *Mademoiselle Âge Tendre*

Mes quinze ans

Vous souvenez-vous de vos quinze ans? Quinze ans est un âge difficile. C'est une période de la vie indécise. On est timide, on ne sait pas qui on est ni ce qu'on va faire.

Voici un entretien, rapporté par une journaliste du mensuel français Quinze Ans,[1] avec une célèbre actrice de cinéma française, Catherine Deneuve.

	when I was fifteen
	Do you remember
	life/indecisive
	nor/what

LA JOURNALISTE: Catherine, vos quinze ans, c'était comment?

C.D.: À quinze ans j'étais heureuse, très heureuse.

LA JOURNALISTE: Votre famille?

C.D.: Je suis d'une famille **nombreuse**. Ils étaient tous formidables. Je **m'entendais** très bien **avec** mes frères et mes sœurs. Mes parents ont été merveilleux. Je n'ai jamais eu de problèmes avec eux. À quinze ans j'étais très timide ... réservée. J'étais terriblement **raisonnable**, peut-être à cause de ma **timidité**.

large
s'entendre avec *to get along with*

well-behaved/shyness

LA JOURNALISTE: Aviez-vous beaucoup d'amis?

C.D.: Non, très peu, mais aujourd'hui ce sont **toujours les mêmes**. Les vrais amis sont rares et précieux.

still/the same ones

LA JOURNALISTE: Vous continuiez vos études à quinze ans?

C.D.: Je les ai **arrêtées** très tôt, à seize ans. J'ai tout **laissé tomber** pour le cinéma. Le cinéma? C'est arrivé **par hasard**. Ma sœur Françoise Dorléac était actrice, et pour un film, **il lui fallait** une sœur. Elle m'**a proposée** au metteur en scène. C'est comme ça que j'ai commencé.

arrêter *to stop, to end*/**laisser tomber** *to give up, to drop*
by chance
she needed
proposer *to suggest*

LA JOURNALISTE: Comment vos parents **ont**-ils **réagi**?

C.D.: Ma mère n'était pas contente. Mon père a été merveilleux. Il était **du métier**, il **post-synchronisait** des films. Il a dit oui.

réagir *to react*
*in the (movie) business/**post-synchroniser** to add the sound track after filming, especially for dubbing/reading*

LA JOURNALISTE: À quinze ans, vous intéressiez-vous à **la lecture**, au cinéma, faisiez-vous du sport?

C.D.: Je lisais, mais **surtout** des **livres de poche**, des romans; je n'avais pas d'auteurs favoris. Le cinéma, j'aimais bien y aller. À quinze ans je ne **songeais** pas du tout **à en faire** mon métier. J'y allais par plaisir. Je ne suis vraiment pas sportive mais je faisais de la natation. Je prenais aussi des cours de danse classique.

especially/paperbacks

songer *to dream*/**à en faire** *of making it*

LA JOURNALISTE: Les garçons?

C.D.: Ah, les garçons! Rien **du tout**! J'étais trop timide. Ils ont commencé à **m'intéresser** beaucoup **plus tard**. J'étais une petite fille très **sage**!

at all
to interest me/later
well-behaved, good

CONNAISSANCE DU TEXTE

1. D'après Catherine Deneuve, comment sont les jeunes à quinze ans?
2. Est-ce que vous êtes d'accord avec elle?
3. Décrivez la vie de famille de Catherine Deneuve.
4. Et vous, quelle sorte de famille est-ce que vous avez?

[1] Adapté de *Quinze Ans*, No. 153, Juin 1978.

5. Jusqu'à quel âge est-ce que Catherine Deneuve a continué ses études?
6. Comment est-ce que ses parents ont réagi quand elle leur a dit qu'elle voulait faire du cinéma?
7. Quels étaient **les loisirs** de Catherine Deneuve quand elle avait quinze ans?
8. Quels étaient vos loisirs quand vous aviez quinze ans?
9. Quand vous aviez quinze ans, est-ce que les garçons (ou les filles) vous intéressaient? Est-ce que les choses ont changé maintenant?

leisure activities

NOTES GRAMMATICALES

L'imparfait

In addition to the **passé composé**, French uses the imperfect tense to talk or write about the past. The imperfect is used:

a. To describe persons, places, etc.:

Sa femme était belle.	*His wife was beautiful.*
C'était un grand bateau à voile.	*It was a large sailboat.*

b. To express habitual or repeated actions:

D'habitude, il prenait le métro.	*He **usually** took the subway.*
Tous les matins, il achetait deux croissants.	***Every morning** he would buy two crescent rolls.*

c. To express an action going on when an event occurs, or two on-going actions:

Il parlait au téléphone quand je suis entré.	*He was talking on the phone when I entered.*
Elle écrivait pendant que le professeur parlait.	*She was writing while the teacher was talking.*

d. To make suggestions:

Si on allait au cinéma?	*How about going to the movies?*
Si tu prenais la voiture?	*Why don't you take the car?*

2. The imperfect has several English equivalents:

Il *pleuvait* tous les dimanches.	*It* $\begin{cases} \textbf{\textit{used to rain}} \\ \textbf{\textit{would rain}} \\ \textbf{\textit{rained}} \end{cases}$ *every Sunday.*
Hier il *pleuvait* et il *faisait* froid.	*Yesterday it **was raining** and it **was** cold.*

3. To derive the stem for the imperfect, drop the **-ons** ending from the **nous**-form of the present tense; then add the imperfect endings:

infinitive	present	stem	imperfect
commander	nous **commandons**	**command-**	je **commandais**
choisir	nous **choisissons**	**choisiss-**	je **choisissais**
partir	nous **partons**	**part-**	je **partais**
vendre	nous **vendons**	**vend-**	je **vendais**
lire	nous **lisons**	**lis-**	je **lisais**

Être is the only verb with an irregular stem in the imperfect: **ét-**, **j'étais**.

4. Sample conjugation:

parler

singulier	*pluriel*
je parl**ais**	nous parl**ions**
tu parl**ais**	vous parl**iez**
il elle on } parl**ait**	ils elles } parl**aient**

Pleuvoir, **neiger**, and **falloir** [*to be necessary*] occur only in the third person singular:

il pleuvait   **il neigeait**   **il fallait**

5. Pronunciation:

a. The three singular forms and the third person plural form are pronounced alike.

b. The **i** of -**iez** and -**ions** represents the sound /**j**/ as in English yes:

vous demand*i***ez**   **nous finiss***i***ons**

Verbs with a stem ending in -**i** have the sequence /ij/ in the **nous** and **vous** forms:

present	*imperfect*
nous étudi*ons*	**nous étudi***ions*
/jõ/	/ijõ/
vous étudi*ez*	**vous étudi***iez*
/je/	/ije/

6. Spelling:
All verbs whose stem ends with **g** or **c** show spelling irregularities. Since **g** plus **a** or **o** represents /g/ instead of /ʒ/, **e** is added to preserve the sound value. Similarly, **ç** replaces **c** to preserve the /s/ value. Compare:

present		*imperfect*	
nous mang*e***ons**	**je mang***e***ais**	**nous mangions**	
nous commen*ç***ons**	**je commen***ç***ais**	**nous commencions**	

Verbs like **appeler** and **lever** are regularly formed in the imperfect: **j'appelais**, **je levais**.

PRATIQUONS

A. **Qu'est-ce qu'ils faisaient?** Mettez le deuxième verbe à l'imparfait.

MODÈLE: Nous aimions aller au cinéma.
—Nous allions au cinéma.

1. Vous aimiez prendre le train.
2. Elle aimait jouer aux cartes.
3. Ils aimaient sortir ensemble.
4. Vous aimiez lire le journal.
5. Elles aimaient aller au bal.
6. Il aimait prendre un café chez nous.
7. Nous aimions faire de la natation.
8. Tu aimais mettre cette robe le dimanche.

B. **Suggestions.** Transformez les ordres en suggestions.

MODÈLE: Rentre chez toi!
—Si tu rentrais chez toi?

1. Va dans ta chambre!
2. Prends ta guitare!
3. Joue des chansons françaises!
4. Chantons avec elle!
5. Allez chercher du vin et de la bière!
6. Apporte du pain et du fromage!
7. Faisons du ski!
8. Rentrez chez vous!

C. **Vos quinze ans.** En employant les éléments donnés, parlez de vos quinze ans. Employez d'autres expressions ou mots si vous voulez.

Quand j'avais quinze ans...

Personnalité: être   calme/agité
sympa/désagréable
raisonnable/difficile
timide/sûr de moi
sérieux/paresseux

Activités:	regarder la télé	perdre beaucoup de temps
	étudier beaucoup	travailler bien/mal en classe
	sortir avec des amis	faire du sport

Loisirs: aimer (les sports, la musique, la danse)
lire (types de livres ou de magazines)
écouter (type de musique)
regarder (films et programmes)
jouer (sports ou jeux)

Le superlatif des adjectifs

1. The superlative indicates that one member of a class (person or thing) has the highest degree of the quality specified:

Paris est une grande ville.
Cette ville est *plus* **grande** *que* **Lyon.** *comparative*
Paris est *la plus* **grande ville** *de* **France.** *superlative*
Cette télévision n'est pas chère.
Cette télévision est *moins* **chère** *que* **l'autre.** *comparative*
Cette télévision est *la moins* **chère** *du* **magasin.** *superlative*

To form the superlative, use the definite article (**le, la** or **les**) and the comparative element (**plus** or **moins**) plus the adjective, which agrees in number and gender with the noun modified:

L'Union Soviétique est *le plus grand* **pays d'Europe.**
Marseille est *la plus grande* **ville du sud de la France.**
Paris, Lyon et Marseille sont *les trois plus grandes* **villes de France.**
Ces vélos sont *les moins chers.*

2. The superlative of **bon** is **le meilleur**:

Le Monde **est** *le meilleur* **journal français.**
Ce sont *les meilleures* **boutiques du quartier.**

3. The superlative construction appears in the same position as the adjective:

la *petite* **ville**   **Nous avons vu** *la plus petite* **ville de la région.**

BUT: **une église** *intéressante*   **C'est l'église** *la plus intéressante* **de la province.**

The definite article is repeated when the adjective follows the noun.

4. The preposition **de** is used to indicate the larger group to which the modified noun belongs; **de** contracts to **du** and **des** with the definite article:

C'est le plus grand périodique *de* **notre pays.**
C'est la maison la plus importante *du* **village.**
Boston et Philadelphie sont les deux plus vieilles villes *des* **États-Unis.**

PRATIQUONS

A. **En effet.** Répondez en employant le superlatif et l'indication donnée.

MODÈLE: Cette église est ancienne. (la ville)
     —C'est l'église la plus ancienne de la ville.

1. Cette école est vieille. (le quartier)
2. Cet immeuble est grand. (la rue)
3. Cette chambre est petite. (la maison)
4. Cet hôtel est vieux. (la ville)
5. Cette usine est importante. (la région)
6. Cet article est intéressant. (le magazine)
7. Cet exercice est difficile. (le livre)
8. Cet appartement est confortable. (l'étage)
9. Ce journal est bon. (la région)

B. À votre avis. Faites une phrase logique en employant le superlatif.

MODÈLE: La Renault, c'est la voiture la plus économique.

1. Beaujolais/Bordeaux   économique
2. Rolls Royce/Mercédès   cher
3. Löwenbräu/Schlitz   splendide
4. Motobécane/Schwinn   beau
5. Sony/Panasonic   bon
6. Ritz/Hilton   pratique
7. La Côte d'Azur/les plages de la Floride   magnifique
8. les Alpes/les Montagnes Rocheuses   solide

C. À vous. À votre avis, quel est l'acteur ou l'actrice:

MODÈLE: le/la plus drôle
—A mon avis, l'acteur le plus drôle, c'est Woody Allen.

le/la plus drôle   le/la meilleur(e)
le/la plus intelligent(e)   le/la plus émouvant(e)
le/la plus beau/belle

À votre avis, quelle est la ville d'Amérique du Nord:

la plus grande   la plus dynamique   la plus ancienne
la plus intéressante   la plus propre/sale   la plus belle

L'inversion dans les questions

1. You have seen that in spoken French there are several ways of forming questions:

   a. using intonation and placing the interrogative word at the end of the sentence:

   Tu prends le train?   **Tu pars quand?**

   b. inserting **est-ce que**:

   Est-ce que tu prends le train?   **Quand est-ce que tu pars?**

   c. adding **n'est-ce pas** for yes/no questions:

   Tu prends le train, n'est-ce pas?

   d. in informal conversational French, by simply placing the interrogative element at the front of the sentence:

   Quand tu pars?   **Comment tu t'appelles?**

2. In written French and in formal spoken French, inversion of the subject and verb is the preferred way of forming questions. For inversion questions the word order is:

Interrogative word (if any)	Verb { Subject pronoun / Subject noun }	Rest of sentence
	Sortez-vous	ce soir?
Quand	**pars-tu?**	
Pourquoi	**travaillent-ils**	le samedi?
Où	**vont vos parents**	l'été prochain?

3. When a subject pronoun is inverted, it is always attached to the conjugated verb; thus, in complex verb forms the pronoun will precede the past participle or the infinitive:

Où vas-*tu*?
Quand es-*tu* arrivée?
Allez-*vous* lire la lettre?

In the third person, the **-t** or **-d** of verb endings is pronounced as a liaison /t/:

Avec qui sort‿elle?
Quand répond‿il?
Pourquoi ont‿ils téléphoné?

For **-er** verbs and other verbs ending with a vowel, a **-t-** is inserted in the third person singular when the pronoun is inverted:

Écoute-*t*-il la radio?
A-*t*-elle ouvert la porte?
Pourquoi va-*t*-il aller à Paris?

4. In the negative, **ne** precedes the conjugated verb; the other negative element (**pas**, **jamais**, etc.) follows the inverted subject pronoun:

Ne **part-il** *pas*?
Pourquoi *ne* **sont-ils** *jamais* **venus?**
*N'***allez-vous** *pas* **attendre ici?**

5. In questions containing question words such as **quand**, **où**, **pourquoi**, etc., a noun subject may be inverted. In this case, the subject is placed after the entire verb. Compare:

Son frère **part demain.**   **Quand part** *son frère*?
Nos enfants **vont habiter en France.**   **Où vont habiter** *vos enfants*?
Nos parents **sont allés au Mexique.**   **Où sont allés** *vos parents*?

PRATIQUONS

A. **Un coup de téléphone.** Un employé de la Sécurité sociale téléphone à Mme Dupont. Quelles sont les questions qu'il lui pose?

MODÈLE: Je m'appelle Claudine Dupont.
—Comment vous appelez-vous, Madame?

1. J'ai 50 ans.
2. Oui, j'ai deux enfants; un fils et une fille.
3. Oui, ils travaillent.
4. Mon fils travaille à l'hôpital.
5. Il habite rue de Lyon.
6. Ma fille travaille dans un grand magasin.
7. Oui, elle est vendeuse.
8. Elle habite avenue du 14 juillet avec son mari.
9. Oui, ils ont un enfant, un garçon.
10. Non, il ne va pas à l'école.

B. Un entretien. On cherche des locataires [*tenants*] pour de nouveaux appartements. Interviewez un membre de la classe: s'il/si elle répond «oui» à quatre questions, ce n'est pas un(e) bon(ne) locataire éventuel(le) [*prospective*].

NOM du locataire éventuel _____

Âge _____ ans

	OUI	NON
1. être marié(e)		
2. avoir des enfants		
3. avoir des animaux		
4. avoir une télévision		
5. fumer		
6. travailler à la maison		
7. aimer la musique rock		

—*à noter*: les numéros trois et cinq valent [*are worth*] deux points chacun [*each*].

Nombre de réponses OUI _____

Approuvé _____   Non-approuvé _____

par _____

SITUATION _____

Dernières nouvelles

latest news

Nous sommes dans l'appartement des Saunier à Grenoble. Il est tard. Les enfants sont déjà couchés. Comme beaucoup de Français, M. Saunier prend une infusion avant d'aller au lit. Pendant qu'il prend son infusion, il commente les dernières nouvelles avec sa femme.

in bed
herb tea/before going to bed
commenter to discuss

Middle East

MME SAUNIER: Quelle est la situation **au Moyen Orient**? On n'en parle plus.

precisely
border

M. SAUNIER: Eh bien, **justement**, il vient d'y avoir un incident de **frontière** assez grave. Aussi, on annonce une nouvelle réforme de l'enseignement supérieur.

MME SAUNIER: Encore! J'ai déjà beaucoup de mal à comprendre le système **actuel**.

current
look/horrible/chain collision
dead
seriously injured
day after tomorrow

M. SAUNIER: **Tiens**, il y a eu plusieurs accidents **affreux**. **Un carambolage** sur l'autoroute de l'est; dix **morts** et une vingtaine de **blessés graves**.

MME SAUNIER: Tu sais, pour ce voyage d'**après-demain** à Lyon, j'ai peur de partir avec tous ces accidents de la route. Si on prenait le train?

convenient
should

M. SAUNIER: Voyons, chérie. C'est beaucoup plus **commode** avec la voiture. Et puis je viens de lire les prévisions de la météo: il **devrait** faire beau.

DISCUSSION

1. Où sont les enfants de M. et Mme Saunier?
2. Qu'est-ce que M. Saunier prend avant de **se coucher**?
3. Comment est-ce qu'il apprend les nouvelles?
4. Qu'est-ce qui **s'est passé** au Moyen Orient?
5. Pourquoi est-ce que Mme Saunier a du mal à comprendre le système de l'enseignement supérieur?
6. Qu'est-ce qui s'est passé sur l'autoroute de l'est?
7. Quel temps va-t-il faire demain pour le voyage des Saunier?

to go to bed

se passer to happen

PRONONCIATION ET ORTHOGRAPHE

La semi-voyelle /j/ et la lettre i

1. When the letter **i** occurs immediately before another vowel, it is pronounced /j/ as in English yes. It does not form an independent syllable, but enters into a syllable with the following vowel:

   un chien   vieux   social   dernière   l'infusion   vous chantiez

2. When **i** is followed by a vowel and is preceded by a group composed of a consonant + **r** or **l**, it forms an independent syllable; it is pronounced /i/:

   le client   oublier   Gabrielle

3. In the imperfect, **nous** and **vous** form endings contain **i**: **nous allions**, **vous alliez**. Where this **i** appears after a group composed of a consonant + **r**, it forms an independent syllable:

   vous vendriez   nous montrions

   Imperfect forms of verbs with stems ending in -**i** contain two consecutive **i**'s. The first is pronounced /i/ and the second /j/:

   nous étudiions   /etydijõ/   vous oubliiez   /ublije/

   In normal conversation, French speakers often do not make a distinction between the present and imperfect of the **nous** and **vous** forms of such verbs.

4. Note the spelling **Lyon**, where /j/ is spelled **y**.

Un pas de plus

RÉVISION

A. **Regardons la télé ce soir.**

1. Examinez le programme du samedi 18 avril avec attention et trouvez l'émission demandée. Indiquez la chaîne et l'heure.

11.55 LA TRAQUE AUX GASPIS
No 9 : L'ENERGIE ET NOUS

12.10 TELE REGIONALE
12.30 CUISINE LEGERE
Ma poule et moi (par Michel GUERARD)
12.45 FORUM – EDUCATION
L'orientation.

13.00 T.F. 1 ACTUALITES

13.30 Le monde l'accordéon

13.55 LA FAMILLE CIGALE
Série en 6 épisodes
No 2 - Réalisation : Jean PIGNOL

14.50 MOTO
LES 24 HEURES DU MANS
Départ

15.30 ARCHIBALD LE MAGICHIEN
L'inconnu de Lorient-Express.
15.35 MAGAZINE DE L'AVENTURE
Le saut du Gol.
Film de Kal MULLER
16.15 MAYA L'ABEILLE
Maya et l'araignée Tecla.
16.40 TEMPS X...
Magazine de science-fiction proposé par Igor et Grichka BOGDANOFF

18.15 Trente millions d'amis
DOG CONNECTION (Suite)

22.30 Télé foot
TOURNOI JUNIORS CANNES -
TOURNOI CADETS A MONTAIGU (Vendée)
CHAMPIONNAT DE FRANCE 2e division

23.30 à 23.50 T.F. 1 ACTUALITES

SAMEDI
18 AVRIL

11.40 JOURNAL DES SOURDS ET DES MALENTENDANTS

12.00 La verité est au fond de la marmite
L'AGNEAU A LA CREME D'HERBES VERTES

12.30 PROCHAINEMENT SUR L'A-2
12.45 ANTENNE-2 MIDI

13.35 Des animaux et des hommes
LES BEBES D'ANIMAUX SAUVAGES

14.25 Les jeux du stade
TENNIS : Tournoi de Monte-Carlo 1/2 finales
FOOTBALL : Tournoi des cadets à Montaigu

18.05 Récré A-2
PINOCCHIO : «Comment Pinocchio put enrichir un cordonnier»

18.50 DES CHIFFRES ET DES LETTRES
19.10 D'ACCORD PAS D'ACCORD
19.20 ACTUALITES REGIONALES

19.40 Top club
20.00 JOURNAL DE L'A-2

20.35 Les héritiers
LES BRUS
Réalisation : Juan BUNUEL

FR3
FRANCE REGIONS

12.30 à 13.00 TRAIT D'UNION

13.30 HORIZON
MAGAZINE DES ARMEES
Alpes 81 : Manœuvres nationales
Archives : Légion étrangère
Des femmes à l'école des transmissions

14.00 FIN

18.00 Télé régionale
Région ALSACE
LACH D'R E SCHOLLE UFF'M
WYNFESCHT IN D'R AUBETTE
18.25 ANNONCE DU PROGRAMME

18.30 FR 3 Jeunesse
L'ODYSSEE DE SCOTT HUNTER. (No 2)
CENT ANS EN AFRIQUE
LE CHEMIN DES ECOLIERS
19.10 SOIR 3
19.20 ACTUALITES REGIONALES

19.40 Télé régionale
Région ALSACE - TOILES DE FOND
20.00 Les jeux de 20 heures

20.30 La Tosca
De PUCCINI - Retransmission lyrique
22.20 SOIR 3

22.40 Ciné regards
LE NOUVEAU CINEMA ESPAGNOL - Une

23.30 FIN

MODÈLE: un débat
—D'accord ou pas d'accord: sur Antenne 2 (A2) à 19h10.

a. un programme pour enfants
b. un programme pour les gens qui aiment faire la cuisine
c. un programme en dialecte alsacien
d. un programme de musique légère
e. les nouvelles pour les gens qui vont au lit tard
f. deux programmes différents pour les sportifs
g. un programme pour les amateurs [*lovers, fans*] de musique classique
h. un programme pour les gens qui aiment les animaux
i. un jeu télévisé
j. les nouvelles pour les gens qui déjeunent chez eux

2. Jouez le rôle. Avec des camarades de classe vous allez être les membres d'une famille. Vous êtes à la maison et vous allez passer la soirée devant la télé. Consultez le programme du 18 avril et discutez des programmes que vous allez regarder.

MODÈLE: Il est 18h30.

le père: Si on regardait FR3?

la fille: Mais c'est un programme en dialecte, je ne vais pas comprendre. Regardons plutôt [instead] Pinocchio sur A2.

le fils: Ah, non! C'est pour les enfants, ça.

la mère: Bon, regardons TF1. Dans un quart d'heure on va montrer un programme sur les chiens.

B. De quelle nationalité?

MODÈLE: Elles parlent allemand?
—Oui, je crois qu'elles sont allemandes.
ou —Oui, je crois qu'elles sont autrichiennes.

1. Ils parlent espagnol?
2. Elle parle français?
3. Elles parlent anglais?
4. Il parle portugais?
5. Ils parlent allemand?
6. Elles parlent italien?
7. Elle parle flamand?
8. Elles parlent danois?
9. Il parle japonais?
10. Elle parle créole?

C. Difficultés et obligations. Personne ne peut venir à la fête. Pourquoi pas?

MODÈLE: Marc: «Ma voiture ne marche pas».
—Marc dit que sa voiture ne marche pas.

1. Anne et moi: «Nous avons trop de travail».
2. toi: «Mon frère arrive ce soir».
3. Christian et David: «Nous devons travailler au restaurant».
4. vous: «Nous avons rendez-vous avec quelqu'un».
5. moi: «J'ai un examen important demain».
6. mes sœurs: «Nous sortons avec nos parents».
7. Jean-Marc: «Je dois aller chercher ma sœur à l'aéroport».

D. Gens du Texas. En Amérique, les gens du Texas ont la réputation d'exagérer. Un Texan va en France, où il compare tout.

MODÈLE: le Texas/la France
—Le Texas est aussi grand que la France.
ou —Le Texas est plus beau que la France.

1. les Français/les Américains
2. les voitures américaines/françaises
3. les autoroutes en France/au Texas
4. les immeubles en France/au Texas
5. la cuisine américaine/française

E. Devinettes. Décrivez une chose ou une personne. Vos camarades de classe doivent la nommer.

MODÈLE: une ville des États-Unis
—C'est la plus grande ville du sud-est de notre pays.
Elle a une des meilleures équipes de baseball du pays.
Un de nos plus récents présidents habite près de cette
ville.   (Atlanta)

1. une ville des États-Unis
2. une ville d'Europe
3. un périodique
4. un livre
5. une actrice de cinéma
6. une personnalité de la télé
7. un metteur en scène
8. un écrivain ou un(e) journaliste

F. **Quand j'étais jeune.** Qu'est-ce que vous faisiez quand vous étiez jeune?

MODÈLE: Je les regardais toujours.
—Je regardais toujours les films de John Wayne.

1. J'en mangeais souvent.
2. J'en prenais beaucoup.
3. J'en avais trop.
4. J'en voulais une.
5. J'en lisais beaucoup.
6. J'y jouais beaucoup avec mes amis.
7. J'y allais souvent.

G. **Pourquoi?** Décrivez la situation.

MODÈLE: Nous sommes allés au restaurant.
—Nous avions faim.
ou —Nous voulions manger.

1. Ils sont allés au café.
2. Michel est allé chez le médecin.
3. J'ai vendu ma voiture.
4. Nous sommes sortis hier soir.
5. Tu as dormi très tard ce matin.
6. Ma sœur est allée en Espagne.
7. Vous êtes allé au supermarché.
8. Nous sommes restés à la maison.

H. **Parlons de vous.**

1. Interviewez une personne de langue française, et ensuite faites un rapport sur votre entretien. Posez des questions sur . . .

a. son pays d'origine
b. sa famille
c. ses activités ici
d. les langues qu'il/elle parle
e. ses préférences (sports, films, musique, etc.)

MODÈLES: De quel pays venez-vous?
Quelles langues parlez-vous?

2. Quels sont les projets de vos camarades de classe pour le week-end? Vous avez cinq minutes pour faire votre enquête [*investigation*]. Demandez à cinq personnes, et ensuite dites à vos camarades ce qu' [*what*] ils vont faire.

MODÈLE: —Jeanne et Robert disent qu'ils vont au cinéma. Marie pense qu'elle va rester chez elle; elle prépare un examen important, etc.

Communication et professions

Leçon vingt-huit

IN THIS LESSON:

- additional vocabulary to describe people's physical appearance, their character, and personality
- indefinite adjectives
- the use of **depuis** and **il y a**
- inversion questions with pronouns
- the present participle

MOTS NOUVEAUX

for describing people

Pour décrire les gens

les qualités physiques:

	la beauté	**être** **belle/beau**
		joli(e)
cute		**mignonne/mignon**
		pas mal
ugly		**moche, laid(e)**
	la taille	**être** **grand(e)**
		petit(e)
average size		**de taille moyenne**
		gros(se)
		mince

la couleur des yeux
ou des cheveux: **avoir les yeux** **verts**
bleus
bruns
noirs
hazel **noisette**

avoir les cheveux **blonds**
roux
bruns
brown, chestnut **châtains**
gris
blancs

la personnalité: **être** **dynamique**
sensuel(le)
witty **spirituel(le)**

		ouvert(e)	open
		souriant(e)	cheerful
		sérieuse/sérieux	
		ambitieuse/ambitieux	
		timide	
	avoir	le sens de humour	to have a sense of humor
		la joie de vivre	to enjoy life

les qualités du cœur: être gentil(le) — character/kind
généreux(-euse)
sympathique
sensible — sensitive
tendre
fidèle — loyal, faithful
sentimental(e)
douce/doux — sweet

les qualités de l'esprit: être intelligent(e) — mind
équilibré(e) — stable

avoir bon goût — good taste
une bonne éducation — good manners

la situation: être aisé(e) — well-off
riche
pauvre
établi(e) — established

avoir une bonne situation — to have a good job
des diplômes — degrees
une bonne instruction — a good education
des relations — good contacts
des amis

exercer une profession libérale — to be a member of a liberal profession

les habitudes: être travailleur(-euse) — habits/hard-working
paresseux(-euse)
fumeur
non-fumeur

la situation familiale: être marié(e) — marital status
célibataire — single
divorcé(e)
fiancé(e) — engaged
veuve/veuf — widow/widower

avoir une compagne/un compagnon — girlfriend/boyfriend
une petite amie/un petit ami
une femme/un mari — wife/husband
une épouse/un époux — spouse

PRATIQUONS

A. **Le mot juste.** Refaites les déclarations suivantes en employant le mot juste [*exact*] qui convient à la situation.

MODÈLE: La femme de M. Noiret est morte.
—Il est veuf.

1. Evelyne n'est pas mariée.
2. Le mari de Mme Bénac est mort.
3. Jean-Marc n'est pas beau.
4. Mlle Le Hir n'est pas pauvre.
5. Sylvie est belle.
6. David n'est pas marié, mais il va se marier [*get married*] bientôt.
7. M. Lajoie connaît beaucoup de gens.
8. Mme Leriche a une bonne profession et elle a de l'argent.
9. Georges n'est pas travailleur.
10. Mme Escalbert est avocate.

B. **Les hommes et les femmes.** Voici les résultats d'un sondage récent fait par un hebdomadaire français sur l'opinion des hommes concernant [*concerning*] les qualités des femmes d'aujourd'hui.

QUESTION: D'après vous [*in your opinion*], quelles sont les qualités les plus féminines?

la sensibilité	32%
l'intuition	16%
le sens des responsabilités	15%
la fidélité	13%
le sens du devoir [*duty*]	12%
l'imagination	12%
	100%

Qu'en pensez-vous? Pour chaque adjectif donné, comparez les hommes et les femmes.

MODÈLE: grand
—En général, les hommes sont plus grands que les femmes.

1. sensible
2. sensuel
3. sérieux
4. souriant
5. tendre
6. fidèle
7. travailleur
8. ambitieux
9. ouvert
10. doux

C. **Décrivez cette personne.** Complétez les phrases en employant des adjectifs de la leçon.

MODÈLE: Voici la meilleure qualité de ma sœur: elle ...
—elle est toujours souriante.

1. Voici la meilleure qualité de mon frère: il ...
2. J'aime les enfants parce qu'ils ...
3. Mon meilleur ami/Ma meilleure amie est ...
4. J'admire les gens qui sont ...
5. Je n'aime pas beaucoup les hommes qui sont ...
6. J'apprécie les femmes qui sont ...
7. Je suis ...
8. Voici ma meilleure qualité: je ...

À la recherche de *l'homme ou de la femme de ses* rêves

in search of

dream

Dans de nombreux périodiques français on trouve des annonces placées par des personnes qui **espèrent** trouver **de cette façon** l'homme ou la femme de leurs rêves. Ces annonces indiquent que **la solitude** est un des grands problèmes de notre **temps**. Elles **démontrent** que la complexité de la vie moderne et la nature impersonnelle des contacts humains dans les grandes villes et dans les grandes **entreprises** ou les grands **organismes** publics **ne permettent pas** de rencontrer et de connaître des gens.

espérer to hope/in this way

loneliness/time
démontrer to show

firm/organization/don't allow one

Voici une annonce typique **qui** vient du très sérieux hebdomadaire d'information, *Le Nouvel Observateur*:

which

Jeune femme, trente-deux ans, brune, yeux bleus, **ni** belle **ni** moche, sensuelle, **belle** situation, aime **la vie** simple mais dé bon goût, fille dix ans, cherche jeune homme, célibataire, profession libérale, dynamique, **aimant** voyages et musique classique, pas sérieux ne pas répondre, photo **souhaitée**.

neither . . . nor
=**bonne**/life

liking
desired

Cet homme est jeune, beau, dynamique et très individualiste—il n'obéit pas aux règlements!

essayer to try/no doubt
cultured/since

that is to say
sembler to seem
attraction
noter to notice

classified
at least/partager to share/same

Essayons d'imaginer qui peut être cette jeune femme. **Sans doute** elle est **cultivée**, **car** elle aime la vie simple et la musique classique. Sa profession? Sans doute elle est professeur, avocate ou médecin, **c'est-à-dire** qu'elle exerce une profession libérale. Elle a une petite fille; est-elle veuve, divorcée ou mère célibataire? Enfin elle **semble** préférer les qualités de l'esprit et du cœur à **l'attrait** physique. Mais **notons** qu'elle demande une photo pour savoir comment sont les hommes qui vont répondre à son annonce.

Pourquoi une personne aisée et cultivée doit-elle mettre une petite annonce **classée** dans un périodique pour trouver l'homme de ses rêves, ou **au moins**, quelqu'un qui **partage** les **mêmes** goûts? C'est curieux et un peu triste.

CONNAISSANCE DU TEXTE

1. Pourquoi est-ce que beaucoup de personnes placent des annonces personnelles dans les périodiques?
2. Est-ce que la vie moderne facilite les contacts entre les gens?
3. Pourquoi est-ce que les gens ont besoin de mettre des annonces dans un périodique pour rencontrer quelqu'un?
4. Comment est l'auteur de l'annonce:
   (a) ses qualités physiques?   (c) sa situation professionnelle?
   (b) sa personnalité?   (d) sa situation de famille?
5. Quel type d'homme est-ce qu'elle cherche:
   (a) ses qualités physiques?
   (b) sa personnalité?
   (c) sa situation professionnelle?
6. D'après vous, quelle est la profession de la jeune femme?

Parlons de vous

7. Pour vous, quelles sont les qualités les plus importantes chez:
   (a) un(e) ami(e)
   (b) un compagnon/une compagne
   (c) un mari/une épouse
8. Pour vous, quels sont les meilleurs moyens [*means*] de rencontrer une personne du sexe opposé? Pourquoi?

   Par exemple: à la bibliothèque, le soir
                 aux cours
                 au théâtre ou au concert
                 au travail
                 par l'intermédiaire d'un(e) ami(e)

   Est-ce que vous pouvez suggérer d'autres [*other*] moyens?

ADAPTATION DU TEXTE

1. Choisissez l'une des deux annonces et transformez-la en prose.

   MODÈLE: Ingénieur, 42 a., Limoges, 1m83, brun, pas mal. Aimant tennis, Brahms, élégant, cult., souhaite mariage sent. avec JF jolie sans être belle, bonne éducation et instruction, sensible, trentaine, sérieuse, douce, aimant les enfants.

—C'est un homme élégant et cultivé. Il a quarante-deux ans, et il est grand, brun et pas mal. Il habite Limoges (une ville dans le centre de la France). Il a une situation stable. Il aime le tennis et la musique classique. Il souhaite un mariage sentimental avec une jeune femme de trente ans environ [*about*]. Cette jeune femme doit être jolie, mais pas nécessairement belle. Elle doit avoir une bonne éducation et une bonne instruction. Elle doit être sérieuse, sensible, douce et elle doit aimer les enfants.

Annonce 1. Fonctionnaire, 34a., 1m75, situation stable, ambitieux, sérieux, aimant nature et animaux. Souhaite mariage avec JF, vingtaine, sentimentale, douce, aimant les enfants.

Annonce 2. Ingénieur, blonde, yeux noisette, trentaine, moderne, spirituelle, recherche compagnon, même [*same*] âge et personnalité, aimant voyages et sports.

2. Composez une annonce classée pour trouver la femme ou l'homme de vos rêves. Mentionnez:

—votre âge et vos qualités physiques
—votre situation, votre niveau d'instruction ou vos diplômes
—vos qualités d'esprit et de cœur et votre personnalité
—vos goûts les plus importants
—vos souhaits

NOTES GRAMMATICALES

Les adjectifs indéfinis

1. Descriptive adjectives refer to specific qualities of nouns. They may appear after or before the noun being modified, or apart from the noun when a form of **être** is used:

C'est une **jeune** fille.   Cette fille est **jeune**.
J'ai lu un livre **intéressant**.   Il est **intéressant**.

2. Indefinite adjectives do not refer to specific qualities. Instead they refer to more abstract concepts of sameness, difference, specificity, etc. They appear only before nouns.

a. **Autre** [*other*] and **même** [*same*] behave much like descriptive adjectives which precede the noun:

l'*autre* jour   le *même* jour
cette *autre* maison   cette *même* maison
mes *autres* magazines   les *mêmes* magazines

b. **Certain(e)** [*certain*] appears only with the indefinite article in the singular, and in the plural without any article:

Je cherche un *certain* journal.   Je cherche *certains* journaux.
Une *certaine* Mme Renard vous cherchait.   *Certaines* personnes vous cherchaient.

c. **Chaque** [*every, each*] appears only in the singular and without articles:

> **Ils viennent** *chaque* **matin.**
> **Elle répond** *chaque* **fois.**

d. **Plusieurs** [*several*] and **quelques** [*a few, some*] appear only in the plural, and without articles:

> **Nous avons** *plusieurs* **réponses à notre annonce.**
> **J'ai vu** *plusieurs* **oiseaux dans l'arbre.**
>
> **Vous avez encore** *quelques* **jours.**
> **J'ai acheté** *quelques* **affiches.**

e. **Tout** [*all, every*] appears before articles and demonstrative and possessive adjectives:

> *Tout* **le monde est ici.**   *Everybody is here.*
> **Il travaille** *toute* **la journée.**   *He works all day.*
> **Il m'attend** *tous* **les jours.**   *He waits for me every day.*
> *Tous* **mes chats sont partis.**   *All my cats are gone.*
> **Nous avons lu** *toutes* **ces annonces.**   *We read all these ads.*

PRATIQUONS

A. **Stéréotypes.** Est-ce que les déclarations suivantes sont vraies ou est-ce que ce sont des stéréotypes?

MODÈLES: Tous les Américains parlent anglais.
—Oui, en général, tous les Américains parlent anglais.
Tous les Américains parlent seulement anglais.
—Non, certains Américains parlent aussi espagnol; d'autres Américains parlent aussi français.

1. Tous les Français aiment le vin.
2. Tous les Allemands aiment la bière.
3. Tous les Américains aiment le coca.
4. Tous les Français mangent beaucoup de pain.
5. Tous les enfants aiment les gâteaux.
6. Toutes les blondes sont bêtes.
7. Tous les hommes aiment le sport.
8. Tous les hommes politiques sont ambitieux.

B. **Trouvez une personne.**

Trouvez quelqu'un . . .

1. qui a les yeux de la même couleur que vous.
2. qui est de la même taille que vous.
3. qui suit un autre cours avec vous.
4. qui veut exercer la même profession que vous.
5. qui lit le journal tous les jours.
6. qui regarde seulement quelques émissions à la télé.
7. qui aime seulement certains genres de films.
8. qui va à la bibliothèque plusieurs fois par semaine.
9. qui fait du jogging chaque jour.

Expression de la durée avec depuis *et* il y a

1. **Depuis** is used with the present tense to express an event that began in the past and still continues as the person is speaking. In English this meaning is conveyed by the present perfect: *have* + the past participle:

Depuis combien de temps **est-ce qu'il travaille chez IBM?**	*How long has he been working for IBM?*
Il travaille chez IBM *depuis trois ans.*	*He's been working for IBM for three years.*
Depuis combien de temps **est-ce que tu m'attends?**	*How long have you been waiting for me?*
Je t'attends *depuis un quart d'heure.*	*I've been waiting for you for a quarter of an hour.*

To emphasize slightly the period of time, use **il y a** plus a time expression plus **que**:

Il y a trois ans qu'il travaille **chez IBM.**	*He's been working for IBM for three years.*
Il y a un quart d'heure que **je t'attends.**	*I've been waiting for you for a quarter of an hour.*

2. **Depuis** and the present tense can also indicate specifically when an event began in the past (a year, month, date, etc.):

Depuis quand **est-ce qu'il travaille chez IBM?**	*Since when has he been working for IBM?*
—**Il travaille chez IBM** *depuis 1981.*	—*He's been working for IBM since 1981.*
Depuis quand **est-ce que tu m'attends?**	*Since when have you been waiting for me?*
—**Je t'attends** *depuis hier.*	—*I've been waiting for you since yesterday.*

3. The use of **depuis** with an expression referring to **heure(s)** is ambiguous and may refer to a period of time or a specific point in time:

Je t'attends *depuis une heure.*	*I've been waiting for you for an hour.*
OR	*I've been waiting for you since one o'clock.*

Il y a ... que refers only to a period of time:

Il y a une heure que **je t'attends.**	*I've been waiting for you for one hour.*

4. **Depuis** (or **il y a ... que**) and the imperfect tense are used to express an event that started in the past and continued up to a point in the past:

Il travaillait chez IBM *depuis trois ans* **quand il est parti.**	*He had been working at IBM for three years when he left.*
Il y avait trois **ans** *qu'il* **travaillait chez IBM quand il est parti.**	

Compare:

Il travaillait depuis 1975 quand . . .
Il travaillait depuis cinq ans quand . . .

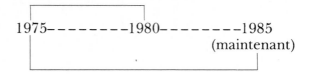

1975– – – – – – –1980– – – – – – –1985
(maintenant)

Il travaille depuis 1975.
Il travaille depuis dix ans.

5. The expression **il y a** plus a time period tells how long ago something happened. In this case, the **passé composé** is used:

Elle est partie *il y a trois jours.*   *She left **three days ago.***
Il y a dix minutes* qu'ils ont**   *They called **ten minutes ago.
téléphoné.

PRATIQUONS

A. **Le journal de David.** Regardez le journal de David et répondez aux questions.

    MODÈLES: Depuis quand est-ce que David sait nager?
           —Il sait nager depuis 1960.
           Il y a combien de temps que David sait nager?
           —Il y a 25 ans qu'il sait nager.
      ou —Il sait nager depuis 25 ans.

Date
1960   David suit un cours de natation.
1963   David apprend à lire.
1969   David joue du piano.
1972   David achète un vélomoteur.
1977   David apprend à conduire et il a une voiture.
1982   David se marie avec Michèle.
Point de référence: le présent
Depuis quand est-ce que David . . .

1. sait nager?   4. a un vélomoteur?
2. sait lire?   5. a une voiture?
3. joue du piano?   6. est marié?

Il y a combien de temps que . . .

7. David sait nager?   10. David sait conduire?
8. David sait lire?   11. David est marié avec Michèle?
9. David joue du piano?

B. **C'est logique!** Choisissez une expression de la liste pour compléter les phrases logiquement.

    MODÈLE: Michel faisait du ski depuis deux minutes quand . . .
           —quand il est tombé.

1. Marguerite était à Paris depuis deux ans quand...	**(a)** tomber
2. Les Ferrand étaient dans le Périgord depuis une semaine quand...	**(b)** trouver des truffes
3. Mes amis étaient à Cannes depuis trois heures quand...	**(c)** trouver une annonce intéressante
4. Je lisais le journal depuis une demi-heure quand...	**(d)** visiter la Tour Eiffel
5. L'inspecteur interrogeait le criminel depuis huit heures quand...	**(e)** aller au Palais du Festival
6. Jean jouait du piano depuis quatre ans quand...	**(f)** commencer à jouer du Beethoven
7. Nous étions en Normandie depuis quelques jours quand...	**(g)** dire la vérité [*truth*]
	(h) acheter du cidre

C. Et vous? Depuis quand ou depuis combien de temps faites-vous ces choses?

MODÈLE: savoir nager
—Je sais nager depuis dix ans.
ou—Je sais nager depuis l'âge de sept ans.

1. jouer du piano/de la guitare
2. jouer au tennis/au basket
3. faire la cuisine
4. étudier le français/la chimie
5. être à l'université
6. connaître votre camarade de chambre/votre petit(e) ami(e)
7. avoir une voiture/une moto
8. voter
9. être marié(e)

L'inversion avec copie du pronom

1. As you learned in Lesson 27, questions may be formed by inversion of subject and verb:

   Où va Jacques?
   Où va-t-il?

2. In most inversion questions that contain a noun subject, the pronoun corresponding to the noun subject must be added after the verb. In compound tenses, the pronoun follows the conjugated verb:

   ***Vos parents* vous attendent-*ils*?**
   Où *Marie-France* est-*elle* allée?
   ***Marie et toi* n'allez-*vous* pas venir ce soir?**

PRATIQUONS

A. **Changement de style.** Remplacez les questions avec inversion par la construction avec **est-ce que**.

MODÈLE: Quand Louise écrit-elle cet article?
—Quand est-ce que Louise écrit cet article?

1. Marc achète-t-il des magazines d'information?
2. Dans quels magazines voit-on beaucoup de publicité?
3. Combien ce magazine coûte-t-il?
4. À quelle heure le journal arrive-t-il?
5. Cet éditorial est-il intéressant?
6. À qui M. Sorel va-t-il donner ces mots-croisés?
7. Pourquoi ces gens n'aiment-ils pas lire les bandes dessinées?

B. Questionnaire.

1. Posez des questions à un(e) camarade de classe et prenez des notes.

MODÈLE: A-t-il/elle des frères ou des sœurs?
Marc: As-tu des frères?
Christine:—Oui, j'ai deux frères.

2. Ensuite, vos camarades vont poser des questions. Si vous savez la réponse, répondez.

MODÈLE: Elizabeth: Christine a-t-elle des frères ou des sœurs?
Marc: —Elle a deux frères.

1. Où habite-t-il/elle?
2. Combien de cours suit-il/elle?
3. Quelle matière préfère-t-il/elle?
4. Aime-t-il/elle aller au cinéma? au théâtre?
5. Prend-il/elle du café le matin?
6. Préfère-t-il/elle la glace au chocolat ou la glace à la vanille?
7. A-t-il/elle déjà pris le train? l'avion?
8. A-t-il/elle beaucoup voyagé? Où?

Le participe présent

1. The present participle is used to describe an action taking place simultaneously with the action of the main verb. In English the present participle ends in **-ing**; in French, it ends in **-ant**:

Il travaillait *en écoutant* la radio.   *He was working while listening to the radio.*

2. To form the present participle, add **-ant** to the **nous**-stem of the present tense:

chanter	nous *chant*ons	chant*ant*
sortir	nous *sort*ons	sort*ant*
finir	nous *finiss*ons	finiss*ant*
prendre	nous *pren*ons	pren*ant*

Three verbs have irregular stems:

avoir: ayant   **être: étant**   **savoir: sachant**

3. The present participle . . .

   a. expresses actions that take place at the same time; in this case, the present participle is preceded by **en**:

   | **Ils parlaient** *pendant qu'ils travaillaient.* | **Ils parlaient** *en travaillant.* |

   b. expresses the manner in which an action is done or the means by which an end is achieved; use **en** plus the present participle:

J'ai traversé la rue *en courant.*	*I ran across the street.*
Il a appris l'allemand *en voyageant* **en Autriche.**	*He learned German while traveling in Austria.*
C'est *en lisant* **des journaux français qu'on apprend bien le français.**	*It's by reading French newspapers that one learns French well.*

   c. is sometimes used as an adjective, which agrees in number and gender with the noun it modifies:

   | **Lisez les phrases** *suivantes.* | *Read the following sentences.* |
   | **Les résultats sont** *encourageants.* | *The results are encouraging.* |

PRATIQUONS

A. **Distractions.** Qu'est-ce que vous faites quand vous préparez votre cours de français? Choisissez parmi les activités données ou ajoutez-en d'autres.

   MODÈLE: Je regarde la télé.
   —Je prépare mon cours en regardant la télé.

   1. Je regarde le journal télévisé.
   2. Je bois du café (du thé, du coca-cola . . .).
   3. J'écoute la radio (ma chaîne-stéréo).
   4. Je mange du chocolat (des gâteaux . . .).
   5. Je parle avec mon/ma camarade de chambre.
   6. Je téléphone à mes parents.
   7. Je fume une cigarette.

B. **Chacun a sa méthode.** Comment vraiment apprendre le français?

   MODÈLE: écrire à un(e) correspondant(e) français(e)
   —On apprend bien le français en écrivant à une correspondante française.

   1. sortir avec un Français ou une Française
   2. regarder des films français
   3. lire des journaux francophones
   4. passer quelques mois au Québec
   5. voyager dans un pays francophone
   6. acheter des magazines de langue française
   7. suivre des cours particuliers
   8. s'inscrire pour beaucoup de cours de français

«Guincher» est un mot d'argot qui veut dire «danser.» Un «guinchoir» et une discothèque, c'est la même chose.

SITUATION

Invitation pour une sortie

evening out

François, un jeune comptable, téléphone à Régine, une secrétaire. Il l'a rencontrée à une soirée.

FRANÇOIS: Allô, Régine, c'est toi?

RÉGINE: Oui...

speaking (on the telephone)
any
se connaître to know each other
se rencontrer to meet each other

se souvenir de to remember

FRANÇOIS: C'est François **à l'appareil**.

RÉGINE: François? Je ne connais pas **de** François.

FRANÇOIS: Mais si! Nous **nous connaissons** depuis trois jours. On **s'est rencontrés** à la soirée chez Marie-Christine, samedi dernier.

RÉGINE: Ah, François Noiret. Tu es grand, brun et mince. Mais oui, **je me souviens** bien **de** toi.

Ces deux étudiants se sont donné rendez-vous à la terrasse d'un café.

FRANÇOIS: **Heureusement!** C'était vraiment sympa chez Marie-Christine. *fortunately*

RÉGINE: **Ouais**, c'était chouette! Vraiment super! **=oui**

FRANÇOIS: Dis, je voudrais savoir **si** tu es **libre** samedi prochain? *whether, if/free*

RÉGINE: Ben, oui.

FRANÇOIS: Si on sortait ensemble?

RÉGINE: Voyons, samedi . . . L'après-midi ou le soir?

FRANÇOIS: Le soir, bien sûr. On **pourrait** aller voir un film ou une pièce de théâtre. *could*

RÉGINE: D'accord, tu me **rappelles** pour **fixer** l'heure? **rappeler** *to call back/to set*

FRANÇOIS: Bien, après-demain. **Bon, allez**, au revoir. *well then*

RÉGINE: Au revoir, François.

DISCUSSION

1. Quelle est la profession de François? de Régine?
2. Où est-ce que François a rencontré Régine?
3. Est-ce que la soirée chez Marie-Christine était bien?
4. Décrivez François.
5. Pourquoi est-ce que François a téléphoné à Régine?
6. Qu'est-ce que Régine répond?

—————————— PRONONCIATION ET ORTHOGRAPHE

La détente des consonnes finales

1. When final consonants are pronounced in French, they are produced with a strong release. The parts of the mouth involved in the production of the consonant sound—for example, the tip of the tongue against the upper front teeth for the **d** of **allemande**—must be held together for a fraction of a second and then released with force.

2. Final consonant release is essential if the consonant is to be heard properly. The presence or the absence of a final consonant is important for the proper identification of a word; it also serves as a grammatical cue:

    a. for masculine versus feminine of adjectives and nouns:

    elle est gran**de**/il est gran~~d~~   **tou**tes les semaines /tou~~s~~ les jours

    Françoi**se**/Françoi~~s~~   u**ne** étudian**te**/u~~n~~ étudian~~t~~

    b. for third person singular versus third person plural or verbs:

    elles li**sent**/elle li~~t~~   ils répon**dent**/il répon~~d~~

3. Final consonant release is also essential in distinguishing the combination oral vowel + **n** from the corresponding nasal vowel:

    u**ne** certai**ne** journaliste/u~~n~~ certai~~n~~ journaliste

    elle est bru**ne**/il est bru~~n~~   ils vie**nn**ent/il vien~~t~~

Leçon vingt-neuf

IN THIS LESSON:

- additional vocabulary for jobs and professions
- a review of the **passé composé**
- the expression of past events with the **imparfait** or the **passé composé**
- indirect questions

MOTS NOUVEAUX

L'emploi

le travail	work
un travail à plein temps	full-time job
à temps partiel/à mi-temps	part-time job

Pour trouver un emploi il faut avoir:

un diplôme	
une formation professionnelle	training
de la chance	luck
des relations	contacts

Pour trouver un emploi on peut:

s'inscrire dans une agence de l'emploi	to sign up/employment agency
regarder les petites annonces	
placer une annonce dans un journal	

Quelques autres métiers et professions

un(e) artiste	
un(e) peintre	painter
un sculpteur	sculptor
un(e) bibliothécaire	librarian
un banquier	
un(e) commerçant(e)	shopkeeper
un directeur/une directrice	manager
du personnel	personnel
des ventes	sales
de la publicité	advertising
un(e) employé(e) de la direction des ventes	employee in the sales department
un(e) représentant(e) ou délégué(e) de commerce	salesperson
un chimiste	chemist
un ingénieur (-chimiste, -électricien, -électronicien, -informaticien, mécanicien)	chemical engineer, electrical engineer, etc.

364 *Chapitre 10*

un dessinateur industriel	draftsman
un cuisinier, une cuisinière	cook
un menuisier	carpenter
un plombier	plumber
un(e) plongeur(-se)	dishwasher

PRATIQUONS

A. Les professions et le travail. Préparez une définition ou une explication pour trois professions. Vos camarades vont deviner la profession (ou le métier).

MODÈLES: Il imprime des livres.
—C'est un imprimeur.
Elle sert des repas dans un avion et elle aide les passagers.
—C'est une hôtesse de l'air.

B. Les professions et l'éducation. Choisissez trois professions et indiquez comment on devient membre de chaque profession.

MODÈLE: un psychiatre
—Il faut aller d'abord à l'université et après à l'école de médecine.
ou —Il faut suivre beaucoup de cours de psychologie.

C. Le meilleur métier ou la meilleure profession. Classez les professions et les métiers. Considérez les facteurs suivants:

1. une bonne rémunération; on peut gagner beaucoup d'argent
2. le prestige social
3. un travail créatif
4. la sécurité de l'emploi; on est sûr de garder [*to keep*] l'emploi et de ne pas être en chômage [*unemployed*]
5. les loisirs; on a beaucoup de temps libre
6. les satisfactions personnelles

MODÈLE: Une vendeuse peut gagner beaucoup d'argent; elle a un prestige social moyen; c'est un travail assez inté-ressant et créatif; on a toujours besoin de vendeuses; les vendeuses ont du temps libre parce qu'elles ne travaillent pas très tôt le matin; enfin, il y a des satisfac-tions personnelles parce qu'on rencontre beaucoup de gens.

PRÉSENTATION

Le problème de l'emploi pour les jeunes

En France, **comme** dans d'autres pays, les jeunes ont beaucoup de   as
mal à trouver un emploi. Il est surtout difficile pour les jeunes de trouver un premier emploi.

Ce jeune étudiant travaille comme garçon dans un restaurant une étoile en Alsace.

case/fairly

Le cas de Martine L. est **assez** typique. Martine a vingt-trois ans. Elle vient de finir de longues études de psychologie et elle voudrait devenir psychanalyste.

packing, wrapping

«J'ai déjà travaillé un peu pendant les vacances comme tous les étudiants. Je crois que j'ai fait un peu de tout: **l'emballage** des légumes dans une petite usine, la vente de fruits dans un supermarché, des sondages d'opinion... Mais maintenant je voudrais quelque chose de plus permanent. J'ai plusieurs diplômes: le bac, une licence et une maîtrise en psycho. Mais chez moi, à Toulouse, il était impossible de trouver du travail. Alors, je suis venue à Paris. On m'a proposé

= **un**/paid

deux emplois. **L'un était payé** seulement 4.000 francs par mois. C'était dans un hôpital psychiatrique à 150 kilomètres de Paris. L'autre ne correspondait pas vraiment à ma formation: c'était un poste de professeur à Grenoble.

I registered/six months ago
to collect/compensation

Alors, **je me suis inscrite** dans une agence de l'emploi, **il y a six mois**. Je vais **toucher** ma première **indemnité** de chômage: moins de 1.000 francs par mois. J'ai placé des annonces dans les journaux spécialisés et je lis toutes les petites annonces régulièrement. En vain.

anything/any

Maintenant je suis prête à accepter **n'importe quoi** à **n'importe quel** salaire.

one should inform/opportunities
for employment/beginning

Il faudrait prévenir les étudiants sur **les débouchés** avant **le début** de leurs études. Il faudrait expliquer pourquoi il n'y a pas de débouchés dans une certaine discipline, montrer le marché de l'emploi, donner des renseignements sur **les carrières** quand on

careers

commence les études.»

CONNAISSANCE DU TEXTE

1. Dans quelle discipline est-ce que Martine a fait ses études?
2. Pourquoi est-ce qu'elle a quitté sa ville natale (où elle est née)?
3. Quelles sortes d'emplois est-ce qu'on lui a offert?
4. Pourquoi est-ce qu'elle a tout refusé?
5. Quels emplois est-ce qu'elle a eus pendant les vacances?
6. Pourquoi est-ce qu'elle va toucher une indemnité de chômage?
7. Qu'est-ce qu'elle a fait pour trouver un emploi?
8. D'après Martine, quand est-ce qu'il faudrait donner des renseignements aux étudiants sur les débouchés?

PARLONS DE VOUS

1. Est-ce que vous avez un emploi? Si oui [*if so*], qu'est-ce que vous faites?
2. Est-ce que vous avez déjà travaillé l'été? Vous allez travailler cet été?
3. Comment est-ce qu'on trouve un emploi?
4. Quel est le facteur le plus important pour un étudiant qui cherche un emploi pour l'été ou un emploi à mi-temps pendant l'année universitaire?
   —l'argent   —le contact avec les gens
   —l'expérience professionnelle —d'autres facteurs
5. Qu'est-ce que vous voulez faire après vos études?
6. Comment est-ce que vous avez choisi ce métier ou cette profession?
7. Est-ce que vous avez déjà été au chômage? Aux États-Unis, est-ce qu'on donne des indemnités de chômage? Si oui, pour combien de temps et combien?
8. Est-ce que votre université ou votre collège a un bon système pour aider les étudiants à choisir leur carrière et pour trouver un emploi?

Les centres de l'emploi offrent des emplois ou des conseils pour les jeunes au chômage.

———— NOTES GRAMMATICALES

Le passé composé (*révision*)

1. To form the **passé composé** of most verbs, use the present tense of **avoir** and the past participle of the main verb:

   On *a dîné* **à huit heures.**   **J'***ai pris* **du rosbif.**

2. Many verbs of motion which do not take a direct object form their **passé composé** with **être** (see Lesson 18 for a complete list of these verbs):

   Je *suis entré* **dans la salle.**   **Nous** *sommes arrivés* **à l'heure.**

3. To form the past participle of regular verbs, add these endings to the stem:

-er: **-é**	j'ai écout**é**
-ir: **-i**	j'ai dorm**i**
-ir/-iss-: **-i**	j'ai fin**i**
-re: **-u**	j'ai répond**u**

In Lessons 16 and 18, you learned many irregular past participles. Here are the irregular forms of some additional verbs:

devoir: dû	croire: cru	connaître: connu	dire: dit
vouloir: voulu	voir: vu	lire: lu	mettre: mis
pouvoir: pu	savoir: su	écrire: écrit	

4. For verbs conjugated with **avoir**, the past participle is usually invariable:

Elle a *dû* le faire.   **Elles ont *pu* nous voir.**

However, the past participle agrees in number and gender with a preceding direct object:

Vous avez vu *Marie*?   **—Oui, je *l'*ai vu*e*.**

5. For verbs conjugated with **être**, the past participle agrees in number and gender with the subject:

Il est sorti.   **Elle est sorti*e*.**
Ils sont parti*s*.   **Elles sont parti*es*.**

6. Most adverbs are placed between the auxiliary verb (**être** or **avoir**) and the past participle:

Nous avons *bien* travaillé.   **Elles y sont *déjà* montées.**

But longer adverbs, particularly adverbs ending in **-ment**, usually appear after the past participle:

Nous avons travaillé *rapidement*.
Elles y sont allées *quelquefois*.

7. To negate a sentence in the **passé composé**, place **ne(n')** before the auxiliary verb and **pas** (or **jamais, rien**, etc.) after it:

On *n'*a *pas* vu le film.   **Alors, vous *n'*avez *rien* fait?**

The negative expressions **personne** and **nulle part** appear after the entire verb:

Je *n'*ai vu *personne*.   **Ils *ne* sont allés *nulle part*.**

PRATIQUONS

A. **Un été amusant.** Robert a fait beaucoup de choses l'été dernier. Alors, répondez aux questions logiquement.

MODÈLES: Robert a peu voyagé l'été passé?
—Mais non, il a beaucoup voyagé.
Robert n'a rien acheté?
—Mais si, il a acheté beaucoup de choses.

1. Robert est toujours resté chez lui?
2. Robert n'est jamais allé à des soirées?
3. Robert n'est pas souvent allé au cinéma?
4. Robert a regardé peu de films amusants?
5. Robert a toujours travaillé?
6. Ses amis ne lui ont pas téléphoné?
7. Ils n'ont pas assez joué au tennis?
8. Ils n'ont jamais fait de camping?

B. Le week-end dernier. Trouvez quelqu'un . . .

MODÈLE: qui a lu les petites annonces.
    A: Est-ce que tu as lu les petites annonces, toi?
    B: —Oui, je les ai lues.
  ou —Non, je ne les ai pas lues.

1. qui a travaillé au restaurant universitaire.
2. qui est rentré tard samedi soir.
3. qui est allé au cinéma.
4. qui a vu un bon film.
5. qui a réparé son vélo.
6. qui a écrit à ses parents.
7. qui a fait tous ses devoirs.
8. qui a joué au football américain.
9. qui a mangé dans un restaurant chinois.
10. qui n'a pas regardé la télé.

L'imparfait et le passé composé

Both the **imparfait** and the **passé composé** express past action. The use of one or the other reflects a fundamentally different way of viewing a past action. The following principles will be helpful in making the correct choice. The **passé composé** is the more frequently used and more neutral past tense; when in doubt, use it.

1. The **imparfait** is used to express habitual or repeated action. Often, the sentence or immediate context will contain an adverb indicating the repeated or habitual nature of the action:

le lundi, le vendredi	**Ils sortaient** *le vendredi soir.*
le matin, l'après-midi	*Le matin* **elle déjeunait à huit heures.**
toujours, souvent	**Tu jouais** *souvent* **aux cartes.**
d'habitude [*usually*], en général	*D'habitude,* **ils prenaient le train.**

2. The **passé composé** is used to express an action which has taken place only once, or a specific number of times, at a specified point (or points) in time:

lundi, vendredi	**Ils sont sortis** *lundi,* pas *vendredi.*
ce matin, cet après-midi	*Cet après-midi* **elle a joué au tennis.**
à midi, à dix heures	**Le train est arrivé** *à dix heures.*
un jour, ce jour-là [*that day*]	*Ce jour-là,* **j'ai pris l'autobus.**
aujourd'hui, hier, l'été dernier, l'année dernière	*L'été dernier* **j'ai travaillé dans une librairie.**
une fois [*once*], deux fois [*twice*]	**Nous avons lu l'annonce** *deux fois.*

PRATIQUONS

A. Au passé. Mettez les phrases suivantes à l'imparfait ou au passé composé selon [*according to, whether*] qu'elles expriment une action habituelle ou pas.

MODÈLES: Elle prend le train le samedi.
—Elle prenait le train le samedi.
Elle prend le train ce matin.
—Elle a pris le train ce matin.

1. D'habitude Véronique va au travail par le train.
2. Mais le mercredi elle prend le car.
3. Elle descend toujours du train à la gare Saint-Lazare.
4. Le mercredi elle s'arrête à Versailles.
5. D'habitude elle reste au bureau pendant l'heure du déjeuner.
6. Ce jour-là elle sort déjeuner au restaurant.
7. Aujourd'hui, elle fait des achats dans un grand magasin.
8. Mardi elle rentre à pied.
9. Elle arrive au bureau à deux heures.
10. Cette semaine-là elle a beaucoup de lettres à écrire en allemand.

B. **Ça n'allait pas!** Hier, Anne a eu des problèmes. Les choses n'ont pas marché comme d'habitude [*to go as usual*].

MODÈLE: arriver en avance
—D'habitude elle arrivait en avance.
—Mais elle n'est pas arrivée en avance hier.

1. prendre le petit déjeuner
2. apporter son cahier
3. venir en autobus
4. préparer la leçon
5. finir les devoirs
6. savoir les réponses
7. travailler à la bibliothèque
8. lire le journal

C. **Événements extraordinaires.** Dites ce que vous faisiez habituellement à une certaine période de votre vie. Ensuite décrivez un événement différent **qui a eu lieu** [*which took place*] pendant cette période. Voici quelques suggestions.

MODÈLE: Quand j'allais à l'école primaire . . . (après l'école?)
—Quand j'allais à l'école primaire, je rentrais tout de suite à la maison après l'école. Un jour, je suis allé(e) voir un match de football. Je suis rentré(e) tard. Mes parents m'ont puni!

1. Quand j'avais six ans . . . (en été?)
2. Quand j'avais quinze ans . . . (le soir?)
3. Quand nous allions au restaurant . . . (prendre d'habitude?)
4. Quand nous allions chez nos grands-parents . . . (parler de . . . ?)
5. Quand j'allais au lycée . . . (des amis?)
6. Quand je cherchais un emploi l'été dernier . . . (pour en trouver?)

Le passé composé et l'imparfait: événement et situation

1. The **passé composé** is used to narrate events; the **imparfait**, to describe situations and settings. Compare:

Event	Situation or setting
Je *suis arrivée* à Montréal vers la fin d'octobre.	Il *faisait* déjà froid. Le ciel *était* gris et il *pleuvait* souvent. Je *savais* que l'hiver *allait* bientôt venir.

* * *

Georges *a terminé* ses études à la fin du mois de juin.	Il *était* fatigué et il *voulait* prendre des vacances. Mais il n'*avait* pas d'argent. Il *devait* trouver un emploi.
Alors il *a lu* les petites annonces dans les journaux, et il *a écrit* beaucoup de lettres.	Personne ne *répondait* à ses lettres. Il *commençait* à devenir anxieux.
Enfin, un jour, il *a eu* une réponse encourageante.	Il *était* très heureux.

2. Use the **imparfait** to describe:

the time	il était une heure; c'était le printemps
the weather	il pleuvait; il faisait chaud; il y avait du vent
the situation, ongoing actions	il y avait beaucoup de monde; les gens chantaient
physical characteristics	c'était une belle maison; ils étaient blonds; je portais une robe et un chapeau
psychological states and feelings	vous aviez peur; elle était heureuse
intentions and thoughts	je voulais parler; nous savions la réponse; tu devais sortir

3. Verbs in the **passé composé** "advance the plot" in a narrative. The answer to the question "What happened?" is in the **passé composé**. Look at the following example:

A series of events (moving the plot):

1 ⟶ 2 ⟶ 3 ⟶ 4

M. Leroy est allé au kiosque à journaux.	Il a parlé au marchand.	Il a acheté *Le Monde.*	Il est parti.

A situation, or event in progress:

Il y avait beaucoup de monde.
Une grosse dame cherchait *France-Dimanche.*
Un petit garçon regardait les photos.

4. When the verbs below are used to talk about the past, they will usually appear in the **imparfait**:

faire + weather expressions	Il faisait chaud hier.
avoir	Elle avait dix ans.

être	Ils étaient fatigués.
croire	Je croyais qu'ils étaient en retard.
penser	Tu pensais qu'elle était mariée?
savoir	Vous ne saviez pas la réponse.
connaître	Je ne connaissais pas son frère.
vouloir	Ils voulaient partir.
devoir	Elle devait étudier beaucoup.

PRATIQUONS

A. **Cause et effet.** Qu'est-ce qu'ils ont fait?

    MODÈLE: Paul n'avait pas d'argent, alors il...
            —alors il n'a rien acheté.
      ou —alors il a trouvé un emploi pour l'été.

1. Jean-Marc était très fatigué, alors il...
2. Sylvie voulait maigrir, alors elle...
3. Laurent devait passer un examen de biologie, alors il...
4. Annick voulait un travail à plein temps, alors elle...
5. Les Dupont ne voulaient pas sortir, alors ils...
6. J'avais faim, alors je...
7. Monique était en retard, alors elle...
8. Nous n'avions pas de travail hier, alors nous...

B. **Pourquoi?**

    MODÈLE: Mireille a pris son parapluie ce matin.
            —Sans doute il pleuvait.

1. Marc a mangé trois sandwichs!
2. Christian est allé à la bibliothèque ce matin.
3. M. Battut a pris un taxi pour aller au travail.
4. Mes cousins ont fait un pique-nique hier.
5. Mme Ducastel a puni ses enfants.
6. Martine a téléphoné à une agence de l'emploi ce matin.
7. J'ai mis deux pull-overs ce matin.
8. Nous avons raté l'examen de maths.

C. **Un accident de voiture.** Racontez cette histoire au passé; employez le passé composé ou l'imparfait, selon le cas.

1. Il est huit heures du soir.
2. Il fait très froid.
3. Il y a de la glace sur la route.
4. Je vais un peu vite.
5. Soudain je vois une autre voiture devant moi.
6. J'essaie d'arrêter ma voiture, mais je ne peux pas.
7. Je heurte [hit] l'autre voiture.
8. Deux hommes sortent de cette voiture.
9. Ils ne sont pas contents.
10. Mais moi, je suis content parce que personne n'est blessé [hurt].
11. Je téléphone à la police.
12. Ils arrivent tout de suite après.

Les questions indirectes

1. You learned in Lesson 25 to construct complex sentences with **que**:

   Elle dit *qu*'elle est heureuse.   *She says (that) she is happy.*
   Je sais *que* son père était   *I know (that) his father was*
     musicien.   *a musician.*

   A sentence that becomes the complement of another sentence is called a subordinate clause; here the subordinate clause is introduced by **que**.

2. In English and in French, questions may occur as part of complex sentences. In both languages the interrogative word appears at the beginning of the subordinate clause. The word order of the subordinate clause is: subject— verb— (rest of sentence). Complex sentences of this type are called indirect questions:

questions directes	*questions indirectes*
Où allez-vous ce soir?	**Il demande *où* vous allez ce soir.**
Pourquoi est-ce qu'ils	**Je voudrais savoir *pourquoi* ils**
partent?	**partent.**

3. A yes/no question may also appear in a subordinate clause; use **si** [*whether, if*] to connect the two clauses:

questions directes	*questions indirectes*
Avez-vous des enfants?	**Dites-moi *si* vous avez des enfants.**
Travaille-t-il?	**Tu peux me dire *s*'il travaille?**
Arrive-t-elle demain?	**Je voudrais savoir *si* elle arrive**
	demain.

   Si becomes **s'** before **il** and **ils**; it does not elide before other words beginning with a vowel.

PRATIQUONS

A. **Un(e) ami(e) bavard(e)** [*talkative*]. Vous n'êtes pas de bonne humeur [*in a good mood*] aujourd'hui et vous ne voulez pas parler. Répondez aux questions de votre ami(e).

   MODÈLE: A: Quelle heure est-il?
                  B: —Je ne sais pas quelle heure il est.

   1. Quel âge a cette fille?
   2. Avec qui est-ce que Marc est sorti hier soir?
   3. Qui a trouvé la réponse à tous les problèmes?
   4. Pourquoi est-ce que la porte est fermée?
   5. Comment s'appelle notre professeur?
   6. Depuis quand est-ce qu'on contrôle les absences?
   7. Avec quoi est-ce que je peux réparer mon sac?
   8. Pourquoi est-ce que tu es de si mauvaise humeur?

B. **Questions du prof.** Votre professeur vous pose des questions au sujet de vos camarades de classe. Posez des questions indirectes à vos camarades.

MODÈLE: Où est-ce que Patrick habite?
A: Il/Elle voudrait savoir où tu habites.
B: —J'habite à Chicago.

1. Où est-ce qu'il/elle habite?
2. Où est-ce qu'il/elle travaille?
3. Comment est-ce qu'il/elle vient à l'université?
4. Quand est-ce qu'il/elle étudie?
5. Quels cours est-ce qu'il/elle suit?
6. Quel cours est-ce qu'il/elle préfère?
7. Qu'est-ce qu'il/elle va faire après ses études?
8. Où est-ce qu'il/elle aime passer les vacances?

C. À l'agence de l'emploi. Quelqu'un voudrait avoir ces renseignements. Demandez-les à un(e) camarade.

MODÈLE: Est-ce qu'on donne du travail aux ouvriers?
—Il voudrait savoir si on donne du travail aux ouvriers.

1. Est-ce qu'il y a encore des emplois?
2. Est-ce qu'il y a du travail pour cet été?
3. Est-ce qu'on peut travailler à temps partiel?
4. Est-ce qu'on s'inscrit ici?
5. Est-ce qu'il faut avoir des diplômes?
6. Est-ce qu'il faut connaître une langue étrangère?
7. Est-ce qu'on doit travailler le dimanche?
8. Est-ce qu'on peut gagner beaucoup d'argent?
9. Est-ce que le travail est difficile?

D. La surprise-partie. On organise une surprise-partie au dortoir. On ne vous a pas invité(e). Vous demandez des renseignements pour savoir si c'est intéressant d'y aller.

MODÈLE: Qui organise cette boum?
—Tu sais qui organise cette boum?

1. Où est-ce qu'on organise cette boum?
2. Combien de gens vont venir?
3. Est-ce qu'il va y avoir de la musique?
4. Quelle sorte de musique est-ce qu'on va jouer?
5. Est-ce qu'on va pouvoir manger quelque chose?
6. Est-ce qu'il va y avoir assez d'hommes (assez de femmes)?
7. Jusqu'à quelle heure est-ce qu'on va danser?
8. Pourquoi est-ce qu'on ne m'a pas invité(e)?

SITUATION

On demande une secrétaire bilingue

Annick Hervé a répondu à une annonce. Elle parle à la directrice du personnel.

LA DIRECTRICE: Alors, voyons, vous avez une licence d'anglais.
ANNICK: Pas exactement, Madame. J'ai arrêté mes études après deux ans.

En France, comme aux Etats-Unis, beaucoup de jeunes travaillent dans des restaurants « fast-food. »

LA DIRECTRICE: Pensez-vous **avoir** une excellente **connaissance** de l'anglais?

i.e., that you have knowledge

ANNICK: Je crois bien. J'ai passé plusieurs étés en Angleterre et un an aux États-Unis.

LA DIRECTRICE: Je n'ai pas vu ça dans votre **dossier. Que** faisiez-vous aux États-Unis?

file/what

ANNICK: Mon lycée avait un programme d'échange avec une école secondaire du Vermont.

LA DIRECTRICE: Vous savez que ce poste demande aussi une bonne connaissance de l'allemand.

sufficiently

ANNICK: Je le lis assez bien et je l'écris **suffisamment** pour les lettres d'affaires.

LA DIRECTRICE: Je vois que vous avez déjà travaillé comme sténodactylo.

firm/**taper** to type

ANNICK: Oui, j'ai eu plusieurs emplois temporaires. Une fois, j'ai travaillé pour **une société** d'import-export. Je **tape** plus de cent mots à la minute.

LA DIRECTRICE: Dites-moi, vous ne pensez pas qu'avec deux années d'études universitaires vous êtes un peu surqualifiée pour un emploi de secrétaire bilingue?

administrative secretary

ANNICK: Non, je trouve que c'est un emploi intéressant. Je voudrais devenir **secrétaire de direction**.

LA DIRECTRICE: C'est bien, ça. Pour commencer, la rémunération est de 8.500 francs par mois.

DISCUSSION

1. Est-ce qu'Annick cherche un poste de directrice?
2. Elle a fait des études universitaires?
3. Où est-ce qu'elle est allée pour pratiquer son anglais?
4. Elle a travaillé aux États-Unis?
5. Est-ce qu'elle parle bien l'allemand?
6. Est-ce qu'elle a de l'expérience comme sténodactylo?
7. Qu'est-ce qu'Annick voudrait faire éventuellement?

PRONONCIATION ET ORTHOGRAPHE

Les voyelles nasales devant une consonne

1. When nasal vowels appear within a word before a consonant, no nasal consonant sound should be inserted:

   chance   monter   emploi   enfin   anglais

   To avoid inserting a nasal consonant after a nasal vowel and before a consonant, lengthen the nasal vowel:

monter	mon-ter	lundi	lun-di
intéressant	in-téressant	contraire	con-traire
emploi	em-ploi	enfant	en-fant
anglais	an-glais	compagne	com-pagne

2. Remember that nasal vowels are written with **m** instead of **n** when they appear before **m**, **b**, or **p**:

   emmener [*to take a person along*]   combien   un emploi

IN THIS LESSON:

- vocabulary for letter-writing
- pronouns in commands
- indirect discourse
- relative clauses introduced by **où** and **qui** to modify nouns

MOTS NOUVEAUX

Le courrier

Voici **le facteur**; il apporte **le courrier.**	mailman/mail
Je voudrais **mettre** cette lettre **à la poste.**	to mail
Je cherche **une boîte à lettres.**	mailbox
Où est le bureau de poste le plus **proche**?	near
—La poste? Il y a un bureau de poste **à trois cents mètres.**	300 meters from here (about a block)

Est-ce que la poste est ouverte?

À la poste:	at the post office
Je voudrais **envoyer**	to send
un télégramme	
cette lettre	
ce paquet **par avion.**	air mail
par voie de surface.	surface mail
en exprès.	special delivery
en recommandé.	registered mail
Je voudrais dix timbres	
à deux francs vingt.	at 2,20 francs each
un aérogramme.	air letter
une dizaine de cartes postales.	about ten
des timbres de collection; je	
collectionne les timbres.	**collectionner** to collect
Est-ce que vous avez du courrier **au nom de** Jones, Robert?	for

NOTES CULTURELLES

La Poste. Les lettres P.T.T. (Postes, Télégraphes et Téléphones) ou P. et T. (Postes et Télécommunications) identifient les bureaux de poste. En France on va à la poste pour acheter des timbres et envoyer des lettres et des paquets mais aussi pour téléphoner ou pour envoyer un télégramme.

PRATIQUONS

Pour envoyer le courrier. Qu'est-ce qu'ils vont dire?

MODÈLE: Marc voudrait envoyer un paquet le plus économiquement
possible.
—Je voudrais envoyer ce paquet par voie de surface.

1. Anne voudrait envoyer une lettre le plus rapidement possible.
2. M. Renard voudrait envoyer un paquet le plus sûrement possible.
3. Christian voudrait envoyer une lettre le plus rapidement et le plus sûrement possible.
4. Mme Davy voudrait acheter des timbres.
5. M. Roussel voudrait acheter des timbres; il est collectionneur.
6. David Mercier voudrait savoir s'il a des lettres.
7. Françoise cherche un bureau de poste.
8. Mme Mouton ne trouve pas de boîte à lettres.
9. Marc cherche un bureau de tabac.

model

dear
colleague

Quelques **formules** pour écrire des lettres
Pour commencer une lettre:
Mon **cher** Richard, Ma chère Denise, Chers amis,
Cher/Chère **collègue,** Chère Madame,
Monsieur, Madame, Mademoiselle,
Monsieur le Chef des Ventes,
Madame la Directrice du Personnel,
Madame l'Attachée culturelle,

to end

kiss
embrasser to kiss

recevoir to receive/kiss

please
greetings

to accept

Pour **terminer** une lettre

(Mes) Amitiés	= Your Friend
Grosses **bises**	= Affectionately, Love
Je t'**embrasse**	= Affectionately
Recevez les bons **baisers** de votre neveu	= Affectionately
Veuillez recevoir, cher ami, mes meilleures **salutations**.	= Sincerely yours
Veuillez croire, cher Maître, à l'expression de mes sentiments les meilleurs et les plus cordiaux.	= Cordially yours
Veuillez **agréer**, Madame, l'expression de mes sentiments distingués.	= Sincerely yours
Veuillez agréer, Monsieur le Ministre, l'expression de ma plus haute considération.	= Respectfully yours

PRATIQUONS

A. **L'expression juste.** Voici les formules de politesse de lettres écrites par une dame qui est médecin. Quel est le destinataire probable pour chaque lettre? Il peut y avoir plusieurs réponses correctes.

MODÈLE: Veuillez agréer . . . l'expression de mes sentiments les meilleurs.
—Monsieur le Chef du Personnel,
ou —Cher collègue,

1. Veuillez croire ... à
   l'expression de mes
   sentiments distingués.
2. Je vous embrasse tous,
3. Cordiales salutations,
4. Veuillez agréer ...
   l'expression de ma haute
   considération.
5. Recevez les bons baisers
   de ...
6. Bien cordialement,

(a) Monsieur le Chef du
    Personnel,
(b) Chère tante Sophie,
(c) Chère amie,
(d) Monsieur l'Ambassadeur,
(e) Mes chers enfants,
(f) Cher collègue,
(g) Madame la Directrice des
    Services de Publicité,

B. **Des nouvelles.** Voici le texte de télégrammes. Transformez ces textes télégraphiques en phrases.

MODÈLES: CHAT MORT
   —Ils ont le regret d'annoncer que le chat est mort.
   CAFETIÈRE ÉLECTRIQUE ENVOYÉE
   —On vous informe qu'on a envoyé la cafetière électrique.

1. EXAMEN RÉUSSI
2. ATTENDONS RÉCHAUD À GAZ
3. COMMANDONS RIDEAUX VERTS
4. EMPLOI DE DIRECTEUR DES VENTES ACCEPTÉ
5. CHÈQUE POUR 5000 FR ENVOYÉ
6. AVEZ GAGNÉ RÉFRIGÉRATEUR
7. RÉPONSE ATTENDUE
8. GRILLE-PAIN ENVOYÉ

PRÉSENTATION

Le métier d'écrivain public

public letter writer

   Avant la démocratisation de **l'enseignement, les illettrés faisaient appel à** des écrivains publics. Aujourd'hui on peut encore trouver des membres de cette profession intéressante. Ce n'est pas parce qu'il existe toujours un grand nombre d'illettrés en France mais parce que la vie moderne rend difficile la communication avec **les administrations**.

education/illiterates
faire appel à to resort to

government services

Sur les Cours Mirabeau, à Aix-en-Provence, les panneaux annoncent une réunion organisée par un syndicat: la C.F.T.C. (La Confédération française des travailleurs chrétiens).

red tape
benefits for dependents/reimbursed/expenses

income tax forms/income tax service/**s'asseoir** to sit down

confidence/**attirer** to attract
lower middle-class persons

misfortunes

later/foreign workers

neither . . . nor/own
simply/amount
income tax/help
the elderly/mediator, go-between/effective
free of charge/to draft
breaking off

since

misunderstood/**se mettre en colère** to become angry
since

Gabrielle Lecoin, une jeune femme de trente ans, exerce la profession d'écrivain public à Lyon. Le bureau où elle exerce son métier se trouve entre un café et une épicerie arabe.

La plupart des gens viennent dans son bureau parce qu'ils ont des difficultés avec **les paperasses** de la Sécurité sociale. Ils doivent demander **des allocations familiales** ou être **remboursés** pour **des frais** médicaux. Ils viennent aussi pour demander à Gabrielle de préparer leur **déclaration de revenus** pour **le fisc**. Ils viennent, ils **s'assoient,** ils parlent, ils expliquent . . . Gabrielle écoute. Elle est attentive, elle est intelligente, et surtout c'est une femme: elle inspire **la confiance** et elle **attire** les confidences.

Les **petites bourgeoises** âgées viennent chez elle avec «un papier» de la Sécurité sociale qui leur sert d'alibi pour raconter leurs problèmes et leurs **malheurs.** L'après-midi c'est une autre clientèle: des pharmaciens, des docteurs, des professeurs qui préfèrent lui donner leur courrier à faire. **Plus tard** viennent **les travailleurs étrangers:** Algériens, Marocains, Tunisiens, Espagnols, Grecs, Portugais . . . qui **ne** savent **ni** lire **ni** écrire le français ou, souvent, leur **propre** langue.

Être écrivain public, c'est dire **tout simplement** quelle **somme** il faut payer pour **les impôts,** c'est trouver un peu d'**aide** pour **les vieux,** c'est être **un médiateur efficace.** Mais il faut aussi écrire au Père Noël—**gratuitement,** bien sûr—et **rédiger** des lettres d'amour ou de **rupture.** Accepter d'écrire des lettres, c'est accepter de tout savoir.

On ne devient pas riche dans cette profession: une lettre coûte vingt francs. **Comme** beaucoup de clients restent une heure ou une heure et demie, c'est très peu. Aussi, le terme «public» est souvent **mal compris.** Un jour, un client **s'est mis en colère** au moment de payer. Il a déclaré: «**Puisque** c'est public, c'est gratuit»!

CONNAISSANCE DU TEXTE

1. Qu'est-ce que c'est qu'un illettré?
2. Est-ce qu'il y a beaucoup d'illettrés en France? Et aux États-Unis?
3. Quelle profession est-ce que Gabrielle Lecoin exerce?
4. Quelle sorte de préparation est nécessaire pour exercer ce métier?
5. Quel est le principal problème de la plupart des clients de Gabrielle?
6. Est-ce qu'ils viennent seulement pour lui demander de faire des lettres pour eux?
7. Pourquoi est-ce que les travailleurs étrangers ont souvent besoin d'un écrivain public?
8. Qu'est-ce que les enfants demandent?
9. Pourquoi est-ce que le client ne voulait pas payer Gabrielle?

NOTES GRAMMATICALES

Les pronoms et l'impératif

1. In negative commands, all pronouns precede the verb:

   Ne *l'*achète pas!   **N'*en* servez pas!**
   Ne *nous* téléphonez pas!   **N'*y* allons pas!**

2. In affirmative commands, all pronouns follow the verb and are attached to it by a hyphen:

   Achète-*le*!   **Servez-*en*!**
   Téléphonez-*nous*!   **Allons-*y*!**

3. In affirmative commands, replace **me/m'** with **moi**:

   Ne *m'*appelle pas!   **Appelle-*moi*!**
   Ne *me* donnez pas de café! **Donnez-*moi* du café!**

4. For **-er** verbs and **aller**, the command form corresponding to **tu** usually does not end in **-s**:

   Tu l'achète*s*?   **Achète-le!**
   Tu va*s* au supermarché? **Va au supermarché!**

   The final **-s** (pronounced as liaison /z/) does appear, however, before the pronouns **y** and **en**.

   Achète*s*‿en!   **Va*s*‿y!**

PRATIQUONS

A. **Mais si! Mais non!** Répondez avec le contraire.

MODÈLES: Ne prends pas ce disque!
—Mais si, prends-le!
Prends ce disque!
—Mais non, ne le prends pas!

1. Répondez au professeur!
2. N'allez pas au restaurant!
3. Achetez du vin!
4. N'écoutez pas Alain et Yves!
5. Attendez votre sœur!
6. Écoute ce disque!
7. N'ouvre pas la porte!
8. Ne prends pas de chocolats!
9. Écris à ton frère!
10. Ne va pas à la bibliothèque!

B. **L'ange et le démon.** Qu'est-ce que René doit faire? L'ange et le démon lui offrent des conseils différents.

MODÈLE: préparer les devoirs?
—l'ange: Prépare-les!
—le démon: Ne les prépare pas!

1. téléphoner à ses parents?
2. fumer des cigarettes?
3. regarder ce film pornographique?
4. aller à ses cours?
5. boire beaucoup de vin?
6. acheter des cigares?
7. aller dans un bar?

C. **C'est logique.** Pour chaque complément d'objet, donnez un ordre logique en choisissant l'un des verbes dans la liste.

MODÈLE: la lettre
—Écris-la!
ou —Réponds-y!

1. des timbres ·
2. le bureau de poste
3. la boîte à lettres
4. ce télégramme
5. du papier
6. le facteur
7. l'écrivain public
8. les clients
9. les ouvriers immigrés

(a) acheter
(b) aider
(c) décrire
(d) écrire
(e) lire
(f) montrer
(g) parler
(h) prendre
(i) répondre
(j) servir
(k) téléphoner

L'imparfait dans le discours indirect

1. To report what someone is asking or saying use the present tense:

direct discourse	*indirect discourse*
Robert demande à Marie: «**Est-ce que vous êtes pharmacienne**»?	**Robert demande à Marie si elle** *est* **pharmacienne.**
Marie répond: «**Je suis infirmière**».	**Marie répond qu'elle** *est* **infirmière.**

2. Use the **imparfait** to report what someone said or asked in the past:

direct discourse	*indirect discourse*
Robert a demandé à Marie: «**Est-ce que vous êtes pharmacienne**»?	**Robert a demandé à Marie si elle** *était* **pharmacienne.**
Marie a répondu: «**Je suis infirmière**».	**Marie a répondu qu'elle** *était* **infirmière.**

3. To summarize:

Main clause	+	Subordinate clause
Present tense	+	Present tense
Marie dit		**qu'elle est infirmière.**
Passé composé	+	Imparfait
Marie a dit		**qu'elle était infirmière.**

PRATIQUONS

A. **Qu'est-ce qu'il a dit?** Le professeur ne parle pas très fort [*loudly*]. Votre ami(e) derrière vous ne l'entend pas. Répétez ce que le prof a dit.

MODÈLES: «Avez-vous des questions»?
—Il a demandé si nous avions des questions.
«La leçon est facile».
—Il a dit que la leçon était facile.

1. «Les compositions sont très bonnes».
2. «Comprenez-vous la leçon»?
3. «Je vais vous donner des exercices à faire».
4. «Faites-vous les devoirs»?
5. «Il y a un examen demain».
6. «Allez-vous à la bibliothèque ce soir»?
7. «Il n'y a pas de cours vendredi».
8. «Je ne comprends pas la question».
9. «Trouvez-vous l'exercice difficile»?

B. **Projets pour ce soir.** En groupes de deux personnes, posez la question, «Qu'est-ce que tu fais ce soir»? Ensuite dites à vos camarades de classe ce que votre partenaire a répondu.

MODÈLE: A: Qu'est-ce que tu fais ce soir?
B: —Je vais au cinéma.
A: Il/Elle a dit qu'il/elle allait au cinéma.

Les propositions relatives avec où *et* qui

1. You have learned three types of complex sentences:
   a. those containing the conjunction **que**:

   Je sais *qu*'il a plu hier.

   b. those containing an interrogative adverb:

   Je sais *pourquoi* il est parti.
   Je sais *où* il habite.

   c. those containing **si**:

   Tu sais *s*'ils viennent ce soir?

In these types of complex sentences the second (subordinate) clause serves as an element of the first (main) clause; it is equivalent to a direct object:

| Je ne sais pas | où il va.
quand il a plu.
s'ils viennent. | *I don't know* | *where he's going.*
when it rained.
whether they're coming. |
| | ça.
nager. | | *that.*
how to swim. |

2. In another type of complex sentence, the subordinate clause gives more information about an element in the main clause:

Il s'est arrêté dans une ville *où* il y a plusieurs bons restaurants.   *He stopped in a town where there are several good restaurants.*

Où refers back to **dans cette ville** and also connects the subordinate, or relative, clause to the main clause.

3. The relative pronoun **où** replaces a noun phrase that gives information about place or time. Usually, these phrases are introduced by prepositions of place such as **dans**, or prepositions of time, such as **pendant** [*during*].

C'est *une maison. Dans cette maison* il y a une grande cuisine.
C'est une maison *où* il y a une grande cuisine.

C'est *une saison*. Il fait souvent très froid *pendant cette saison*.
C'est une saison *où* il fait souvent très froid.

4. The relative pronoun **qui** replaces a noun phrase that serves as subject of the relative clause. It corresponds to "who," "that," or "which":

Je connais *un médecin. Ce médecin* est excellent.
Je connais un médecin *qui* est excellent.   *I know a doctor who's excellent.*

Nous avons acheté *une maison. Cette maison* se trouve à la campagne.
Nous avons acheté une maison *qui* se trouve à la campagne.   *We bought a house that's located in the country.*

PRATIQUONS

A. **Quand?** En quelles saisons est-ce que ces situations existent?

MODÈLE: Il fait souvent moins cinq degrés.
—L'hiver est une saison où il fait souvent moins cinq degrés.

1. On joue souvent au tennis.
2. Il fait très chaud.
3. Il y a beaucoup de fleurs.
4. Il gèle souvent.
5. Il pleut souvent.
6. Il ne neige jamais.

7. Il fait du vent.
8. Les feuilles des arbres changent de couleur.

B. **Descriptions.** Décrivez le travail de ces gens.

MODÈLE: un mécanicien
—C'est un homme qui répare les voitures.
ou —C'est un homme qui travaille dans un garage.

1. une vendeuse
2. un infirmier
3. un plombier
4. un imprimeur
5. une institutrice
6. une boulangère
7. un ouvrier
8. un(e) bibliothécaire
9. un photographe
10. une actrice

C. **Les grandes villes.** Faites une phrase pour décrire chaque ville; employez **où** ou **qui**.

MODÈLES: New York
—New York est une ville où il y a beaucoup de magasins intéressants.
ou —New York est une ville qui a pas mal de théâtres et de cinémas.

1. San Francisco
2. Boston
3. la Nouvelle-Orléans
4. Los Angeles
5. Washington
6. Rome
7. Vienne
8. Berlin
9. Londres
10. Madrid

SITUATION

L'arrivée du courrier

Hamadou et Carole se rencontrent devant les boîtes à lettres de leur dortoir.

CAROLE: Le courrier est arrivé?
HAMADOU: Non, pas encore. Il n'arrive jamais avant onze heures. Pourquoi, tu attends quelque chose d'important?
CAROLE: Et comment! Mon père m'a envoyé un chèque par lettre recommandée. J'en ai vraiment besoin; je n'ai presque plus d'argent.
HAMADOU: Reviens dans une heure!

* * *

*Une heure **plus tard**.*   later

CAROLE: Le courrier n'est pas encore arrivé?
HAMADOU: Si, je crois que tu **as reçu** quelque chose. Ça doit être ta   **recevoir** to receive
lettre recommandée.
CAROLE: Voyons. Ah, **zut alors**. Ce n'est pas la lettre de mes parents.   darn it
Mais j'ai **un avis**.   notice
HAMADOU: C'est un avis d'arrivée d'une lettre recommandée.
CAROLE: Pourquoi est-ce que le facteur n'a pas apporté la lettre?

Une lettre importante qu'il faut mettre dans une boîte à lettres.

to go get
identification card

hey

HAMADOU: Parce qu'il faut signer un papier quand on reçoit une lettre recommandée. Tu dois **aller chercher** la lettre à la poste. N'oublie pas ta **carte d'identité**!

CAROLE: La vie est vraiment compliquée!

HAMADOU: **Hé**, pas d'argent sans effort.

DISCUSSION

1. À quelle heure est-ce que le courrier arrive d'habitude chez Carole et Hamadou?
2. Qu'est-ce que Carole attend?
3. Pourquoi est-ce qu'elle est très impatiente?
4. Pourquoi est-ce que le facteur n'a pas mis la lettre recommandée dans la boîte à lettres de Carole?
5. Où est-ce qu'elle doit aller chercher la lettre?
6. Qu'est-ce qu'il faut qu'elle montre pour avoir la lettre?

NOTES CULTURELLES

La carte d'identité. Tous les Français âgés de plus de dix-huit ans doivent avoir une carte d'identité donnée par la police.

PRONONCIATION ET ORTHOGRAPHE _____

L' h aspiré *et l'* h muet

The letter **h** never stands for a particular sound in French. Some words beginning with **h** act as if they began with a vowel; they are said to have mute **h**:

l'ℏabitant, en‿ℏiver, l'ℏistoire, les‿ℏommes, les‿ℏuîtres.

Other words act as if they began with a consonant, that is, there is neither elision nor liaison before them:

les *ℏaricots, en *ℏaut, les *ℏors-d'œuvres, la *ℏollande, elle est *ℏollandaise, le *ℏuitième étage.

Some words that do not begin with the letter **h** behave as if they began with an aspirate **h**:

le nombre *un, le *onze novembre, le *onzième mois.

RÉVISION

A. Qualifications. Quelle est la qualification principale pour chaque métier ou profession?

MODÈLE: une dactylo
—Toutes les dactylos doivent savoir taper à la machine.

1. un bibliothécaire
2. une journaliste
3. un professeur de français
4. un mécanicien
5. une cuisinière
6. un plombier
7. un garçon de restaurant
8. un secrétaire bilingue
9. une artiste

B. Petites annonces. Voici des qualifications importantes pour des métiers et des professions. Donnez la première phrase de l'annonce.

MODÈLE: Les facteurs ne peuvent pas avoir peur des chiens.
—Nous cherchons un facteur qui n'a pas peur des chiens.

1. Les boulangers travaillent souvent la nuit.
2. Les vendeurs de disques doivent connaître l'anglais.
3. Certains médecins préfèrent exercer dans de petites villes.
4. Les sténodactylos doivent pouvoir taper au moins cent mots à la minute.
5. Certains plombiers savent réparer les réfrigérateurs.
6. Un photographe doit avoir de bons appareils-photo.
7. Les représentantes de commerce doivent avoir une voiture.
8. Un cuisinier de grand restaurant doit connaître la cuisine française.

C. Marchands et magasins. Identifiez ces marchands par leur magasin, et ensuite décrivez le magasin.

MODÈLE: un boucher
—C'est un homme qui travaille dans une boucherie. Une boucherie, c'est un magasin où on peut acheter de la viande.

1. une boulangère
2. un fleuriste
3. une libraire
4. un papetier
5. un pharmacien
6. une poissonière
7. un pâtissier
8. une charcutière
9. un épicier
10. une crémière

D. Définitions: des fêtes.

MODÈLE: Noël
—Noël, c'est un jour où on offre des cadeaux.

1. Noël
2. la Fête des mères
3. le Mardi gras
4. le Jour de l'An
5. la Chandeleur
6. la Fête des Rois
7. le quatorze juillet
8. la Saint-Sylvestre

(a) manger des crêpes
(b) offrir des fleurs à sa mère
(c) prendre des résolutions
(d) offrir des cadeaux
(e) porter des costumes
(f) regarder les feux d'artifice [*fireworks*]
(g) tirer les rois
(h) attendre le Nouvel An

E. **C'est logique.** Qu'est-ce qu'il faut faire? Répondez logiquement, en employant un des verbes suggérés.

MODÈLE: Ils demandent une réponse à leur lettre.
—Alors, réponds-leur!
ou —Alors, réponds-y!

1. Il y a une lettre pour toi.
2. Le facteur est arrivé.
3. Tu n'as pas mis d'adresse sur le paquet.
4. J'ai préparé le télégramme.
5. Le bureau de poste est ouvert maintenant.
6. Il y a du courrier dans notre boîte à lettres.
7. Nous n'avons plus de timbres.
8. Je voudrais aller au café.

(a) acheter
(b) aller
(c) appeler
(d) apporter
(e) écrire
(f) envoyer
(g) mettre
(h) ouvrir
(i) répondre

F. **L'interrogation.** Vous êtes espion [*spy*]. Vous ne voulez pas répondre à ces questions; vous voulez gagner [*to gain*] du temps.

MODÈLE: Comment vous appelez-vous?
—Ah, vous voulez savoir comment je m'appelle.
ou —Ah, vous demandez comment je m'appelle.

1. Où allez-vous?
2. Êtes-vous anglais?
3. Pourquoi êtes-vous ici?
4. Comment êtes-vous arrivé?
5. Parlez-vous chinois?
6. Quel âge avez-vous?
7. Avec qui êtes-vous venu?
8. D'où venez-vous?

Routine quotidienne et santé

Leçon trente et un

IN THIS LESSON:

- vocabulary for daily routine
- reflexive verbs

MOTS NOUVEAUX

to wash up and get dressed

Pour faire sa toilette

**une brosse à
cheveux
un peigne**

C'est pour se brosser
les cheveux.
C'est pour se peigner.

**du dentifrice et une
brosse à dents**

C'est pour se brosser
les dents.

du savon et de l'eau

C'est pour se laver les
mains ou la figure.

un gant de toilette

C'est pour se laver.

**une serviette de
toilette**

C'est pour s'essuyer.

un rasoir

C'est pour se raser.

PRATIQUONS

Pour faire sa toilette.

MODÈLE: Qu'est-ce qu'il faut pour se raser?
—Il faut un rasoir.

1. Qu'est-ce qu'il faut pour se laver la figure?
2. Qu'est-ce qu'il faut pour se brosser les cheveux?
3. Qu'est-ce qu'il faut pour se brosser les dents?
4. Qu'est-ce qu'il faut pour s'essuyer les mains?
5. Dans quelle pièce est-ce qu'on fait sa toilette?
6. Est-ce qu'il est plus agréable de se laver avec de l'eau froide ou avec de l'eau chaude?
7. Pour se laver, qu'est-ce qu'il faut mettre dans le lavabo?

La routine de la journée

Le petit Pierre se réveille à sept heures.

Il se lève à sept heures et demie.

Il se lave.

Quelquefois, il prend une douche ou un bain.

Il se brosse les dents.

Il s'habille.

Il se peigne.

Son grand frère se rase.

Sa grande sœur se maquille.

Quand il est en retard, le petit Pierre
se dépêche pour aller à l'école.

L'après-midi son frère se promène avec son chien.

Il se couche vers neuf heures et demie.

Il s'endort vers dix heures.

PRATIQUONS

A. À quoi ça sert?

MODÈLE: Qu'est ce qu'on fait avec un rasoir?
—On se rase.

1. Qu'est-ce qu'on fait avec un peigne?
2. Qu'est-ce qu'on fait avec une brosse à cheveux?
3. Qu'est-ce qu'on fait avec du dentifrice?
4. Qu'est-ce qu'on fait avec un gant de toilette?
5. Qu'est-ce qu'on fait avec du savon?
6. Qu'est-ce qu'on fait avec des vêtements?
7. Qu'est-ce qu'on fait avec un réveil?
8. Qu'est-ce qu'on fait avec une serviette?
9. Qu'est-ce qu'on fait avec des produits de beauté?

B. Une enquête. Interviewez un(e) camarade de classe pour trouver
s'il/si elle fait attention à sa mise [appearance]. Donnez 1 point
pour une réponse "oui," 0 pour une réponse "non."

MODÈLE: se laver les cheveux tous les jours
A: Est-ce que tu te laves les cheveux tous les jours?
B: —Oui.
(Vous marquez un point.)

1. prendre une douche chaque matin
2. se laver la figure trois fois par jour
3. se brosser les dents après les repas
4. se peigner très souvent
5. s'habiller avec beaucoup d'attention

6. se maquiller tous les jours/se raser tous les matins
7. se mettre du parfum/de l'eau de Cologne
8. se coucher tôt le soir

Si vous avez 7 ou 8 points, vous vous intéressez un peu trop à la mise. Pensez un peu aux choses sérieuses. Avez-vous lu un bon livre récemment?

Si vous avez de 3 à 6 points, c'est bien. Vous faites attention à votre mise mais vous êtes raisonnable.

Si vous avez moins de 3 points, attention! Vous risquez de vous négliger [*to be careless about one's appearance*].

PRÉSENTATION

Métro, boulot, dodo

work (slang)/night-night (baby talk, from **dormir***)*

Raymonde Mercier est comptable pour une compagnie d'assurances à Paris. Elle habite chez ses parents à Meaux, une petite ville à une trentaine de kilomètres de la capitale. Elle répond à des questions posées par une journaliste qui fait **un reportage** *sur la vie moderne.*

article

J: Raymonde, **décrivez-moi** un peu votre journée typique.

describe for me

R: Eh bien, je me lève d'habitude à six heures et quart.

J: Vous vous levez facilement?

R: **J'ai l'habitude.** Je me réveille cinq jours par semaine à cette heure-là. Mais je mets mon **réveille-matin.** Alors, je **me baigne** et je fais ma toilette. Après, je donne à manger à mon chat et je prends le petit déjeuner; une tasse de café et des tartines beurrées.

avoir l'habitude *to be used to it*
*alarm clock/***se baigner** *to bathe*

J: Vous êtes la première **levée** à la maison?

up

R: Oui, mes parents travaillent à Meaux et ils n'ont pas besoin de se lever aussi tôt que moi. Bon, après le petit déjeuner je m'habille et je pars de la maison vers sept heures. Je me dépêche d'aller à la gare pour prendre le train de sept heures vingt. J'arrive à la gare de l'Est vers huit heures.

J: Vous prenez le métro ou vous **vous rendez à pied** à votre bureau?

se rendre à pied *to walk*

R: Je prends le métro parce que c'est trop loin pour y aller à pied. Je descends à **la station Opéra**; mon bureau se trouve au huitième étage d'un immeuble situé derrière l'Opéra. Ma journée de travail commence à huit heures et demie.

the Opera metro stop

J: Vous déjeunez au restaurant?

R: Non, j'ai seulement une heure pour le déjeuner. Je préfère aller à **un self-service**; c'est moins cher et plus rapide.

cafeteria

J: Vous travaillez dans un quartier intéressant de Paris. Vous êtes tout près des grands magasins.

R: Oui, mais pendant la semaine, je n'ai pas le temps de faire des courses. Je sors du bureau le soir à six heures. Je dois me dépêcher pour **ne pas rater** le train de dix-huit heures trente-huit.

not to miss

J: Dans le train, vous lisez?

R: Quelquefois. Mais, surtout, je **me repose**.

se reposer *to rest*

J: Vous devez arriver chez vous à l'heure du **souper**.

supper

exit

Des ouvriers et des employés de bureau attendent le train pour rentrer chez eux après une longue journée de travail.

R: En effet. Il est sept heures et quart quand le train arrive à Meaux. Mon père vient m'attendre à **la sortie** de la gare avec la voiture. Nous regardons le journal télévisé et puis nous soupons vers huit heures et demie. Quand je ne suis pas trop fatiguée, je lis un peu ou je regarde un programme à la télé. Je me couche vers dix heures. Voilà.

J: Alors, votre journée typique, c'est métro, boulot, dodo.

NOTES CULTURELLES

La gare de l'Est. Paris est desservi [*served*] par plusieurs gares. Les trains qui vont de Paris aux villes de l'est du pays (Reims, Nancy, Strasbourg) et de Paris à la banlieue est [*eastern suburbs*] partent de la gare de l'Est.

CONNAISSANCE DU TEXTE

1. Quelle est la profession de Raymonde?
2. À quelle heure commence sa journée?
3. Comment est-ce qu'elle se rend à son travail?
4. Combien de temps est-ce que Raymonde a pour déjeuner? Où est-ce qu'elle déjeune?
5. Pourquoi est-ce qu'elle se dépêche quand elle sort du travail?
6. Qu'est-ce qu'elle fait dans le train?
7. Elle se rend à pied de la gare à sa maison?
8. Qu'est-ce qu'elle fait après le souper?
9. À quelle heure est-ce qu'elle se couche d'habitude?

Une petite ville de province tranquille.

Les verbes pronominaux et les pronoms réfléchis

1. In reflexive constructions, the action is turned back on the subject. Compare:

Jeanne lave son chien.	**Jeanne *le* lave.**	*Jeanne is washing it.*
Jeanne lave (Jeanne).	**Jeanne *se* lave.**	*Jeanne is washing herself.*

When the subject and object refer to the same person, the object pronoun used is called a reflexive pronoun:

Je *me* lave.	*I'm washing myself.*
Est-ce que vous *vous* habillez?	*Are you dressing (yourselves)?*

2. The forms of the reflexive pronouns are already familiar to you, except for the third person **se/s'**:

se laver [*to wash up*]

singulier	*pluriel*
je **me** lave	nous **nous** lavons
tu **te** laves	vous **vous** lavez
il elle on } **se** lave	ils elles } **se** lavent

3. Reflexive pronouns appear in the same position as other object pronouns:

Il ne *se* lave pas.   **Je ne vais pas *m'*habiller.**

4. When referring to a part of the body, use the reflexive pronoun plus the definite article:

Je me peigne les cheveux.	*I'm combing my hair.*
Nous nous brossons les dents.	*We're brushing our teeth.*

PRATIQUONS

A. C'est logique.

MODÈLE: Nous sommes en retard alors,...
—alors, nous nous dépêchons.

1. Il est sept heures du matin. Tu dois...
2. Alice choisit une robe et ensuite elle...
3. Je suis très fatigué alors, je...
4. Ils n'ont pas de savon alors, ils...

5. Nous allons acheter un rasoir et . . .
6. Je vais chercher une serviette de toilette et . . .
7. Ils passent la journée à la plage; ils . . .
8. Je n'ai pas de peigne alors, je . . .
9. Nous nous couchons et . . .

B. **Une journée idéale.** Décrivez votre journée idéale.

MODÈLE: Je me lève à neuf heures. Je me lave et je m'habille en blue-jeans. Je ne me maquille pas. Je prépare un petit déjeuner, et puis je me promène en ville.

C. **Qui?** Trouvez une personne . . .

1. qui se lève à sept heures le lundi.
2. qui se lave les cheveux tous les jours.
3. qui ne se dépêche jamais.
4. qui se couche toujours après minuit.
5. qui se lève de bonne heure le week-end.
6. qui se rase avec un rasoir électrique.
7. qui déteste prendre une douche.
8. qui se réveille avec une radio-réveille.
9. qui a des difficultés pour s'endormir.
10. qui se promène avec son chien.

Les verbes pronominaux idiomatiques

1. **S'essuyer** is a true reflexive verb: the action is reflected on the subject; the English equivalent uses a reflexive pronoun (*myself, yourself, etc.*). The verb has the same meaning in its reflexive and non-reflexive usage:

essuyer [*to wipe, to dry*]	**Vous essuyez les verres?**	*Are you drying the glasses?*
s'essuyer [*to wipe oneself off, to dry oneself off*]	**Vous vous essuyez?**	*Are you drying yourself off?*

2. Verbs like **s'appeler** and **s'occuper** have different meanings from the corresponding non-reflexive verb. They may be considered different verbs. We call these idiomatic reflexive verbs:

J'appelle mon chien.	*I call my dog.*
Je m'appelle Henri.	*My name is Henri.*
Ils occupent la maison.	*They occupy the house.*
Ils s'occupent de la maison.	*They take care of the house.*

3. Here is a list of some useful idiomatic reflexive verbs:

s'amuser	*to have fun*	**Nous nous amusons bien dans ce cours.**
s'arrêter	*to stop*	**Le train ne s'arrête pas ici.**
s'ennuyer	*to be bored, to be unhappy*	**Nous nous ennuyons dans ce cours.**

s'énerver	*to get irritated or angry, to lose one's patience*	**Elles s'énervent quand nous sommes en retard.**
s'entendre avec quelqu'un	*to get along with someone*	**Je m'entends bien avec mes frères.**
s'intéresser à quelque chose	*to be interested in something*	**Nous nous intéressons à l'art moderne.**
se marier	*to get married*	**Elle se marie en avril.**
s'occuper de	*to take care of*	**Je m'occupe de ces enfants.**
se passer	*to happen*	**Qu'est-ce qui se passe?**
se reposer	*to rest*	**Ma mère se repose souvent l'après-midi.**
se souvenir de	*to remember*	**Il ne se souvient jamais de mon anniversaire.**
se tromper	*to make a mistake, to get lost*	**Nous nous trompons toujours quand nous allons chez lui.**
se trouver	*to be located*	**La poste se trouve à côté de la banque.**

PRATIQUONS

A. **Personnalités.** Comment sont les gens qui travaillent avec vous?

MODÈLE: M. Leclair est toujours calme.
—Il ne s'énerve jamais.

1. M. Dufort est très nerveux.
2. Mme Gris est paresseuse.
3. Mme Renoir est travailleuse.
4. Mlle Ricard est très intelligente.
5. M. Gardin est assez stupide.
6. M. Breton est toujours patient.
7. Mlle Cluny est impatiente.
8. Mme Thierry est assez désagréable.
9. M. Ferrand est très gentil.

B. **C'est ça.** Trouvez une expression équivalente pour chaque phrase. Employez un verbe pronominal.

MODÈLE: J'aime bien Christian.
—Je m'entends bien avec Christian.

1. Ils deviennent furieux quand nous sommes en retard.
2. Son nom est Dupont.
3. Nous aimons beaucoup la musique classique.
4. J'oublie son adresse.
5. Ah non, monsieur, vous faites erreur.
6. La poste est dans la rue d'Arras.
7. Elles préparent le dessert.
8. Nous ne savons pas son nom.
9. Je n'aime pas aller à des fêtes; c'est ennuyeux.

C. Camarades de chambre.

1. Où se trouve votre appartement/votre chambre?
2. Combien de camarades de chambre avez-vous?
3. Qui s'occupe de la vaisselle? du loyer?
4. À quelle heure est-ce que votre camarade se lève le dimanche? Est-ce que vous vous énervez s'il/si elle se lève tôt?
5. Est-ce que vous vous intéressez à la musique classique? Et votre camarade?
6. Qu'est-ce que vous faites pour vous amuser? Et votre camarade?
7. Est-ce que vous vous entendez bien avec votre camarade?

L'emploi réciproque des verbes

1. The reflexive pronouns **nous, vous** and **se** are used to express reciprocal action:

Je ne parlais pas à mon ami et il ne me parlait pas.
Nous ne *nous* parlions pas.   *We weren't speaking to each other.*

Jean téléphone à Pierre et Pierre téléphone à Jean.
Ils *se* téléphonent.   *They telephone each other.*

2. Almost any verb that can take an object can be used reciprocally.

PRATIQUONS

A. **Conséquences.** Albert et Patrick sont de bons amis. Qu'est-ce qu'ils font?

MODÈLE: se voir
—Ils se voient souvent.

1. se parler	4. se disputer	7. se prêter
2. se téléphoner	5. se rencontrer	8. se comprendre
3. s'écrire	6. se détester	9. s'aider

B. **C'est logique.** Complétez chaque phrase logiquement; employez une expression réciproque.

1. Alain n'aime pas Michel, et Michel ne s'entend pas avec Alain; alors ils . . .
2. Anne adore Christian, et il l'aime aussi; ils . . .
3. Tu as rendez-vous avec Patrice? Où est-ce que vous . . .?
4. Je m'entends très bien avec mon frère; nous . . .
5. Marie-Christine a une correspondante anglaise; elles . . .
6. Tu habites très loin de tes parents; est-ce que vous . . .?
7. Ma grand-mère n'a pas le téléphone chez elle, alors nous . . .
8. Le garçon parle français et le touriste lui répond en allemand; ils ne . . .

Les verbes pronominaux au passé composé

1. The **passé composé** of all reflexive verbs is formed with **être**:

singulier	pluriel
je me suis levé(e)	nous nous sommes levé(e)s
tu t'es levé(e)	vous vous êtes levé(e)(s)
il s'est levé elle s'est levée on s'est levé	ils se sont levés elle se sont levées

2. When the reflexive pronoun serves as the direct object, the past participle agrees with the reflexive pronoun in number and gender:

Elle *s'*est lavée. — *She washed herself.*
Ils *se* sont essuyés. — *They dried themselves off.*

3. If there is a direct object noun in the sentence, the reflexive pronoun serves as an indirect object. There is no agreement of the past participle with preceding indirect object pronouns:

Elle s'est lavé *les cheveux.* — *She washed her hair.*
(direct object)

Ils se sont acheté *des cadeaux.* — *They bought each other gifts.*
(direct object)

4. Remember that certain verbs require an indirect object; again there is no agreement of the past participle.

Elles *se* sont parlé.   **Nous *nous* sommes téléphoné.**

PRATIQUONS

A. **Enchaînement.** Qu'est-ce qu'ils ont fait?

MODÈLE: Il avait un rasoir.
— Évidemment il s'est rasé.

1. Elle avait une serviette de toilette.
2. Ils ont pris leur brosse à dents.
3. Elles ont pris leur peigne.
4. Nous sommes allés dans le parc.
5. J'avais sommeil.
6. Ma mère m'a réveillé.
7. Ils ont dit qu'il était neuf heures; il était dix heures.
8. Elle ne voulait pas arriver en classe en retard.
9. M. Le Hir passait en voiture. Il a vu un ami devant le bureau de poste.

1. qui s'est promenée en ville hier.
2. qui s'est acheté quelque chose hier.
3. qui s'est énervée hier.
4. qui s'est bien amusée hier soir.
5. qui s'est ennuyée hier soir.
6. qui s'est couchée après minuit hier soir.
7. qui s'est réveillée à six heures ce matin.
8. qui s'est levée très tard ce matin.

SITUATION

Le réveil

waking up

before going to sleep

*Solange aime regarder la télé tard le soir ou lire des romans policiers **avant de s'endormir**. C'est pourquoi elle a beaucoup de difficulté à se lever le matin. Ce matin, sa mère la réveille.*

MME MARCHAND: Solange, tu n'es pas encore levée?

SOLANGE: Quelle heure est-il?

MME MARCHAND: Il est déjà huit heures moins le quart.

SOLANGE: Comment? Pourquoi est-ce que tu ne m'as pas réveillée avant?

a half-hour ago

I must have/**se rendormir** to fall asleep again

MME MARCHAND: Je t'ai réveillée **il y a une demi-heure**.

SOLANGE: **J'ai dû me rendormir**. J'ai vraiment sommeil ce matin. Je me suis couchée très tard hier soir.

hurry up

aller chercher to go get

Here he comes back./dear

MME MARCHAND: Bon, **dépêche-toi**.

SOLANGE: Est-ce que Jacques **est allé chercher** les croissants?

MME MARCHAND: Oui, **le voilà qui rentre**. Alors, **chérie**, fais ta toilette et habille-toi. Je te prépare un bol de café au lait.

SOLANGE: Bon, je descends dans un quart d'heure.

Cette jeune cycliste est allée très loin pour chercher le pain.

DISCUSSION

1. Pourquoi est-ce que Solange s'est couchée tard hier soir?
2. À quelle heure est-ce que Solange se réveille d'habitude?
3. Ce jour-là à quelle heure est-ce qu'elle s'est levée?
4. Pourquoi est-ce qu'elle ne s'est pas levée quand sa mère l'a réveillée la première fois?
5. Le frère de Solange s'est réveillé avant ou après elle?
6. Qu'est-ce qu'il est allé faire?
7. Qu'est-ce que Solange va faire pendant que sa mère prépare le petit déjeuner?

PRONONCIATION ET ORTHOGRAPHE

La consonne /j/

1. The sound /j/ is usually spelled **il** when it appears at the end of masculine nouns or adjectives:

   le vie**il** homme   le trava**il**   le somm**eil**

2. It is spelled **ille** when it appears at the end of feminine nouns or adjectives or in verb forms:

   la ta**ille**   elle est vie**ille**   il trava**ille**   elle réve**ille**

3. In the middle of words /j/ is usually spelled **ill**:

   travA**ill**er   réve**ill**er

4. After the vowel **i**, /j/ is spelled **ll** in the middle of a word and **lle** at the end of a word:

   le bi**ll**et   s'habi**ll**er   la fami**lle**   ma fi**lle**   Cami**lle**

5. In a few words, **ll** and **lle** represent /l/ rather than /j/:

   la villa   le village   mille francs   la ville

Leçon trente-deux

IN THIS LESSON:

- terms for health, exercise and leisure time activities
- the verb **boire** (to drink)
- reflexive pronouns in commands
- varying the force of commands
- a review of the uses of the stressed pronouns

MOTS NOUVEAUX

La santé et les loisirs	health and leisure time activities
être en bonne/en mauvaise santé	to be in good/bad health
être en bonne forme	to be in good shape
se sentir bien/mal	to feel good/ill
être fort/faible	to be strong/weak
grossir/maigrir	to gain/to lose weight
se soigner	to take care of one's self
se détendre	to relax
négliger sa santé	to neglect one's health
conseiller quelqu'un	to advise someone
donner des conseils	to give advice
Pour rester en forme	
pratiquer un sport	to take part in a sport
faire de la marche	to walk
de la course	to run
du jogging	to jog
de la natation	to swim
de la gymnastique	to work out
de l'alpinisme	to climb
La vie en plein air	outdoor life
faire un pique-nique	
se promener à la campagne, dans les bois	in the woods
faire du camping	to go camping
un sac de couchage	sleeping bag
une tente	
faire une randonnée	to go hiking
une carte routière	road map

Les loisirs simples	simple pastimes
faire du jardinage	to garden
faire du bricolage	to putter around, to fix things oneself
être bricoleur/bricoleuse	
une boîte à outils (un outil)	tool box
faire de la couture/coudre	to sew
une machine à coudre	
les jeux de société (les jeux de cartes, les échecs,	games
le trictrac, etc.)	backgammon

PRATIQUONS

A. Quoi acheter? Qu'est-ce qu'on peut offrir à ces personnes?

MODÈLE: Monique aime faire des randonnées.
—Offrons-lui une carte routière.

1. Christian joue au tennis.
2. Marlène fait du ski.
3. M. Lambert est bricoleur.
4. Mme Ducastel aime son jardin.
5. Anne fait toutes ses robes.
6. Marcel fait du jogging.
7. Simone fait de la bicyclette.
8. Le concierge est un très grand fumeur.
9. René fait de l'alpinisme.
10. Guy s'intéresse aux langues étrangères.
11. Ma nièce fait souvent du camping.
12. Mon neveu fait de la natation.
13. Lydie aime la photographie.

(a) un anorak
(b) un appareil-photo
(c) une boîte à outils
(d) une carte routière
(e) des chaussures de course
(f) un maillot de bain
(g) un magnétophone
(h) des outils de jardinage
(i) une pipe
(j) une raquette de tennis
(k) un sac de couchage
(l) une paire de skis
(m) un vélo
(n) une machine à coudre

B. Le détective. Où sont ces personnes?

MODÈLE: Pierre fait de la natation.
—Il est probablement à la piscine.

1. Les Marcellin font de l'alpinisme.
2. Ma tante aime le jardinage.
3. Edith et Sabine aiment faire des randonnées.
4. M. Fernandez est bricoleur; maintenant il répare sa voiture.
5. Les Mercier aiment manger en plein air.
6. Bernard joue au football; il est membre de notre équipe universitaire.
7. Thérèse prend un bain.
8. Dominique et Claude font du ski nautique.

C. Offrez de bons conseils!

MODÈLES: Je m'énerve toujours.
—Tu devrais [*should*] te détendre.
Je grossis trop.
—Tu devrais manger moins.

1. Je suis si fatigué!
2. Je ne suis pas en bonne forme.
3. Je ne me sens pas très bien.
4. Je maigris beaucoup.
5. Je néglige trop ma santé.
6. Je suis faible.
7. Je voudrais avoir une nouvelle robe.
8. Je voudrais faire du sport; j'aime la montagne.
9. Je voudrais faire du sport; j'aime l'eau.
10. Je voudrais faire un peu d'exercice mais pas de sport.

D. À vous. ·Est-ce que votre camarade de classe est en bonne forme?

MODÈLE: se sentir toujours bien
A: Tu te sens toujours bien?
B: —Non, j'ai souvent mal à la tête.
A: Pourquoi? Est-ce que tu prends beaucoup de café?
B: —Oui, assez.

1. être fort
2. se détendre le soir
3. se reposer beaucoup
4. se promener le week-end
5. faire de la bicyclette en été
6. fumer
7. faire de la gymnastique tous les jours
8. passer des week-ends en plein air
9. aimer faire des randonnées

PRESENTATION

problem

L'alcoolisme, le mal *français**

at the same time
make a living from it
to die from its use/**tuer** to kill
per year

caused by
mourir to die/psychiatric hospital
drinker
sick persons/high
boire to drink/more

En France, l'alcool est **à la fois** la première drogue et la première industrie du pays. Si cinq millions de Français **en vivent**, cinq millions risquent aussi **d'en mourir**. En effet, l'alcool **tue** quarante mille Français **par an**. Quarante pour cent des accidents de la route sont causés par l'alcool. De quinze à cinquante pour cent des accidents du travail sont **dûs** aussi **à** l'alcoolisme. Beaucoup d'autres alcooliques **meurent** à l'hôpital ou à **l'asile**.

En France on compte quatre millions de **buveurs** «excessifs»; deux millions sont de vrais **malades**. C'est le pourcentage le plus **élevé** du monde. Le Français **boit** vingt-cinq pour cent **de plus** que l'Allemand,

* Adapted from "Alcool: le mal français" by P. M. Doutrelant and A. Schiffres, *Le Nouvel Observateur*, June 21, 1980. © Le Nouvel Observateur.

Les vins français les plus réputés proviennent de la Bourgogne et de la région de Bordeaux, mais cette cave en Touraine contient un très bon vin blanc, le vouvray.

deux fois plus que l'Anglais, quatre fois plus que le Norvégien. **C'est que** la France est le plus grand producteur de vin du monde. Excepté en Normandie, dans le nord du pays, où on **produit** du cidre et **du calvados**, presque tout le territoire français produit du vin. **Un** Français **sur dix gagne sa vie** avec la production ou la vente du vin. Il y a en France un million de **viticulteurs**; le pays est un grand exportateur de vins. Et il y a aussi deux cent mille **bistros**.

> this is because
>
> **produire** to produce
> apple brandy
> one out of ten/**gagner sa vie** to make a living/wine-growers
> bars

L'alcool joue un rôle social important en France. Les occasions pour «**boire un verre**» sont nombreuses. On prend l'apéritif avec des amis avant le repas de midi ou du soir, ou au bistro. On boit du vin à table, pendant les repas; et quelquefois le digestif à la fin du repas, avec le café. Pour les occasions exceptionnelles comme **une naissance** ou un mariage, par exemple, on boit aussi du champagne.

> to have a drink (informal)
>
> birth

Les campagnes contre l'alcoolisme **lancées** par le gouvernement apportent des changements en France. Beaucoup de jeunes Français préfèrent les boissons non-alcoolisées comme les jus de fruits—le jus de **raisin**, le jus d'orange—ou le coca-cola. Mais **même** les médecins ne conseillent pas **de ne pas** boire d'alcool **du tout**. Ils préfèrent recommander à leurs clients de suivre **la sagesse populaire** qui dit: «**Buvez** peu pour boire longtemps.» Et cela veut dire dix ans de plus **en moyenne** dans une vie d'homme.

> campaign/launched
>
> grape/even
> not to/at all
> folk wisdom
> =**boire**
> on the average

CONNAISSANCE DU TEXTE

1. Quelle proportion des Français dépend économiquement de l'industrie de l'alcool?
2. Quelle est la boisson alcoolisée préférée de beaucoup de Français?
3. Est-ce qu'on produit du vin dans toute la France?
4. Pourquoi est-ce qu'il est difficile de limiter la consommation du vin en France?
5. Quel rôle est-ce que l'alcool joue en France?
6. Quand est-ce qu'on prend un apéritif? Et un digestif?
7. En France est-ce qu'on boit du champagne tous les jours?
8. Est-ce que les jeunes boivent plus ou moins d'alcool que leurs parents?
9. Qu'est-ce que la sagesse populaire conseille?

Pour faire du vin il faut d'abord commencer par bien soigner ses vignes.

NOTES GRAMMATICALES

Le verbe boire (*to drink*)

1. Present tense of **boire**:

singulier	*pluriel*
je bois	nous buvons
tu bois	vous buvez
il elle on } boit	ils elles } boivent

Passé composé: j'ai bu

2. Pronunciation. In the present tense **boire** has four spoken forms:

   a. The first and second person plural have the stem **buv-**.
   b. The third person plural contains the vowel sequence **oi**/wa/, which is also found in the infinitive; it ends with the consonant **v**.
   c. The singular forms end with the sequence **oi**. Thus, the third person singular and the third person plural forms are distinguished by the presence of the final **-v** in the plural form.

PRATIQUONS

A. **C'est plus précis!** Remplacez le verbe **prendre** par **boire** ou **manger**.

   MODÈLE: Prenons une tasse de thé!
   —Buvons une tasse de thé!

   1. Prends du vin!
   2. Je prends de la soupe.
   3. Elles prennent du jus de fruit.
   4. Nous prenons des œufs.
   5. Prenez de l'eau minérale!
   6. Nous prenons des petits pois.
   7. Prenons de la bière!
   8. Ils prennent seulement des boissons non-alcoolisées.

B. **Goûts personnels.** Complétez les phrases et exprimez vos préférences. Employez le verbe **boire**.

   MODÈLE: Quand je me lève le matin...
   —je bois un verre d'eau.

   1. Avec le petit déjeuner...
   2. Le matin, entre les cours,...
   3. À midi...
   4. Quand je fais du sport...
   5. Après le dîner...
   6. Le soir quand j'étudie...
   7. Quand je sors avec des amis...
   8. Quand je dîne dans un bon restaurant...

Les verbes réfléchis à l'impératif

1. In negative commands, reflexive pronouns remain in front of the verb. In affirmative commands, the reflexive pronoun is placed after the verb and is connected to it by a hyphen. This follows the same pattern as other object pronouns:

Ne *vous* lavez pas!   **Lavez-*vous*!**
Ne *nous* dépêchons pas!   **Dépêchons-*nous*!**

2. The reflexive pronoun **te** changes to **toi** in the affirmative command:

Ne *te* rase pas!   **Rase-*toi*!**

PRATIQUONS

A. **Un peu plus d'autorité!**

MODÈLES: Alors, tu te lèves?
—Allez, lève-toi!
Alors, vous vous réveillez?
—Allez, réveillez-vous!

1. Alors, tu te réveilles?
2. Alors, tu t'habilles?
3. Alors, tu te laves?
4. Alors, tu te rases?
5. Alors, vous vous dépêchez?
6. Alors, vous vous couchez?
7. Alors, vous vous préparez?
8. Alors, vous vous peignez?

B. **L'ange et le démon.** C'est le jour de l'examen. Qu'est-ce que Jean-Marc doit faire? L'ange et le démon lui offrent des conseils.

MODÈLE: se réveiller
—l'ange: Réveille-toi!
—le démon: Ne te réveille pas!

1. se lever
2. se rendormir
3. se laver
4. se raser
5. se brosser les dents
6. s'habiller
7. se peigner
8. se dépêcher

C. **Conseils.** Donnez un conseil utile!

MODÈLE: Je suis très nerveux.
—Détends-toi!

s'amuser bien
se coucher tôt
se dépêcher
se détendre
s'habiller bien
se laver les cheveux
se lever de bonne heure
se raser
se reposer
se soigner

1. Oh, là là, il est neuf heures moins cinq et j'ai rendez-vous à neuf heures.
2. Nous ne nous sentons pas très bien.
3. Je dois être au bureau à sept heures demain matin.
4. J'ai du mal à me réveiller le matin.
5. Nous devons aller au concert ce soir.

6. J'ai un entretien avec le directeur de l'usine aujourd'hui.
7. Nous partons en vacances.
8. Je m'énerve trop.
9. Je sors ce soir.

La modalité

1. There are several ways to give commands. The most direct and unambiguous is the imperative, but there are many situations in which one would wish to be more indirect and tactful:

Direct command	Indirect command
Lave-toi la figure!	**Tu te laves la figure?**
	Tu ne te laves pas la figure?

2. To make a suggestion or to give a command in the form of a suggestion, use the conditional forms of **devoir** or **pouvoir**:

Direct	Indirect	
Lave-toi la figure!	**Tu devrais te laver la figure.**	*You ought to wash your face.*
Repose-toi plus!	**Tu pourrais te reposer plus.**	*You could get more rest.*

In the negative, use the conditional of devoir:

Ne te dépêche pas!	**Tu ne devrais pas te dépêcher.**	*You shouldn't hurry.*

3. Here are all the conditional forms for **devoir** and **pouvoir**:

devoir

je devrais	nous devrions
tu devrais	vous devriez
il elle on } devrait	ils elles } devraient

pouvoir

je pourrais	nous pourrions
tu pourrais	vous pourriez
il elle on } pourrait	ils elles } pourraient

4. This scale indicates the relative force of different forms of commands:

Direct ← ——————————————— → *Indirect*

Rase-toi!	**Tu dois te raser.**	**Tu devrais te raser.**	**Tu pourrais te raser.**
Travaille!	**Tu dois travailler.**	**Tu devrais travailler.**	**Tu pourrais travailler.**

PRATIQUONS

A. **Un peu de tact.** Refaites les ordres avec le conditionnel de **devoir** ou de **pouvoir**.

MODÈLE: Repose-toi!
    —Tu devrais te reposer.
  ou —Tu pourrais te reposer.

1. Détends-toi!   5. Dépêche-toi!   9. Ne t'endors pas!
2. Promène-toi!   6. Ne t'énerve pas!   10. Ne te maquille
3. Amuse-toi!   7. Ne te trompe pas!   pas!
4. Arrête-toi!   8. Ne t'arrête pas!

B. Dans quel magasin doit-on aller?

MODÈLE: J'ai besoin de saucisson.
            —Tu devrais aller à la charcuterie.
    ou —Tu dois aller à la charcuterie.

1. J'ai besoin de timbres.
2. J'ai besoin de papier à lettres.
3. Nous avons besoin d'un bon dictionnaire.
4. Nous avons besoin de pain.
5. Nous avons besoin de deux biftecks.
6. Elle a besoin de jambon.
7. Il a besoin de sucre.
8. Elles ont besoin de lait et de beurre.
9. Ils ont besoin d'aspirine.
10. Elle a besoin de pommes de terre et de tomates.

C. De bons conseils.

MODÈLE: M. Lepoint fume trop.
            —Il devrait s'arrêter de fumer.
    ou —Il pourrait s'arrêter de fumer.

1. Jacques n'est pas en bonne forme.
2. Mes enfants restent toujours devant la télévision.
3. Yann et Annick aiment beaucoup la mer.
4. J'aime beaucoup la montagne.
5. Nous aimons la vie en plein air.
6. M. Legoulot boit trop d'alcool.
7. Je mange trop de pâtisseries.
8. Nous aimons beaucoup le travail manuel.
9. Mme Clément aime beaucoup les plantes.
10. Marie grossit beaucoup.

Les pronoms toniques: révision

Stressed pronouns are used:

1. In sentences without verbs, such as short questions and one-word answers:

Ça va, et *toi*?
Qui a mangé le gâteau? —*Lui*!

2. As objects of prepositions:

Tu y vas avec *moi*?
Nous allons chez *eux* demain.

3. As part of compound subjects and objects:

Marc et *moi* allons au cinéma ce soir.
J'ai vu Anne et *lui* hier.

4. In addition to a subject pronoun, for emphasis:

Lui, **il n'aime pas le football.**
Tu es bête, *toi.*

5. After **ce + être**:

C'est *toi*, **Sylvie? —Oui, c'est** *moi.*
Ce sont *eux* **qui ont acheté la voiture.**

6. In combination with **-même(s)**, for emphasis:

Il a construit la maison *lui-même.*	*He built the house (by) himself.*
Elles ont fait le gâteau *elles-mêmes.*	*They made the cake (by) themselves.*

7. In comparative sentences:

Je travaille plus que *toi.*	*I work more than you do.*
Vous en avez plus qu'*eux.*	*You have more of it than they do.*

PRATIQUONS

Tout le monde participe. On organise une fête, et tout le monde participe aux préparatifs.

MODÈLE: J'ai écrit la liste des invités [*guests*].
—J'ai écrit la liste des invités moi-même.

1. David a téléphoné aux invités.
2. Suzanne a fait le gâteau.
3. Christian et Robert ont acheté le champagne.
4. Tu as préparé les sandwichs.
5. Philippe a acheté la glace.
6. Alain et toi, vous avez lavé les verres.
7. J'ai apporté les disques.
8. Françoise et Guy ont arrangé les chaises.

SITUATION ────────────────────────────────

Projets pour les vacances de Pâques

Quatre camarades discutent de leurs projets pour les vacances de Pâques.

DENIS: Si on descendait sur la Côte d'Azur?
MARTHE: Pourquoi pas? À cette période de l'année il n'y a pas beaucoup **de monde**.
ROBERT: Tu sais bien qu'on ne peut pas se baigner. L'eau est **encore** trop froide.
MARTHE: Mais je ne pensais pas au **bord de mer**. Dans **l'arrière-pays niçois** il y a de très belles montagnes.
DENIS: On peut faire du ski ou de l'alpinisme.
SABINE: On n'est pas sûr de trouver assez de neige pour le ski.

margin notes:
= **de gens**
still

seashore/country
= **près de Nice**

ROBERT: Et pour l'alpinisme, ces montagnes sont trop **hautes** pour **des débutants** comme nous. Nous risquons de rentrer tous avec **une jambe** dans **le plâtre**. | high / beginners / leg/cast

MARTHE: Quel pessimiste!

SABINE: Allons **plutôt** dans le Massif Central. Là, nous pouvons faire de l'alpinisme. | instead

ROBERT: Ou alors des randonnées dans les forêts.

DENIS: Oui, **en fait**, c'est une bonne solution. On va **loger** dans **une auberge de jeunesse**? | in fact/to stay / youth hostel

SABINE: Faisons plutôt du camping. Je vais demander à mon père de nous prêter **la caravane**. | travel trailer

SABINE: Elle est trop petite, votre caravane.

MARTHE: Eh bien, les garçons peuvent dormir sous la tente et nous deux dans la caravane.

DENIS: D'accord, mais vous, les filles, vous allez faire la cuisine.

MARTHE: Eh, **dis donc**, nous ne sommes plus au temps de ton grand-père. On est tous **égales-égaux** aujourd'hui. | hold it! / equal

DISCUSSION

1. De quoi est-ce que les quatre amis discutent?
2. Quels sont les avantages de la Côte d'Azur au printemps?
3. Pourquoi est-ce que Robert ne veut pas aller au bord de la mer?
4. Pourquoi est-ce que Denis pense que ce n'est pas une bonne idée d'aller faire de l'alpinisme dans les montagnes de la région de Nice?
5. Qu'est-ce que les amis vont faire dans la région du Massif Central?
6. Est-ce qu'ils vont loger à l'hôtel?
7. Comment est-ce qu'ils pensent descendre dans le Massif Central?

PRONONCIATION ET ORTHOGRAPHE

La lettre y

1. The letter **y** usually represents the semivowel /j/ between two vowel sounds:

   le voyage   royal   s'ennuyer   s'essuyer   Lafayette

   Many of the words that contain **y** between vowels have related forms spelled with **i**:

   le roi/royal   l'ennui/s'ennuyer   j'essuie/essuyer   voir/voyons

2. In a few words, **y** represents the vowel /i/:

   il **y** va   le pays   le l**y**cée   la **gy**mnastique   le rugby

Leçon trente-trois

IN THIS LESSON:

- terms for parts of the body and for aches and pains, injuries and illnesses
- verbs ending in **-yer**
- expressing events that preceded other events in the past: **le plus-que-parfait**
- more uses of the adverbs **plus** and **moins**; the adverb **autant**

MOTS NOUVEAUX

Le corps humain

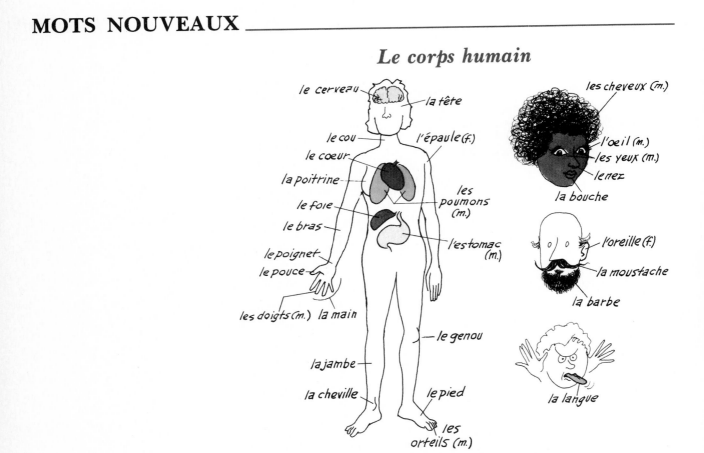

le cerveau — la tête
le cou — l'épaule (f.)
le cœur
la poitrine — les poumons (m.)
le foie
le bras — l'estomac (m.)
le poignet
le pouce
les doigts (m.) la main
le genou
la jambe
la cheville — le pied
les orteils (m.)

les cheveux (m.)
l'œil (m.)
les yeux (m.)
le nez
la bouche

l'oreille (f.)
la moustache
la barbe

la langue

Les parties du corps et leurs fonctions

entendre et écouter (avec les oreilles)
voir et regarder (avec les yeux)
sentir (avec le nez)
tenir (avec les mains)

embrasser (avec la bouche)
manger (avec les dents)
parler et goûter (avec la langue)

PRATIQUONS

A. Le petit chaperon rouge [*Little Red Riding-Hood*]. Est-ce que vous vous souvenez de l'histoire du petit chaperon rouge? Le loup [*wolf*] a mangé la grand-mère et a pris sa place dans le lit. Quand le petit chaperon rouge arrive, elle dit:

MODÈLE: Oh, grand-mère, que vous avez de grandes oreilles!
—C'est pour mieux t'entendre, mon enfant.

1. Oh, grand-mère, que vous avez de grands yeux!
2. Oh, grand-mère, que vous avez un grand nez!
3. Oh, grand-mère, que vous avez de grosses mains!
4. Oh, grand-mère, que vous avez une grande bouche!
5. Oh, grand-mère, que vous avez de grandes dents!

B. Personnalités. Comment est-ce qu'on les reconnaît?

MODÈLE: Bette Davis
—On la reconnaît à ses yeux.

1. Jimmy Carter
2. Barbra Streisand
3. Farrah Fawcett
4. Dolly Parton
5. Jimmy Durante
6. Le prince Charles
7. Phyllis Diller
8. Groucho Marx

Quelques maux et maladies

	Some pains and illnesses
avoir mal	*to have an ache, to hurt*
mal à la gorge	*to have a sore throat*
mal au cœur	*to be nauseated*
un rhume (être enrhumé)	*to have a cold*
la grippe	*to have the flu*
une bronchite	*bronchitis*
la rougeole	*measles*
les oreillons	*mumps*
une angine	*a strep throat*
éternuer	*to sneeze*
tousser	*to cough*
faire une crise cardiaque	*to have a heart attack*
une bronchite	*to have bronchitis*

Quelques accidents

tomber	*to fall down*
se casser la jambe	*to break one's leg*
se fouler la cheville	*to sprain one's ankle*
se faire mal au pied	*to hurt one's foot*
se couper au doigt	*to cut one's finger*
se brûler à la main	*to burn one's hand*

Quelques expressions utiles

Qu'est-ce qui ne va pas?	*What's wrong?*
Je ne me sens pas très bien.	*I don't feel well.*
Ça va aller mieux.	*You'll feel better.*

J'espère que je vais guérir vite.	*I hope I get well fast.*
porter des lunettes/ des verres de contact	*to wear glasses/ contact lenses*
s'inquiéter au sujet de sa santé	*to worry about one's health*
une ordonnance	*a prescription*
une piqûre	*an injection*
un médicament	*medicine*
des capsules	*capsules*
des comprimés	*tablets*
une intervention chirurgicale	*operation*

La température

Il est malade: il a entre 38 et 39 degrés de température.
Il a de la fièvre.

Il est très malade: il a entre 40 et 41 degrés.
Il a une forte fièvre.

La température normale est de 37 degrés.

PRATIQUONS

A. **Consultations.** Donnez un conseil ou un diagnostique pour chaque symptôme.

MODÈLES: J'ai mal à la tête.
—Prenez de l'aspirine.
J'ai mal à la gorge et j'ai de la fièvre.
—Vous avez sans doute une angine.

1. J'ai toujours mal à la tête et mal aux yeux.
2. J'ai mal aux dents.
3. J'ai 39° de fièvre.
4. J'ai un gros rhume.
5. Je crois que j'ai la rougeole.
6. Je suis tombé(e) et j'ai mal au bras.
7. Je suis tombé(e) et je ne peux pas marcher.
8. J'ai toujours mal au cœur quand je mange trop de glace.
9. Je grossis trop.

B. **À vous.**

1. Qu'est-ce que vous faites quand vous avez un rhume? Quand vous avez de la fièvre?
2. Quand vous êtes malade, est-ce que vous allez chez un médecin?
3. Est-ce que vous vous êtes déjà cassé le bras? La jambe? Décrivez comment l'accident est arrivé.
4. En quelle saison est-ce qu'on a souvent un rhume ou une grippe?
5. Qu'est-ce que vous faites pour soigner une grippe?
6. Qu'est-ce que vous faites quand vous avez une forte fièvre?
7. Vous portez des lunettes? Des verres de contact? À quel âge est-ce que vous avez commencé à en porter?

Brigitte est malade

Ce matin, en allant au lycée, Brigitte ne se sentait pas très bien. Elle croyait qu'elle était fatiguée parce qu'elle **avait étudié** très tard **la veille**.

had studied/the night before

Mais **pendant** son premier cours, Brigitte avait mal à la tête et aussi un peu mal à la gorge. Le professeur l'a envoyée chez l'infirmière, qui a pris sa température. Brigitte avait 39 degrés de température, et l'infirmière lui a donné deux comprimés d'aspirine. Ensuite, elle a **prévenu** Mme Berti, la mère de Brigitte. Sa mère est **venue chercher** Brigitte et l'a accompagnée chez leur médecin, le Docteur Andrieux.

during

prévenir to inform, to warn
venir chercher to come to pick up

LE DR ANDRIEUX: Alors, Brigitte, qu'est-ce qui ne va pas?
BRIGITTE: Quand l'infirmière du lycée a pris ma température, j'avais 39 de fièvre.
LE DR ANDRIEUX: En effet, tu as **le front brûlant**.

forehead/burning

BRIGITTE: J'ai aussi un peu mal à la gorge.
LE DR ANDRIEUX: Ouvre un peu la bouche et fais: «ah...» Tu as la gorge **enflammée**. Eh bien, oui, je crois que c'est une angine.

inflamed

(Après **la consultation**, le Dr Andrieux parle à Mme Berti.)

examination

LE DR ANDRIEUX: Alors, Brigitte a une angine qui n'est pas trop **méchante**.

nasty

MME BERTI: Je devrais la **garder** à la maison?

to keep

LE DR ANDRIEUX: Oui. **Il vaut mieux.** Elle doit faire attention pendant quelques jours. Gardez-la au lit aujourd'hui et demain.

It's best.

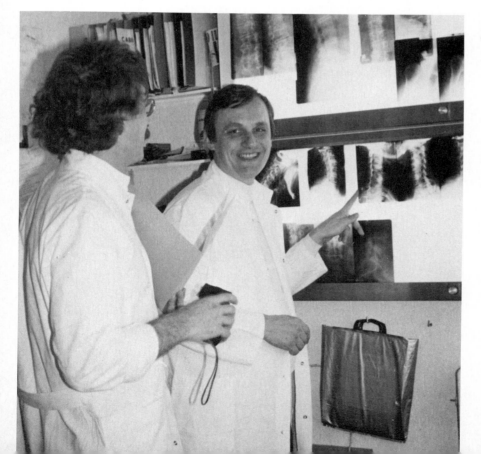

Un médecin et son assistant examinent des radiographies.

to get better, to heal

broth/to swallow
mashed potatoes

Je lui ai fait une piqûre de pénicilline. Vous devez aussi passer à la pharmacie pour un médicament. Donnez-lui une capsule quatre fois par jour. Si la fièvre continue demain, téléphonez-moi. Elle devrait **guérir** en quelques jours.

MME BERTI: Qu'est-ce que je dois lui servir?

LE DR ANDRIEUX: Donnez-lui **du bouillon** et si elle peut **avaler, de la purée de pommes de terre**. Et surtout donnez-lui beaucoup à boire, des jus de fruits, par exemple.

CONNAISSANCE DU TEXTE

1. Comment est-ce que Brigitte se sentait ce matin?
2. Qu'est-ce qu'elle croyait avoir?
3. Où est-ce qu'elle avait mal?
4. Chez qui est-ce que son professeur l'a envoyée?
5. Quelle était sa température?
6. Où est-ce que Brigitte et sa mère sont allées?
7. Qu'est-ce que le médecin a dit qu'elle avait?
8. Qu'est-ce qu'il a donné à Brigitte?
9. Qu'est-ce que le médecin a demandé à Brigitte de faire?
10. Qu'est-ce que Mme Berti veut savoir?
11. Qu'est-ce que Mme Berti doit donner à sa fille?

NOTES GRAMMATICALES

Les verbes en -yer

Verbs in **-yer** use the same present tense endings as regular **-er** verbs, but their stems show spelling irregularities. Here is the present tense of **essayer** [*to try*]:

singulier	pluriel
j'essaie	nous essayons
tu essaies	vous essayez
il elle } essaie on	ils elles } essaient

Passé composé: j'ai essayé

Other **-yer** verbs:

employer [*to use*]   **essuyer** [*to wipe*]
ennuyer [*to bother*]   **nettoyer** [*to clean*]
s'ennuyer [*to get bored*]   **payer** [*to pay for*]

1. Pronunciation.
   a. These verbs have three spoken forms: the singular forms and the third person plural form are identical.

b. The third person singular and the third person plural forms are distinguished only when the verb begins with a vowel. It is the liaison /z/ of the pronouns **ils** and **elles** that makes the distinction. Compare:

il nettoie/ils nettoient   **elle emploie/elles_emploient**
                                                   /z/

2. Spelling. The letter **y**, found in all forms except the singular forms and the third person plural form of the present tense, reflects the sound /j/.

PRATIQUONS

A. On le fait maintenant. Madame Lafontaine voudrait nettoyer la maison, mais sa famille est un peu paresseuse. Elle leur pose des questions.

MODÈLE: Thérèse, tu as nettoyé ta chambre?
   —Je la nettoie maintenant.

1. Ton père a envoyé la moto au garage?
2. Vous avez essuyé les assiettes?
3. Ton frère a essayé ce vieux pantalon?
4. Ton père a essuyé ses bottes?
5. Tu as nettoyé ton imperméable?
6. Vous avez employé les serviettes?
7. Ta sœur a envoyé mon paquet?
8. Vous avez nettoyé la cuisine?
9. Tu as essayé le lave-vaisselle?
10. Ton frère a essuyé la cuisinière?

B. C'est logique. Ajoutez une phrase qui suit logiquement; employez un verbe en **-yer**.

MODÈLE: Je voudrais acheter ces deux disques.
   —Vous payez à la caisse, Monsieur.

1. Elle a mis un timbre sur la lettre.
2. Le petit Pierre vient de prendre son bain.
3. Mon nouveau dictionnaire n'était pas cher.
4. Il y a de l'eau sur la table.
5. La chambre des enfants n'est pas très propre.
6. Je pense que cette jupe est trop petite.
7. Vous avez préparé le paquet?
8. Est-ce que ce lave-vaisselle marche bien?
9. C'est l'anniversaire de ma tante.
10. Je n'ai pas de crayon pour écrire.

Le plus-que-parfait

1. The **plus-que-parfait** is used to express an action that took place before a past situation or event. The **plus-que-parfait** usually occurs in complex sentences and corresponds to the English past perfect:

Ils ont appris qu'elle *avait travaillé* **en Allemagne.**	*They learned that she* **had worked** *in Germany.*
J'ai téléphoné, mais ils *étaient* **déjà** *partis.*	*I telephoned, but they* **had already left.**

2. To form the **plus-que-parfait**, use the **imparfait** of **avoir** or **être** plus the past participle of the main verb:

singulier	*pluriel*
j'avais travaillé	nous avions travaillé
tu avais travaillé	vous aviez travaillé
il elle on } avait travaillé	ils elles } avaient travaillé

singulier	*pluriel*
j'étais parti(e)	nous étions parti(e)s
tu étais parti(e)	vous étiez parti(e)(s)
il on } était parti elle était partie	ils étaient partis elles étaient parties

3. In indirect discourse the **plus-que-parfait** expresses a past event which was completed before the past action of the main clause. Compare:

Il a dit: Mes amis *arrivent.*	*He said, "My friends* **are arriving.**"
Il a dit que ses amis *arrivaient.*	*He said that his friends* **were arriving.**
Il a dit: Mes amis *sont arrivés.*	*He said, "My friends* **have arrived.**"
Il a dit que ses amis *étaient arrivés.*	*He said that his friends* **had arrived.**

PRATIQUONS

A. **Dernières nouvelles.** M. Lemoël rentre d'un voyage de quinze jours. Sa femme lui dit ce qui s'est passé pendant son absence.

MODÈLE: «Il a fait mauvais pendant quinze jours.»
—Elle lui a dit qu'il avait fait mauvais pendant quinze jours.

1. «Il a neigé et il a fait très froid.»
2. «Luc a écrit de la Martinique.»
3. «Là-bas il a fait très beau au mois de novembre.»
4. «La température est montée jusqu'à 35°.»
5. «René est allé faire du camping.»
6. «Il est parti en vélo.»
7. «Il est allé en Bretagne.»
8. «Il a téléphoné pour dire qu'il avait oublié son réchaud.»
9. «Mais il a pris son sac de couchage.»
10. «Il n'est pas encore rentré.»

B. **Pourquoi?**

MODÈLE: Michèle se sentait très fatiguée ce matin.
—Elle n'avait pas bien dormi hier soir.
ou —Elle s'était couchée très tard hier soir.

1. Alain a échoué à l'examen de physique.
2. M. Leroux est allé à l'hôpital.
3. Marie-Noëlle est arrivée en classe en retard.
4. Paul avait mal au cœur.
5. Luc parlait d'un nouveau film.
6. Claire portait une nouvelle jupe.
7. Guy s'est endormi pendant la classe.
8. Sylvie ne savait pas répondre aux questions.
9. Anne avait très faim.

C. **Votre agenda.** Décrivez votre journée d'hier.

MODÈLE: 6h/se lever
—À six heures, je m'étais déjà levé(e).
ou —À six heures, je ne m'étais pas encore levé(e).

1. 7h/prendre le petit déjeuner
2. 8h/lire le journal
3. 9h/aller à l'université
4. 10h30/assister à mon premier cours
5. 12h/déjeuner
6. 3h/aller au laboratoire
7. 5h/travailler à la bibliothèque
8. 6h/dîner
9. 7h/commencer à étudier
10. 12h/me coucher

Le comparatif et le superlatif des adverbes

1. In Lessons 26 and 27, you learned to make comparisons by using
plus, **moins** and **aussi** with adjectives:

Guy est *plus* **intelligent** *que* **Patrick.**
Christine est *aussi* **sympathique** *que* **Marcel.**
Madeleine est l'étudiante *la moins* **paresseuse de la classe.**

2. Use **plus**, **moins** and **aussi** to form the comparative and superlative
of adverbs as well:

Les trains vont vite mais les avions vont *plus* vite.

Jean-Pierre parle italien *aussi* bien *que* son frère mais *moins* bien *que* sa sœur.

To form the superlative, place **le** before the comparative expression:

De tous les avions, le Concorde va *le plus* vite.

3. The comparative and the superlative of **bien** [*well*] are irregular:

Elle chante moins *bien* que toi, mais il chante *mieux*.
C'est Evelyne qui chante *le mieux*.

Tu danses *mal*, mais ton frère danse *plus mal* que toi.
Ma sœur danse *le plus mal*.

	comparatif	*superlatif*
bien	mieux	le mieux

PRATIQUONS

A. Comparaisons.

MODÈLE: écrire mal (les étudiants, les professeurs, les médecins)
—Les étudiants écrivent mal. Les professeurs écrivent plus mal. Les médecins écrivent le plus mal.

1. aller vite (la bicyclette, la voiture, l'avion)
2. chanter bien (le chauffeur de taxi, la chanteuse de rock, la chanteuse d'opéra)
3. se lever tôt (l'homme d'affaires, l'ouvrier, le boulanger)
4. marcher lentement (la grosse dame, la petite fille, le vieil homme)
5. parler bien (les journalistes, les philosophes, les hommes politiques)

B. Comparons les gens. Chaque personne a ses talents.

MODÈLE: Barbra Streisand et Neil Simon
—Elle chante mieux que lui, mais il écrit mieux.
ou —Il chante moins bien, mais il écrit mieux.

1. Fred Astaire et Liberace
2. Tony Dorsett et Luciano Pavarotti
3. Dustin Hoffman et Julia Child
4. Robert Frost et Rudolf Nureyev
5. Kareem Abdul-Jabbar et Gene Kelly
6. Chuck Mangione et Ella Fitzgerald
7. Catherine Deneuve et Tracy Austin

Plus, moins *et* autant *comme adverbes de quantité*

1. **Moins** (**de**) and **plus** (**de**) may be used to compare quantities of things; **autant** (**de**) (as much, as many) expresses equality:

J'avais *autant de* livres que vous.	*I had as many books as you did.*
Nous avions *plus d'*argent que vous.	*We had more money than you did.*
Il fumait *moins de* cigarettes que toi.	*He used to smoke fewer cigarettes than you did.*

   As is the case for expressions of quantity (**trop, beaucoup, assez,** etc.), **moins, plus,** and **autant** require **de** before a noun.

2. **Moins, plus** and **autant** are also used with verbs, both to compare and in an absolute sense.

Je marche *plus* que toi. /plys/	*I walk more than you do.*
Je marche *plus*. /plys/	*I walk more.*
Elles travaillent *autant* que vous.	*They work as much as you do.*
Elles travaillent *autant*.	*They work as much.*
Vous buvez *moins* qu'eux.	*You drink less than they do.*
Vous buvez *moins*.	*You drink less.*

PRATIQUONS

A. Donnez des conseils!

MODÈLE: Je suis toujours fatigué.
   —Repose-toi plus!
   ou —Travaille moins!

1. Je suis très énervé.
2. Je grossis trop.
3. Nous sommes en mauvaise forme.
4. Nous avons raté tous nos examens.
5. Je ne gagne pas assez d'argent.
6. Je voudrais grossir.
7. Nous voudrions être en meilleure forme.
8. Nous sommes très fatigués.

B. Plus ou moins? Qu'est-ce qu'il faut faire?

MODÈLES: André a trop à faire.
   —Alors donnez-lui moins de travail.

   Michèle adore les desserts.
   —Alors donnez-lui plus de gâteaux.

1. Mon fils dépense trop d'argent.
2. Elle déteste les pommes de terre.
3. Il a besoin d'expérience.
4. Jacques n'a pas beaucoup bu.
5. Il n'aime pas les desserts.

6. Elle n'a presque rien mangé.
7. Robert ne prend presque pas de sucre.
8. Ma fille ne réussit pas aux examens.

SITUATION

Une crise de foie

Après quelques heures de travail, Pierre Fournier ne se sent pas très bien. Son camarade d'usine, Yves Van Eck, s'inquiète.

=**tu n'as pas/avoir l'air bien** to look good/**transpirer** to perspire
=**oui**/ =**je ne suis pas**

really

=**il faut**
arroser to water (i.e., to drink to celebrate an event)
in the meantime
s'asseoir to sit down

YVES: Dis, Pierre, **t'as pas l'air bien**. Regarde comme tu **transpires**!
PIERRE: **Ouais**, **je suis pas** en forme aujourd'hui.
YVES: Peut-être que t'as la grippe.
PIERRE: Non, j'ai mal au foie. Oh, là là, j'ai aussi mal au cœur.
YVES: En effet, t'es **drôlement** pâle. Qu'est-ce que t'as mangé hier?
PIERRE: Hier, on est allé en Bourgogne. On a fêté le cinquantième anniversaire de mariage de mes parents.
YVES: Ah, je vois. Tu fais une crise de foie.
PIERRE: Oui, j'ai trop bien mangé. C'était un repas sensationnel!
YVES: Sans doute t'as aussi un peu trop bu.
PIERRE: Ben, un cinquantième anniversaire de mariage, **faut** bien **arroser** ça!
YVES: **En attendant**, tu dois te soigner. Arrête-toi de travailler et **assois-toi**. Je vais prévenir l'infirmière.

NOTES CULTURELLES

Une crise de foie. Next to **la grippe**, which may refer to a severe cold as well as flu, **la crise de foie** is the most widely claimed ailment in France. The French will never say that they have **mal à l'estomac** when they have symptoms of indigestion but **mal au foie** or, in severe cases, **une crise de foie**. **Avoir mal au ventre** refers to abdominal pains.

Le français familier (populaire). This dialogue reflects normal, everyday speech, used not only by working people but by the majority of French speakers. It would certainly be typical of interactions among students and young people. See the **Prononciation et orthographe** section below for a discussion of some of the special pronunciation features of **le français familier**.

DISCUSSION

1. Comment est-ce qu'Yves sait que son camarade de travail ne se sent pas bien?
2. Où est-ce que Pierre a mal?
3. Qu'est-ce que Pierre a fait hier?
4. Qu'est-ce qu'on fêtait?
5. Est-ce qu'il avait trop travaillé?
6. Qu'est-ce qu'Yves va faire pour aider Pierre?

Le français familier

In all languages, there are significant differences between normal everyday conversation among members of a family and people who know each other well and conversation in more formal situations. So far, the spoken French you have heard approximates the careful speech used in France among strangers in relatively formal situations. The dialogue in the **Situation** above, however, reflects an informal style of speech.

The informal style, used even by well-educated, middle-class adult speakers, includes the following features:

1. dropping the **ne** of the negative:

Formal style	*Informal style*
Tu **ne** réfléchis pas.	Tu réfléchis pas.
On **ne** fait rien.	On fait rien.

2. dropping the **l** of **il** and **ils** before a consonant:

Formal style	*Informal style*
Il ne dit rien.	I'dit rien.
Ils ont pris le train.	I'z ont pris le train.

3. dropping the **u** of **tu** before a vowel:

Formal style	*Informal style*
Tu as fumé ta pipe?	T'as fumé ta pipe?
Tu es revenu?	T'es revenu?
Tu aimes le cidre?	T'aimes le cidre?

4. dropping the **r** or **l** in consonant groups:

Formal style	*Informal style*
C'est not**re** neveu.	C'est not' neveu.
L'aut**re** table n'est pas prop**re**.	L'aut' tab' est pas prop'.

Un pas de plus

RÉVISION

A. La matinée de Didouche. Rétablissez l'ordre des éléments, et décrivez la matinée de Didouche.

MODÈLE: se réveiller
—Didouche se réveille à sept heures; il est très fatigué.

se brosser les dents   se rendormir
préparer son petit déjeuner   s'habiller lentement
se rendre à pied à son premier cours   prendre une douche
se lever difficilement   se réveiller

B. Moyen et action. Complétez les ordres suivants.

MODÈLE: Prenez quelques heures de repos...
—Prenez quelques heures de repos et détendez-vous!
ou —Prenez quelques heures de repos et reposez-vous!

1. Prends ce peigne...
2. Prends cette brosse à dents...
3. Prends ces vieux vêtements...
4. Prends cette serviette de toilette...
5. Prenez ce savon et de l'eau...
6. Prenez ce rasoir...
7. Prenez un peu de détente...
8. Prenez ce ballon...

C. L'action qui convient. Choisissez un verbe dans la liste et donnez un bon conseil.

MODÈLE: Je ne travaille pas aujourd'hui.
—Alors, ne te rase pas!
ou —Alors, ne te maquille pas!

1. Je dois rencontrer le chef du service du personnel au sujet d'un emploi.
2. J'ai un examen tôt le matin.
3. Nous avons un avion demain matin à huit heures.
4. Nous avons peur de l'eau et nous ne savons pas nager.
5. Aujourd'hui nous avons fait une longue randonnée.
6. Le film commence dans quinze minutes.
7. Nous aimons les arbres et les fleurs.
8. J'ai un rhume depuis huit jours.
9. Je dois chanter devant beaucoup de gens ce soir.

se reposer
se promener dans le parc
se dépêcher
se lever de bonne heure
se soigner
s'énerver
se coucher de bonne heure
se baigner dans la mer
se raser
se maquiller

D. Conséquences.

MODÈLE: J'ai beaucoup marché.
—Tu dois avoir mal aux pieds.
ou —Tu dois être très fatigué(e).

1. J'ai écouté de la musique rock toute la soirée.
2. Le petit Pierre a mangé trop de glace.
3. M. Fournier a bu trop de champagne.
4. Il faisait très froid ce matin et Agnès ne portait pas son manteau.
5. Jean-Luc a le front brûlant.
6. Carole n'a pas pris le petit déjeuner.
7. Brigitte a une angine.

E. Les loisirs. Qu'est-ce qu'ils aiment faire?

MODÈLE: Marie-Claude aime la vie en plein air et la nature. Elle aime aussi marcher.
—Elle aime faire des randonnées.

1. Gilles adore passer la nuit en plein air.
2. David aime la neige et la montagne.
3. Mme Dubos adore les fleurs et les plantes.
4. Mlle Bonnard montre souvent des photos de ses nièces et de ses neveux.
5. Thomas aime jouer avec une équipe.
6. Dominique préfère rester à la maison pour jouer.
7. M. Davy aime beaucoup réparer les appareils à la maison.
8. Michèle fait un gâteau au chocolat sensationnel!
9. Mme Berti fait beaucoup de vêtements pour sa famille.

F. Pays et boisson. Quelle est la boisson typique pour chaque pays? Choisissez dans la liste.

MODÈLE: Nous sommes américains.
—Nous buvons du coca-cola.

1. Les Smith habitent en Angleterre.	le thé
2. Je suis de Munich.	la bière
3. M. Legrand est français.	le vin
4. Tu habites à Moscou.	le cidre
5. Nous sommes de Normandie.	le saké
6. Les Soomi sont japonais.	la vodka
7. Vous habitez en Italie.	le pastis
8. Victor habite à Marseille.	le cappuccino

G. Bonnes résolutions. Vous voulez vous perfectionner; quelles sont vos résolutions?

MODÈLE: Je ne travaille pas bien.
—Je vais mieux travailler.

1. Je ne me lève pas très tôt le matin.
2. Je n'ai pas de très bonnes notes.
3. Je dépense beaucoup d'argent.
4. Je n'écris pas très souvent à mes parents.

5. Je ne prépare pas très bien les examens.
6. Je mange trop.
7. J'ai souvent des accidents avec ma voiture.
8. Je fume beaucoup trop.
9. J'écris très mal.
10. Je bois un peu trop de bière.

H. Étiez-vous plus précoce?

MODÈLE: J'ai commencé à marcher à onze mois.
—Moi, je n'avais pas encore commencé à marcher.
ou —Moi, j'avais déjà commencé à marcher.

1. J'ai appris à parler à deux ans.
2. Je suis allé(e) à l'école à six ans.
3. J'ai commencé à travailler à quinze ans.
4. Je suis sorti(e) avec une fille (un garçon) pour la première fois à seize ans.
5. J'ai appris à conduire à dix-huit ans.
6. J'ai acheté ma première voiture à dix-neuf ans.
7. Je suis allé à l'université à vingt ans.

I. Parlons de vous.

Habitudes. Posez des questions à un(e) camarade de classe pour savoir quand il/elle fait les choses suivantes.

MODÈLE: se lever de bonne heure
A: Quand est-ce que tu te lèves de bonne heure?
B: Je me lève de bonne heure quand j'ai un cours à 8h30 ou quand j'ai un examen.

1. se coucher tard
2. se dépêcher
3. s'ennuyer le plus
4. nettoyer sa chambre
5. s'énerver
6. s'amuser le plus
7. s'acheter de nouveaux vêtements
8. s'habiller d'une manière très élégante

Les arts et la politique

Leçon trente-quatre

IN THIS LESSON:

- vocabulary for the arts
- verbs ending in **-indre**
- review of negative and indefinite words
- complex sentences with the relative pronoun **que**

MOTS NOUVEAUX

L'art

les tableaux (m.)   les peintures (f.)

la nature morte   la peinture abstraite   le paysage

la toile   le portrait

le peintre

la palette

les couleurs (f.)

la peinture

les pinceaux (m.)

le peintre

(l'artisan peintre)

la peinture

Un peintre? Il fait des peintures.
  peindre
Un dessinateur?   Il ⎫
Une dessinatrice?   Elle ⎬ fait *des dessins.*   drawing (m.)
  dessiner
Un graveur?   Il/Elle fait *des gravures.*   engraving (f.)
Un sculpteur?   Il ⎫ fait des statues,
                   Elle ⎭   des sculptures.

Un(e) photographe? Il/Elle prend des photos.

un appareil-photo(graphique)	camera
une pellicule	roll of film
faire développer une pellicule	to have a roll of film developed
une diapositive	slide

Un metteur en scène? Il réalise une pièce ou un film.

réaliser	to direct
une caméra	movie camera
un film	movie, film for a movie camera
un écran	screen
un projecteur	
un magnétoscope	video recorder
un micro(phone)	
enregistrer	to record

Un danseur? Il ⎫
Une danseuse? Elle ⎬ fait de la danse.

Un chanteur? Il ⎫
Une chanteuse? Elle ⎬ chante.

Un écrivain? Il/Elle écrit des livres, des pièces, des articles ou des poèmes.

un romancier/une romancière	novelist
un poète	

PRATIQUONS

A. Quelle sorte d'artiste?

MODÈLE: Martine fait du ballet.
—Elle est danseuse.

1. M. Clément fait des dessins humoristiques.
2. Claudette écrit des romans.
3. Mme Larue adore peindre des paysages.
4. Philippe a un appareil-photo excellent.
5. Christophe joue dans des pièces tragiques.
6. Mlle Duclos charte à l'opéra.
7. M. Godard a réalisé cinq films cette année.
8. Sophie adore écrire des poèmes.

B. Qu'est-ce qu'il faut?

MODÈLE: Pour prendre des photos?
—Il faut un appareil-photo et des pellicules.

1. Pour dessiner?
2. Pour peindre un tableau?
3. Pour peindre une chambre?
4. Pour montrer des diapos?
5. Pour réaliser un film?
6. Pour montrer un film?
7. Pour présenter un opéra?
8. Pour écouter des disques?
9. Pour regarder des jeux télévisés?
10. Pour enregistrer quelque chose?

C. Artistes célèbres. Est-ce que vous connaissez ces artistes?

MODÈLE: Van Gogh
—C'est un peintre.

1. François Truffaut
2. Mikhail Baryshnikov
3. Toulouse-Lautrec
4. Barbra Streisand
5. Charles Schulz

6. Simone de Beauvoir
7. Auguste Rodin
8. Rembrandt van Rijn
9. Robert Frost
10. Margot Fonteyn

PRÉSENTATION

La Belle Époque

corresponds to the Gay Nineties

by/of light/label

luxury/pleasure/**être d'usage** to be customary/every

réagir contre to react against preceding/**peindre** to paint what
se rapprocher de to resemble, to draw near to

refléter le jeu to reflect the interplay/shadow/changing
artist's studio
still/hill/overlooking/at the fringe
évoluer to move about

dance halls/nightclubs

Paris est connu **sous** le nom de Ville **Lumière**. D'où cette **désignation** vient-elle? C'est parce qu'à la fin du dix-neuvième siècle et au début du vingtième, Paris était le centre artistique et culturel du monde et la capitale de l'élégance, du **luxe** et des **plaisirs**. Il **était d'usage** pour **tout** écrivain, musicien ou peintre de passer au moins un an dans la Ville Lumière pour y apprendre son métier ou y trouver l'inspiration. Voilà pourquoi la fin du dix-neuvième siècle est connue en France sous le nom de la Belle Époque.

Pendant la Belle Époque sont nés plusieurs grands mouvements ou écoles artistiques et littéraires. L'une[1] des plus célèbres est l'école impressionniste en peinture. Les peintres de cette école **ont réagi contre** le réalisme des artistes de l'époque **précédente** qui **peignaient** exactement **ce qu**'ils voyaient. Les Impressionnistes pensaient que la représentation exacte de la nature par les Réalistes **se rapprochait de** la photographie. Les Impressionnistes, comme le nom de leur école l'indique,[2] voulaient peindre leur impression personnelle de la nature. Pour eux, un paysage ou un objet avait plusieurs représentations possibles; il changeait avec la lumière à chaque moment de la journée et à chaque saison de l'année. Les tableaux que les Impressionnistes nous ont laissés **reflètent le jeu** de la lumière et des **ombres** et donnent une impression **changeante** de la réalité.

La plupart des Impressionnistes avaient **leur atelier** à Montmartre, qui était **encore** un village sur **une colline dominant** Paris. **En marge** de l'école impressionniste **évoluait**[3] un personnage très intéressant, le peintre Henri de Toulouse-Lautrec. Toulouse-Lautrec était le fils d'une famille noble du Midi de la France. Il habitait à Montmartre et passait ses soirées dans **les bals** et **les cabarets** du quartier. Il

[1] The article form **l'** is sometimes used before **un/une** and **on** for purely phonetic reasons: 1) it separates two vowels in sequence (**où l'on va, c'est l'une des meilleures peintures**); 2) it avoids beginning a sentence with a vowel, as is the case here.
[2] The pronoun **le** (see Lesson 25) replaces the sentence complement in boldface italics: **le nom de leur école indique** *qu'ils voulaient peindre leur impression personnelle.*
[3] In written French, subject noun phrases are sometimes inverted for stylistic effect. The normal order of this sentence would be: **Un personnage très intéressant évoluait ....**

La basilique du Sacré-Cœur, qui domine la colline de Montmartre.

Courtesy of Andrew P. Zutis

dessinait les danseuses et peignait les scènes de **ces lieux** de plaisir. On le considère comme le père de l'affiche moderne. Il **a rendu célèbres** les danseuses de **can-can** et le Bal **du Moulin** Rouge.

places
rendre célèbre to make famous
French can-can/windmill

NOTES CULTURELLES

Les peintres impressionnistes les plus connus sont Paul Cézanne (1839–1906), Edgar Degas (1834–1917), Edouard Manet (1832–1883), Claude Monet (1840–1926), Berthe Morisot (1841–1895), Camille Pissarro (1831–1903), Auguste Renoir (1841–1919), et Alfred Sisley (1839–1899). Le nom de l'école vient du titre d'un tableau de Monet: **Impressions: soleil levant** [*rising*].

Un peintre impressioniste: Sisley.

CONNAISSANCE DU TEXTE

1. Pourquoi appelle-t-on Paris la Ville Lumière?
2. À la fin du dix-neuvième siècle et au commencement du vingtième qu'est-ce que tous les artistes, écrivains et musiciens devaient faire pour être connus?
3. Qu'est-ce que c'est que le réalisme en peinture?
4. Quelle est l'opinion des Impressionnistes sur la représentation de la réalité?
5. Pourquoi la lumière est-elle importante pour un peintre impressionniste?
6. Qui était Toulouse-Lautrec?
7. Est-il célèbre surtout pour ses tableaux?
8. D'où vient le nom de l'école impressionniste?

NOTES GRAMMATICALES

Verbes en -indre

Verbs whose infinitive ends in **-indre** have two stems in the present tense. The singular stem ends in /ɛ̃/ and the plural stem ends in either /ɛɲ/ (for infinitives which end in **-aindre** or **-eindre**) or /aɲ/ (for infinitives which end in **-oindre**).

Present tense of **peindre** [*to paint*]

singulier	*pluriel*
je pein**s**	nous peign**ons**
tu pein**s**	vous peign**ez**
il elle on } pein**t**	ils elles } peign**ent**

Passé composé: j'ai peint

Other verbs conjugated like **peindre** are:

éteindre	*to put out, extinguish, turn off*
atteindre	*to reach*
craindre	*to fear*
plaindre	*to pity*
se plaindre	*to complain*
joindre	*to join objects*
rejoindre	*to rejoin, to meet a person or persons*

PRATIQUONS

A. On le fait maintenant. Répondez au présent.

> MODÈLE: Vous avez peint la chambre?
> —Nous la peignons maintenant.

1. Tu as éteint la télé?
2. Ils ont rejoint leurs parents?
3. Elle a peint votre portrait?
4. Nous avons atteint la ville?
5. Tu as joint la photo à la lettre?
6. Vous vous êtes plaints au directeur?
7. Il a éteint la lumière?
8. Vous avez rejoint vos camarades?

B. Paraphrase. Pour chaque phrase, trouvez une paraphrase en employant un verbe en **-indre**.

> MODÈLE: Elle **a peur des** chiens.
> —Elle craint les chiens.

1. Je **rencontre** mes amis au café.
2. Ils **arrivent à** la rivière.
3. Elle **fait** votre portrait?
4. Nous n'**avons** pas **peur des** serpents.
5. **Ferme** la radio, s'il te plaît!
6. Vous n'**avez** pas **pitié de** ce pauvre garçon?
7. Elle **n'est pas contente**.
8. Vous **faites** des paysages?
9. Je **ferme** la lumière?

Les pronoms indéfinis

1. In Lesson 28, you used indefinite adjectives to refer to people or things in an unspecified way. Here are the corresponding pronouns:

adjectif	*pronom*		
chaque	**chacun(e)**	*each one*	*Chacun* **fait ce qu'il veut.** **Elles ont** *chacune* **leur chambre.**
autre	**l'autre** **un(e) autre** **les autres**	*the other(s)* *another*	**J'ai un ami qui habite dans un dortoir et** *un autre* **qui habite un appartement.**
même	**le/la même** **les mêmes**	*the same*	**Regarde ces disques. Ce ne sont pas** *les mêmes*.
certain	**un(e) certain(e)**	*certain*	**Est-ce que toutes les villes américaines ont des aéroports?** —*Certaines* **n'ont pas d'aéroports.**

plusieurs	plusieurs	*several*	*Des affiches?* Elle en a *plusieurs.*
tout	tout(e) tous, toutes	*all* *everything* *everyone*	*Toutes* les gravures sont là? —Non, pas *toutes.*

2. Corresponding to **quelque** are compound pronoun forms:

quelques-un(e)s	*some, a few*	**Vous voulez quelques pellicules? —Oui, *quelques-unes.***
quelqu'un	*someone*	**Je vois *quelqu'un* dans la rue.**
quelque chose	*something*	**Vous allez prendre *quelque chose*?**

Related to these indefinite pronouns are the adverbs **quelque part** [*somewhere*] and **quelquefois** [*sometimes*]:

Ils sont allés *quelque part* en Europe.
Elle travaillait *quelquefois* au restaurant.

3. **Quelqu'un**, **quelque chose** or **quelque part** can be modified by an adjective. In that case, the indefinite expression is linked to the masculine adjective form by **de**:

J'ai rencontré quelqu'un *de* vraiment *gentil.*	*I met someone really nice.*
Il a commandé quelque chose *de bon.*	*He ordered something good.*

PRATIQUONS

A. **Est-ce vrai?** Répondez «oui» ou «non» en employant un pronom indéfini.

MODÈLE: Quelques peintres font de la sculpture?
—Oui, quelques-uns font de la sculpture.

1. Certains danseurs font du ballet?
2. Plusieurs sculpteurs dansent?
3. Les autres metteurs en scène sont des photographes?
4. Certaines chanteuses travaillent à l'opéra?
5. Chaque photographe a un bon appareil?
6. Quelques metteurs en scène sont des acteurs?
7. Quelques dessinatrices font des bandes dessinées?

B. **Évaluations.** Employez un adjectif approprié pour faire une évaluation.

MODÈLE: en rentrant du restaurant
—Tiens, j'ai mangé quelque chose d'excellent.
ou —Tiens, j'ai dîné avec quelqu'un de formidable.

1. en rentrant de la bibliothèque
2. en rentrant d'une exposition artistique

3. en rentrant d'un bal
4. en rentrant d'un concert
5. en rentrant d'un café
6. en rentrant d'un voyage à l'étranger
7. en rentrant d'une boum
8. en rentrant d'un cours

C. **Nos camarades.** Que pensez-vous de vos camarades de classe?

MODÈLE: intelligents?
        —Tous sont intelligents.
  ou —Quelques-uns sont intelligents.

1. amusants?
2. travailleurs?   plusieurs
3. aimables?
4. paresseux?   certains/certaines
5. intéressants?
6. beaux? belles?   quelques-uns/unes
7. étudier beaucoup?
8. réussir aux examens?   tous/toutes
9. aimer travailler?
10. adorer le français?

L'ordre des expressions négatives

1. The chart below gives a negative answer for each question word listed:

QUI?	ne ... personne	no one
QUOI?	ne ... rien	nothing
OÙ?	ne ... nulle part	nowhere
QUAND?	ne ... jamais ou ne ... plus	never no longer

Like **pas,** these negative expressions follow the verb directly in the present tense:

Elles n'achètent *rien.*
Nous n'allons *jamais* **au cinéma.**
Il ne travaille *plus* **le soir.**

2. **Aucun(e)** (none, not any) may refer to people or things: it always appears in the singular:

Je n'aime *aucune* **de ces statues.**   *I like none of these statues.*

Il ne prend *aucun* **dessert.**   *He's not having any dessert.*

3. With compound verb forms, composed of a conjugated verb plus the past participle or infinitive, certain negative words follow the conjugated verb:

Elle n'a *rien* **dit.**
Ils ne sont *jamais* **allés en Italie.**
Je ne peux *plus* **rester ici.**

4. **Personne, nulle part** et **aucun(e)** follow the past participle or infinitive:

Ils n'ont invité *personne* **à leur exposition.**
Nous ne sommes allés *nulle part.*
Je ne vais prendre *aucune* **des voitures.**

5. When **personne**, **rien** and **aucun(e)** act as subjects, they precede **ne**:

Personne n'est venu.
Rien n'est arrivé.
Aucun des étudiants n'a répondu.

When used as the object of a preposition, they follow the preposition:

Il *n'est sorti avec* *personne.*
Je *n'ai besoin de* *rien.*
Nous *n'avons envie d'aucun* **dessert.**

6. **Ne...ni...ni** [*neither...nor*] is a three-part negative adverb:

Ils *n'aiment ni* **la peinture** *ni* **la sculpture.**

7. When two or more negative words appear in the same sentence, the order is: **plus, jamais, rien, aucun(e), personne, nulle part:**

Il *n'écoutait jamais personne.*
Elle *n'est jamais* **allée** *nulle part.*
Je *ne* **veux** *plus jamais rien* **donner à** *personne.*

PRATIQUONS

A. **Deux mères.** Les enfants de Mme Darbelnet sont très sages, mais les enfants de Mme Berti sont terribles. Les deux mères parlent des enfants.

MODÈLE: Mme Darbelnet: «Mes enfants obéissent toujours.»
—Mme Berti: «Mes enfants n'obéissent jamais.»

Mme Darbelnet:

1. Mes enfants sont polis et raisonnables.
2. Mes enfants font tout à la maison.
3. Tout le monde aime mes enfants.
4. Mes enfants font toujours leurs devoirs.

Mme Berti:

5. Mes enfants désobéissent souvent.
6. Nous avons beaucoup de problèmes.
7. Mes enfants sont paresseux et désagréables.
8. Mes enfants se battent toujours.

B. Une journée horrible. Jeannette raconte sa journée au bureau.

MODÈLE: Tu as fait quelque chose d'intéressant?
—Je n'ai rien fait d'intéressant.

1. Quelqu'un a téléphoné?
2. Tu as écrit quelque chose de bien?
3. Le chef de bureau était patient et gentil?
4. Tu es allée quelque part pendant l'heure du déjeuner?
5. Tu as mangé quelque chose?
6. Certains clients sont venus?
7. Le chef a accepté plusieurs de tes suggestions?
8. Tu as rencontré quelqu'un d'important?
9. Tu as préparé les annonces et l'article?

Le pronom relatif que

1. In complex sentences, the relative pronoun **qui** functions as subject (see Lesson 30); **que** (**qu'**) functions as direct object:

Il sort avec *une Américaine* (*cette Américaine* **parle français**).	**Il sort avec une Américaine** *qui* **parle français.**
Il connaît *l'Américaine* (**j'ai rencontré** *cette Américaine* **au théâtre**).	**Il connaît l'Américaine** *que* **j'ai rencontrée au théâtre.**

2. **Que** has several meanings:

C'est une statue *que* **je trouve intéressante.**	*It's a statue (**which**) I find interesting.*
C'est un peintre *qu'***on n'aime pas beaucoup.**	*He's a painter (**whom**, **that**) they don't like very much.*

Although the English relative pronoun may be omitted when it serves as direct object, **que** must always be used in French.

3. **Qui** is usually followed by the verb of the relative clause, **que** by the subject (noun or pronoun):

Vous connaissez l'artiste *qui a fait* **ce dessin?**
                                    (verb)

Vous connaissez l'artiste *que nous avons rencontré* **hier?**
                                    (subject)   (verb)

Vous connaissez l'artiste *que nos parents ont invité* **à dîner?**
                                    (subject)   (verb)

4. Both **qui** and **que** may refer to persons or things:

things	*persons*
Je veux *le projecteur qui* **marche bien.**	**Je cherche** *la personne qui* **a pris mes diapos.**
Nous n'avons pas trouvé *les pellicules que* **vous demandez.**	**Nous n'avons pas vu** *les dessinatrices que* **vous connaissez.**

PRATIQUONS

A. Voici! La petite Hélène montre tout à sa maman.

> MODÈLE: J'ai acheté ce livre.
> —Voici le livre que j'ai acheté.

1. J'ai fait ce gâteau.
2. J'ai dessiné cette maison.
3. J'ai cassé ce verre.
4. J'ai acheté ces bonbons.
5. J'ai peint ce tableau.
6. J'ai écrit ce poème.
7. J'ai fini ces devoirs.
8. J'ai trouvé ce chat.

B. Définitions.

> MODÈLE: un projecteur
> —C'est quelque chose que vous employez pour montrer des diapos ou des films.

1. un écran
2. un appareil-photo
3. une caméra
4. un micro
5. une pellicule
6. un pinceau
7. une chaîne-stéréo
8. un magnétophone
9. une toile
10. une peinture

C. Les voyages. Connaissez-vous ces endroits?

> MODÈLE: le Québec
> —C'est un endroit que je ne connais pas.
> ou —C'est une province que j'ai visitée avec mes parents.
> ou —C'est une région que je trouve très belle.
> ou —C'est un endroit que je voudrais visiter un jour.

1. New York
2. Chicago
3. Hawaii
4. le Colorado
5. Montréal
6. le Mexique
7. les Antilles
8. Paris
9. l'Espagne
10. la Suisse

L'accord du participe passé

1. It is a general rule that the past participle of compound tenses formed with **être** agrees with the subject (see Lesson 18). The past participle of compound tenses formed with **avoir** agrees with a preceding direct object (see Lesson 20).

2. The relative pronoun **que** functions as the direct object of the relative clause and precedes its verb; thus it requires agreement with the past participle:

Voici *les pellicules* que nous avons acheté*es*.

Je vais porter *les bas* que tu as acheté*s*.

3. In only a small number of verbs are the feminine past participle forms pronounced differently from the masculine forms. Verbs that show differences include:

—all **-indre** verbs:	**la lumière, on l'a éteint***e* **la table, on l'a peint***e*
—verbs conjugated like **ouvrir:**	**la porte qu'on a ouvert***e*
—**mettre:**	**la statue, je l'ai mis***e* **ici** **les informations, je les ai transmis***es*
—**prendre:**	**cette photo, tu l'as pris***e***?** **les leçons, vous ne les avez pas encore appris***es***?**
—**faire, écrire:**	**les déclarations qu'on a fait***es* **la lettre, je l'ai écrit***e*

PRATIQUONS

Bien fait! La petite Hélène montre les choses qu'elle a faites.

MODÈLE: J'ai pris cette photo.
—Voilà la photo que j'ai prise!

1. J'ai fait cette robe.
2. J'ai fait ce gâteau.
3. J'ai écrit ce poème.
4. J'ai écrit ces lettres.
5. J'ai peint cette affiche.
6. J'ai enregistré cette bande.
7. J'ai dessiné ces fleurs.
8. J'ai peint cette chambre.

SITUATION

Soirée à Montmartre

Brigitte et Françoise sortent à Montmartre. Elles rejoignent Pierre et Jacques à la terrasse d'un café, Place du Tertre. ***Autour de*** *la petite place, des artistes travaillent sous les yeux des touristes.*   around

FRANÇOISE: Quelle **foule** à la place du **Tertre**!   crowd/knoll, hill
JACQUES: Beaucoup de gens croient que **s'**ils vont à la place du Tertre, ils vont voir de grands peintres au travail.   **= si** if
PIERRE: **Remarque que** Toulouse-Lautrec travaillait dans les bistros, les restaurants et les cabarets de ce quartier.   remember that
JACQUES: Mais on n'est plus au dix-neuvième siècle.
(Les quatre jeunes gens se rendent **au Lapin** Agile pour entendre les satires des **chansonniers**.)   rabbit / satirical songwriter
FRANÇOISE: Ce chansonnier n'**a** pas **l'air** d'aimer **le gouvernement actuel**.   **avoir l'air** to seem / the current administration
JACQUES: Les chansonniers critiquent toujours le gouvernement, **n'importe quel** gouvernement.   no matter which

Une rue de Montmartre menant de la Place du Tertre au Sacré-Cœur.

in fact

se moquer de to make fun of

act

BRIGITTE: Comme tous les Français, **d'ailleurs**. Nous trouvons toujours une raison de nous plaindre.

FRANÇOISE: Vous avez vu comment le chansonnier **s'est moqué** des gens qui sont arrivés après le commencement de **son numéro**!

PIERRE: Ça c'est aussi très typique des chansonniers.

DISCUSSION

1. Dans quel quartier de Paris sont les quatre jeunes gens?
2. Où est-ce que Toulouse-Lautrec peignait et dessinait?
3. Comment est-ce qu'ils vont s'amuser ce soir?
4. Qu'est-ce que c'est qu'un chansonnier?
5. Qu'est-ce que Brigitte dit au sujet des Français?
6. Pourquoi est-ce que le chansonnier s'est moqué des gens?

NOTES CULTURELLES

Montmartre. C'est un quartier de Paris situé sur la rive [*bank*] droite de la Seine. Il est connu pour la basilique du Sacré-Cœur et ses boîtes de nuit [*nightclubs*]. Comme son nom l'indique, Montmartre (mont = un endroit élevé) se trouve sur une colline [*hill*] qui domine Paris.

La place du Tertre. C'est une petite place à Montmartre, à côté du Sacré Cœur. On y trouve des artistes qui peignent pendant que les touristes les regardent travailler.

Le chansonnier. C'est quelqu'un qui compose et qui chante des chansons satiriques.

Le Lapin Agile. C'est une célèbre boîte de nuit de Montmartre où on peut écouter des chansonniers et chanter des chansons folkloriques.

Les consonnes doubles

Except for -**ss**, which represents /s/ in the middle of words (as opposed to -**s**-, pronounced /z/), double consonants have no effect on pronunciation. In careful, formal style some French speakers will produce a longer consonant when they see double consonant letters.

In one case double consonant letters are generally predictable: when a suffix is added or an ending is added to a word ending in a single-**l**, -**n**, or -**t**, that letter is doubled:

quel + -e → que**ll**e
bon + -e → bo**nn**e
la chanson + -ier → le chanso**nn**ier
cet + -e → ce**tt**e

Leçon trente-cinq

IN THIS LESSON:

- vocabulary for music and dance
- verbs conjugated like **ouvrir**
- expressing future events with the future tense

MOTS NOUVEAUX

Êtes-vous musicien(ne)?

Les instruments d'un orchestre et d'une fanfare

la batterie — le tambour — la clarinette — le hautbois — les cymbales (f.) — la flûte — la contrebasse — le joueur de tambour — le saxophone — le public applaudit — le violon-celle — le trombone — la trompette — le violon — le chef d'orchestre — le violoniste

PRATIQUONS

L'orchestre. Un groupe d'amis joue dans un orchestre de jazz. De quels instruments est-ce qu'ils jouent?

MODÈLE: Isabelle et Christophe?
—Christophe et Isabelle jouent de la contrebasse.

Isabelle et Christophe

Didier

1.

Marie-Hélène

2.

Chantal

3.

François et Sylvie

4.

Thierry

5.

Jean-Jacques

6.

Rose-Laure

7.

Elisabeth et Guy

8.

Parlons de la musique

Nous jouons de **la musique de chambre**.	chamber music
Je joue dans **un quatuor**.	quartet
Ma femme est violoncelliste dans un trio.	
Je suis compositeur.	
Je compose des **morceaux** populaires.	piece (m.)
Mon frère joue dans **une fanfare**.	marching band

Parlons du chant

Nous chantons dans **une chorale**.	choir
Elle chante **juste**, mais il chante **faux**.	in tune/out of tune
Elle a une belle **voix grave**.	voice/low
Sa voix est trop **aiguë**.	high-pitched
La Marseillaise est **l'hymne national** français.	national anthem

Parlons de la danse

J'aime aller **au bal** ou dans une   *dance*
  discothèque.
Je préfère danser le slow/le disco/le rock/la
  valse.
Nous aimons mieux le ballet classique que
  les danses folkloriques ou la danse
  moderne.

PRATIQUONS

A. Musiciens. Répondez aux questions basées sur ce dialogue.

THÉRÈSE: Tu joues dans un orchestre?
JEAN-LUC: Non, mais je suis membre d'une chorale et je joue du
  piano.
THÉRÈSE: Quels sont tes compositeurs préférés?
JEAN-LUC: Chopin, Debussy et Ravel, mais je joue aussi des morceaux
  populaires.
THÉRÈSE: Moi, j'aime beaucoup la musique folklorique. Je suis com-
  positeur, tu sais.
JEAN-LUC: Tu as une belle voix de soprano.
THÉRÈSE: Peut-être, mais je chante faux.
JEAN-LUC: Allez, je ne le crois pas.

QUESTIONS

1. Jean-Luc est chef d'orchestre?
2. De quel instrument joue-t-il?
3. Est-ce que Thérèse est pianiste?
4. Jean-Luc ne joue jamais de morceaux classiques?
5. Est-ce que Jean-Luc préfère les compositions allemandes?
6. Quelle sorte de voix a Thérèse?

B. À vous.

1. Quel est votre compositeur préféré?
2. Quelle sorte de musique est-ce que vous préférez?
3. Quel est votre chanteuse ou votre chanteur préféré?
4. Est-ce que vous jouez de la musique? De quel instrument?
5. Est-ce que vous chantez? Quelle sorte de voix est-ce que vous
  avez?
6. Est-ce que vous aimez danser? Quelle est votre danse préférée:
  la valse, le disco, le slow?
7. Est-ce que vous allez au bal ou dans les discothèques?
8. Est-ce qu'on organise beaucoup de bals ou de concerts ici?
9. Est-ce que vous préférez écouter des disques ou aller au
  concert? Pourquoi?
10. Est-ce que votre université ou collège a une fanfare? Un
   orchestre de jazz ou un orchestre symphonique? Est-ce que
   vous faites partie de ces ensembles?

La Renaissance *du français en Louisiane*

revival

La langue et la culture française **connaissent actuellement** une certaine renaissance en Louisiane. L'aspect de la culture **cadienne** qui est le mieux connu **en dehors** de cet état est la musique. En effet, la musique cadienne, qui **a été influencée** par la musique des Noirs du sud des États-Unis, est très populaire dans notre pays.

Parlons un peu de la renaissance culturelle cadienne et en particulier du **renouveau** de la langue française en Louisiane. Fondée par la France en 1702, la colonie de la Louisiane (nommée en l'honneur de Louis XIV) a été sous contrôle français ou espagnol pendant un siècle. Même après son annexion par les États-Unis, la Louisiane était dominée par une élite francophone. Mais après **la Guerre de Sécession**, où les francophones se sont retrouvés **du côté perdant**, le prestige du français a rapidement décliné.

Seuls les Cadiens et les Noirs qui vivaient comme eux à la campagne avaient conservé **leur idiome**. Les Cadiens parlaient une variété de français, le français acadien, et les Noirs parlaient le créole louisianais. Comme ces deux groupes ruraux étaient économiquement, socialement et politiquement faibles, la langue qu'ils parlaient était **mal considérée**.

connaître to experience
currently/cajun
outside
has been influenced

renewal

American Civil War
on the losing side
only
language

considered second rate

Au bord du bayou Tèche près de Saint-Martinville en Louisiane.

La maison de maître d'une ancienne plantation coloniale dans une petite ville acadienne.

Beginning in the 1960s
réclamer to demand/the right
proud/distinctive characteristics
déclarer to proclaim
former congressman

fluent knowledge
will have to appeal
to revive French

to look with distaste upon/speech

to the preservation of
= **pouvoir**/to converse

is preserved
will have

À partir des années soixante les attitudes changent. Les groupes ethniques américains **réclament le droit** à la différence. Les Cadiens commencent à être **fiers** de **leurs particularités**. En 1968 l'état de la Louisiane **déclare** le français comme deuxième langue officielle. James Domengeaux, un avocat de Lafayette et **un ancient député** au Congrès fédéral, lance le CODOFIL (Conseil pour le Développement du français en Louisiane). Mais il n'y a pas assez d'instituteurs et d'institutrices louisianais qui ont **une pratique courante** de la langue. Alors, on **devra faire appel** à des enseignants venus d'autres pays—la France, la Belgique, le Québec—pour **faire renaître le français**.

Mais les questions culturelles ne sont jamais simples. Certains Cadiens **voient d'un mauvais œil** le remplacement de leur **parler** par le français de l'école. Pour eux, le français en Louisiane doit contribuer **au maintien de** la culture locale. Ils veulent que leurs enfants **puissent**[1] **s'entretenir** avec leurs grands-parents. Pour eux, cette communication entre les générations est plus importante que la communication avec les autres communautés francophones. Si le français **se maintient** au pays cadien, comme la musique de la région, il **aura** sans doute l'accent des bayous.

CONNAISSANCE DU TEXTE

1. Quel aspect de la culture cadienne est le mieux connu en dehors de la Louisiane?
2. Comment peut-on expliquer la présence de la langue française en Louisiane?
3. Pourquoi le français a-t-il perdu de son prestige après la Guerre de Sécession?
4. À la fin du dix-neuvième siècle, quels groupes louisianais maintenaient leur langue locale face à l'anglais?
5. Qu'est-ce qui s'est passé en Louisiane en 1968?
6. Les enseignants de français étaient-ils louisianais?
7. Pour certains Cadiens, quel est le rôle principal de la langue française?

Le célèbre chêne [oak tree] d'Evangeline à Pont-Breaux en Louisiane.

LE CHÊNE D'EVANGELINE
Longfellow a immortalisé dans "Evangeline" la tragédie des Acadiens exilés de leur pays à partir de 1755. Ce chêne se trouve là où, selon la légende, Emmeline Labiche et Louis Arceneaux (Evangeline & Gabriel) se sont rencontrés.

[1] This is a present subjunctive form of **pouvoir**; see Lesson 40. Here it means, "They want their children to be able to . . . ."

Les verbes comme ouvrir

Verbs like **ouvrir** form their present tense, imperative and **imparfait** like **-er** verbs. Their past participles end in **-ert**.

Present tense of **ouvrir** [*to open*]

singulier	*pluriel*
j'ouvre	nous ouvrons
tu ouvres	vous ouvrez
il elle } ouvre on	ils elles } ouvrent

Passé composé: j'ai ouvert

Other verbs conjugated like **ouvrir** include:

couvrir	*to cover*	**offrir**	*to offer, give*
découvrir	*to discover*	**souffrir**	*to suffer*

PRATIQUONS

A. Pour chaque phrase trouvez une paraphrase.

MODÈLE: Est-ce que tu vas lui **acheter** un cadeau?
—Est-ce que tu vas lui offrir un cadeau?

1. Elle **a mal**.
2. Nous **trouvons** de beaux timbres dans ce bureau.
3. Je te **donne** un bonbon.
4. **Laissez** la porte **ouverte**!
5. Nous **mettons une couverture sur** la moto.
6. Qu'est-ce qu'ils vous **donnent**?
7. Vous ne **trouvez** rien?
8. J'**ai** très **mal**.

B. C'est logique. Complétez les phrases logiquement.

MODÈLE: Il y a un cadeau dans cette boîte. On ouvre la boîte pour...
—découvrir le cadeau.

1. Pour lire un livre, on...
2. M. Dupont a une nouvelle voiture. Il va pleuvoir, alors M. Dupont...
3. On invite Thierry à dîner. Thierry est très poli, alors il...
4. Je viens de recevoir un paquet par la poste. Je...
5. Suzanne aime David. Alors, le jour de son anniversaire, elle...
6. Quand Madeleine s'est cassé la jambe, elle a crié parce qu'elle...
7. La soupe va refroidir. Il faut...
8. Quand il fait très chaud dans ma chambre, je...

Le futur des verbes réguliers

1. The concept of future can be expressed in several ways:

   a. With a present tense verb and an expression referring to the future:

      Je pars *la semaine prochaine.*
      Nous sortons avec Denise *demain.*
      Elles rentrent en France *cet été.*

   b. With the present tense of **aller** and the infinitive of the main verb (see Lesson 11):

      Je *vais* **te** *montrer* **ma nouvelle voiture.**
      On *va danser* **jusqu'à quatre heures du matin.**

   c. With the future tense.

2. To form the future tense, add the set of regular future endings to the future stem:

Infinitive ending:	**-er**	**-ir**	**-ir-/-iss-**	**-re**
Future stem:	**chanter-**	**partir-**	**finir-**	**vendr-**

   Future tense:

je	**chanterai**	**partirai**	**finirai**	**vendrai**
tu	**chanteras**	**partiras**	**finiras**	**vendras**
il/elle/on	**chantera**	**partira**	**finira**	**vendra**
nous	**chanterons**	**partirons**	**finirons**	**vendrons**
vous	**chanterez**	**partirez**	**finirez**	**vendrez**
ils/elles	**chanteront**	**partiront**	**finiront**	**vendront**

3. The future stem is the same as the infinitive except:

   a. the final **e** of **-re** verbs is deleted:

vendre	**je vendrai**
apprendre	**nous apprendrons**

   b. the **e** of **-er** verbs serves as unstable **e** and may or may not be pronounced depending on the number of consonant sounds that follow or precede. Compare:

      tu chantẹras   **tu parlẹras**

PRATIQUONS

A. **Ce week-end.** Ce week-end, personne ne travaillera. Décrivez leurs activités en employant un verbe régulier.

   MODÈLE: Robert aime la science-fiction.
   —Il lira un roman de Jules Verne.

   1. Anne est très sportive.
   2. Nous préférons les jeux de société.
   3. J'adore les feuilletons.
   4. Mes cousins aiment beaucoup la cuisine chinoise.
   5. Nous sommes très fatigués.

6. Marc a un nouvel appareil-photo.
7. Je n'aime pas rester à la maison.
8. Mes sœurs aiment beaucoup la musique.
9. Mon père aime connaître les dernières nouvelles.

B. **L'an 2000.** Quelle est votre opinion sur la vie en l'an 2000?

MODÈLES: travailler dans une usine
—Personne ne travaillera dans une usine; seulement les robots y travailleront.
suivre des cours à l'université
—Les gens suivront toujours des cours à l'université mais beaucoup de gens travailleront chez eux avec un ordinateur.

1. voyager en voiture
2. travailler avec l'ordinateur
3. lire les journaux
4. parler anglais
5. explorer la planète Mars
6. voyager en train
7. habiter sur la Lune
8. fumer des cigarettes
9. écouter de la musique classique
10. jouer au tennis

Le futur des verbes irréguliers: aller, avoir, être, faire

Some verbs have a special future stem, but take regular endings. Here are the most frequently used of those verbs:

infinitive	future stem	sample forms
aller	ir-	elle ira, elles iront
avoir	aur-	il y aura, ils auront
être	ser-	je serai, nous serons
faire	fer-	tu feras, vous ferez

PRATIQUONS

A. **Projets pour le week-end.** Où iront-ils et qu'est-ce qu'ils feront?

MODÈLE: toi/au stade
—Tu iras au stade où tu regarderas un match de football.

1. nous/à la plage
2. mes amis/à la bibliothèque
3. moi/en ville
4. Anne/au concert
5. mes parents/au restaurant
6. vous/chez vos amis
7. moi/au café
8. mon frère/à la montagne

B. **L'entraîneur.** Exprimez les ordres de l'entraîneur [coach] à son équipe d'une façon moins directe.

MODÈLE: Ne faites pas de bruit à l'hôtel!
—Vous ne ferez pas de bruit à l'hôtel.

1. Arrivez à l'heure!
2. Prenez le petit déjeuner!
3. N'allez pas dans les bars!
4. Ne mangez pas avant le match!
5. Descendez avec vos bagages!
6. Allez derrière l'hôtel!
7. Montez dans le car!
8. Faites de la gymnastique au stade!
9. Rasez-vous!
10. Dépêchez-vous de vous habiller!

C. L'avenir [*the future*]. Qu'est-ce qui se passera dans cinq ans? Est-ce que vous serez plus riche ou plus heureux que maintenant? Employez **aller**, **avoir**, **être** ou **faire**.

MODÈLE: le mariage
—Je serai marié(e).
ou —J'aurai une femme/un mari.

1. l'argent
2. les études
3. la maison ou l'appartement
4. l'emploi
5. les enfants
6. les vacances
7. les voyages
8. les loisirs

L'emploi des temps avec certaines conjonctions

1. The following conjunctions are used to join clauses expressing simultaneous actions:

quand, lorsque	*when*
dès que, aussitôt que	*as soon as*
pendant que	*while*

The verbs of the two clauses belong to the same time frame: present, future or past.

Present

Il s'amuse *pendant que* **je travaille.**	*He has fun while I work.*
Nous mettons un imperméable *quand* **il pleut.**	*We put on a raincoat when it rains.*

Future

*Lorsqu'***il arrivera au théâtre, il ira sur la scène.**	*When he arrives at the theater, he'll go on stage.*
Vous m'appelerez *aussitôt que* **la fanfare commencera à jouer.**	*You'll call me as soon as the band starts to play.*

Past

Elle a téléphoné *dès qu'***elle est arrivée en ville.**	*She phoned as soon as she arrived in town.*
Je suis allé au Danemark *lorsque* **j'étais petit.**	*I went to Denmark when I was little.*

2. Use the imperative with either the present or the future tense:

Enregistrez-les *dès qu'ils* $\left\{\begin{array}{l}\textbf{commencent}\\\textbf{commenceront}\end{array}\right\}$ **à jouer.**

Record them as soon as they begin to play.

Lorsqu'on $\left\{\begin{array}{l}\textbf{joue}\\\textbf{jouera}\end{array}\right\}$ **l'hymne national, ne restez pas assis.**

When they play the national anthem, don't remain seated.

PRATIQUONS

A. Des voyages. Complétez les phrases pour parler de vos voyages; attention au temps du verbe.

MODÈLES: Lorsque j'étais petit(e)...
moi/aimer voyager
—Je n'aimais pas voyager.
moi/aller en Floride
—Je suis allé(e) en Floride deux fois.

Lorsque j'étais petit(e)...

1. ma famille/voyager souvent
2. nous/passer les vacances chez mes grands-parents
3. moi/prendre le train
4. moi/aimer rester à l'hôtel

Quand les vacances arrivent...

5. moi/partir chez mes parents
6. mes parents/aller quelque part
7. moi/aimer visiter une grande ville
8. nous/rester ici

Dès que j'aurai beaucoup d'argent...

9. moi/prendre l'avion
10. nous/voyager en Europe
11. moi/visiter la capitale
12. ma famille/faire le tour du monde

B. C'est logique. Complétez chaque phrase d'une manière logique.

MODÈLE: Aussitôt que je me réveillerai demain matin,...
—je mettrai la radio.

1. Ce soir pendant que j'étudierai,...
2. Dès que le week-end arrivera,...
3. Nous inviterons des amis chez nous lorsque...
4. Je téléphonerai à mes parents quand...
5. Aussitôt que les cours se termineront,...
6. Quand je serai en vacances,...
7. Je n'irai pas à la plage pendant que...
8. Je me marierai quand...

SITUATION

Projets pour une sortie

Fernand Morelli est très content quand il rentre chez lui après une longue journée de travail.

deviner to guess/what/pocket

FERNAND: Mireille, chérie. **Devine ce que** j'ai dans **ma poche**!
MIREILLE: Un chèque pour mille francs.
FERNAND: Non. Essaie encore.

earrings

MIREILLE: Une paire de **boucles d'oreilles**?
FERNAND: Pas exactement.

donner sa langue au chat to give up (when solving a riddle)

MIREILLE: Je **donne ma langue au chat**.
FERNAND: Deux places pour un concert samedi soir. Mon patron ne peut pas y aller, alors il nous fait un petit cadeau.
MIREILLE: C'est gentil, ça. C'est pour l'opéra?
FERNAND: Non, pour un concert de musique de chambre à l'Abbaye de Saint-Maximin.

Humph!
so much
setting

MIREILLE: **Bof**, la musique de chambre. Tu sais, je n'aime pas **tellement** ça.
FERNAND: Mais Saint-Maximin est **un cadre** très romantique. Tu vas voir, tu l'aimeras beaucoup.

garder les enfants to babysit

MIREILLE: Bon, mais qui **gardera les enfants**?
FERNAND: On demandera à ma mère. Elle sera heureuse de voir les enfants.

to wear

MIREILLE: Bon, alors tu lui téléphoneras? Mon Dieu, je n'ai rien à **me mettre**.
FERNAND: Tu t'achèteras une nouvelle robe. C'est une bonne occasion.

honey (lit., cabbage)/angel

MIREILLE: Fernand, **mon chou**. Tu es **un ange**!

Un choix de disques dans une grande librairie de Lille.

NOTES CULTURELLES

Un concert à l'Abbaye de Saint-Maximin. En France beaucoup de concerts et, surtout, de festivals musicaux ont lieu dans des cathédrales, des églises et des abbayes.

DISCUSSION

1. Qu'est-ce que Mireille pense que son mari a dans la poche?
2. Qu'est-ce qu'il a vraiment?
3. Qui lui a fait ce cadeau?
4. Est-ce qu'on présente des concerts symphoniques à Saint-Maximin?
5. Quelle sorte de musique est-ce que Mireille aime bien?
6. Qui gardera les enfants pendant que leurs parents iront au concert?
7. Qu'est-ce que Mireille s'achètera pour aller au concert?

PRONONCIATION ET ORTHOGRAPHE

Les séquences de deux e instables

1. When unstable **e** is pronounced, it counts as a full vowel. Thus, any unstable **e** following it is dropped. Compare:

   Il **doit** s¢ laver.   Il **ne** s¢ lave pas.

   In both sentences the unstable **e** of **se** is dropped because it is preceded by a vowel sound plus one consonant.

2. Here are some frequent cases of two unstable **e**'s in sequence:

   a. je+me, ne, le:
   Je m¢ lave.
   Je n¢ veux rien.
   Je l¢ prends.

   b. ne+me, te, le, se
   Ne m¢ parle plus!
   Ne t¢ lave pas!
   Ne l¢ joue pas!
   Il ne s¢ lave pas.

   c. que+je
   Il sait que j¢ pars.

   d. **ce que** and **je te**
   are special cases:
   C'est c¢ que je disais.
   J¢ te parle.

3. But when these sequences appear in longer phrases, other rules of unstable **e** pronunciation go into effect. The first unstable **e** after a vowel sound will be dropped; thus, the second unstable **e** is pronounced:

   Tu n¢ **le** veux pas?   but, as above: Ne **l**¢ fais pas!

   Jean n¢ **te** parle plus?   but, as above: Ne **t**¢ promène pas!

Leçon trente-six

IN THIS LESSON:

- vocabulary about war and peace
- verbs ending in **-uire**
- additional irregular future tense forms
- describing events to be completed in the future, using the **futur antérieur**

MOTS NOUVEAUX

La guerre et la paix	war and peace
faire la guerre	to make war
être en guerre	to be at war
se battre pour une cause juste	to fight for a just cause
défendre sa patrie contre	to defend one's homeland
l'ennemi (m.)	against the enemy
s'engager	to volunteer
être mobilisé	to be drafted
les forces armées (f.)	armed forces
les trois armes (f.)	three branches of service
l'armée (f.)/**un soldat**	army/soldier
la marine/un marin	navy/sailor
l'armée de l'air/un aviateur	air force/air force pilot
un officier	officer
un prisonnier de guerre	prisoner of war
un déserteur	deserter
une espionne, un espion	spy
un tué, un mort	person killed
un blessé	person wounded
un invalide	person crippled
battre	to defeat
se battre	to fight
signer un traité de paix	to sign a peace treaty
être en paix	to be at peace
le pacifiste	
le désarmement	

PRATIQUONS

Le mot juste.

MODÈLE: Mon oncle a passé trois ans dans un camp de prisonniers.
—Il a été prisonnier de guerre.

1. Pascal fait son service militaire dans l'armée.
2. Son frère est dans la marine.
3. Jean-Michel s'est engagé dans l'armée de l'air.
4. Didier est contre toutes les guerres.
5. Mon père était capitaine dans l'armée.
6. Mon grand-père a été blessé pendant la Première Grande Guerre; il a perdu une jambe.
7. Cette femme donnait des renseignements à l'ennemi.
8. Il ne voulait pas se battre contre les gens de son pays et il a déserté.
9. Aujourd'hui nous ne sommes pas en guerre.

Les genres littéraires *et les auteurs*   types of literary works

Le poète Jacques Prévert a écrit des poèmes charmants et amusants.

L'un des **dramaturges** les mieux connus de notre époque est   playwrights
Eugène Ionesco. Sa première pièce, *La Cantatrice chauve*, est la satire   *The Bald Soprano*
d'une leçon de langue étrangère.

Mais les pièces de théâtre que l'on joue le plus souvent en France
sont les comédies de Molière et les tragédies de Racine, des écrivains
du 17ᵉ siècle.

Jules Verne est l'auteur de nombreux romans de science-fiction.

Marcel Proust et Albert Camus sont deux des **romanciers** les plus   novelists
importants du 20ᵉ siècle. Leurs **œuvres ont été traduites** dans un   work/have been translated
grand nombre de langues.

Beaucoup de lectrices et de lecteurs préfèrent lire **des nouvelles**   short stories (m.)
ou des romans policiers. Les enfants aiment écouter **les contes de**   fairy tales (m.)
fées.

PRATIQUONS

A. **Le goût des lecteurs.** Voici des statistiques sur les lectures pré-
férées des Français:

58%   aiment mieux lire des romans
46%   préfèrent les récits historiques [*historical novels* (m.)], les
      mémoires et les souvenirs [*memoirs* (m.)/*remembrances* (m.)]
35%   lisent surtout des romans policiers
26%   choisissent des livres sur la santé, la médecine ou la mort
      [*death*]
16%   préfèrent les bandes dessinées
15%   sont lecteurs de science-fiction
12%   lisent de la poésie

B. **Parlons de vous**

1. Quels sont vos deux genres littéraires préférés?
2. Quel est le dernier livre que vous avez lu pour votre plaisir?
3. Quel est votre auteur préféré? Quelles sortes d'œuvres est-ce qu'il
   (elle) a écrites?
4. D'après vous, quel est l'auteur le plus important du 20ᵉ siècle?
   Quelle est son œuvre la plus importante ou la plus intéressante?
5. Quand est-ce que vous lisez pour votre plaisir? Vous lisez pendant
   les vacances, le soir, entre vos cours?

6. Est-ce que vous avez déjà lu une pièce de théâtre et ensuite vu la pièce présentée au théâtre? Qu'est-ce que vous avez préféré: voir la pièce ou la lire?

PRÉSENTATION

Pacifisme et poésie

in the course of
loss/ hard

Au cours du siècle passé la France a participé à cinq guerres. Du point de vue des **pertes** en vies humaines la plus **dure** a été la Première Guerre Mondiale (1914–18). Presque un million et demi de jeunes Français sont morts et un million environ sont revenus invalides. Dans chaque ville ou village de France, on peut voir aujourd'hui de longues listes de noms sur les monuments aux morts.

frapper to strike
peasants

La Première Guerre Mondiale **a surtout frappé** les ouvriers et **les paysans**. Déjà, à la fin du 19ᵉ siècle un mouvement pacifiste international était né et avait eu beaucoup de succès parmi la classe ouvrière.

deeply rooted
among

Le poème suivant illustre ce sentiment pacifiste très **profondément enraciné chez** les ouvriers et les paysans français, qui ont toujours été les premières victimes des nombreuses guerres où la France a participé.

Le Déserteur (Chanson, 1954)

= **écris**

Monsieur le Président
Je vous **fais** une lettre
Que vous lirez peut-être
Si vous avez le temps.

draft order

Je viens de recevoir
Mes papiers militaires
Pour partir à la guerre
Avant mercredi soir.

Dans chaque ville et village français se trouve un monument aux morts où l'on peut lire les longues listes de jeunes Français tombés sur les champs de bataille de la Première Guerre Mondiale.

Monsieur le Président
Je ne veux pas **la** faire   = **la guerre**
Je ne suis pas sur **terre**   earth
Pour **tuer** des **pauvres** gens.[1]   to kill/unfortunate

C'est pas pour vous **fâcher**[1]   to make angry
Il faut que je vous dise[2]   = **je dois vous dire**
Ma décision **est prise**   has been made
Je **m'en vais** déserter.   = **vais**

Depuis que je suis né   since
J'ai vu mourir mon père   I saw my father die
J'ai vu partir mes frères
Et pleurer mes enfants

Ma mère a tant souffert
Qu'elle est **dedans** sa tombe   = **dans**
Et **se moque** des bombes   **se moquer** not to care
Et se moque **des vers**.   worm

Quand j'étais prisonnier
On m'**a volé** ma femme   **voler** to steal
On m'a volé **mon âme**   soul
En tout **mon cher passé**.   my cherished past

Demain **de bon matin**   early
Je fermerai ma porte   **fermer la porte au nez de**
Au nez des années mortes[3]   **quelqu'un** to slam the door in
J'irai sur **les chemins**.   someone's face/road

Je **mendierai ma vie**   **mendier sa vie** to beg for a living
Sur les routes de France
De Bretagne en Provence
Et je dirai aux gens:

Refusez d'obéir
Refusez de la faire
N'allez pas à la guerre
Refusez de partir.

S'il faut donner **son sang**   = **si** + **il**/blood
Allez donner **le vôtre**   yours
Vous êtes bon **apôtre**   apostle
Monsieur le Président.

Si vous me **poursuivez**   to come after, hunt down
Prévenez vos gendarmes   **prévenir** to warn/police
Que je n'aurai pas d'**armes**   weapon
Et qu'**ils pourront tirer**.   they can shoot

—Boris Vian[4]

---

[1] The use of **des** instead of **de** (**de pauvres gens**) and the absence of **ne** (**ce n'est pas pour vous fâcher**) reflect a familiar style and indicate that the speaker is probably from the working rather than the middle class.

[2] This is an example of the present subjunctive tense.

[3] **Je fermerai ma porte au nez des années mortes**; this expression means *I'll close the book on these past years and start afresh.*

[4] From *Textes et chansons* (Paris: Julliard, 1966). Reprinted by permission.

NOTES CULTURELLES

Les guerres. Trois guerres ont opposé la France et l'Allemagne:

1. La Guerre Franco-Prussienne (1870) s'est terminée par la défaite [*defeat*] de la France et la perte de l'Alsace-Lorraine.
2. La Première Grande Guerre (1914–18) a été gagnée [*was won*] par la France et l'Angleterre, avec l'intervention américaine. Par le traité de Versailles (1919) l'Alsace-Lorraine est redevenue française.
3. La Deuxième Grande Guerre (1939–45) a vu la France occupée par l'Allemagne nazie, et ensuite libérée par les troupes anglo-américaines.

Les deux autres guerres de cette période ont été des guerres coloniales, très impopulaires en France:

1. À la fin de la Guerre d'Indochine (1948–53), la France a dû signer un traité de paix avec le Vietnam du nord victorieux.
2. Après la Guerre d'Algérie (1955–60), l'Algérie est devenue indépendante et les personnes d'origine française (les Pieds-Noirs) ont dû quitter ce pays et rentrer en France.

CONNAISSANCE DU TEXTE

1. M. Dupuis est né en 1905. Pendant sa vie, combien de guerres entre la France et un autre pays est-ce qu'il a vues?
2. Combien de temps a duré chacune des guerres mondiales de ce siècle?
3. Quelle est l'importance des monuments aux morts dans les villes et les villages de France?
4. Quelles classes sociales ont surtout souffert pendant les guerres?
5. Pourquoi est-ce que le déserteur ne veut pas faire la guerre? Est-ce qu'il a peur d'être tué?
6. Qu'est-ce qui est arrivé à ses parents?
7. Est-ce qu'il est le seul de sa famille à qui on a demandé de servir dans l'armée? Est-ce que c'est la première fois qu'on lui demande de servir?
8. Qu'est-ce qu'il fera plutôt que [*rather than*] de se battre?
9. Qu'est-ce qu'il conseille aux autres hommes de faire?
10. Qu'est-ce que c'est qu'un pacifiste?

Les trois guerres entre la France et l'Allemagne.

Les verbes comme conduire

Present tense of **conduire** [*to drive, to lead*]:

singulier	*pluriel*
je conduis	nous conduisons
tu conduis	vous conduisez
il elle on } conduit	ils elles } conduisent

Passé composé: j'ai conduit

Other verbs in -*uire*		*Corresponding nouns*
construire	*to build*	**la construction**
détruire	*to destroy*	**la destruction**
produire	*to produce*	**la production**
réduire	*to reduce*	**la réduction**
traduire	*to translate*	**la traduction**

1. **Pronunciation.** The third person singular and third person plural forms contrast by the presence of the final /**z**/ in the plural. The past participle contains a final -**t** which is heard when there is agreement for the feminine:

   Voici *les maisons* que nous avons construit*es*.

2. Associated with these verbs are nouns, with English cognates, in -**uction**. **Conduire** is an exception: **la conduite**.

PRATIQUONS

A. **Les voitures.** Qu'est-ce qu'ils conduisent?

   MODÈLE: Je suis américain.
   —Je conduis une Ford.

   une Ford   une Rolls-Royce   une Renault   une Mercédès
   une Ferrari   une Toyota

   1. Nous sommes français.
   2. Il est italien.
   3. Vous êtes japonais.
   4. Je suis anglaise.
   5. Ils sont allemands.
   6. Nous sommes américains.
   7. Elle est française.
   8. Elles sont japonaises.

B. **Synonymes.** Remplacez le verbe de la phrase par un synonyme en -**uire**.

   MODÈLE: Dans cette usine on **fait** des médicaments.
   —Dans cette usine on **produit** des médicaments.

1. Il va **faire** une maison près de Tours.
2. Tu **prends** ma voiture?
3. Pourquoi est-ce que tu **as fait** la lettre en allemand?
4. Pourquoi est-ce que vous **cassez** cet appareil?
5. Vous croyez qu'on **baissera** les prix?
6. Ils **faisaient** une nouvelle résidence?
7. **Cassons** ces vieux immeubles!

Le futur d'autres verbes irréguliers

Here is a list of irregular future stems for other frequently used verbs:

infinitif	futur	exemple
devoir	devr-	Je *devrai* les accompagner à l'aéroport.
envoyer	enverr-	Je leur *enverrai* un télégramme.
falloir	faudr-	Il *faudra* faire attention.
pleuvoir	pleuvr-	Je crois qu'il *pleuvra* demain.
pouvoir	pourr-	Tu *pourras* vraiment le lire?
savoir	saur-	Nous *saurons* la réponse.
venir, revenir	viendr-, reviendr-	Vous *viendrez* nous voir? Ils *reviendront* après leurs cours.
voir	verr-	Elles ne *verront* pas le film.
vouloir	voudr-	Il *voudra* signer ce papier?

PRATIQUONS

A. **Nous irons à Paris.** Qu'est-ce que nous ferons?

MODÈLE: aller à la Tour Eiffel
—Nous irons à la Tour Eiffel.

1. voir les Champs-Élysées
2. pouvoir parler français
3. prendre le petit déjeuner dans un café
4. envoyer des cartes postales aux Etats-Unis
5. faire des achats dans les grands magasins
6. aller au musée du Louvre
7. avoir mal aux pieds
8. voir M. Mitterrand

B. **Des camarades curieux.** Posez des questions à vos camarades au sujet de leurs projets pour le week-end.

MODÈLE: aller au cinéma
A: Est-ce que tu iras au cinéma ce week-end?
B: Non, j'irai au théâtre.

1. devoir rester sur le campus
2. faire des achats
3. pouvoir partir
4. voir des amis
5. faire du jogging
6. aller au concert
7. pouvoir se reposer
8. devoir beaucoup travailler

Le futur des verbes comme appeler, acheter et nettoyer

1. For stem-changing verbs like **appeler** or **acheter** and for all verbs in **-yer**, the future stem is formed by adding **-r-** to the changed present tense form:

infinitif	présent	futur	exemple
appeler	j'appelle	appeller-	J'*appellerai* le chien.
acheter	j'achète	achèter-	Tu *achèteras* du pain?
employer	j'emploie	emploier-	Vous *emploierez* de l'eau.

2. Stem-changing verbs like **préférer** and **répéter** form their future stem regularly:

préférer	je préfère	préférer-	Il *préférera* sortir.
répéter	je répète	répéter-	Nous *répéterons* le poème.

PRATIQUONS

A. Ordres. Donnez les ordres suivants à des camarades qui répondront affirmativement ou négativement, selon leur choix.

MODÈLES: Appelle tes parents!
—D'accord, je les appellerai.
ou —Non, je ne les appellerai pas.
Dépêchez-vous!
—D'accord, nous nous dépêcherons.
ou —Non, nous ne nous dépêcherons pas.

1. Achète les cassettes!
2. Nettoie le tableau!
3. Essuie le bureau!
4. Dépêche-toi!
5. Envoie la lettre!
6. Répète la phrase!
7. Considérez la réponse!
8. Essayez les exercices!
9. Epelez le mot!
10. Essuyez les chaises!
11. Envoyez les lettres!
12. Levez-vous!

B. Préparations pour l'inspection. Le sergent traduit une liste de choses à faire pour la prochaine inspection.

MODÈLE: envoyer les lettres—Santini
—Santini, tu enverras les lettres.

1. laver les fenêtres—Reynal
2. nettoyer la cuisine—Dufour et Girardot
3. essayer les nouvelles armes—Keller
4. faire la vaisselle—Martin et Lefranc
5. essuyer les instruments de musique—Villard
6. conduire le camion—Manet
7. appeler le capitaine—Combes
8. réparer les jeeps—Dupuis et Maréchal

Le futur antérieur

1. The **futur antérieur**, or future perfect tense, expresses a future action that will have been completed with reference to another point in the future:

Il *sera rentré* quand vous arriverez.	He *will have returned home* when you arrive.
En l'an 2000 on *aura vaincu* toutes les maladies.	In the year 2000 we *will have conquered* all diseases.

The reference point may be expressed by the future tense or by a time expression such as **en l'an 2000**.

2. To form the **futur antérieur**, use the future tense of **avoir** or **être** plus the past participle:

avoir

singulier	*pluriel*
j'aurai mangé	nous aurons mangé
tu auras mangé	vous aurez mangé
il elle on } aura mangé	ils elles } auront mangé

être

singulier	*pluriel*
je serai venu(e)	nous serons venu(e)s
tu seras venu(e)	vous serez venu(e)(s)
il elle on } sera { venu venue venu	ils elles } seront { venus venues

3. Remember that when two future events are simultaneous, the future tense is used in both clauses:

Je *m'engagerai* dans la marine dès que j'*aurai* vingt ans.
I'll join the navy as soon as I'm twenty years old.

Use the **futur antérieur** when one of the actions is completed before the other takes place:

Je *m'engagerai* dans la marine dès que j'*aurai terminé* mes études.
I'll join the navy as soon as I've completed my studies.

PRATIQUONS

A. Prenons le train. Complétez chaque phrase logiquement en employant le **futur antérieur**.

MODÈLE: Il y aura des taxis dès que le train...
—Il y aura des taxis dès que le train sera arrivé.

1. Je prendrai mon billet aussitôt que je...
2. Nous achèterons le journal quand nous...
3. Nous sortirons sur le quai dès qu'on...
4. Vous pourrez monter dans le train lorsqu'il...
5. Vous pourrez aller à vos places quand le contrôleur...
6. On ira au wagon-restaurant dès qu'on...
7. Les porteurs viendront lorsqu'on...
8. Je téléphonerai à mes amis aussitôt que je...

(a) changer notre argent
(b) s'arrêter complètement
(c) regarder vos billets
(d) choisir l'heure de mon départ
(e) servir le repas
(f) mettre les bagages sur le quai
(g) annoncer l'arrivée du T.G.V.
(h) vérifier leur numéro de téléphone

B. Vos projets. Complétez chaque phrase selon vos propres idées.

MODÈLE: Dès que j'aurai dîné ce soir, je...
—Dès que j'aurai dîné ce soir, j'irai à la bibliothèque pour étudier.

1. Quand j'aurai fini d'étudier ce soir, je...
2. Aussitôt que je me serai réveillé(e) demain matin, je...
3. Dès que le week-end sera arrivé, je...
4. Lorsque j'aurai fini avec les examens finals, je...
5. Quand les grandes vacances seront arrivées, je...
6. Lorsque j'aurai terminé mes études, je...
7. Quand j'aurai trouvé un bon emploi, je...
8. Lorsque je serai marié(e), je...

SITUATION

Patriotisme de guerre et patriotisme de paix

*Voici l'un des sujets que les étudiants devaient **traiter** à l'examen de philosophie du baccalauréat: Pensez-vous que le patriotisme est **une vertu** de paix **autant qu'**une vertu de guerre? Les élèves avaient quatre heures pour écrire un essai.* — to treat / virtue / as well as

Geneviève, Patrick et Béatrice discutent de leurs réponses après l'examen.

GENEVIÈVE: Qu'est-ce que tu as choisi comme sujet pour l'examen? Le patriotisme?

PATRICK: Oui. C'était un sujet très difficile.

GENEVIÈVE: **Pas tellement**. J'ai commencé **en disant** que la guerre **n'**apporte **que** des souffrances aux gens.

BÉATRICE: Ça c'est sûr. Par exemple, mon grand-père a été tué pendant la Deuxième Guerre Mondiale.

GENEVIÈVE: Alors, **ceux** qui aiment vraiment leur pays, les vrais patriotes, sont contre la guerre.

PATRICK: Ça, c'est un bon **raisonnement**. Moi, j'ai dit que les guerres coûtaient cher et qu'il **valait mieux dépenser** l'argent pour rendre la vie agréable et facile.

GENEVIÈVE: Oui, **au lieu de** le dépenser pour fabriquer des bombes atomiques **il vaut mieux** essayer de trouver de nouvelles sources d'énergie. **Zut!** Je n'ai pas pensé à cet argument économique.

BÉATRICE: Tu es trop idéaliste, **ma vieille**. Dites, vous, les pacifistes, qu'est-ce que vous ferez quand un autre pays nous attaquera?

PATRICK: Ben, évidemment, **dans ce cas-là**, il faudra bien se défendre. Un vrai patriote préfère la paix mais il défend aussi sa patrie lorsque la cause est juste.

GENEVIÈVE: Bravo!

Glossary (margin)

not really/by saying
ne . . . que, only

those people

reasoning
valoir mieux to be better/to spend

instead of
valoir mieux to be better
Darn it!
= mon amie

in that case

Deux héros de la Deuxième Guerre Mondiale.

DISCUSSION

1. Quel sujet est-ce que Geneviève et Patrick ont choisi de traiter à l'examen de philosophie?
2. Quel argument est-ce que Geneviève a donné?
3. Quel exemple est-ce que Béatrice donne pour montrer que Geneviève a raison?
4. Quel argument est-ce que Patrick a présenté?
5. Est-ce que Geneviève pense que ça, c'est aussi un bon argument?
6. Quelle est la définition d'un vrai patriote d'après Patrick?

PRONONCIATION ET ORTHOGRAPHE _____

La liaison obligatoire

Liaison is required in five types of constructions:

1. Article, demonstrative adjective or possessive adjective + noun:

   un‿ami, les‿élèves, mon‿oncle, ses‿enfants, cet‿argument, les‿autres

2. Prenominal adjective or indefinite adjective + noun:

   un petit‿essai, de vrais‿examens, un certain‿officier, plusieurs‿hommes

3. Pronoun + verb:

   subject: on‿a, nous‿essayons, ils‿écoutent
   object: on les‿emploie, il nous‿écoute

4. Verb + pronoun:

allez‿y,   parles‿en

5. One-syllable preposition or adverb + noun or adjective:

en‿été,   très‿intéressant,   tu es trop‿idéaliste

Although it is not obligatory, liaison often occurs after the verb
forms **est**, **sont**, **était**, **vont**, **font**:

C'est‿un sujet intéressant.
Ils sont‿en guerre.
C'était‿une mauvaise source d'énergie.
Elles vont‿essayer.
Ils font‿une nouvelle bombe.

After other verbs, liaison is seldom made in conversational style:

Nous devions/employer ce mot.
Il faut/essayer.
Nous pourrons/utiliser cet argument.

Un pas de plus

RÉVISION

A. Définitions.

MODÈLE: un poète?
—C'est quelqu'un qui écrit des poèmes.

1. un romancier
2. un dramaturge
3. un peintre
4. un sculpteur
5. un dessinateur
6. une pianiste
7. un chef d'orchestre
8. un chanteur
9. un compositeur
10. une actrice
11. un metteur en scène
12. une ballerine

B. Conséquences. Répondez logiquement en employant le négatif suggéré.

MODÈLE: J'ai perdu mes pinceaux. (plus)
—Alors, vous n'allez plus peindre aujourd'hui.

1. J'adore le ballet, mais je me suis cassé la jambe. (jamais)
2. Je suis fatigué. (personne)
3. J'ai gagné assez d'argent pour ce mois-ci. (plus)
4. Je ne peux pas acheter de pellicules. (aucune)
5. Je suis fatigué ce soir. (nulle part)
6. Je n'aime ni la peinture ni la photographie ni la sculpture. (jamais)
7. Les toiles et les couleurs coûtent trop cher. (plus)
8. J'ai peur quand je monte sur la scène. (jamais)

C. Chez le médecin. M. Dumas ne se sent pas très bien. Il a eu une grosse grippe. Il n'a plus de fièvre mais il est très fatigué. Il décide d'aller chez le médecin pour la première fois. Il n'a jamais été malade; il ne fume pas; il boit peu; il a une vie très calme. Il vit seul et il n'a pas pris de vacances depuis trois ans. Répondez pour lui aux questions du médecin:

1. Vous êtes déjà venu ici?
2. Quelles maladies est-ce que vous avez eues?
3. Vous fumez?
4. Vous prenez souvent de l'alcool?
5. Vous sortez souvent le soir et vous vous couchez tard?
6. Vous avez encore de la fièvre?
7. Vous ne vous sentez plus fatigué?
8. Vous vivez avec quelqu'un?
9. Où est-ce que vous êtes allé pour vos dernières vacances?

D. Un sondage. Voici les résultats d'un sondage fait par l'hebdomadaire *Paris-Match* pour connaître les goûts artistiques des jeunes Français. Les jeunes gens devaient dire s'ils avaient participé aux activités mentionnées au moins une fois [*at least once*] pendant les douze derniers mois.

	oui	non	sans réponse
Visité un musée ou une exposition	46%	53%	1%
Visité un monument (château, église, cathédrale, etc.)	64%	34%	2%
Assisté à un concert de musique classique	17%	81%	2%
Écouté un concert de musique classique à la radio	56%	41%	3%

Faites un sondage et donnez vos résultats à la classe.

MODÈLE: —J'ai demandé à dix personnes. Aucune n'avait visité un musée ou une exposition. Seulement une avait visité des monuments: des monuments historiques à Washington. La moitié [half] avait assisté à un concert de musique classique et toutes avaient écouté un concert de musique classique à la radio.

E. **La vie d'étudiant.** Complétez les phrases d'après votre expérience ou vos projets.

MODÈLE: Lorsque je suis arrivé(e) à l'université, . . .
　　　　—j'étais très impressionné(e).
　　ou —j'avais beaucoup de confiance.

1. Quand j'ai passé mon premier examen, . . .
2. Dès que j'ai terminé mon premier semestre/trimestre, . . .
3. Le soir, pendant que je travaille, . . .
4. Lorsque j'ai le temps, . . .
5. Aussitôt que le week-end arrive, . . .
6. Quand j'ai un examen important, . . .
7. Dès que les vacances arriveront, . . .
8. Quand je serai en dernière année, . . .
9. Lorsque j'aurai mon diplôme, . . .

F. **Avant le concert.** Un imprésario [agent] prépare l'arrivée d'une vedette de la chanson pour un concert. Voici les notes qu'il a prises. Donnez ses instructions à son associée [partner] et à ses employés.

MODÈLE: Yvette (sa secrétaire) — téléphoner au studio de télévision
　　　　—Yvette, vous téléphonerez au studio de télévision.
　　　　Marie-France (son associée) — préparer le nouveau contrat
　　　　—Marie-France, tu prépareras le nouveau contrat.

1. Yvette—aller la chercher à l'aéroport
2. Yvette—lui offrir des fleurs
3. Yvette—prévenir les journalistes
4. Jean-François (le chauffeur)—conduire la Rolls-Royce
5. Marie-France—l'amener au studio de télévision
6. Marie-France—lui montrer le nouveau contrat

7. Jean-François—venir la chercher pour le déjeuner
8. Marie-France et moi—discuter le nouveau contrat avec elle
9. Mme Marchand (une employée)—l'attendre à l'hôtel
10. Mme Marchand—faire les changements nécessaires
11. Mme Marchand—l'accompagner dans les magasins
12. Yvette—taper le nouveau contrat à la machine
13. Marie-France—rentrer à l'hôtel avec elle; la vedette pouvoir se reposer avant le concert

G. **Remettez ça à plus tard.** Personne de la famille Blanchard ne veut aider Mme Blanchard. Donnez leurs excuses.

MODÈLE: M. Blanchard veut lire le journal.
—Je t'aiderai quand j'aurai lu le journal.

1. Christine va se laver les cheveux.
2. Robert veut téléphoner à un ami.
3. M. Blanchard veut écouter les informations.
4. Alain va faire ses devoirs.
5. Christine veut descendre en ville.
6. M. Blanchard va se reposer un peu.
7. Robert voudrait aller au drugstore.
8. Alain voudrait écrire des lettres.

H. **Parlons de vous.**

1. Les goûts et les talents. Posez ces questions à un(e) camarade, et prenez des notes.

MODÈLE: Tu aimes tous les arts?
—Non, je n'en aime aucun.
ou —Non, j'aime seulement la peinture.
ou —Oui, je les aime tous.

1. Tu connais des peintres impressionnistes?
2. Tu as visité quelques-uns des musées de la ville?
3. Tu sais te servir de [to use] tous les appareils-photo?
4. Tu préfères certains magnétoscopes ou certains magnéto-phones?
5. Tu aimes certaines bandes dessinées?
6. Tu sais danser toutes les danses modernes: le disco, le rock, le slow?
7. Tu as lu toutes les pièces de Shakespeare?
8. Tu joues de plusieurs instruments de musique?
9. Tu préfères certains types d'œuvres littéraires?

2. En 1990. Qu'est-ce qui aura eu lieu en 1990?

MODÈLE: votre connaissance du français
—J'aurai tout oublié.
ou —J'aurai eu l'occasion de m'en servir dans ma profession.

1. les études
2. l'emploi
3. le mariage
4. les enfants
5. le service militaire
6. les voyages
7. la situation financière
8. la paix et la guerre

Chapitre 13

Provinces et régions françaises

Leçon trente-sept

IN THIS LESSON:

- vocabulary related to cars and driving
- expressing conditions and results using the present, future, and imperative
- the use of the conditional tense to modify commands and requests
- the forms and uses of the interrogative pronoun **lequel**

MOTS NOUVEAUX

broken-down

Quand une voiture est en panne

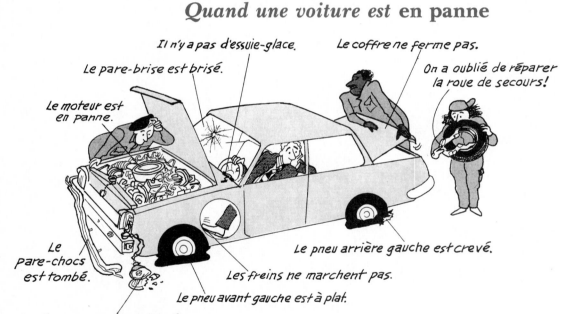

Il n'y a pas d'essuie-glace.

Le coffre ne ferme pas.

Le pare-brise est brisé.

On a oublié de réparer la roue de secours!

Le moteur est en panne.

Le pare-chocs est tombé.

Le pneu arrière gauche est crevé.

Les freins ne marchent pas.

Le pneu avant gauche est à plat.

Le phare gauche est cassé.

la voiture	car
le coffre	trunk
l'essuie-glace	windshield wiper (m.)
le pare-brise	windshield
le pare-chocs	bumper
le phare	headlight
le pneu	tire
la portière	door
la roue	wheel
la roue de secours	spare tire
la vitre	car window
le volant	steering wheel
briser	to shatter, to break

crever	to puncture, to blow out
vérifier	to check
plat, -e	flat
un pneu à plat	a flat tire

Conduire:

Pour conduire, il faut *un permis de conduire* et *une carte grise*.	driver's license registration card
En ville il y a beaucoup de *circulation*.	traffic
Il y a *des feux de circulation* (**le feu rouge, le feu orange, le feu vert**).	traffic light

Quelques *règles* de la route:	rule
défense de stationner	no parking
stationnement interdit	no parking
le parc de stationnement, le parking	parking lot
demi-tour interdit	no U-turn
faire demi-tour	to turn around
Cette route est interdite aux caravanes et aux camions.	This road is closed to trailers and trucks.
Recevoir une contravention	to get a traffic ticket

Quand on conduit:	
démarrer	to start up
accélérer	to accelerate
dépasser	to pass
freiner	to brake
ralentir	to slow down
se garer	to park
allumer/éteindre les phares	to turn on/to turn off the lights
arrêter le moteur	to turn off the engine
appuyer sur le frein	to put on the brake
être assuré	to be insured
tomber en panne	to have a breakdown
vérifier le moteur	to check the engine

PRATIQUONS

A. **Connaître sa voiture.** Finissez chaque phrase logiquement.

1. Quand on conduit la nuit,
2. Pour s'arrêter,
3. Quand il commence à pleuvoir,
4. On va sortir les valises;
5. Quand on veut sortir de la voiture,
6. Cette voiture ne marche pas;
7. Pour conduire,
8. Voici un agent;
9. Ce pneu est crevé;

(a) il faut ouvrir la portière.
(b) il faut appuyer sur le frein.
(c) il faut allumer les phares.
(d) il faut vérifier le moteur.
(e) il faut sortir la carte grise.
(f) il faut mettre les essuie-glaces.
(g) il faut ouvrir le coffre.
(h) il faut un permis de conduire.
(i) il faut mettre la roue de secours.

B. Problèmes. Pourquoi est-ce que vous ne pouvez pas obéir à ces ordres?

MODÈLE: Accélère!
—Je ne peux pas; le moteur ne marche pas bien.

1. Conduis!
2. Démarre!
3. Dépasse ce camion!
4. Ralentis!
5. Arrête-toi!
6. Sors de la voiture!
7. Changeons ce pneu crevé!
8. Mettons les bagages dans le coffre!
9. Accélère!

PRÉSENTATION

La Bretagne: problèmes économiques et identité culturelle

partly because of

Située à l'extrémité nord-ouest de la France, la Bretagne est une des régions les plus pittoresques du pays. Mais **en partie à cause de** sa position géographique, la Bretagne a des difficultés pour suivre le développement économique du reste du pays.

fishing
peninsula/surrounded by/English Channel
Newfoundland
= de l'ouest

La Bretagne a peu de ressources naturelles et d'industries. L'agriculture et **la pêche** forment les bases de son économie. La province bretonne est **une presqu'île entourée par la Manche** au nord et l'Océan Atlantique à l'ouest et au sud. Elle possède de nombreux ports et ses pêcheurs vont jusqu'à **Terre-Neuve** en Amérique du Nord et sur les côtes de l'Afrique **occidentale**.

clogs
lace head-dress
buckwheat pancake

La Bretagne est considérée surtout comme une région touristique avec de belles plages et des villages pittoresques. On associe aussi la Bretagne avec le folklore: **les sabots** de bois que portent les paysans et les pêcheurs[1]; **la coiffe de dentelle**, qui accompagne le costume traditionnel des femmes; les crêpes et **les galettes de blé noir**, qui étaient la base de la nourriture bretonne.

link
ancestor

La Bretagne a beaucoup de **liens** avec la Grande-Bretagne. La plupart **des ancêtres** des Bretons sont venus du sud-ouest de la Grande-Bretagne aux 5ᵉ et 6ᵉ siècles. Le breton, parlé aujourd'hui par encore un demi-million de personnes, est une langue celtique

related to/Welsh
sea

apparentée au gallois et à l'irlandais. Il y a aussi des lignes aériennes et **maritimes** directes entre les trois grandes villes de la province—Rennes, la capitale, Brest et Nantes—et certains ports et grandes villes **du Royaume-Uni**.

United Kingdom
network/land/**demeurer** to remain
on the one hand

L'absence d'**un bon réseau** de communications **terrestres demeure** l'un des principaux problèmes économiques de la Bretagne. **D'une part**, il n'y a pas d'autoroutes entre l'ouest de cette province et le

---

[1] A frequent stylistic device of written French is the inversion of the verb and a subject noun phrase in the subordinate clause:

les sabots de bois que **les paysans et les pêcheurs** portent →
les sabots de bois que portent **les paysans et les pêcheurs**

que **les coutumes locales et la langue bretonne** se sont maintenues →
que se sont maintenues **les coutumes locales et la langue bretonne**

Des coiffes et des costumes traditionnels provençaux.

reste du pays; **d'autre part**, il est très difficile de se rendre rapidement d'une partie de la péninsule à l'autre par la route et **le chemin de fer**.

Mais c'est aussi **grâce à** cet **isolement** que **se sont maintenues les coutumes** locales et la langue bretonne, les bases de l'identité culturelle de la région. Aujourd'hui, les jeunes Bretons qui veulent rester **au pays** demandent une économie moderne **s'appuyant sur** des industries nouvelles et un bon réseau de communications.

on the other hand
railroad
thanks to/isolation/**se maintenir** to be maintained/customs

in the region/based on

CONNAISSANCE DU TEXTE

1. Quelle est la situation géographique de la Bretagne?
2. Quelles sont les deux activités économiques principales de la province?
3. Quel lien existe entre la situation géographique de la Bretagne et la pêche?
4. À quoi est-ce que beaucoup de Français associent la Bretagne?
5. D'où sont venus les ancêtres des Bretons?
6. Quel lien important y a-t-il entre certains habitants de la Grande-Bretagne et les Bretons?
7. Quel est un des grands problèmes économiques de la Bretagne?
8. Qu'est-ce qui est important pour les Bretons qui veulent maintenir leur culture?

Un peu de breton.

Breizh	La Bretagne
Brezhöneg a *ou*zit?	Parlez-vous Breton?
Ya, me a oar brezhöneg.	Oui, je sais le breton.
*De*mat.	Bonjour.
Ke*na*vo.	Au revoir.
Brav et an *a*mzer.	Il fait beau.

Like English, but unlike French, Breton words of more than one syllable have stress on a non-final syllable. Stressed syllables are indicated in italics.

Les pays de la Loire (la Touraine et l'Anjou) mènent à la Bretagne. Deux des attractions touristiques de la Bretagne sont les menhirs (des monuments préhistoriques) et l'abbaye du Mont Saint-Michel.

Le château de Chenonceaux dans la région de la Loire.

NOTES GRAMMATICALES

La conjonction si

1. The conjunction **si** indicates a condition and appears in complex sentences. When the **si** clause, indicating the condition, contains a verb in the present tense, the result clause may contain a verb in the present, the future, or the imperative:

si *clause*	*result clause*
S'*il fait* **beau,**	*nous prenons* **la voiture.**
Si *nous allons* **en Bretagne,**	*nous irons* **au bord de la mer.**
Si *vous allez* **au restaurant,**	*essayez* **la galette de blé noir!**

2. The **si** clause may precede or follow the result clause:

   Si vous vous ennuyez, **rentrez chez vous!**
   Rentrez chez vous *si vous vous ennuyez!*

PRATIQUONS

A. **La vie d'étudiant.** Complétez les phrases d'une manière logique.

   MODÈLE: Si j'ai beaucoup de travail le soir,...
   —je ne sors pas avec mes amis.
   ou —j'étudie à la bibliothèque.

1. Si je n'ai pas de devoirs le soir, je ....
2. Si demain tu as un examen important, ... !
3. Si nous réussissons à l'examen, nous ....
4. Si tu veux te détendre, ... !
5. Si mon/ma camarade de chambre me rend furieux/furieuse, je ....
6. Si vous ne comprenez pas la chimie, ... !
7. Si je rate mon examen de sociologie, je ....
8. Si tu ne reçois pas ton diplôme, tu ....

B. **À vous.** Qu'est-ce que vous faites si ... ?

MODÈLE: si vous êtes fatigué?
           —Si je suis fatigué, je me repose.

1. si vous avez de l'argent?
2. si vous ne trouvez pas de travail?
3. si vous devez vous lever tôt?
4. s'il y a trop de bruit dans votre dortoir?
5. si vous avez besoin d'argent?
6. si vous pouvez voyager?
7. si vous allez au bord de la mer?
8. si vous allez à la montagne?

Le conditionnel

1. As you have seen in Lesson 32, the conditional tense is used to make a suggestion or to soften a command:

Tu ne *devrais* pas conduire si vite.   *You shouldn't drive so fast.*

2. To form the conditional, add the imperfect endings to the future stem.

conditional of **donner**

singulier	*pluriel*
je donner**ais**	nous donner**ions**
tu donner**ais**	vous donner**iez**
il elle on } donner**ait**	ils elles } donner**aient**

3. Pronunciation: The endings of the three singular persons and of the third person plural are pronounced the same. They contain the /ɛ/ of **mère**. Thus there is a contrast between the conditional and the future in the first person singular: **je parlerai** /e/ vs. **je parlerais** /ɛ/. However, many French speakers do not make this distinction and use /e/ instead of /ɛ/ in these four conditional forms. For them, **je parlerai** and **je parlerais** are pronounced alike; context indicates which tense is intended.

4. Formation of the conditional for the main regular and irregular verb groups:

verbes	infinitif	futur	conditionnel
-er	parler	je parlerai	je parler*ais*
-ir	partir	tu partiras	tu partir*ais*
-ir(-iss-)	choisir	il choisira	il choisir*ait*
-re	vendre	ils vendront	ils vendr*aient*
-yer	essayer	vous essaierez	vous essaier*iez*
—er (vowel change)	appeler	nous appellerons	nous appeller*ions*

5. Some verbs have an irregular future stem (see Lessons 35 and 36). Use the same stem for the conditional:

infinitif	futur	conditionnel
aller	j'irai	j'irais
pouvoir	je pourrai	je pourrais

PRATIQUONS

A. **Avec un peu d'argent.** Qu'est-ce qu'ils feraient?

MODÈLE: moi/voyager
—Je voyagerais.

1. mes parents/construire une maison
2. mon frère/acheter une voiture
3. vous/faire des économies
4. moi/ne pas travailler
5. ma sœur/avoir moins de difficultés
6. nous/être généreux
7. toi/aller en Europe
8. vous/sortir tous les soirs
9. moi/acheter une villa

B. **Autour du monde.** Qu'est-ce que vous feriez dans ces endroits?

MODÈLE: en Californie
—En Californie, j'irais à la plage.

1. à Washington
2. dans le Colorado
3. au Canada
4. en Bretagne
5. en France
6. à Londres
7. en Italie
8. en Russie

Les emplois du conditionnel

The conditional is used:

1. To soften requests and wishes. Compare:

Je *veux* un billet pour Versailles.	**Je *voudrais* un billet pour Versailles.**
I want a ticket for Versailles.	*I would like a ticket for Versailles.*

Vous *devez* rentrer avant minuit.	**Vous *devriez* rentrer avant minuit.**
You must come home before midnight.	*You should come home before midnight.*

To change the level of politeness, use different constructions and expressions:

abrupt	**Passez-moi le pain!**
acceptable	**Le pain, s'il vous plaît.** ou: **Vous me passez le pain?**
moderately polite	**Vous pouvez (voulez) me passer le pain, s'il vous plaît?**
polite	**Vous pourriez (voudriez) me passer le pain?** ou: **Est-ce que vous pourriez (voudriez) me passer le pain?**
very polite and formal	**Pourriez-vous (voudriez-vous) me passer le pain, (s'il vous plaît)?**

2. To express a hypothetical event or situation, a supposition or a conjecture:

Vous feriez ça?	*You would do that?*
Je serais riche maintenant.	*I would be rich now.*

3. To express future events or situations in relation to the past:

Il *dit* qu'il *arrivera* ce soir.	*He says he'll arrive tonight.*
Il *a dit* qu'il *arriverait* ce soir.	*He said he would arrive tonight.*
Je *pense* que vous nous *aiderez.*	*I think you'll help us.*
Je *pensais* que vous nous *aideriez.*	*I thought you would help us.*

PRATIQUONS

A. Politesse et tact. Formulez les ordres suivants d'une façon plus polie.

MODÈLE: Dépêche-toi!
    —Tu pourrais te dépêcher.
  ou —Pourrais-tu te dépêcher?

1. Lave-toi!
2. Habille-toi!
3. Rase-toi!
4. Peigne-toi!
5. Reposez-vous!
6. Détendez-vous!
7. Arrêtez-vous!
8. Réveillez-vous!

B. Avec un peu d'effort. Indiquez qu'on devrait faire mieux.

MODÈLE: Il lit vite.
    —Mais il devrait lire plus vite.

1. Elles travaillent vite.
2. Vous écrivez bien.
3. Il conduit prudemment.
4. Tu marches vite.
5. Je gagne beaucoup d'argent.
6. Nous dépensons peu.
7. Vous maigrissez beaucoup.
8. Elle fait bien.

C. **Imaginez.** Pas de classe demain! Qu'est-ce que vous feriez?

MODÈLE: voir le professeur?
—Nous ne verrions pas le professeur.

1. aller à la bibliothèque?
2. avoir plus de temps libre?
3. dormir tard?
4. partir pour le week-end?
5. être triste?
6. écrire des lettres?
7. venir à l'université?
8. jouer au tennis?
9. aller au labo de langues?

D. **À vous.** Qu'est-ce que votre camarade de classe fera après ses études?

MODÈLE: faire un voyage en Europe?
A: Après tes études, est-ce que tu feras un voyage en Europe?
B: —Oui, j'irai en Europe.
A: Il/Elle a dit qu'il/elle irait en Europe.

1. chercher un emploi?
2. avoir un poste?
3. continuer à l'université?
4. rentrer chez lui/elle?
5. quitter la ville?
6. devenir riche?
7. se marier?
8. être content?

Le pronom interrogatif lequel

1. Like the interrogative adjective **quel**, the interrogative pronoun **lequel** requests identification of one or several items from a set.

Quel roman de Camus est-ce que vous préférez?	*Which Camus novel do you prefer?*
Je préfère «L'Étranger».	*I prefer "L'Étranger."*
Lequel des deux grands romans de Camus est-ce que vous préférez?	*Which (one) of Camus' two major novels do you prefer?*
Je préfère «La Peste».	*I prefer "La Peste."*

2. **Lequel** has four written forms, but the two plural forms are pronounced alike:

	masculin	*féminin*
singulier	lequel	laquelle
pluriel	lesquels	lesquelles

Lequel agrees in gender with the noun it refers back to:

Voici deux crayons. Lequel écrit le mieux?	*Here are two pencils. Which one writes the best?*
Vous avez visité plusieurs régions de France. Lesquelles est-ce que vous préférez? ou Laquelle est-ce que vous préférez?	*You have visited several regions of France. Which ones do you prefer? or Which one do you prefer?*

3. **Lequel** commonly occurs as the subject or direct object of questions. Often **lequel** precedes a phrase introduced by **de**. In this case, the speaker presents a choice of one or several from a set of items:

Laquelle de ces deux voitures coûte moins cher?	*Which (one) of these two cars costs less?*
Lesquels de ces pneus a-t-il achetés?	*Which of these tires did he buy?*

4. **Lequel** may also function as the object of a preposition:

Vous pensez à une province?	*À laquelle pensez-vous?*
Vous travaillez dans plusieurs magasins.	*Dans lequel préférez-vous travailler?*

5. When used with **à** and **de**, most forms of **lequel** are contracted:

à + lequel	**de + lequel**
Auquel est-ce que vous allez?	*Duquel est-ce que vous avez besoin?*
Auxquels est-ce que vous pensez?	*Desquels est-ce que vous avez peur?*
Auxquelles est-ce que tu vas?	*Desquelles est-ce que tu parles?*

There is no contraction for the feminine singular form:

À laquelle est-ce que tu penses?	*De laquelle est-ce que tu te moques?*

PRATIQUONS

A. Précisions.

MODÈLES: Un de mes pneus est crevé.
—Lequel est crevé?
On a pris une de mes cartes routières.
—Laquelle est-ce qu'on a prise?

1. Un de mes essuie-glaces ne marche pas.
2. On a pris une de mes roues.
3. On a brisé une de mes vitres.
4. Un de mes pneus est à plat.
5. Un de mes camions est en panne.
6. Une de mes motos marche mal.
7. Un de mes chauffeurs est malade.

B. Mini-dialogues. Commencez chaque dialogue avec la phrase indiquée. Un(e) de vos camarades continuera.

MODÈLE: A: J'aime les films d'épouvante.
B: —Lequel est-ce que tu préfères?
(ou —Lesquels est-ce que tu préfères?)
A: Dracula. (Les films de Stephen King.)

1. J'aime les films de science-fiction.
2. J'aime les romans d'espionnage.
3. J'aime les dossiers-débats à la télé.
4. J'aime les peintres modernes.
5. Je vais aller à un concert.
6. J'ai lu un bon roman.
7. J'ai vu une pièce de théâtre intéressante.
8. Je suis allé(e) à un bon match de basket-ball.

SITUATION

Un automobiliste imprudent

*M. Courtois conduit depuis plusieurs heures. Il est un peu fatigué. À l'entrée d'une petite ville, il voit un feu de circulation qui commence à passer de l'orange au rouge. Il freine mais **il n'arrive pas à** s'arrêter **à temps**.*

he doesn't manage/in time

UN GENDARME: Vous n'avez pas vu le feu rouge?
M. COURTOIS: Si, j'ai vu que le feu commençait à passer de l'orange au rouge mais je n'ai pas pu m'arrêter à temps.
LE GENDARME: Vous n'avez **même** pas ralenti!

even

M. COURTOIS: Si, j'ai freiné mais mes freins ne marchent pas bien.
LE GENDARME: Alors, il fallait les vérifier. Pourriez-vous me montrer votre permis de conduire, votre carte grise et **votre carte d'attestation d'assurance**?

proof of insurance

M. COURTOIS: Bien sûr. Oh, zut! J'ai oublié **mon portefeuille** chez moi! Vous allez me donner une contravention?

billfold

L'automobiliste imprudent qui a mis sa voiture en stationnement interdit trouvera un avis de contravention sur son pare-brise.

LE GENDARME: **Refus** de s'arrêter à un feu rouge, dépassement de   refusing
limitation de vitesse, pas de permis de conduire ni de carte grise,
évidemment.   of course

M. COURTOIS: (qui cherche dans toutes ses poches) Attendez! Je me
souviens! J'ai mis mon portefeuille dans la poche de mon manteau.
Le voici!

LE GENDARME: Voyons.

NOTES CULTURELLES

Un gendarme. Sur les routes et les autoroutes la circulation est con-
trôlée par les gendarmes; en ville par les agents de police.

DISCUSSION

1. Quelle est la faute de M. Courtois?
2. Pourquoi est-ce qu'il ne s'est pas arrêté?
3. Quels documents est-ce qu'il devrait avoir?
4. Est-ce qu'il les a oubliés chez lui?
5. De quoi est-ce qu'il se souvient à la fin?

_____ PRONONCIATION ET ORTHOGRAPHE

Le t de liaison

1. Liaison /t/ appears in three main cases:
    a. at the end of the verb forms **est** and **sont**:

    C'est‿assez difficile.   Elles sont‿en Bretagne.

    b. in the verb endings **-t** (**-d**) and **-ent**/**-ont** (third person singular
    and plural) when there is inversion of the verb and the pronoun:

    Que faut‿il?   Que prend‿elle?   Parlait‿elle?
    Où vont‿ils?   Le veulent‿elles?   Chanteront‿ils?

    When the verb form is not inverted, there is usually no liaison:

    Il voit/un avion.   On peut/aller à Nantes.

    c. after the demonstrative adjective, pre-nominal adjectives, and
    other modifiers:

    cet‿été   un petit‿hôtel   un grand‿homme tout‿homme
    cet‿hiver   le Second‿Empire   à huit‿heures   tout‿à fait

2. The coordinating conjunction **et** *never* has a liaison /t/:

    Pierre et/André   vingt‿et/un

3. **Quand** has a liaison /t/:

    Quand‿allez-vous en Haïti?
        /t/

Leçon trente-huit

IN THIS LESSON:

- vocabulary for the preparation of recipes
- the causative **faire** construction to express actions caused by natural forces or controlled by people
- expressing hypothetical events, using the conditional and **si** clauses
- the demonstrative pronoun **celui**

MOTS NOUVEAUX

Faire la cuisine

Quelques verbes utiles:

cuire	to cook
cuire au four	to roast, to bake
griller	to grill
frire	to fry
chauffer	to heat
couvrir	to cover
enlever	to take off, to take away
couper	to cut
ajouter	to add
verser	to pour
bouillir	to boil
mijoter	to simmer
fourrer	to stuff
servir	to serve

On peut manger la viande:

saignante	rare
à point	medium
bien cuite	well done

On peut prendre *les aliments*: food

cuits	cooked
crus	raw

On peut prendre les boissons:

froides	
fraîches	
tièdes	lukewarm
chaudes	

Un couvert

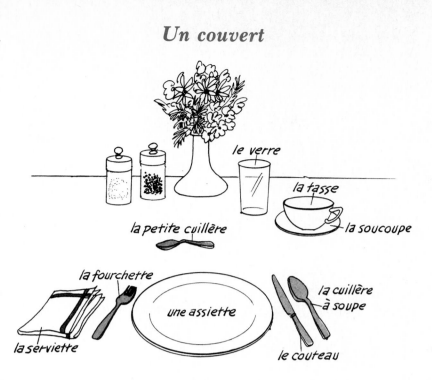

Quelques ustensiles et appareils:
le réfrigérateur	
le congélateur	freezer
la casserole	pot
le couvercle	lid
la poêle	frying pan
la cuisinière	stove
le four	oven

PRATIQUONS

A. Comment prendre les aliments et les boissons?

MODÈLES: les tomates

—On les mange généralement crues en salade mais on peut aussi les manger cuites.

le lait

—On le boit généralement frais mais on peut aussi le boire chaud.

1. la salade
2. les œufs
3. les pommes de terre
4. la viande
5. le café
6. l'eau minérale
7. les oignons
8. le poisson
9. la bière
10. le thé

B. Ustensiles et appareils de cuisine. Finissez chaque phrase logiquement avec un mot de la liste.

MODÈLE: Pour couvrir une casserole...

—il faut un couvercle.

ou —on met un couvercle.

une casserole	une cuillère	une cuisinière
un couvercle	un couteau	un congélateur
une soucoupe	une serviette	
une fourchette	un four	

1. Pour conserver la nourriture . . .
2. Quand on veut manger des petits pois, . . .
3. Pour manger de la soupe . . .
4. Sous les tasses . . .
5. Pour couper la viande . . .
6. Pour chauffer la nourriture . . .
7. Si on veut faire un gâteau ou un rôti . . .
8. Pour s'essuyer la bouche et les doigts . . .

PRÉSENTATION

La Bourgogne: Le pays du bon vin et de la bonne table

good food

Les provinces françaises

devoir to owe/Burgundians
s'installer to settle

Située entre le Bassin Parisien et la vallée du Rhône, la Bourgogne **doit** son nom à une tribu germanique, **les Burgondes**, qui **se sont installés** entre le Rhin et le Rhône[1] au 5ᵉ siècle. La province occupe

---

[1] Ce sont les fleuves principaux de l'Est de la France (voir la carte, p. 113).

une position stratégique en Europe occidentale. C'est **un carrefour** crossroads
entre les pays du nord et de l'est du Marché Commun (le Danemark,
les Pays-Bas, la Belgique et l'Allemagne) et la région méditerranéenne.

La Bourgogne possède plusieurs centres industriels, comme sa
capitale, Dijon, et le centre **métallurgique** du Creusot; mais elle est metal producing
surtout connue pour ses grands **vignobles** et ses produits **alimen-** vineyards/food
taires. Qui, en France, n'a pas entendu parler des bœufs du Charolais
et des poulets de Bresse? **Les crus** bourguignons sont parmi les plus vintage
prestigieux de France et se retrouvent sur les meilleures tables du
monde **entier**. Il n'est pas **surprenant** que les voyageurs qui descen- whole/surprising
dent de Paris à la Côte d'Azur ou **ceux** qui viennent des régions de those
l'Est pour se rendre en Espagne s'arrêtent pour faire **une étape** stop-over
gastronomique au pays du bon vin et de la bonne table.

Si vous alliez en Bourgogne, vous choisiriez peut-être **le coq au** chicken cooked in
vin. Mais si vous voulez préparer vous-même ce plat bourguignon wine
célèbre, en voici **la recette**. recipe

Le coq au vin

Pour quatre personnes vous avez besoin de:

1 coq, coupé en morceaux
25 grammes de beurre
2 **échalotes** shallot
20 petits oignons
200 grammes de champignons
2 cuillères à soupe de **farine** flour
un peu d'**huile** oil
un bouquet garni (**thym**, **romarin**, **laurier**, etc.) bunch of herbs (thyme,
3/4 d'une bouteille de vin de Bourgogne rouge rosemary, bay leaf, etc.)
1 petit verre de cognac
sel, poivre

Ce chef de cuisine prépare un plat destiné à ceux qui aiment les plaisirs de la table.

Faire dorer to brown/stew pan

fat/**saupoudrer** to sprinkle
all of it
until/**se colorer** to take on color

laisser mijoter allow to simmer

disposer to lay out

1. **Faites dorer** les morceaux de coq dans **une cocotte** avec le beurre et l'huile.

2. Enlevez **la graisse** de la cocotte et **saupoudrez** les morceaux de coq avec de la farine. Laissez **le tout** dans la cocotte quelques instants (**jusqu'à ce que** la farine **se colore**).

3. Versez le cognac, le vin et ajoutez les échalotes et le bouquet garni. Couvrez la cocotte et **laizzez mijoter** 30 minutes. Dans une poêle, faites dorer les petits oignons et les champignons.

4. Lorsque la viande est cuite, **disposez** les morceaux sur un plat avec les oignons et les champignons et versez la sauce sur le tout.

   Bon appétit!

CONNAISSANCE DU TEXTE

1. Quelle est la situation géographique de la Bourgogne?
2. D'où vient le nom **Bourgogne**?
3. Quels sont les produits principaux de la Bourgogne?
4. Lesquels de ces plats sont des spécialités bourguignonnes; le coq au vin, le bœuf bourguignon, la quiche lorraine, la bouillabaisse, les escargots, les huîtres?
5. Pourquoi est-ce que beaucoup de voyageurs qui descendent de Paris en Provence s'arrêtent en Bourgogne?
6. Quelle sorte de viande faut-il pour faire le coq au vin?
7. Quelle est la base de la sauce du coq au vin?
8. Qu'est-ce qu'on fait avec la sauce?

NOTES GRAMMATICALES

Faire causatif

1. To indicate that someone or something causes an action to take place, use **faire** and the infinitive of the verb indicating the action. The noun to which the action applies is the direct object.

   Les oignons *cuisent.*   *The onions are cooking.*
   Le chef *fait cuire* **les**   *The chef cooks the onions/*
   oignons.   *is cooking the onions.*

2. The agent of the causative **faire** construction may be a person or a non-personal force, and the action may apply to persons or things:

   La poêle *chauffe.*   *The frying pan is heating.*
   Faites-vous chauffer **la**   *Are you heating the frying*
   poêle?   *pan?*

   Les spectateurs *applaudiront.*   *The audience will applaud.*
   Cette pièce *fera applaudir*   *This play will make the*
   les spectateurs.   *audience applaud.*

3. The causative **faire** construction may also indicate that one has someone else perform an action:

Je *nettoie* **ma chambre.**	*I clean my room.*
Je *fais nettoyer* **ma chambre** *par* **ma sœur.**	*I have my sister clean my room.*

4. Object pronouns appear before the form of **faire:**

Vous ferez cuire *les œufs.*	**Vous** *les* **ferez cuire.**
Je vais faire apporter *de la viande.*	**Je vais** *en* **faire apporter.**
Ne faites pas sortir *le chien!*	**Ne** *le* **faites pas sortir!**

In the affirmative imperative, object pronouns occur immediately after **faire:**

Fais venir *le médecin!*	**Fais-***le* **venir!**
Faites frire *les champignons!*	**Faites-***les* **frire!**

5. **Laisser** [*to let, to allow*] may also be used in the causative construction:

Le chien *sort.*	*The dog is going out.*
Je *laisse sortir* **le chien.**	*I'm letting the dog go out.*

PRATIQUONS

A. **Force invisible.** Le petit Pierre fait toujours des bêtises [*mischief*]. Mais il dit à sa mère que les choses se sont faites toutes seules [*by themselves*].

MODÈLE: Tu as fait tomber une assiette.
—Mais non, l'assiette est tombée toute seule!

1. Tu as laissé sortir le chien!
2. Tu as laissé partir l'oiseau!
3. Tu as laissé entrer les chats!
4. Tu as fait tomber ton verre!
5. Tu as fait descendre l'ascenseur!
6. Tu as laissé tomber la radio!

B. **L'intermédiaire.** Le propriétaire d'un restaurant fait donner des ordres par un jeune employé. Jouez le rôle de l'employé.

MODÈLE: Dis au chef de monter.
—D'accord, je le fais monter.

1. Dis aux serveuses de partir.
2. Dis aux cuisiniers de sortir de la cuisine.
3. Dis aux ouvriers de descendre à la cuisine.
4. Dis au comptable d'attendre.
5. Dis à la caissière de venir.
6. Dis au boucher d'entrer.
7. Dis aux clients de monter.

C. **Un paresseux.** Alain n'aime pas travailler, mais il adore s'amuser. Qu'est-ce qu'il va faire?

MODÈLES: Il lavera la vaisselle?
—Non, il fera laver la vaisselle.
Il regardera la télé?
—Oui, il regardera la télé.

1. Il réparera sa moto?
2. Il jouera aux cartes?
3. Il nettoiera sa chambre?
4. Il se promènera dans le parc?
5. Il changera le pneu de la voiture?
6. Il mettra la table?
7. Il ira au théâtre?
8. Il fera les courses?

Si *avec l'imparfait et le conditionnel*

You have learned to express a condition by using the present in the **si** clause and the present, future, or imperative in the result clause (see Lesson 37). To express what *would* happen if the condition stated in the **si** clause *were* met, use the conditional; use the imperfect in the **si** clause. Compare:

si clause	*result clause*
Si je *gagne* **beaucoup d'argent,**	**j'***achèterai* **un bateau à voile.**
mais: **Si je** *gagnais* **beaucoup d'argent,**	**j'***achèterais* **un bateau à voile.**
Si nous *avions* **le temps,**	**nous nous** *arrêterions* **en Bourgogne.**

PRATIQUONS

A. **Décisions.** Bertrand ne peut pas décider quelle profession choisir. Dites-lui ce qu'il ferait dans chaque profession.

MODÈLE: un journaliste/choisir les titres des articles
—Si tu étais journaliste, tu choisirais les titres des articles.

1. un chef de bureau/lire les lettres des clients
2. un chef/préparer le menu dans un restaurant
3. un médecin/faire des piqûres
4. un caissier/compter l'argent dans une banque
5. un violoniste/donner des concerts
6. un mécanicien/réparer les pneus
7. un photographe/vendre des photos
8. un metteur en scène/travailler avec des vedettes

B. **Une bonne table.** Quels plats est-ce que vous feriez si vous aviez ces aliments?

MODÈLE: un bon filet de bœuf
—Si j'avais un bon filet de bœuf, je ferais un rosbif.

1. des œufs et des champignons
2. un bon morceau de veau
3. de la choucroute et de la viande de porc
4. du blé noir et des œufs
5. un bon poulet et du vin rouge
6. plusieurs sortes de poissons
7. des pommes de terre, des carottes et des haricots verts
8. des œufs, de la farine, du beurre et des pommes

(a) un coq au vin
(b) une bouillabaisse
(c) un rosbif
(d) des crêpes bretonnes
(e) une omelette aux champignons
(f) une tarte aux pommes
(g) une soupe aux légumes
(h) un rôti de veau
(i) une choucroute alsacienne

C. De l'imagination. Qu'est-ce que vous feriez dans ces situations?

1. Si vous étiez millionnaire?
2. Si vous aviez votre diplôme?
3. Si vous étiez en France?
4. Si vous étiez enfant?
5. Si c'était les grandes vacances?
6. Si c'était l'an 2000?
7. Si c'était au temps de la Belle Époque?
8. S'il existait une machine pour voyager dans le temps?

Le pronom démonstratif

1. The demonstrative pronoun replaces a noun previously mentioned:

Quelle voiture est-ce que tu prends?	*Which car are you taking?*
—Je prends *celle* **de mon frère.**	*—I'm taking my brother's.*
Quel vin est-ce que tu veux?	*Which wine do you want?*
—Celui-ci.	*—This one.*
À qui sont *ces pommes***?**	*Whose apples are these?*
—Ce sont *celles* **que Jacques a achetées.**	*—They're the ones Jacques bought.*

2. The demonstrative pronoun agrees in number and gender with the noun it refers to. It has four written forms, but the feminine singular and plural sound alike.

	masculin	féminin
singulier	celui	celle
pluriel	ceux	celles

3. The demonstrative pronoun is modified by one of the following:

a. by possessive prepositional phrases introduced by **de**:

J'ai mes chaussures et *les chaussures de Pierre.*	
J'ai mes chaussures et *celles de Pierre.*	*I have my shoes and Pierre's.*

b. by a relative clause:

Donne-moi la grosse valise!	*Give me the big suitcase!*
—Celle qui est dans le couloir?	*—The one that's in the hall?*
Mon cousin Roger? C'est *celui que* **vous connaissez.**	*My cousin Roger? He's the one (whom) you know.*

c. the demonstrative particles **-ci** [*nearer*] and **-là** [*farther away*]:

Voici deux recettes.   *Here are two recipes.*
Laquelle préférez-vous?   *Which one do you prefer?*
Celle-ci ou celle-là?   *This one or that one?*

PRATIQUONS

A. Discrimination. Répondez avec la forme correspondante du pronom démonstratif.

    MODÈLE: Lequel allez-vous couper?
               —Celui-ci.

1. Laquelle allez-vous manger?
2. Lequel avez-vous versé?
3. Lequel allez-vous faire frire?
4. Laquelle avez-vous couverte?
5. De ces fourchettes, lesquelles sont sales?
6. De ces couvercles, lesquels allez-vous faire laver?
7. De ces couteaux, lesquels sont propres?
8. De ces casseroles, lesquelles allez-vous choisir?

B. On prend le car. Répondez négativement avec un pronom démonstratif et **-ci** ou **-là**.

    MODÈLE: Nous montons dans ce car-ci?
               —Non, dans celui-là.

1. Nous prenons ce car-là?
2. Vous voulez cette place-ci?
3. Ce monsieur-ci est le chauffeur?
4. Vous préférez vous mettre de ce côté-ci?
5. Vous voulez prendre cette place-là?
6. Cette valise-ci est à vous?
7. Vous prenez ces bagages-ci?
8. Vous voulez lire ces magazines-là?

C. Inventaire. Répondez négativement avec le pronom démonstratif qui convient.

    MODÈLE: C'est votre stylo? (du professeur)
               —Non, c'est celui du professeur.

1. C'est votre robe? (de ma petite sœur)
2. C'est votre chapeau? (de mon père)
3. Ce sont vos gants? (de ma mère)
4. Ce sont vos chaussures? (de mon frère)
5. C'est votre imperméable? (de l'amie de ma sœur)
6. C'est votre montre? (de mon copain)
7. Ce sont vos lunettes? (de ma grande sœur)
8. C'est votre écharpe? (de mon amie)

D. Devinettes. Devinez la chose ou l'endroit qu'un(e) camarade va décrire. Si vous ne devinez pas tout de suite, il/elle vous donnera d'autres indications.

MODÈLE: un avion: celui qui est le plus rapide
celui qui a été construit par les
Français et les Anglais
celui où les places coûtent très cher
—C'est l'avion supersonique, le Concorde.

_____ **SITUATION**

En route vers la Provence

*Pour les vacances de Pâques, les Marchand se rendent à Nîmes où habitent les parents de Mme Marchand. Ils sont partis de Paris de très bonne heure pour **éviter les encombrements**. Vers la fin de la matinée, ils se trouvent sur l'autoroute du Sud, entre Dijon et Lyon.*

to avoid/traffic jam

M. MARCHAND: Si nous continuons à rouler à cette vitesse, nous arriverons à Nîmes vers la fin de l'après-midi.

JACQUES: Nous serions déjà à Lyon si tu ne conduisais pas **en** grand-père. Regarde, tu fais seulement du cent à l'heure!

like a

MME MARCHAND: Ton père a raison. Avec ce brouillard, il faut être prudent.

YVONNE: Si nous arrivons à Mâcon avant midi, profitons de notre passage en Bourgogne pour faire un bon déjeuner.

JACQUES: Excellente idée. J'ai envie de manger une douzaine d'escargots.

YVONNE: Moi, j'aimerais plutôt **les cuisses de grenouille**. On dit qu'on les fait très bien en Bourgogne.

frog's legs

M. MARCHAND: Eh bien, moi, je voudrais essayer le coq au vin fait avec un poulet de Bresse, accompagné d'**un** bon **Beaujolais**, bien sûr.

= **un vin**

MME MARCHAND: Tu crois que c'est **sage** de boire quand tu es **au volant**?

wise
behind the wheel

M. MARCHAND: Mais c'est Jacques qui conduira après le déjeuner. Moi, je **ferai la sieste** pour **digérer** le bon repas que nous allons faire.

faire la sieste to take a nap/to digest

Avec celles de Nîmes, les ruines des arènes d'Arles constituent un des monuments historiques de l'époque romaine les mieux conservés.

La Bresse. Région près de Lyon réputée pour l'excellence de ses poulets.

Le Beaujolais. Région du sud de la Bourgogne réputée pour son vin rouge.

Cent à l'heure. 100 kilomètres à l'heure (100 km/h): cela correspond à 60 miles à l'heure. En France la vitesse est limitée à 130 km/h sur les autoroutes et à 90 km/h sur les routes ordinaires.

DISCUSSION

1. Où vont les Marchand?
2. Pourquoi est-ce qu'ils ont quitté Paris très tôt?
3. De quoi est-ce que Jacques se plaint?
4. Pourquoi est-ce que M. Marchand va moins vite que la vitesse permise sur les autoroutes?
5. Que feront les Marchand s'ils arrivent à Mâcon avant midi?
6. Pourquoi est-ce que M. Marchand pourra prendre du vin avec son repas?

PRONONCIATION ET ORTHOGRAPHE _____

Le /z/ de liaison

Liaison /z/ appears in:

1. these plural article, demonstrative, and possessive adjective forms: **des, les, ces, mes, tes, ses, nos, vos, leurs, quels/quelles**:

   Voici les‿enfants.   Où sont vos‿amis?   Quels‿encombrements!

2. the plural pronouns **nous, vous, ils, elles, les**:

   Nous‿arrivons.   Il les‿a pris.

3. the contracted forms **des** and **aux**:

   C'est la chambre des‿autres   Ils vont aux‿États-Unis.
      garçons.

4. the plural forms of the pre-nominal adjectives:

   les petits‿avions   les grandes‿oreilles

5. the masculine singular form of certain pre-nominal adjectives:

   un gros‿homme   quel mauvais‿étudiant

6. the numbers **deux, trois, six, dix**:

   deux‿heures   dix‿étages

7. one-syllable adverbs or prepositions:

   c'est très‿utile   dans‿une usine

IN THIS LESSON:

- vocabulary relating to natural sights and monuments
- expressing possession with possessive pronouns such as **le mien**
- expressing hypothetical events in the past using the past conditional
- complex sentences using all relative pronouns, including **lequel** and **dont**

MOTS NOUVEAUX

Les sites naturels

un paysage montagneux
un paysage boisé
une vue
...sur une vallée
...sur les rochers
...sur les champs
une chute d'eau
une colline
une source
un bois
un paysage plat
une rivière
une forêt
un pont
un lac
un fleuve

Quelques activités:

aller à la pêche	to go fishing
à la chasse (des animaux sauvages)	hunting (for wild animals)
faire des promenades	
ramasser des fleurs sauvages des champignons	to pick wildflowers
grimper une montagne	to climb a mountain
visiter une grotte préhistorique	to visit a prehistoric cave

Les sites historiques

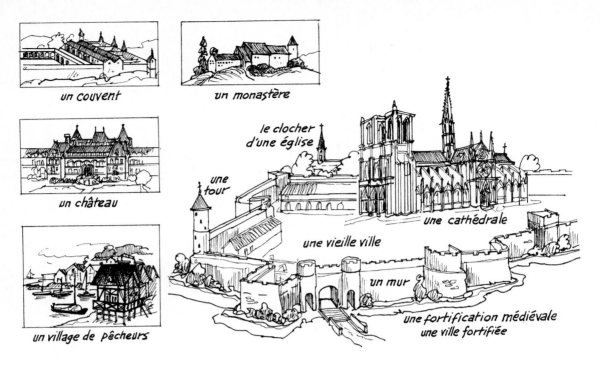

un couvent

un monastère

un château

le clocher
d'une église

une
tour

une cathédrale

une vieille ville

un mur

une fortification médiévale
une ville fortifiée

un village de pêcheurs

PRATIQUONS

A. **Suite logique.** Quel élément de la colonne de droite termine le mieux la phrase?

MODÈLE: Nous aimons les fleurs, les arbres et les champignons . . .
—alors, allons à la campagne!

1. Pour monter sur le rocher, . . .
2. Pour traverser la rivière, . . .
3. Montons au clocher de l'église; . . .
4. Au milieu du lac . . .
5. La vieille ville et le château sont du Moyen Âge . . .
6. On a construit ces murs et les grosses tours . . .
7. Ce couvent a été construit sur les ruines . . .
8. Pour passer la nuit dans ce petit village, . . .
9. Nous irons dans les bois . . .
10. Les pêcheurs trouvent beaucoup de poissons . . .

(a) près de cette chute d'eau.
(b) cherchons un bon hôtel.
(c) il faut grimper.
(d) prenez ce pont.
(e) pour défendre la ville.
(f) où se trouve l'escalier?
(g) ils forment un bel ensemble médiéval.
(h) ramasser des fruits sauvages.
(i) alors, allons à la campagne!
(j) il y a une île.
(k) d'un temple romain.

B. **Le Midi pour tous les goûts.** 'ourquoi est-ce que le Midi est une région qui convient aux intérêts de ces personnes?

MODÈLE: Jacques aime faire de l'alpinisme.
  —On y trouve des montagnes assez hautes.
ou —Il y a des montagnes assez hautes.

1. Nadine est peintre.
2. M. Nadaud s'intéresse à l'art préhistorique.
3. Laure étudie la colonisation de la Gaule par les Romains.
4. Mme Fortier a besoin de faire des photos de sites religieux.
5. Les Jobert aiment aller à la pêche.
6. M. Renoir aime les sports nautiques.
7. Patrice aime la nature.
8. M. Martin aime aller à la chasse.
9. Mlle Renard est photographe.

MOTS NOUVEAUX

Les langues de la France

En Bretagne on parle **breton**, une langue qui ressemble aux langues parlées en Irlande et **au Pays de Galles**.   Wales

Dans le Nord de la France, près de la frontière belge, on parle **flamand**, un dialecte du hollandais.

En Alsace et dans une grande partie de la Lorraine, on parle **des dialectes allemands**, **les dialectes alsaciens**.

Au Pays Basque, près de l'Océan Atlantique et de la frontière espagnole, on parle **basque**, une langue mystérieuse qui ne ressemble à aucune des langues de l'Europe.

Près de la ville de Perpignan, on parle **catalan**.

Dans tout le Midi de la France, on parle des dialectes de **la langue d'oc** (**l'occitan**).[1]

En Corse on parle **un dialecte italien**.

Dans les Départements d'Outre-mer—l'île de la Réunion dans l'Océan Indien, la Martinique, la Guadeloupe et la Guyane—on parle **créole**.

Les îles francophones et créolophones de l'Océan Indien

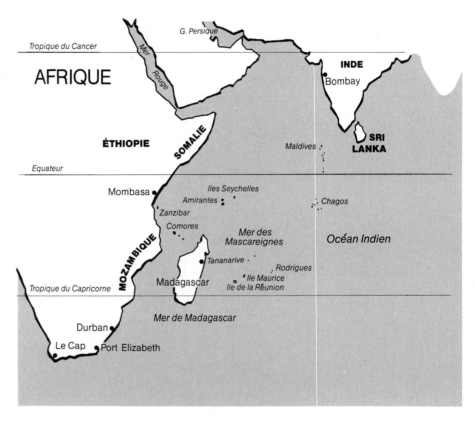

PRATIQUONS

Questionnaire

1. À quelles langues de la Grande-Bretagne le breton ressemble-t-il?
2. À quelle langue les dialectes parlés en Alsace et dans le nord de la Lorraine ressemblent-ils?
3. Dans quelle partie de la France parle-t-on basque? catalan?
4. Quelles langues parle-t-on dans le Midi de la France?
5. Pourquoi est-ce qu'il y a des mots qui se ressemblent en français et en italien, en occitan et en catalan, en espagnol et en corse?
6. Quelles langues parle-t-on aux Antilles françaises? Et en Haïti?
7. Quelles langues parlées en France ne sont pas dérivées du latin?

---

[1] Le catalan et la langue d'oc, comme le français, l'espagnol, le portugais, l'italien, le corse et le roumain, sont dérivés du latin; ce sont des langues **romanes** [*Romance*].

8. Dans quels pays de l'Europe parle-t-on aussi français?
9. Dans quelles régions des États-Unis trouve-t-on des gens qui parlent français tous les jours? Des gens qui parlent créole?

L'Occitanie

Le touriste qui voyage dans le Midi rencontrera souvent des voitures qui portent, **à l'arrière**, au-dessus de **la plaque d'immatriculation**, les lettres OC. Ces deux lettres, qui sont l'abréviation d'Occitanie, symbolisent un sentiment d'**appartenance** à **une ethnie** distincte. C'est un sentiment très fort parmi certains des 13 millions de **Méridionaux**.

in the rear/license plate

belonging/ethnic group

= gens du Midi

La notion d'ethnie occitane **repose** sur des **faits** historiques, sur une certaine tradition culturelle et sur une langue **commune**—l'occitan.

reposer to rest/fact
shared

Lorsque la Gaule romaine **a été envahie** par les tribus germaniques aux 4e et 5e siècles de notre **ère**, les Francs se sont installés au nord et les Visigoths au sud. Plus tard sont arrivés les Arabes venant d'Espagne. **Bien que battus** par les Francs, les Arabes ont laissé de nombreuses traces de leur civilisation plus avancée que celle des Francs.

être envahi to be invaded
era (i.e., A.D.)

although/beaten

Parmi les traits principaux de la civilisation occitane, mentionnons surtout l'amour **courtois** et la tolérance. L'amour courtois reposait sur une certaine **égalité** des sexes. La femme occitane avait un certain nombre de privilèges. Par exemple, elle avait **le droit** d'**hériter**; et beaucoup de femmes occitanes sont devenues des chefs politiques, religieux et même militaires.

courtly
equality
right/to inherit

L'autre caractéristique principale de la civilisation occitane était la tolérance. Les chefs occitans se montraient tolérants **envers** les Arabes et les Juifs persécutés dans les autres pays de l'Europe. Au début du 13e siècle une secte hérétique, les Cathares ou Albigeois, **s'était développée** dans le Languedoc. Le pape a organisé **une croisade** contre ces hérétiques et les chefs occitans qui les protégeaient. Cette

toward

had developed
crusade

La Provence contient un grand nombre d'anciens villages fortifiés qui défendaient des points stratégiques.

Leçon trente-neuf **497**

Dans le Midi de la France il n'est par rare de voir les lettres «OC» à côté de la plaque d'immatriculation des voitures.

speech variety

Ce panneau bilingue français-occitan (variété provençale) se trouve dans le cabinet d'un médecin qui veut préserver la langue de ses ancêtres.

ATTENTION

CHAQUE UTILISATEUR DU PARKING
Y CIRCULE ET STATIONNE A SES
RISQUES ET PÉRILS, NOTAMMENT
POUR LES DÉGATS CAUSÉS OU SUBIS
PAR SON VÉHICULE ET SON CONTENU

IL EST
INTERDIT DE FUMER
DANS LES
ETABLISSEMENTS DE SOINS
Décret 77-1042 du 12-9-77

**SIGUES BEN BRAVE
DE NE PAS FUMAR**

croisade, qui a duré un demi-siècle, a ruiné le Languedoc et a marqué la fin de L'Occitanie indépendante.

L'Occitanie a connu, aux 12e et 13e siècles, bien avant le nord de la France, un brillant mouvement culturel et littéraire, celui des Troubadours. Les Troubadours étaient des poètes qui avaient choisi d'écrire dans une langue littéraire commune appelée le provençal. Après la défaite du Languedoc pendant la croisade des Albigeois, la langue du Midi de la France s'est divisée en **parlers** locaux, les dialectes occitans d'aujourd'hui.

Aujourd'hui, beaucoup de jeunes Occitans essaient de réapprendre et de réutiliser ces dialectes. Il reste chez eux la nostalgie d'une ancienne grandeur fondée sur une grande civilisation et une tradition de liberté et de tolérance.

NOTES CULTURELLES

Oc. Ce mot (prononcé **o**) veut dire «oui» dans les parlers locaux de cette région. C'est la source du terme «occitan».

Le provençal. Il ne faut pas confondre [*to confuse*] cette langue littéraire du Moyen Âge et l'un des dialectes occitans d'aujourd'hui, le provençal. Le provençal moderne est parlé en Provence.

Le Languedoc. Une province située dans la partie sud-ouest de l'Occitanie. Ses villes principales sont Toulouse et Montpellier.

CONNAISSANCE DU TEXTE

1. D'où vient le mot occitan?
2. Combien de Français vivent dans le Midi?
3. Sur quelles idées la notion d'Occitanie repose-t-elle?
4. En quelle langue les Troubadours écrivaient-ils?
5. Quel était le rôle des femmes dans l'Occitanie du Moyen Âge?

6. Comment les Arabes et les Juifs étaient-ils traités au Moyen Âge dans la plupart des pays européens? Et en Occitanie?
7. Qu'est-ce que c'est que la Croisade des Albigeois?
8. Jusqu'à quand l'Occitanie est-elle restée une région politiquement indépendante?
9. Les jeunes Occitans s'intéressent-ils aux dialectes occitans d'aujourd'hui?

NOTES GRAMMATICALES

Les pronoms possessifs

1. Possessive pronouns replace nouns modified by some possessive structure, as described below. They correspond to the English pronouns *mine, yours, his, hers, its, ours, theirs*.

2. Possessive pronouns agree in gender and number with the noun replaced and are preceded by the appropriate form of the definite article.

singulier		pluriel	
masculin	*féminin*	*masculin*	*féminin*
le mien	la mienne	les miens	les miennes
le tien	la tienne	les tiens	les tiennes
le sien	la sienne	les siens	les siennes
le nôtre	la nôtre	les nôtres	
le vôtre	la vôtre	les vôtres	
le leur	la leur	les leurs	

3. Pronunciation. The masculine and feminine singular forms differ in three ways:

   a. the form of the article (*le* **mien**/*la* **mienne**);
   b. the nasal vowel /ɛ̃/ in the masculine (**le tien**), the oral vowel /ɛ/ in the feminine (**la tienne**);
   c. the clearly released /n/ in the feminine forms only (**la sienne**).

The masculine and feminine plural person forms differ only in the singular, where they have different definite articles:

le nôtre   **le vôtre**   **le leur**
la nôtre   **la vôtre**   **la leur**

4. Possessive pronouns replace:

   a. nouns modified by a possessive adjective:

   C'est *ton chien*?   **—Non, ce n'est pas *le mien*.**
                                   C'est celui du voisin.

b. nouns modified by a possessive prepositional phrase introduced by **de**:

C'est *la chemise* de Jean-François?	—**Non, ce n'est pas** *la sienne*. **C'est celle de Luc.**

c. nouns modified by a possessive prepositional phrase introduced by **à**:

Ces pneus ne sont pas *à toi*?	—**Si, ce sont** *les miens*.
Ces tentes sont *à nous*?	—**Non, ce sont** *les nôtres*.

PRATIQUONS

A. **Comparaisons.** Comparons nos vêtements!

MODÈLES: Vous préférez mon pullover ou le vôtre?
    —Je préfère le mien.
  ou —Je préfère le vôtre.
    Vous préférez ma montre ou celle de . . . ?
    —Je préfère la sienne.
  ou —Je préfère la vôtre.

B. **Points communs.** Voici une petite biographie de Marcel Keller-man. Qu'est-ce qu'il a en commun avec vous?

Marcel Kellerman est étudiant à l'université Louis Pasteur à Strasbourg. Il prépare une licence de biologie. Il est né à Mutzig, une petite ville dans les Vosges, à l'ouest de Strasbourg. Il y habite toujours pendant les vacances. Il a une petite voiture, une Renault 5.

Ses cours préférés sont la biologie et la chimie. Il aime le théâtre; son auteur préféré est Ionesco. Il aime aussi la musique et il joue de la guitare.

MODÈLE: la ville natale
    —La sienne est Mutzig, la mienne est Détroit.

1. le nom et le prénom	5. les cours préférés
2. le nom de l'université	6. les distractions préférées
3. les matières étudiées	7. l'auteur favori
4. le type de voiture	8. l'instrument préféré

Le passé du conditionnel

1. The past conditional is used to express events that *would have occurred* if certain conditions had been present. The conditional refers to the present moment or to some point in the future; the past conditional refers to the past:

Il l'achèterait**.**	*He would buy it. (now or some time in the future)*
Il l'aurait acheté**.**	*He would have bought it. (at some point in the past)*

2. To form the past conditional, use the conditional of **avoir** or **être** and the past participle.

Past conditional of **écrire**

singulier	pluriel
j' aurais écrit	nous aurions écrit
tu aurais écrit	vous auriez écrit
il elle } aurait écrit on	ils elles } auraient écrit

Past conditional of **rentrer**

singulier	pluriel
je serais rentré(e)	nous serions rentré(e)s
tu serais rentré(e)	vous seriez rentré(e)(s)
il serait rentré elle serait rentrée on serait rentré	ils seraient rentrés elles seraient rentrées

3. Use the past conditional with **si** clauses when the condition is expressed with the **plus-que-parfait**. Compare:

	condition	result
not hypothetical or conjectural:	**Si je *mets* mon manteau,** *If I wear my coat,*	**j'*ai* chaud.** **j'*aurai* chaud.** *I'm warm.* *I'll be warm.*
hypothetical or conjectural:		
present/future time	**Si je *mettais* mon manteau,** *If I wore my coat,*	**j'*aurais* chaud.** *I would be warm.*
past time	**Si j'*avais mis* mon manteau,** *If I had worn my coat,*	**j'*aurais eu* chaud.** *I would have been warm.*

The condition is not always expressed in a **si** clause; it may be implied or stated by expressions such as **à ta place, à votre place, moi/nous**:

A votre place, je n'*aurais* rien *dit*.	*In your place, I would have said nothing.*
Nous, nous *serions rentrés* plus tôt.	*We would have returned home earlier.*
Tu sais, tu *aurais pu* nous écrire.	*You know, you could have written us.*

4. Use the past conditional of **devoir** to express what *should* have been done:

Vous *devriez* nous aider.   *You should (ought to) help us.*

Vous *auriez dû* nous aider.   *You should (ought to) have helped us.*

PRATIQUONS

A. **À la campagne.** Quel aurait été le résultat probable de chaque condition?

MODÈLE: Si j'étais allé à la montagne,
— j'aurais pu faire du ski.

1. Si j'avais apporté mon appareil,
2. Si vous ne vous étiez pas cassé la jambe,
3. Si je n'avais pas visité cette vieille ville,
4. Si vous n'étiez pas allé au bois,
5. Si vous n'aviez pas grimpé sur ce rocher,
6. Si je n'avais pas nagé dans le lac,
7. Si vous étiez monté sur cette colline,
8. Si j'avais pris l'avion,

(a) vous ne vous seriez pas cassé la jambe.
(b) vous auriez pu grimper sur ce rocher.
(c) je n'aurais pas eu de rhume.
(d) j'aurais pris une photo de cette chute d'eau.
(e) je serais déjà arrivé.
(f) j'aurais pu faire du ski.
(g) je n'aurais pas vu ces ruines.
(h) vous auriez vu un beau paysage.
(i) vous n'auriez pas trouvé ces fleurs.

B. **Des conseils.** Qu'est-ce qu'ils auraient dû faire?

MODÈLE: Je suis arrivé en retard à mon premier cours.
—Tu aurais dû te lever de bonne heure.
ou —Tu aurais dû mettre ton réveil.

1. J'ai faim.
2. Michel a raté son examen de physique.
3. Brigitte a perdu son sac à la bibliothèque.
4. Nous sommes tombés en panne sur l'autoroute.
5. Mes camarades de chambre n'ont plus d'argent.
6. Je me suis foulé la cheville en jouant au tennis.
7. Le professeur ne se sent pas bien.
8. Nous avons oublié de faire les devoirs.

C. **Des vacances intéressantes.** Où est-ce qu'on aurait pu aller l'été dernier? Qu'est-ce qu'on aurait fait?

MODÈLES: Si nous étions allés à la campagne, ...
—nous aurions fait des promenades agréables.
Si j'étais allée en Alsace, ...
—j'aurais essayé la choucroute alsacienne.

1. au bord de la mer
2. dans une région boisée
3. à la montagne
4. près d'un lac ou d'un fleuve
5. à Paris
6. dans le Midi
7. en Louisiane

Les pronoms relatifs—révision; lequel, dont

1. You have learned to use the relative pronouns **qui**, **que**, and **où** in complex sentences (see Lessons 30 and 34):

function in subordinate clause	relative pronoun	
subject:	**qui**	Il cherche *l'auto qui* a le pare-brise cassé.
		Où est *le chauffeur qui* ne s'est pas arrêté au feu rouge?
direct object:	**que**	Voici *la roue que* nous avons changée.
		Tu connais *le garçon que* j'ai invité?
object of a preposition of time or place:		C'est *la saison où* il y a des fleurs.
	où	Je connais *l'appartement où* il habite.

L'intérieur de la cathédrale d'Amiens en Picardie, dans le nord de la France.

2. The relative pronoun **lequel** is used for objects of prepositions. Compare the uses of **lequel** as interrogative pronoun (see Lesson 37) and as relative pronoun:

interrogative:	***Chez lequel* de ces avocats travaillez-vous?**	*For which of these lawyers do you work?*
relative:	**L'avocat *chez lequel* je travaille porte une chemise bleue.**	*The lawyer for whom I work is wearing a blue shirt.*
interrogative:	***Auxquelles* de ces villes fortifiées pensez-vous?**	*Which of these fortified towns are you thinking of?*
relative:	**Les villes fortifiées *auxquelles* je pense se trouvent dans le Languedoc.**	*The fortified towns I am thinking of are located in Languedoc.*

3. The relative pronoun **lequel** agrees in number and gender with the noun it replaces, its antecedent. It also contracts with **à**:

singulier		pluriel	
masculin	*féminin*	*masculin*	*féminin*
lequel	laquelle	lesquels	lesquelles
auquel	à laquelle	auxquels	auxquelles

Tu as vu *la caravane?* Ils voyagent *avec cette caravane.*	Tu as vu la caravane *avec laquelle* ils voyagent?
C'est *le pays.* Je pense *à ce pays.*	C'est le pays *auquel* je pense.
Voici la liste *des pièces de théâtre.* Nous allons *à ces pièces.*	Voici les pièces *auxquelles* nous allons.

4. When the antecedent is a person, **qui** may be used instead of **lequel**. When it is a place, **où** may replace **lequel**:

Je connais *les gens.* Il travaille *pour ces gens.*	Je connais les gens *pour lesquels* (*pour qui*) il travaille.
	I know the people for whom he works.
Où est *le verre?* Nous avons versé de l'eau *dans ce verre.*	Où est le verre *dans lequel* (*où*) nous avons versé de l'eau?
	Where's the glass we poured water into?

5. Combinations of **de+lequel** seldom appear. Instead, use the invariable form **dont**:

Il a pris *l'outil.* J'avais besoin *de cet outil.*	Il a pris l'outil *dont* j'avais besoin.
	He took the tool I needed.

Objects of prepositions replaced by **dont** occur:

a. with verbs requiring the preposition **de**, for example:

avoir besoin de	parler de
avoir envie de	se servir de
avoir peur de	venir de

b. with possessive constructions requiring **de**:

Vous connaissez *mon ami?* Le père *de mon ami* est pêcheur.	Vous connaissez mon ami *dont* le père est pêcheur?
	You know my friend whose father is a fisherman?

PRATIQUONS

A. **Indications.** Indiquez chaque objet en employant le pronom relatif **lequel**.

MODÈLE: Il peint avec **ces pinceaux**.
   —Voici les pinceaux avec lesquels il peint.

1. Il peint sur **cette toile**.
2. Il peint avec **ces couleurs**.
3. Elle travaille sur **cette table**.
4. J'ai pensé à **ce tableau**.
5. Il y a de belles statues dans **cette salle**.
6. Des statues de Rodin se trouvent dans **ce musée**.

B. Définitions. Pour chaque ustensile, choisissez une définition dans la liste. Employez l'expression **se servir de** ou **avoir besoin de** avec le pronom relatif **dont**.

MODÈLE: une bouteille
—C'est quelque chose dont on a besoin pour conserver l'eau minérale.

1. un verre
2. une fourchette
3. un couteau
4. une poêle
5. une casserole
6. un réfrigérateur
7. un four
8. un évier
9. une cafetière

(a) pour faire frire un poulet
(b) pour faire la vaisselle
(c) pour boire de l'eau
(d) pour conserver la nourriture
(e) pour faire un gâteau
(f) pour manger des petits pois
(g) pour faire le café
(h) pour faire cuire des légumes
(i) pour couper la viande

C. Devinette. Choisissez un membre de chaque catégorie indiquée et donnez-en une définition. Vos camarades devineront ce que vous avez choisi.

MODÈLE: une ville française
A: C'est une ville qui est située sur le Rhin et où on parle français, allemand et alsacien.
B: C'est Strasbourg.

1. une province française
2. une province canadienne
3. un pays d'Europe
4. une île aux Antilles
5. une rivière
6. un pays de l'Amérique du Nord
7. un continent
8. une langue

Combinaisons de pronoms complément d'objet

1. Object pronouns (direct, indirect, and reflexive) may occur in combinations of two. When two pronouns occur together they are ordered as illustrated below for declarative sentences, questions and negative commands:

Direct/Indirect	Direct	Indirect	y/en	
me te se nous vous	le la les	lui leur	y en	VERB

Frequent combinations include:

a. indirect+direct: **Elle *me* montre *le livre*. Elle *me le* montre.**
b. direct+indirect: **Rendras-tu *la règle à Jeanne*? *La lui* rendras-tu?**
c. indirect+**en**: **Ne donne pas *de vin aux étudiants*. Ne *leur en* donne pas!**
d. direct+*y*: **Elle *nous* attend *à l'aéroport*. Elle *nous y* attend.**
e. **y**+**en**: **Il *y* a beaucoup *de gens*? Il *y en* a beaucoup?**

2. Combinations of pronouns appear in the same position as individual object pronouns:

    a. directly before the conjugated verb:

        Il ne *vous les* enverra pas.   **Je ne *le lui* ai pas dit.**

    b. before the infinitive, if there is one:

        Tu ne veux pas *nous en* donner?   **Vous refusez de *la leur* montrer?**

    except in causative **faire** constructions: **Je *la lui* fait manger.**

3. Remember that past participles agree in number and gender with a preceding direct object pronoun:

    On vous a envoyé *la lettre*?   **On vous *l'*a envoyé*e*?**
    Tu t'es lavé *les cheveux*?   **Tu te *les* es lavé*s*?**

4. In affirmative commands, the order of pronouns is:

	Direct	*Indirect*	*y*/*en*
VERB	le la les	moi/m' toi/t' lui nous vous leur	y en

The most frequent combinations are:

    a. direct + indirect: **Montre-*moi ton dessin*! Montre-*le-moi*!**
    b. indirect + en: **Apportez-*nous des crayons*! Apportez-*nous-en*!**

Pronouns in affirmative commands are attached to the verb by hyphens.

    Before **en**, replace **moi** and **toi** by **m'** and **t'**:

    Parlez-*moi de l'accident*! Parlez-*m'en*!
    Sers-*toi du dictionnaire*! Sers-*t'en*!

PRATIQUONS

A. **Qui en prend?** C'est Noël; à qui Marc sert-il du champagne?

    MODÈLES: à ses parents?
               —Oui, il leur en sert.
           à son petit neveu?
               —Non, il ne lui en sert pas.

1. à sa grand-mère?
2. à vous?
3. aux enfants de sa cousine?
4. à toi?
5. à son oncle?
6. à moi?
7. à son fils?
8. à sa tante?
9. à sa petite nièce?

B. **Annie invite ses copains chez elle pour dîner. Elle leur offre toutes sortes de bons plats, et eux, ils ne refusent pas.**

MODÈLE: Vous voulez du pâté?
　　　　　—Oui, donne-nous-en!

1. Jacques prend du pain?
2. Tu veux la moutarde?
3. Vous préférez cette bouteille de vin?
4. Marie veut du pâté?
5. Vous prenez encore de la viande?
6. Tu finis la salade?
7. Marc préfère le camembert?
8. Tu veux du brie?
9. Tu prends cette pomme?
10. Jacques et Marc prennent du café?

C. **Camarades de chambre.** Décrivez vos relations avec votre camarade de chambre.

MODÈLE: Vous lui prêtez votre machine à écrire?
　　　　　—Oui, je la lui prête (souvent/quelquefois).
ou —Non, je ne la lui prête jamais.

1. Vous lui prêtez votre ordinateur?
2. Vous lui donnez de l'argent?
3. Vous lui prêtez vos notes de cours?
4. Vous lui demandez des conseils?
5. Vous lui envoyez des lettres pendant les vacances?
6. Vous lui offrez un cadeau pour Noël ou pour son anniversaire?

D. **Vos habitudes.** Quand faites-vous les choses suivantes?

MODÈLE: se brosser les dents
　　　　　—Je me les brosse trois fois par jour.

1. se laver les mains
2. se brosser les cheveux
3. se laver la figure
4. se mettre du parfum/ de l'eau de Cologne
5. se laver les cheveux
6. s'acheter des disques
7. s'acheter des blue-jeans
8. écrire des lettres à ses parents

_____ **SITUATION**

En route vers le soleil

*La famille Mayer se rend dans le Languedoc pour les fêtes de la Pentecôte.
Vers la fin de la matinée leur voiture, **tirant** une petite caravane, se trouve
dans un encombrement à l'entrée de Lyon.*

tirer to pull

LAURENT: Cet encombrement va nous **empêcher** d'arriver à Montpellier avant **la tombée de la nuit**.
MME MAYER: Je crois qu'il va **se mettre à** pleuvoir. La pluie va nous
ralentir **davantage**.
MARTHE: Regarde toutes ces grosses caravanes! La nôtre est petite
en comparaison.
LAURENT: Tu as remarqué que la plupart de ces caravanes portent
des plaques d'immatriculation allemandes, anglaises, hollandaises
ou belges?

to prevent

nightfall
to begin
some more

Dans une station-service française il est plus économique de faire le plein soi-même.

M. MAYER: Dans ces pays il prennent leurs vacances d'été plus tôt que chez nous. Ils commencent à descendre vers le soleil à la fin du mois de mai.

MME MAYER: C'est une bonne idée. On devrait essayer de faire comme eux.

gas station
gasoline

LAURENT: Nous nous approchons d'**une station-service**. Si on s'arrêtait pour prendre de **l'essence**?

M. MAYER: C'est une excellente idée.

se remettre en route to get under way again

LAURENT: Quand on **se remettra en route**, si tu veux, papa, je prendrai le volant.

M. MAYER: Je veux bien. Je n'aime pas conduire sous la pluie, et puis ça me permettra de regarder le paysage.

MARTHE: Si Laurent conduit, je descends et je prends le train.

taquiner to tease

MME MAYER: Marthe, ne **taquine** pas ton frère. Il est très raisonnable quand il est au volant.

fair

M. MAYER: Voyons, Marthe. Tu n'es pas **juste**. Laurent ne s'est pas moqué de toi quand tu as conduit ce matin.

Les Mayer habitent une petite ville d'Alsace dans laquelle on trouve des maisons comme celles-ci.

LAURENT: Ouais! Si papa m'avait laissé conduire nous serions déjà arrivés.

MARTHE: Oui, à l'hôpital!

NOTES CULTURELLES

Les fêtes de la Pentecôte. Pour la Pentecôte, une des fêtes officielles du printemps, les Français partent souvent en vacances pour quelques jours.

On devrait essayer de faire comme eux. Typiquement, les Français prennent leur mois de grandes vacances tous en même temps, en juillet ou en août. On essaie maintenant d'encourager les gens à partir plus tôt, en mai et en juin, ou plus tard, en septembre. Tout employé et ouvrier français a droit à cinq semaines de vacances payées, dont [*including*] quatre pendant les grandes vacances d'été.

DISCUSSION

1. Où est-ce que les Mayer vont passer les vacances de la Pentecôte?
2. Quand est-ce qu'ils aimeraient arriver à Montpellier?
3. En descendant vers le Languedoc, qu'est-ce qu'ils trouvent sur l'autoroute?
4. Qu'est-ce que Mme Mayer craint?
5. Depuis que les Mayer ont quitté leur maison, c'est seulement le père qui a conduit?
6. D'après Laurent, qu'est-ce qui serait arrivé si on l'avait laissé conduire plus tôt?
7. Et d'après Marthe, qu'est-ce qui serait arrivé?

PRONONCIATION ET ORTHOGRAPHE

Le n *de liaison*

1. Liaison /n/ appears in the following cases:

   a. After the article or the numeral **un** and the possessive adjectives **mon, ton, son**:

   un‿enfant   mon‿ami   ton‿histoire   son‿entrée

   b. After the pronouns **on** and **en** and the preposition **en**:

   on‿y va   il n'en‿a pas   en‿Irlande

   c. After **bien** and **rien** in idiomatic expressions:

   un enfant bien‿élevé   rien‿à faire   rien‿à mettre

   d. After pre-nominal adjectives: **bon, certain, prochain**, and **plein**. When liaison **n** is pronounced, the vowel is not nasal. Compare:

   un bon restaurant/un bon‿hôtel   en plein soleil/en plein‿air

2. Liaison is never made after any of the above words when they occur at the end of a phrase:

   Achetez-en un/aussi.   A-t-on/un billet?

D'Autres consonnes de liaison

1. Liaison /r/ appears after the pre-nominal adjectives **premier, dernier** and **léger** [*light, minimal*]:

   le premier‿étage   son dernier‿essai   un léger‿effort

2. Liaison /v/ appears in the number **neuf** when it occurs before the words **ans** and **heures**:

   il a neuf‿ans   il est neuf‿heures

Un pas de plus

RÉVISION

A. Politesse et style. On ne parle pas de la même manière à son chef de bureau et à un copain. On ne répond pas de la même manière à un enfant et à une personne âgée. Voici des exemples. Quelle réponse correspond à chaque phrase?

MODÈLE: Dis, on va à la plage, dimanche?
—D'accord.

1. Pourriez-vous m'aider, Mademoiselle?
2. Je vous invite à prendre quelque chose au café.
3. Aimeriez-vous m'accompagner au concert?
4. Bonjour, Madame. Est-ce que vous pouvez nous donner un renseignement, s'il vous plaît?
5. Je suis heureux de faire votre connaissance, Madame.
6. Alors, si on allait ramasser des fleurs sauvages cet après-midi?
7. Merci beaucoup, Monsieur.

(a) Je vous en prie, Madame.
(b) D'accord.
(c) Mais certainement, Monsieur.
(d) Bonjour. Mais bien sûr.
(e) Enchantée. Moi de même.
(f) Je voudrais bien.
(g) Ce serait pour moi un immense plaisir.
(h) C'est très gentil à vous.

B. Les petits problèmes de la vie de tous les jours.

MODÈLE: les haricots verts: Comment les acheter?
—Il vaut mieux les acheter frais [*fresh*].
ou —Ils sont meilleurs si on les achète congelés [*frozen*].
ou —Il est plus pratique de les acheter en boîte [*canned*].

1. le poisson: Comment le faire cuire?
2. le bifteck: Comment le commander dans un restaurant?
3. les œufs: Quand faut-il les manger?
4. les carottes: Comment faut-il les manger?
5. le thé: Comment faut-il le servir?
6. le poulet: Comment peut-on le faire cuire?
7. le café: Comment peut-on le faire quand on n'a pas de cafetière?

C. Mystères. Écoutez les deux déclarations. Après la deuxième, vous entendrez une question. Répondez-y en ajoutant quelque chose de logique.

MODÈLE: M. Dupont met toujours sa voiture dans le garage.
Il y a une voiture dans sa cour.
Question: C'est la sienne?
—Non, ce n'est pas la sienne. C'est peut-être celle d'un ami.

1. Jeanne ne laisse jamais sa moto devant l'immeuble. Il y a une grosse moto dans la rue. C'est la sienne?
2. Philippe met toujours son argent dans sa chambre. Il y a un billet de cent francs sur la table de la cuisine. C'est le sien?
3. Le professeur met toujours ses stylos dans son sac. Il y a plusieurs stylos sur son bureau. Ce sont les siens?
4. Vous ne laissez jamais votre chien dans la voiture, n'est-ce pas? Il y a un chien dans votre voiture. C'est le vôtre?
5. Vous n'écoutez jamais de disques espagnols, n'est-ce pas? Il y a deux disques espagnols sur votre lit. Ce ne sont pas les vôtres?
6. Les Maréchal ne font pas de vélo. Il y a plusieurs vélos devant leur maison. Ce sont les leurs?

D. Voyage de week-end. Les Loriot partiront pour le week-end. Dans chaque condition indiquée, qu'est-ce qu'ils feront?

MODÈLE: S'il fait beau,
    —S'il fait beau, ils partiront en voiture.

1. S'il y a assez de neige,	(a) partir en voiture
2. S'il ne fait pas trop frais,	(b) aller à la montagne, faire du ski
3. S'il n'y a pas trop d'encombrements,	(c) aller danser dans une boîte de nuit
4. S'il y a beaucoup de monde dans les restaurants,	(d) les inviter à dîner
5. Si leurs cousins sont là,	(e) préparer leur dîner chez eux
6. S'il n'y a pas trop de monde,	(f) arriver avant midi
7. S'ils ne sont pas trop fatigués,	(g) aller à la pêche
8. S'il y a des chevaux à louer,	(h) monter à cheval

E. Parlons de vous.

1. **L'été dernier.** Qu'est-ce que vous auriez fait l'été dernier si . . .

MODÈLE: vous étiez resté(e) chez vous?
    —J'aurais cherché un emploi.
  ou —Mais je suis resté chez moi, et j'ai trouvé un job comme garçon de restaurant.

1. vous aviez eu beaucoup d'argent?
2. vous étiez allé au bord de la mer?
3. vous étiez allé à la campagne?
4. vous aviez pu voyager?
5. vous aviez eu votre diplôme?
6. on vous avait offert une voiture?

2. **Indépendance ou dépendance?** Posez des questions à un(e) camarade de classe pour savoir s'il/elle est indépendant(e).

MODÈLE: laver la voiture
    A: Tu laves ta voiture toi-même?
    B: —Oui, je la lave moi-même.
  ou —Non, je la fais laver au garage.

1. réparer la voiture
2. changer la roue qui a un pneu à plat

3. faire les réservations pour un voyage
4. en voyage, porter les valises
5. préparer les repas
6. nettoyer la chambre/l'appartement
7. laver les vêtements
8. taper les mémoires [*paper, report*] à la machine

RÉSULTATS: Si l'on fait au moins six des activités soi-même [*oneself*], on est une personne très indépendante.

Si l'on fait quatre ou cinq des activités soi-même, on est assez indépendant.

Si l'on fait moins de quatre activités soi-même, on risque de devenir très dépendant.

Chapitre 14

Pays et cultures francophones

Leçon quarante

IN THIS LESSON:

- additional useful travel terms
- the present subjunctive tense, required by certain verbs and expressions
- infinitive constructions requiring the prepositions **à** or **de**

MOTS NOUVEAUX

Pour voyager en avion

M. Girard se rend de Bruxelles à Kinshasa, au Zaïre. Il prend l'avion.
Quand il arrive à l'aéroport de Bruxelles:

—Il a déjà acheté un billet et confirmé sa réservation.	
—Il va **au guichet d'enregistrement**.	ticket counter
—**Il fait enregistrer ses bagages**.	He checks his baggage.
—Il choisit **sa place**.	seat
—Il prend **sa carte d'embarquement**.	boarding pass
—Il vérifie l'heure de départ de **son vol**.	flight
—Il présente son passeport et ses documents.	
—Il passe **le contrôle de sécurité**.	security check
—Il se rend à **la boutique hors-taxe** pour acheter des cigarettes et quelques cadeaux.	duty-free shop
—Il va à **la porte d'embarquement** pour attendre **l'appel d'embarquement**.	boarding gate / boarding call
—Quand on annonce l'embarquement, il monte **à bord**.	on board

Dans la cabine de l'avion:

—Dès qu'il a trouvé son siège, il **s'assied**.	to sit down
—Il **boucle sa ceinture de sécurité**.	to fasten/safety belt
—Il se détend en lisant un magazine et se prépare pour **le décollage**.	take-off
—L'avion **prend la piste** et **décolle**.	to line up on the runway/to take off

Quand M. Girard arrive à sa destination:

—L'avion **atterrit**.	to land
—Il **débarque** de l'avion.	to leave a plane or ship, to disembark

—Il passe le contrôle de la police et des services d'immigration.
—Il va chercher ses bagages à **la livraison des bagages**. | baggage claim
—Il passe le contrôle de **la douane**. | customs
—Il **se renseigne sur** les moyens de transport pour aller en ville. | to get information about

Au guichet d'enregistrement à l'aéroport de Luxembourg.

PRATIQUONS

A. Où sont-ils? Où est-ce qu'on entend les déclarations suivantes?

MODÈLE: Je voudrais enregistrer cette grosse valise et ces deux petits sacs.
—au guichet d'enregistrement.

1. À quelle heure part mon vol?
2. Pourriez-vous me montrer votre visa?
3. À quelle heure arrive le vol numéro 680 de la Sabena venant d'Alger et de Kinshasa?
4. Steward, pourriez-vous m'aider à trouver ma place, s'il vous plaît?
5. Je n'ai rien à déclarer: pas de cigarettes et pas de boissons alcoolisées.
6. Nous embarquerons d'abord les personnes ayant besoin d'aide [*in need of assistance*].
7. Monsieur, je n'ai pas retrouvé ma valise.

(a) dans la cabine de l'avion
(b) à la livraison des bagages
(c) au contrôle de la police
(d) à la douane
(e) au guichet d'enregistrement
(f) au bureau de renseignements
(g) à la porte d'embarquement

B. Où faut-il aller? Où est-ce que les personnes suivantes doivent aller?

MODÈLE: Nous voudrions savoir à quelle porte l'avion de nos amis va arriver.
—Allez demander au bureau de renseignements.
ou —Vous devriez vous renseigner au bureau de renseignements.

1. M. Dupont n'a pas encore confirmé son vol.
2. David n'a pas encore ses bagages.
3. Les Martin n'ont pas encore choisi leur place.
4. On vient d'annoncer l'embarquement pour son vol.
5. J'ai retrouvé mes bagages. Qu'est-ce que je dois faire maintenant?
6. Isabelle voudrait acheter des cigarettes avant d'embarquer.
7. Mme Dupuis doit attendre deux heures parce que son vol est en retard.
8. Simon a oublié l'heure d'arrivée du vol de ses amis.

L'Afrique francophone

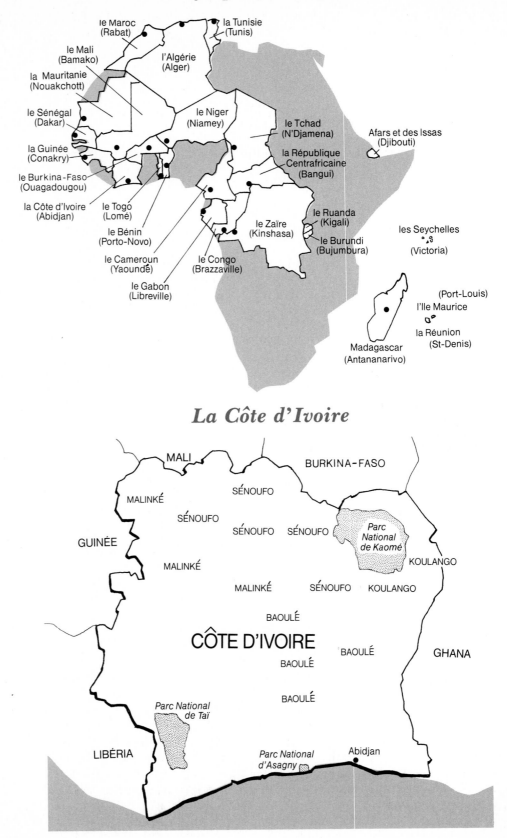

le Maroc
(Rabat)

la Tunisie
(Tunis)

le Mali
(Bamako)

l'Algérie
(Alger)

la Mauritanie
(Nouakchott)

le Sénégal
(Dakar)

le Niger
(Niamey)

le Tchad
(N'Djamena)

Afars et des Issas
(Djibouti)

la Guinée
(Conakry)

la République
Centrafricaine
(Bangui)

le Burkina-Faso
(Ouagadougou)

les Seychelles
(Victoria)

le Ruanda
(Kigali)

la Côte d'Ivoire
(Abidjan)

le Togo
(Lomé)

le Burundi
(Bujumbura)

le Bénin
(Porto-Novo)

le Zaïre
(Kinshasa)

(Port-Louis)
l'Ile Maurice

le Cameroun
(Yaoundé)

le Congo
(Brazzaville)

la Réunion
(St-Denis)

le Gabon
(Libreville)

Madagascar
(Antananarivo)

La Côte d'Ivoire

MALI

BURKINA-FASO

MALINKÉ

SÉNOUFO

SÉNOUFO

SÉNOUFO

GUINÉE

SÉNOUFO

SÉNOUFO

Parc
National
de Kaomé

MALINKÉ

KOULANGO

MALINKÉ

SÉNOUFO

KOULANGO

BAOULÉ

CÔTE D'IVOIRE

BAOULÉ

GHANA

BAOULÉ

BAOULÉ

Parc National
de Taï

LIBÉRIA

Parc National
d'Asagny

Abidjan

superficie: 322 500 km² (kilomètres **carrés**)   area/square

population: 8,5 millions, **y compris** 2,5 millions de travailleurs   including
     immigrants et deux grandes communautés occidentales:
     100.000 **Libanais** et 50.000 Français.   Lebanese

PRATIQUONS

A. **Nationalités africaines.** Dites d'où viennent ces personnes.

   MODÈLES: Mohammed habite près d'Alger.
          —Il vient d'Algérie.
          Gisèle est malgache.
          —Elle vient de Madagascar.

1. Amadou habite près de Dakar.
2. Michèle est ivoirienne.
3. Boubou est né près de Niamey.
4. Joseph est zaïrois.
5. Alioune habite à Bamako; il est malien.
6. Emma et Mathieu sont congolais; ils habitent à Brazzaville.
7. Félix et Marie sont malgaches; ils sont nés à Antananarivo.
8. Nathalie est camerounaise.
9. Béchir habite à Tunis.

B. **Parlons de la Côte d'Ivoire.**

1. Où se trouve la Côte d'Ivoire?
2. Comparez sa superficie et sa population à celles de la France (France: 551.000 km² et 55 millions habitants). Est-ce un pays plus grand? Est-il plus peuplé?
3. Sa capitale est-elle située à l'intérieur ou sur la côte? Dans quelle partie du pays?
4. Dans quelle partie de la Côte d'Ivoire se trouve le parc naturel de Kaomé?

PRÉSENTATION

La Côte d'Ivoire

La Côte d'Ivoire est le pays de l'Afrique francophone le plus prospère et le plus dynamique. Malgré la nature multiethnique de sa population—elle **comprend** plus de soixante tribus ou groupes linguistiques distincts—la Côte d'Ivoire **paraît** assez stable du point de vue politique.

comprendre to include, to comprise/**paraître** to seem, appear

Les groupes ethniques qui occupent le territoire ivoirien aujourd'hui sont les descendants de tribus venues du nord et de l'est. Les Sénoufos et les Koulangos **se sont établis** dans le nord et dans l'est du territoire. Plusieurs siècles plus tard **les guerriers** Malinkés sont venus du Mali. Les Baoulés, la plus grande tribu ivoirienne, sont les descendants des Ashantis, qui ont occupé la partie sud-est du territoire vers 1600.

s'établir to establish oneself, to settle/warrior

Comme son nom l'indique, l'une des principales **richesses** de la

assets, wealth

tusks/traders
for
slaves
terrible

cultivation

belonging to
être élu to be elected
accorder to grant

renforcer to reinforce/tie
investments

on foreign countries

baisser to drop

to retire

se battre to fight
to enjoy/consequences/
struggle

Côte d'Ivoire était **les défenses** d'éléphants que **les traiteurs** européens échangeaient **contre** des produits manufacturés. Un autre article d'échange était **les esclaves** exportés aux Amériques sous **d'effroyables** conditions.

En 1893 la France a pris possession officiellement de la Côte d'Ivoire et y a introduit **la culture** du café et du cacao, les bases de l'économie ivoirienne. En 1945 la Côte d'Ivoire a obtenu le droit d'envoyer un représentant à l'Assemblée Nationale française. Un médecin **appartenant à** la tribu Baoulé, Félix Houphouët-Boigny, **a été élu** à ce poste. Quand la France **a accordé** l'indépendance au territoire en 1960, Houphouët est devenu président du nouvel état; il est resté le chef de la Côte d'Ivoire depuis sa création. Il **a renforcé les liens** culturels et économiques avec la France, et il a encouragé **les investissements** étrangers.

Certains jeunes Ivoiriens se plaignent de la trop grande dépendance de leur pays **à l'égard de l'étranger**; ils voudraient voir une plus grande «ivoirisation» dans tous les secteurs. D'autres s'inquiètent des bases fragiles de l'économie, surtout depuis que le prix mondial du café et du cacao **a baissé** brutalement.

Mais beaucoup d'Ivoiriens craignent le départ de leur président, qui a atteint un âge avancé. Le vieux chef d'état lui aussi regrette de ne pas pouvoir **prendre sa retraite**. En effet, lorsqu'un journaliste lui a demandé quel était son chef d'état modèle, il a répondu: George Washington, c'est un homme qui **s'est battu** pour l'indépendance de son pays. Puis il s'est retiré volontairement pour **jouir** des résultats et **des suites** de **son combat**.

Le président Houphouët-Boigny avec le Pape.

CONNAISSANCE DU TEXTE

1. Quelle est la composition de la population de la Côte d'Ivoire?
2. Quelle était la nature des premiers contacts entre les Européens et les Africains?
3. Quand la France a-t-elle pris possession de la Côte d'Ivoire?
4. Quelles sont les bases de l'économie ivoirienne? Pourquoi sont-elles fragiles?
5. Comment le Dr. Houphouët-Boigny a-t-il débuté dans la politique?
6. Quel homme d'état non-africain lui a servi de modèle? A-t-il pu suivre ce modèle?
7. De quoi se plaignent certains jeunes Ivoiriens?
8. Que craignent beaucoup d'Ivoiriens?

NOTES GRAMMATICALES _____

Le présent du subjonctif avec les verbes de nécessité

1. The verb tenses you have learned so far have been in the indicative mood, used to state facts and to ask questions, or in the imperative mood, used for commands or requests. The subjunctive is used to express obligation, doubt, wishes or emotion. In this lesson, you will begin to learn the forms and uses of the subjunctive mood.

2. The subjunctive is used in a subordinate clause when the verb of the main clause expresses necessity. The subordinate clause is introduced by **que**. Compare:

Nous devons acheter des timbres.	**Il faut que nous *achetions* des timbres.** *It is necessary that we buy stamps.*

3. These expressions can be used to convey necessity:

il faut que/il ne faut pas que	*one must/must not*
il est nécessaire / important / utile / urgent } **que**	*it is necessary / important / useful / urgent* } *that*
il vaut mieux que	*it is better (best) that*

4. For regular **-er** verbs and stem-changing **-er** verbs, form the subjunctive by adding the subjunctive endings to the appropriate stem, as indicated below:

   a. for the singular forms and the third person plural, drop the **-ent** ending of the **ils/elles** form of the present tense:

   travailler: ils travaillent→travaill-
   acheter: ils achètent→ achèt-

   b. for the **nous** and **vous** forms, drop the **-ons** ending of the **nous** form of the present tense:

   travailler: nous travaillons→travaill-
   acheter: nous achetons→ achet-

5. The charts below provide sample conjugations:

singulier	*pluriel*
je travaill**e**	nous travaill**ions**
tu travaill**es**	vous travaill**iez**
il / elle / on } travaill**e**	ils / elles } travaill**ent**

singulier	*pluriel*
j'achèt**e**	nous achet**ions**
tu achèt**es**	vous achet**iez**
il / elle / on } achèt**e**	ils / elles } achèt**ent**

6. For **-er** verbs, the forms of the subjunctive are identical to those of the present indicative, except for the **nous** and **vous** forms.

PRATIQUONS

A. **Préparatifs de voyage.** Vous devez partir pour un voyage en voiture avec vos amis. Dites ce que vous devez faire avant de partir.

MODÈLE: regarder les cartes routières
—Il faut que nous regardions les cartes routières.
ou —Il vaut mieux que nous regardions les cartes routières.

1. préparer les valises
2. réserver des chambres à l'hôtel
3. toucher des chèques à la banque
4. laver nos vêtements
5. laisser le chien chez les voisins
6. parler au facteur
7. vérifier les freins de la voiture
8. changer les essuie-glaces
9. réparer la roue de secours
10. acheter de l'essence

B. **Des conseils, s'il vous plaît.** Vos amis se plaignent toujours, mais vous leur donnez de bons conseils. Dans la liste vous trouverez un verbe qui convient.

MODÈLE: Nous sommes toujours fatigués.
—Eh bien, il vaut mieux que vous vous couchiez de bonne heure.

acheter	manger
chercher	mettre
se coucher	porter
demander	pratiquer
étudier	

1. Nous avons un examen important en chimie cette semaine.
2. Où est la route que nous devons prendre? Je crois que nous sommes perdus.
3. Je n'ai pas encore trouvé un emploi pour l'été.
4. Ce pantalon est un peu juste; je crois que j'ai grossi.
5. Je ne peux pas me lever le matin; je suis toujours en retard.
6. J'ai trouvé un emploi, mais mon bureau est à 20 kilomètres d'ici.
7. Nous n'avons pas beaucoup d'énergie ces jours-ci.
8. Zut! Je pense qu'il va pleuvoir aujourd'hui!

Le présent du subjonctif: les verbes en -ir *et* -re

1. For **-ir** and **-re** verbs, the stems for the subjunctive are derived from the **ils/elles** and the **nous** forms of the present tense, just as is done for **-er** verbs. Add the regular subjunctive endings:

dormir	*finir*	*vendre*

Présent

ils dorment → dorm-	ils finissent → finiss-	ils vendent → vend-
nous dormons → dorm-	nous finissons → finiss-	nous vendons → vend-

Subjonctif

dormir	*finir*	*vendre*
je dorm**e**	je finiss**e**	je vend**e**
tu dorm**es**	tu finiss**es**	tu vend**es**
il / elle / on } dorm**e**	il / elle / on } finiss**e**	il / elle / on } vend**e**
ils / elles } dorm**ent**	ils / elles } finiss**ent**	ils / elles } vend**ent**
vous dorm**iez**	vous finiss**iez**	vous vend**iez**
nous dorm**ions**	nous finiss**ions**	nous vend**ions**

2. Pronunciation: As was the case for **-er** verbs, **-ir** and **-re** verbs have three spoken forms in the subjunctive; the singular forms of the subjunctive are pronounced like the third person plural; compare: **je pars**; **il faut que je parte**.

3. Many irregular verbs in **-ir** and **-re** have regular conjugations in the subjunctive:

	present tense	*stem*	
venir:	**ils viennent →**	**vienn-**	
	nous venons →	**ven-**	} + regular endings
prendre:	**ils prennent →**	**prenn-**	
	nous prenons →	**pren-**	

PRATIQUONS

A. Autorité. La mère de Nicolas lui donne toujours des ordres d'une manière indirecte mais son père est plus autoritaire. Changez les ordres et suggestions de sa mère pour les rendre plus directs.

MODÈLE: la mère: Tu devrais te lever de bonne heure.
—le père: Il faut que tu te lèves de bonne heure.

1. Tu peux sortir le chien.
2. Tu devrais partir avant huit heures.
3. Tu pourrais prendre le train.
4. Tu devrais descendre à la gare Saint-Lazare.
5. Tu peux attendre ta cousine près du bureau de renseignements.
6. Tu devrais écrire à Grand-mère.
7. Tu pourrais lire les annonces dans le journal.
8. Tu devrais réfléchir à ton rapport.
9. Tu devrais finir tes dessins.

B. Qu'est-ce que vous faites ce soir?

MODÈLE: préparer un examen
—Il est nécessaire (important, urgent) que je prépare un examen.
ou —Il faut que je prépare un examen.

1. écrire des lettres
2. finir un projet
3. lire un roman
4. sortir avec des amis
5. descendre en ville
6. traduire quelques pages de français
7. peindre les murs de ma chambre
8. se coucher de bonne heure

L'emploi des prépositions à et de avec l'infinitif

1. Many verbs in French may be followed directly by an infinitive. Some of these have special meanings:

aller: **Je vais prendre l'avion.** (le futur proche)
faire: **Ils feront monter les passagers.** (faire causatif)
devoir: **Nous devons attendre encore quinze minutes.**

Among the most frequently used verbs requiring no preposition before an infinitive are:

aller	**devoir**	**aimer**	**penser**
faire	**pouvoir**	**détester**	**savoir**
laisser	**vouloir**	**préférer**	**espérer**

2. Some verbs require the use of a preposition, either **à** or **de**, before an infinitive. The particular preposition must be memorized for each verb individually. Here are some of the most frequently used verbs.

These verbs, among others, require **à** before an infinitive:

aider à	*to help*
s'amuser à	*to have fun*
apprendre à	*to learn*
avoir du mal à	*to have trouble*
commencer à	*to begin*
enseigner à	*to teach*
s'habituer à	*to get used to*
s'intéresser à	*to be interested in*
inviter à	*to invite*
se mettre à	*to begin*
réussir à	*to succeed in, to manage to*
tenir à	*to insist on*

Exemples
Il apprend à faire du ski.
Il s'intéressait beaucoup à visiter les vieilles églises.
Il s'est mis à chanter.

These verbs, among others, require **de** before an infinitive:

accepter de	*to agree*
(s')arrêter de	*to stop*
avoir besoin de	*to need*
avoir envie de	*to want, to feel like*
avoir peur de	*to be afraid of*
conseiller de	*to advise*
décider de	*to decide*
demander de	*to ask*
se dépêcher de	*to hurry*
empêcher de	*to prevent from*
essayer de	*to try*
oublier de	*to forget*
promettre de	*to promise*
refuser de	*to refuse*
se souvenir de	*to remember*
venir de	*to have just (done something)*

Exemples
Arrêtez de parler!
Qu'est-ce que vous avez décidé de faire?
Dépêche-toi de prendre les billets!

3. In infinitive constructions with verbs requiring **à** or **de**, the object pronouns appear before the infinitive:

**Ils tiennent à parler
à l'agent de police.**   **Ils tiennent à *lui* parler.**

**Elles ont décidé de
prendre *la voiture*.**   **Elles ont décidé de *la* prendre.**

4. If the infinitive is negated, both negative elements appear before the infinitive:

Elle a peur de *ne pas* réussir à l'examen.
Je vous conseille de *ne jamais* y aller.

PRATIQUONS

A. **En voyage.** Refaites la phrase en ajoutant l'expression donnée.

MODÈLE: Nous attendons l'autobus. (décider de)
—Nous décidons d'attendre l'autobus.

1. Je conduis la voiture. (essayer de)
2. Elle prend l'autoroute. (décider de)
3. Ils s'arrêtent à Lyon. (promettre de)
4. Nous réparons la voiture. (oublier de)
5. Vous accompagnez les touristes? (refuser de)
6. Elles prennent un billet de première classe. (tenir à)
7. Ils mettent les bagages sous leur siège. (réussir à)
8. Les voyageurs se rendent à la porte d'embarquement. (commencer à)
9. Je trouve mon wagon. (avoir du mal à)

B. Répondez-y! À l'aide du verbe suggéré, faites une phrase qui continue la phrase donnée.

MODÈLE: Nous allons nous promener dans les bois. (conseiller de)
—Alors, je vous conseille de ramasser des champignons.

1. Les phares sont allumés. (oublier de)
2. Mes essuie-glaces sont cassés. (essayer de)
3. Ma voiture ne marche plus très bien. (conseiller de)
4. Le ciel est gris. (se mettre à)
5. J'ai acheté un nouvel appareil-photo et beaucoup de films. (s'intéresser à)
6. Nous aimerions aller en Chine. (avoir besoin de)
7. L'examen sera très difficile. (avoir du mal à)
8. L'avion va partir dans quelques minutes. (se dépêcher de)

C. Qui fait ça? Posez des questions à vos camarades de classe pour trouver les personnes qui savent faire ces activités.

MODÈLE: A: Est-ce que tu joues du piano?
B: —Oui, je sais jouer du piano.
ou —Non, mais j'apprends à jouer du piano.
ou —Non, mais j'ai envie de jouer du piano.

1. jouer de la guitare/du violon
2. faire du ski nautique/ de l'alpinisme
3. conduire une voiture
4. parler espagnol
5. écrire des histoires drôles
6. danser le reggae
7. taper à la machine
8. se servir de l'ordinateur

SITUATION

native

Retour au pays natal

C'est la fin de l'année universitaire. Koffi rentre chez lui en Côte d'Ivoire pour y passer les grandes vacances. Un copain l'amène à l'aéroport.

JULIEN: Tu as ton billet?
KOFFI: Oui, mais j'ai oublié de confirmer mon vol.

risquer de to run the risk of

JULIEN: Tu ne **risques** pas **de** te trouver sans place sur le vol?
KOFFI: Non, on m'a dit que l'avion ne serait pas plein aujourd'hui.
JULIEN: Tu as ta carte d'identité au moins?
KOFFI: Oui, et surtout mon passeport. Voyons, où se trouve le guichet d'enregistrement d'Air Afrique? Il faut que je choisisse une place

= faire

et que je **fasse** enregistrer mes bagages.

* * *

check-in process

*Plus tard, Koffi a terminé **les formalités d'enregistrement**.*

être prêt(e) à to be ready

JULIEN: Alors, tu **es prêt à** embarquer.
KOFFI: Oui, je dois seulement passer le contrôle de la police et le contrôle de sécurité.

JULIEN: Dépêche-toi de te rendre à la porte d'embarquement! On vient d'annoncer ton vol.

KOFFI: Je ne suis pas **pressé**. Mon vol **ne** part **que** dans une heure. **Au lieu d'**attendre à la porte d'embarquement, je préfère **prendre un verre** avec toi.

in a hurry/**ne** ... **que** only
instead of
to have a drink

* * *

Ensuite, au café de l'aéroport.

JULIEN: Alors, qu'est-ce que tu vas faire cet été?

KOFFI: Je vais rentrer au village où habite ma famille et je vais essayer de me réhabituer à la vie africaine.

JULIEN: Ça veut dire?

KOFFI: Changer **mon complet** européen contre **un boubou**, par exemple.

suit/(African) tunic

DISCUSSION

1. Pourquoi Julien et Koffi sont-ils à l'aéroport?
2. Pourquoi Koffi ne craint-il pas de ne pas trouver de place dans l'avion?
3. Qu'est-ce qu'il doit faire après avoir terminé [*after having finished*] les formalités d'enregistrement?
4. Qu'est-ce qu'il décide de faire au lieu de se dépêcher d'aller à la porte d'embarquement?
5. Qu'est-ce que Koffi va faire dans son village natal?

PRONONCIATION ET ORTHOGRAPHE

Ces deux étudiants africains se préparent à rentrer dans leur pays natal à la fin de l'année universitaire.

Le e instable devant les groupes /rj/ et /lj/

Unstable **e** is usually pronounced before the consonant groups /rj/ and /lj/:

de rien   le lieu

The group /rj/ occurs in particular in the **nous** and **vous** forms of the conditional:

nous serions   vous feriez   nous appellerions   vous fermeriez

Compare future and conditional forms:

nous serons vs. nous serions   vous arriverez vs. vous arriveriez

Leçon quarante et un

IN THIS LESSON:

* telephone vocabulary
* verbs conjugated like **recevoir**
* expressing doubt with the use of the subjunctive
* the passive construction

MOTS NOUVEAUX

Au téléphone

téléphoner	
donner un coup de téléphone	to make a phone call
la correspondante, le correspondant	party called
une opératrice, un opérateur	operator
un annuaire téléphonique	telephone directory
les renseignements	information
faire un appel interurbain	to make a long-distance call
un répondeur automatique	answering device

Quelques formules utiles:

La ligne est occupée.	The line's busy.
La ligne est en dérangement.	The line is out of service.
Ça sonne.	It's ringing.
Ça ne répond pas.	There's no answer.
Allô!	Hello!
Zut, j'ai fait le mauvais numéro!	Darn it, I dialed the wrong number!
Mais c'est le bon numéro.	But it's the right number.
Excusez-moi!	Sorry!
Qui est à l'appareil?	Who's calling?
C'est de la part de qui?	May I ask who is calling?
Je téléphone de la part de Mme Leroy.	I'm calling for Mrs. Leroy.
Ne quittez pas!	Hold the line!
Veuillez rappeler plus tard!	Please call back later!
Puis-je laisser un message?	May I leave a message?
Excusez-moi, je n'ai pas bien compris.	Excuse me, I didn't understand very well.
Voulez-vous répéter?	Could you repeat?
Veuillez répéter!	Please repeat!
Pouvez-vous parler plus lentement?	Could you speak more slowly?

Pour utiliser une cabine téléphonique:	To use a telephone booth:
Il faut obtenir de la monnaie.	You have to get change.
D'abord, décrochez le récepteur.	First lift the receiver.
Écoutez la tonalité.	Listen for the dial tone.
Ensuite mettez les pièces de monnaie dans la fente.	Then place the coins in the slot.
Enfin, composez le numéro.	Finally, dial the number.

PRATIQUONS

A. **La réponse logique.** Choisissez l'expression qui convient le mieux.

1. Allô, Françoise?
2. La ligne est occupée.
3. Ça ne répond pas.
4. J'ai besoin de donner un coup de fil au bureau.
5. Je ne connais pas leur numéro de téléphone.
6. Je voudrais parler au chef du personnel, s'il vous plaît.
7. Nous devons quitter la maison, mais nous attendons un coup de téléphone important.
8. J'ai mis une pièce de cinq francs. Qu'est-ce que je dois faire maintenant?
9. Zut, j'ai fait un mauvais numéro. Pourtant je l'ai trouvé dans l'annuaire.
10. Vous avez fait un mauvais numéro.

(a) Compose le numéro!
(b) C'est de la part de qui?
(c) Qui est à l'appareil?
(d) Consultez l'annuaire.
(e) Il vous faudrait un répondeur automatique.
(f) Rappelons plus tard!
(g) Sans doute il n'y a personne chez eux.
(h) Excusez-moi!
(i) Raccrochez et demandez le bon numéro aux renseignements.
(j) Il y a une cabine téléphonique tout près.

B. **Le savoir-dire** [*knowing what to say*] **au téléphone.** Qu'est-ce que vous dites quand . . .

MODÈLE: Vous composez un numéro de téléphone mais vous en obtenez un autre.
—Zut, j'ai fait le mauvais numéro.
ou —(à la personne qui répond) Excusez-moi, j'ai fait le mauvais numéro.

1. Le téléphone sonne mais personne ne répond.
2. Le téléphone ne sonne pas et il y a un bruit sur la ligne.
3. Vous décrochez le récepteur et quelqu'un dit: Allô?
4. Vous répondez au téléphone et vous découvrez que votre correspondant a fait le mauvais numéro.
5. Vous ne comprenez pas votre correspondant.
6. Votre correspondant parle trop vite.
7. On demande votre père mais il ne reviendra qu'à l'heure du dîner.

Ce petit garçon belge essaie de se servir du téléphone dans une cabine téléphonique à Namur.

C. Et ensuite. Qu'est-ce qu'on doit faire quand . . .

MODÈLE: on veut obtenir un numéro de téléphone qu'on ne
connaît pas.
—On regarde dans l'annuaire ou on demande aux
renseignements.

1. on est en ville et on a besoin de donner un coup de téléphone.
2. on ne trouve pas le numéro de quelqu'un dans l'annuaire.
3. on compose le numéro de son correspondant mais la ligne est occupée.
4. son correspondant ne comprend pas très bien.
5. dans une cabine téléphonique, on a mis une pièce de monnaie dans la fente de l'appareil.

PRÉSENTATION

Haïti

= les premiers habitants connus
à Haïti/evocative

Dans la langue **des Indiens arawak** Haïti voulait dire «terre de hautes montagnes». C'est ce nom **évocateur** que les esclaves révoltés ont donné à la première république noire du monde quand ils ont déclaré leur indépendance en 1804. Mais c'est aussi la prépondérance des montagnes et l'absence de grandes plaines fertiles qui, avec la surpopulation, est l'une des causes **du sous-développement** haïtien.

underdevelopment

kindness
égaler to equal
in the Americas/although
obtained/almost 200 years ago

Haïti est une terre de contrastes et un pays d'une rare beauté. Aussi, il est difficile de trouver des gens dont **la gentillesse** et l'hospitalité **égalent** celles des paysans haïtiens. Mais la république d'Haïti est aussi le pays le plus pauvre **des Amériques**. **Bien qu'**elle **ait obtenu** son indépendance politique **depuis bientôt deux siècles**, la nation haïtienne dépend de l'aide économique d'autres pays. Aussi son histoire est celle d'une série de gouvernements autoritaires dont les chefs ont pensé à leur **enrichissement personnel plutôt qu'au bien-être** de leur peuple.

personal gain/rather than
well-being

roots/current

C'est dans le système de la plantation coloniale qu'il faut chercher **les racines** des problèmes économiques et politiques **actuels** d'Haïti. Au milieu du 18e siècle la colonie française de Saint-Domingue méritait bien sa réputation de «perle des Antilles.» En 1763 la France a préféré **céder** tout le Canada à l'Angleterre pour garder cette petite

to give up

*Près de Port-au-Prince on trouve
des champs de canne à sucre. A
la récolte on transporte la canne
à sucre au petit train qui va la
mener à l'usine.*

colonie. Mais les richesses produites par la culture du sucre et du café étaient basées sur **l'esclavage**.　　　　　　　　　　　　slavery

La guerre d'indépendance haïtienne (1789–1804) a été accompagnée de la destruction des moyens de production. On estime à 50% les pertes en vies humaines parmi la population de couleur. La minorité blanche, qui comprenait la plupart des techniciens et des **cadres** administratifs, a été éliminée.　　　　　　　　　officials

Mais si Haïti est le territoire des Antilles le moins développé économiquement, c'est, par contre, celui où **a été créée** la culture la　was created
plus riche et la plus originale de la région. Sur les bases du catholicisme et **des croyances** héritées de l'Afrique, le peuple haïtien a construit　beliefs
une religion qui s'appelle **le vaudou**. Le français approximatif que　voodoo
les esclaves africains ont dû apprendre pour communiquer **entre eux**　among themselves
est devenu une vraie langue, le créole haïtien. C'est avec cette langue que ce peuple artistiquement **doué** et créateur exprime son riche　gifted
folklore.

Haïti dans la Mer des Caraïbes

Superficie:　29 000 km²
Population: 5,5 millions; pour la plupart, descendants d'esclaves
　　　　　　importés d'Afrique entre 1700 et 1790
Langue officielle: le français, mais environ 90% de la population
　　　　　　　　　ne parle que le créole haïtien
Richesse principale: le café
Relations avec les États-Unis: forte immigration commencée en
　　　　　　　　　　　　　1958; la population d'origine
　　　　　　　　　　　　　haïtienne est estimée à 500.000
　　　　　　　　　　　　　personnes vivant principalement à
　　　　　　　　　　　　　New York, Miami et Boston.

Jean-Jacques Dessalines, avec Toussaint Louverture et Henry Christophe, est l'un des trois fondateurs de la nation haïtienne.

CONNAISSANCE DU TEXTE

1. Depuis quand Haïti est-il un pays indépendant?
2. Comment les Haïtiens ont-ils obtenu leur indépendance? Contre qui se sont-ils battus?
3. Comment les planteurs français de Saint-Domingue ont-ils gagné beaucoup d'argent?
4. En 1763 la France a préféré céder le Canada à l'Angleterre pour garder Saint-Domingue. Pourquoi?
5. Quel rôle la prépondérance des montagnes joue-t-elle dans le sous-développement haïtien?
6. Comparez la proportion: nombre d'habitants/nombre de kilomètres carrés (km²) de superficie pour Haïti et pour la Côte d'Ivoire (voir la Leçon 40). Laquelle est la plus élevée?
7. Pendant la guerre d'indépendance haïtienne, qu'est-ce qui est arrivé aux esclaves noirs? À la minorité d'origine française?
8. Qu'est-ce que c'est que le vaudou? Quelle est son origine?
9. Qu'est-ce que c'est que le créole haïtien? Quelle est son origine?

NOTES GRAMMATICALES

Les verbes comme recevoir [to receive]

The verb **recevoir** shows a vowel change in the singular and the third person plural forms of the present indicative. The subjunctive is formed regularly, based on the **ils/elles** and **nous** forms of the present indicative. **Recevoir** has an irregular past participle and future stem:

singulier	pluriel
je reçois	nous recevons
tu reçois	vous recevez
il / elle / on } reçoit	ils / elles } reçoivent

Subjonctif: que je reçoive; que nous recevions

Passé composé: j'ai reçu
Futur: je recevrai

Other verbs like **recevoir** include:

apercevoir	to see, to perceive
s'apercevoir	to realize
décevoir	to disappoint, to deceive

PRATIQUONS

Pour Noël. Quelle sorte de cadeaux est-ce que ces gens reçoivent, d'après leurs goûts et intérêts?

MODÈLE: Annette adore lire.
     —Elle reçoit beaucoup de livres.

1. Pierre aime la musique.
2. Chantal répare sa voiture elle-même.
3. Les Julien voyagent beaucoup.
4. Je ne suis pas riche et en plus je ne travaille pas.
5. Mathieu s'intéresse beaucoup au théâtre.
6. Nous voulons devenir photographes.
7. Le petit Jean est très bon en musique; il aime beaucoup le violon mais il n'en a pas encore un.
8. Les Mercier ont décidé d'aller aux sports d'hiver.
9. Anne adore les sports nautiques.

Le subjonctif après les expressions de doute

1. The subjunctive must be used in a subordinate clause whenever the main clause expresses doubt about an event or its future accomplishment. Compare:

Je *suis sûr* qu'il *reviendra*.	*I'm sure he'll come back.*
but	
Je *doute* qu'il *revienne*.	*I doubt that he'll come back.*
Il *est probable* qu'elle *partira*.	*It's probable that she'll leave.*
but	
Il *est possible* qu'elle *parte*.	*It's possible that she'll leave.*

2. The following verbs or verb expressions imply doubt:

douter		to doubt	
il est possible } que		it is possible } that	
il se peut			

Doubt may also be expressed by the negative or interrogative form of verbs of certainty:

croire	*to believe*
penser	*to think*
être sûr(e), être certain(e)	*to be sure, certain*

Compare:

Je suis sûr que nous *sortons*.	*Je ne suis pas sûr* que nous *sortions*.
Nous pensons qu'il *retiendra* les places.	*Nous ne pensons pas* qu'il *retienne* les places.
Nous croyons qu'il *lit* le chinois.	*Croyez-vous* qu'il *lise* le chinois?

PRATIQUONS

Quelques contrastes. Mireille est très dynamique; elle adore sortir. Sa sœur Françoise est assez réservée et sérieuse; elle préfère rester chez elle le soir. À votre avis, que font-elles dans les situations suivantes?

MODÈLE: sortir vendredi soir?
—Je ne pense pas que Françoise sorte vendredi soir.
ou —Il est probable que Mireille sort(ira) vendredi soir.

1. sortir avec des amies
2. lire un roman samedi soir
3. retenir des places pour un concert de rock
4. prendre des leçons de disco
5. recevoir des invitations pour aller danser
6. boire du vin avant les repas
7. partir ce week-end
8. écrire des lettres dimanche matin

Le subjonctif des verbes irréguliers

1. A small number of verbs have a special stem for the present subjunctive. For example, the subjunctive stem of **faire** is **fass-**:

singulier	*pluriel*
je fas**se**	nous fass**ions**
tu fas**ses**	vous fass**iez**
il elle on } fas**se**	ils elles } fass**ent**

2. Other verbs with irregular subjunctive stems include:

pouvoir	**puiss-**	**Il est possible que tu** *puisses* **le faire.**
savoir	**sach-**	**Il se peut que je le** *sache*.
falloir	**faill-**	**Je ne pense pas qu'il** *faille* **le faire.**
pleuvoir	**pleuv-**	**Il se peut qu'il** *pleuve*.

3. **Avoir** and **être** have an irregular subjunctive stem and show spelling irregularities as well:

singulier	*pluriel*
j'aie	nous ayons
tu aies	vous ayez
il elle on } ait	ils elles } aient

singulier	*pluriel*
je sois	nous soyons
tu sois	vous soyez
il elle on } soit	ils elles } soient

4. For **aller** and **vouloir**, the special present subjunctive stem is not used in the **nous** and **vous** forms; these two forms are derived according to rule:

aller	aill-	**Il est nécessaire que tu** *ailles* **à la gare.**
nous allons	all-	**Il faut que nous y** *allions.*
vouloir	veuill-	**Il se peut qu'ils** *veuillent* **le réparer.**
nous voulons	voul-	**Il est possible que vous** *vouliez* **le prendre.**

PRATIQUONS

A. Un pessimiste. M. Legris est toujours pessimiste. Employez une expression de doute pour exprimer son pessimisme.

MODÈLE: Quelqu'un répondra au téléphone.
       —Il ne croit pas que quelqu'un réponde au téléphone.

1. L'opératrice répondra.
2. Nous obtiendrons ce numéro de téléphone.
3. L'employé voudra bien nous prêter un annuaire.
4. On peut utiliser des pièces de dix francs.
5. Je sais me servir de cet appareil.
6. On peut laisser un message à sa secrétaire.
7. C'est le bon numéro.
8. L'opérateur nous comprendra.

B. À vous. Que pensez-vous de votre avenir? Faites des phrases exprimant la certitude ou le doute.

MODÈLE: être riche
       —Je crois que je serai riche.
  ou —Je ne crois pas que je sois riche.

douter	il est possible	croire penser	il est probable	il est sûr il est certain

1. devenir avocat/médecin/ ingénieur/professeur
2. être riche
3. habiter à New York/ en Californie/au Texas
4. faire beaucoup de voyages
5. avoir beaucoup d'enfants
6. être sans travail
7. se servir de l'ordinateur
8. avoir un yacht

La construction passive

1. To state events without specifying any agents or causative forces, use the passive construction. Compare:

(a)	(b)
Les Espagnols ont éliminé les Indiens.	**Les Indiens ont été éliminés.**
The Spaniards eliminated the Indians.	*The Indians were eliminated.*
On a éliminé les Indiens.	
Someone eliminated the Indians.	

In the (a) sentences the agents are identified clearly as **les Espagnols** or the indefinite agent **on**. In the (b) sentence, no agent or causative force is identified. Thus, the passive construction is used to focus on an event itself, rather than on an agent or causative force.

2. To focus on the object, replace the active verb form with the corresponding form of **être** and the past participle of the active verb. For compound tenses such as the **passé composé**, be sure to use the appropriate compound form of **être** with the past participle of the passive verb. The object of the active sentence becomes the subject of the passive construction:

Présent:	**Les Espagnols** *éliminent* **les Indiens.**	**Les Indiens** *sont éliminés.*
Imparfait:	**Les Espagnols** *éliminaient* **les Indiens.**	**Les Indiens** *étaient éliminés.*
Futur:	**Les Espagnols** *élimineront* **les Indiens.**	**Les Indiens** *seront éliminés.*
Passé composé:	**Les Espagnols** *ont éliminé* **les Indiens.**	**Les Indiens** *ont été éliminés.*

3. Like all past participles occurring with **être**, those in passive sentences agree in number and gender with the subject:

Le port de Port-au-Prince **a été détruit.**
La ville du Cap Haïtien **avait été détruit**e.
Toutes les villes du Nord d'Haïti **avaient été détruit**es.

The verb **être** is conjugated with **avoir** in the **passé composé**; its past participle, **été**, does not change.

4. The agent or causative force may be specified in a passive sentence; a human agent is introduced by **par** and a non-human causative force by **par** or **de**, depending on the verb.

Toussaint Louverture a été fait prisonnier *par les Français.*
La route a été détruite *par le froid et les pluies.*
Le début du printemps sera accompagné *de grosses pluies.*

PRATIQUONS

A. **Forces mystérieuses.** Jouez le rôle du petit Pierre, un garçon turbulent [*mischievous*]. Quand quelque chose ne va pas, ce n'est jamais lui qui l'a fait, ce sont des forces mystérieuses.

MODÈLE: On a cassé la montre.
—Regarde, Maman, la montre a été cassée!

1. On a cassé les verres.
2. On a allumé toutes les lampes.
3. On a ouvert la porte du réfrigérateur.
4. On a mis mon vélo devant la porte.
5. On a jeté la serviette dans le lavabo.
6. On a mis les poissons rouges [*goldfish*] dans l'évier.
7. On a coupé les fleurs.
8. On a rempli la baignoire.

B. Identifions l'agent.

MODÈLES: Qui a changé les pneus?
—Les pneus ont été changés par le garagiste.

1. Qui a réparé la douche?   (a) le mécanicien
2. Qui a vérifié les freins?   (b) le garagiste
3. Qui a fait la piqûre?   (c) le plombier
4. Qui a coupé la viande?   (d) l'infirmier
5. Qui a fait le pain?   (e) le pharmacien
6. Qui a préparé le médicament?   (f) le boulanger
7. Qui a réparé le moteur?   (g) le boucher
8. Qui a dessiné la maison?   (h) l'architecte

SITUATION

Une excursion à la Citadelle Laferrière

*Yolande Métilus et une amie guadeloupéenne doivent aller au Cap Haïtien. Elles **comptent** visiter la Citadelle Laferrière. Ce site historique célèbre est une ancienne forteresse située près du Cap Haïtien.* — **compter** to plan

PASCALE: Tu crois qu'on pourra aller en voiture jusqu'à la Citadelle?
YOLANDE: Je ne sais pas.
PASCALE: On dit que la route qui mène à la forteresse a été détruite par de grosses pluies.
YOLANDE: C'est possible. J'ai essayé de téléphoner à des amis au Cap mais leur ligne sonne toujours occupée.
PASCALE: Penses-tu que leur ligne soit en dérangement?
YOLANDE: C'est probable mais **il n'y a pas moyen** de vérifier. — there's no way
PASCALE: Si tu téléphonais à l'un des hôtels? Il est possible qu'ils sachent si la route de la Citadelle est toujours ouverte.
YOLANDE: **En tout cas**, même s'il a plu, nous pourrons aller facilement à quelques kilomètres de la Citadelle avec une jeep. — in any case
PASCALE: Et après, **comment ferons-nous**? — what will we do?
YOLANDE: Il faudra continuer le chemin à cheval.
PASCALE: Ce n'est pas trop dangereux?
YOLANDE: Il n'y a rien à craindre. Ce sont de vieux chevaux très fatigués. Ils ne marchent pas très vite et tu ne risques pas de tomber.
PASCALE: **C'est que...** je ne sais pas **monter à cheval**. — It's just that.../= **faire du cheval**
YOLANDE: Tu apprendras vite. Mais on peut toujours grimper **le sentier** qui mène à la forteresse à pied. — path
PASCALE: Oui, c'est peut-être **plus sûr**. — safer

NOTES CULTURELLES

Le Cap Haïtien (Le Cap). C'est la deuxième ville d'Haïti par sa population, avec 50.000 habitants contre un million pour la capitale, Port-au-Prince.

La Citadelle Laferrière. Construite après l'indépendance d'Haïti par l'Empereur Christophe, cette forteresse est située sur une montagne qui domine la région du Cap Haïtien. Elle devait défendre le pays contre de nouvelles attaques des Français. Henry Christophe est, avec Toussaint Louverture (le George Washington haïtien) et Jean-Jacques Dessalines, l'un des trois fondateurs de la nation haïtienne. Ces trois anciens [*former*] esclaves ont été les chefs des troupes révolutionnaires qui ont battu les soldats de Napoléon.

DISCUSSION

1. Qu'est-ce que Pascale et Yolande vont visiter?
2. Qu'est-ce que c'est que la Citadelle Laferrière?
3. Pourquoi Yolande n'a-t-elle pas pu téléphoner à ses amis du Cap Haïtien?
4. Pourquoi Pascale et Yolande ne pourront-elles probablement pas aller à la Citadelle Laferrière en voiture?
5. Si elles y allaient, comment feraient-elles pour monter jusqu'à la Citadelle?
6. Qu'est-ce que Pascale craint?

PRONONCIATION ET ORTHOGRAPHE

Non-aspiration de /p/, /t/, et /k/

Place the palm of your hand in front of your mouth as you say English "Pa," "ton," and "key." You will note that a strong puff of air strikes the palm of your hand as you say these words. In English, /p/, /t/, and /k/ are produced with aspiration (a puff of air) at the beginning of a word or before a stressed vowel, but in French these same consonants are never aspirated. Practice saying French **pas**, **ton**, and **qui** until no puff of air strikes your palm.

Leçon quarante-deux

IN THIS LESSON:

- additional shopping vocabulary
- the subjunctive with verbs and expressions of wishes and emotion
- the relative pronouns **ce qui**, **ce que** and **ce dont** as equivalents of "what"

MOTS NOUVEAUX

Au grand magasin

Excusez-moi, où se trouve	
le rayon des vêtements pour hommes?	menswear department
le rayon des vêtements pour dames?	ladies' department
le rayon des jouets?	toy department
le rayon des équipements de sport?	sporting goods department
le rayon des chaussures?	shoe department
Le rayon des chaussures est au premier étage.	

Au rayon des chaussures:

Ces bottes sont **en solde**.	on sale
Voulez-vous les essayer?	
Quelle est votre **pointure**?	shoe size (f.)
Je fais du 38.	I wear a size 38.
Elles sont un peu **justes**.	tight
Je peux les **échanger**?	to exchange
Le magasin ne **reprend** pas la marchandise.	**reprendre** to take back

Au rayon des vêtements pour dames/pour hommes:

Je cherche **un tailleur**.	woman's suit
un costume.	man's suit
Quelle est votre **taille**?	size (f.)

Dans **la cabine d'essayage**:

	dressing room
Comment trouves-tu ce tailleur?	How do you like this suit?
Il a l'air de t'aller très bien.	It looks very good on you.
Il te va très bien.	
Je le trouve un peu long.	
un peu **juste**.	tight
On peut faire **des retouches**.	minor alterations (f.)

On peut **raccourcir** la jupe.
      le pantalon.
   élargir **la veste**.
Quel est le prix? Je ne voudrais pas
dépenser beaucoup.
Il est marqué sur **l'étiquette**.
Trois cents francs, c'est **bon marché**.
En effet, c'est **une bonne affaire**.
Voulez-vous payer par chèque,
   en espèces ou
   par carte de crédit?

to shorten

to widen/jacket

to spend
price tag (f.)
inexpensive
bargain

cash

PRATIQUONS

Au grand magasin. Choisissez la phrase qui serait la meilleure réponse.

1. Cette jupe te va?
2. Je voudrais acheter une paire de bottes.
3. Cet anorak est très bon marché!
4. J'ai besoin de plusieurs chemises.
5. Je voudrais acheter un cadeau pour mon petit neveu.
6. J'ai besoin d'une raquette de tennis et d'un ballon de rugby.
7. Combien coûte ce parapluie?
8. Le pantalon est un peu trop long.

(a) Oui, il est en solde.
(b) Quelle est votre taille?
(c) Descends au rayon des jouets.
(d) Non, elle est trop juste.
(e) Regarde sur l'étiquette!
(f) Quelle est votre pointure?
(g) Le rayon des équipements de sport est au rez-de-chaussée.
(h) On peut toujours le raccourcir.

Les poids et les mesures

weights and sizes

Combien est-ce que tu **pèses**?
Combien est-ce que tu mesures?
 un mètre (m)
 un centimètre (cm)
 un kilo(gramme) (kg)

peser to weigh
How tall are you?
meter
centimeter
kilogram

Quelques comparaisons de mesures et de poids:

mesure		poids	
1 m 50	5′	45 kg	100 lbs.
1 m 55	5′2″	49 kg	110 lbs.
1 m 60	5′4″	54 kg	120 lbs.
1 m 65	5′6″	58 kg	130 lbs.
1 m 70	5′8″	63 kg	140 lbs.
1 m 76	5′10″	68 kg	150 lbs.
1 m 83	6′	80 kg	175 lbs.
1 m 90	6′3″	90 kg	200 lbs.
2 m	6′7″	100 kg	220 lbs.

Les bijoux et les accessoires

une montre

une bague

un bracelet

un collier

une paire
de boucles
d'oreilles (f.)

une cravate

une ceinture

un mouchoir

un porte-feuille

un sac à main

PRATIQUONS

Ensembles. Cherchez un accessoire qui va avec le vêtement ou l'autre accessoire.

MODÈLE: —Je cherche un bracelet pour aller avec ce collier.

1. les chaussures
2. le collier
3. le costume
4. l'imperméable
5. le manteau
6. le pardessus
7. la jupe
8. la robe
9. le pantalon

(a) le bracelet
(b) la ceinture
(c) le chapeau
(d) les chaussettes
(e) la cravate
(f) le sac
(g) l'écharpe
(h) le chemisier
(i) les gants
(j) le collier

PRÉSENTATION

Le Québec

Aujourd'hui, **sur** les 24 millions d'habitants du Canada, plus de six millions sont d'origine française. Ces Franco-Canadiens sont les descendants des Français qui ont établi une colonie sur **les bords** du fleuve Saint-Laurent en 1608. Aujourd'hui encore on retrouve d'**importantes** minorités francophones au Canada comme, par exemple, au Nouveau-Brunswick et dans **la Nouvelle-Écosse**.

out of

bank

sizable
Nova Scotia

however

in spite of
close

trade
what
s'agir de to have to do with
far-reaching

entreprendre to undertake
care
spread
by means of

laws/to introduce

Bill 101
nevertheless

Cependant, le Québec est la seule province où la majorité de la population est francophone.

Malgré leur isolement géographique, les Québécois francophones ont gardé des liens **étroits** avec la France. Mais ils ont dû se battre pour conserver leur langue et leur culture. Au moment de la colonisation britannique, les Québécois ont perdu le contrôle de l'administration et **du commerce** et ils sont restés une population surtout rurale.

Vers 1960 les Québécois francophones ont connu **ce qu**'ils appellent «la Révolution tranquille.» Il **s'agit d**'un grand développement économique accompagné de changements sociaux et politiques **profonds**. L'Église catholique, qui a dominé la vie québécoise pendant des siècles, joue maintenant un rôle moins important. Le gouvernement québécois a établi un système de mesures sociales très ambitieux. Il **a entrepris** la nationalisation de quelques secteurs, par exemple, l'énergie et **les soins** médicaux. Le gouvernement a aussi essayé d'encourager le développement et **la diffusion** de la culture québécoise **à travers** la littérature, le théâtre et la chanson. Enfin, il a donné une grande importance à la langue française en faisant **des lois** pour **insérer** le français dans la vie économique—les banques, les bureaux, les usines.

C'est la **loi 101** qui, en 1977, a fait du français la langue officielle du Québec. **Néanmoins**, tous les documents officiels du gouverne-

La chute d'eau de Montmorency, un des beaux sites naturels de la province du Québec.

ment sont **diffusés** en anglais **aussi bien qu'**en français et les droits linguistiques de la minorité anglophone sont garantis.

published/as well as

Après la victoire du Parti Indépendantiste en 1976, on a pensé à l'étranger que le Québec allait se séparer des autres provinces du Canada. Mais les Québécois préfèrent les évolutions graduelles et les révolutions tranquilles. Il semble **plutôt** que «la Belle Province» cherche un compromis entre l'autonomie et la participation entière à la Confédération canadienne.

instead

CONNAISSANCE DU TEXTE

1. Quelle est l'origine des Franco-Canadiens?
2. Les Franco-Canadiens habitent-ils tous au Québec?
3. Comment les Québécois francophones ont-ils pu conserver leur langue et leur culture?
4. Après la colonisation par les Anglais, quels domaines d'utilisation la langue française a-t-elle perdus?
5. Qu'est-ce que c'est que la Révolution tranquille? Quand a-t-elle eu lieu?

Le centre-ville de Montréal avec ses grandes tours modernes et, au fond, la colline du Mont-Royal.

6. Quels changements ont eu lieu dans le domaine de l'éducation?
7. Qu'est-ce que le gouvernement a fait pour encourager le maintien du français dans les secteurs de la vie économique?
8. Le Canada est un état officiellement bilingue, l'anglais et le français étant tous les deux des langues officielles. La situation linguistique est-elle la même au Québec?
9. Est-il possible que le Québec devienne un état indépendant?

NOTES GRAMMATICALES

Le subjonctif après les verbes de volonté

1. Use the subjunctive when the verb of the main clause expresses a desire or wish:

Je *sais* que Marie-Louise *fait* les courses.	*I know that Marie-Louise does the errands.*
mais **J'*aimerais* que Marie-Louise *fasse* les courses.**	*I would like for Marie-Louise to do the errands.*
Elle *dit* que nous *allons* à Paris.	*She says that we're going to Paris.*
mais **Elle *demande* que nous *allions* à Paris.**	*She asks that we go to Paris.*

2. These verbs and expressions of wishing and wanting, among others, take the subjunctive:

aimer	*to like*
aimer mieux / **préférer**	*to prefer*
il est préférable	*it is preferable*
vouloir	*to want*
souhaiter	*to wish*
trouver { **bon** / **souhaitable** }	*to find desirable*
désirer	*to wish, desire*
demander	*to ask*
exiger	*to require*

3. Use the subjunctive only when the main and the subordinate clauses have different subjects. Compare:

Il veut partir.	*He wants to leave.*
Il veut qu'elle parte.	*He wants her to leave.*

PRATIQUONS

A. **Moi aussi.**

MODÈLE: Pierre aimerait obtenir de l'argent.
—Moi aussi, j'aimerais qu'il obtienne de l'argent.

1. Solange veut sortir ce soir.
2. Le petit Pierre voudrait aller chez lui.
3. Nous préférons faire la vaisselle.
4. Le mécanicien souhaite finir cette réparation ce soir.
5. Les enfants souhaitent revenir demain.
6. Paul aimerait bien être là demain.
7. Henriette et Joëlle aimeraient apprendre le portugais.
8. Jean-Claude désire recevoir une bonne note.

B. **Père et fils.** Le père de Jacques l'aime beaucoup mais il est aussi un peu autoritaire. Jouez le rôle du père.

MODÈLES: être prudent quand tu conduis la Rolls-Royce
—Je veux que tu sois prudent quand tu conduis la Rolls-Royce.
devenir ingénieur
—Je souhaite que tu deviennes ingénieur.

1. sortir moins souvent
2. faire des économies
3. retenir une place d'avion pour les vacances de Pâques
4. apprendre l'anglais
5. écrire plus souvent à tes grands-parents
6. obéir à tes parents
7. réfléchir à ton avenir
8. réussir à tes examens
9. obtenir ton diplôme
10. devenir médecin ou avocat

Le subjonctif après les verbes et expressions d'émotion

1. Use the subjunctive when the verb of the main clause expresses feelings of anger, joy, sadness, fear, etc. Compare:

Je *suis sûr* que vous le *ferez.*	*I'm sure that you'll do it.*
Je *suis heureux* que vous le *fassiez.*	*I'm happy that you're doing it.*

2. Verbs and expressions of emotion include:

être heureux/content/enchanté	to be happy/glad/delighted
être surpris, étonné	to be surprised
il est étonnant	it's surprising
être triste	to be sad
regretter	to regret, to be sorry
être désolé	to be sorry
il est malheureux/dommage/normal	it's unfortunate/too bad/to be expected
être furieux	to be angry
avoir peur	to be afraid
craindre	to fear

3. When the subject of the main clause and the subordinate clause are the same, use **de**+the infinitive. Compare:

Je suis heureux. Anne est à Paris.	→Je suis heureux *qu'Anne soit à Paris.*
Je suis heureux. Je suis à Paris.	→Je suis heureux *d'être à Paris.*
Anne est heureuse. Elle est à Paris.	→**Anne est heureuse** *d'être à Paris.*

PRATIQUONS

A. **Combinez les phrases.**

MODÈLES: Isabelle est triste. Elle n'a plus d'argent.
—Isabelle est triste de ne plus avoir d'argent.
Je suis étonné. Isabelle n'a plus d'argent.
—Je suis étonné qu'Isabelle n'ait plus d'argent.

1. Je suis surpris. Vous achetez ces bottes.
2. Je suis surpris. Je peux comprendre les vendeuses.
3. Marc est furieux. Il attend sa femme.
4. Marc est furieux. Sa femme ne l'attend pas.
5. Jacqueline est contente. Ce tailleur lui va bien.
6. Jacqueline est contente. Elle va au grand magasin.
7. Marc a peur. Les clients ne prendront rien.
8. Marc a peur. Il ne vendra rien.
9. Lise est étonnée. Cette cravate est très chère.
10. Lise est étonnée. Elle doit payer tant d'argent.

B. **En classe.** Qu'est-ce que vous en pensez?

MODÈLE: Il y aura un examen lundi.
—Il est malheureux qu'il y ait un examen lundi.
ou —Je suis surpris(e) qu'il y ait un examen lundi.
ou —Il est normal qu'il y ait un examen lundi.

1. Il n'y aura pas de cours vendredi.
2. Les notes du dernier examen sont excellentes.
3. Nous parlerons seulement français en classe.
4. Quelques étudiants veulent répondre en anglais.
5. Le professeur est très sympathique.
6. Nous ferons des exercices difficiles.
7. On fera des sketchs en classe.
8. Nous ne fumerons pas en classe.

Les pronoms relatifs ce qui, ce que, ce dont

1. **Ce qui** and **ce que** function like the relative pronouns **qui** and **que**, but they refer to an unspecified object:

Elle nous montre *le paquet* **qui est arrivé hier.**	*She's showing us the package that arrived yesterday.*
mais **Elle nous montre** *ce qui* **est arrivé hier.**	*She's showing us what arrived yesterday.*

Je connais *la maison* **que vous cherchez.**	*I know the house you're looking for.*
mais **Je sais** *ce que* **vous cherchez.**	*I know what you're looking for.*

In the sentences above, **ce qui** functions as the subject of the relative clause, and **ce que** as the direct object.

2. **Ce** may also occur with **dont**:

Nous connaissons *le village* **dont ils parlent.**	*We know the village they're talking about.*
mais **Nous savons** *ce* **dont ils parlent.**	*We know what they're talking about.*

3. Sentences containing **ce qui**, **ce que**, and **ce dont** are often emphatic forms of sentences containing the indefinite pronouns **ça**, **cela**, and **ceci** [*this*]:

Je sais *ça.*	{ *C'est ce que* **je sais.** *Voilà ce que* **je sais.**
C'est arrivé hier.	*C'est ce qui* **est arrivé hier.**
Ils se servent de *ceci.*	*Voilà ce dont* **ils se servent.**

4. In Lesson 30 you learned to form indirect questions with various question words:

Direct	*Indirect*
Pourquoi êtes-vous restés?	**Il demande pourquoi vous êtes restés.**

To form indirect questions with **qu'est-ce qui** and **qu'est-ce que**, use **ce qui** and **ce que**, respectively:

Qu'est-ce qui **se passe?**	**Il veut savoir** *ce qui* **se passe.**
Qu'est-ce que **vous dites?**	**Il veut savoir** *ce que* **vous dites.**

PRATIQUONS

A. **Le voilà!** Le petit Nicolas veut tout montrer.

MODÈLES: Ça me fait mal.
—Voilà ce qui me fait mal.
J'ai acheté ça.
—Voilà ce que j'ai acheté.

1. Cela m'a réveillé.
2. Ça, c'est très bon.
3. J'ai trouvé ça.
4. Maman m'a fait ça.
5. J'ai dessiné ça.
6. Je n'ai pas pu manger ça.
7. J'ai besoin de ça.
8. J'ai envie de ça.

B. **Définitions.** Comment est-ce qu'on emploie ces objets qu'on trouve à la maison?

MODÈLE: un magnétophone
—C'est ce qu'il faut pour écouter des cassettes.

1. une chaîne-stéréo
2. une calculatrice
3. une poêle
4. un lave-vaisselle
5. un couteau
6. un projecteur
7. un appareil-photo
8. une machine à coudre

C. **À vous.** Posez des questions pour connaître les préférences des camarades ou du professeur.

MODÈLE: Qu'est-ce que vous aimez faire le week-end?
—Je voudrais savoir ce que vous aimez faire le week-end.

1. Qu'est-ce qui vous intéresse le plus?
2. Qu'est-ce qui vous ennuie le plus?
3. Qu'est-ce que vous préférez faire le soir?
4. Qu'est-ce que vous détestez faire?
5. Qu'est-ce que vous avez fait hier soir?

SITUATION

Aux Galeries Lafayette

*Véronique et Yvette ont besoin d'acheter des vêtements. Elles quittent leur bureau un peu plus tôt et elles **se retrouvent** devant les Galeries Lafayette, un des meilleurs grands magasins de Paris. Elles montent au rayon «**mode vingt ans**».*

se retrouver to meet each other
style, fashion

LA VENDEUSE: Bonjour, mesdemoiselles. Vous désirez voir quelque chose?
VÉRONIQUE: Oui, je cherche un tailleur.
LA VENDEUSE: Très bien. Quelle taille, quel **genre** et quelle couleur?

style

VÉRONIQUE: Un trente-huit. Avez-vous quelque chose dans le genre sport, en gris ou en bleu?
LA VENDEUSE: Essayez ces deux tailleurs-ci.

* * *

Véronique et Yvette vont dans la cabine d'essayage.

VÉRONIQUE: Qu'est-ce que tu en penses, Yvette? Je prends le bleu ou le gris?

the gray one

YVETTE: Moi, je trouve que le tailleur bleu est plus joli que **le gris**.
VÉRONIQUE: Tu ne penses pas que la jupe soit un peu trop longue?
YVETTE: Si, mais ils peuvent la raccourcir.

* * *

VÉRONIQUE: Le tailleur bleu coûte combien?
LA VENDEUSE: Il est bon marché, 675 francs seulement.
VÉRONIQUE: Le prix comprend les retouches?

free of charge

LA VENDEUSE: Non, je regrette. Nous ne les faisons pas **gratuitement** pour les articles en solde.

anyway

VÉRONIQUE: Bon, je le prends **quand même**.

DISCUSSION

1. De quoi Véronique et Yvette ont-elles besoin?
2. Qu'est-ce que Véronique cherche?
3. Pourquoi Véronique et Yvette vont-elles dans la cabine d'essayage?
4. Pourquoi Véronique hésite-t-elle à acheter le tailleur bleu?
5. Qu'est-ce qu'Yvette lui suggère?
6. Pourquoi le magasin ne fera-t-il pas les retouches gratuitement?

NOTES CULTURELLES

Les Galeries Lafayette. Les Galeries, avec Le Printemps et La Samaritaine, est un des grands magasins les plus importants de Paris.

PRONONCIATION ET ORTHOGRAPHE

Les homophones

1. Many French words with identical pronunciation are spelled differently. To write these correctly, it is important to associate them with related words. The final consonant that is absent in the pronunciation of the base word is pronounced in the related word. Compare:

   cen**t**   une cen**t**aine   le san**g**   le groupe san**gu**in
                                                               [*blood type*]

   le ven**t**   un ven**t**ilateur [*fan*]   il ven**d**   un ven**d**eur

2. The final consonant may also appear when the word is placed before a vowel:

   san**s**   san**s**‿argent   dan**s**   dan**s**‿un an

   cen**t**   cen**t**‿ans   il ven**d**   ven**d**‿il

3. Compare the following homophones. The first contains a liaison consonant that can be heard in a related word or in liaison; the second does not contain a final consonant.

   le moi**s**   (men**s**uel)   vs.   moi

   rou**x**   (rou**ss**e)   vs.   la roue

   ils son**t**   (ils son**t**‿ici)   vs.   le son

Un pas de plus

RÉVISION

A. Pourquoi?

MODÈLE: Jean va dans un magasin de chaussures.
—Il est probable qu'il s'achète une paire de bottes.
ou —Il a besoin de chaussures.

1. M. Leroy entre dans une épicerie.
2. Mme Marchand va au rayon des équipements de sport.
3. Mlle Ducastel doit aller à la boulangerie.
4. Jeanne et son amie vont au rayon des vêtements pour dames.
5. André entre dans une charcuterie.
6. Louis et Colette entrent dans une pharmacie.
7. Les Mercier se rendent au rayon des vêtements pour hommes.
8. Nicole et Solange vont dans une papeterie.
9. Les Santoni se rendent au rayon des jouets.

B. Contrôles. Que diriez-vous dans les situations suivantes?

MODÈLE: Vous êtes un employé de l'immigration. Un passager se rend à la porte d'embarquement.
—Pourriez-vous me montrer votre passeport et votre carte d'embarquement, s'il vous plaît?

1. Vous êtes le contrôleur du T.G.V. Vous faites le contrôle des billets.
2. Vous êtes un(e) employé(e) d'Air France. La porte d'embarquement d'un vol est ouverte et les passagers se présentent.
3. Vous êtes hôtesse de l'air/steward dans un avion. Dans la section non-fumeurs un passager est en train de fumer.
4. Au contrôle de la douane, vous êtes un(e) employé(e) de la douane. Vous voulez voir ce qu'il y a dans la valise d'un passager.
5. Vous êtes le client dans un magasin de chaussures. Vous voulez vérifier le prix d'une paire de bottes que la vendeuse est en train d'envelopper [is wrapping].
6. Le téléphone sonne. Vous répondez mais vous voudriez éteindre votre télé pour pouvoir mieux entendre.
7. Vous êtes un agent de police. Un chauffeur vient de passer au feu rouge. Vous lui dites de s'arrêter.
8. Dans un magasin, vous voulez essayer un tailleur ou un costume.

C. Suite logique. Choisissez un verbe dans la liste pour répondre logiquement. Pour vous aider, nous donnons le complément d'une phrase possible.

apercevoir	prévenir
s'apercevoir	se rappeler
boire	recevoir
décevoir	retenir
habiter	se souvenir

MODÈLE: Vous êtes sûr de pouvoir partir demain sur le vol 404?
(une place)
—Oui, j'ai retenu une place.

1. Marie-Chantal s'est cassé la jambe! (le médecin)
2. Patrice a oublié d'acheter des fleurs pour l'anniversaire de sa femme. (rien)
3. Le facteur vient souvent chez les Poirier. (beaucoup de courrier)
4. Médor, le chien, est furieux. (un chat)
5. Au milieu de l'examen, Brigitte s'est énervée. (faire une faute importante)
6. Les spectateurs n'ont pas beaucoup applaudi. (le jeu des acteurs)
7. Il fait très chaud au soleil. (quelque chose)
8. Il faut une heure à Daniel pour venir à l'université le matin. (loin)

D. **Contrastes.** La mère de Robert est optimiste mais son père est pessimiste. Quelles sont leurs réactions aux situations suivantes? Employez ces verbes ou expressions: **avoir peur**, **craindre**, **douter**, **être sûr**, **être certain**.

MODÈLE: Robert sort avec la voiture ce soir. (avoir un accident)
—Son père craint qu'il ait un accident.
—Sa mère est certaine qu'il n'aura pas d'accident.

1. Robert va passer ses examens. (réussir)
2. Robert a fait une demande pour un poste très intéressant. (obtenir)
3. Robert doit aller au théâtre avec des amis. (retenir)
4. Robert aime jouer aux cartes. (perdre)
5. Robert va aller à une boum. (boire)
6. Robert travaille dans un magasin de vêtements pour hommes. (vendre)
7. Dimanche, Robert doit faire du camping. (pleuvoir) (faire froid)

E. **Votre connaissance de l'histoire.**

MODÈLE: Qu'est-ce qui s'est passé en France en 1789?
—Je sais ce qui s'est passé en 1789—la Révolution française a commencé.
ou —Je ne sais pas ce qui s'est passé en 1789.

1. Qu'est-ce qui s'est passé au Québec en 1608?
2. Qu'est-ce qui s'est passé en Amérique en 1776?
3. Qu'est-ce qui s'est passé en Haïti en 1789?
4. Qu'est-ce qui s'est passé en Haïti en 1804?

MODÈLE: Qu'est-ce que Toussaint Louverture a fait?
　　　　—Je sais ce qu'il a fait. Il s'est battu contre les troupes françaises à Saint-Domingue.
　　　　ou —Je ne sais pas ce qu'il a fait.

5. Qu'est-ce que Samuel de Champlain a fait?
6. Qu'est-ce que Christophe Colomb a découvert?
7. Qu'est-ce qu'Henry Christophe a fait construire?
8. Qu'est-ce que Félix Houphouët-Boigny a fait?

F. **Points de vue.** Choisissez l'événement et la date appropriés à l'agent. Faites des phrases pour **souligner** [*to underscore*] l'événement, l'agent ou la date.

Evénement:　—**La peinture impressionniste** a été lancée par Manet.

　　　　　　—**La peinture impressionniste** a été lancée vers 1850.

Agent précis:—C'est **Manet** qui a lancé la peinture impressionniste.

Agent vague:—**On** a lancé la peinture impressionniste vers 1850.

Date:　　　　—C'est **vers 1850** que Manet a lancé la peinture impressionniste.

Manet	Colonisation de la Gaule	1er siècle
Christophe Colomb	Colonisation de l'Afrique	1492
Napoléon 1er	occidentale	1600
Toussaint	Découverte de l'Amérique	1680–82
Louverture,	Fondation de la Nouvelle-	1789
Jean-Jacques	France	1790–1803
Dessalines et	Destruction de l'Ancien	1803
Henry Christophe	Régime	1850
La Salle	Libération des esclaves	fin du 19^e
Champlain	noirs à Saint-Domingue	siècle
les Romains	Vente de la Louisiane	
les Français	Lancement de la peinture	
les forces	impressionniste	
révolutionnaires	Exploration de la région	
	des Grands Lacs	

G. **Parlons de vous.** Avec un(e) camarade de classe, complétez les phrases suivantes. Employez un infinitif. Comparez vos réponses.

1. Je m'intéresse le plus à . . .
2. J'ai du mal à . . .
3. Je devrais m'arrêter de . . .
4. J'ai peur de . . .
5. Je voudrais apprendre à . . .
6. Je sais bien . . .
7. J'oublie toujours de . . .

Verbes réguliers

	VERBES -*er*	VERBES -*ir*/-*iss*	VERBES -*ir*	VERBES -*re*	VERBES PRONOMINAUX
INFINITIF	**regarder** *to look at*	**finir** *to finish*	**partir** *to leave*	**vendre** *to sell*	**se laver** *to wash oneself*
PRÉSENT DE L'INDICATIF	je regarde tu regardes il regarde nous regardons vous regardez ils regardent	je finis tu finis il finit nous finissons vous finissez ils finissent	je pars tu pars il part nous partons vous partez ils partent	je vends tu vends il vend nous vendons vous vendez ils vendent	je me lave tu te laves il se lave nous nous lavons vous vous lavez ils se lavent
IMPÉRATIF	regarde regardons regardez	finis finissons finissez	pars partons partez	vends vendons vendez	lave-toi lavons-nous lavez-vous
PARTICIPE PRÉSENT	regardant	finissant	partant	vendant	se lavant
IMPARFAIT	je regardais tu regardais il regardait nous regardions vous regardiez ils regardaient	je finissais tu finissais il finissait nous finissions vous finissiez ils finissaient	je partais tu partais il partait nous partions vous partiez ils partaient	je vendais tu vendais il vendait nous vendions vous vendiez ils vendaient	je me lavais tu te lavais il se lavait nous nous lavions vous vous laviez ils se lavaient
PRÉSENT DU SUBJONCTIF	que je regarde que tu regardes qu'il regarde que nous regardions que vous regardiez qu'ils regardent	que je finisse que tu finisses qu'il finisse que nous finissions que vous finissiez qu'ils finissent	que je parte que tu partes qu'il parte que nous partions que vous partiez qu'ils partent	que je vende que tu vendes qu'il vende que nous vendions que vous vendiez qu'ils vendent	que je me lave que tu te laves qu'il se lave que nous nous lavions que vous vous laviez qu'ils se lavent
FUTUR	je regarderai tu regarderas il regardera nous regarderons vous regarderez ils regarderont	je finirai tu finiras il finira nous finirons vous finirez ils finiront	je partirai tu partiras il partira nous partirons vous partirez ils partiront	je vendrai tu vendras il vendra nous vendrons vous vendrez ils vendront	je me laverai tu te laveras il se lavera nous nous laverons vous vous laverez ils se laveront
CONDITIONNEL	je regarderais tu regarderais il regarderait nous regarderions vous regarderiez ils regarderaient	je finirais tu finirais il finirait nous finirions vous finiriez ils finiraient	je partirais tu partirais il partirait nous partirions vous partiriez ils partiraient	je vendrais tu vendrais il vendrait nous vendrions vous vendriez ils vendraient	je me laverais tu te laverais il se laverait nous nous laverions vous vous laveriez ils se laveraient
PARTICIPE PASSÉ	regardé	fini	parti	vendu	lavé
PASSÉ COMPOSÉ	j'ai regardé tu as regardé il a regardé nous avons regardé vous avez regardé ils ont regardé	j'ai fini tu as fini il a fini nous avons fini vous avez fini ils ont fini	je suis parti(e) tu es parti(e) il est parti elle est partie nous sommes parti(e)s vous êtes parti(e)(s) ils sont partis elles sont parties	j'ai vendu tu as vendu il a vendu nous avons vendu vous avez vendu ils ont vendu	je me suis lavé(e) tu t'es lavé(e) il s'est lavé elle s'est lavée nous nous sommes lavé(e)s vous vous êtes lavé(e)(s) ils se sont lavés elles se sont lavées

	VERBES -er	VERBES -ir/-iss	VERBES -ir	VERBES -re	VERBES PRONOMINAUX
INFINITIF	**regarder** *to look at*	**finir** *to finish*	**partir** *to leave*	**vendre** *to sell*	**se laver** *to wash oneself*
PLUS-QUE-PARFAIT	j'avais regardé tu avais regardé il avait regardé nous avions regardé vous aviez regardé ils avaient regardé	j'avais fini tu avais fini il avait fini nous avions fini vous aviez fini ils avaient fini	j'étais parti(e) tu étais parti(e) il était parti elle était partie nous étions parti(e)s vous étiez parti(e)(s) ils étaient partis elles étaient parties	j'avais vendu tu avais vendu il avait vendu nous avions vendu vous aviez vendu ils avaient vendu	je m'étais lavé(e) tu t'étais lavé(e) il s'était lavé elle s'était lavée nous nous étions lavé(e)s vous vous étiez lavé(e)(s) ils s'étaient lavés elles s'étaient lavées
FUTUR ANTÉRIEUR	j'aurai regardé tu auras regardé il aura regardé nous aurons regardé vous aurez regardé ils auront regardé	j'aurai fini tu auras fini il aura fini nous aurons fini vous aurez fini ils auront fini	je serai parti(e) tu seras parti(e) il sera parti elle sera partie nous serons parti(e)s vous serez parti(e)(s) ils seront partis elles seront parties	j'aurai vendu tu auras vendu il aura vendu nous aurons vendu vous aurez vendu ils auront vendu	je me serai lavé(e) tu te seras lavé(e) il se sera lavé elle se sera lavée nous nous serons lavé(e)s vous vous serez lavé(e)(s) ils se seront lavés elles se seront lavées
CONDITIONNEL DU PASSÉ	j'aurais regardé tu aurais regardé il aurait regardé nous aurions regardé vous auriez regardé ils auraient regardé	j'aurais fini tu aurais fini il aurait fini nous aurions fini vous auriez fini ils auraient fini	je serais parti(e) tu serais parti(e) il serait parti elle serait partie nous serions parti(e)s vous seriez parti(e)(s) ils seraient partis elles seraient parties	j'aurais vendu tu aurais vendu il aurait vendu nous aurions vendu vous auriez vendu ils auraient vendu	je me serais lavé(e) tu te serais lavé(e) il se serait lavé elle se serait lavée nous nous serions lavé(e)s vous vous seriez lavé(e)(s) ils se seraient lavés elles se seraient lavées

Comme **finir:**   atterrir, choisir, démolir, établir, grandir, grossir, maigrir, obéir, réfléchir, remplir, réussir, rougir
Comme **partir:**   dormir, endormir, mentir, sentir, servir, sortir
Comme **vendre:**   attendre, descendre, entendre, perdre, rendre, répondre

Note: This list, though not exhaustive, contains all frequently used regular verbs.

Verbes irréguliers

INFINITIF	PRÉSENT DE L'INDICATIF	PRÉSENT DU SUBJONCTIF	PARTICIPE PRÉSENT	IMPARFAIT	PASSÉ COMPOSÉ	FUTUR	CONDITIONNEL
avoir *to have*	j'ai tu as il a nous avons vous avez ils ont	que j'aie que nous ayons que tu aies que vous ayez qu'il ait qu'ils aient	ayant	j'avais	j'ai eu	j'aurai	j'aurais
acheter *to buy*	j'achète tu achètes il achète nous achetons vous achetez ils achètent	que j'achète que nous achetions qu'ils achètent	achetant	j'achetais	j'ai acheté	j'achèterai	j'achèterais
aller *to go*	je vais tu vas il va nous allons vous allez ils vont	que j'aille que nous allions qu'ils aillent	allant	j'allais	je suis allé(e)	j'irai	j'irais
apercevoir *to perceive* voir **recevoir**							
amener *to bring;* voir **acheter**							
appeler *to call*	j'appelle tu appelles il appelle nous appelons vous appelez ils appellent	que j'appelle que nous appelions qu'ils appellent	appelant	j'appelais	j'ai appelé	j'appellerai	j'appellerais
apprendre *to learn;* voir **prendre**							
atteindre *to reach, to attain;* voir **peindre**							
battre *to hit*	je bats tu bats il bat nous battons vous battez ils battent	que je batte que nous battions qu'ils battent	battant	je battais	j'ai battu	je battrai	je battrais
boire *to drink*	je bois tu bois il boit nous buvons vous buvez ils boivent	que je boive que nous buvions qu'ils boivent	buvant	je buvais	j'ai bu	je boirai	je boirais
changer *to change;* voir **manger**							
commencer *to begin*	je commence nous commençons tu commen- vous commencez ces il commence ils commencent	que je commence que nous commencions qu'ils commencent	commençant	je commençais	j'ai commencé	je commencerai	je commencerais
comprendre *to understand;* voir **prendre**							

INFINITIF	PRÉSENT DE L'INDICATIF	PRÉSENT DU SUBJONCTIF	PARTICIPE PRÉSENT	IMPARFAIT	PASSÉ COMPOSÉ	FUTUR	CONDITIONNEL
conduire *to drive*	je conduis tu conduis il conduit nous conduisons vous conduisez ils conduisent	que je conduise que nous conduisions qu'ils conduisent	conduisant	je conduisais	j'ai conduit	je conduirai	je conduirais
connaître *to know,* *to be acquainted with*	je connais tu connais il connaît nous connaissons vous connaissez ils connaissent	que je connaisse que nous connaissions qu'ils connaissent	connaissant	je connaissais	j'ai connu	je connaîtrai	je connaîtrais
construire *to build;* voir **conduire**							
couvrir *to cover;* voir **ouvrir**							
craindre *to fear;* voir **peindre**							
croire *to believe*	je crois tu crois il croit nous croyons vous croyez ils croient	que je croie que nous croyions qu'ils croient	croyant	je croyais	j'ai cru	je croirai	je croirais
décevoir *to deceive* voir **recevoir**							
découvrir *to discover;* voir **ouvrir**							
décrire *to describe;* voir **écrire**							
devenir *to become;* voir **venir**							
devoir *must, to have to;* *to owe*	je dois tu dois il doit nous devons vous devez ils doivent	que je doive que nous devions qu'ils doivent	devant	je devais	j'ai dû	je devrai	je devrais
dire *to say, to tell*	je dis tu dis il dit nous disons vous dites ils disent	que je dise que nous disions qu'ils disent	disant	je disais	j'ai dit	je dirai	je dirais
écrire *to write*	j'écris tu écris il écrit nous écrivons vous écrivez ils écrivent	que j'écrive que nous écrivions qu'ils écrivent	écrivant	j'écrivais	j'ai écrit	j'écrirai	j'écrirais
employer *to use;* voir **nettoyer**							
envoyer *to send*	j'envoie tu envoies il envoie nous envoyons vous envoyez ils envoient	que j'envoie que nous envoyions qu'ils envoient	envoyant	j'envoyais	j'ai envoyé	j'enverrai	j'enverrais

Infinitif	Présent	Subjonctif	Participe présent	Imparfait	Passé composé	Futur	Conditionnel
épeler *to spell;* voir **appeler**							
espérer *to hope;* voir **répéter**							
essayer *to try*	j'essaie, tu essaies, il essaie / nous essayons, vous essayez, ils essaient	que j'essaie, que nous essayions, qu'ils essaient	essayant	j'essayais	j'ai essayé	j'essaierai	j'essaierais
essuyer *to wipe*	j'essuie, tu essuies, il essuie / nous essuyons, vous essuyez, ils essuient	que j'essuie, que nous essuyions, qu'ils essuient	essuyant	j'essuyais	j'ai essuyé	j'essuierai	j'essuierais
éteindre *to extinguish;* voir **peindre**							
être *to be*	je suis, tu es, il est / nous sommes, vous êtes, ils sont	que je sois, que tu sois, qu'il soit / que nous soyons, que vous soyez, qu'ils soient	étant	j'étais	j'ai été	je serai	je serais
faire *to make, to do*	je fais, tu fais, il fait / nous faisons, vous faites, ils font	que je fasse, que nous fassions, qu'ils fassent	faisant	je faisais	j'ai fait	je ferai	je ferais
falloir *to be necessary, impersonal*	il faut	qu'il faille		il fallait	il a fallu	il faudra	il faudrait
jeter *to throw;* voir **appeler**							
lever *to raise;* voir **acheter**							
lire *to read*	je lis, tu lis, il lit / nous lisons, vous lisez, ils lisent	que je lise, que nous lisions, qu'ils lisent	lisant	je lisais	j'ai lu	je lirai	je lirais
manger *to eat*	je mange, tu manges, il mange / nous mangeons, vous mangez, ils mangent	que je mange, que nous mangions, qu'ils mangent	mangeant	je mangeais	j'ai mangé	je mangerai	je mangerais
mettre *to put*	je mets, tu mets, il met / nous mettons, vous mettez, ils mettent	que je mette, que nous mettions, qu'ils mettent	mettant	je mettais	j'ai mis	je mettrai	je mettrais
mourir *to die*	je meurs, tu meurs, il meurt / nous mourons, vous mourez, ils meurent	que je meure, que nous mourions, qu'ils meurent	mourant	je mourais	je suis mort(e)	je mourrai	je mourrais
naître *to be born*	je nais, tu nais, il naît / nous naissons, vous naissez, ils naissent	que je naisse, que nous naissions, qu'ils naissent	naissant	je naissais	je suis né(e)	je naîtrai	je naîtrais
nettoyer *to clean*	je nettoie, tu nettoies, il nettoie / nous nettoyons, vous nettoyez, ils nettoient	que je nettoie, que nous nettoyions, qu'ils nettoient	nettoyant	je nettoyais	j'ai nettoyé	je nettoierai	je nettoierais

INFINITIF	PRÉSENT DE L'INDICATIF	PRÉSENT DU SUBJONCTIF	PARTICIPE PRÉSENT	IMPARFAIT	PASSÉ COMPOSÉ	FUTUR	CONDITIONNEL
offrir *to offer;* voir **ouvrir**							
ouvrir *to open*	j'ouvre / tu ouvres / il ouvre / nous ouvrons / vous ouvrez / ils ouvrent	que j'ouvre / que nous ouvrions / qu'ils ouvrent	ouvrant	j'ouvrais	j'ai ouvert	j'ouvrirai	j'ouvrirais
payer *to pay;* voir **essayer**							
peindre *to paint*	je peins / tu peins / il peint / nous peignons / vous peignez / ils peignent	que je peigne / que nous peignions / qu'ils peignent	peignant	je peignais	j'ai peint	je peindrai	je peindrais
permettre *to permit;* voir **mettre**							
plaindre *to pity;* voir **peindre**							
pleuvoir *to rain*	il pleut	qu'il pleuve	pleuvant	il pleuvait	il a plu	il pleuvra	il pleuvrait
posséder *to possess;* voir **répéter**							
pouvoir *can, to be able to*	je peux / tu peux / il peut / nous pouvons / vous pouvez / ils peuvent	que je puisse / que nous puissions / qu'ils puissent	pouvant	je pouvais	j'ai pu	je pourrai	je pourrais
préférer *to prefer;* voir **répéter**							
prendre *to take*	je prends / tu prends / il prend / nous prenons / vous prenez / ils prennent	que je prenne / que nous prenions / qu'ils prennent	prenant	je prenais	j'ai pris	je prendrai	je prendrais
prévenir *to warn;* voir **venir**					j'ai prévenu		
promener *to take for a walk or drive;* voir **acheter**							
promettre *to promise;* voir **mettre**							
rappeler *to recall, to remind;* voir **appeler**							
recevoir *to receive*	je reçois / tu reçois / il reçoit / nous recevons / vous recevez / ils reçoivent	que je reçoive / que nous recevions / qu'ils reçoivent	recevant	je recevais	j'ai reçu	je recevrai	je recevrais

Infinitive	Present		Subjunctive	Present Participle	Imperfect	Passé Composé	Future	Conditional
rejoindre *to meet, to overtake;* voir **peindre**								
répéter *to repeat*	je répète tu répètes il répète	nous répétons vous répétez ils répètent	que je répète que nous répétions qu'ils répètent	répétant	je répétais	j'ai répété	je répéterai	je répéterais
rire *to laugh*	je ris tu ris il rit	nous rions vous riez ils rient	que je rie que nous riions qu'ils rient	riant	je riais	j'ai ri	je rirai	je rirais
savoir *to know*	je sais tu sais il sait	nous savons vous savez ils savent	que je sache que nous sachions qu'ils sachent	sachant	je savais	j'ai su	je saurai	je saurais
souffrir *to suffer;* voir **ouvrir**								
suivre *to follow*	je suis tu suis il suit	nous suivons vous suivez ils suivent	que je suive que nous suivions qu'ils suivent	suivant	je suivais	j'ai suivi	je suivrai	je suivrais
tenir *to hold*	je tiens tu tiens il tient	nous tenons vous tenez ils tiennent	que je tienne que nous tenions qu'ils tiennent	tenant	je tenais	j'ai tenu	je tiendrai	je tiendrais
traduire *to translate;* voir **conduire**								
valoir *to equal, to be worth*	je vaux tu vaux il vaut	nous valons vous valez ils valent	que je vaille que nous valions qu'ils vaillent	valant	je valais	j'ai valu	je vaudrai	je vaudrais
venir *to come*	je viens tu viens il vient	nous venons vous venez ils viennent	que je vienne que nous venions qu'ils viennent	venant	je venais	je suis venu(e)	je viendrai	je viendrais
vivre *to live*	je vis tu vis il vit	nous vivons vous vivez ils vivent	que je vive que nous vivions qu'ils vivent	vivant	je vivais	j'ai vécu	je vivrai	je vivrais
voir *to see*	je vois tu vois il voit	nous voyons vous voyez ils voient	que je voie que nous voyions qu'ils voient	voyant	je voyais	j'ai vu	je verrai	je verrais
vouloir *to want (to)*	je veux tu veux il veut	nous voulons vous voulez ils veulent	que je veuille que nous voulions qu'ils veuillent	voulant	je voulais	j'ai voulu	je voudrai	je voudrais

Vocabulary

This vocabulary lists all French words used actively in the text. Active vocabulary words appear in the "Mots nouveaux", "Notes grammaticales", and "Situations" sections; these words reappear periodically. You are expected to recognize these words when you hear them and to use them yourself in conversational activities and drills. All other words are passive vocabulary; you are expected only to recognize them and to know their meanings when you see them in written form or hear them in context.

- The number following an entry indicates the lesson in which it is first introduced; the symbol "LP" refers to the introductory lesson, "Leçon préliminaire".
- The gender of nouns is indicated by the abbreviations *m.* for masculine and *f.* for feminine. Feminine and masculine nouns that are closely related in meaning and identical or similar in pronunciation are listed under a single entry: **architecte** *m./f.*; **boulanger** *m.*, **boulangère** *f.* Nouns that occur only in the plural form are followed by the gender indication and *pl.*: **Alpes** *f.pl.*, **beaux-arts** *m.pl.*
- Adjectives with differing masculine and feminine written forms are shown in the masculine form followed by the feminine ending in parentheses: **actuel(le)**, **affreux(se)**. For adjectives whose masculine and feminine forms vary considerably, both forms are listed; special prenominal forms of adjectives are given in parentheses: **beau (bel)**, **belle**. When necessary for clarity, adjectives and adverbs are indicated by *adj.* and *adv.*, respectively.
- The asterisk (*) marks verbs that show some irregularity; these verbs appear in their full conjugation in the "Verb Appendix". Reflexive verbs are listed under a separate entry: **brosser** to brush; **se brosser** to brush one's —; **ennuyer** to bore; **s'ennuyer** to be bored. For verbs that require an optional preposition the latter appears in parentheses: **commencer (à)**, **(il commence son travail, il commence à travailler)**; obligatory prepositions are indicated without parentheses: **s'occuper de**, **(il s'occupe de moi)**.

FRANÇAIS–ANGLAIS

à   to, at, in, on, LP
abbaye *f.*   abbey, 35
d'abord *adv.*   first, 8
abstrait(e)   abstract, 34
accélérer   to speed up, 37
accident *m.*   accident, 27
accompagner   to accompany, go with, 24
accomplir   to accomplish, 25
accord *m.*   agreement, 34

d'accord   agreed, OK, 12
accordéon *m.*   accordion, 8
achat *m.*   purchase, 11
  faire des achats   to shop, 11
acheter*   to buy, purchase, 15
acteur *m.*, **actrice** *f.*   actor, actress, 17
actualité *f.*   current event, 25
actuel(le)   current, present, 27
adorer   to adore, 3

adresse *f.*   address, 21
aérogramme *m.*   aerogram, air mail letter, 30
aéroport *m.*   airport, 7
affaire *f.*   business, 29
  see **homme d'affaires**, **bonne affaire**
affiche *f.*   poster, notice, 3
affreux(-se)   horrible, 27
africain(e)   African, 40

559

Afrique *f.* Africa, 19
âge *m.* age, 6
agence *f.* agency, office, 29
   —de l'emploi employment agency, 29
   —immobilière real estate agency, 21
agent *m.* agent, policeman, 26
   —de police *m.* policeman, 17
agité(e) agitated, nervous, 5
agréable pleasant, agreeable, 31
agréer to accept, 30
aider (à) to help, assist, aid, 30
d'ailleurs besides, moreover, 34
aimable likeable, nice, 34
aimer to like, love, 3
   —mieux to prefer, 8
air *m.* air, look, 17
   avoir l'air (de) to seem, appear, to look like, 44
   en plein— outdoors; outdoor, open-air
   see **hôtesse de l'air**
aisé(e) comfortable, well-off, 28
ajouter to add, 38
alcool *m.* alcohol, liquor, 32
alimentation *f.* food, foodstuff, 22
aliment *m.* food, sustenance, 38
Allemagne *f.* Germany, 33
   allemand(e) German, 12
aller* to go, LP
   —bien to feel fine, feel well, LP
   —chercher to go get (someone or something), 9
   —mal to feel sick, LP
allô! hello! (telephone), 21
allumer to light, turn on, 37
alors so, then, at that time, 1
Alpes *f.pl.* Alps, 10
alpinisme *m.* mountain climbing, 11
alsacien(ne) Alsatian, 39
ambitieux(-se) ambitious, 12
amener* to bring, 15
américain(e) American, 3
ami(e) friend, LP
   petit ami *m.* boyfriend, 3
   petite amie *f.* girlfriend, 3
amitié *f.* friendship, 30
amour *m.* love, 8
amusant(e) amusing, entertaining, 12
amuser to amuse, entertain, 8
s'amuser (à) to enjoy oneself, have fun, 31
an *m.* year, 10
ancêtre *m.* ancestor, 37
ancien(ne) antique, old, 21
angine *f.* sore throat, 33
anglais *m.* English, LP
Angleterre *f.* England, 19
animal *m.* (**-aux**, *pl.*) animal, beast, 17

animé(e) animated, 8
   see **dessin animé**
année *f.* year, 10
anniversaire *m.* birthday, anniversary, 10
annonce *f.* announcement, advertisement, 20
   —classée *f.* classified ad, 28
annoncer to announce, 25
annuaire *m.* directory, 41
anorak *m.* ski jacket, 24
anxieux(-se) nervous, 29
août *m.* August, 10
apercevoir* to see, perceive, 41
   s'apercevoir (de) to realize, 41
apéritif *m.* cocktail, 15
appareil *m.* appliance, machine, 20
appareil-photo *m.* camera, 16
appartement *m.* apartment, 3
appel *m.* call, appeal, 30
appeler* to call, LP
   s'appeler to be named, called, 3
applaudir to applaud, 35
apporter to bring, 4
apprendre* (à) to learn, 13
appris *past part.* of **apprendre**, 16
après after, afterward, 8
   après-midi *m.* afternoon, 8
arabe Arab, 19
arbre *m.* tree, 24
architecte *m./f.* architect, 17
architecture *f.* architecture, 23
argent *m.* money, silver, 22
armée *f.* army, 36
arrêter (de)* to stop, 31
   s'arrêter (de) to stop, halt, 32
arrivée *f.* arrival, 15
arriver to arrive, 7
arrondissement *m.* district, 21
art *m.* art, 27
article *m.* article, 27
artiste *m./f.* artist, 34
ascenseur *m.* elevator, 21
Asie *f.* Asia, 19
s'asseoir* to sit down, 30
assez enough, quite, rather, 9
assiette *f.* plate, 38
assister à to attend, be present at, 23
associer to associate, 37
Atlantique (l'océan Atlantique) *m.* Atlantic Ocean, 19
atteindre* to reach, attain, 34
atteint *past part.* of **atteindre**, 34
attendre to wait for, 13
attention! watch out!, LP
   faire— to be careful, 11
attirer to attract, draw near, 26
au (à + le) to, at, in, on, LP
   —dessous de below, 18
   —dessus de above, 18
   —revoir good-bye, LP
aucun(e) none, 34

aujourd'hui today, 8
aussi also, LP
aussitôt immediately, 35
   —que as soon as, 35
Australie *f.* Australia, 19
autant as much, 33
auteur *m.* author, 31
auto(mobile) *f.* car, 9
autobus *m.* intracity bus, 7
automne *m.* autumn, 10
autre other, 34
Autriche *f.* Austria, 19
autrichien(ne) Austrian, 19
aux (à + les) to, at, in, on, 3
avance (en avance) early, 15
avant before, 15
avant-hier day before yesterday, 16
avantage *m.* advantage, 32
avec with, 3
avenir *m.* future, 17
avion *m.* airplane, 9
   par— air mail, 30
avis *m.* opinion, 6
avocat *m.*, **avocate** *f.* lawyer, 17
avoir* to have, LP
avril *m.* April, LP

bagages *m.pl.* baggage, luggage, 20
bague *f.* ring, 42
baigner to bathe, 31
bain *m.* bath, 10
   see **salle de bains**
baiser *m.* kiss, 30
bal *m.* ball, dance, 34
balcon *m.* balcony, 21
balle *f.* ball, 16
ballet *m.* ballet, 8
ballon *m.* ball (inflated), 16
banane *f.* banana, 15
bande *f.* tape, band, 4
   —dessinée *f.* comic strip, 27
banque *f.* bank, 17
banquier *m.* banker, 29
bar *m.* bar, 30
barbe *f.* beard, 33
bas *m.pl.* stockings, 6
basket-ball *m.* basketball, 3
bateau *m.* boat, 9
bâtiment *m.* building, 39
bâtir to build, 16
batterie *f.* percussion instruments, 35
battre to beat, 36
bavarder to chat, 16
beau (bel) belle beautiful, handsome, 7
beaucoup very much, a lot, 3
   —de monde many people, 9
beauté *f.* beauty, 28
beaux-arts *m.pl.* fine arts, 23
belge Belgian, 19
Belgique *f.* Belgium, 10
belle see **beau**

béret *m.* beret, 24
besoin *m.* need, 13
  avoir—de to need, require, 13
bête stupid, 5
beurre *m.* butter, 14
beurré(e) buttered, 31
bibliothécaire *f.* librarian, 29
bibliothèque *f.* library, 7
bicyclette *f.* bicycle, 11
bien well, LP
  see **aller bien**
bien sûr certainly, of course, 9
bientôt soon, 29
  à— see you soon, LP
bière *f.* beer, 13
bifteck *m.* steak, 15
bijou *m.* jewel, 42
bilingue bilingual, 29
billet *m.* ticket, 31
biologie *f.* biology, 23
biologique biological, 23
bise *f.* kiss, LP
blague *f.* joke, 8
  sans— no kidding! 19
blanc(he) white, 6
blanchir to whiten, make white, 25
blé *m.* wheat, 37
blesser to wound, 36
bleu(e) blue, 6
blond(e) blond, 12
boire* to drink, 30
bois *m.* wood, woods, 24
boisé(e) wooded, 39
boisson *m.* drink, 13
boîte *f.* box, can, 22
  —à lettres *f.* mailbox, 30
bol *m.* bowl, 14
bon(ne) good, 1
  bonne affaire *f.* bargain, a good buy, 42
  bonne heure (de—) early, 17
  see **marché, bon marché**
bonjour hello, LP
bonnet *m.* hat, 24
bord *m.* border, side, 32
botanique *f.* botany, 23
botte *f.* boot, 24
bouche *f.* mouth, 33
boucher *m.*, **bouchère** *f.* butcher, 22
boucherie *f.* butcher shop, 22
boucler to buckle, 40
boucles d'oreilles *f.pl.* earrings, 35
boulanger *m.*, **boulangère** *f.* baker, 22
boulangerie *f.* bakery, 22
boulot *m.* work, job (slang), 31
boum *f.* party (slang), 8
Bourgogne *f.* Burgundy, 33
bouteille *f.* bottle, 13
boutique *f.* shop, boutique, 20
bracelet *m.* bracelet, 42
bras *m.* arm, 33
bravo! great! LP

Bretagne *f.* Brittany, 24
breton *m.* Breton, 39
bricolage *m.* odd jobs, 32
bricoleur *m.* **bricoleuse** *f.* handyman, 32
bridge *m.* bridge (card game), 8
brillant(e) brilliant, bright, 23
briser to break, 37
bronchite *f.* bronchitis, 33
brosse *f.* brush, 31
  —à cheveux hair brush, 31
  —à dents toothbrush, 31
brosser to brush, 31
  se brosser to brush one's—, 31
brouillard *m.* fog, 24
bruit *m.* noise, 18
brûler to burn, 33
brun(e) brown, 12
Bruxelles *f.* Brussels, 19
bu *past part.* of **boire**, 32
buffet *m.* snack bar, 18
bureau *m.* desk, office, 4
  —de poste *m.* post office, 22
  —de renseignements *m.* information desk, 20
  —de tabac *m.* tobacco shop, 22
bus *m.* intracity bus, 17

ça that, LP
  —va? how are things? LP
  —va bien things are fine, LP
  c'est— that's right, LP
cabaret *m.* night club, cabaret, 34
cabine *f.* booth, cabin, 40
cadeau *m.* gift, 35
cadre *m.* executive, manager, 35
café *m.* café, coffee, 7
  —au lait *m.* coffee with milk, 14
cafetière *f.* coffee pot, 18
cahier *m.* notebook, 4
caisse *f.* cash register, 17
caissier *m.*, **caissière** *f.* cashier, 22
calculatrice *f.* calculator, 16
calé(e) smart, 5
Californie *f.* California, 17
calme calm, 5
camarade *m./f.* friend, 3
  —de chambre *m./f.* roommate, 3
caméra *f.* movie or television camera, 16
campagne *f.* country, 7
camping *m.* camping, 11
  faire du camping to go camping, 11
campus *m.* campus, 24
Canada *m.* Canada, 10
canadien(ne) Canadian, 5
canard *m.* duck, 15
cap *m.* cape, point, 41
car *m.* intercity bus, 9
caractère *m.* personality, 5
carafe *f.* carafe, 6

carambolage *m.* pile-up, chain of rear-end collisions, 27
caravane *f.* trailer, caravan, 32
cardiaque (crise cardiaque) *f.* heart attack, 33
carnaval *m.* carnival, 10
carré *m.* square, 18
carte *f.* map, menu, 4
  —d'identité *f.* identification card, 30
  —grise *f.* car registration, 37
cas *m.* case, 41
  en tout— in any case, 41
casser to break, 33
  se casser to break (a bone), 33
cassette *f.* cassette, 4
catalan(e) Catalan, 19
cathédrale *f* cathedral, 39
cause *f.* cause, 36
ce, c' it, that, LP
  c'est it is, LP
ce (cet), cette this, that, LP
  ces these, those, LP
ceci this, 42
ceinture *f.* belt, 40
cela that, 10
célèbre famous, 6
célibataire single, unmarried, 28
celle see **celui**
celui, ceux, celle, celles the one(s), 38
  celui-ci this one, the latter, 38
  celui-là that one, the former, 38
cent hundred, 10
centième *m.* hundredth, 21
cercle *m.* circle, 18
cerise *f.* cherry, 15
certain(e) certain, 28
certainement certainly, 12
cerveau *m.* brain, 33
ces, cet, cette see **ce**
ceux see **celui**
chacun(e) each one, 34
chaîne *f.* channel, 8
chaîne stéréo *f.* stereo system, 16
chaise *f.* chair, 4
chaleur *f.* heat, warmth, 24
chambre *f.* bedroom, 3
champ *m.* field, 39
champignon *m.* mushroom, 38
chance *f.* luck, 10
  avoir de la— to be lucky, 10
Chandeleur *f.* Candlemas, 24
changer* to change, 8
chanson *f.* song, 3
chansonnier *m.* **chansonnière** *f.* satirical song writer, 34
chant *m.* song, 35
chanter to sing, 3
chanteur *m.*, **chanteuse** *f.* singer, 34
chapeau *m.* hat, 6
chaperon *m.* hood, 33
chapitre *m.* chapter, LP

chaque each, 28

charcuterie *f.* delicatessen, pork butcher's shop, 22

charcutier *m.*, **charcutière** *f.* pork butcher, 22

charges *f.pl.* maintenance fees, 21

charmant(e) charming, nice, 36

chasse *f.* hunt, 39

chat *m.* cat, 18

château *m.* castle, 39

chaud(e) hot, 11

   il fait chaud the weather is hot, 11

   avoir chaud to be hot (said of a person), 11

chauffage *m.* heating, 21

chauffer to heat, 21

chauffeur *m.* driver, 39

chaussette *f.* sock, 6

chaussure *f.* shoe, 6

chef *m.* chief, chef, 29

   —d'orchestre *m.* conductor, 35

chemin *m.* way, route, 41

   see **chemin de fer**

chemise *f.* shirt, 6

chemisier *m.* blouse, 6

chèque *m.* check, 30

cher(-ère) dear, expensive, 9

chercher to look for, 3

   see **aller chercher**

chéri(e) dear, 35

cheval *m.* (**-aux**, *pl.*) horse, 9

cheveux *m.pl.* hair, 28

chez at (the house of), 7

chien *m.* dog, 21

chimie *f.* chemistry, 3

chimiste *m.* chemist, 29

chinois(e) Chinese, 12

chocolat *m.* chocolate, 23

   —chaud *m.* hot chocolate, 13

choisir (de) to choose, 15

choix *m.* choice, 20

choquant(e) shocking, 26

chorale *f.* choir, 35

chose *f.* thing, 9

chou *m.* cabbage, 35

   mon— dear, honey, 35

chouette great, cute (slang), 20

chute d'eau *f.* waterfall, 39

cidre *m.* cider, 13

ciel *m.* sky, 11

cigare *m.* cigar, 30

cigarette *f.* cigarette, 22

cinéma *m.* movie theater, movies, 4

cinq five, LP

cinquante fifty, 6

cinquantième fiftieth, 21

cinquième fifth, 21

circulation *f.* traffic, 37

citadelle *f.* citadel, stronghold, 41

citron *m.* lemon, 13

   —pressé *m.* lemonade, 13

clair(e) bright, clear, 5

clarinette *f.* clarinet, 35

classe *f.* class, LP

classique classical, classic, 3

climat *m.* climate, 24

clinique *f.* clinic, 24

clocher *m.* bell tower, 39

coca(-cola) *m.* cola, 13

coeur *m.* heart, 33

coffre *m.* trunk of a car, 37

coin *m.* corner, 22

collant *m.* tights, pantyhose, 6

collège *m.* junior high school, 2

collègue *m/f.* colleague, 19

collier *m.* necklace, 42

colline *f.* hill, 39

combien how much, LP

   —de how many, how much, 1

   —font how much is, 1

   depuis—de temps for how long, 28

comédie *f.* comedy, 8

comique comic, 25

commande *f.* order, 15

commander to order, 15

comme like, as, 7

commencement *m.* beginning, 11

commencer* (à) to begin, 8

comment how, LP

   —ça va? how are things? LP

commenter to comment on, 27

commerçant *m.* merchant, 29

commerce *m.* business, commerce, 29

commercial(e) (**-aux**, *pl.*) commercial 26

commode convenient, handy, 27

compagnie *f.* company, 31

compagnon *m.* **compagne** *f.* companion, 28

comparaison *f.* comparison, 26

comparer to compare, 33

complet *m.* suit, 40

compléter* to complete, 8

composer to compose, 3

compositeur *m.* composer, 35

comprendre* to understand, 13

compris *past part.* of **comprendre**, 16

comptable *m./f.* accountant, 17

compter to count, 4

concert *m.* concert, 8

concierge *m./f.* superintendent of apartment building, 21

concurrence *f.* competition, 17

conduire to drive, 36

conduit *past part.* of **conduire**, 36

confirmer to confirm, 40

confiture *f.* jam, 14

conformiste conformist, 5

confort *m.* comfort, 21

confortable comfortable, 9

congélateur *m.* freezer, 38

connaissance *f.* acquaintance, 29

connaître* to know, be acquainted with, 22

connu *past part.* of **connaître**, 29

conseil *m.* advice, 30

conseiller (à, de) to advise, 32

consommation *f.* drink, 13

consonne *f.* consonant, 6

construire to construct, build, 36

construit *past part.* of **construire**, 32

conte *m.* tale, 36

   —de fées *m.* fairy tale, 36

contenir* to contain, 40

content(e) pleased, 12

continent *m.* continent, 19

continuer to continue, 38

contraire *m.* opposite, 23

   au— on the contrary, 6

contravention *f.* traffic ticket, 37

contre against, 24

contrebasse *f.* double-bass, 35

contrôle *m.* control, 40

contrôler to control, check, 22

contrôleur *m.* conductor, 20

convenir* (à) to suit, be appropriate, 40

copain *m.* friend, 16

Copenhague *f.* Copenhagen, 19

copine *f.* friend, 26

corbeille *f.* wastebasket, 4

corps *m.* body, 31

correspondant *m.*, **correspondante** *f.* party called (telephone), 24

Corse *f.* Corsica, 26

costume *m.* outfit, costume, 42

côte *f.* coast, 26

côté *m.* side, 38

   à—de next to, beside, 18

cou *m.* neck, 33

couchage (sac de—) *m.* sleeping bag, 32

coucher to lay (something) down, 27

   se coucher to go to bed, to lie down, 27

couleur *f.* color, 6

couloir *m.* corridor, hall, 21

coup *m.* blow, stroke, 41

   see **coup de téléphone**

couper to cut, 33

cour *f.* court, 21

courage *m.* courage, 14

courageux(-se) courageous, 12

courrier *m.* mail, 28

cours *m.* course, class, 3

course *f.* race, 32

courses *f.pl.* errands, 31

   faire des— to run errands, 11

courtois(e) courteous, 37

cousin *m*, **cousine** *f.* cousin, 1

coût *m.* cost, 10

couteau *m.* knife, 38

coûter to cost, 34

couvent *m.* convent, 39

couvercle *m.* lid, cover, 38
couvert *past part.* of **couvrir**, 35
couvrir* to cover, 35
craie *f.* chalk, 4
craindre* to be afraid of someone, something, 34
cravate *f.* necktie, 42
crayon *m.* pencil, 4
crédit *m.* credit, 42
crème *f.* cream, 14
crémerie *f.* dairy shop, creamery, 22
créole *m.* Creole (language), 19
crever* to puncture, 37
crise
  —cardiaque *f.* heart attack, 33
  —de foie *f.* liver attack, 33
critique *m.* critic, 25
critique *f.* criticism, 25
croire (à) (en) to believe (in), 23
croissant *m.* crescent roll, 14
croix *f.* cross, 18
cru *past part.* of **croire**, 29
cru(e) raw, 38
cuillère *f.* spoon, 38
cuire to cook, 38
cuisine *f.* kitchen, 18
  faire la— to cook, prepare food, 14
cuisinière *f.* stove, 29
cuit(e) cooked, 38
culture *f.* culture, 8
culturel(le) cultural, LP

dactylo *m./f.* typist, 17
dame *f.* lady, 7
Danemark *m.* Denmark, 19
dangereux(-se) dangerous, 12
danois(e) Danish, 19
dans in, into, within, 3
danser to dance, 3
danseur *m.,* **danseuse** *f.* dancer, 17
date *f.* date, 10
de of, from, about, LP
décembre December, LP
décevoir* to deceive, 41
décider (de) to decide, 12
décollage *m.* take-off, 40
décoller to take off, 40
décorateur *m.* **décoratrice** *f.* decorator, 17
décourager to discourage, 23
découvert *past part.* of **découvrir**, 35
découvrir to discover, uncover, 26
décrire to describe, 12
décrit *past part.* of **décrire**, 21
décrocher to unhook, lift a receiver, 41
défendre to forbid, defend, 36
défense de stationner no parking, 37
degré *m.* degree, 11
déjà already, previously, 16

déjeuner to have breakfast, lunch, 15
déjeuner *m.* lunch, 15
  petit— *m.* breakfast, 15
demain tomorrow, 11
  à— see you tomorrow, LP
demander (a, de) to ask, LP
démarrer to start (a car or machine), 37
demi(e) half, 20
démolir to demolish, 16
démon *m.* demon, 30
dent *f.* tooth, 31
dentrifice *m.* toothpaste, 22
dentiste *m./f.* dentist, 17
départ *m.* departure, 20
département *m.* department, 39
dépassement de vitesse *m.* speeding, 37
dépasser to pass, 37
se dépêcher* to hurry, 32
dépenser to spend, 42
depuis since, for, 28
  —combien de temps for how long, 28
  —quand since when, 28
dérangement *m.* disturbance, trouble, 41
dernier(-ère) last, 12
derrière behind, 9
des some, 3
dès que as soon as, 35
désagréable unpleasant, 5
descendre to go down, 17
désirer to wish, 25
désobéir to disobey, 16
désolé(e) sorry, LP
dessert *m.* dessert, 15
dessin *m.* drawing, 8
  —animé *m.* cartoon, 8
  see **bande dessinée**
dessinateur *m.,* **dessinatrice** *f.* draftsman, draftswoman, 34
  dessinateur humoristique cartoonist, 27
dessiner to draw, 23
se détendre to relax, 28
détester to detest, 3
détruire to destroy, 36
deux two, LP
deuxième second, 8
devant in front of, 3
devenir* to become, 17
devenu *past part.* of **devenir**, 18
deviner to guess, 13
devoir* must, have to (with infinitive), to owe, 20
devoirs *m.pl.* homework, 4
dialecte *m.* dialect, 39
dialogue *m.* dialogue, 8
diapo(sitive) *f.* slide, 34
dictée *f.* dictation, 4
dictionnaire *m.* dictionary, 32

Dieu *m.* God, 18
  mon dieu! my goodness! 18
différence *f.* difference, LP
différent(e) different, 10
difficile difficult, 12
dimanche Sunday, 8
dinde *f.* turkey, 15
dîner to dine, 7
diplôme *m.* diploma, 23
dire* (à) (de) to say, tell, 4
  dis! say! hey! 18
directeur *m.,* **directrice** *f.* director, 29
discipliné(e) disciplined, 5
disco *m.* disco music, 8
discothèque *f.* discotheque, 11
discuter (de) to argue, discuss, 5
disque *m.* record, 8
distractions *f.pl.* entertainment, 9
distraire to entertain, 26
dit *past part.* of **dire**, 29
divorce *m.* divorce, 28
divorcé(e) divorced, 28
dix ten, LP
dix-huit eighteen, 5
dix-neuf nineteen, 5
dix-sept seventeen, 4
dixième tenth, 21
docteur *m.,* **doctoresse** *f.* doctor, LP
document *m.* document, 37
documentaire *f.* documentary, 8
dominos *m.pl.* dominoes, 8
dommage (c'est—) it's a pity, 20
donner (à) to give, 4
  —sur to look out on, 20
dont whose, of whom, of which, 39
dormir to sleep, 14
dortoir *m.* dormitory, 3
douane *f.* customs, 40
douche *f.* shower, 21
  prendre une— to take a shower, 31
doute *m.* doubt, 9
  sans— doubtless, without doubt, 3
douter to doubt, 41
doux(-ce) sweet, gentle, 13
douzaine about a dozen, 21
douze twelve, 4
drame *m.* drama, play, 25
droit (tout—) straight ahead, 18
droit *m.* right, law, 23
  faculté de— *f.* law school, 23
droit(e) right, 18
  à droite on the right, 18
  à droite de to the right of, 18
drôle funny, 5
drugstore *m.* drugstore, 20
du (de + le)
dû *past part.* of **devoir**, 20
duquel (de + lequel)
durée *f.* duration, 25
durer to last, 24
dynamique dynamic, 5

eau *f.* water, 7
—minérale mineral water, 13
échecs *m.pl.* chess, 8
échouer (à) to fail, 23
école *f.* school, 7
économie *f.* economy, 12
économique economic, economical, 9
écouter to listen to, LP
écran *m.* screen, 25
petit— *m.* television, 25
écrevisse *f.* crayfish, 15
écrire to write, 4
écrit *past part.* of écrire, 29
écrivain *m.* writer, 16
effet (en—) indeed, 11
effrayant(e) frightful, terrifying, 26
église *f.* Catholic church, 7
électricien *m.*, électricienne *f.* electrician, 17
élève *m./f.* student, 2
éliminer to eliminate, 41
elle *f.* she, her, it, LP
elle-même *f.* herself, itself, 32
elles *f.pl.* they, them, 1
elles-mêmes *f.pl.* themselves, 32
embarquement *m.* boarding, 40
embrasser to kiss, 30
émission *f.* broadcast, 25
émouvant(e) touching, 26
emploi *m.* employment, 8
employer* to use, 19
en to, at, in; some, any, LP
encore again, 8
encourager (à) to encourage, 39
encre *f.* ink, 22
endormir to put to sleep, 39
s'endormir to fall asleep, 31
énergique energetic, 5
énerver to annoy, 31
s'énerver to get nervous, excited, 31
enfant *m./f.* child, 2
enfin finally, 9
s'engager* to volunteer for military service, 36
ennuyer* to bore, annoy, 33
s'ennuyer to be bored, 31
ennuyeux(-se) boring, 8
enregistrer to record, 4
—sa valise to check one's suitcase, 40
enseignement supérieur *m.* higher education, 27
enseigner to teach, 19
ensemble together, 8
ensuite then, afterwards, 8
entendre to hear, 11
s'entendre to understand one another, get along, 31
enthousiaste enthusiastic, 5
entre between, 18
entrer to enter, 4

entretien *m.* interview, 27
envie *f.* desire, 13
avoir—de to want to, feel like, 3
envoyer* to send, 30
épaule *f.* shoulder, 33
épeler* to spell, 15
épice *f.* spice, 22
épicerie *f.* grocery store, 22
épicier *m.*, épicière *f.* grocer, 22
épinards *m.pl.* spinach, 15
épisode *m.* episode, 25
époque *f.* epoch, era, 36
épouvantable frightful, 24
épouvante *f.* horror, fright, 8
équilibré(e) balanced, 28
erreur *f.* error, 31
escalier *m.* staircase, 21
escargot *m.* snail, 38
esclave *m./f.* slave, 40
Espagne *f.* Spain, 19
espagnol(e) Spanish, 3
espérer* to hope, 8
espion *m.* espionne *f.* spy, 36
espionnage *m.* spying, espionage, 8
Esquimau *m./f.* Eskimo, 13
esquimau *m.* ice-cream pop, 26
essayer* (de) to try, 37
essence *f.* gas (gasoline), 39
essuie-glace *m.* windshield wiper, 37
essuyer* to wipe, 36
s'essuyer to dry oneself, 31
est *m.* east, 19
estomac *m.* stomach, 33
et and, LP
établir to establish, 16
s'établir to establish oneself, settle, 40
étage *m.* floor, story (of building), 21
étagère *f.* shelf, 21
États-Unis (d'Amérique) *m.pl.* U.S.A., 14
été *m.* summer, 10
été *past part.* of être 16
éteindre* to extinguish, put out, 34
éteint *past part.* of éteindre, 34
étiquette *f.* label, price tag, LP
étoile *f.* star, 15
étranger *m.*, étrangère *f.* foreigner, 10
étranger(-ère) foreign, 26
être* to be, 5
être *m.* being, 24
étroit(e) narrow, 26
étude *f.* study, 14
étudiant *m.*, étudiante *f.* university student, 2
étudier to study, 3
eu *past part.* of avoir, 16
européen(-ne) European, 40
eux *m.pl.* they, them, 1
eux-mêmes themselves, 32

événement *m.* event, 29
évidemment evidently, obviously, 31
évident(e) obvious, 33
éviter to avoid, 38
exactement exactly, 17
examen *m.* exam, 10
examiner to examine, 20
excellent(e) excellent, 15
excepté except, 9
s'excuser to apologize, 16
exemple *m.* example, 36
exercer to exercise, 33
expliquer to explain, 25
exposition *f.* exhibition, 34
exprès (en—) special delivery, 30
express *m.* express train, 20
expression *f.* expression, 28

facile easy, 26
facilement easily, 31
façon *f.* way, manner, 28
facteur *m.* mailman, 17
faculté *f.* school of a university, 11
faible weak, 32
faim (avoir—) to be hungry, 13
faire* to do, make, 3
ça ne fait rien that doesn't matter
il fait mauvais the weather is bad, 11
il fait de l'anglais he studies English, 11
fait *past part.* of faire, 16
fait divers *m.* news item, 27
falloir* to be necessary, 27
il faut it is necessary, 4
fallu *past part.* of falloir, 21
famille *f.* family, 1
fatigué(e) tired, 19
faut see falloir
faute *f.* mistake, 11
faire une— to make a mistake, 11
faux(-sse) false, 24
favori(te) favorite, 15
femme *f.* woman, wife, 1
—d'affaires *f.* business woman, 17
—au foyer *f.* homemaker, 17
fenêtre *f.* window, 4
fente *f.* slot, 41
ferme *f.* farm, 4
fermer to close, shut, 4
fermeture *f.* closing, 16
festival *m.* festival, 1
fête *f.* holiday, LP
feu *m.* fire, traffic light, 37
feuille, *f.* leaf, 22
feuilleton *m.* serial, 25
feutre *m.* felt, felt-tipped pen, 4
février *m.* February, 10
fiancé *m.*, fiancée *f.* engaged to be married, 28
fidèle faithful, 28
fièvre *f.* fever, 33
figure *f.* face, 31

filet *m.* fillet, 38
fille *f.* girl, daughter, LP
　see **jeune fille, petite-fille**
film *m.* film, 8
　—**policier** *m.* detective film, 25
fils *m.* son, 2
　see **petit-fils**
fin *f.* end, 24
　—**de semaine** *f.* weekend, 16
finir (de) to finish, 16
fixer to set, 28
flamand(e) Flemish, 19
fleur *f.* flower, 12
fleuriste *m.* florist, 19
fleuve *m.* river, 39
flûte *f.* flute, 35
foie *m.* liver, 33
fois *f.* time, 20
football *m.* soccer, 3
force *f.* force, strength, 36
forêt *f.* forest, 32
formation *f.* training, 12
formidable fantastic, 5
formule *f.* formula, 3
fort(e) loud, strong, 2
　être fort en to be good at, 26
forteresse *f.* fortress, 41
fortification *f.* fortification, 39
fortifié(e) fortified, 39
foule *f.* crowd, 34
se fouler to sprain, twist, 33
four *m.* oven, 38
fourchette *f.* fork, 38
frais (fraîche) fresh, 1, cool, 11
fraise *f.* strawberry, 15
franc *m.* franc, 12
français(e) French, LP
France *f.* France, 10
francophone French-speaking, 40
frein *m.* brake, 9
freiner to brake, 37
frère *m.* brother, 2
frigo see **réfrigérateur**
frire to fry, 38
froid(e) cold, 11
　il fait froid the weather is cold, 11
　avoir froid to be cold (said of a person), 13
fromage *m.* cheese, 15
frontière *f.* border, frontier, 39
fruit *m.* fruit, 15
fruits de mer *m.pl.* shellfish, 15
fumer to smoke, 3
fumeur *m.*, **fumeuse** *f.* smoker, 28
fumeur *m.* smoking section, 20
　non-fumeur *m.* non-smoking section, 20
furieux(-se) furious, 17
fusée *f.* rocket, 9

gagner to earn, win, gain, 17
galette *f.* thin cake, 37

gant *m.* glove, 6
　—**de toilette** *m.* wash cloth, 31
garage *m.* garage, 9
garçon *m.* boy, waiter, LP
garde-robe *f.* wardrobe, 21
garder to keep, 35
gare *f.* train station, 7
garer to park, 37
gâteau *m.* cake, 15
gauche left, 18
　à— on the left, 18
　à—de to the left of, 18
geler* to freeze, 11
gendarme *m.* policeman, 37
général(e) general, 29
　en général generally, in general, 11
général *m.* general, 9
généreux(-se) generous, 28
génie *m.* engineering, 23
genou *m.* knee, 33
genre *m.* kind, sort, 2
gens *m.pl.* people, 19
　jeunes— *m.pl.* young people, 17
gentil(le) kind, nice, 18
gestion *f.* management, administration, 23
gigot d'agneau *m.* leg of lamb, 22
glace *f.* ice cream, 3
glaçon *m.* ice cube, 13
golf *m.* golf, 10
gomme *f.* rubber, eraser, 4
gorge *f.* throat, 33
goût *m.* taste, 28
　avoir bon— to have good taste, 28
goûter to taste, 15
gouvernement *m.* government, 30
grammatical(e) grammatical, 1
grand(e) large, tall, 12
　—**magasin** *m.* department store, 16
　grands titres *m.pl.* headlines, 27
grand-mère *f.* grandmother, 1
grand-père *m.* grandfather, 2
grands-parents *m.pl.* grandparents, 7
grandir to grow up, grow taller, 16
gras(se) fat, greasy, 10
grave serious, grave, 27
graveur *m.* engraver, 34
gravure *f.* engraving, 34
grenouille *f.* frog, 38
grille-pain *m.* toaster, 14
griller to toast, 38
grimper to climb, 41
grippe *f.* flu, 33
gris(e) gray, 6
gros(se) big, fat, 12
grossir to gain weight, 16
grotte *f.* cave, 15
groupe *m.* group, 20
guérir to cure, heal, get well, 33

guerre *f.* war, 36
guichet *m.* ticket window, 20
guide *m./f.* guide, 24
guitare *f.* guitar, 7
Guyane *f.* Guiana, 39
gymnastique *f.* gymnastics, 11

habiller to dress, 31
　s'habiller to get dressed, 31
habiter to live in, 3
habitude *f.* habit, 28
　d'habitude usually, 8
haïtien(ne) Haitian, 19
haricots verts *m.pl.* green beans, 15
hasard *m.* chance, 18
　par— by chance, 18
haut(e) high, 30
　à haute voix aloud, 30
haut-parleur *m.* loudspeaker, 2
hautbois *m.* oboe, 35
La Haye *f.* The Hague, 26
hebdomadaire *m.* weekly magazine or newspaper, 27
heure *f.* hour, 20
　à l'heure on time, 29
heureusement fortunately, 28
heureux(-se) happy, 12
hier yesterday, 16
　avant-hier day before yesterday, 16
histoire *f.* history, 3; story, 8
historique historical, 25
hiver *m.* winter, 10
hollandais(e) Dutch, 19
Hollande *f.* Holland (Netherlands), 19
homme *m.* man, 2
　—**d'affaires** *m.* business man, 17
　—**d'état** *m.* statesman, 19
　—**au foyer** *m.* man who is a homemaker, 17
hôpital *m.* hospital, 7
horaire *m.* schedule, 20
horloge *f.* clock, 15
hors-d'oeuvre *m.* appetizer, 15
hôtel *m.* hotel, 7
hôtesse de l'air *f.* stewardess, 17
huit eight, LP
huitième eighth, 21
humain(e) human, 33
humide humid, 11
humoristique humorous, 34
humour (sens de l'—) *m.* sense of humor, 34

ici here, 4
idéal(e) ideal, 5
idéaliste idealistic, 5
idée *f.* idea, 32
identité see **carte d'identité**
il *m.* he, it, 1
île *f.* island, 19
illogique illogical, 5

ils *m.pl.* they, 1
il y a there is, there are, LP
image *f.* picture, 4
imaginer to imagine, 27
immatriculation, numéro d'— *m.* license plate number, 37
immeuble *m.* apartment building, 21
immigration, service d'— *m.* immigration office, 40
immobilière see **agence immobilière**
impair odd (number), 5
impatient(e) impatient, 3
imperméable *m.* raincoat, 6
important(e) important, 3
imprimer to print, 17
imprimerie *f.* printshop, 17
imprimeur *m.* printer, 17
imprudent(e) careless, 37
incident *m.* incident, 27
indiscipliné(e) undisciplined, 5
individualiste individualistic, 5
industriel(le) industrial, 34
infirmier *m.*, **infirmière** *f.* nurse, 17
informations *f.pl.* news, news broadcast, 25
infusion *f.* herb tea, 27
ingénieur *m.* engineer, 17
  —du son *m.* sound engineer, 26
inquiéter* to worry, 33
  s'inquiéter to worry, 33
s'inscrire to register, 229
instituteur *m.*, **institutrice** *f.* school teacher, 15
instrument *m.* instrument, 35
insupportable unbearable, 24
intelligent(e) intelligent, 12
intensité *f.* intensity, 9
interdit(e) forbidden, 37
intéressant(e) interesting, 12
intéresser to interest, 31
  s'intéresser à to be interested in, 31
interurbain, un appel— long distance phone call, 41
interviewer to interview, 31
invalide disabled, 36
invitation *f.* invitation, 28
invité *m.*, **invitée** *f.* guest, 8
inviter to invite, 8
irlandais(e) Irish, 19
Irlande *f.* Ireland, 19
Italie *f.* Italy, 19
italien(ne) Italian, 12

jamais never, 34
jambe *f.* leg, 32
jambon *m.* ham, 14
janvier January, 10
japonais(e) Japanese, 12
jardin *m.* garden, 12
jardinage *m.* gardening, 32

jaune yellow, 6
jaunir to turn yellow, 25
jazz *m.* jazz, 3
je (j') I, 1
jeter* to throw, hurl, 15
jeu *m.* game, 26
  —télévisé *m.* TV game show, 25
jeudi *m.* Thursday, 8
jeune young, LP
  —fille *f.* girl, 5
jeunesse *f.* youth, 32
jogging *m.* jogging, 32
joie *f.* joy, 28
joindre* to join, 34
joint *past part.* of **joindre**, 34
joli(e) pretty, 1
jouer to play, 3
  —aux échecs to play chess, 8
  —du piano to play piano, 8
joueur *m.* **joueuse** *f.* player, 35
jour *m.* day, 8
  huit jours a week, 2
  —de l'An *m.* New Year's Day, 24
  quel—sommes-nous? what day is it? 8
  quinze jours two weeks, 20
  tous les jours every day, 22
journal *m.* newspaper, 3
  —télévisé *m.* television news, 25
journalisme *m.* journalism, 23
journée *f.* day, 8
  toute la— all day long, 8
juger to judge, 26
juillet *m.* July, 10
juin *m.* June, 10
jupe *f.* skirt, 6
jus *m.* juice, 15
jusque until, as far as, up to, 4
juste exactly, only, 25; small, tight, 35
justement exactly, 27

kilo(gramme) *m.* kilogram, 14
kiosque *m.* newsstand, 27

la (l') *f.* the, LP; her, it, 19
là there, 4
là-bas over there, LP
laboratoire *m.* laboratory, 7
lac *m.* lake, 16
laine *f.* wool, 24
laisser to allow, leave, 38
lait *m.* milk, 13
lampe *f.* lamp, 21
langue *f.* tongue, language, 19
lapin *m.* rabbit, 34
laquelle see **lequel**
latin *m.* Latin, 39
lavabo *m.* bathroom sink, 21
laver to wash, 31
  se laver to wash oneself, 31

le (l') *m.* the, LP; him, it, 19
leçon *f.* lesson, LP
lecteur *m.*, **lectrice** *f.* reader, 36
légal(e) legal, 24
léger(-ère) light, 26
légume *m.* vegetable, 15
lentement slowly, 41
lequel, lesquels, laquelle, lesquelles which one(s), 37
les *pl.* the, LP; them, 19
lettre *f.* letter, 11
  see **boîte à lettres**
lettres *f.pl.* humanities, 11
leur their, 3; to them, 21
leur *m./f.* their, 39
lever* to raise, 15
  se lever to get up, 18
libanais(e) Lebanese, 40
libéral(e) liberal, 28
libraire *m./f.* bookseller, 22
librairie *f.* bookstore, 2
libre free, 24
licence *f.* degree equivalent to B.A., 29
ligne *f.* line, 41
limonade *f.* carbonated citrus drink, 13
linguistique *f.* linguistics, 23
lire* to read, 4
liste *f.* list, 8
lit *m.* bed, 21
  see **wagon-lit**
  aller au— to go to bed, 27
litre *m.* liter, 23
littéraire literary, 36
littérature *f.* literature, 3
livraison des bagages *f.* baggage pick up, 40
livre *m.* book, LP
locomotive *f.* locomotive, 20
logement *m.* lodging, 21
loger* to lodge, 32
logeuse *f.* landlady, 21
logique *f.* logic, 3
logique logical, 5
logiquement logically, 31
loin (de) far, 18
loisirs *m.pl.* leisure activities, 27
Londres *f.* London, 19
long(ue) long, 26
lorsque when, 35
louer to rent, 21
Louisiane *f.* Louisiana, 14
loup *m.* wolf, 33
loyer *m.* rent, 21
lu *past part.* of **lire**, 29
lui him, 1; to him, to her, 21
  lui-même himself, 32
lumière *f.* light, 34
lundi *m.* Monday, 3
lune *f.* moon
lunettes *f.pl.* glasses, 33
lycée *m.* secondary school, 7

ma *f.* my, LP
machine *f.* machine, 32
  —à écrire *f.* typewriter, 16
maçon *m.* mason, 29
Madame *f.* madam, Mrs., LP
Mademoiselle *f.* Miss, LP
magasin *m.* store, 7
  grand— *m.* department store, 16
magazine *m.* magazine, 40
magnétophone *m.* tape recorder, 4
mai *m.* May, LP
maigre thin, 16
maigrir to lose weight, 16
maillot *m.* undershirt, 6
  —de bain *m.* swim suit, 6
  —de corps *m.* undershirt, 6
main *f.* hand, 33
maintenant now, 11
maintenir* to maintain, 40
mais but, 3
maïs *m.* corn, 15
maison *f.* house, 3
maître *m.* school teacher, 30
  —d'hôtel *m.* head waiter, 15
mal badly, LP
mal *m.* ache, 33
  avoir—à la tête to have a headache, 33
malade sick, 17
maladie *f.* illness, 33
manger* to eat, 3
  see **salle à manger**
manteau *m.* overcoat, 6
se maquiller to put on make-up, 31
marchand *m.*, **marchande** *f.* merchant, LP
  —de fruits *m.* fruit grocer, 22
  —de légumes *m.* vegetable grocer, 22
marché *m.* market, 9
  bon— inexpensive, 22
marcher to walk; to work, function (a machine), 9
mardi Tuesday, 8
mari *m.* husband, 2
mariage *m.* marriage, wedding, 33
marié(e) married, 28
se marier to get married, 31
marin *m.* sailor, 36
marine *f.* navy, 36
marron brown, 6
mars *m.* March, 10
Martinique *f.* Martinique, 10
match *m.* game, 8
mathématiques (maths) *f.pl.* mathematics, 23
matière *f.* subject, 23
matin *m.* morning, 8
matinée *f.* morning, 38
mauvais(e) bad, LP
me me, to me, 1
mécanicien *m.*, **mécanicienne** *f.* mechanic, 17

médecin *m.* doctor, 17
médecine *f.* medicine, 22
médicament *m.* drug, medication, 33
médiéval(e) medieval, 39
Méditerranée *f.* Mediterranean Sea, 26
meilleur(e) better, 26
  le meilleur best, 27
même same, even, 17
ménagère *f.* housewife, 17
mener* to lead, 23
mensuel *m.* monthly magazine, 27
menu *m.* menu, 15
menuisier *m.* carpenter, 29
mer *f.* sea, 26
merci thank you, LP
mercredi Wednesday, 8
mère *f.* mother, 1
merveilleux(-se) marvelous, 12
mes *pl.* my, 4
message *m.* message, 41
météo *f.* weather report, 24
métier *m.* job, occupation, 17
mètre *m.* meter, 30
métro *m.* subway, 9
metteur en scène *m.*, **metteuse en scène** *f.* film or play director, 26
mettre* to put (on), place, 24
  se mettre à begin to, 40
meuble *m.* piece of furniture, 21
mexicain(e) Mexican, 19
Mexique *m.* Mexico, 19
mi-temps, à— half-time, part-time, 29
micro(phone) *m.* microphone, 34
midi *m.* noon, 14
  —et demi half past twelve, 20
Midi *m.* Southern France, 11
mien(ne) mine, 39
mieux better, 2
mignon(ne) cute, 28
mil thousand (in dates), 10
milieu *m.* middle, 18
  au—(de) in the middle (of), 18
militaire military, 11
militaire *m.* military man, armed forces, 36
mille thousand, 10
milliard *m.* billion, 10
million *m.* million, 10
mince thin, 12
minuit *m.* midnight, 14
minute *f.* minute, 15
mis *past part.* of **mettre**, 29
mixer *m.* mixer, 18
mobilisé (être—) to be drafted, 36
moche ugly (slang), 28
moderne modern, 8
moi me, 1
  moi-même myself, 32

moins less, 14
  au— at least, 14
  le— the least, 27
  —le quart quarter to, 14
mois *m.* month, 10
moitié *f.* half, 24
moment *m.* moment, 17
mon *m.* my, LP
monastère *f.* monastery, 39
monde *m.* world, 9
moniteur *m.*, **monitrice** *f.* teaching assistant, 5
monnaie *f.* change, 41
monsieur *m.* sir, mister, LP
montagne *f.* mountain, 7
montagneux(-se) mountainous, 39
monter to go up, get on, 7
montre *f.* watch, 15
Montréal *f.* Montreal, 7
montrer to show, 4
se moquer de to make fun of, 34
morceau *m.* piece, 14
mort *past part.* of **mourir**, 18
Moscou *f.* Moscow, 19
mot *m.* word, LP
  mots croisés *m.pl.* crossword puzzle(s), 27
moto *f.* motorcycle, 9
mourir* to die, 18
moustache *f.* mustache, 33
moyen *m.* way, means, 9
Moyen Orient *m.* Middle East, 27
mur *m.* wall, 4
musée *m.* museum, 7
musicien *m.*, **musicienne** *f.* musician, 17
musique *f.* music, 3
mystérieux(-se) mysterious, 39

nager* to swim, 8
naître* to be born, 18
nappe *f.* table cloth, 14
natal(e) native, 40
natation *f.* swimming, 11
nation *f.* nation, 40
nationalité *f.* nationality, 12
nature *f.* nature, 34
naturel(le) natural, 37
nautique, ski— *m.* water skiing, 11
né *past part.* of **naître, 18**
ne . . . jamais never, 34
ne . . . ni . . . ni neither . . . nor, 34
ne . . . nulle part nowhere, 34
ne . . . pas not, LP
  n'est-ce pas? isn't that so? 1
ne . . . personne no one, nobody, 34
ne . . . plus no longer, no more, 34
ne . . . que only, 34
ne . . . rien nothing, not anything, 34
nécessaire necessary, 40
nécessité *f.* necessity, 40
néerlandais(e) Dutch, 19

négliger* to neglect, 31
neige *f.* snow, 10
neiger* to snow, 27
nerveux(-se) nervous, 31
nettoyer* to clean, 32
neuf nine, LP
neuf(-ve) new, 21
neuvième ninth, 21
neveu *m.* nephew, 2
nez *m.* nose, 33
ni nor, 21
   see **ne...ni...ni**
nièce *f.* niece, 1
Noël *m.* Christmas, 10
noir(e) black, 6
noisette hazel, nut-brown, 28
nom *m.* name, 30
nombre *m.* number, 1
nombreux(-se) numerous, 36
non no, not, 1
nonante ninety (Belgian or Swiss), 8
nord *m.* north, 10
normand(e) Norman, 13
Normandie *f.* Normandy, 24
Norvège *f.* Norway, 19
norvégien(ne) Norwegian, 19
nos *pl.* our, 4
note *f.* grade, mark, LP; note, 1
notre our, 3
nôtre *m./f.* ours, 39
nourriture *f.* food, 20
nous we, us, 1
nouveau (nouvel) *m.*, **nouvelle** *f.*
   new, LP
nouvelle *f.* news, 28
Nouvelle-Orléans, *f.* New Orleans,
   10
novembre *m.* November, LP
nuage *m.* cloud, 24
nuit *f.* night, 39
nulle part nowhere, 29
numéro *m.* number, 34

obéir (à) to obey, 16
obtenir* to obtain, get, 40
occuper to occupy, 31
   s'occuper de to be busy with, to
     take care of, 31
océan *m.* ocean, 39
octobre *m.* October, 10
oeil (yeux, *pl.***)** *m.* eye, 33
oeuf *m.* egg, 14
oeuvre *f.* work, 36
offert *past part.* of **offrir**, 35
officier *m.* officer, 36
offrir to offer, 23
oignon *m.* onion, 38
oiseau *m.* bird, 28
omnibus *m.* slow train, 20
on one, people in general, we, LP
oncle *m.* uncle, 2
onze eleven, 5
onzième eleventh, 21

opéra *m.* opera, 7
opérateur *m.*, **opératrice** *f.* operator,
   41
optimiste optimistic, 5
orage *m.* storm, 24
orange *f.* orange, 6
orangeade *f.* orangeade, 13
orchestre *m.* orchestra, 35
ordinaire ordinary, 5
ordonnance *f.* prescription, 33
ordre *m.* order, 30
oreille *f.* ear, 33
oreillons *m.pl.* mumps, 33
organiser to organize, 8
original(e) original, 26
orteil *m.* toe, 33
ou or, 8
où where, when, 2
oublier to forget, 30
ouest *m.* west, 19
oui yes, LP
outil *m.* tool, 32
   boîte à outils *f.* tool box, 32
outre-mer overseas, 39
ouvert *past part.* of **ouvrir**, 16
ouvrier *m.*, **ouvrière** *f.* worker,
   laborer, 17
ouvrir to open, 3

pacifiste pacifist, 36
pain *m.* bread, 14
   —au chocolat *m.* chocolate
     croissant or sandwich, 15
pair even (numbers), 5
paire *f.* pair, 35
paix *f.* peace, 36
palais *m.* palace, 7
pâle pale, 16
pâlir to become pale, 16
pamplemousse *m.* grapefruit, 14
panne *f.* breakdown, 37
   en— out of order, broken down,
     37
pantalon *m.* pair of pants, 6
papa *m.* dad, daddy, 15
papeterie *f.* stationery shop, 22
papier *m.* paper, 22
   —à lettres *m.* stationery, 22
Pâques *m.* Easter, 24
paquet *m.* package, 17
par by, through, 9
parapluie *m.* umbrella, 10
parc *m.* park, 21
   —de stationnement *m.* parking
     lot, 37
parce que because, 10
pardessus *m.* overcoat, 24
pardon! pardon me! LP
pare-brise *m.* windshield, 37
pare-choc *m.* bumper, 37
parent *m.*, **parente** *f.* relative, 19
parents *m.pl.* parents, 3
paresseux(-se) lazy, 12

parfaitement perfectly, 17
parfum *m.* perfume, 31
parisien(ne) Parisian, 26
parking *m.* parking lot, 37
parler to speak, LP
parmi among, 2
part, c'est de la—de qui? who's
   calling? 41
parti *m.* political party, 18
participer (à) to participate, 32
partie *f.* part, 8
   faire partie de to belong to, be a
     part of, 35
partir to leave, 10
   à—de from, since, 25
pas not, LP
   —mal not bad, LP
passé(e) past, 7
   la semaine— last week
passeport *m.* passport, 40
passer to pass (by), spend, 14
   se passer to happen, take place,
     23
pâté *m.* pâté, 15
   —de foie de canard *m.* duck liver
     pâté, 15
patience *f.* patience, 14
patient(e) patient, 31
patinage *m.* ice-skating, 11
pâtisserie *f.* pastry shop, 22
pâtisseries *f.pl.* pastries, 15
pâtissier *m.*, **pâtissière** *f.* pastry
   cook, 22
patrie *f.* native land, 36
patron *m.* boss, 35
pauvre poor, unfortunate, 9
payer* to pay (for), 20
pays *m.* country, 19
Pays-Bas *m.pl.* Netherlands, 19
Pays de Galles *m.* Wales, 39
paysage *m.* landscape, countryside,
   34
pêche *f.* fishing, 39
pêcheur *m.* fisherman, 39
peigne *m.* comb, 31
peigner to comb, 31
   se peigner to comb one's hair, 31
peindre* to paint, 34
peint *past part.* of **peindre**, 34
peintre *m.* painter, 17
peinture *f.* painting, paint, 23
pellicule *f.* roll of film, 34
pendant during, 16
   —que while, 35
penser (à, de) to think, 17
Pentecôte *f.* Pentecost, 24
perdre to lose, 17
père *m.* father, 2
périodique *m.* periodical, 27
permettre* (à, de) to permit, allow, 21
permis *past part.* of **permettre**, 37
   —de conduire *m.* driver's license,
     37

personnalité *f.* personality, 28
personne *f.* person, 2
  see **ne . . . personne**
personnel *m.* personnel, staff, 29
pessimiste pessimistic, 5
petit(e) small, little, short, 7
  petit-fils *m.* grandson, 2
  petite-fille *f.* granddaughter, 1
peu little, 5
peu *m.* little bit, 3
peuple *m.* people (nation), 39
peur (de), avoir— to be afraid of, fear someone, something, 13
peut-être perhaps, 16
phare *m.* headlight, 37
pharmacie *f.* pharmacy, 22
pharmacien *m.*, **pharmacienne** *f.* pharmacist, 17
philosophie *f.* philosophy, 23
photo *f.* photograph, 29
photographe *m.* photographer, 26
photographie *f.* photography, photograph, 29
phrase *f.* sentence, 4
physiologie *f.* physiology, 23
physique *m.* physical appearance, 12
physique *f.* physics, 17
piano *m.* piano, 8
pièce *f.* room, 21
  —de théâtre play, 8
pied *m.* foot, 9
  à— on foot, 9
pilote *m.* pilot, 17
pinceau *m.* artist's paint brush, 34
pipe *f.* pipe, 13
pique-nique *m.* picnic, 32
piqûre *f.* injection, 33
pire worse, worst, 33
piscine *f.* swimming pool, 7
piste *f.* runway, 40
pizza *f.* pizza, 13
place *f.* square, place, position, 18
placer* to place, 8
plage *f.* beach, 7
plaindre* to pity, 34
  se plaindre to complain, 34
plaint *past part.* of **plaindre**, 34
plaire* (à) to please, 13
  s'il vous plaît, s'il te plaît please, LP
plaisanter to joke, 3
plat *m.* dish, plate, 15
plat(e) flat, 37
  à plat flat (tire), 37
plâtre *m.* plaster cast, 32
plein(e) full, 26
  en plein air outdoor(s), 32
  à plein temps full-time, 29
pleurer to cry, 11
pleuvoir* to rain, 11
plombier *m.* plumber, 29
plongeur *m.*, **plongeuse** *f.* dishwasher (person), 29

plu *past part.* of **pleuvoir** and **plaire**, 16
pluie *f.* rain, 11
plupart *f.* most, 39
plus more, 17
  see **ne . . . plus**
plusieurs several, some, 27
plutôt rather, 13
pneu *m.* tire, 37
  —à plat *m.* flat tire, 37
poche *f.* pocket, 35
poêle *f.* frying pan, 38
poème *m.* poem, 34
poésie *f.* poetry, 34
poète *m.* poet, 34
poignet *m.* wrist, 33
point *m.* point, period, 31
poire *f.* pear, 15
pois (petits—) *m.pl.* peas, 15
poisson *m.* fish, 15
poissonnerie *f.* fish market, 22
poitrine *f.* chest, 33
poivre *m.* pepper, 14
poker *m.* poker (card game), 8
poli(e) polite, 12
police *f.* police, 40
  see **agent de police**
policier(-ière)
  see **film policier, roman policier**
poliment politely, 12
pomme *f.* apple, 15
  —de terre *f.* potato, 15
population *f.* population, 40
porc *m.* pork, 22
port *m.* port, 9
porte *f.* door, gate, 4
portefeuille *m.* wallet, 37
porter to wear, carry, 6
portière *f.* car door, 37
portrait *m.* portrait, 34
portugais(e) Portuguese, 19
Portugal *m.* Portugal, 19
poser (des questions) to ask (questions), 11
posséder* to possess, 8
possible possible, 41
poste *f.* post office, 10
potage *m.* soup, 15
pouce *m.* thumb, 33
poulet *m.* chicken, 15
poumon *m.* lung, 33
  pour for, in order to, 3
pourquoi why, 6
pourtant however, 12
pouvoir* to be able, 12
pratique practical, 5
pratiquer to practice, 29
préférer* to prefer, 8
premier(-ière) first, 10
prendre* to take, 9
prénom *m.* first name, LP
préparatifs *m.pl.* preparations, 32
préparer to prepare, 21

près (de) near, close to, 15
présenter to introduce, 1
  je te présente Marc this is Mark, 1
presque nearly, 19
presse *f.* press, 27
prêt(e) ready, 21
prêter to lend, 9
prévenir* to warn, 33
prévision *f.* forecast, 24
printemps *m.* spring, 10
pris *past part.* of **prendre**, 16
prisonnier *m.* prisoner, 36
prix *m.* price, prize, 42
probablement probably, 31
problème *m.* problem, 20
prochain(e) next, 8
proche near, close, 1
producteur *m.* producer, 26
produire to produce, 36
produit *m.* product, 22
professeur, *m.* professor, teacher, 2
profession *f.* profession, 17
profiter de to profit, to take advantage of, 38
profond(e) profound, 26
profondeur *f.* depth, 26
programme *m.* program, 8
  —de variétés *m.* variety show, 25
projecteur *m.* projector, 34
projet *m.* project, 17
promenade *f.* walk, 11
  faire une— to go for a walk, 11
promener* to take for a walk, 32
  se promener to go for a walk, 31
promettre* (à, de) to promise, 40
promis *past part.* of **promettre**, 40
à propos by the way, 11
proposer (à, de) to propose, 24
propre clean, 21
protéger* to protect, 24
prudent(e) prudent, 12
psycho(logie) *f.* psychology, 23
pu *past part.* of **pouvoir**, 29
public(-que) public, 35
publicité *f.* publicity, commercial, 25
puis then, 16
pull-over *m.* sweater, 6
punir to punish, 16

quai *m.* embankment, platform, gate, 20
qualité *f.* quality, 28
quand when, 10
  see **depuis quand**
quarante forty, 6
quart *m.* quarter, 14
quartier *m.* area, neighborhood, 21
quatorze fourteen, 5
quatre four, LP
quatre-vingts eighty, 8
quatre-vingt-dix ninety, 21

quatuor *m.* quartet, 35

que (**qu'**) that, than, 3
  see **ne . . . que**

que (*pron.*) whom, that, which, what, 1

Québec *m.* Quebec, 4

quel, quels, quelle, quelles what, which, 6
  quelle heure est-il? what time is it? 14
  quel temps fait-il? what's the weather like? 11

quelque some, any, LP

quelque chose something, 16

quelquefois sometimes, 9

quelqu'un *m.*, **quelqu'une** *f.* someone, 9

quelques-uns *m.pl.* some (of them), 34

qu'est-ce qui? what?, 13

question *f.* question, 12

queue *f.* tail, line, 26

qui who, 1

qui est-ce que? whom?, 13

quiche *f.* quiche, 22

quinze fifteen, 5

quitter to leave, 41

quoi which, what, 4

quotidien(ne) daily, 27

raconter to tell, 8

radiateur *m.* radiator, 21

radio *f.* radio, 3
  radio-réveil *f.* clock radio, 15

raison, avoir— to be right, 13

raisonnable reasonable, 5

ralentir to slow down, 37

ramasser to gather together, 39

randonnée *f.* outing, excursion, 32

rapide fast, 9

rapide *m.* fast train, 20

rapidement rapidly, 12

rappeler* to call again, 28
  se rappeler to remember, 28

rarement rarely, 9

se raser to shave (oneself), 31

rasoir *m.* razor, 31

rater to fail, miss, 31

rayon *m.* department (of a shop), 42

réaliser to realize, carry out, 34

réaliste realistic, 5

rebours, à— backwards, 5

récepteur *m.* receiver, 41

recevoir* to receive, 30

réchaud *m.* hot plate, 30
  —à gaz *m.* gas stove, 21

récit *m.* narration, 36

recommandé(e) certified, 30

reconnaître* to recognize, 33

reçu *past part.* of **recevoir**, 41

réduire to reduce, 36

réfléchir (à) to think (about), 16

réfrigérateur (frigo) *m.* refrigerator, 21

refuser to refuse, 40

regarder to look at, 3

région *f.* region, 15

règle *f.* ruler, 4

se réhabituer (à) to reaccustom oneself (to), 40

rejoindre* to rejoin, meet up with, 34

rejoint *past part.* of **rejoindre**, 34

remarquable remarkable, 5

remarquer to notice, 14

remercier to thank, 31

remettre to put back, 24

remonter to go up again, 23

remplir to fill, 16

rémunération *f.* remuneration, 29

Renaissance *f.* Renaissance, 23

renard *m.* fox, 28

rencontre *f.* meeting, 1

rencontrer to meet, LP

rendez-vous *m.* meeting, 21

se rendormir to go back to sleep, 31

rendre to give back, 17
  —furieux to make someone furious, 17
  —visite à to visit someone, 17

renseignements *m.pl.* information, 41

renseigner to inform, 40

rentrée *f.* return, 39

rentrer to return, 9

renverser to spill, 18

réparer to repair, 9

repas *m.* meal, 15

répéter* to repeat, 8

répondeur automatique *m.* answering machine, 41

répondre (à) to answer, 17

réponse *f.* answer, 22

reportage *m.* newspaper story, 31

reposer to put back, 18
  se reposer to rest, relax, 16

reprendre* to take back, 42

représentant *m.* sales representative, 29

République Démocratique Allemande *f.* German Democratic Republic, 19

République Fédérale d'Allemagne *f.* Federal Republic of Germany, 19

réservation *f.* reservation, 40

réserver to reserve, 20

ressembler à to resemble, 39

restaurant *m.* restaurant, 7

reste *m.* remainder, the rest, 18

rester to remain, stay, 10

retard, en— late, 15

retenir* to reserve, hold, 40

retour *m.* return, 40

retourner to return, 18

réunion *f.* reunion, meeting, 39

réussir (à) to succeed (at), 16

rêve *m.* dream, 19

réveil *m.* waking, awakening, 15

réveille-matin *m.* alarm clock, 31

réveiller to awaken (someone), 31
  se réveiller to wake up, 31

revenir* to come back, 18

revenu *past part.* of **revenir**, 18

rêver* (de) to dream, 19

rez-de-chaussée *m.* ground floor, 21

rhum *m.* rum, 33

rhume *m.* cold, 33

riche rich, wealthy, 28

rideau *m.* curtain, 21

rien nothing, 8;
  de— you're welcome, 40

rire (de) to laugh (at), 24

risquer to risk, 31

rivière *f.* river, 39

robe *f.* dress, LP

rock *m.* rock music, 3

rôle *m.* role, part, 26

roman *m.* novel, 4
  —policier mystery novel, 8

romancier *m.*, **romancièr** *f.* novelist, 34

rosbif *m.* roast beef, 22

rose *f.* rose, 6

rôti *m.* roast, 38
  —de porc *m.* roast pork, 15

roue *f.* wheel, 37
  —de secours *f.* spare tire, 37

rouge red, 6

rougeole *f.* measles, 33

rougir to blush, 16

route *f.* route, way, 7
  en— on the way, 20

routière, carte— *f.* road map, 32

routine *f.* routine, 31

roux(-sse) red-headed, 12

rubrique *f.* column, 27
  —sportive *f.* sports section, 27

rue *f.* street, 18

ruine *f.* ruin, 39

russe Russian, 26

Russie *f.* Russia, 19

sa *f.* his, her, 1

sac *m.* sack, bag, 32

sage wise, well-behaved, 38

saignant(e) rare (meat), 15

Saint-Sylvestre *f.* New Year's Eve, 24

saison *f.* season, 10

salade verte *f.* green salad, 15

sale dirty, soiled, 18

salle *f.* room, 4
  —à manger *f.* dining room, 21
  —d'attente *f.* waiting room, 20
  —de bains *f.* bathroom, 21
  —de séjour *f.* living room, 21
  —des bagages *f.* baggage room, 20

salon de coiffure *m.* barber or beauty shop, 20
salut hello, hi, goodbye, LP
salutations *f.pl.* greetings, 30
samedi *m.* Saturday, 8
sandwich *m.* sandwich, 13
   —au jambon *m.* ham sandwich, 13
sans without, 24
santé *f.* health, 32
satire *f.* satire, 34
saucisson *m.* dry sausage, 22
sauvage wild, 39
savant *m.*, **savante** *f.* scientist, 17
savoir* to know (how), 8
savon *m.* soap, 22
saxophone *m.* saxophone, 35
scène *f.* scene, stage, 34
science *f.* science, 7
sculpteur *m.*, **sculptrice** *f.* sculptor, 29
sculpture *f.* sculpture, 34
se (s') oneself, 23
secondaire secondary, 29
seconde *f.* second, 15
secrétaire *m./f.* secretary, 17
sécurité *f.* security, 40
seize sixteen, 5
sel *m.* salt, 14
semaine *f.* week, 8
Sénégal *m.* Senegal, 3
sens *m.* sense, meaning, 28
sensationnel(le) sensational, 33
sensible sensitive, 28
sensuel(le) sensual, 28
sentier *m.* path, 41
sentiment *m.* feeling, 30
sentimental(e) sentimental, 28
sentir to feel, touch, smell, 32
   se sentir to feel (health or emotion), 32
sept seven, LP
septembre *m.* September, 10
sérieux(-se) serious, 12
serveur *m.*, **serveuse** *f.* waiter, waitress, 17
service *m.* service, 7
serviette *f.* napkin, 31
   serviette de toilette *f.* towel, 31
servir to serve, wait on, 14
ses *pl.* his, her, 4
seul(e) alone, 19
seulement only, 7
shopping *m.* shopping, 11
   faire du— to shop, 11
short *m.* shorts, 6
si if, whether, 8
si yes, 8
siècle *m.* century, 36
siège *m.* seat, 40
sien(ne) *m./f.* his, hers, 39
sieste *f.* siesta, 38
signaler to signal, 40

signer to sign, 30
silencieux(-se) silent, 12
simple simple, 9
sincère sincere, 5
sincèrement sincerely, 12
site *m.* site, 41
situer to place, locate, 26
six six, LP
ski *m.* skiing, 10
   faire du— to ski, 8
   faire du—nautique to water ski, 11
slip *m.* panties, underwear, 6
slow *m.* slow dance, 35
social(e) social, 25
société *f.* society, association, 29
sociologie *f.* sociology, 23
sœur *f.* sister, 1
soif, avoir— to be thirsty, 13
soigner to take care of, 17
   se soigner to take care of oneself, 32
soir *m.* evening, 3
soirée *f.* evening (duration), party, 3
soixante sixty, 6
soixante-dix seventy, 8
soldat *m.* soldier, 36
soleil *m.* sun, 11
   il fait du— the weather is sunny, 12
sommeil, avoir— to be sleepy, 13
sommelier *m.* wine waiter, 15
son *m.* his, her, its, 2
son *m.* sound, 1
sonner to ring, 41
soprano *m./f.* soprano, 35
sorte *f.* kind, 35
sortie *f.* exit, 31; evening out, 35
sortir to go out, exit, 11
soucoupe *f.* saucer, 18
souffert *past part.* of **souffrir**, 35
souffrir to suffer, 35
soupe *f.* soup
souper to have supper, 31
source *f.* spring, 39
souriant(e) smiling, cheerful, 28
sous under, 18
   sous-titre *m.* subtitle, 26
   sous-vêtements *m.pl.* underwear, 6
soutien-gorge *m.* brassiere, 6
se souvenir* de to remember, 28
souvent often, 3
spectateur *m.*, **spectatrice** *f.* spectator, 38
spirituel(le) spiritual, witty, 28
sport *m.* sports, 25
sportif(-ve) athletic, pertaining to sports, 12
stade *m.* stadium, 7
star *f.* movie star, 26
station *f.* station, 9
   station-service *f.* service station, 39
stationnement *m.* parking, 37

statue *f.* statue, 34
(sténo)dactylo *f.* shorthand typist, 29
stop, faire du— to hitchhike, 11
studio *m.* studio, efficiency apartment, 21
stylo *m.* pen, 4
su *past part.* of **savoir**, 29
sucre *m.* sugar, 14
sud *m.* south, 24
Suède *f.* Sweden, 19
suédois(e) Swedish, 19
suffisamment sufficiently, enough, 29
suggérer* to suggest, 8
Suisse *f.* Switzerland, 10
suisse Swiss, 16
suivre to follow, take (courses), 23
sujet *m.* subject, 21
super *m.* premium, high-test gas, 28
superficie *f.* area, surface, 40
supérieur(e) higher, 27
supermarché *m.* supermarket, 22
supplément *m.* supplement, 20
sur on, 3
sûr(e) sure, 10
surqualifié(e) overqualified, 29
surtout especially, 31
suspense *f.* suspense, 26
   plein(e) de suspense suspenseful, 26
sympathique (sympa) likeable, nice, 5
symphonique symphonic, 35
symptôme *m.* symptom, 33
système *m.* system, 27

ta *f.* your, 1
tabac *m.* tobacco, 22
   bureau de— *m.* tobacco shop, 22
table *f.* table, 4
tableau *m.* painting, 23
   —noir *m.* blackboard, LP
tabouret *m.* stool, 18
tahitien(ne) Tahitian, 19
taille *f.* size (clothing), 28
   de—moyenne *f.* average size, 28
tambour *m.* drum, 35
tant so much, 23
tante *f.* aunt, 1
taper to type, 29
tapis *m.* carpet, rug, 21
taquiner to tease, 31
tard late, 15
tarte *f.* pie, 15
tartine *f.* slice of bread and butter, 14
tas *m.* pile, lot, 23
tasse *f.* cup, 13
taxi *m.* taxi, 9
te (t') you, to you, 1
tee-shirt *m.* teeshirt, 6
télé(vision) *f.* television, TV set, 3

télégramme *m.* telegram, 23
téléphone *m.* telephone, 7
   cabine téléphonique *f.* telephone booth, 41
   donner un coup de— to make a phone-call, 29
téléphoner (à) to (tele)phone, 7
tellement so, so much, 35
température *f.* temperature, 11
temporaire temporary, 29
temps *m.* weather, time, 11
   de—en— from time to time, 25
   à—partiel part-time, 29
tendre tender, 28
tenir* to hold, 33
tennis *m.* tennis, 3
tentant(e) tempting, 15
tente *f.* tent, 32
terminer to end, 30
terrasse *f.* terrace, 12
territoire *m.* territory, 19
tes *pl.* your, 4
thé *m.* tea, 13
théâtre *m.* theater, 7
   pièce de— *f.* play, 8
thon *m.* tuna, 15
ticket *m.* ticket, LP
tien(ne) *m./f.* yours, 39
timbre *m.* stamp, 22
timide timid, shy, 5
timidement timidly, 12
tiroir *m.* drawer, 21
titre *m.* title, 7
toi you, LP
   toi-même yourself, 32
toile *f.* canvas, 34
toilette (faire sa—) to wash up and get dressed, 31
tomate *f.* tomato, 32
tomber to fall, 18
   —en panne to break down, 37
ton *m.* your, 2
tonalité *f.* dial tone, 41
tort, avoir— to be wrong, 13
tôt early, 15
toujours always, 9
tour *f.* tower, 39
   Tour Eiffel *f.* Eiffel Tower, 21
touriste *m./f.* tourist, 16
tourne-disques *m.* record player, 16
tournedos *m.* fillet steak, 15
tourner to turn, 37
tout, tous, toute, toutes all, every, 11
   tous les jours every day, 22
   tout le monde everyone, 17
   toute la journée all day long, 8
traduction *f.* translation, 36
traduire to translate, 36
traduit *past part.* of **traduire**, 36
tragédie *f.* tragedy, 36
train *m.* train, 20
traiter (de) to treat, deal with, 26
tranche *f.* slice, 14

transistor *m.* transistor radio, 16
transmettre* to transmit, 34
transpirer to perspire, 33
transport *m.* transport, 9
travail *m.* work, 9
travailler to work, 3
travailleur(-se) hard-working, 28
traverser to cross, 18
treize thirteen, 5
trente thirty, 6
très very, LP
trictrac *m.* backgammon, 8
trio *m.* trio, 35
tripe *f.* tripe, 15
triste sad, unhappy, 12
trois three, LP
trombone *m.* trombone, 35
se tromper to be mistaken, 31
trompette *f.* trumpet, 35
trop too much, 8
trouver to find, 8
   se trouver to be located, exist, be, 31
truffe *f.* truffle, 15
truffé(e) stuffed with truffles, 15
tu you, 1
tuer to kill, 36
tunnel *m.* tunnel, 23
typique typical, 5

un(e) one, a (an), 2
université *f.* university, 2
urgent(e) urgent, 40
usine *f.* factory, 7
ustensile *m.* utensil, 38
utile useful, 15
utiliser to use, employ, 41

vacances *f.pl.* vacation, holidays, 10
   en— on vacation, 10
vaincre* to conquer, 36
vaisselle *f.* dishes, 11
   faire la— to do the dishes, 11
valise *f.* suitcase, LP
vallée *f.* valley, 39
valoir* to be worth, 37
   il vaut mieux it is better (to), 40
valse *f.* waltz, 35
valu *past part.* of **valoir**, 37
variable variable, changeable, 6
varier to vary, 17
variété *f.* variety, diversity, 19
vécu *past part.* of **vivre**, 28
vedette *f.* actress, star, 26
vélo *m.* bike, 9
vélomoteur *m.* motorbike, 9
vendeur *m.*, **vendeuse** *f.* salesperson, 16
vendre to sell, 17
vendredi *m.* Friday, 8
venir* to come, 12
   —de + inf. to have just (done something)

vent *m.* wind, 11
venu *past part.* of **venir**, 18
verglas *m.* sleet, glazed frost, 11
vérifier to verify, 37
verre *m.* glass, 13
vers to, toward, about, 20
verser to pour, 38
veste *f.* jacket, 32
vêtements *m.pl.* clothes, 6
   sous-vêtements *m.pl.* underwear, 6
veuf *m.* widower, 28
veuve *f.* widow, 28
viande *f.* meat, 22
vie *f.* life, 23
vieille see **vieux**
vieillir to grow old, age, 25
Vienne *f.* Vienna, 19
vieux (vieil) *m.* **vieille** *f.* old, 18
villa *f.* villa, 31
village *m.* village, 18
ville *f.* city, 7
vin *m.* wine, 13
vingt twenty, 5
vingtaine *f.* about twenty, 27
violent(e) violent, 26
violet(te) violet, purple, 6
violon *m.* violin, 8
violoncelle *m.* cello, 35
violoncelliste *m./f.* cellist, 35
violoniste *m./f.* violinist, 35
visage *m.* face, 31
visite, rendre—à to visit someone, 17
visiter to visit a place, 20
vite fast, 18
vitesse *f.* speed, 37
vivre to live, 28
voici here is, here are, LP
voie *f.* track, way, 20
voilà there is, there are, 4
voile, faire de la— to sail, 11
voir to see, 13
voisin(e) neighboring, 8
voisin *m.* **voisine** *f.* neighbor, 8
voiture *f.* car, vehicle, 7
voix *f.* voice, 35
   see **haut**
vol *m.* flight, 40
volant *m.* steering wheel, 37
   au— driving, behind the steering wheel, 38
vos *pl.* your, 4
votre your, LP
vôtre *m./f.* yours, 39
vouloir* to want, desire, 17
   —bien to be willing, 17
   —dire to mean, 17
voulu *past part.* of **vouloir**, 29
vous you, 2
   vous-même yourself, 32
   vous-mêmes yourselves, 32
voyage *m.* trip, 7
voyager* to travel, 8
vrai(e) true, 17

vraiment truly, 5
vu *past part.* of **voir**, 29

wagon *m.* train car, 20
  wagon-lit *m.* sleeping car, 20
  wagon-restaurant *m.* dining car, 20

WC *m.* toilet, 21
week-end *m.* weekend, 3
western *m.* western (film), 8

y there, 21
  see **il y a**
yahourt, yaourt *m.* yogurt, 15

yeux see **oeil**

Zaïre *m.* Zaire, 40
zéro *m.* zero, LP
zone *f.* zone, 11
zoologie *f.* zoology, 23
zut! darn!, 8

a (an) un(e)
abbey abbaye *f.*
to be able pouvoir
about de, vers, environ
above au-dessus de
abstract abstrait(e)
to accept agréer, accepter
accident accident *m.*
to accompany accompagner
to accomplish accomplir
accordion accordéon *m.*
accountant comptable *m./f.*
ache mal *m.*
acquaintance connaissance *f.*
to be acquainted with connaître
actor, actress acteur *m.*, actrice *f.*
to add ajouter
address adresse *f.*
administration gestion *f.*
to adore adorer
advantage avantage *m.*
advertisement annonce *f.*
advice conseil *m.*
to advise conseiller (à, de)
aerogram aérogramme *m.*
to be afraid of someone,
    something avoir peur (de),
    craindre
Africa Afrique *f.*
African africain(e)
after après
afternoon après-midi *m.*
afterward après, ensuite
again encore
against contre
to age vieillir
age âge *m.*
agency agence *f.*
agitated agité(e)
to agree être d'accord
agreeable agréable
agreement accord *m.*
to aid aider
air air *m.*
air mail par avion
    —letter aérogramme *m.*
airplane avion *m.*
airport aéroport *m.*
alarm clock réveille-matin *m.*
alcohol alcool *m.*
all tout, tous, toute, toutes
to allow laisser, permettre (à, de)
almost presque
alone seul(e)
aloud à haute voix
Alps Alpes *f.pl.*
already déjà
Alsatian alsacien(ne)
also aussi
always toujours

ambitious ambitieux(-se)
American américain(e)
among parmi, chez
to amuse amuser
amusing amusant(e)
ancestor ancêtre *m.*
and et
animal animal *m.* (-aux *pl.*)
animated animé(e)
anniversary anniversaire *m.*
to announce annoncer
announcement annonce *f.*
to annoy énerver, ennuyer
answer réponse *f.*
to answer répondre (à)
answering machine répondeur
    automatique *m.*
antique ancien(ne)
any quelque, en
apartment appartement *m.*
    —building immeuble *m.*
apologize s'excuser
appeal appel *m.*
to appear avoir l'air (de)
appetizer hors-d'oeuvre *m.*
to applaud applaudir
apple pomme *f.*
appliance appareil *m.*
to be appropriate convenir (à)
April avril *m.*
Arabic arabe *m.*
architect architecte *m./f.*
architecture architecture *f.*
area superficie *f.*, quartier *m.*, zone *f.*
to argue se disputer, discuter (de)
arm bras *m.*
armed forces militaire *m.*, les forces
    armées
army armée *f.*
arrival arrivée *f.*
to arrive arriver
art art *m.*
article article *m.*
artist artiste *m./f.*
artist's paint brush pinceau *m.*
arts, fine— beaux-arts *m.pl.*
as comme
    —far— jusque
    —much— autant (de) (que)
    —soon— dès que, aussitôt que
Asia Asie *f.*
to ask demander (à, de), poser (des
    questions)
to assist aider (à)
to associate associer
association société *f.*
at à, en
    —someone's house chez
Atlantic ocean l'océan Atlantique *m.*
at least au moins

attack crise *f.*
    heart— crise cardiaque *f.*
    liver— crise de foie *f.*
to attain atteindre
to attend assister à
at that time alors
to attract attirer
August août *m.*
aunt tante *f.*
Australia Australie *f.*
Austria Autriche *f.*
Austrian autrichien(ne)
author auteur *m.*
autumn automne *m.*
average size de taille moyenne
to avoid éviter
awakening réveil *m.*
to awaken (someone) réveiller

backgammon trictrac *m.*
backwards à rebours
bad mauvais(e)
    it's too— c'est dommage
badly mal
bag sac *m.*
baggage bagages *m.pl.*
    —pick up livraison des bagages *f.*
    —room salle des bagages *f.*
baker boulanger *m.*, boulangère *f.*
bakery boulangerie *f.*
balanced équilibré(e)
balcony balcon *m.*
ball balle *f.*; (**inflated**) ballon *m.*
ballet ballet *m.*
banana banane *f.*
band bande *f.*
bank banque *f.*
banker banquier *m.*
bar bar *m.*
barber shop salon de coiffure *m.*
bargain bonne affaire *f.*
basketball basket-ball *m.*
bass, double— contrebasse *f.*
bath bain *m.*
to bathe baigner
bathroom salle de bains *f.*
to be être
    —located se trouver
beach plage *f.*
beans, green beans haricots verts
beard barbe *f.*
to beat battre
beautiful beau (bel) belle
beauty beauté *f.*
    —shop salon de coiffure *m.*
because parce que
to become devenir
bed lit *m.*
    to go to— se coucher
bedroom chambre *f.*

beer bière *f.*
before avant
to begin commencer (à), se mettre à
beginning commencement *m.*
behind derrière
being être *m.*
Belgian belge
Belgium Belgique *f.*
to believe (in) croire (à, en)
bell tower clocher *m.*
to belong to faire partie de
below au-dessous de
belt ceinture *f.*
beret béret *m.*
beside à côté de
besides d'ailleurs
best le meilleur
better meilleur(e), mieux
   it is—that il vaut mieux que
between entre
bicycle bicyclette *f.*, vélo *m.*
big gros(se)
bilingual bilingue
billion milliard *m.*
biological biologique
biology biologie *f.*
bird oiseau *m.*
birthday anniversaire *m.*
   happy— joyeux anniversaire *m.*
bit peu *m.*
black noir(e)
blackboard tableau (noir) *m.*
blond blond(e)
blouse chemisier *m.*
blow coup *m.*
blue bleu(e)
to blush rougir
boarding embarquement *m.*
boat bateau *m.*
body corps *m.*
book livre *m.*
bookseller libraire *m./f.*
bookstore librairie *f.*
boot botte *f.*
booth cabine *f.*
border frontière *f.*, bord *m.*
to bore ennuyer
to be bored s'ennuyer
boring ennuyeux(-se)
to be born naître
boss patron *m.*
botany botanie *f.*
bottle bouteille *f.*
boutique boutique *f.*
bowl bol *m.*
box boîte *f.*
boy garçon *m.*
boyfriend petit ami *m.*
bracelet bracelet *m.*
brain cerveau *m.*
brake frein *m.*
to brake freiner
brassiere soutien-gorge *m.*

bread pain *m.*
to break casser, briser
   —(one's leg) se casser (la jambe)
breakdown panne *f.*
to break down tomber en panne
breakfast petit déjeuner *m.*
to have breakfast déjeuner
Breton breton *m.*
bridge (card game) bridge *m.*
bright clair(e), brilliant(e)
to bring apporter, amener
Brittany Bretagne *f.*
broadcast émission *f.*
bronchitis bronchite *f.*
brother frère *m.*
brown brun(e), marron
to brush brosser
to brush one's (hair) se brosser (les cheveux)
brush brosse *f.*
   hair— brosse à cheveux *f.*
   tooth— brosse à dents *f.*
Brussels Bruxelles *f.*
to buckle boucler
to build construire, bâtir
building bâtiment *m.*
bumper pare-choc *m.*
Burgundy Bourgogne *f.*
to burn brûler
bus (intracity) autobus *m.*, **(intercity)** car *m.*
business commerce *m.*, affaire *f.*
   —man homme d'affaires *m.*
   —woman femme d'affaires *f.*
to be busy with s'occuper de
but mais
butcher boucher *m.*, bouchère *f.*
   —shop boucherie *f.*
butter beurre *m.*
buttered beurré(e)
to buy acheter
buy, a good— bonne affaire *f.*
by par
   —the way à propos

cabaret cabaret *m.*
cabbage chou *m.*
cabin cabine *f.*
cafe café *m.*
cake gâteau *m.*, galette *f.*
calculator calculatrice *f.*
California Californie *f.*
call appel *m.*
   phone— coup de téléphone *m.*
to call appeler
   —again rappeler
calm calme
camera appareil-photo *m.*, **(movie or TV—)** caméra *f.*
camping camping *m.*
   to go— faire du camping
campus campus *m.*
can boîte *f.*

Canada Canada *m.*
Canadian canadien(ne)
Candlemas Chandeleur *f.*
canvas toile *f.*
cape cap *m.*
car voiture *f.*, auto(mobile) *f.*
   —(of train) wagon *m.*
   —door portière *f.*
   —registration carte grise *f.*
carafe carafe *f.*
caravan caravane *f.*
careless imprudent(e)
to be careful faire attention
to take care of oneself se soigner
carnival carnaval *m.*
carpenter menuisier *m.*
carpet tapis *m.*
to carry porter
   —out réaliser
cartoon dessin animé *m.*
cartoonist dessinateur humoristique
case cas *m.*
cashier caissier *m.*, cassière *f.*
cash register caisse *f.*
cassette cassette *f.*
castle château *m.*
cat chat *m.*
Catalan catalan(e)
cathedral cathédral *f.*
cause cause *f.*
cave grotte *f.*
cellist violoncelliste *m./f.*
cello violoncelle *m.*
century siècle *m.*
certain certain(e)
certainly bien sûr, certainement
certified recommandé(e)
chain of rear-end collisions carambolage *m.*
chair chaise *f.*
chalk craie *f.*
by chance par hasard
to change changer
change monnaie *f.*
changeable variable
channel chaîne *f.*
chapter chapitre *m.*
charming charmant(e)
to chat bavarder
check chèque *m.*
to check contrôler
to check one's suitcase enregistrer sa valise
cheerful souriant(e)
cheese fromage *m.*
chef chef *m.*
chemist chimiste *f.*
chemistry chimie *f.*
cherry cerise *f.*
chess échecs *m.pl.*
chest poitrine *f.*
chicken poulet *m.*
chief chef *m.*

child enfant *m./f.*
Chinese chinois(e)
chocolate chocolat *m.*
  —croissant pain au chocolat *m.*
choice choix *m.*
choir chorale *f.*
to choose choisir (de)
Christmas Noël *m.*
church (Catholic) église *f.*
cider cidre *m.*
cigar cigare *m.*
cigarette cigarette *f.*
circle cercle *m.*
city ville *f.*
clarinet clarinette *f.*
class cours *m.*, classe *f.*
classical classique
classified ad annonce classée *f.*
to clean nettoyer
clean propre
clear clair(e)
climate climat *m.*
to climb grimper
clinic clinique *f.*
clock horloge *f.*
  —radio radio-réveil *f.*
close proche
  —to près de
to close fermer
closing fermeture *f.*
clothes vêtements *m.pl.*
cloud nuage *m.*
coast côte *f.*
cocktail apéritif *m.*
coffee café *m.*
  —pot cafetière *f.*
  —with milk café au lait *m.*
cola coca(-cola) *m.*
cold rhume *m.*
cold froid(e)
  the weather is— il fait froid
  to be— (said of a person) avoir
    froid
colleague collègue *m./f.*
color couleur *f.*
column rubrique *f.*
comb peigne *m.*
  to—one's hair se peigner
to come venir
  —back revenir
comedy comédie *f.*
comfort confort *m.*
comfortable aisé(e), confortable
comic comique
  —strip bande dessinée *f.*
to comment on commenter
commercial commercial(e) (-aux *pl.*)
commercial publicité *f.*
companion compagnon *m.*,
    compagne *f.*
company compagnie *f.*
to compare comparer
comparison comparaison *f.*

competition concurrence *f.*
to complain se plaindre
to complete compléter, terminer
to compose composer
composer compositeur *m.*
concert concert *m.*
conductor contrôleur *m.*, chef
    d'orchestre *m.*
to confirm confirmer
conformist conformiste *m./f.*
to conquer vaincre, conquérir
to construct construire
to contain contenir
continent continent *m.*
to continue continuer
contrary, on the— au contraire
to control contrôler
convenient commode
convent couvent *m.*
to cook cuire, faire la cuisine
cooked cuit(e)
cool frais, fraîche
Copenhagen Copenhague *f.*
corn maïs *m.*
corner coin *m.*
corridor couloir *m.*
Corsica Corse *f.*
cost coûte *f.*
to cost coûter
costume costume *m.*
to count compter
country pays *m.*, campagne *f.*
countryside paysage *m.*
courage courage *m.*
courageous courageux(-se)
course cours *m.*
court king's— cour *f.*
  tennis— court *m.*
courteous courtois(e)
cousin cousin *m.*, cousine *f.*
to cover couvrir
cover couvercle *m.*
crayfish écrevisse *f.*
cream crème *f.*
creamery crémerie *f.*
credit crédit *m.*
Creole créole *m.*
crescent roll croissant *m.*
critic critique *m.*
criticism critique *f.*
cross croix *f.*
to cross traverser
crossword puzzle mots croisés *m.pl.*
crowd foule *f.*
to cry pleurer
cultural culturel(le)
cup tasse *f.*
to cure guérir
current actuel(le)
curtain rideau *m.*
customs douane *f.*
to cut couper
cute mignon(ne), chouette

dad papa *m.*
dairy shop crémerie *f.*
dance bal *m.*
  slow— slow *m.*
to dance danser
dancer danseur *m.*, danseuse *f.*
dangerous dangereux(-se)
Danish danois(e)
darn! zut!
date date *f.*, rendez-vous *m.*
daughter fille *f.*
day jour *m.*, journée *f.*
to deal with traiter (de)
dear chéri *m.*, chérie *f.*,
    mon chou *m.*
dear (expensive) cher(-ère)
to deceive décevoir
December décembre
to decide décider (de)
decorator décorateur *m.*,
    décoratrice *f.*
to defend défendre
degree degré *m.*, diplôme *m.*
delicatessen charcuterie *f.*
to demolish démolir
demon démon *m.*
Denmark Danemark *m.*
dentist dentiste *m./f.*
department rayon *m.*,
    département *m.*
  —store grand magasin *m.*
departure départ *m.*
depth profondeur *f.*
to describe décrire
desire envie *f.*
to desire vouloir
desk bureau *m.*
dessert dessert *m.*
to destroy détruire
detective film film policier *m.*
to detest détester
dialect dialecte *m.*
dialogue dialogue *m.*
dial tone tonalité *f.*
dictation dictée *f.*
dictionary dictionnaire *m.*
to die mourir
difference différence *f.*
different différent(e)
difficult difficile
to dine dîner
dining car wagon-restaurant *m.*
  —room salle à manger *f.*
diploma diplôme *m.*
director metteur en scène *m.*,
    metteuse en scène *f.*,
    directeur(-trice) *m./f.*
directory annuaire *m.*
dirty sale
disabled invalide
disciplined discipliné(e)
disco music disco *m.*
discotheque discothèque *f.*

to discourage décourager
to discover découvrir
to discuss discuter (de)
dish-washer (person) plongeur m.,
    plongeuse f.
    —(machine) lave-vaisselle m.
dishes vaisselle f.
    to do the— faire la vaisselle
to disobey désobéir
district arrondissement m.
disturbance dérangement m.
diversity variété f.
divorce divorce m.
divorced divorcé(e)
to do faire
doctor médecin m., docteur m.,
    doctoresse f.
document document m.
documentary documentaire f.
dog chien m.
dominoes dominos m.pl.
door porte f.
dormitory dortoir m.
to doubt douter
doubt doute m.
doubtless sans doute
dozen douzaine f.
drafted mobilisé
draftsman dessinateur m.,
    dessinatrice f.
drama drame m.
to draw dessiner
drawer tiroir m.
drawing dessin m.
dream rêve m.
to dream rêver (de)
dress robe f.
to dress habiller
to get dressed s'habiller
drink consommation f., boisson f.
to drink boire
to drive conduire
driver chauffeur m.
driver's license permis de conduire
    m.
driving (behind the steering
    wheel) au volant
drugstore drugstore m.,
    pharmacie f.
drum tambour m.
to dry oneself s'essuyer
duck canard m.
during pendant
Dutch hollandais(e), néerlandais(e)
dynamic dynamique

each chaque
each one chacun(e)
ear oreille f.
early en avance, tôt, de bonne
    heure
to earn gagner
earrings boucles d'oreilles f.pl.

easily facilement
east est m.
Easter Pâques m.
easy facile
to eat manger
economic économique
economical économique
economy économie f.
egg œuf m.
Eiffel Tower Tour Eiffel f.
eight huit
eighteen dix-huit
eighth huitième
eighty quatre-vingts
electrician électricien m.,
    électricienne f.
elevator ascenseur m.
eleven onze
to eliminate éliminer
embankment quai m.
to employ utiliser; employer
employment emploi m.
    —agency agence de l'emploi
to encourage encourager (à)
end fin f.
to end terminer
energetic énergique
engaged fiancé(e)
engineer ingénieur m.
engineering génie m.
England Angleterre f.
English anglais(e)
engraver graveur m.
engraving gravure f.
to enjoy oneself s'amuser (à)
enough suffisamment, assez
to enter entrer
to entertain distraire
entertaining amusant(e)
entertainment distractions f.pl.
enthusiastic enthousiaste
episode épisode m.
era époque f.
eraser (rubber) gomme f.
errands courses f.pl.
    to run— faire des courses
error erreur f., faute f.
Eskimo Esquimau m./f.
especially surtout
espionage espionnage m.
to establish établir
to establish oneself s'établir
European européen(ne)
even même
    —numbers numéros pairs m.pl.
evening soir m., soirée f.
    —out sortie f.
event événement m., actualité f.
every tout, tous, toute, toutes
    —day tous les jours
everyone tout le monde
evidently évidemment
exactly justement, exactement, juste

exam examen m.
to examine examiner
example exemple m.
excellent excellent(e)
except excepté
to get excited s'énerver
excursion randonnée f.
executive cadre m.
to exercise faire de l'exercice
    physique
exhibition exposition f.
to exit sortir
expensive cher(-ère)
to explain expliquer
expression expression f.
express train express m.
to extend tendre
to extinguish éteindre
eye œil m. (yeux pl.)

face visage m., figure f.
factory usine f.
to fail échouer (à), rater
fairy tale conte de fées m.
faithful fidèle
to fall tomber
false faux(-sse)
family famille f.
famous célèbre
fantastic formidable
fantasy film film fantastique m.
far loin (de)
    as—as jusque
farm ferme f.
fast vite, rapide
fast train rapide m.
fat gros(se), gras(se)
father père m.
favorite favori(te), préféré(e)
to fear craindre
February février m.
Federal Republic of
    Germany République Fédérale
    d'Allemagne f.
to feel (touch) sentir
to feel (health or emotion) se sentir
    to—fine aller (se sentir) bien
    to—sick aller (se sentir) mal
feeling sentiment m.
felt-tipped pen feutre m.
festival festival m.
fever fièvre f.
fiancé(e) fiancé m., fiancée f.
field champ m.
fifteen quinze
fifth cinquième
fifty cinquante
fillet steak tournedos m.
to fill remplir
film film m.
    roll of— pellicule f.
finally enfin
to find trouver

to finish finir (de)
fire feu *m.*
first premier(-ère), d'abord
  —name prénom *m.*
fish poisson *m.*
  —market poissonnerie *f.*
fisherman pêcheur *m.*
fishing pêche *f.*
five cinq
flat plat(e)
  —tire pneu à plat *m.*
Flemish flamand(e)
flight vol *m.*
floor (of a building) étage *m.*
florist fleuriste *m./f.*
flower fleur *f.*
flu grippe *f.*
flute flûte *f.*
fog brouillard *m.*
to follow suivre
food alimentation *f.*, aliment *m.*,
  nourriture *f.*
foot pied *m.*
  on— à pied
for pour, depuis
to forbid défendre
forbidden interdit(e)
forecast prévisions *f.pl.*
foreign étranger(ère)
foreigner étranger *m.*, étrangère *f.*
forest forêt *f.*
to forget oublier
fork fourchette *f.*
former celui-là
formula formule *f.*
fortified fortifié(e)
fortress forteresse *f.*, citadelle *f.*
fortunately heureusement
forty quarante
four quatre
fourteen quatorze
fox renard *m.*
franc franc *m.*
France France *f.*
free libre
to freeze geler
freezer congélateur *m.*
French français(e)
Frenchman Français *m.*
French speaking francophone
Frenchwoman Française *f.*
fresh frais (fraîche)
Friday vendredi *m.*
friend ami *m.*, amie *f.*, camarade
  m./f., copain *m.*, copine *f.*
friendship amitié *f.*
frightful effrayant(e), épouvantable
frog grenouille *f.*
from de, à partir de
in front of devant
fruit fruit *m.*
  —grocer marchand *m.*,
    marchande *f.* de fruits

to fry frire
frying pan poêle *f.*
full plein(e)
full-time à plein temps
to function (a machine) marcher
to have fun s'amuser (à)
funny drôle
furious furieux(-se)
furniture meubles *m.pl.*
  a piece— meuble *m.*

to gain weight grossir
game match *m.*, jeu *m.*
  T.V.—show jeu télévisé *m.*
garage garage *m.*
garden jardin *m.*
gardening jardinage *m.*
gas (gasoline) essence *f.*
gas stove réchaud à gaz *m.*
gate porte *f.*, quai *m.*
to gather ramasser
general général(e)
generally en général
generous généreux(-se)
gentle doux(-ce)
German allemand(e)
German Democratic
    Republic République
    Démocratique d'Allemagne *f.*
Germany Allemagne *f.*
to get obtenir
  —along s'entendre
  —on monter
  —up se lever
gift cadeau *m.*
girl fille *f.*, jeune fille *f.*
girlfriend petite amie *f.*
to give donner à
  —back rendre
glass verre *m.*
glasses lunettes *f.pl.*
glove gant *m.*
to go aller
  —down descendre
  —for a walk se promener
  —get (someone or
    something) aller chercher
  —out sortir
  —to bed aller au lit, se coucher
  —up monter
  —up again remonter
  —with accompagner
God Dieu *m.*
golf golf *m.*
good bon(ne)
  to be—at être fort en
  my goodness! mon dieu!
good-bye au revoir, salut
government gouvernement *m.*
grade note *f.*
granddaughter petite-fille *f.*
grandfather grand-père *m.*
grandmother grand-mère *f.*

grandparents grands-parents *m.pl.*
grandson petit-fils *m.*
grapefruit pamplemousse *m.*
gray gris(e)
greasy gras(se)
great chouette
green beans haricots verts *m.pl.*
green salad salade verte *f.*
greetings salutations *f.pl.*, voeux
  m.pl.
grocer épicier *m.*, épicière *f.*
grocery shop épicerie *f.*
ground floor rez-de-chaussée *m.*
group groupe *m.*
to grow old vieillir
to grow taller grandir
to grow up grandir
to guess deviner
guest invité *m.*, invitée *f.*
Guiana Guyane *f.*
guide guide *m./f.*
guitar guitare *f.*
gymnastics gymnastique *f.*

habit habitude *f.*
hair cheveux *m.pl.*
hairbrush brosse à cheveux *f.*
Haitian haïtien(ne)
half demi(e), moitié *f.*
half-time à mi-temps
hall couloir *m.*
ham jambon *m.*
  —sandwich sandwich au
    jambon *m.*
hand main *f.*
handsome beau (bel) belle
handy commode
handy man bricoleur *m.*,
  bricoleuse *f.*
to happen se passer
happy heureux(-se)
hat chapeau *m.*, bonnet *m.*
to have avoir
to have to (+ *inf.*) devoir
hazel noisette
he il *m.*
head tête *f.*
headache, to have a— avoir mal à la
  tête
headlight phare *m.*
headlines grands titres *m.pl.*
head waiter maître d'hôtel *m.*
to heal guérir
health santé *f.*
to hear entendre
heart cœur *m.*
  —attack crise cardiaque *f.*
heat chaleur *f.*
to heat chauffer
heating chauffage *m.*
hello salut, bonjour, allô
to help aider (à)
her elle, son, la, lui

herb tea infusion *f.*
here ici
  —are voici
  —is voici
hers sien(ne)
herself elle-même *f.*
hey! dis!
hi salut
high haut(e)
higher education enseignement
  supérieur *m.*
high-test gas super *m.*
hill colline *f.*
him lui, le
himself lui-même
his son, sien(ne)
historical historique
history histoire *f.*
to hitchhike faire du stop
to hold tenir, retenir
holiday fête *f.*
Holland (Netherlands) Hollande *f.*,
  Pays-Bas *m.*
homemaker femme au foyer *f.*,
  homme au foyer *m.*
homework devoirs *m.pl.*
honey mon chou *m.*, chéri(e);
  miel *m.*
hood chaperon *m.*
to hope espérer
horrible affreux(-se)
horror épouvante *f.*
horse cheval *m.* (-aux *pl.*)
hospital hôpital *m.* (-aux *pl.*)
hot chaud(e)
  to be— (said of a person) avoir
    chaud
  the weather is— il fait chaud
hot chocolate chocolat chaud *m.*
hotel hôtel *m.*
hour heure *f.*
house maison *f.*
how comment
  (for)—long (depuis) combien de
    temps
  —many combien de
  —much combien (de)
  —much is combien font; combien
    coûte
however pourtant
human humain(e)
humanities lettres *f.pl.*
humid humide
humor humour *m.*
humorous humoristique
hundred cent
to be hungry avoir faim
hunt chasse *f.*
to hurry se dépêcher
husband mari *m.*

I je
ice cream glace *f.*

ice-cream pop esquimau *m.*
ice cube glaçon *m.*
ice-skating patinage *m.*
idea idée *f.*
ideal idéal(e)
idealistic idéaliste
identification card carte d'identité *f.*
if si
illness maladie *f.*
illogical illogique
to imagine imaginer
immediately aussitôt
immigration office service
  d'immigration *m.*
impatient impatient(e)
important important(e)
in dans, à, en
  —any case en tout cas
incident incident *m.*
indeed en effet
individualistic individualiste
industrial industriel(le)
inexpensive bon marché
to inform renseigner
information renseignements *m.pl.*
  —desk bureau de renseignements
    m.
injection piqûre *f.*
ink encre *f.*
instrument instrument *m.*
intelligent intelligent(e)
to interest intéresser
to interest oneself in s'intéresser à
interesting intéressant(e)
interview entretien *m.*
to interview interviewer
into dans
to introduce présenter (à)
  this is Mark je te présente Marc
invitation invitation *f.*
to invite inviter
Ireland Irlande *f.*
Irish irlandais(e)
island île *f.*
isn't that so? n'est-ce pas?
it ce, il, elle, le, en
it is c'est
its son
itself lui-même
Italian italien(ne)
Italy Italie *f.*

jam confiture *f.*
January janvier
Japanese japonais(e)
jazz jazz *m.*
jewel bijou *m.*
job boulot (slang) *m.*
jogging jogging *m.*
  faire du— to go jogging
to join joindre
joke blague *f.*
to joke plaisanter

journalism journalisme *m.*
joy joie *f.*
to judge juger
juice jus *m.*
July juillet *m.*
June juin *m.*
junior high school collège *m.*

to keep garder
to kill tuer
kilogram kilogramme *m.*
kind sorte *f.*, genre *m.*
kind gentil(le)
kiss bise *f.*, baiser *m.*
to kiss embrasser
kitchen cuisine *f.*
knee genou *m.*
knife couteau *m.*
to know connaître
to know (how) savoir

label étiquette *f.*
laboratory laboratoire *m.*
laborer ouvrier *m.*, ouvrière *f.*
lady dame *f.*
lake lac *m.*
lamp lampe *f.*
landlady logeuse *f.*
landscape paysage *m.*
language langue *f.*
large grand(e)
last dernier(-ère), passé(e)
  —week la semaine passée,
    dernière
to last durer
late tard, en retard
Latin latin *m.*
latter celui-ci
to laugh (at) rire (de)
law droit *m.*
  —school faculté de droit *f.*
lawyer avocat *m.*, avocate *f.*
lazy paresseux(-se)
to lead mener
leaf feuille *f.*
to learn apprendre (à)
least le moins, le moindre
to leave partir, quitter, laisser
Lebanese libanais(e)
left gauche
  on the— à gauche
  to the—of à gauche de
leg jambe *f.*
  —of lamb gigot d'agneau *m.*
legal légal(e)
leisure activities loisirs *m.pl.*
lemon citron *m.*
lemonade citron pressé *m.*
to lend prêter
less moins
  —than moins que (de)
lesson leçon *f.*
letter lettre *f.*

liberal libéral(e)
librarian bibliothécaire *m./f.*
library bibliothèque *f.*
license, driver's— permis de conduire *m.*
   —plate number numéro d'immatriculation *m.*
lid couvercle *m.*
to lie down se coucher
life vie *f.*
to lift a receiver décrocher
light lumière *f.*
to light allumer
light léger(-ère)
like comme
likeable aimable, sympa(thique)
line ligne *f.*
   to get in— faire la queue
linguistics linguistique *f.*
list liste *f.*
to listen to écouter
liter litre *m.*
literary littéraire
literature littérature *f.*
little petit(e), peu
to live vivre
to live in habiter
liver foie *m.*
living room salle de séjour *f.*
to be located se trouver
locomotive locomotive *f.*
to lodge loger
lodging logement *m.*
logic logique *f.*
logical logique
logically logiquement
London Londres *f.*
long long(-ue)
   —distance phone call appel interurbain *m.*
look air *m.*
to look at regarder
  to—for chercher
  to—like avoir l'air (de) ressembler à
  to—out on donner sur
to lose perdre
  to—weight maigrir
lot beaucoup de, tas de *m.*
loud fort(e)
loudspeaker haut-parleur *m.*
Louisiana Louisiane *f.*
love amour *m.*
to love aimer
luck chance *f.*
  to be lucky avoir de la chance
luggage bagages *m.pl.*
lunch déjeuner *m.*
to have lunch déjeuner
lung poumon *m.*

machine appareil *m.*, machine *f.*
madame Madame *f.*

magazine magazine *m.*
  monthly— mensuel *m.*
  weekly— hebdomadaire *m.*
mail courrier *m.*
mailbox boîte à lettres *f.*
mailman facteur *m.*
to maintain maintenir
maintenance fees charges *f.pl.*
to make faire
  to—fun of se moquer de
  to—(someone) furious rendre furieux
make-up, to put on— se maquiller
man homme *m.*
management gestion *f.*
manager cadre *m.*
manner façon *f.*
many beaucoup (de)
map carte *f.*
  road— carte routière *f.*
March mars *m.*
market marché *m.*
marriage mariage *m.*
married marié(e)
to get— se marier
marvelous merveilleux(-se)
mason maçon *m.*
mathematics mathématiques (maths) *f.pl.*
May mai *m.*
me moi, me
meal repas *m.*
to mean vouloir dire
meaning sens *m.*
means moyen *m.*
measles rougeole *f.*
meat viande *f.*
mechanic mécanicien *m.*, mécanicienne *f.*
medication médicament *m.*
medicine médecine *f.*
medieval médiéval(e)
Mediterranean Sea mer Méditerranée *f.*
to meet rencontrer
meeting rendez-vous *m.*, réunion *f.*, rencontre *f.*
menu carte *f.*, menu *m.*
merchant commerçant *m.*, commerçante *f.*, marchand *m.*, marchande *f.*
message message *m.*
meter mètre *m.*
Mexican mexicain(e)
Mexico Mexique *m.*
microphone micro(phone) *m.*
middle milieu *m.*
  in the—(of) au milieu (de)
Middle East Moyen Orient *m.*
midnight minuit *m.*
military militaire
milk lait *m.*
million million *m.*

mine mien(ne)
mineral water eau minérale *f.*
minute minute *f.*
miss Mademoiselle *f.*
to miss rater, manquer
mistake faute *f.*
  to make a— faire une faute
to be mistaken se tromper
mister Monsieur *m.*
mixer mixer *m.*
modern moderne
moment moment *m.*
monastery monastère *m.*
Monday lundi *m.*
money argent *m.*
monitor moniteur *m.*, monitrice *f.*
month mois *m.*
Montreal Montréal *f.*
moon lune *f.*
more plus (de)
  —than plus que
moreover d'ailleurs
morning matin *m.*, matinée *f.*
Moscow Moscou *f.*
most la plupart
mother mère *f.*
motorbike vélomoteur *m.*
motorcycle moto *f.*
mountain montagne *f.*
  —climbing alpinisme *m.*
mountainous montagneux(-se)
mouth bouche *f.*
movies cinéma *m.*
  movie star star *f.*, vedette *f.*
  movie theater cinéma *m.*
Mr. Monsieur *m.*
Mrs. Madame *f.*
much beaucoup
  so— tant
  too— trop
mumps oreillons *m.pl.*
museum musée *m.*
mushroom champignon *m.*
music musique *f.*
musician musicien *m.*, musicienne *f.*
must devoir
mustache moustache *f.*
my mon
  —family les miens *m.pl.*
myself moi-même
mysterious mystérieux(-se)
mystery novel roman policier *m.*

name nom *m.*
to be named s'appeler
napkin serviette *f.*
narration récit *m.*
narrow étroit(e)
nation nation *f.*
nationality nationalité *f.*
native natal(e)
  —land patrie *f.*

natural   naturel(le)
nature   nature *f.*
navy   marine *f.*
near   près (de), proche
nearly   presque
necessary   nécessaire
  to be—   falloir (il faut)
necessity   nécessité *f.*
neck   cou *m.*
necklace   collier *m.*
necktie   cravate *f.*
need   besoin *m.*
to need   avoir besoin de
to neglect   négliger
neighbor   voisin *m.*, voisine *f.*
neighborhood   quartier *m.*
neighboring   voisin(e)
neither...nor   ne...ni...ni
nephew   neveu *m.*
to be nervous   s'énerver
nervous   nerveux(-se), agité(e),
  anxieux(-se)
Netherlands   Pays-Bas *m.pl.*,
  Hollande *f.*
never   ne...jamais
new   nouveau (nouvel) nouvelle,
  neuf
New Orleans   Nouvelle-Orléans *f.*
news   informations *f.pl.*,
  nouvelle *f.*
  —broadcast   informations *f.pl.*
  —item   fait divers *m.*
newspaper   journal *m.*
newsstand   kiosque *m.*
New Year's Day   jour de l'An *m.*
New Year's Eve   Saint-Sylvestre *f.*
next   prochain(e)
next to   à côté de
nice   sympa(thique), aimable,
  gentil(le), charmant(e), agréable
niece   nièce *f.*
night   nuit *f.*
  —club   cabaret *m.*
nine   neuf
nineteen   dix-neuf
ninety   quatre-vingt-dix
ninth   neuvième
no   non
  —joke   sans blague!
  —longer   ne...plus
  —more   ne...plus
  —one   ne...personne
  —parking   défense de stationner
noise   bruit *m.*
none   aucun(e)
noon   midi *m.*
nor   ni
Norman   normand(e)
Normandy   Normandie *f.*
north   nord *m.*
Norway   Norvège *f.*
Norwegian   norvégien(ne)
nose   nez *m.*

not   non, ne...pas
  —anything   ne...rien
  —bad   pas mal
note   note *f.*
notebook   cahier *m.*
nothing   ne...rien
to notice   remarquer
novel   roman *m.*
novelist   romancier *m.*, romancière *f.*
Novembre   novembre *m.*
now   maintenant
nowhere   ne...nulle part
number   nombre *m.*, numéro *m.*
numerous   nombreux(-se)
nurse   infirmier *m.*, infirmière *f.*

to obey   obéir (à)
oboe   hautbois *m.*
to obtain   obtenir
obvious   évident(e)
obviously   évidemment
occupation   profession *f.*, métier *m.*
occupy   occuper
ocean   océan *m.*
October   octobre *m.*
odd (number)   impair
of   de
of course   bien sûr
to offer   offrir
office   agence *f.*, bureau *m.*
officer   officier *m.*, agent *m.*
often   souvent
OK   d'accord
old   vieux (vieil) vieille
on   sur
  —the one hand...—the other
    hand   d'une part...d'autre part
  —the way   en route
one   un(e), on
oneself   se (s')
onion   oignon *m.*
only   seulement, juste
to open   ouvrir
open-air   en plein air
opera   opéra *m.*
operator   opérateur *m.*, opératrice *f.*
opinion   avis *m.*
opposite   contraire *m.*
optimist   optimiste
or   ou
orange   orange *f.*
orangeade   orangeade *f.*
orchestra   orchestre *m.*
order   ordre *m.*, commande *f.*
to order   commander
ordinary   ordinaire
to organize   organiser
original   original(e)
other   autre
our   notre
ours   nôtre
outdoor(s)   en plein air
outfit   costume *m.*

outing   randonnée *f.*
out of order   en panne
oven   four *m.*
overcoat   pardessus *m.*, manteau *m.*
overqualified   surqualifié(e)
overseas   outre-mer
to owe   devoir

pacifist   pacifiste *m.*
package   paquet *m.*
paint   peinture *f.*
to paint   peindre
painter   peintre *m.*
painting   tableau *m.*, peinture *f.*
pair   paire *f.*
palace   palais *m.*
to pale   pâlir
pale   pâle
panties   slip *m.*
pantyhose   collant *m.*
paper   papier *m.*
paperback book   livre de poche *m.*
pardon me!   pardon!
parents   parents *m.pl.*
Parisian   parisien(ne)
to park   garer
park   parc *m.*
parking   stationnement *m.*
parking lot   parking *m.*, parc de
  stationnement *m.*
part   rôle *m.*, partie *f.*
to participate   participer (à)
part-time   à temps partiel
party   soirée *f.*, boum (slang) *f.*
party called (telephone)
  correspondant *m.*,
  correspondante *f.*
party (political)   parti *m.*
to pass   dépasser
  —by   passer
passport   passeport *m.*
past   passé(e)
pastries   pâtisseries *f.pl.*
  pastry-shop   pâtisserie *f.*
  pastry cook   pâtissier *m.*,
    pâtissière *f.*
pâté   pâté *m.*
path   sentier *m.*
patience   patience *f.*
patient   patient(e)
to pay (for)   payer
peace   paix *f.*
pear   poire *f.*
peas   petits pois *m.pl.*
pen   stylo *m.*
pencil   crayon *m.*
people   gens *m.pl.*
people (nation)   peuple *m.*
pepper   poivre *m.*
to perceive   apercevoir
percussion instruments   batterie *f.*
perfectly   parfaitement
perfume   parfum *m.*

perhaps peut-être
to permit permettre (à, de)
person personne *f.*
personality caractère *m.*, personnalité *f.*
personnel personnel *m.*
to perspire transpirer
pessimistic pessimiste
pharmacist pharmacien *m.*, pharmacienne *f.*
pharmacy pharmacie *f.*
philosophy philosophie *f.*
phone call coup de téléphone *m.*
photograph photo *f.*
photographer photographe *m.*
photography photographie *f.*
physical appearance physique *m.*
physics physique *f.*
piano piano *m.*
picnic pique-nique *m.*
picture image *f.*
pie tarte *f.*
piece morceau *f.*
  —of furniture meuble *m.*
pile tas *m.*
pile-up carambolage *m.*
pilot pilote *m.*
pipe pipe *f.*
to pity plaindre
  it's a— c'est dommage
to place mettre, placer
place place *f.*, endroit *m.*
plaster cast plâtre *m.*
plate assiette *f.*, plat *m.*
  hot— réchaud *m.*
platform quai *m.*
play pièce de théâtre *f.*
to play jouer
  —chess jouer aux échecs
  —piano jouer du piano
player joueur *m.*, joueuse *f.*
please s'il vous plaît, s'il te plaît
to please plaire (à)
pleased content(e)
plumber plombier *m.*
pocket poche *f.*
poem poème *m.*
poet poète *m.*
poetry poésie *f.*
policeman agent de police *m.*, gendarme *m.*
polite poli(e)
politely poliment
poor pauvre
pork porc *m.*
  —butcher charcutier *m.*, charcutière *f.*
  —butcher's shop charcuterie *f.*
port port *m.*
Portuguese portugais(e)
position place *f.*
to possess posséder
poster affiche *f.*

post office poste *f.*, bureau de poste *m.*
potato pomme de terre *f.*
to pour verser
practical pratique
to practice pratiquer
to prefer aimer mieux, préférer
premium (gasoline) super *m.*
preparations préparatifs *m.pl.*
to prepare préparer
  to—food faire la cuisine
prescription ordonnance *f.*
present actuel(le)
to be present at assister à
press presse *f.*
pretty joli(e)
price prix *m.*
to print imprimer
printer imprimeur *m.*
printshop imprimerie *f.*
prisoner prisonnier *m.*
prize prix *m.*
probably probablement
problem problème *m.*
to produce produire
producer producteur *m.*
product produit *m.*
profession profession *f.*
professor professeur *m.*
to profit profiter de
profound profond(e)
program programme *m.*
project projet *m.*
projector projecteur *m.*
to promise promettre (à, de)
to propose proposer (à, de)
to protect protéger
prudent prudent(e)
psychology psycho(logie) *f.*
public public(-que)
publicity publicité *f.*
to puncture crever
to punish punir
purchase achat *m.*
to purchase acheter
purple violet(te)
to put mettre
  —back remettre
  —out éteindre
  —together again rejoindre

quality qualité *f.*
quarter quart *m.*
quarter to (time) moins le quart
quartet quatuor *m.*
Quebec Québec *m.*
quite assez

rabbit lapin *m.*
race course *f.*
radiator radiateur *m.*
radio radio *f.*

rain pluie *f.*
to rain pleuvoir (il pleut)
raincoat imperméable *m.*
to raise lever
rapidly rapidement
rarely rarement
rare (meat) saignant(e)
rather assez, plutôt
raw cru(e)
razor rasoir *m.*
to reach atteindre
to read lire
reader lecteur *m.*, lectrice *f.*
ready prêt(e)
real vrai(e)
real estate agency agence immobilière
realistic réaliste
to realize réaliser, se rendre compte (de) (que)
reasonable raisonnable
receive recevoir
receiver récepteur *m.*
to recognize reconnaître
record disque *m.*
  —player tourne-disques *m.*
to record enregistrer
red rouge
red-headed roux(-sse)
to reduce réduire
refrigerator réfrigérateur (frigo) *m.*
to refuse refuser
region région *f.*
to register s'inscrire (à)
to rejoin rejoindre
relative parent *m.*, parente *f.*
to relax se reposer, se détendre
to remain rester
remainder reste *m.*
remarkable remarquable
to remember se souvenir de, se rappeler
rent loyer *m.*
to rent louer
to repair réparer
to repeat répéter
to require avoir besoin de
to resemble ressembler à
to reserve retenir, réserver
to rest se reposer
restaurant restaurant *m.*
return rentrée *f.*, retour *m.*
to return retourner, rentrer
review révision *f.*
rich riche
right droit(e)
  on the— à droite
  to the— of à droite de
to be right avoir raison
ring bague *f.*
  to— sonner
risk risquer
river fleuve *m.*, rivière *f.*

roast rôti *m.*
  —beef rosbif *m.*
  —pork rôti de porc *m.*
rocket fusée *f.*
rock music rock *m.*
role rôle *m.*
room pièce *f.*, salle *f.*
roommate camarade de chambre *m./f.*
rose rose *f.*
route chemin *m.*, route *f.*
rug tapis *m.*
ruin ruine *f.*
ruler règle *f.*
rum rhum *m.*
run marcher (of a car, machine)
runway piste *f.*
Russia Russie *f.*
Russian russe

sack sac *m.*
sad triste
to sail faire de la voile
sailboat bateau à voiles *m.*
sailor marin *m.*
salesperson vendeur *m.*, vendeuse *f.*
sales representative représentant *m.*
salt sel *m.*
same même
sandwich sandwich *m.*
Saturday samedi
saucer soucoupe *f.*
sausage (dry) saucisson *m.*
saxophone saxophone *m.*
to say dire (à, de)
say! dis!
scene scène *f.*
schedule horaire *m.*
school école *f.*
  —of a university faculté *f.*
  —teacher instituteur *m.*, institutrice *f.*, maître *m.*, maîtresse *f.*
science science *f.*
scientist savant *m.*, savante *f.*
screen écran *m.*
sculptor sculpteur *m.*, sculptrice *f.*
sculpture sculpture *f.*
sea mer *f.*
season saison *f.*
seat siège *m.*
second seconde *f.*
second deuxième
secondary secondaire
secondary school lycée *f.*
secretary secrétaire *m./f.*
to see voir, apercevoir
  —you later à bientôt
  —you tomorrow à demain
to seem avoir l'air (de)
self même
to sell vendre
to send envoyer

sensational sensationnel(le)
sense of humor sens de l'humour *m.*
sensitive sensible
sensual sensuel(le)
sentence phrase *f.*
September septembre *m.*
serial feuilleton *m.*
serious grave, sérieux(-se)
to serve servir
service station station-service *f.*
to set fixer
to settle s'établir
seven sept
seventeen dix-sept
seventy soixante-dix
several plusieurs
to shave se raser
she elle *f.*
shelf étagère *f.*
shellfish fruits de mer *m.pl.*
shirt chemise *f.*
shocking choquant(e)
shoe chaussure *f.*
shop boutique *f.*
to shop faire des achats, faire du shopping
short petit(e)
shorthand typist (sténo)dactylo *f.*
shorts short *m.*
shoulder épaule *f.*
to show montrer
shower douche *f.*
  to take a shower prendre une douche
to shut fermer
shy timide
sick malade
side bord *m.*, côté *m.*
to sign signer
to signal signaler
silent silencieux(-se)
silver argent *m.*
simple simple
since depuis, à partir de
  —when depuis quand
sincere sincère
sincerely sincèrement
to sing chanter
singer chanteur *m.*, chanteuse *f.*
single célibataire
sink, bathroom lavabo *m.*
  kitchen— évier *m.*
sir monsieur *m.*
sister sœur *f.*
to sit down s'asseoir
six six
sixteen seize
sixty soixante
size, clothing taille *f.*
  shoe— pointure *f.*
to ski faire du ski
skiing ski *m.*
  water— ski nautique *m.*

ski jacket anorak *m.*
skirt jupe *f.*
sky ciel *m.*
slave esclave *m./f.*
to sleep dormir
  to fall asleep s'endormir
  to fall—again se rendormir
sleeping bag sac de couchage *m.*
sleeping car wagon-lit *m.*
to be sleepy avoir sommeil
sleet verglas *m.*
slice (of bread) tartine *f.*, tranche *f.*
slide diapo(sitive) *f.*
slot fente *f.*
to slow down ralentir
slowly lentement
small petit(e), juste
smart calé(e)
to smell sentir
smiling souriant(e)
to smoke fumer
smoker fumeur *m.*, fumeuse *f.*
smoking section fumeur *m.*
  non-smoking non-fumeur *m.*
snack bar buffet *m.*
snail escargot *m.*
snow neige *f.*
to snow neiger (il neige)
so alors, tellement
soap savon *m.*
soccer football *m.*
social social(e)
society société *f.*
sociology sociologie *f.*
sock chaussette *f.*
soldier soldat *m.*
some des, quelques, plusieurs
  —(of them) quelques-uns *m.pl.*, quelques-unes *f.pl.*
someone quelqu'un *m.*
something quelque chose
sometimes quelquefois
son fils *m.*
song chanson *f.*, chant *m.*
song writer (satirical) chansonnier *m.*, chansonnière *f.*
soon bientôt
  as—as aussitôt que
soprano soprano *m./f.*
sore throat angine *f.*
sorry désolé(e)
sort genre *m.*, sorte, *f.*
sound son *m.*
  —engineer ingénieur du son *m.*
soup potage *m.*, soupe *f.*
south sud *m.*
Southern France Midi *m.*
Spain Espagne *f.*
Spanish espagnol(e)
spare tire roue de secours *f.*
to speak parler
special delivery en exprès
spectator spectateur *m.*, spectatrice *f.*

speed vitesse *f.*
  to speed up accélérer
speeding dépassement de vitesse *m.*
to spell épeler
to spend dépenser
spice épice *f.*
to spill renverser
spinach épinards *m.pl.*
spiritual spirituel(le)
spoon cuillère *f.*
sports sport *m.*
  —section rubrique sportive *f.*
to sprain se fouler
spring printemps *m.*
spring source *f.*
spy espion *m.*, espionne *f.*
spying espionnage *m.*
square place *f.*, carré *m.*
stadium stade *m.*
staff personnel *m.*
stage scène *f.*
staircase escalier *m.*
stamp timbre *m.*
star étoile *f.*
  movie— vedette *f.*, star *f.*
to start (a car or machine) démarrer
statesman homme d'état *m.*
stationery papier à lettres *m.*
  —shop papeterie *f.*
statue statue *f.*
steak bifteck *m.*
stereo system chaîne stéréo *f.*
stewardess hôtesse de l'air *f.*
stockings bas *m.pl.*
stomach estomac *m.*
stool tabouret *m.*
to stop s'arrêter (de), arrêter (de)
store magasin *m.*
storm orage *m.*
story histoire *f.*; **(of a building)** étage *m.*
stove cuisinière *f.*
straight ahead tout droit
strawberry fraise *f.*
street rue *f.*
strength force *f.*
strong fort(e)
student élève *m./f.*; **(university)** étudiant(e) *m./f.*
studio studio *m.*
study étude *f.*
to study étudier
stupid bête
subject sujet *m.*, matière *f.*
subtitle sous-titre *m.*
subway métro *m.*
to succeed (in) réussir (à)
to suffer souffrir
sufficiently suffisamment
sugar sucre *m.*
to suggest suggérer
suit complet *m.*

to suit convenir (à)
suitcase valise *f.*
summer été *m.*
sun soleil *m.*
  the weather is sunny il fait du soleil
Sunday dimanche
superintendent concierge *m./f.*
supermarket supermarché *m.*
supper souper *m.*
supplement supplément *m.*
sure sûr(e)
surface superficie *f.*
suspense suspense *m.*
suspenseful plein(e) de suspense
sweater pull-over *m.*
Sweden Suède *f.*
Swedish suédois(e)
sweet doux(-ce)
to swim nager
swimming natation *f.*
  —pool piscine *f.*
swim suit maillot de bain *m.*
swim trunks maillot de bain *m.*
Swiss suisse
Switzerland Suisse *f.*
symptom symptôme *m.*
system système *m.*

table table *f.*
  —cloth nappe *f.*
tag, price étiquette *f.*
to take prendre
to take (a road) suivre
  —back reprendre
  —care of s'occuper de, soigner
  —off décoller
  —place se passer
take-off décollage *m.*
tale conte *m.*
tall grand(e)
tape bande *f.*
tape recorder magnétophone *m.*
to taste goûter
taxi taxi *m.*
tea thé *m.*
to teach enseigner
teacher professeur *m.*, instituteur *m.*, institutrice *f.*
to tease taquiner
teeshirt tee-shirt *m.*
telegram télégramme *m.*
telephone téléphone *m.*
  —booth cabine téléphonique *f.*
to telephone téléphoner, donner un coup de téléphone
television télé(vision) *f.*
  —news journal télévisé *m.*
  —set télé(vision) *f.*
to tell dire (à, de), raconter
temperature température *f.*
temporary temporaire
tempting tentant(e)

ten dix
tennis tennis *m.*
tent tente *f.*
tenth dixième
terrace terrasse *f.*
terrifying effrayant(e)
territory territoire *m.*
than que
to thank remercier
  —you merci
that ça, cela, ce, que
  —doesn't matter ça ne fait rien
  —one celui-là
that's right c'est ça
the le
  the one celle *f.*, celui *m.*, celles *f.pl.*, ceux *m.pl.*
theatre théâtre *m.*
The Hague La Haye *f.*
their leur
them eux, elles, les, leur
themselves eux-mêmes
then puis, alors, ensuite
there y, là
  over— là-bas
there are voilà, il y a
there is voilà, il y a
these ces, ceux
they ils, elles, eux
thin maigre, mince
thing chose *f.*
to think penser (à, de), réfléchir (à)
to be thirsty avoir soif
thirteen treize
thirty trente
this ce, ceci
this one celui-ci
those ceux
thousand mille, **(in dates)** mil
three trois
throat gorge *f.*
through par
to throw jeter
thumb pouce *m.*
Thursday jeudi *m.*
ticket billet *m.*, ticket *m.*
  —window guichet *m.*
tight juste
tights collant *m.*
time fois *f.*
  to be on— être à l'heure
from time to time de temps en temps
timid timide
timidly timidement
tire pneu *m.*
tired fatigué(e)
title titre *m.*
to à, en
to toast griller
toaster grille-pain *m.*
tobacco tabac *m.*
  —shop bureau de tabac *m.*

today aujourd'hui
toe orteil *m.*
together ensemble
toilet WC *m.*
tomato tomate *f.*
tomorrow demain
tongue langue *f.*
tool outil *m.*
   —box boîte à outils *f.*
too much trop
tooth dent *f.*
toothpaste dentifrice *m.*
touching émouvant(e)
tourist touriste *m./f.*
toward vers
towel serviette de toilette *f.*
tower tour *f.*
track voie *f.*
traffic circulation *f.*
   —light feu *m.*
   —ticket contravention *f.*
tragedy tragédie *f.*
trailer caravane *f.*
train train *m.*
   —station gare *f.*
training formation *f.*
transistor (radio) transistor *m.*
to translate traduire
translation traduction *f.*
transmit transmettre
to transport transport *m.*
to travel voyager
to treat traiter (de)
tree arbre *m.*
trio trio *m.*
trip voyage *m.*
trombone trombone *m.*
trousers pantalon *m.*
true vrai(e)
truffle truffe *f.*
truly vraiment
trumpet trompette *f.*
trunk (of a car) coffre *m.*
to try essayer (de)
Tuesday mardi
tuna thon *m.*
tunnel tunnel *m.*
turkey dinde *f.*
to turn tourner
to turn on allumer
twelve douze
twenty vingt
  about— vingtaine *f.*
to twist se fouler
two deux
   —weeks quinze jours
to type taper
typewriter machine à écrire *f.*
typical typique
typist dactylo *m./f.*

U.S.A. États-Unis (d'Amérique) *m.pl.*
ugly moche

umbrella parapluie *m.*
unbearable insupportable
uncle oncle *m.*
to uncover découvrir
under sous
undershirt maillot de corps *m.*
to understand comprendre
   —(one another) s'entendre
underwear sous-vêtements *m.pl.*,
   slip *m.*
undisciplined indiscipliné(e)
unfortunate pauvre
unhappy triste
to unhook décrocher
university université *f.*
unmarried célibataire
unpleasant désagréable
until jusque
up to jusque
urgent urgent(e)
us nous
to use utiliser, employer
useful utile
usually d'habitude
utensil ustensile *m.*

vacation vacances *f.pl.*
  on— en vacances
valley vallée *f.*
variety variété *f.*
   —show programme de variétés *m.*
to vary varier
vegetable légume *m.*
   —grocer marchand *m.*,
    marchande *f.* de légumes
vehicle voiture *f.*
very très
   —much beaucoup
vest gilet *m.*
Vienna Vienne *f.*
villa villa *f.*
village village *m.*
violent violent(e)
violet violet(te)
violin violon *m.*
violinist violoniste *m./f.*
to visit (a place) visiter
to visit (someone) rendre visite à
voice voix *f.*
to volunteer for military
   service s'engager
voyage voyage *m.*

waiter garçon *m.*, serveur *m.*
to wait for attendre
to wait on servir
waiting room salle d'attente *f.*
waitress serveuse *f.*
to wake up se réveiller
Wales Pays de Galles *m.*
walk promenade *f.*
to walk marcher, (se) promener,
   faire une promenade

wall mur *m.*
wallet portefeuille *m.*
waltz valse *f.*
to want vouloir, avoir envie de
war guerre *f.*
wardrobe garde-robe *f.*
warm chaud(e)
warmth chaleur *f.*
to warn prévenir
wash cloth gant de toilette *m.*
to wash laver
   —oneself se laver
   —up and get dressed faire sa
   toilette
wastebasket corbeille *f.*
watch montre *f.*
watch out! attention!
water eau *f.*
waterfall chute (d'eau) *f.*
way route *f.*, chemin *m.*, voie *f.*
way moyen *m.*, façon *f.*
we nous, on
weak faible
wealthy riche
to wear porter
weather temps *m.*
   —report météo *f.*
wedding mariage *m.*
Wednesday mercredi
week semaine *f.*, huit jours
weekend week-end *m.*, fin de
   semaine *f.*
weekly magazine or
   newspaper hebdomadaire *m.*
well bien
  well-behaved sage
  well-off aisé(e)
west ouest *m.*
western (film) western *m.*
what quoi, qu'est-ce qui/que, que,
   quel
wheat blé *m.*
wheel (steering) volant *m.*, roue *f.*
when quand, lorsque, où
where où
whether si
which quel, que
   —one lequel
   of— dont
while pendant que
white blanc(he)
to whiten (make white) blanchir
who qui
whom que, qui est-ce que?
   of— dont
why pourquoi
widow veuve *f.*
widower veuf *m.*
wife femme *f.*
wild sauvage
to be willing vouloir bien
to win gagner
wind vent *m.*

window fenêtre *f.*
windshield pare-brise *m.*
windshield wiper essuie-glace *m.*
wine vin *m.*
wine waiter sommelier *m.*
winter hiver *m.*
to wipe essuyer
wire fil *m.*
wise sage
to wish désirer
with avec
within dans
without sans
  —doubt sans doute
wolf loup *m.*
woman femme *f.*
wood bois *m.*
wooded boisé(e)
woods bois *m.*

wool laine *f.*
word mot *m.*
work travail *m.*, boulot (slang) *m.*,
  œuvre *f.*
to work travailler
  —a machine marcher faire
worker ouvrier *m.*, ouvrière *f.*
world monde *m.*
to worry inquiéter, s'inquiéter
worse pire
worst le/la pire
to be worth valoir
to wound blesser
wrist poignet *m.*
to write écrire
writer écrivain *m.*
to be wrong avoir tort

year année *f.*, an *m.*

yellow jaune
to turn yellow jaunir
yes oui, si
yesterday hier
  day before— avant-hier
yogurt yahourt *m.*, yaourt *m.*
you tu, toi, te, vous
  your ton, vôtre
  yours tien(ne), votre
  yourself toi-même, vous-même
yourselves vous-mêmes
young jeune
  —people jeunes gens *m.pl.*
you're welcome de rien
youth jeunesse *f.*

zero zéro *m.*
zone zone *f.*
zoology zoologie *f.*

Index

écrire   258
en
> preposition
>> with geographical names   231
>> with months, seasons   118
>> with present participle   361
> pronoun
>> position   272, 381
>> uses
>>> with expressions of quantity 284
>>> with indefinite article   272
>>> with numbers   284
>>> with partitive   272

-er verbs, *see also* Appendix
> conditional   476
> future   448
> imperative   46
> **passé composé**   194
> pluperfect   418
> present   28–30
> review of   312–315
> spelling changes   92–93, 181–182
>> in future tense   461
> subjunctive   518
> **-yer** verbs   416–417

est-ce que questions   11, 122
etiquette (*vocab.*)   2
être
> **c'est, ce sont**   45–46, 203–204
> forms
>> future   449
>> past participle   194
>> present   55–56
>> present participle   360
>> subjunctive   532
> uses
>> as auxiliary in **passé composé** 215–216
>> as auxiliary in pluperfect   418
>> as auxiliary of reflexive verbs 399
>> with passive construction 533–534

exercise (*vocab.*)   402
expressions
> classroom (*vocab.*)   7–8
> interrogative   122–123, 159; *see also* interrogative expressions
> of politeness (*vocab.*)   2–3
> of quantity   166, 283

faire
> forms
>> future   449
>> past participle   174
>> present   129
>> subjunctive   532
> uses
>> causative construction 486–487
>> in idiomatic expressions   130

> in weather expressions 127–128
falloir *see* **il faut**
family (*vocab.*)
> female members   10
> male members   18
film (*vocab.*)   308, 320–321, 429
food (*vocab.*)   155, 164–165, 175–176, 485
furnishings (*vocab.*)   255–256
future
> immediate   132
> of irregular verbs   449–460
> after **quand**   450–451
> of regular verbs   448
> after **si** clause   474, 488, 501
future perfect   462

gender   21–22
geography
> use of articles   230–231, 325
> continents (*vocab.*)   228–229
> countries (*vocab.*)   228–229
> use of prepositions   230–231
-ger, verbs in   30
> imperfect forms   339
greetings (*vocab.*)   1

health (*vocab.*)   402, 413–414
holidays (*vocab.*)   295–296
household items (*vocab.*)   190
housing (*vocab.*)   251–253

il est vs. **c'est**   203–204
il faut   88
> future   460
il y a   45–46
> with time   357–358
immediate future with **aller**   132
immediate past with **venir de**   236
imperative   46–47
> position of object pronouns with 381, 506
> with reflexive verbs   407
> varying force of   408, 477
imperfect
> formation   339
> uses   338
>> after **si**   488, 501
>> contrasted with the **passé composé**   369, 370–371
>> in indirect discourse   382–383
indefinite article
> forms   21–22, 48
> use   100, 177; *see also* articles
indicative vs. subjunctive   531, 542
indirect discourse   373, 382–383, 477
indirect-object pronouns   257, 381; *see also* pronouns
-indre verbs   432

infinitive
> after conjugated verb   87–88, 522–523
>> review of   313
> with **il faut**   88
> immediate future   132
> position of object pronouns with 247
> of reflexive verbs   408
> with **venir de**   236
interrogative
> expressions   122–123
>> **est-ce que**   11, 122
>> **lequel**   478–479
>> **n'est-ce pas?**   12, 122
>> **qu'est-ce que**   159
>> **quel**   122–123
>> **qu'est-ce qui**   159
>> **qui**   159
>> **qui est-ce que**   159
> intonation   11, 122
> inversion   342–343, 359
> pronouns   159, 478–479
intonation   11, 122
inversion   342–343
> with pronoun copy   359
-ir verbs, *see also* Appendix
> conditional   476
> future   448
> **-oir** verbs   530
> **passé composé**   194
> present   168–169
> review of   314
> subjunctive   520–521
-ir/-iss- verbs, *see also* Appendix
> conditional   476
> future   448
> **passé composé**   194
> present   192
> review of   314
> subjunctive   520–521
irregular verbs, *see individual verbs*; *see also* Appendix

jamais   104, 435–436
jouer à, de   79, 81
journalism (*vocab.*)   334–335

kitchen (*vocab.*)   213–214, 483

language (*vocab.*)   232–233, 495–496
leisure activities (*vocab.*)   26–28, 85–87, 402–403
lequel
> interrogative pronoun   478–479
> relative pronoun   503–504
letter writing (*vocab.*)   377–378
leur
> indirect object pronoun   257, 381
> possessive adjective   23